21世纪经济与管理精编教材

金融学系列

证券投资学

Securities Investment

张庆君 ◎ 主编

图书在版编目(CIP)数据

证券投资学/张庆君主编. —北京:北京大学出版社,2018.3
(21世纪经济与管理精编教材·金融学系列)
ISBN 978-7-301-29255-6

Ⅰ. ①证… Ⅱ. ①张… Ⅲ. ①证券投资—高等学校—教材 Ⅳ. ①F830.91

中国版本图书馆CIP数据核字(2018)第032197号

书　　　名	证券投资学 ZHENGQUAN TOUZIXUE
著作责任者	张庆君　主编
责任编辑	付海霞　贾米娜
标准书号	ISBN 978-7-301-29255-6
出版发行	北京大学出版社
地　　　址	北京市海淀区成府路205号　100871
网　　　址	http://www.pup.cn
电子信箱	em@pup.cn　　QQ:552063295
新浪微博	@北京大学出版社　@北京大学出版社经管图书
电　　　话	邮购部 62752015　发行部 62750672　编辑部 62752926
印　刷　者	河北滦县鑫华书刊印刷厂
经　销　者	新华书店
	787毫米×1092毫米　16开本　24印张　599千字 2018年3月第1版　2020年12月第2次印刷
定　　　价	48.00元

未经许可,不得以任何方式复制或抄袭本书之部分或全部内容。
版权所有,侵权必究
举报电话:010-62752024　电子信箱:fd@pup.pku.edu.cn
图书如有印装质量问题,请与出版部联系,电话:010-62756370

前　言

随着市场经济和信用制度的发展、金融体系的形成和发展、金融创新和金融改革的推动，证券市场日益活跃，证券市场体系也越来越庞大、越来越复杂。证券市场在自身繁荣和发展的同时，对实体经济的服务、渗透和扩散也在不断地深化。证券市场日益成为当前经济金融市场的重要组成部分，证券市场交易活动也已经成为投资者日常生活的重要组成部分。证券市场强大的功能、精巧的结构和绝妙无比的运行机制与运转方式，以及证券市场产品精巧的设计和灵活的交易方式早已引起投资者的广泛关注、深入探索和研究。庞大的证券市场体系也构成了当代各国金融市场体系的基础，成为宏观经济的晴雨表和金融市场的神经中枢。尽管世界各国的证券市场体制千差万别、各具特色，然而它们并非杂乱无章、无规律可循，在各种特殊的表现形式中，它们显示出最基本的规律。

伴随着证券市场的快速发展，对证券市场和证券投资的探索与研究也取得了丰硕的理论成果，现代证券投资理论不仅内容丰富，而且具有很强的应用价值。它既深化了经济金融理论，又促进了现代证券投资机构管理的发展和证券市场的完善，使证券市场结构发生了巨大变化。经过改革开放以来多年的发展，我国的证券投资学已经由早期引进西方证券投资学理论体系转变到结合我国证券市场发展和改革的实践不断创新与发展的阶段。本书从证券投资学的基本概念和相关知识入手，在介绍证券投资学一般性知识的基础上，系统阐述了股票、债券、投资基金、衍生证券和证券市场等基础知识，宏观经济分析、行业分析和上市公司分析等证券投资基本分析方法，K线图分析、道氏理论、形态分析和波浪理论等技术分析方法，资产定价理论、因素模型与套利定价理论等组合投资分析方法，证券投资行为与投资心理分析方法。为了增强学生对所学章节内容的感性认识，培养学生关注现实问题的兴趣，本书还结合课程内容，在章节内部设计了多个专栏，这些设计有助于提高学生的学习兴趣，扩展其知识面。

在本书编写的过程中，我们本着学以致用的理念，努力做到以下几点：第一，保证一定的学术水准，与时俱进，及时将各有关学科的新进展反映到书中来。第二，内容完整、系统和科学，表述深入浅出、通俗易懂，尽可能用通俗的语言表达深邃的理论。第三，理论联系实际，不仅介绍了一般的理论方法，还特别注重理论在实际中的应用。第四，注意吸收国内和国外经济研究和教学的最新成果，并结合作者的教研实践和教研成果，阐述了作者对现实经济生活的理解。第五，循序渐进，符合教学规律。由于本书具有以上特点，因此它不仅可以作为全日制普通高校相关专业的教材，特别是经济管理相关专业的教材，还可以为金融从业者提供参考。

本书由天津财经大学张庆君教授担任主编，负责拟定全书的写作提纲、修订和整理全书内容。本书是团队合作的智慧结晶，各章分工如下：沈阳航空航天大学赵晓玲编写第一章、第二章和第三章，辽宁大学罗春婵编写第四章和第五章，辽宁工业大学段立君编写第六章和第八章,上海立信会计学院周新辉编写第七章第一节、第二节,天津财经大学李炳念编写第七章第三节,天津财经大学卢紫珺编写第九章和第十一章,渤海大学唐吉洪编写第十章和第十四章,沈阳农业大学高凌云编写第十二章和第十三章,四川大学徐子尧编写第十五章、第十六章、第十七章和第十八章,天津财经大学毕艳君编写第十九和第二十章。天津财经大学毕燕君、卢紫珺、李萌、朱紫薇、刘靖、张娜娜、李雨霏、张梦圆、程飞、姚爽等参与了修改、校对和整理。最后,张庆君对初稿总纂定稿。

在本书编写的过程中我们参考和引用了大量的中外文献,章末列出的参考文献只是其中一部分,在此我们谨向文献作者致以诚挚的谢意。正是这些文献资料,为我们提供了丰富的素材和创作的源泉。

限于作者的知识水平和教学经验,本书的不足之处在所难免,敬请广大读者批评指正。

编 者

2018 年 1 月

目 录

第一章 证券投资概述 ... 1
第一节 证券投资的含义 ... 1
第二节 证券投资要素及过程 ... 3
第三节 证券投资的产生与发展 ... 5

第二章 股票 ... 9
第一节 股票概述 ... 9
第二节 股票的发行与流通 ... 17
第三节 股票价格 ... 20

第三章 债券 ... 25
第一节 债券概述 ... 25
第二节 债券的发行与承销 ... 30
第三节 债券价格 ... 33
第四节 债券的收益 ... 34

第四章 证券投资基金 ... 37
第一节 证券投资基金概述 ... 37
第二节 证券投资基金的类型 ... 39
第三节 证券投资基金的运作 ... 44
第四节 我国证券投资基金的发展 ... 49

第五章 衍生证券 ... 55
第一节 金融期货 ... 55
第二节 金融期权 ... 60
第三节 金融互换 ... 64
第四节 其他金融衍生产品 ... 69

第六章 证券市场 ... 75
第一节 证券市场概述 ... 75
第二节 证券发行市场 ... 86
第三节 证券流通市场 ... 94
第四节 证券投资的收益与风险 ... 99

第七章　证券投资基本面分析 ... 106
  第一节　宏观经济分析 ... 106
  第二节　行业分析 ... 115
  第三节　上市企业分析 ... 119

第八章　技术分析概述 ... 139
  第一节　技术分析概述 ... 139
  第二节　技术分析的理论基础 ... 142
  第三节　技术分析方法的分类 ... 144
  第四节　影响证券市场分析的几个理论 ... 147
  第五节　使用技术分析方法时应注意的问题 ... 151

第九章　K线图分析 ... 155
  第一节　K线概述 ... 155
  第二节　单根K线的技术含义 ... 157
  第三节　K线组合的技术含义 ... 163
  第四节　应用K线理论的注意事项 ... 181

第十章　道氏理论 ... 184
  第一节　道氏理论概述 ... 184
  第二节　基本运动 ... 189
  第三节　次级运动与日常波动 ... 192
  第四节　晴雨表——道氏理论的判断原则 ... 194
  第五节　道氏理论的缺陷 ... 200

第十一章　支撑压力分析 ... 203
  第一节　趋势分析 ... 203
  第二节　支撑线和压力线 ... 206
  第三节　趋势线和轨道线 ... 210
  第四节　黄金分割线和百分比线 ... 216
  第五节　扇形原理、速度线和甘氏线 ... 220
  第六节　应用支撑压力线应注意的问题 ... 224

第十二章　证券价格形态分析 ... 226
  第一节　形态分析概述 ... 226
  第二节　反转形态 ... 228
  第三节　整理形态 ... 234

第十三章　证券价格的技术指标分析 ... 239
  第一节　技术指标概述 ... 239
  第二节　移动平均线和平滑异同移动平均线 ... 241
  第三节　威廉指标和随机指标 ... 246
  第四节　相对强弱指标 ... 250
  第五节　乖离率和心理线 ... 253

第六节　能量潮 ………………………………………………………………… 255

第十四章　波浪理论 ……………………………………………………………… 258
　　第一节　波浪理论的产生背景及基本思想 …………………………………… 258
　　第二节　波浪理论的基本内容 ………………………………………………… 260
　　第三节　主浪的特点及变异 …………………………………………………… 263
　　第四节　调整浪的特点及变异 ………………………………………………… 265
　　第五节　斐波那契数列与波浪理论 …………………………………………… 270
　　第六节　波浪理论的实践应用 ………………………………………………… 274

第十五章　投资组合理论 ………………………………………………………… 279
　　第一节　证券组合概述 ………………………………………………………… 279
　　第二节　马科维茨证券组合分析 ……………………………………………… 287
　　第三节　效用分析与最优证券组合 …………………………………………… 293

第十六章　资产定价模型 ………………………………………………………… 298
　　第一节　假设条件 ……………………………………………………………… 298
　　第二节　资本市场线 …………………………………………………………… 299
　　第三节　证券市场线 …………………………………………………………… 303
　　第四节　资本资产定价模型的应用 …………………………………………… 306

第十七章　因素模型与套利定价理论 …………………………………………… 312
　　第一节　单指数模型 …………………………………………………………… 312
　　第二节　多因素模型 …………………………………………………………… 315
　　第三节　套利定价理论 ………………………………………………………… 317

第十八章　投资组合的业绩评价 ………………………………………………… 325
　　第一节　投资收益率 …………………………………………………………… 325
　　第二节　风险调整收益 ………………………………………………………… 328

第十九章　证券投资行为与投资心理 …………………………………………… 337
　　第一节　行为金融学简介 ……………………………………………………… 337
　　第二节　证券投资的心理分析 ………………………………………………… 343
　　第三节　证券投资的行为分析 ………………………………………………… 348

第二十章　证券投资策略与技巧 ………………………………………………… 354
　　第一节　证券投资策略的确定依据和原则 …………………………………… 354
　　第二节　证券投资基本策略 …………………………………………………… 357
　　第三节　证券投资时机和对象的选择 ………………………………………… 361
　　第四节　证券投资方法 ………………………………………………………… 367

第一章 证券投资概述

【本章概要】

本章介绍了证券投资的含义,并在此基础上阐述了证券投资活动的基本特征。重点阐述了证券投资的要素及证券投资的过程;之后介绍了全球和我国证券投资的产生与发展,并进一步指出我国证券投资发展中存在的不足及我们应采取的一些完善措施。

第一节 证券投资的含义

一、投资的含义

在经济生活中,投资是非常普遍的经济现象,投资活动几乎无处不在,但是"投资"的定义是比较复杂的,理解的角度不同会得出不同的定义。

从投资者的角度来说,投资可以定义为:投资者运用自己持有的资本,购买实际资产或金融资产,或取得这些资产的权利,目的是在一定时期内预期获得资产增值和一定的收入。

根据投资范围的不同,投资可以有广义和狭义之分。狭义投资又称金融投资,是指投资于各类金融资产以获得未来收益的经济行为,所投资的金融资产既包括存款,也包括票据、债券、股票、基金等有价证券;广义投资是指为了获得未来投资收益而垫支一定资本的任何经济行为,包括实物投资和金融投资,实物资产包括土地、建筑物、知识、用于生产产品的机械设备和运用这些资源所必需的有技术的工人。

二、证券的含义

一般认为,"证券"一词的含义比较宽泛,是用以表明各类财产所有权或债权的凭证或证书的统称。诸如车船票、各类入场券、提单、仓单、栈单、邮票、存单、股票、债券等,都属于证券的范畴。在通常情况下,证券的权利与其载体往往是结合在一起的,权利一般不能脱离证券而单独存在,例如当事人失去了车船票,往往就无法行使乘坐权;失去了各类入场券,就无法行使观赏权等。故权利与载体(证券)的密切联系,就构成了证券的基本特点之一。

就证券之上的权利而言,包含两方面的内容:一是持有人对于证券这种权利载体的所有权,即证券所有权;二是持有人所享有的或可以行使的由证券所记载的权利,即证券权利。

就证券的权利是否具有财产价值而言,证券可分为无价证券与有价证券。无价证券是指证券的权利无法或难以用价值尺度来衡量,例如计划经济时代的粮票、油票等购物票证所代表的购物权就是如此。与此相对应,有价证券的证券权利或直接记载为一定量的金钱,或权利的对象为可用一定量的金钱表示其价值的实物。有价证券是证券的一种,是表示一定的财产权可自由让渡的证券,即表明证券持有人根据券面所载财产内容可以行使的权利的证券。有价证券有广义和狭义之分,广义的有价证券包括财物证券、货币证券、资本证券等。财物证券是表明对某种财物具有领取权的证券,如提货单、货运单等。货币证券是表明对货币具有索取权的证券,如本票、汇票、支票等。资本证券是表明所有权或债权的证券,如股票、债券等。狭义上的有价证券仅指资本证券,主要指的是证券市场中的证券产品,其中包括产权市场产品如股票,债权市场产品如债券,衍生市场产品如股票期货、期权、利率期货等。

依照《中华人民共和国证券法》(以下简称《证券法》)第 2 条的规定,纳入我国《证券法》调整范围的证券是指在中华人民共和国境内发行与交易的股票、公司债券和国务院依法认定的其他证券。这一规定意味着应由我国《证券法》进行规范的证券主要是股票和债券。但随着我国经济的发展、证券市场的进一步完善,我国有关证券的立法政策必定会有所调整,而"国务院依法认定的其他证券"这一规定为证券范围的扩大提供了必要的法律依据,各种基金券的发行与上市交易应遵从我国《证券法》的相关规定就是一个明证。

三、证券投资的含义

证券投资是金融投资的一种,是指投资者(法人或自然人)购买股票、债券、基金券等有价证券以及这些有价证券的衍生品,以获取价差、利息及资本利得的投资行为和投资过程,是间接投资的重要形式。

阅读延展

投资与投机

投资与投机到底有什么不同?虽然早在 400 年前就有人试着给出解释,但是,随着全球资本市场的发展,投资与投机的概念却在不断地互相渗透,两者之间的界限愈发模糊。甚至有人造出了"investulator"一词,描述正在进行投机却浑不自知的投资者。

一般而言,市场上通常把买入后持有较长时间的行为称为投资(Investment)。而投机(Speculation)则是指根据对市场的判断,把握机会,利用市场出现的价差进行买卖,并从中获得利润的交易行为。简单来说,投资每个人都会,只不过有成功与否的差别。去银行把钱存起来也属于投资,风险极低,回报也非常低;投机就需要有头脑了。机就是机会,是稍纵即逝的一种东西,别人没注意到而你注意到了,出手抓住了就会得到超高的回报。投机的成本往往不太大,却是有风险的。

具体而言,投资与投机有以下的联系和区别:

1. 投资与投机的相同之处

第一,两者都是以获得未来货币的增值或收益为目的而预先投入货币的行为,即本质上没有区别;

第二,两者的未来收益都带有不确定性,都要承担本金损失的风险。

2. 投资与投机的不同之处

第一,两者行为期限的长短不同。一般认为,投资的期限较长,投资者愿意进行实物投资或长期持有证券,而投机的期限较短,投机者热衷于频频的快速买卖。

第二,两者的利益着眼点不同。投资者着眼于长期的利益,而投机活动只着眼于短期的价格涨落,以谋取短期利益。

第三,两者承担的风险不同。一般认为,投资的风险较低,本金相对安全,而投机所包含的风险则可能很高,本金有损失的危险,因此,投机被称为"高风险的投资"。

第四,两者的交易方式不同。投资一般是一种实物交割的交易行为,而投机往往是一种信用交易。

实践证明,投资与投机都是金融市场上不可缺少的行为。没有投资就不会有投机市场,而如果没有投机,投资市场就会毫无生机。

四、证券投资的基本特征

证券投资活动与其他投资活动相比,具有以下几个特征:

1. 证券投资的对象是各种各样的有价证券及其衍生品

按照投资对象的不同,投资活动可以分为两大类:实物投资和金融投资。实物投资的投资对象是实物资产,金融投资的投资对象是金融资产。根据金融资产种类的不同,还可以将金融投资再进一步细分。因此,以有价证券及其衍生品为投资对象是区别证券投资与其他投资活动的主要标志。

2. 证券投资是在特定市场环境中进行的投资活动

证券投资的特定市场环境指的是证券市场,证券投资活动都发生在证券市场上。实际上,有证券投资交易才有了证券市场,证券市场的形成和发展有赖于大量的、经常性的证券交易活动;反过来,证券市场的运作及管理包括对证券交易活动的组织、管理及监督,对证券投资活动具有重要的影响。

3. 证券投资的收益主要来自利息、股息、红利、交易价差等

证券投资以有价证券及其衍生品为投资对象,可以凭借其所持有的有价证券及其衍生品要求得到主要以利息、股息或红利等形式表现的应得收益,也可以在其升值时从低买高卖中得到价差收益。

4. 证券投资的收益与其所承担的投资风险正相关

风险在投资过程中是不可避免的,投资者进行证券投资,要承担相应的投资风险,因而要求取得相应的收益作为承担风险的报酬。一般来说,承担的风险越高,要求得到的报酬就越高。收益与风险呈正相关关系。但高风险并不一定会给投资者带来高收益,追求额外的风险并不一定有额外的收益,相同的风险也不一定具有相同的收益。

第二节　证券投资要素及过程

一、证券投资要素

证券投资要素由证券投资主体、证券投资客体和证券中介机构所组成。

(一) 证券投资主体

证券投资主体是指进入证券市场进行证券买卖的各类投资者。主要包括机构投资者和个人投资者两类。

机构投资者主要有政府部门、金融机构和企事业单位等。政府部门包括中央政府、地方政府和政府机构;企事业单位包括各种以营利为目的的工商企业和非营利的事业单位;金融机构主要有商业银行、保险公司、证券公司及各种基金组织等。机构投资者的资金来源、投资方向、投资目的各不相同,但它们一般都具有投资的资金量大、收集和分析信息的能力强、可进行有效的资产组合来分散投资风险以及注重资产的安全性及投资活动对市场的影响等特点。

个人投资者是指以个人的名义从事证券投资的投资者,其投资的资金来源主要是储蓄。个人投资者的主要投资目的是在风险一定的情况下追求最大可能的收益。单个投资者受资本和投资能力的限制,非常注重本金的安全和资产的流动性。由于众多个人投资者的投资总额非常可观,因此不能忽视个人投资者对证券市场的稳定与发展的影响力。

(二) 证券投资客体

证券投资客体即证券投资的对象,主要是指股票、债券、基金等有价证券及其衍生产品。

(三) 证券中介机构

证券中介机构是指为证券市场参与者如发行者、投资者等提供相关服务的专职机构,按提供服务内容的不同,可分为证券经营机构和证券服务机构两大类型。证券经营机构是由证券主管机关依法批准设立的在证券市场上经营证券业务的金融机构,其主要办理证券承销、证券经纪、证券自营业务和其他业务。证券服务机构是在证券市场上提供专业性服务的机构,包括会计师事务所、律师事务所、资产评估机构、证券评级机构、证券投资咨询机构等。各类证券中介机构各司其职、相互协作,是保证证券市场正常运行必不可少的要素。

二、证券投资过程

证券投资过程通常包括五个步骤:
(1) 确定证券投资策略;
(2) 进行证券投资分析;
(3) 组建证券投资组合;
(4) 修正证券投资组合;
(5) 评估投资组合业绩。

证券投资是一个复杂的过程,还需要采取进一步的举措:

(1) 筹措投资资金。证券投资的先决条件是筹措一笔投资资金,资金来源无非是两个部分:自有资金和借入资金。这些资金要购买哪些证券、各买入多少等要事先进行详细的分析和研究,并根据投资方案的内容进行详尽、科学的论证,以便进行风险控制管理,将风险控制在可控制的范围内。

(2) 确定投资策略。证券投资的目标是获得预期的收益,但风险和收益是同时存在的,投资者应根据自己的年龄、健康状况、性格、心理素质、家庭情况、财力情况等条件合理确定自己具体的投资目标和对风险的态度。投资者对风险的态度可以分为风险偏好型、风险中性型和风险规避型。投资者应先衡量自己能承受多高的风险,然后再决定投入多少资金量,以及确定在最终的投资组合中可能选择的金融资产的种类和数量。

(3) 了解金融资产的特性和金融市场结构。投资者要广泛了解各种投资对象的收益和风险情况。投资对象的种类很多,其性质、期限、有无担保、收益高低、支付情况、风险大小及内容各不相同,只有对其进行全面了解后,才能正确选择。另外,证券交易大都通过证券经纪商进行,所以要进一步了解证券市场的组织和机制、经纪商的职能和作用、买卖证券的程序和手续、管理证券交易的法律条例、证券的交易方式和费用等,否则将无法进行交易或蒙受不应有的损失。

(4)分析投资对象。投资者在对证券市场本身及市场情况有了全面了解后,还要对可能选择的各类金融资产中一些具体证券的真实价值、市场价格及价格涨跌趋势进行深入分析后才能确定购买何种证券及买卖的时机。证券的质量取决于其真实价值,证券的价值表现为市场价格,但市场价格受多种因素的影响而经常波动,并不能完全反映其真实价值,因此需要进行深入、细致的分析才能做出正确选择。投资者对投资对象进行深入分析,必须充分利用有关信息,并运用基本分析法、技术分析法和证券组合理论。基本分析法的重点在于分析证券,特别是股票的内在价值;技术分析法主要是根据证券市场过去的统计资料来研究证券市场未来的变动;而证券组合理论则是利用数学公式或方法,计算证券之间的风险通过相关作用影响后的定值来求出一个有效的组合。

(5)构建和管理投资组合。投资者要按照自己所拟定的投资目标以及本身对收益和风险的态度,并考虑今后对现金的需要、用途及未来的经济环境和本身财务状况的变化等,做出判断和决策。投资组合的构建涉及投资对象以及投资比例,关键在于选股、选时和多元化。投资者应选择合适的证券,在价格相对低点买入,并决定各种证券在投资组合中所占的比重,以及分散程度应限于多少证券数量的范围内,才能构成最有效的搭配,使其在一定收益水平上风险最低或风险一定的情况下收益最高。

组合构成后还要定期进行业绩评估并加以严密管理。证券市场变幻莫测,要针对市场变动情况,随时调整组合的种类和比例结构以保持组合应有的功效,使投资目标不致落空。投资组合的构筑和管理对投资额巨大的机构投资者,如各种基金会、商业银行、人寿保险公司而言尤为重要。

第三节 证券投资的产生与发展

一、全球证券投资的产生与发展

证券投资是随着证券的出现而产生,并随着市场经济的发展而形成和演变的。最早的证券投资是随着国债的发行而产生的。早在12世纪末,威尼斯共和国就发行过债券。而股票投资的产生与发展和现代股份公司的建立与发展密不可分。第一个股份有限公司是荷兰的东印度公司,其股票买卖当时只是靠当地的商人零星地进行。之后,随着生产力的发展、科技的进步、社会分工的复杂化及社会化大市场等进一步发展的客观需求,在商品经济发达的国家逐步形成和发展起政府发行国债、公司发行债券和股票、银行等金融机构发行金融债券等融资方式。于是买卖这些证券的证券投资便逐渐发展成熟起来。现在,证券投资工具随着金融衍生工具的产生和不断创新,已不仅仅局限于传统的债券和股票,而是出现了可转换债券、期货、认股权证、存托凭证等新型投资工具。证券投资者也开始偏向于机构化,投资基金机构成为重要的机构投资者。甚至一些国家的法规规定,退休养老金也由专门的机构管理,由此使退休基金机构也成为重要的机构投资者。此外,随着证券市场遍及全球和跨国公司的发展壮大,再加上计算机技术的广泛应用,世界各地证券市场的联系日益紧密,证券投资活动也日益电子化和国际化。证券投资已成为现代社会中占突出地位的投资方式。

二、我国证券投资的产生与发展

我国早期的证券投资活动可以追溯至清朝。我国的企业股票投资开始于1872年由洋务运动的领袖李鸿章创办的股份有限公司——轮船招商局的社会公开招股。至于债券投资方面,清政府在1894年就开始发行公债。中华人民共和国成立后,1949年10月10日发行的"沁源县信用合作社粮食股票"成为我国可进行股票投资的第一股。1950年至1958年,我国发行过6次公债,到1959年国内政府债券的发行暂时终止。

直到1981年我国重新开始发行国债,证券投资活动才重新出现并发展起来。1990年12月和1991年6月,上海证券交易所和深圳证券交易所的相继成立,标志着我国证券市场正式形成。之后,我国的证券投资进入了一个高速发展的阶段。1993年9月,我国发生首起通过二级股票市场进行控股的"宝延风波",延中实业股票突然停牌,深圳宝安上海公司声明持有延中实业发行的普通股5%以上的股份。2001年2月,经国务院批准,中国证监会决定境内居民可投资B股市场。2002年12月,中国证监会颁布并施行《合格境外机构投资者境内证券投资管理暂行办法》。这标志着我国合格境外机构投资者(QFII)制度正式启动。2003年10月28日,十届全国人大常委会第五次会议通过《中华人民共和国证券投资基金法》(以下简称《证券投资基金法》),规范和完善了我国的证券投资基金活动。

截至2014年年底,我国沪深两市上市交易的A股为2 614家,B股上市交易的有104家。截至2014年年末,中国资本市场2 614家上市公司A股市值总规模首次突破35万亿元,达到37.11万亿元,创下A股市场有史以来的最高纪录,比2007年大牛市中创下的32.26万亿元纪录还高4.85万亿元,高出幅度达15%之多。

2014年我国国内生产总值(GDP)达到64.39万亿元,以37.11万亿元的A股股票市值计算,我国的证券化率为58.3%;而2013年我国GDP为59.52万亿元,A股股票市值为23.79万亿元,证券化率仅为40.1%。仅仅一年,我国的证券化率就提高了18.2个百分点。换言之,由于A股市值的超高速增长,证券化率的提高速度远远超过经济增长速度。证券投资在我国已取得显著成就,但是我国作为一个新兴的发展中的证券市场,其证券投资还存在许多不足之处。

(一) 不足之处

1. 内部管理存在缺陷

在我国的证券投资管理模式中,内部管理存在一定的缺陷。首先是制度缺陷。内部会计控制制度的缺陷阻碍了证券投资的结算,证券投资的发展需要内部会计做出准确、客观、真实的会计记录,但在当前证券投资发展的过程中,很多从业人员执行效率不高,往往忽视了这项工作,或是因缺乏相关的专业基础知识而对这部分工作不够重视,导致报告中的数据不准确,最终影响了产品交易的顺利进行。

其次,工作人员职业道德的丧失将会给证券投资的管理带来信用风险,当管理人和委托人发生利益冲突时,管理者会为了自身利益而不考虑委托人的利益,引发信用危机。

最后,证券投资的管理会因市场监管体系的不健全而缺乏对其的有效控制,如我国证券投资基金的法律法规尚不健全,明显滞后于基金业的发展,和发达国家相比,我国相关法律法规的可操控性差,证券立法也缺乏必要的延伸性。

2. 外部证券市场环境存在制约性

由于我国证券投资市场中政策性的变动和干预,使得证券投资难以规避风险。证券的价格必须能够正确、客观、真实地反映所有信息,尤其是投资者的需求信息,但是在一个缺乏做空机制的证券市场中,如果投资者觉得某一证券与实际价值发生偏离、定价过高,却无法将这些判断信息反映到市场上,也就无法调整证券价格的偏离,从而影响了证券价格向内在价值的回归,证券价格的波动也就无法得到减缓。因此,我国证券投资市场"只求做多,不可做空"的单向机制,不仅限制了证券投资的运作空间,同时也限制了基金公司的风险管理,使得风险规避无从下手。

除此之外,尽管现在证券投资市场中也有很多金融衍生品,如套期保值、套利,等等,但是其交易产品相对发达国家来说仍然比较单一,由于缺乏对冲机制,对于投资者来说必须要做多才能获得更高的利润,可是目前我国证券投资市场的单边性特点不利于市场的稳定,并且投资者经常会遭受损失,也正因为我国证券投资市场当中的结构性缺陷,使得其无法充分发挥金融衍生产品的价格发现和风险转移等功能,不仅不利于股价回归,对于培养稳定的投资者群体也有一定的阻碍。

3. 监管体系存在问题

我国证券监管的法律手段存在问题。我国的证券法制建设从 20 世纪 80 年代发展至今,证券法律体系日渐完善,已初步形成了以《证券法》《中华人民共和国公司法》(以下简称《公司法》)为主的法律体系。但是从总体上看,我国的证券法律制度仍存在一些漏洞和不足,证券监管的行政手段和经济手段仍然存在一定的问题。

(二) 改进措施

我国的证券投资还处于成长阶段,具有非常大的发展空间。今后应该做好以下工作:

1. 完善证券市场的环境

随着经济的持续发展和经济体系的逐步建立,各类投资者也在成熟和壮大,于是投资的需求也呈现出多样化的趋势。因此不断完善证券市场的环境成为一项重要的任务。应该鼓励并支持上市公司做优做强,并推动更多代表中国经济的公司上市,通过扩大证券市场的规模探索更多的并购方式,以改善证券市场环境,重振市场信心。另外,可以从制度上鼓励增持回购,稳定市场情绪和树立市场信心。严厉打击违法违规行为,不仅是对证券投资者负责,也有助于完善和净化证券市场环境。

2. 丰富市场的交易品种,使广大投资者有更多的投资选择

随着我国市场经济的发展,应根据不同投资者的不同需求,完善并发展更加齐全的市场交易工具,特别是通过发行可转换债券增加证券品种,以拓宽融资渠道,使投资者能有更多的选择。可转换债券对于我国证券投资市场具有很大的激活作用,不仅能够丰富证券品种,还能有效抑制过度投机。

借鉴发达国家的经验,可以允许保险资金进入证券市场,并且可以考虑进一步发展期货、认股权证等其他衍生工具,因为证券投资中的价格风险会随着经济体制的建立而更加突出,而衍生金融工具能促进相关基础市场的流动性,形成均衡价格,进而达到风险转移和资源分配的目的。发展金融衍生工具时应该做到立法与监管先行,立足国情,重点发展以规避风险和保值为目的的衍生金融工具。

3. 完善监管体系,规范投资运作

一套成熟的监管体制是实现监管体系建设的前提,只有具备了建立监管体制的思路,才能

为完成监管体系建设提供指导和帮助;法律法规作为制度保障,可以为监管体系建设提供法律规范,保证证券市场监管体系的建设符合法律法规的相关要求;市场规范运行建设,是为证券市场监管体系提供数据参考;证券监管的制度建设则是实施体系建设的内容建设,是体系建设最终要形成的一套制度方案和具体措施。

【本章小结】

  1. 投资可定义为:投资者运用自己持有的资本,购买实际资产或金融资产,或取得这些资产的权利,目的是在一定时期内预期获得资产增值和一定的收入。"证券"一词的含义比较宽泛,是用以表明各类财产所有权或债权的凭证或证书的统称。证券投资是金融投资的一种,是指投资者(法人或自然人)购买股票、债券、基金券等有价证券以及这些有价证券的衍生品,以获取差价、利息及资本利得的投资行为和投资过程,是间接投资的重要形式。

  2. 证券投资要素由证券投资主体、证券投资客体和证券中介机构组成。证券投资过程通常包括五个步骤:确定证券投资策略;进行证券投资分析;组建证券投资组合;修正证券投资组合;评估投资组合业绩。

  证券投资是一个复杂的过程,还需要采取进一步的举措:筹措投资资金、确定投资策略、了解金融资产的特性和金融市场结构、分析投资对象、构建和管理投资组合。

  3. 证券投资是随着证券的出现而产生,并随着市场经济的发展而形成和演变的。我国作为一个新兴的发展中的证券市场,其证券投资还存在许多不足之处:内部管理存在缺陷,外部证券市场环境存在制约性,监管体系存在问题。我们应该在以后的证券投资发展中做好以下工作:完善证券市场的环境;丰富市场的交易品种,使广大投资者有更多的投资选择;完善监管体系,规范投资运作。

【关键概念】

  投资 有价证券 证券投资 证券投资主体 证券投资客体 证券中介机构

【复习思考题】

  1. 证券投资的基本特征是什么?
  2. 证券投资要素有哪些?
  3. 简述证券投资过程。
  4. 简述我国证券投资发展中的不足及完善措施。

【参考文献】

  [1] 曹凤岐,刘力,姚长辉.证券投资学(第三版)[M].北京大学出版社,2013.
  [2] 朴明根,邹立明,王春红.证券投资学[M].清华大学出版社,2009.

第二章 股 票

【本章概要】

本章详细介绍了股票的概念、特征及股票的分类,简要介绍了股票的发行与流通情况,分析了股票的价格及影响因素。

第一节 股票概述

一、股票的概念

股票是一种有价证券,是股份公司在筹集资本时向出资人或投资者发行的股份凭证,代表着其持有者(即股东)对股份公司的所有权。这种所有权是一种综合权利,如参加股东大会、投票表决、参与公司的重大决策、收取股息或分享红利差价等,但也要承担公司运作错误所带来的风险。获取经常性收入是投资者购买股票的重要原因之一,而分红派息是股票投资者经常性收入的主要来源。

股票持有者凭股票从股份公司取得的收入是股息。股息的派发取决于公司的股息政策,如果公司不派发股息,股东就没有获得股息的权利。优先股股东可以获得固定金额的股息,而普通股股东的股息是与公司的利润相关的。普通股股东股息的派发在优先股股东之后——必须在所有的优先股股东都满额获得他们曾被承诺的股息之后,普通股股东才有权派发股息。股票只是对一个股份公司所拥有的实际资本的所有权证书,是参与公司决策和索取股息的凭证,并不是实际资本,它只是间接地反映了实际资本运动的状况,从而表现为一种虚拟资本。

每个股东所拥有的公司所有权份额的大小,取决于其持有的股票数量占公司总股本的比重。股票一般可以通过买卖方式有偿转让。股东能通过股票转让收回其投资,但不能要求公司返还其出资。股东与公司之间的关系不是债权债务关系。股东是公司的所有者,以其出资额为限对公司负有限责任、承担风险、分享收益。

由此,股票的概念主要包含以下内容:

(1)股票是一种出资证明,当一个自然人或法人向股份公司参股投资时,便可获得股票作为出资的凭证;

(2)股票的持有者可凭借股票来证明自己的股东身份、参加股份公司的股东大会、对股份

公司的经营发表意见;

(3) 股票持有者可凭借股票参加股份发行公司的利润分配,并在公司进行破产清算时,享受剩余财产分配权。

二、股票的特征

股票具有如下特征:

(1) 不可偿还性。股票是一种没有偿还期限的有价证券,投资者认购了股票后,就不能再要求退股,只能到二级市场上卖给第三者。股票的转让只意味着公司股东的改变,并不减少公司的资本。从期限上看,只要公司存在,它所发行的股票就存在,股票的期限等于公司存续的期限。

(2) 参与性。股东有权出席股东大会、选举公司董事会、参与公司重大决策。股票持有者的投资意志和享有的经济利益,通常是通过行使股东参与权来实现的。股东参与公司决策的权利大小,取决于其所持有的股份的多少。从实践中来看,只要股东持有的股票数量达到左右决策结果所需的实际多数,就能掌握公司的决策控制权。

(3) 收益性。股东凭其持有的股票有权从公司领取股息或红利,获取投资的收益。股息或红利的大小,主要取决于公司的盈利水平及其盈利分配政策。股票的收益性,还表现为股票投资者可以获得价差收入或实现资产保值增值。通过低价买入和高价卖出股票,投资者可以赚取价差利润。当通货膨胀发生时,股票价格会随着公司原有资产的重置价格上升而上涨,从而避免资产贬值。股票通常被视为在高通货膨胀期间可优先选择的投资对象。

(4) 流通性。股票的流通性是指股票在不同投资者之间的可交易性。流通性通常以可流通的股票数量、股票成交量以及股价对交易量的敏感程度来衡量。可流通股数越多、成交量越大、股价对成交量越不敏感(价格不会随着成交量一同变化),股票的流通性就越好,反之就越差。股票的流通使投资者可以在市场上卖出其所持有的股票,获得现金。通过股票的流通和股价的变动,可以看出人们对于相关行业、上市公司的发展前景和盈利潜力的判断。那些在流通市场上吸引大量投资者、股价不断上涨的行业和公司,可以通过增发股票,不断吸收大量资本用于生产经营活动,收到优化资源配置的效果。

(5) 价格波动性和风险性。股票在交易市场上作为交易对象,同商品一样,有自己的市场行情和市场价格。由于股票价格要受到诸如公司经营状况、供求关系、银行利率、大众心理等多种因素的影响,其波动有很大的不确定性。正是这种不确定性,有可能使股票投资者遭受损失。价格波动的不确定性越大,投资风险也就越大。因此,股票是一种高风险的金融产品。举例来说,当称雄于世界计算机产业的国际商用机器公司(IBM)业绩不凡时,其每股价格曾高达170美元;但在其地位遭到挑战、出现经营失策而招致亏损时,其股价又下跌到每股40美元。由此可见,如果不合时机地在高价位买进该股,就会遭受严重损失。

三、股票的分类

按照不同的分类方法,股票可以分为不同的种类。

(一) 按股票持有者划分

按股票持有者的不同,可分为国家股、法人股和个人股。三者在权利和义务上基本相同。不同的是国家股投资资金来自国家,不可转让;法人股投资资金来自企事业单位,必须经中国人民银行批准后才可以转让;个人股投资资金来自个人,可以自由上市流通。

（二）按股东的权利划分

按股东的权利来划分，可分为普通股、优先股及两者的混合等多种。

1. 普通股

普通股是指在公司的经营管理、盈利及财产的分配上享有普通权利的股份，代表着满足了所有债权偿付要求及优先股股东的收益权与求偿权要求后，对企业盈利和剩余财产的索取权。普通股构成了公司资本的基础，是股票的一种基本形式。目前，在上海和深圳证券交易所进行交易的股票都是普通股。

普通股股东按其所持有的股份比例享有以下基本权利：

（1）公司决策参与权。普通股股东有权参加股东大会，并拥有建议权、表决权和选举权，也可以委托他人代表其行使股东权利。

（2）利润分配权。普通股股东有权从公司利润分配中得到股息。普通股的股息是不固定的，由公司营利状况及其分配政策决定。普通股股东必须在优先股股东取得固定股息之后才有权享受股息分配。

（3）优先认股权。当公司需要扩张而增发普通股股票时，现有普通股股东有权按其持股比例，以低于市价的某一特定价格优先购买一定数量的新发行股票，从而保持其对企业所有权的原有比例。

（4）剩余资产分配权。当公司破产或进行清算时，若公司的资产在偿还欠债后还有剩余，其剩余部分按先优先股股东、后普通股股东的顺序进行分配。

2. 优先股

优先股（Preference Share or Preferred Stock）是相对于普通股（Common Share）而言的，主要指在利润分红及剩余财产分配权方面优先于普通股的股票。

优先股股东没有选举及被选举权，一般来说对公司的经营没有参与权。优先股股东不能退股，所持股份只能通过优先股的赎回条款被公司赎回，但是能稳定分红。

优先股也是一种没有期限的有权凭证，具有如下特点：

（1）优先股股东不参与公司的红利分配，无表决权及参与公司经营管理权。

（2）优先分配权。当公司分配利润时，优先股股东比普通股股东分配在先，但只享受固定金额的股利，即优先股的股利是相对固定的。

（3）当公司破产进行财产清算时，优先股股东对公司的剩余财产有先于普通股股东的要求权。

优先股的种类较多，主要的分类有以下几种：

（1）累积优先股和非累积优先股。累积优先股是指未发的优先股股息逐期累积，即本期公司盈利不足以支付优先股股息时，用后期公司盈利累积来补发。将累积优先股股息付清后，才能分派普通股股息。对于非累积的优先股股息则按期分派，公司本期盈利不足以支付优先股股息时，不予累积，后期也无须补付。对投资者来说，累积优先股一般比非累积优先股具有更大的优越性。

（2）参与优先股与非参与优先股。当企业利润增加时，除享受既定比率的股息外，还可以跟普通股共同参与利润分配的优先股，称为"参与优先股"。除了既定股息外，不再参与利润分配的优先股，称为"非参与优先股"。一般来讲，参与优先股较非参与优先股而言对投资者更为有利。

（3）可转换优先股与不可转换优先股。可转换优先股是指允许优先股持有人在特定条件下把优先股转换为一定数额的普通股的股票;否则,就是不可转换优先股。可转换优先股是日益流行的一种优先股。

(4) 可收回优先股与不可收回优先股。可收回优先股是指允许发行该类股票的公司,按原来的价格再加上若干补偿金将已发行的优先股收回。当该公司能够以较低股利的股票来替换已发行的优先股时,往往就会行使这种权利。反之,就是不可收回的优先股。

3. 后配股

后配股是指在利益或利息分红及剩余财产分配时比普通股还处于劣势的股票,一般是在普通股分配之后,对剩余利益进行再分配。其大都由股份公司赠予发起人或管理人,又称发起人股、管理人股。其获得的代价为提供劳动力、名誉等,而非金钱或财产,因此,也称为干股。

4. 议决权股

议决权股,指的是股份公司对特定股东给予多数表决权(而一般股票是一股一权),但并无任何优先利益的股票。发行这种股票往往是为了限制外国持股人对本国产业的支配。

5. 无议决权股

无议决权股,即对公司一切事物都无表决权的股票。

6. 否决权股

否决权股,即只对指定的议案有否决权的股票。

(三) 按有无面值划分

按有无面值,股票可分为有面值股和无面值股。有面值股即票面上注明股数和金额的股票。无面值股即票面上未载明股数和金额的股票,这种股票并非没有价值,只是不在票面上标明固定的金额,只记载其为几股或股本总额的若干分之几。

(四) 按是否记名划分

按是否记名,股票可分为记名股和无记名股。记名股即股东的姓名载于股票票面并且记入专门设置的股东名簿的股票。记名股派发股息时,由公司书面通知股东。股东转移股份所有权时,须照章办理过户手续。

无记名股指的是股东的姓名不载入票面的股票。其派息时不专门通知,私相授受后其所有权转移即生效,无须办理过户。

(五) 按享受投票权益划分

按享受投票权益,股票可分为单权、多权及无权三种。每张股票仅有一份表决权的称单权股票;每张股票享有多份表决权的称多权股票;没有表决权的称无权股票。

(六) 按照认购股票投资者的身份和公司上市地点的不同划分

按照认购股票投资者的身份和公司上市地点的不同,股票可以分为境内上市内资股、境内上市外资股和境外上市外资股三类。现在比较流行的分类方法为:

(1) A股。A股的正式名称是人民币普通股票。它是由中国境内的公司发行,供境内机构、组织或个人(不含台、港、澳投资者)以人民币认购和交易的普通股股票。

(2) B股的正式名称是人民币特种股票。它是以人民币标明面值,以外币认购和买卖,在中国内地(上海、深圳)证券交易所上市交易的股票。

(3) H股,是指在内地注册的公司在香港交易所(Hong Kong Exchanges and Clearing Limited,HKEx)发行上市的股票。

(4) S股,是指那些生产或者经营等核心业务在中国内地,且公司的注册地在中国内地,但是在新加坡交易所(Singapore Exchange Limited,SGX)发行上市的股票。

(5) N 股,是指那些在中国内地注册的公司,在纽约证券交易所(New York Stock Exchange,NYSE)发行上市的股票。

（七）按照股票的收益能力和风险特征划分

按照收益能力和风险特征的不同,股票可分为"红筹股"和"蓝筹股"、成长股、热门股等。

1."红筹股"和"蓝筹股"

香港股市有所谓"红筹股""蓝筹股"之分。红筹股是指最大控股权直接或间接隶属于内地有关部门或企业,并在香港联合交易所上市的公司所发行的股份,即在港上市的内资企业。人们形容中国是红色中国,而她的国旗又是五星红旗,因此把和中国相联系的上市公司发行的股票称为红筹股;美国人打牌下赌注,蓝色筹码为最高,红色筹码为中等,白色筹码为最低,后来人们就把股票市场上最有实力、最活跃的股票称为蓝筹股。蓝筹股几乎成了绩优股的代名词。随着内地公司陆续赴港上市,现也有人将红筹股做了更严谨的定义,即必须是某公司在港注册、接受香港法律约束的内资企业才称为红筹股,而公司在内地注册,只是借用香港资本市场筹资的企业,另称为"H 股"。但一般仍以"红筹股"广泛地作为在港上市的内资企业的代名词。

2. 成长股

成长股,是指发行股票时规模并不大,但公司的业务蒸蒸日上,管理良好,利润丰厚,产品在市场上有竞争力的公司的股票。

3. 热门股

热门股,是指交易量大、交易周转率高、股价涨跌幅度也较大的股票。热门股的形成往往有其特定的经济、政治、社会原因。

4. 绩优股

绩优股,是指那些业绩优良,但增长速度较慢的公司的股票。这类公司有实力抵抗经济衰退,但并不能带来振奋人心的利润。

5. 周期股

周期股,是指经营业绩随着经济周期的张缩而变动的公司的股票。航空工业、汽车工业、钢铁及化学工业都属于此类。

6. 再生股

再生股,是指经营发生了困难甚至破产,经过整顿后重新获得投资者认可的企业股票。

7. 防守性股

防守性股,这种普通股股票同股价循环股正好相反,它们在面临不确定性和商业衰退时收益和红利要比社会平均水平高,具有相对的稳定性。

8. 表现股

表现股(亦称概念股),是指能迎合某一种时代潮流但未必能适应另一种时代潮流的公司所发行的、股价呈巨幅起伏的股票。

9. 投机性股

投机性股,是指那些价格很不稳定或公司前景很不确定的普通股。这主要是指那些雄心很大、开发性或冒险性公司的股票,热门的新发行股,以及一些面值较低的石油与矿业公司发行的普通股票。

（八）其他分类

1. ST 股

1998年4月22日，沪深交易所宣布，将对财务状况或其他状况出现异常的上市公司股票交易进行特别处理（Special Treatment）。由于"特别处理"的英文首字母缩写为 ST，因此这类股票称为 ST 股。

所谓"财务状况异常"是指以下几种情况：

（1）最近两个会计年度的审计结果显示的净利润为负值；

（2）最近一个会计年度的审计结果显示其股东权益低于注册资本，也就是说，如果一家上市公司连续两年亏损或每股净资产低于股票面值，就要予以特别处理；

（3）注册会计师对最近一个会计年度的财产报告出具无法表示意见或否定意见的审计报告；

（4）最近一个会计年度经审计的股东权益扣除注册会计师、有关部门不予确认的部分，低于注册资本；

（5）最近一份经审计的财务报告对上年度利润进行调整，导致连续两个会计年度亏损；

（6）经交易所或中国证监会认定为财务状况异常的。

有些 ST 股是由于特殊原因造成的亏损，或者有些 ST 股正在进行资产重组，那么这些股票往往潜力巨大。需要指出的是，特别处理并不是对上市公司进行处罚，而只是对上市公司所处状况的一种客观揭示，其目的在于向投资者提示其市场风险，引导投资者进行理性投资，如果公司异常状况消除，就能恢复正常交易。

ST 股的交易规则：

（1）股票报价日涨跌幅限制为涨幅5%，跌幅5%；

（2）股票名称改为原股票名前加"ST"，例如"ST 钢管"；

（3）上市公司的中期报告必须经过审计。

由于对 ST 股票实行的日涨跌幅度限制为5%，因此也在一定程度上抑制了庄家的刻意炒作。投资者对于特别处理的股票也要区别对待，具体问题具体分析。有些 ST 股主要是经营性亏损，那么在短期内很难通过加强管理扭亏为盈。

2. *ST 股票

沪深交易所从2003年开始启用新标记"*ST"，警示退市风险，即对存在终止上市风险的公司，交易所对其股票交易实行"警示存在上市风险的特别处理"，简称"退市风险警示"，在"ST"符号前加"*"，以充分揭示其股票可能被终止上市的风险。

3. PT 股票

PT 是英文 Particular Transfer（特别转让）的首字母缩写。依据《公司法》《证券法》的规定，上市公司连续三年出现亏损等情况，其股票将暂停上市。沪深交易所从1999年7月9日起，对这类暂停上市的股票提供特别转让服务，并在其简称前冠以 PT，称之为 PT 股票。PT 股票的交易从2002年5月1日起停止。

阅读延展

中国股史

1916年，孙中山与沪商虞洽卿共同建议成立上海交易所股份有限公司，并拟具章程和说明书，呈请农商部核准。1920年2月1日，上海证券物品交易所在总商会召开创立会。1920年2月6日，交易所召开理事会，选举虞洽卿为理事长。

农商部终于在1920年6月批准在上海设立证券物品交易所，运作模式借鉴日本证券交易所，还聘请了日本顾问。1920年7月1日，上海证券交易所开业，采用股份公司形式，交易标的分为有价证券、棉花等7类。这就是近代中国最早的股票。

中国股票的发行经历了清政府、北洋政府、国民政府（中间还有汪伪政府）以及中华人民共和国人民政府。用于购买股票的币种有银两、银元、法币、中储券、关金券、金圆券、人民币。如今，收藏界把这百余年间发行的股票进行了分组，分为清代、民国、解放区、中华人民共和国、新时期、上市公司股票再加股票认购证。

国内主要的交易所为上海证券交易所和深圳证券交易所。

阅读延展

世界股史

股票已有近四百年的历史，它伴随着股份公司的出现而出现。随着企业经营规模的扩大与资本需求的增加，要求用一种方式来让公司获得大量资本金。于是产生了以股份公司形态出现的、股东共同出资经营的企业组织。股份公司的变化和发展催生了股票形态的融资活动；股票融资的发展促生了股票交易的需求；股票交易的需求促成了股票市场的形成和发展；而股票市场的发展最终又促进了股票融资活动和股份公司的完善与发展。股票最早出现于资本主义国家。

世界上最早的股份有限公司制度源于1602年在荷兰成立的东印度公司。股份公司这种企业组织形态出现以后，很快为资本主义国家所广泛利用，成为资本主义国家企业组织的重要形式之一。伴随着股份公司的诞生和发展，以股票形式集资入股的方式也得到了发展，并且产生了买卖、交易、转让股票的需求。这样，就带动了股票市场的出现，并促进了股票市场的发展和完善。

1611年，东印度公司的股东们在阿姆斯特丹股票交易所就已经进行着股票交易，后来还有了专门的经纪人撮合交易。阿姆斯特丹股票交易所成为世界上第一个股票市场。股份有限公司已经成为最基本的企业组织形式之一；股票已经成为大企业筹资的重要渠道和方式，亦是投资者投资的基本方式；股票市场（包括股票的发行和交易市场）与债券市场成为证券市场的重要内容。

> 阅读延展

中国的股权分置改革

所谓的股权分置也称为股权分裂,是指 A 股市场上的上市公司的股份分为流通股与非流通股。股东所持有的向社会公开发行且能在证券交易所交易的股份,称为流通股,其主要成分为社会公众股;而公开发行前暂不上市交易的股份,称为非流通股,其大多为国有股和法人股。这种同一上市公司股份分为流通股和非流通股的股权分置状况,为我国证券市场所独有。

股权分置问题被普遍认为是困扰我国股市发展的头号难题。由于历史原因,我国股市上有 2/3 的股权不能流通。由于同股不同权、同股不同利等弊端,股权分置严重影响着股市的发展。股权分置不能适应资本市场改革开放和稳定发展的要求,必须通过股权分置改革,来消除非流通股和流通股的流通制度差异。股权分置改革是为了解决 A 股市场相关股东之间的利益平衡问题而采取的举措。

《国务院关于推进资本市场改革开放和稳定发展的若干意见》明确指出,应"积极稳妥解决股权分置问题",提出"在解决这一问题时要尊重市场规律,有利于市场的稳定和发展,切实保护投资者特别是公众投资者合法权益"的总体要求。2005 年 4 月 29 日,经国务院批准,中国证监会发布了《关于上市公司股权分置改革试点有关问题的通知》,启动了股权分置改革的试点工作。经过两批试点,取得了一定的经验,具备了转入积极稳妥推进改革的基础和条件。经国务院批准,2005 年 8 月 23 日,中国证监会、国资委、财政部、中国人民银行、商务部联合发布了《关于上市公司股权分置改革的指导意见》;2005 年 9 月 4 日,中国证监会发布了《上市公司股权分置改革管理办法》,我国的股权分置改革进入全面铺开阶段。

上市公司的股权分置改革是通过非流通股股东和流通股股东之间的利益平衡协商机制消除 A 股市场股份转让制度性差异的过程,是为非流通股可以上市交易做出的制度安排。

股权分置的由来和发展可以分为以下三个阶段:

第一阶段,股权分置问题的形成。我国证券市场在设立之初,对国有股流通问题总体上采取搁置的办法,在事实上形成了股权分置的格局。

第二阶段,通过国有股变现来解决国有企业改革和发展资金需求的尝试,开始触动到股权分置问题。1998 年下半年到 1999 年上半年,为了解决推进国有企业改革发展的资金需求和完善社会保障机制,开始进行国有股减持的探索性尝试。但由于实施方案与市场预期存在差距,试点很快被停止。2001 年 6 月 12 日,国务院颁布的《减持国有股筹集社会保障资金管理暂行办法》也是该思路的延续,同样由于市场效果不理想,于当年 10 月 22 日宣布暂停。

第三阶段,作为推进资本市场改革开放和稳定发展的一项制度性变革,解决股权分置问题正式被提上日程。2004 年 1 月 31 日,国务院发布的《国务院关于推进资本市场改革开放和稳定发展的若干意见》明确提出"积极稳妥解决股权分置问题"。

股权分置改革的作用如下:

首先,贯彻落实了股权分置改革的政策要求,适应了资本市场发展的新形势;

其次,为有效利用资本市场工具促进公司发展奠定了良好的基础。从公司自身的角度来说,进行股权分置改革有利于引进市场化的激励和约束机制,形成良好的自我约束机制和有效的外部监督机制,进一步完善公司的法人治理结构。对流通股股东来说,通过股权分置改革得到了非流通股股东支付的对价,利益得到了保护;

最后，消除了股权分置这一股票市场最大的不确定因素，有利于股票市场的长远发展。

为解决 A 股市场相关股东之间的利益平衡问题，对于同时存在于 H 股或 B 股的 A 股上市公司，由 A 股市场相关股东协商解决股权分置问题。

解决股权分置问题，是中国证券市场自成立以来影响最为深远的改革举措，其意义甚至不亚于创立中国证券市场。随着试点公司试点方案的陆续推出，以及市场的逐渐接受和认可，股权分置改革的原则、措施和程序得到稳步推行，改革已经有了一个良好的开端。

第二节 股票的发行与流通

一、股票的发行

股票的发行是指符合条件的发行人以筹资或实施股利分配为目的，按照法定的程序，向投资者或原股东发行股份或无偿提供股份的行为。

（一）首次公开发行股票的条件

首次公开发行股票时，发行人应满足以下条件：

（1）发行人应当是依法设立且合法存续的股份有限公司。该股份有限公司应自成立后，持续经营时间在 3 年以上。经国务院批准，有限责任公司在依法变更为股份有限公司时，可以采取募集设立的方式公开发行股票。

（2）发行人应当具有完整的业务体系和直接面向市场独立经营的能力。发行人应满足资产完整、人员独立、财务独立、机构独立、业务独立的条件，在独立性方面不得有其他严重缺陷。

（3）发行人已经依法建立健全股东大会、董事会、监事会、独立董事、董事会秘书制度，相关机构和人员能够依法履行职责。

（4）发行人资产质量良好，资产负债结构合理，盈利能力较强，现金流量正常。

（5）募集资金应当有明确的使用方向，原则上应当用于主营业务。

（二）上市公司公开发行新股的条件

上市公司公开发行新股，应当符合《证券法》《公司法》规定的发行条件和经国务院批准的国务院证券监督管理机构规定的其他发行条件，包括中国证监会《上市公司证券发行管理办法》等规定的发行条件。

1. 《证券法》规定的上市公司公开发行新股的条件

上市公司公开发行新股的条件有：

（1）具备健全且运行良好的组织机构；

（2）具有持续盈利能力，财务状况良好；

（3）最近 3 年财务会计文件无虚假记载，无其他重大违法行为；

（4）经国务院批准的国务院证券监督管理机构规定的其他条件。

上市公司非公开发行新股，应当符合经国务院批准的国务院证券监督管理机构规定的条件，并报国务院证券监督管理机构核准。

此外，《上市公司证券发行管理办法》规定的公开发行证券的条件有：

（1）上市公司的组织机构健全、运行良好；

（2）上市公司的盈利能力具有可持续性；

（3）上市公司的财务状况良好；

（4）上市公司最近36个月内财务会计文件无虚假记载，且不存在重大违法行为；

（5）上市公司募集资金的数额和使用应当符合规定；

（6）上市公司不存在不得公开发行证券的情形。

2. 上市公司配股的条件

上市公司配股的条件有：

（1）拟配售股份数量不超过本次配售股份前股本总额的30%；

（2）控股股东应当在股东大会召开前公开承诺认配股份的数量；

（3）采用《证券法》规定的代销方式发行，控股股东不履行认配股份承诺的，或者代销期限届满，原股东认购股票的数量未达到拟配售数量70%的，发行人应当按照发行价并加算银行同期存款利息返还已经认购的股东。

3. 上市公司增发的条件

上市公司增发的条件有：

（1）最近3个会计年度加权平均净资产收益率平均不低于6%。扣除非经常性损益后的净利润与扣除前的净利润相比，以低者作为加权平均净资产收益率的计算依据。

（2）除金融类企业外，最近一期末不存在持有金额较大的交易性金融资产和可供出售的金融资产、借予他人款项、委托理财等财务性投资的情形。

（3）发行价格应不低于公告招股意向书前20个交易日内公司股票均价或前1个交易日的均价。

（三）股票发行的程序

股份有限公司对外公开发行股票需委托投资银行、证券公司等中介机构承办，一般可分为首次公开发行的程序和增发股票的程序。

1. 首次公开发行的程序

首次公开发行的程序为：

（1）股票发行前期的准备阶段。发行公司在研究和分析发行市场情况的基础上，拟定股票发行方案和形成发行决议后，需要聘请一家证券承销商负责本公司此次发行事宜，并由承销商负责组织一个包括律师、会计师、资产评估师等在内的专家小组，负责对发行公司的尽职调查和发行前的准备工作。

（2）股票发行的申请和审核阶段。主承销商会同发行公司将申请书、招股说明书、承销协议等申请文件送交证券管理机关，申请公开招股。各国公开发行股票的审核制度分为注册制和核准制两种。在注册制下，在生效期后发行公司可销售股票；在核准制下，只有在申请被批准后发行公司才可销售股票。

（3）股票发行与承销的实施阶段。在提出申请到发行申请被批准或注册生效的时间内，发行公司与主承销商可以推介或促销拟发行的股票，包括提前通知市场有关新股发行的情况，大致确定目标投资群体，通过巡回展示或其他推介形式创造对新股的需求，引起投资者的购买兴趣。自注册期满或申请被批准后，发行公司须提交并公开招股说明书的最后文本，同时要与主承销商正式签署承销协议，并由主承销商负责组织承销团。承销团成立后，便可以在公开发行日向投资者发售了。股票全部发售完毕后，主承销商负责公布认购结果并将所筹集的资金转交发行公司办理股份登记。如果发行公司想成为上市公司，主承销商还要负责上市事宜及上市后的市场维持。

2. 增发股票的程序

增发股票主要是向原股东配股,大致程序为:

(1) 制订新股发行计划,召开董事会形成增资配股决议,并经股东大会讨论通过;

(2) 公告配股日期,停止公司股东名册记载事项的变更;

(3) 提出增资配股申请文件;

(4) 向股东发送配股通知书、认购申请书、配股说明书;

(5) 办理配股认购申请事务;

(6) 确定或处理失权股或转配事宜;

(7) 股东支付配股认购款;

(8) 交付股票,发行公司办理股份变更登记。

二、股票的流通

股票流通市场是投资者买卖已经发行的股票的场所。这一市场为股票提供了流动性,即变现的可能。目前,股票的流通市场可分为有组织的证券交易所和场外市场,而新兴的第三市场和第四市场都属于场外市场。

(一) 证券交易所

证券交易所是由证券管理部门批准的,为证券的集中交易提供固定场所和有关设施,并制定各项规则以形成公正合理的价格和有条不紊的秩序的正式组织。证券交易所作为进行证券交易的场所,本身并不持有证券,也不进行证券的买卖,主要作用是为交易双方成交创造或提供条件,并对双方的交易行为进行监督。

(二) 场外市场

场外市场是相对于证券交易所而言的,广义而言,凡是在证券交易所以外进行的证券交易都可称为场外交易。由于这种交易最早是在各证券商的柜台上进行的,因此也称柜台交易(OTC)。

与证券交易所相比,场外市场没有固定的交易场所,其交易由自营商来组织,其价格是由买卖双方协议达成的。一般是由证券自营商挂出各种证券的买入和卖出价,卖者和买者以此价与自营商进行交易。场外交易市场不像证券交易所那样有较高的上市条件,而且管制少,灵活方便,因而成为中小企业和具有发展潜质的公司证券流通的主要场所。

1. 第三市场

第三市场是指原来在证券交易所上市的证券在场外交易所形成的市场。第三市场最早出现在20世纪60年代的美国。在美国,长期以来,证券交易所都实行固定佣金制,而且对于大宗交易也没有折扣佣金,导致买卖大宗上市证券的机构投资者和个人投资者通过场外市场交易上市证券以降低其交易费用。但在1975年,美国的证券交易委员会宣布取消固定佣金制,由交易所会员自行决定佣金,从而使第三市场的吸引力降低了。

2. 第四市场

第四市场是指大机构投资者不经过经纪人或自营商,彼此之间利用网络直接进行大宗证券交易所形成的市场。这种交易方式最大限度地降低了交易费用,它的存在和发展一方面对证券交易所和场外市场产生了巨大的竞争压力,另一方面也给证券市场的监督带来了更大的难度。

第三节 股票价格

从不同的角度来看,股票价格的表现形式多种多样,可分为票面价格、净值、清算价格、发行价格及市场价格五种。

一、票面价格

股票的票面价格即通常所说的面值,是指股份公司在所发行的股票票面上标明的票面金额。股票面值的作用之一是表明股票的认购者在股份公司的投资中所占的比例,作为确定股东权利的依据。如某上市公司的总股本为100万元,其中每股的面值为1元,则持有一股股票就表示对该公司拥有百万分之一的权利。第二个作用就是在首次发行股票时,将股票的面值作为发行定价的一个依据。一般来说,股票的发行价格都会高于其面值。当股票进入流通市场后,股票的面值就与股票的价格没有什么关系了。随着市场供求关系的变化,面值往往会同其代表的公司资产价值及市场价格分离,甚至偏离的程度很大,票面价格在市场中的重要性就显著降低了。由于这个原因,有的股票并不标明票面金额,每股只代表公司总资本的一股份额,这种股票称为无面额股票。

股票票面价格是根据公司发行股票的资本总额和发行股票的数量来确定的,也就是说,公司资本总额分若干单位,每一单位股份所代表的资本额,就是每股股票的票面价格。目前,随着股票的发行、交易过程逐步实现计算机化、无纸化以及证券交易所对上市公司的规范性限定,各国公开发行的股票面值一般都很低,通常为一个小的整数,如1元、10元。我国上海、深圳证券交易所上市的公司股票面值均为每股1元。

二、账面价格

股票的账面价格又称为净值,也称为每股净资产,是用会计、统计的方法计算出来的每股股票所包含的资产净值。其计算方法是,用公司的净资产(包括注册资金、各种公积金、累积盈余等,不包括债务)除以总股本,得到的就是每股的净值。股份公司的账面价值越高,则股东实际拥有的资产就越多。由于账面价值是财务统计、计算的结果,数据较精确而且可信度很高,因此它是股票投资者评估和分析上市公司实力的重要依据之一。股民应注意上市公司的这一数据。

普通股每股股票账面价格的计算公式如下:

股票账面价格＝(公司总资产净值－优先股总面值)/普通股总股数

三、股票的发行价格

股票的发行价格是指股份有限公司将股票公开发售给特定或非特定投资者所用的价格,在设立股份公司时由发起人决定,在公司成立后由董事会决定。股票的种类不同,其发行价格也不同。根据证券发行价格与票面面额的关系,可将证券发行分为平价发行、溢价发行和折价发行三种形式。

1. 平价发行

平价发行也称为等额发行或面额发行,是指发行人以票面金额作为发行价格。平价发行在股票发行中较为常见。有些国家如日本的公司法规定,股票发行价格不得低于其票面价值。

在这种情况下,票面价值便成了发行价格的最低限价。

股票平价发行的优点是:发行者只需付规定的手续费给承销商,就能收到股票票面价值总和的资本,而且成本低,发行简便。主要缺陷是:发行人筹集到的资金量较少,而且平价发行要求公司有较高的信誉,因此,对新成立的公司来说,平价发行股票很难顺利完成。

2. 溢价发行

溢价发行股票是指发行人按高于面额的价格发行股票。采用溢价发行的公司可以用较少的股份筹集到较多的资金,同时还可以降低筹资成本。溢价发行又可分为时价发行和中间价发行两种方式。

时价发行也称市价发行,是指以同种或同类股票的流通价格为基准来确定股票发行价格,股票公开发行时通常采用这种形式。在发达的证券市场中,当一家公司首次发行股票时,通常会根据同类公司(产业相同,经营状况相似)的股票在流通市场上的价格表现来确定自己的发行价格;而当一家公司增发新股时,则会按已发行股票在流通市场上的价格水平来确定发行价格。

中间价发行是指以介于面额和时价之间的价格来发行股票。我国股份公司对老股东配股时,基本上都采用中间价发行。

根据《证券法》第28条的规定,股票发行采取溢价发行的,其发行价格由发行人与承销的证券公司协商确定,报国务院证券监督管理机构核准。

根据《公司法》第131条的规定,以超过票面金额为股票发行价格的,须经国务院证券管理部门批准。

3. 折价发行

折价发行又称低价发行,是指以低于面额的价格出售新股,即按面额打一定折扣后发行股票,折扣的大小主要取决于发行公司的业绩和承销商的能力。目前,西方国家的股份公司很少有折价发行股票的。我国《公司法》第131条明确规定:"股票发行价格可以按票面金额,也可以超过票面金额,但不得低于票面金额。以超过票面金额为股票发行价格的,须经国务院证券管理部门批准。"

影响股票发行价格的因素主要包括:

(1) 公司经营业绩状况和发展前景。业绩优良、发展前景广阔的公司可以高价发行新股,否则只能选择低价。

(2) 新股发行对原有股票的影响。若新股数量巨大,可能导致原股票的市场价格大幅下跌,此时公司宜选择较低的发行价格,反之,若新股对原股票市场价格影响不大,则可以选择较高的发行价格。

(3) 原股票的市场价格。如果原股票的市场价格远高于面值,则可选择较高的发行价格,否则只能选择低价。

(4) 股票发行方式。一般配股价格较低,公开发行价格较高,如果是公司通过证券交易所公开竞价发行股票,则公司本身除了设定价格(发行低价)外,基本上无法控制实际的竞价结果。此外,还需要综合考虑市场利率水平、市场供求关系、股本结构、公司收益和分配、行业比较、发行费用和期限等。

四、股票的清算价格

股票的清算价格是指一旦股份公司破产或倒闭后进行清算时,每股股票所代表的实际价值。从理论上讲,股票的每股清算价格应与股票的账面价值相一致,但企业在破产清算时,其财产价值是以实际的销售价格来计算的,而在进行财产处置时,其售价一般都会低于实际价值。所以股票的清算价格就会与股票的净值不一致。股票的清算价格只有在股份公司因破产或其他原因丧失法人资格而进行清算时才被作为确定股票价格的依据,在股票的发行和流通过程中没有意义。

五、股票的市场价格

股票的市场价格,又称股价,是指股票在市场交易过程中交易双方达成的成交价,通常所指的股票价格就是指市价。股票的市场价格由股票的价值所决定,但同时受许多其他因素的影响。一般来说,影响股票市场价格的因素主要有以下几个方面:

(一)宏观因素

宏观因素包括对股票市场价格可能产生影响的社会、政治、经济、文化等方面,具体分析如下:

(1)宏观经济因素。也就是宏观经济环境状况及其变动对股票市场价格的影响,包括宏观经济运行的周期性波动等规律性因素和政府实施的经济政策等政策性因素。股票市场是整个金融市场体系的重要组成部分,上市公司是宏观经济运行的微观基础中的重要主体,因此股票市场的股票价格理所当然地会随宏观经济运行状况的变动而变动,会因宏观经济政策的调整而调整。例如,一般来讲,股票价格会随国民生产总值(GNP)的升降而涨落。

(2)政治因素。也就是影响股票市场价格变动的政治事件。一国的政局是否稳定对股票市场有着直接的影响。一般而言,政局稳定则股票市场运行稳定;相反,政局不稳则常常引起股票市场价格下跌。除此之外,国家的首脑更换、罢工、主要产油国的动乱等也对股票市场有重大影响。

(3)法律因素。也就是一国的法律特别是股票市场的法律规范状况。一般来说,法律不健全的股票市场更具有投机性,震荡剧烈,涨跌无序,人为操纵的成分大,不正当交易较多;反之,法律法规体系比较完善、制度和监管机制比较健全的股票市场,证券从业人员营私舞弊的机会较少,股票价格受人为操纵的情况也较少,因而表现得相对稳定和正常。总体上说,新兴的股票市场往往不够规范,而成熟的股票市场法律法规体系则比较健全。

(4)军事因素。主要是指军事冲突。军事冲突是一国国内或国与国之间、国际利益集团与国际利益集团之间的矛盾发展到不可以采取政治手段来解决的程度的结果。军事冲突小则造成一个国家内部或一个地区的社会经济生活的动荡,大则打破正常的国际秩序。它使股票市场的正常交易遭到破坏,因而必然导致相关的股票价格的剧烈动荡。例如,海湾战争之初,世界主要股市均呈下跌之势,而且随着战局的不断变化,股市均大幅振荡。

(5)文化、自然因素。就文化因素而言,一个国家的文化传统往往在很大程度上决定着人们的储蓄和投资心理,从而影响股票市场资金流入流出的格局,进而影响股票的市场价格;证券投资者的文化素质状况则从投资决策的角度影响着股票市场。一般地,文化素质较高的证券投资者在投资时相对较为理性,如果证券投资者的整体文化素质较高,则股票市场价格相对比较稳定;相反,如果证券投资者的整体文化素质偏低,则股票市场价格容易出现暴涨暴跌。在自然方面,如发生自然灾害,生产经营就会受到影响,从而导致相关股票价格下跌;反之,如进入恢复重建阶段,由于投入大量增加,对相关物品的需求也会大量增加,从而导致相关股票价格上涨。

(二)区域因素

区域因素主要是指产业发展前景和区域经济发展状况对股票市场价格的影响。它是介于宏观和微观之间的一种中观影响因素,因而对股票市场价格的影响主要是结构性的,具体分析如下:

(1)在产业方面,每一种产业都会经历一个由成长到衰退的发展过程,这个过程称为产业的生命周期。产业的生命周期通常分为四个阶段,即初创期、成长期、稳定期、衰退期。处于不同发展阶段的产业在经营状况及发展前景方面有较大差异,这必然会反映在股票价格上。蒸蒸日上的产业股票价格呈上升趋势,日见衰落的产业股票价格则逐渐下落。

(2)在区域方面,由于区域经济发展状况、区域对外交通与信息沟通的便利程度、区域内的投资活跃程度等的不同,分属于各区域的股票价格自然也会存在差异,即便是相同产业的股票也是如此。经济发展较快、交通便利、信息化程度高的地区,投资活跃,股票投资有较好的预期;相反,经济发展迟缓、交通不便、信息闭塞的地区,其股票价格总体上呈逐步下跌趋势。

(三)公司因素

公司因素,即上市公司的运营对股票价格的影响。上市公司是通过发行股票筹集资金的运用者,也是资金的投资收益的实现者,因而其经营状况的好坏对股票价格的影响极大。而其经营管理水平、科技开发能力、产业内的竞争实力与竞争地位、财务状况等无不关系着其运营状况,因而从各个方面影响着股票的市场价格。由于产权边界明确,公司因素一般只对本公司的股票市场价格产生深刻的影响,是一种典型的微观影响因素。

(四)市场因素

市场因素,即影响股票市场价格的各种股票市场操作。例如,看涨与看跌、买空与卖空、追涨与杀跌、获利平仓与解套或割肉等行为,不规范的股票市场中还存在诸如分仓、串谋、轮炒等违法违规操纵股票市场的操作行为。一般而言,如果股票市场的做多行为多于做空行为,则股票价格上涨;反之,如果做空行为占上风,则股票价格趋于下跌。由于各种股票市场的操作行为主要是短期行为,因而市场因素对股票市场价格的影响具有明显的短期性质。

在以上影响股票市场价格的诸多因素中,宏观因素、产业和区域因素及公司因素主要是通过影响股票发行主体即公司的经营状况和发展前景来影响股票市场价格,它们在股票市场之外,因而被称为基本因素。基本因素的变动形成了股票市场价格变动的主要利多因素和利空依据。市场因素则主要是通过投资者的买卖操作来影响股票市场价格,它存在于股票市场内部,与基本因素没有直接的关联,因而被称为技术因素。技术因素是技术分析的对象。

【本章小结】

1. 股票是一种有价证券,是股份公司在筹集资本时向出资人或投资者发行的股份凭证,代表着其持有者(即股东)对股份公司的所有权。股票具有如下特征:不可偿还性、参与性、收益性、流通性、价格波动性和风险性。

2. 按照不同的分类方法,股票可以分为不同的种类。如按股票持有者的不同,可分为国家股、法人股、个人股;按股东的权利,可分为普通股、优先股及两者的混合等多种;按有无面值,可分为有面值股和无面值股;按是否记名,可分为记名股和无记名股,等等。

3. 股票的发行是指符合条件的发行人以筹资或实施股利分配为目的,按照法定的程序,向投资者或原股东发行股份或无偿提供股份的行为。股票流通市场是投资者买卖已经发行股票的场所。这一市场为股票提供了流动性,即变现的可能。目前,股票的流通市场可分为有组织的证券交易所和场外市场,而新兴的第三市场和第四市场都属于场外市场。

4. 从不同的角度来看,股票价格的表现形式多种多样,可分为票面价格、净值、清算价格、发行价格及市场价格五种。

【关键概念】

股票　普通股　优先股　国有股　法人股　个人股　A股　B股　红筹股

【复习思考题】

1. 什么是股票?它有哪些特征?
2. 普通股的权益有哪些?它与优先股有什么区别?
3. 首次公开发行股票的条件有哪些?
4. 影响股票发行价格的因素主要包括哪些?
5. 影响股票市场价格的因素主要有哪些?

【参考文献】

[1] 吴晓求.证券投资学(第四版)[M].中国人民大学出版社,2013.
[2] 王玉霞.证券投资学(第二版)[M].东北财经大学出版社,2014.

第三章 债 券

【本章概要】

本章介绍了债券的含义及基本要素,并详细介绍了债券的特征及分类;阐述了债券的发行条件、发行程序及承销程序,并分析了债券的价格及收益率。

第一节 债券概述

一、债券的含义及特征

（一）债券的含义

债券是一种金融契约,是指发行人(也称债务人或借款人)为筹措资金而向投资者(也称债权人)出具的承诺按一定利率定期支付利息和到期偿还本金的一种债务(或债权)凭证。债券是一种有价证券。由于债券的利息通常是事先确定的,因此债券是固定利息证券(定息证券)的一种。

债券包含了以下四层含义:

(1) 债券的发行人(政府、金融机构、企业等机构)是资金的借入者。

(2) 购买债券的投资者是资金的借出者。

(3) 发行人(借入者)需要在一定时期还本付息。

(4) 债券是债的证明书,具有法律效力。债券购买者与发行者之间是一种债权债务关系,债券发行人即债务人,投资者(或债券持有人)即债权人。

（二）债券的基本要素

尽管债券的种类多种多样,但它在内容上都要包含一些基本的要素。这些要素是指发行的债券上必须载明的基本内容,它们是明确债权人和债务人权利与义务的主要约定,具体包括:

(1) 票面价值。债券的面值是指债券的票面价值,是发行人在债券到期后对债券持有人应偿还的本金数额,也是企业向债券持有人按期支付利息的计算依据。债券的面值与债券实际的发行价格并不一定是一致的,发行价格大于面值的称为溢价发行,小于面值的称为折价发行。

（2）偿还期。债券的偿还期是指企业债券上载明的偿还债券本金的期限，即债券发行日至到期日之间的时间间隔。公司应结合自身资金周转状况及外部资本市场的各种影响因素来确定公司债券的偿还期。

（3）付息期。债券的付息期是指企业发行债券后利息支付的时间。它可以是到期一次支付，或1年、半年、3个月支付一次。在考虑货币时间价值和通货膨胀因素的情况下，付息期对债券投资者的实际收益有很大的影响。到期一次付息的债券，其利息通常是按单利计算的；而年内分期付息的债券，其利息是按复利计算的。

（4）票面利率。债券的票面利率是指债券利息与债券面值的比率，是发行人承诺以后一定时期内支付给债券持有人报酬的计算标准。债券票面利率的确定主要受到银行利率、发行者的资信状况、偿还期限和利息计算方法以及当时资金市场上资金供求情况等因素的影响。

（5）发行人名称。发行人名称指明了债券的债务主体，为债权人到期追回本金和利息提供了依据。

上述要素是债券票面的基本要素，但在发行时并不一定在票面上全部印制出来，例如，在很多情况下，债券发行者是以公告或条例形式向社会公布债券的期限和利率。

（三）债券的主要特征

债券作为一种债权债务凭证，与其他有价证券一样，也是一种虚拟资本，而非真实资本，它是经济运行中实际运用的真实资本的证书。

债券作为一种重要的融资手段和金融工具，具有如下特征：

（1）偿还性。债券一般都规定有偿还期限，发行人必须按约定条件偿还本金并支付利息。

（2）流通性。债券一般都可以在流通市场上自由转让。

（3）安全性。与股票相比，债券通常规定有固定的利率。它与企业绩效没有直接联系，收益比较稳定，风险较小。此外，在企业破产时，债券持有者享有优先于股票持有者的对企业剩余资产的索取权。

（4）收益性。债券的收益性主要表现在两个方面：一是投资债券可以给投资者定期或不定期地带来利息收入；二是投资者可以利用债券价格的变动，买卖债券赚取差价。

二、债券与股票的比较

1. 债券与股票的联系

债券与股票都是有价证券，是证券市场上的两大主要金融工具。两者同在一级市场上发行，又同在二级市场上流通转让。对投资者来说，两者都是可以通过公开发行方式募集资本的融资手段。由此可见，两者实质上都是资本证券。从动态上看，股票的收益率和价格与债券的利率和价格互相影响，往往在证券市场上发生同向运动，即一个上升另一个也上升，反之亦然，但升降幅度不见得一致。这些，就是股票和债券的联系。

2. 债券与股票的区别

债券和股票虽然都是有价证券，都可以作为筹资的手段和投资工具，但两者却有明显的区别：

（1）发行主体不同。作为筹资手段，无论是国家、地方公共团体还是企业，都可以发行债券，而股票则是股份制企业才可以发行。

（2）收益稳定性不同。从收益方面看，债券在购买之前，利率已定，到期就可以获得固定利息，而不管发行债券的公司经营获利与否。股票一般在购买之前不定股息率，股息收入随股份公司的盈利情况变动而变动，盈利多就多得，盈利少就少得，无盈利则不得。

（3）保本能力不同。从本金方面看，债券到期可收回本金，也就是说连本带利都能得到，如同放债一样。股票则无到期之说。股票本金一旦交给公司，就不能再收回，只要公司存在，就永远归公司支配。公司如果破产，还要看公司剩余资产清盘状况，那时甚至连本金都会蚀尽，小股东特别有此可能。

（4）经济利益关系不同。上述本利情况表明，债券和股票实质上是两种性质不同的有价证券。二者反映着不同的经济利益关系。债券所表示的只是对公司的一种债权，而股票所表示的则是对公司的所有权。权属关系不同，就决定了债券持有者无权过问公司的经营管理，而股票持有者则有权直接或间接地参与公司的经营管理。

（5）风险性不同。债券只是一般的投资对象，其交易转让的周转率比股票低，股票不仅是投资对象，而且是金融市场上的主要投资对象，其交易转让的周转率高，市场价格变动幅度大，可以暴涨暴跌，安全性低，风险大，却又能获得很高的预期收入，因而能够吸引不少人到股票交易中来。

另外，在公司交纳所得税时，公司债券的利息已作为费用从收益中扣除，在所得税前列支。而公司股票的股息属于净收益的分配，不属于费用，在所得税后列支。这一点对公司的筹资决策影响较大，在决定是发行股票还是发行债券时，常以此作为选择的决定性因素。

三、债券的分类

（一）按发行主体划分

1. 政府债券

政府债券是政府为筹集资金而发行的债券。主要包括国债、地方政府债券等，其中最主要的是国债。国债因其信誉好、利率优、风险低而又被称为"金边债券"。除了政府部门直接发行的债券外，有些国家把政府担保的债券也划归到政府债券体系，称为政府保证债券。这种债券由一些与政府有直接关系的公司或金融机构发行，并由政府提供担保。

2. 金融债券

金融债券是由银行和非银行金融机构发行的债券。在我国，金融债券主要由国家开发银行、进出口银行等政策性银行发行。金融机构一般有雄厚的资金实力，信用度较高，因此金融债券往往有良好的信誉。

3. 公司（企业）债券

在国外，没有企业债和公司债的区分，统称为公司债。在我国，企业债券是按照《企业债券管理条例》规定发行与交易的、由国家发展和改革委员会监督管理的债券，在实际中，其发债主体为中央政府部门所属机构、国有独资企业或国有控股企业，因此，它在很大程度上体现了政府信用。公司债券管理机构为中国证券监督管理委员会，发债主体为按照《公司法》设立的公司法人，在实践中，其发行主体为上市公司，其信用保障是发债公司的资产质量、经营状况、盈利水平和持续赢利能力等。公司债券在证券登记结算公司统一登记托管，可申请在证券交易所上市交易，其信用风险一般高于企业债券。2008年4月15日起施行的《银行间债券市场非金融企业债务融资工具管理办法》进一步促进了企业债券在银行间债券市场的发行，企业债券和公司债券成为我国商业银行越来越重要的投资对象。

（二）按财产担保划分

1. 抵押债券

抵押债券是以企业财产作为担保的债券,按抵押品的不同又可以分为一般抵押债券、不动产抵押债券、动产抵押债券和证券信托抵押债券。以不动产如房屋等作为担保品的,称为不动产抵押债券;以动产如适销商品等作为担保品的,称为动产抵押债券;以有价证券如股票及其他债券作为担保品的,称为证券信托债券。一旦债券发行人违约,信托人就可将担保品变卖处置,以保证债权人的优先求偿权。

2. 信用债券

信用债券是不以任何公司财产作为担保、完全凭信用发行的债券。政府债券属于此类债券。这种债券由于其发行人的绝对信用而具有坚实的可靠性。除此之外,一些公司也可发行这种债券,即信用公司债。与抵押债券相比,信用债券的持有人承担的风险较大,因而往往要求较高的利率。为了保护投资人的利益,发行这种债券的公司往往受到种种限制,只有那些信誉卓著的大公司才有资格发行。除此以外,在债券契约中都要加入保护性条款,如不能将资产抵押给其他债权人、不能兼并其他企业、未经债权人同意不能出售资产、不能发行其他长期债券等。

（三）按债券形态划分

1. 实物债券（无记名债券）

实物债券是一种具有标准格式实物券面的债券。它与无实物票券相对应,简单地说就是发给你的债券是纸质的而非电脑里的数字。

在其券面上,一般印制了债券面额、债券利率、债券期限、债券发行人全称、还本付息方式等各种债券票面要素。其不记名,不挂失,可上市流通。实物债券是一般意义上的债券,很多国家通过法律或者法规对实物债券的格式予以明确规定。实物债券由于其发行成本较高,将会被逐步取消。

2. 凭证式债券

凭证式国债是指国家采取不印刷实物券而用填制"国库券收款凭证"的方式发行的国债。我国从1994年开始发行凭证式国债。凭证式国债具有类似储蓄又优于储蓄的特点,通常被称为"储蓄式国债",是以储蓄为目的的个人投资者理想的投资方式。从购买之日起计息,可记名、可挂失,但不能上市流通。其与储蓄类似,但利息比储蓄高。

3. 记账式债券

记账式债券是指没有实物形态的票券,以电脑记账方式记录债权,通过证券交易所的交易系统发行和交易。我国通过沪、深交易所的交易系统发行和交易的记账式国债就是这方面的实例。如果投资者要进行记账式债券的买卖,就必须在证券交易所设立账户。所以,记账式国债又称无纸化国债。

记账式国债购买后可以随时在证券市场上转让,流动性较强,就像买卖股票一样,当然,中途转让除可获得应得的利息外(市场定价已经考虑到),还可以获得一定的价差收益(不排除损失的可能),这种国债有付息债券与零息债券两种。付息债券按票面发行,每年付息一次或多次,零息债券折价发行,到期按票面金额兑付,中间不再计息。

由于记账式国债发行和交易均无纸化,所以交易效率高、成本低,是未来债券发展的趋势。

（四）按是否可转换划分

1. 可转换债券

可转换债券是指在特定时期内可以按某一固定的比例转换成普通股的债券,它具有债务与权益双重属性,属于一种混合性筹资方式。由于可转换债券赋予了债券持有人将来成为公司股东的权利,因此其利率通常低于不可转换债券。若将来转换成功,在转换前发行企业达到了低成本筹资的目的,转换后又可节省股票的发行成本。根据《公司法》的规定,发行可转换债券应由国务院证券管理部门批准,发行公司应同时具备发行公司债券和发行股票的条件。

在深、沪证券交易所上市的可转换债券是指能够转换成股票的企业债券,兼有股票和普通债券双重特征。一个重要特征就是有转股价格。在约定的期限后,投资者可以随时将所持的可转换债券按股价转换成股票。可转换债券的利率是年均利息对票面金额的比率,一般要比普通企业债券的利率低,通常以票面价发行。转换价格是转换发行的股票每一股所要求的公司债券票面金额。

2. 不可转换债券

不可转换债券是指不能转换为普通股的债券,又称为普通债券。由于其没有赋予债券持有人将来成为公司股东的权利,所以其利率一般高于可转换债券。

(五) 按付息的方式划分

1. 零息债券

零息债券,也叫贴现债券,是指债券券面上不附有息票,在票面上不规定利率,发行时按规定的折扣率,以低于债券面值的价格发行,到期按面值支付本息的债券。从利息支付方式来看,贴现债券以低于面额的价格发行,可以看作利息预付,因而又可称为利息预付债券、贴水债券,是期限比较短的折现债券。

2. 定息债券

固定利率债券是将利率印在票面上并按期向债券持有人支付利息的债券。该利率不随市场利率的变化而调整,因而固定利率债券可以较好地抵制通货紧缩风险。

3. 浮息债券

浮动利率债券的息票率是随市场利率变动而调整的利率。因为浮动利率债券的利率同当前市场利率挂钩,而当前市场利率又考虑到了通货膨胀率的影响,所以浮动利率债券可以较好地抵制通货膨胀风险。其利率通常根据市场基准利率加上一定的利差来确定。浮动利率债券往往是中长期债券。

(六) 按能否提前偿还划分

按能否提前偿还,债券可以分为可赎回债券和不可赎回债券。

1. 可赎回债券

可赎回债券是指在债券到期前,发行人可以以事先约定的赎回价格收回的债券。公司发行可赎回债券主要是考虑到公司未来的投资机会和回避利率风险等问题,以增加公司资本结构调整的灵活性。发行可赎回债券最关键的问题是赎回期限和赎回价格的制定。

2. 不可赎回债券

不可赎回债券是指不能在债券到期前收回的债券。

(七) 按偿还方式不同划分

1. 一次到期债券

一次到期债券是指发行公司于债券到期日一次偿还全部债券本金的债券。

2. 分期到期债券

分期到期债券是指在债券发行的当时就规定有不同到期日的债券,即分批偿还本金的债券。分期到期债券可以减轻发行公司集中还本的财务负担。

（八）按计息方式划分

1. 单利债券

单利债券是指在计息时，不论期限长短，仅按本金计息，所生利息不再加入本金计算下期利息的债券。

2. 复利债券

复利债券与单利债券相对应，指计算利息时，按一定期限将所生利息加入本金再计算利息、逐期滚算的债券。

3. 累进利率债券

累进利率债券是指年利率以逐年累进方法计息的债券。累进利率债券的利率随着时间的推移，后期利率比前期利率更高，呈累进状态。

（九）按债券是否记名分类

按债券上是否记有持券人的姓名或名称，分为记名债券和无记名债券。这种分类类似于记名股票与无记名股票的划分。

在公司债券上记载持券人姓名或名称的为记名公司债券；反之为无记名公司债券。两种债券在转让上的差别也与记名股票、无记名股票相似。

（十）按募集方式分类

按募集方式分类可分为公募债券和私募债券。

1. 公募债券

公募债券是指向社会公开发行、任何投资者均可购买的债券，即向不特定的多数投资者公开募集的债券，它可以在证券市场上转让。

2. 私募债券

私募债券是指向与发行者有特定关系的少数投资者募集的债券，其发行和转让均有一定的局限性。私募债券的发行手续简单，一般不能在证券市场上交易。公募债券与私募债券在欧洲市场上区分并不明显，可是在美国与日本的债券市场上，这种区分是很严格的，并且也是非常重要的。

第二节 债券的发行与承销

一、债券的发行

（一）债券的发行条件

债券的发行条件是指债券发行者在以债券形式筹集资金时所必须考虑的有关因素。合理确定债券的发行条件，对发行者来说直接关系到筹资成本的高低，对投资者来说是做出投资判断的基本依据。发行条件主要包括发行额、票面金额、票面利率、发行价格、发行费用等内容。

1. 发行额

债券的发行额是指发行一次债券的资金总筹集额。债券的发行额是由发行者所需资金的数量、发行者的信誉、债券的种类以及市场的承受能力等因素决定的。如果发行额定得过高，会销售困难，由此会影响发行者的信誉，发行后对债券的转让价格也会产生不良的影响。发行额定得过低，会在很大程度上减少发行收益，甚至连发行成本都难以收回。一般来说，发行者首次发行债券时，发行额不宜过高，可定得低些，保证发行成功，以后再需要发行债券时，便可参考首次发行的情况,确定有把握的发行额。

2. 票面金额

债券票面金额的确定需要考虑以下两个因素:一是认购者的购买能力。用公募方式向社会公众发行债券时,若票面金额定得过高,就会把小投资者拒之门外;用私募方式向法人投资者发行债券时,则可考虑适当提高票面金额。二是成本测算。如果票面金额定得过低,就会增多债券数量,不仅会增加印刷成本,还会使发行工作复杂化。综合上述两种因素,一般采取多票面金额的发行方式比较理想。

3. 票面利率

票面利率又称名义利率,是债券票面所载明的利率。它反映的是债券券面上的固定利息和票面金额的比率,是固定不变的。在确定债券票面利率时通常要考虑多方面的因素。其中主要的因素有:债券期限的长短、市场利率水平的高低、债券的信用等级、利息支付方式、发行单位的承受能力以及政权管理当局对票面利率的管理和指导等。一般来说,债券期限长,则利率高;债券信用等级高,则利率低;到期一次付息的利率高于按年付息的票面利率;在收益一定的情况下,按单利计算的票面利率高于按复利计算的票面利率。

4. 债券的期限

从债券发行日起到偿还本息日止的这段时间称为债券的期限。发行人通常根据资金需求的期限、未来市场利率走势、流通市场的发达程度、投资者的偏好等来确定发行债券的期限结构。一般而言,当资金需求量较大,债券流通市场较为发达,利率有上升趋势时,可发行中长期债券;否则,应发行短期债券。

5. 债券的偿还方式

按照债券的偿还日期不同,债券的偿还方式可分为期满偿还、期中偿还和延期偿还三种;按照债券的偿还形式不同,可分为货币偿还、债券替换和转换股票三种。货币偿还是指在偿还时用货币支付利息,债券替换是用一种到期日较迟的债券来替换到期日较早的债券,转换股票是指举债公司用自己的股票来兑换债券持有人的可转让公司债券。债券的偿还方式直接影响发行人的筹资成本和投资者的投资收益以及双方的风险,也是发行人需要考虑的条件之一。

6. 发行价格

发行价格是指债券从发行者手中转移到初始投资者手中的价格。债券的发行价格相对票面金额而言有三种:平价发行、溢价发行、折价发行。债券发行价格的高低取决于投资者要求的回报率和市场环境。

7. 有无担保

由信誉卓著的第三方担保或用发行人的财产做抵押担保,可提高债券的安全性,降低筹资成本。通常,政府和大金融机构发行的债券无须担保。

8. 债券的税收效应

主要是指对债券的收益是否征税。涉及债券收益的税收有收入所得税和资本收益税。收入所得税也称利息预扣税,是指发行人向债券持有人支付利息时预先扣除的、债券持有人应向政府部门缴纳的税款,该款项被集中上缴至当地税务部门。资本收益税是政府对证券投资的资本利得收入征收的税款。资本利得收入是指债券的卖出价与买入价之间的差额或债券到期时偿还金额与买入价之间的差额。针对债券投资所开征的税种及税率由各国的税务部门决定,但因投资者关注的是债券投资收益扣除税款后的净额,所以税收效应也是债券发行人需要考虑的条件之一。

总之,在确定发行条件时,要将上述因素综合起来考虑,多方权衡。通常先确定利率和期限(因为它们最明显地反映着投资者的获利大小和贷出资金的时间长短),之后再根据市场利率确定发行价格。而投资者在进行债券投资时,除了看发行条件,还要考虑发行者的信用度,所以一般都对发行者定有不同的发行等级,级别越低,发行者越需要以较高的发行条件来发行。

我国《公司法》规定,股份有限公司、国有独资公司和两个以上的国有企业或者两个以上其他国有投资主体设立的有限责任公司,为生产经营筹集资金,可发行公司债券。公司发行债券的条件是:

(1) 股份有限公司的净资产额不低于人民币 3 000 万元,有限责任公司的净资产额不低于人民币 6 000 万元;

(2) 累计债券总额不超过净资产的 40%;

(3) 公司最近 3 年平均可分配利润足以支付公司债券 1 年的利息;

(4) 筹资的资金投向符合国家的产业政策;

(5) 债券利息率不得超过国务院限定的利率水平;

(6) 国务院规定的其他条件。

(二) 债券的发行程序

以公司债券的公募发行为例,其发行程序包括如下几个步骤:

(1) 债券发行单位与证券承销商双向选择,签订承销协议,明确双方的责任和义务;

(2) 发行企业在主承销商的协助下向中国人民银行交送有关文件,提出申请,中国人民银行审批通过,方可发行;

(3) 获得发行批复后,主承销商应当至少在发行前 10 日在中国人民银行指定的报纸上刊登公告,公布债券发行报告,公告信息不得与经中国人民银行审批的内容有任何不同;

(4) 承销团成员利用自己的销售网络,向金融机构、企事业单位及个人投资者销售。

二、债券的承销

以投资银行为例,简单介绍债券承销业务的程序。

1. 获得债券承销业务

投资银行获得债券承销业务一般有两种途径。一种途径是与发行人直接接触,了解并研究其要求和设想之后,向发行人提交关于债券发行方案的建议书。如果债券发行人认为投资银行的建议可以接受,便与投资银行签订债券发行合同,由该投资银行作为主承销商立即着手组建承销辛迪加。另一种途径是参与竞争性投标。许多债券发行人为了降低债券的发行成本,获得最优的发行方案,常常采用投标的方式选择主承销商。投资银行可以单枪匹马地参与投标,但一般先与若干家其他投资银行联合组成投标集团,以壮大自身实力。中标的投标集团在与发行人签订债券发行合同之后,便立即开始组建承销辛迪加。

2. 组建承销辛迪加

债券承销辛迪加与股票承销辛迪加有一个很大的不同是,辛迪加成员并不一定单纯由投资银行或全能制银行中的投资银行部门构成,这是因为许多限制商业银行参与投资银行业务的国家,对商业银行参与债券(尤其是国债)的承销和分销限制比较宽松。

3. 实施发行

组建承销辛迪加并确定了辛迪加中各成员的责任后,便进入了债券的发行阶段。严格来说,债券的发行与股票的发行并没有太大的差别,这里不再过多叙述。

第三节 债券价格

债券价格一般指债券发行时的价格。理论上,债券的面值就是它的价格。但实际上,由于发行者的种种考虑或资金市场上供求关系、利息率的变化,债券的市场价格常常脱离它的面值,有时高于面值,有时低于面值。也就是说,债券的面值是固定的,但它的价格却是经常变化的。发行者计息还本,是以债券的面值为依据,而不是以其价格为依据的。债券价格主要分为发行价格和市场交易价格。

一、发行价格

债券的发行价格,是指债券原始投资者购入债券时应支付的市场价格,它与债券的面值可能一致也可能不一致。理论上,债券发行价格是债券的面值和要支付的年利息按发行当时的市场利率折现所得到的现值。

由此可见,票面利率和市场利率的关系影响到债券的发行价格。当债券的票面利率等于市场利率时,债券发行价格等于面值;当债券的票面利率低于市场利率时,企业仍以面值发行就不能吸引投资者,故一般要折价发行;反之,当债券的票面利率高于市场利率时,企业仍以面值发行就会增加发行成本,故一般要溢价发行。

从货币的时间价值来考虑,债券的发行价格由两部分组成:
(1) 债券到期还本面额的现值;
(2) 债券各期利息的年金现值。
计算公式如下:

债券售价=债券面值/(1+市场利率)^年数 + Σ债券面值×债券利率/(1+市场利率)^年数

在实务中,根据上述公式计算的发行价格一般是确定实际发行价格的基础,要确定发行价格还要结合发行公司自身的信誉情况。

二、市场交易价格

债券发行后,一部分可流通债券在流通市场(二级市场)上按不一样的价格进行交易。交易价格的高低,取决于公众对该债券的评价、市场利率以及人们对通货膨胀率的预期等。一般来说,债券价格和到期收益率成反比。也就是说,债券价格越高,从二级市场上买入债券的投资者所得到的实际收益率越低;反之亦然。不论票面利率和到期收益率的差别有多大,离债券到期日愈远,其价格的变动愈大;实行固定票面利率的债券价格和市场利率及通货膨胀率呈反方向变化,但实行保值补贴的债券例外。

三、影响债券价格的因素

影响债券价格的因素如下:
(1) 待偿期。债券的待偿期愈短,价格就愈接近其终值(兑换价格),所以债券的待偿期愈长,其价格就愈低。另外,待偿期愈长,发债企业所要遭受的各种风险就可能愈大,所以债券的价格也就愈低。
(2) 票面利率。债券的票面利率也就是债券的名义利息率,债券的名义利率愈高,到期的收益就愈大,所以债券的售价也就愈高。

(3) 投资者的获利预期。债券投资者的获利预期(投资收益率 R)是跟随市场利率而发生变化的,若市场利率高调,则投资者的获利预期 R 也高涨,债券的价格就会下跌;若市场的利率调低,则债券的价格就会上涨。这一点在债券发行时表现得最为明显。一般债券印制完毕后,离发行有一段间隔,若此时市场利率发生变动,债券的名义利息率就会与市场的实际利息率出现差距,此时要重新调整已印好的票面利率已不可能,为了使债券的利率和市场的现行利率相一致,就只能溢价或折价发行债券了。

(4) 企业的资信程度。发债者资信程度高的,其债券的风险就小,因而其价格就高;而资信程度低的,其债券价格就低。所以在债券市场上,对于其他条件相同的债券,国债的价格一般要高于金融债券,而金融债券的价格一般又要高于企业债券。

(5) 供求关系。债券的市场价格还取决于资金和债券供给之间的关系。在经济发展呈上升趋势时,企业一般要增加设备投资,所以它一方面因急需资金而抛出债券,另一方面会从金融机构借款或发行公司债,这样就会使市场的资金趋紧而债券的供给量增大,从而引起债券价格下跌。而当经济不景气时,生产企业对资金的需求将有所下降,金融机构则会因贷款减少而出现资金剩余,从而增加对债券的投入,引起债券价格的上涨。而当中央银行、财政部门、外汇管理部门对经济进行宏观调控时,也往往会引起市场资金供给量的变化,其反应一般是利率、汇率随之变化,从而引起债券价格的涨跌。

(6) 物价波动。当物价上涨的速度较快或通货膨胀率较高时,人们出于保值的考虑,一般会将资金投资于房地产、黄金、外汇等可以保值的领域,从而引起资金供应的不足,导致债券价格的下跌。

(7) 政治因素。政治是经济的集中反映,并反作用于经济的发展。当人们认为政治形势的变化将会影响到经济的发展,比如说在政府换届时,国家的经济政策和规划将会有大的变动,从而促使债券的持有人做出买卖政策。

(8) 投机因素。在债券交易中,人们总是想方设法地赚取价差,而一些实力较为雄厚的机构大户就会利用手中的资金或债券进行技术操作,如拉抬或打压债券价格从而引起债券价格的变动。

第四节 债券的收益

债券的收益主要由利息收入和买卖价差收入两部分构成,通常用收益率来衡量。它不仅可以反映投资者投资于债券的获利程度,还可以作为投资者投资不同种类债券的选择标准。根据不同情况,测度债券收益率的方法有所不同,这里只介绍三种最常用的方法。

一、当期收益率

当期收益率又称直接收益率,是指利息收入所产生的收益,通常每年支付两次,它占了公司债券所产生收益的大部分。

当期收益率的计算公式为

$$当期收益率 = \frac{息票利息}{买进价格}$$

例如,息票利率为 7%,面值为 1 000 元,买进价格为 769.40 元的债券的当期收益率为 9.1%,计算过程如下:

$$当期收益率 = \frac{1\,000 \times 7\%}{769.40} = 9.1\%$$

当期收益率的计算很简单,它并没有考虑其他影响债券投资者收益的因素,同时货币的时间价值也被忽略了,但它对于债券的投资者而言,是衡量收益状况的一个十分有用的指标。

二、到期收益率

到期收益率的计算公式为

$$P = \sum_{t=1}^{n} \frac{c}{(1+y)^t} + \frac{M}{(1+y)^n}$$

其中,P 是债券的价格,C 是债券每期所获的利息,M 是债券的期满值(往往就是面值),n 是债券距到期日的年数,t 是利息的偿还次数,y 即为到期收益率。如果是每半年支付一次利息,则 y 要乘以 2 才是到期收益率。例如,期限为 10 年,面值为 1 000 元,息票利率为 5%,价格为 770.36 的债券的到期收益率为 8.5%。具体计算过程是,将上述各值代入公式,即:

$$770.36 = \sum_{t=1}^{10} \frac{1\,000 \times 5\%}{(1+y)^t} + \frac{1\,000}{(1+y)^{10}}$$

此时,要想求出到期收益率 y,得用试算法,即先选一个 y 值代入公式,如果算出的等式两边数字不相等,就再选另一个 y 值代入公式计算,直到等式两边的数字相等为止。这种方法很麻烦,简单的办法是使用财务计算器计算。投资者如果想要实现购买时的到期收益率,需要同时满足以下两个条件:一是必须持有债券到期,二是能够把获得的每期利息收入按照相同的到期收益率进行再投资。

从计算公式中我们可以看出,所谓到期收益率就是指使债券未来的各期现金流的现值之和等于债券市场价格的利率。其计算不仅考虑了债券各期的利息收入,也考虑了将债券一直持有至期满投资者所能实现的任何资本利得或损失,而且还将现金流量的时间性考虑在内。因此,到期收益率又往往被称为债券的内部回报率,可用于比较和评估息票利率与价格不同、评级不同、期限结构不同的各种债券的收益率情况。

当债券按面值发行(即平价发行)时,其到期收益率就等于债券的息票利率;当债券按低于面值的价格发行(即折价发行)时,其到期收益率就大于债券的息票利率;反之,当债券按高于面值的价格发行(即溢价发行)时,其到期收益率就小于债券的息票利率。这是因为,如果债券的息票利率低于其到期收益率,则这个差额必须在债券的有效期内由价格的升高来弥补,这就必然要求债券的发行价低于其到期价(即面值),反之亦然。由此可见,债券的发行价格与票面利率、当期收益率、到期收益率之间的关系如表 3-1 所示。

表 3-1 债券的发行价格与票面利率、当期收益率、到期收益率之间的关系

债券的发行价格	债券的票面利率、当期收益率、到期收益率之间的关系
平价	票面利率=当期收益率=到期收益率
折价	票面利率<当期收益率<到期收益率
溢价	票面利率>当期收益率>到期收益率

三、最终收益率

最终收益率的计算公式为

$$最终收益率 = \frac{(期末价格 - 期初价格) + 利息收入}{期初价格}$$

例如,年初时以850美元的总成本买进某种债券,年底时以950美元的价格卖出,手续费为25美元,持券期间还领取了50美元的利息,则该债券的最终收益率为14.71%,计算过程如下:

$$最终收益率 = \frac{[(950-25)-850]+50}{850} = 14.71\%$$

最终收益率往往又被称为总回报率,它既可以反映投资者财富的增减,又可以用于评估投资者债券投资达到目标的程度。

【本章小结】

1. 债券是一种金融契约,是指发行人(也称债务人或借款人)为筹措资金而向投资者(也称为债权人)出具的承诺按一定利率定期支付利息和到期偿还本金的一种债务(或债权)凭证。债券的基本要素包括票面价值、偿还期、付息期、票面利率、发行人名称。债券作为一种重要的融资手段和金融工具具有如下特征:偿还性、流通性、安全性、收益性。债券和股票虽然都是有价证券,都可以作为筹资的手段和投资工具,但两者却有明显的区别。债券根据不同的标准可有不同的分类:按发行主体可分为政府债券、金融债券及公司(企业)债券;按财产担保可分为抵押债券和信用债券;按债券形态可分为实物债券(无记名债券)、凭证式债券及记账式债券,等等。

2. 债券发行条件是指债券发行者在以债券形式筹集资金时所必须考虑的有关因素。发行条件主要包括发行额、票面金额、票面利率、发行价格、发行费用等内容。以投资银行为例,债券承销业务的程序主要包括获得债券承销业务、组建承销辛迪加及实施发行。

3. 债券价格主要分为发行价格和市场交易价格。影响债券价格的因素主要有待偿期、票面利率、投资者的获利预期、企业的资信程度、供求关系、物价波动、政治因素及投机因素。

4. 债券的收益主要由利息收入和买卖价差收入两部分构成,通常用收益率来衡量。常用的有当期收益率、到期收益率和最终收益率。

【关键概念】

债券　政府债券　金融债券　公司债券　抵押债券　信用债券　可转换债券　债券发行价格　当期收益率　到期收益率　最终收益率

【复习思考题】

1. 债券有哪些特征?
2. 债券的票面要素有哪些?
3. 债券价格的影响因素有哪些?
4. 比较债券与股票有哪些异同。

【参考文献】

[1] 邢天才,王玉霞.证券投资学(第三版)[M].东北财经大学出版社,2012.
[2] 曹凤岐,刘力,姚长辉.证券投资学(第三版)[M].北京大学出版社,2013.

第四章　证券投资基金

【本章概要】

本章介绍了证券投资基金的含义、性质和特点,从不同角度阐述了证券投资基金的类型,并重点分析了开放式基金和封闭式基金、契约型基金和公司型基金的区别,介绍了证券投资基金的当事人、运作过程、费用与收益、资产估值等问题,梳理了我国证券投资基金的历史进程。通过本章的学习,读者可以深入理解证券投资基金的基本问题。

第一节　证券投资基金概述

一、证券投资基金的含义

从广义上说,基金是指为了某种目的而设立的具有一定数量的资金,信托投资基金、公积金、保险基金、退休基金、各种基金会的基金等都可以是基金的具体形式。从狭义上说,基金主要是指证券投资基金,是指一种利益共享、风险共担的集合投资方式,即专门的机构通过公开发行基金股份或基金收益单位凭证的方式,集中投资者的资金汇集成基金,由专业机构从事股票、债券等金融工具投资,并将投资收益按比例进行分配的一种间接投资方式。

从形成方式来看,它是通过发行基金单位将社会的闲散资金集中起来,并投资于资产组合;从运作方式来看,它是投资者将基金交由专业人员进行投资的间接投资方式;从投资者方面来看,它为投资者提供了新的投资途径和获取更多利益的平台;从投资主体方面来看,基金由专门的投资机构进行管理,形成了集合投资制度,创造了一个新的投资主体。

二、证券投资基金的产生与发展

证券投资基金起源于英国。1863年,伦敦金融联合会和国际金融会社成立了第一批私人投资信托;1867年,苏格兰成立的投资信托向股东提供贷款基金,投资于全球各稳步发展的企业所发行的有价证券;1868年,英国的"海外及殖民地政府信托"正式对外发售,这是世界范围内第一只公众投资信托基金。在那个年代,基金全是封闭式证券投资基金。

虽然证券投资基金起源于英国,但由于经济中心的转移,证券投资基金的发展重心也由大西洋东岸转移到大西洋西岸的美国。从20世纪开始,全球证券投资基金市场的主角变为美国。1924年3月21日,一只被称为"马萨诸塞"的投资信托式基金在美国正式被推向市场,它的出现在证券投资基金市场发展史上具有里程碑的意义。它是美国历史上乃至全世界范围内的第一只开放式公司型基金。

从1924年第一只证券投资基金成立到1929年经济大萧条为止,美国的证券投资基金业得到了快速发展。1925年到1928年2月,美国成立的开放式公司型基金多达390家,到1929年大萧条前夕证券投资基金市场的资产总额突破81亿美元,是1925年同期数据的8倍有余。但大萧条使美国基金业遭到重创,在整个20世纪30年代乃至更长的时间里一直都处于停滞不前的发展状态。进入70年代,美国资本市场和证券投资基金市场实现了爆炸性增长。1971年,货币市场基金首次出现在美国基金市场上。20世纪90年代,美国证券投资基金数量从1990年的3 100只上升至1999年年底的9 200只。其中,股票型基金占据新基金总量的半数以上。

2008年,始于美国的金融危机对证券投资基金市场产生了严重影响。自雷曼兄弟破产起,先后有数家在美国乃至全世界发挥重要作用的投资银行倒闭。股市以及股票型基金和其他各种类型的基金都不同程度地下滑,尤以股票型基金下跌得最为严重。金融危机以后,混合型基金、债券型基金和股票型基金加快了发展进程,在短期内投资货币市场基金的资金较金融危机前也有了大幅提高。据统计,2012年美国投资者长期投资于所有证券投资基金的资金总额约为2 130亿美元。这表明,美国的证券投资基金市场从金融危机的萎缩状态开始恢复过来。相比之下,国际证券投资基金市场尤其是欧洲市场一直处于低迷状态,与美国证券投资基金市场的繁荣形成强烈对比。

三、证券投资基金的性质

(一)证券投资基金是利益共享的集合投资计划

证券投资基金是从单个投资向集合投资转变的投资计划。作为一种集合投资计划,将单个个体的资金全部归集到专业的基金管理人手里进行投资,不仅有助于克服单一投资的规模不经济,也有助于突破单个投资的资金瓶颈;不仅有助于分散风险,而且有利于借助基金管理人的经验和专业知识进行理财。

(二)证券投资基金是信托投资方式

证券投资基金与其他代表金融信托关系的安排类似。在这种制度安排下,包括三种相关主体,即基金管理人、基金投资人以及基金托管人。基金投资人是证券投资基金份额的持有人和出资人,是整个基金得以正常运行的基础;基金管理人是负责运营和投资基金的法人机构,一般由得到国家正式许可的大型证券投资基金管理公司担任;基金托管人是一种特殊的制度安排,主要由与证券投资基金管理公司有合作关系的商业银行担任。

(三)证券投资基金是金融中介机构

与商业银行一样,证券投资基金也是一种金融中介。商业银行在资金供给者和资金需求者中间架起一座桥梁,将资金供给者手中暂时不用的资金集中起来,然后再将资金贷给资金需求者。对于证券投资基金而言,它的运作机制如下:首先,证券投资基金管理公司发布一只新的基金品种,包括基金名称、品类、适合投资人群、投资比例、募集资金总额等信息都要全部进行公示;其次,基金投资者详细研究基金招募书,看是否符合自己,进而确定是否进行投资;再次,当证券投资基金初期募集资金完成时,基金管理人将全部资金存入基金托管人所开立的基金专用账户中,资金在募集期和使用期内由托管人对资金的使用进行有效监管;最后,在开放式基金中可以随时申购和赎回基金份额。因此,证券投资基金也是一种金融中介。

(四)证券投资基金是证券投资工具

在资本市场中,股票市场和债券市场作为最早存在的投资场所,利弊共存。债券市场作为国家或地方政府以及企业发行债券的场所,风险较低、收益固定是其主要特点。而股票市场则恰恰相反,它代表着风险和不确定收益,正所谓"投资有风险,入市需谨慎"。而证券投资基金通过其特定的募集方式和投资方式为投资者提供了新的投资工具,既可以在一定程度上获得较高的回报,也可以在一定程度上降低风险。

四、证券投资基金的特点

(一)集合投资

证券投资基金是一种集合投资模式,是基金管理机构先将分散的资金汇集起来,然后通过专业的基金经理进行专门管理,进而谋取比单个投资人投资要高的收益。证券投资基金最主要的特征就是集合性。集合起来的资金在参与投资的过程中,能够有效地降低因为个人投资带来的信息不对称的成本,从而获得规模经济的好处。

(二)分散风险

"不能把所有的鸡蛋放在同一个篮子里",要进行资产的多元化投资。然而,要实现资产管理的多样性和丰富性,需要有强大的资本实力做支撑,对于中小投资者尤其是那些没有实战经验的投资者来说,在这方面很难做到。证券投资基金可以通过其强大的资本吸附力,在合同与法律规定内,充分发挥其资本实力强大的优势进行分散化投资。通常会选取股票或者债券进行配比以达到分散风险的目的。同时,集合投资使单个个体所受到的风险暴露大大降低了。

(三)专业理财

证券投资基金实行专业的管理制度,专业管理人员都具有较为丰富的投资经验。他们善于把握资本市场上的脉搏,能深刻理解基金产品的市场定位。并且,运用各种先进手段分析信息资料,进而对资本市场上瞬息万变的市场行情进行准确预测,提高投资成功率。对于那些没有业余时间来打理自己闲散资金的投资者,或是那些即便有时间但是没有经验和专业知识的中小投资者来说,这样一种制度安排尤为适用。

第二节 证券投资基金的类型

一、根据基金能否赎回分类

根据基金单位是否可以增加或赎回,可分为封闭式基金和开放式基金。

封闭式基金是相对于开放式基金而言的,它是指基金资本总额及发行份数在未发行之前已经确定,在发行期满后,基金被封闭,总量不再增减,因此,也称为固定型投资基金。其持有人在基金存续期内,可以在规定的场所转让其所持有的基金份额,但不得请求基金管理人赎回。

开放式基金是指基金的发行总额是变动的,可以随时根据市场供求状况发行新份额或被投资人赎回的资金,其持有人可以依据基金份额的资产净值,在规定的时间和场所申购或者赎回基金份额。

封闭式基金和开放式基金主要有以下区别:

（1）期限不同。封闭式基金有固定的存续期限，通常在5年以上，一般为10年到15年；开放式基金没有固定期限，投资者可随时向基金管理人赎回基金单位。

（2）发行规模限制不同。封闭式基金在招募说明书中列明基金规模，在存续期限内未经法定程序认可，不能再增加发行；开放式基金没有规模限制，投资者可随时提出认购或赎回申请，基金规模随之增大或减小。

（3）基金单位的交易方式不同。封闭式基金的基金单位在存续期限内不能赎回，持有人只能寻求在证券交易场所出售给第三者；开放式基金的投资者则可以在首次发行结束一段时间（一般为3个月）后，随时向基金管理人或中介机构提出购买或赎回申请，买卖方式灵活，通常不上市交易。

（4）基金单位交易价格的计算标准不同。封闭式基金和开放式基金的基金单位除了首次发行价都是按面值加一定百分比的销售费计算外，以后的交易计价方式存在区别。封闭式基金的买卖价格受市场供求关系的影响，经常出现溢价和折价的现象，并不必然反映基金的净资产值；开放式基金的交易价格则取决于基金每单位净资产值的大小，其申购价一般是基金单位净资产值加一定的申购费，赎回价是基金单位净资产值减一定的赎回费，不直接受市场供求的影响。

（5）基金买卖费用的缴纳方式不同。投资者在买卖封闭式基金时与买卖股票一样，也要在价格之外支付一定比例的证券交易税和手续费；开放式基金的投资者需要缴纳的相关费用（如首次认购费、赎回费）则包含于基金价格之中。一般而言，买卖封闭式基金的费用高于开放式基金。

（6）基金的投资策略不同。由于封闭式基金不能随时被赎回，因此其募集得到的资金可全部用于投资，基金管理公司可以制定长期的投资策略，取得长期经营绩效；而开放式基金则必须保留一部分现金，以便投资者随时赎回，而不能全部用于长期投资。

（7）投资风险不同。封闭式基金的投资风险较大，当基金业绩好时，投资者可享受超过净资产价值的证券收益；若有亏损，则投资者最先遭受损失；而开放式基金每日公布份额净资产值，透明度高，便于投资者控制风险。

二、根据组织形式分类

根据组织形式可分为契约型基金和公司型基金。

契约型基金，也称信托型基金，是指把投资者、管理人、托管人三者作为基金的当事人，通过签订基金契约的形式发行受益凭证而设立的一种基金。其中，基金管理人依据法律法规和基金契约负责基金的管理；基金托管人负责基金的保管，执行基金管理人的有关指令，办理基金名下的资金往来；投资者通过购买基金单位，享有基金投资收益。

公司型基金是依据《公司法》成立的、以营利为目的的股份有限公司形式的基金，其特点是基金本身是股份制的投资公司，基金公司通过发行股票筹集资金，投资者通过购买基金公司股票而成为股东，享有基金收益的索取权。

契约型基金与公司型基金的主要区别有以下几点：

（1）资金的性质不同。契约型基金的资金是信托资产；公司型基金的资金为公司法人的资本。

（2）投资者的地位不同。契约型基金的投资者作为信托契约中规定的受益人，对基金如何运用等重要决策通常不具有发言权；公司型基金的投资者作为公司的股东有权参与公司的重大决策,发表自己的意见。

(3) 基金的运营依据不同。契约型基金依据基金契约运营资金;公司型基金依据基金公司章程运营资金。

三、四种基本的基金形式

上面两种分类得出了四种基本的基金形式:封闭契约型基金、封闭投资公司(封闭公司型基金)、单位信托基金、共同基金。其组合方式如表4-1所示。

表 4-1 四种组合形态的投资基金

	封闭式	开放式
契约型	封闭契约型基金	单位信托基金
公司型	封闭投资公司	共同基金

阅读延展

QDII 基金

QDII(Qualified Domestic Institutional Investors,国内机构投资者赴海外投资资格认定制度)制度由香港政府部门最早提出,是在外汇管制下内地资本市场对外开放的权宜之计,以容许在资本账户未完全开放的情况下,国内投资者向海外资本市场进行投资。

QDII 意味着将允许内地居民外汇投资境外资本市场,就目前而言,即指投资于香港资本市场。QDII 为我国有序开放资本市场积累经验,也为培育内地机构投资者起到积极作用。

2006 年 9 月 13 日,第一只 QDII 外币基金——华安国际配置基金正式通过工商银行、华安基金理财中心和华安基金网上渠道向投资人定向募集。根据外汇局批准的额度,华安国际配置基金首次募集规模上限为 5 亿美元,募完即止。该基金将投资于纽约、伦敦、东京、香港等国际资本市场,投资范围主要覆盖股票、债券、房地产信托凭证(REITs)、商品基金等金融产品。该基金的单位面值为 1 美元,认购者以美元认购,最低认购金额为 5 000 美元。

2006 年 9 月 12 日,首只股票类 QDII 基金——南方全球精选配置基金发行,募集规模 150 亿元人民币。该基金认购门槛为 1 000 元人民币,有不超过 3 个月的封闭期,之后每天开放申购与赎回,每个交易日都披露基金净值。

四、投资基金的其他类型

(一)根据投资目标进行分类

根据投资目标的不同,可以划分为收入型基金、成长型基金和平衡型基金。

1. 收入型基金

收入型基金是以获取最大的当期收入为目标的投资基金,主要投资于可带来现金收入的有价证券。

2. 成长型基金

成长型基金是基金中最常见的一种,它以追求资本的长期增值为目标。经常收入不是其考虑的主要因素,它是以高风险获取高收益的一种投资基金。

3. 平衡型基金

平衡型基金具有双重投资目标,谋求收入和成长的平衡,以保证资金的安全性和营利性。为了兼顾上述目标,通常把一半的资金投资于债券,另一半的资金投资于股票。

(二) 根据地域进行分类

根据地域的不同,可以划分为国内基金、国家基金、区域基金、国际基金、离岸基金和海外基金。

1. 国内基金

国内基金是指把资金投资于国内有价证券且投资者多为本国公民的一种投资基金。

2. 国家基金

国家基金是指在境外发行基金份额筹集资金,然后投资于某一特定国家或地区资本市场的投资基金。

3. 区域基金

区域基金是指把资金分散投资于某一地区不同国家资本市场的投资基金。

4. 国际基金

国际基金是指不限定国家和地区,将基金分散投资于全世界各主要资本市场的投资基金。

5. 离岸基金

离岸基金是指基金从国外筹集并投资于国外金融市场的基金。

6. 海外基金

海外基金是指从国外筹集资金并投资于国内金融市场的基金。

(三) 根据投资对象进行分类

根据投资对象的不同,可以划分为股票基金、债券基金、货币市场基金、期权基金、指数基金和认股权证基金,等等。

1. 股票基金

股票基金是投资基金中最常见的一种,是指以股票为投资对象的基金,其投资对象包括优先股和普通股股票。

2. 债券基金

债券基金是基金市场的重要组成部分,是指以债券为投资对象的基金,其投资对象包括政府公债、市政债券、公司债券等债券品种。

3. 货币市场基金

货币市场基金是指以国库券、大额可转让存单、商业票据等短期有价证券为投资对象的基金。

4. 指数基金

指数基金是指以某种证券市场的价格指数为投资对象的基金。具体而言,基金跟踪的指数包括哪些股票,基金便购买哪些股票,且指数基金中每只股票配置的比例大致与指数中每只股票的权重相同,是一种被动型基金。

5. 期货基金

期货基金是指以期货合约对主要投资对象的投资基金。

6. 期权基金

期权基金是指以期权合约为主要投资对象的投资基金。

7. 认股权证基金

认股权证基金是指以认股权证为主要投资对象的投资基金。

8. 创业基金

创业基金又称为置业基金或风险基金,是以未上市公司股票作为投资对象的基金。

9. 贵金属基金

贵金属基金主要指以全球黄金、白银及其他与贵金属矿产相关的工业股票为主要投资对象的投资基金。

10. 不动产基金

不动产基金也称为不动产投资信托,是指以房地产公司发行的证券或者与房地产抵押有关的公司的股票为投资对象的基金。

11. 对冲基金

对冲基金是利用期货、期权等金融衍生产品与相关联的不同股票结合来进行空买空卖、风险对冲等操作以规避和化解证券投资风险的基金。

(四) 雨伞基金和基金中基金

1. 雨伞基金

雨伞基金通常在一个母基金下再设立若干个基金,基金的各个子基金独立进行投资决策,最大的特点是在基金内部可以为投资者提供多种投资选择。

2. 基金中基金

基金中基金是一种以其他基金证券为投资对象的投资基金,特点是双重保护功能,不利之处是增加了投资者的成本。

阅读延展

余额宝与天弘基金

余额宝是支付宝在2013年6月13日为个人用户推出的通过余额进行基金支付的服务。用户可以把支付宝里的闲置资金转入余额宝内,把资金转入余额宝即为向基金公司等机构购买相应理财产品。除了能享受基金公司提供的投资收益,余额宝还提供与支付宝一样的消费、转账等服务。

从2013年6月13日上线到2014年2月28日短短260天的时间里,余额宝的资产净值从最初的42.44亿元增长到了5 000亿元,而余额宝占货币市场基金的比例也由最初的1.18%增长到了54.79%,同时也占到全部基金净值的29.82%。按照2014年2月28日美元兑人民币收盘汇率6.145测算,余额宝对应的规模约为813.67亿美元,已超过全球第七大基金——富达反向基金,成为新的全球第七大基金产品。从货币基金规模排名看,余额宝对应的天弘增利宝净资产规模名列全球货币基金第三位,仅次于富达货币市场基金和先锋货币市场基金。

从本质上看,余额宝是天弘基金管理公司旗下的增利宝货币基金。天弘基金管理公司是由天津信托投资有限公司出资4 800万元、兵器财务有限责任公司和山西漳泽电力股份有限公司各出资2 600万元共同发起设立的一家公司,2013年6月13日与支付宝合作开通了余额宝服务。2013年10月9日,支付宝母公司浙江阿里巴巴电子商务有限公司出资11.8亿元,认购天弘基金26 230万元注册资本,持有其51%的股份,成为最大的控股股东。截至2013年

11月28日,公司旗下管理了混合型基金、债券型基金、股票型基金、LOF(上市型开放式基金)、增利宝货币市场基金等14只基金。

从投资对象看,余额宝把90%多的资产都配置在银行协议存款上。作为一种货币市场基金,其资产可配置范围只有以下几种:① 现金;② 通知存款;③ 1年以内(含1年)的银行定期存款、大额存单;④ 剩余期限在397天以内(含397天)的债券;⑤ 期限在1年以内(含1年)的债券回购;⑥ 期限在1年以内(含1年)的中央银行票据;⑦ 证监会、中国人民银行认可的其他具有良好流动性的货币市场工具。

虽然货币市场有不少工具可供选择,但是由于各个工具发行量的限制,对于超大规模的货币基金特别是余额宝而言,在选择货币市场工具方面则会遇到瓶颈。一只短期融资债券规模达到15亿元以上,就已经是规模较大的品种。但基金投资一只短期融资债券的比例不能超过发行规模的10%,也就是一两亿元。天弘增利宝有时一天净申购就有几十亿元,不可能将短期融资债券作为唯一的投资标的。除短期融资债券外,货币基金还可以投资国债、中央银行票据、金融债,但这些品种的收益率较低,基金经理同样会面临买不到量的问题。而且,金融债并非每天都发行,国债只能投一年期以内的品种,二级市场也买不到量,一天能买到几千万元已经很了不起,根本不可能将几十亿元都用来买国债。

除了市场容量的原因,一些金融监管措施也使货币投资基金的投资范围受到限制。证监会规定货币基金投资杠杆上限为40%,基金总资产不得超过净资产的140%,货币市场基金投资组合的平均剩余期限在每个交易日都不得超过180天。考虑到以上限制条件之后货币市场基金投资产品的范围就更小了。

另外,余额宝把90%多的资产都配置在银行协议存款上存在重要的历史原因。在2011年之前,按照证监会《关于货币市场基金投资银行存款有关问题的通知》的规定,货币基金投资协议存款的比例不得超过基金净值的30%,货币基金想要分享货币市场利率波动带来的投资机会,除了依靠协议存款外,主要是通过买卖债券、逆回购交易来实现的。但在2011年10月底,证监会放松了对货币市场基金投资协议存款比例的限制,认为有存款期限但根据协议可提前支取且没有利息损失的银行存款不属于《关于货币市场基金投资银行存款有关问题的通知》第三条规定的"定期存款"。自此货币基金主要的投资标的均转向协议存款。协议存款政策大幅提高了货币基金的投资效率。货币基金规模达到1 000亿元以上,基本就只能投存款。这就是余额宝会把那么多的资产都配置在协议存款上的原因。

第三节 证券投资基金的运作

一、证券投资基金的当事人

证券投资基金的运作涉及多个当事人,具体包括基金发起人、基金投资者、基金管理人、基金托管人以及基金销售机构、过户代理商、会计师、律师等中介服务机构。

(一)基金发起人

基金发起人是指以基金设立为目的,并采取一定的步骤和措施来达到设立基金目的的人。基金发起人通常为法人而不是自然人。各国基金管理法规对基金发起人资格的规定不尽相同。在基金历史悠久的英国,由于基金法规的完善和基金业的自律作用,对基金发起人资格的要求较为宽松,只要求发起人是相应的行业协会的会员。但由于基金的特殊性,其他国家的法律对基金发起人资格的要求比对普通的股份公司发起人的要求更加严格。发起人大多数为有实力的金融机构。

(二)基金投资者

基金投资者是指持有基金份额或基金单位的自然人和法人。一般来说,基金投资者具有分享基金收益、参与基金剩余财产的分配、赎回或者转让其持有的基金份额等权利,承担履行基金合同或者基金章程规定的义务。在不同的组织形态的基金中,对基金决策的影响渠道是不同的。在公司型基金中,基金投资者通过股东大会选举产生基金公司的董事会来负责公司决策,而在契约型基金中,基金投资者只能通过召开基金投资者大会对基金的重大事项做出决议,而对基金在投资方面的决策一般不能有直接的影响。

(三)基金管理人

基金管理人是指负责基金的具体投资操作和日常管理的机构。基金管理人由基金管理公司或者法律、行政法规规定可以从事基金管理业务并取得基金管理资格的其他机构担任。在世界上不同的国家和地区,基金管理人有不同的名称,例如,在我国台湾地区称为证券信托投资事业,在英国称为投资管理公司,在美国称为基金管理公司,而在日本称为证券资信信托公司。

为了保护基金投资者的利益,世界各国和地区对基金管理人的资格都有严格的规定,基金管理人资格取得必须经监管部门的批准。在美国,基金管理公司必须经美国证券交易委员会(SEC)批准,而在日本,从事基金管理业务必须取得大藏省的许可证。基金监管当局一般会从基金管理人的资本大小、资产质量、经营业绩、董事的资格、主要业务人员的素质经验以及是否有投资管理计划等方面来对基金管理人的资格进行审查。

(四)基金托管人

基金托管人是指依据基金运行中"管理与保管分开"的原则对基金管理人进行监督和保管基金资产的机构,是基金投资者权益的代表,通常由有实力的商业银行或信托投资公司担任。基金托管人与基金管理人签订托管协议,在托管协议规定的范围内履行自己的职责并收取一定的报酬。由于基金托管人在基金的运作中处于枢纽地位,因此各国的监管法规对基金托管人的资格有严格的要求。从基金资产的安全性和基金托管人的独立性出发,一般都规定基金托管人必须由独立于基金管理人并具有一定实力的银行、保险公司和信托投资公司等金融机构担任。投资基金托管人必须将其管理的投资基金资产与托管人的自有资产严格分开,对不同投资基金分别设置账户,实行分账管理。

(五)其他当事人

除了上述四类主要当事人之外,基金在设立、运行过程中还涉及基金销售机构、过户代理商、会计师、律师等其他服务机构。

阅读延展

我国《证券投资基金法》的相关规定

根据《证券投资基金法》的规定,我国基金托管人由依法设立的商业银行或者其他金融机构担任。商业银行担任基金托管人的,由国务院证券监督管理机构会同国务院银行业监督管理机构核准;其他金融机构担任基金托管人的,由国务院证券监督管理机构核准。担任基金托管人,应当具备下列条件:① 净资产和风险控制指标符合有关规定;② 设有专门的基金托管部门;③ 取得基金从业资格的专职人员达到法定人数;④ 有安全保管基金财产的条件;⑤ 有安全高效的清算、交割系统;⑥ 有符合要求的营业场所、安全防范设施和与基金托管业务有关的其他设施;⑦ 有完善的内部稽核监控制度和风险控制制度;⑧ 法律、行政法规规定的和经国务院批准的国务院证券监督管理机构、国务院银行业监督管理机构规定的其他条件。

根据《证券投资基金法》的规定,我国基金管理人由依法设立的公司或者合伙企业担任。公开募集基金的基金管理人,由基金管理公司或者经国务院证券监督管理机构按照规定核准的其他机构担任。设立管理公开募集基金的基金管理公司,应当具备下列条件,并经国务院证券监督管理机构批准:① 有符合本法和《公司法》规定的章程;② 注册资本不低于1亿元人民币,且必须为实缴货币资本;③ 主要股东应当具有经营金融业务或者管理金融机构的良好业绩、良好的财务状况和社会信誉,资产规模达到国务院规定的标准,最近三年没有违法记录;④ 取得基金从业资格的人员达到法定人数;⑤ 董事、监事、高级管理人员具备相应的任职条件;⑥ 有符合要求的营业场所、安全防范设施和与基金管理业务有关的其他设施;⑦ 有良好的内部治理结构、完善的内部稽核监控制度、风险控制制度;⑧ 法律、行政法规规定的和经国务院批准的国务院证券监督管理机构规定的其他条件。

二、证券投资基金的运作

基金的运作包括基金的设立、发行与交易、投资管理等内容。

(一)基金的设立

设立投资基金首先需要发起人,发起人可以是一个机构,也可以由几个机构共同组成。一般来说,基金发起人由基金管理人担任。基金发起人首先需要准备各种法律文件,包括申请报告、基金合同或基金章程、招募说明书等;其次,发起人上报监管机构,监管机构对文件进行审核,如果符合标准,则批准基金发起人发行基金;最后,在得到批准后,基金发起人公布招募说明书,公告具体的发行方案。

(二)基金的发行与交易

基金的发行是指基金发起人向投资者推销基金单位、募集资金的行为。发行方式可分为公募和私募两种,类似于股票的发行。依据国际惯例,基金在发行结束后的一段时间内,允许基金进行交易。对于封闭式基金而言,可以在基金二级市场自由转让;对于开放式基金而言,可以向基金管理公司要求赎回。

(三)基金投资管理

在基金的招募说明书中,对其投资目标进行了阐述,基金管理人根据这一目标进行投资管理,决定所投资资产的类别和组合:第一,确定投资组合中应该包括哪些类型的资产;第二,确定每一类型资产的投资比重;第三,确定每一类型资产投资的变动范围和幅度;第四,确定投资组合应该购买哪一种特定的债券。此外,在进行投资管理的过程中,基金管理人还需要根据监管当局的要求,对基金的运作情况进行信息披露。

三、证券投资基金的费用与收益

（一）费用

通常情况下，证券投资基金从设立到终止需要支付的费用主要包括：

1. 基金管理费

基金管理费是指从基金资产当中提取的、支付给为基金提供专业化服务的基金管理人的费用，也就是管理人为管理和操作基金而收取的费用。它通常按照每个估值日基金净资产的一定比率（年率）逐日计提，累计至每月月底，按月支付。管理费率的大小通常与基金规模成反比，与风险成正比。基金规模越大，风险越小，管理费率就越低；反之，则越高。不同的国家及不同的基金管理费率不完全相同。在美国，各种基金的年管理费率通常在基金资产净值的1%左右。在各种基金中，货币市场基金的年管理费率最低，约为基金资产净值的0.25%—1%；其次为债券基金，约为0.5%—1.5%；股票基金稍高，约为1%—1.5%；认股权证基金最高，约为1.5%—2.5%。基金管理费通常从基金的股息、利息收益中或从基金资产中扣除，不另向投资者收取。

2. 基金托管费

基金托管费是指基金托管人为保管和处置基金资产而向基金收取的费用。它通常按照基金资产净值的一定比率提取，逐日计算并累计，按月支付给托管人。我国投资基金的年托管费最初为基金资产净值的0.25%，随着基金规模的扩大和竞争的加剧，托管费也出现下调趋势。

3. 其他费用

其他费用主要包括：① 基金的设立、销售和赎回时的费用，该部分费用由投资者直接承担；② 证券交易费，这部分费用与基金在投资管理时的周转率有关，周转率越高，交易费用就越高；③ 基金信息披露费；④ 基金持有人大会费用；⑤ 与基金相关的会计、法律等中介机构费用；⑥ 基金分红手续费；⑦ 清算费用；⑧ 法律法规及基金契约规定可以列入的其他费用。上述费用由基金托管人根据法律法规及基金契约的相应规定，按费用实际支出金额支付。

（二）收益

基金收益是基金资产在运作过程中所产生的超过自身价值的部分。具体地说，基金收益包括基金投资所得红利、股息、债券利息、买卖证券价差、存款利息和其他收入。

1. 红利

红利是基金因购买公司股票而享有的对该公司净利润分配的所得。一般而言，公司对股东的红利分配有现金红利和股票红利两种形式。基金作为长线投资者，其主要目标在于为投资者获取长期、稳定的回报，红利是构成基金收益的一个重要部分。

2. 股息

股息是指基金因购买公司的优先股权而享有的对该公司净利润分配的所得。股息通常是按一定的基金收益比例事先规定的，这是股息与红利的主要区别。与红利相同，股息也是构成投资者回报的一个重要部分，股息高低也是基金管理人选择投资组合的重要标准。

3. 债券利息

债券利息是指基金资产因投资于不同种类的债券而定期取得的利息。我国《证券投资基金管理暂行办法》规定，一只基金投资于国债的比例，不得低于该基金资产净值的20%，可见，债券利息也是构成投资回报的不可或缺的部分。

4. 买卖证券差价

买卖证券差价是指基金资产投资于证券而形成的价差收益,通常也称为资本利得收益。

5. 存款利息

存款利息是指基金资产的银行存款利息收入。这部分收益仅占基金收益很小的一个部分。开放式基金由于需要随时准备处理基金持有人的赎回申请,因此必须保留一部分现金存在银行。

6. 其他收入

其他收入是指运用基金资产而带来的成本或费用的节约额,如基金因大额交易而从证券商那里得到的交易佣金优惠等杂项收入,这部分收入通常数额很小。

四、证券投资基金的资产估值

(一) 基金资产净值

基金资产净值是指在某一基金的估值时点上,按照公允价格计算的基金资产的总市值扣除负债后的余额,该余额是基金份额持有人的权益。其中,总资产是指基金拥有的所有资产(包括股票、债券、银行存款和其他有价证券等)按照公允价格计算的资产总额。总负债是指基金运作及融资时所形成的负债,包括应付给他人的各项费用、应付资金利息等。基金份额总数是指当时发行在外的基金份额的总量。

基金份额资产净值,即每一基金份额代表的基金资产的净值,其计算公式如下:

$$基金份额资产净值 = (总资产 - 总负债) / 基金单位总数$$

基金资产净值是衡量一个基金经营业绩的主要指标。一般情况下,基金份额价格与资产净值趋于一致,即资产净值增长,基金价格也随之提高。尤其是开放式基金,其基金份额的申购或赎回价格都直接按基金份额资产净值来计算。

(二) 基金资产估值

基金资产估值是指通过对基金所拥有的全部资产及所有负债按一定的原则和方法进行估算,进而确定基金资产公允价值的过程。经基金资产估值后确定的基金资产净值而计算出的基金份额净值,是计算基金份额转让价格尤其是计算开放式基金申购与赎回价格的基础。

根据证券的流通状态与流通市场的不同,主要存在以下几种估值方法:

(1) 证券交易所上市的有价证券的估值:① 交易所上市的有价证券(包括股票、权证等),按其估值日在证券交易所挂牌的市价(收盘价)估值;估值日无交易,且最近交易日后经济环境未发生重大变化的,按最近交易日的市价(收盘价)估值;如最近交易日后经济环境发生了重大变化,可参考类似投资品种的现行市价及重大变化因素,调整最近交易市价,确定公允价格。② 交易所上市实行净价交易的债券按估值日的收盘价估值,估值日没有交易,且最近交易日后经济环境未发生重大变化的,按最近交易日的收盘价估值。如最近交易日后经济环境发生了重大变化,可参考类似投资品种的现行市价及重大变化因素,调整最近交易市价,确定公允价格。③ 交易所上市未实行净价交易的债券按估值日收盘价减去债券收盘价中所含的债券应收利息得到的净价进行估值;估值日没有交易,且最近交易日后经济环境未发生重大变化的,按最近交易日的债券收盘价减去债券收盘价中所含的债券应收利息得到的净价进行估值。如最近交易日后经济环境发生了重大变化,可参考类似投资品种的现行市价及重大变化因素,调整最近交易市价,确定公允价格。④ 交易所上市后不存在活跃市场的有价证券,采用估值技术确定公允价值。交易所上市的资产支持证券,采用估值技术确定公允价值,在估值技术难以可靠计量公允价值的情况下,按成本估值。

(2) 处于未上市期间的有价证券的估值:① 送股、转增股、配股和公开增发的新股,按估值日在证券交易所挂牌的同一股票的市价(收盘价)估值;该日无交易的,以最近一日的市价(收盘价)估值。② 首次公开发行且未上市的股票、债券和权证,采用估值技术确定公允价值,在估值技术难以可靠计量公允价值的情况下,按成本估值。③ 首次公开发行有明确锁定期的股票,该股票在交易所上市后,按交易所上市的同一股票的市价(收盘价)估值;非公开发行有明确锁定期的股票,按监管机构或行业协会的有关规定确定公允价值。④ 因持有股票而享有的配股权,以及停止交易但未行权的权证,采用估值技术确定公允价值。

(3) 全国银行间债券市场交易的债券、资产支持证券等固定收益品种,采用估值技术确定公允价值。

(4) 同一债券同时在两个或两个以上市场交易的,按债券所处的市场分别估值。

(5) 如有确凿证据表明按上述方法进行估值不能客观反映其公允价值,基金管理人可根据具体情况与基金托管人商定后,按最能反映公允价值的价格估值。

(6) 相关法律法规以及监管部门有强制规定的,从其规定。如有新增事项,按国家最新规定估值。

第四节 我国证券投资基金的发展

我国证券投资基金从无到有、从小到大、从不规范到较为规范,渐渐发展壮大起来。截至2014年年底,我国证券投资基金达到1 897只,交易所上市的证券投资基金成交额达到19 904.62亿元。按照我国证券投资基金发展的不同形态特征,可以分为以下几个阶段。

一、萌芽阶段

我国证券投资基金在萌芽阶段主要以国家基金的形式出现。之所以称为萌芽阶段,主要是因为这些国家的基金大多由国外金融机构或者由国内外金融机构共同发起、上市,对我国股票市场或者特定的产业、企业进行投资。这类国家基金为我国证券投资基金的发展奠定了基础。

1985年12月,中国东方投资公司首先在香港和伦敦推出了中国东方基金,标志着我国第一只国家基金的成立,该基金推出时净资产为1 700万美元,主要对中国香港、中国台湾和新加坡的上市公司中直接或者间接投资于中国或者与中国进行贸易的公司进行投资。

二、老基金阶段

以1997年10月《证券投资基金管理暂行办法》的出台为界,将1991年至1997年10月之间发行的封闭式基金称为"老基金"。这是我国证券投资基金的试点阶段,是伴随着我国证券市场试点工作的全面启动而展开的。

1991年7月,一号珠信物托(后更名为珠信基金)经中国人民银行珠海分行批准设立,发行规模为6 930万元。一号珠信物托由珠海国际信托投资公司独家发起和管理,主要进行专项物业投资。该基金设立后,年分红率为7.83%。同年10月,武汉投资基金(即武汉基金第一期)经中国人民银行武汉市分行批准设立,规模为1 000万元。同年同月,深圳南山风险投资基金也经深圳市南山区政府批准设立,其发起人为南方证券公司和交通银行深圳市分行,发行规模为 8 000 万元,当年分红率达 62.5%。

1992 年,我国证券市场和基金业快速发展。仅在 1992 年,各地方批准成立的基金就达 57 只,其中,由中国农村发展信托投资公司、淄博市信托投资公司、交通银行淄博分行、山东证券公司和中国工商银行山东信托投资股份公司联合发起的淄博基金于 1992 年 11 月 3 日获得中国人民银行总行批准。同年 12 月 1 日,淄博乡镇企业投资基金公司在淄博市工商行政管理局注册登记,1992 年 12 月 15 日其正式设立,成为我国首家经中国人民银行总行批准设立的封闭式公司型证券投资基金。该基金共发行 3 亿元,分期发行,首期发行额为 1 亿元,封闭期为 8 年,于 1993 年 8 月 20 日在上海证交所挂牌上市,它的上市标志着基金这种金融工具开始进入资本市场。

三、规范的封闭式基金阶段

1997 年 10 月,经国务院批准,由国务院证券委发布的《证券投资基金管理暂行办法》出台,标志着我国证券投资基金进入一个新的发展阶段。

随后,中国证监会为此制定了四个实施准则:《证券投资基金契约的内容与格式(试行)》《证券投资基金托管协议的内容与格式(试行)》《证券投资基金招募说明书的内容与格式(试行)》《基金管理公司章程必备条款指引(试行)》。1998 年,中国证监会批准了上海、深圳证券交易所的《证券投资基金上市规则》。1999 年,上海和深圳证券交易所先后发出了《关于规范原证券投资基金信息披露的通知》《关于加强原有证券投资基金信息披露工作的通知》,分别就基金年度报告、中期报告、投资组合报告等一系列问题做出了规定。为老基金的清理规范工作奠定了基础。该阶段一方面是对原发行的老基金进行规范、扩募和上市;另一方面是大力推动新的证券投资基金(即"新基金")发行上市。

(一)老基金的规范

1998 年 8 月 11 日,为了规范和配合老基金的改造,中国证监会发出了《关于加强证券投资基金监管有关问题的通知》,对证券投资基金的运作、维护投资人合法权益等问题做出了具体规定。1999 年 3 月,各证券交易中心交易的证券投资基金开始逐步被摘牌,上交所和深交所也对证券投资基金进行了清理。在规范老基金的过程中主要采取的办法包括:(1)通过到期清盘的方式使老基金退出市场。(2)采取扩募的方式对老基金进行规范化改造。

(二)新基金的发行上市

1998 年 3 月 5 日,首批基金管理公司——国泰和南方基金管理有限公司经中国证监会批准分别在上海和深圳成立,3 月 23 日,基金金泰、基金开元获准发行,成为我国第一批发行的两只规范的封闭式基金。此外,该年度的另外 3 只基金:兴华、安信和裕阳也分别于 4 月 28 日、6 月 22 日和 7 月 25 日发行。5 只新发行的基金规模均为 20 亿份基金单位,存续期为 15 年。

四、开放式基金发展阶段

2000 年 5 月,证监会主席周小川在北京召开的"基金发展国际研讨会"上提出中国应当推进开放式基金的设立和发展。随后开放式基金即引起了业内人士热烈的讨论,各基金公司也纷纷开发系统和招募人才,积极地筹备开放式基金。而我国开放式基金真正实现突破是在 2000 年 10 月《开放式证券投资基金试点办法》出台之后。

2001 年 9 月,华安创新开放式基金设立,首发规模 50 亿份基金单位,其中,机构投资者申购 26.23 亿份，个人投资者申购 23.77 亿份。基金托管人为交通银行，有效认购户数达 45 618 户。随后，华南稳健成长和华夏成长基金分别于 9 月和 12 月设立，由中国工商银行和中国建设银行分别托管，基金份额分别为 34.89 亿和 32.37 亿份基金单位。机构投资者申购份额分别为 22.22 亿和 19.54 亿份基金单位。从这三只基金申购的情况来看，机构投资者成了证券投资基金的主要认购力量。到 2003 年，开放式基金开始快速发展，基金品种不断增加，除了传统的价值型基金、成长型基金、平衡型基金以外，还开发了债券基金、指数基金、系列基金等新的基金品种。

五、交易型开放式指数基金和上市型开放式基金

（一）交易型开放式指数基金

交易型开放式指数基金，通常又被称为"交易所交易基金"（Exchange Traded Fund，ETF），是一种在交易所上市交易的、基金份额可变的开放式基金，其最早产生于加拿大，但发展和成熟主要是在美国。

ETF 属于开放式基金的一种特殊类型，它结合了封闭式基金和开放式基金的运作特点，投资者既可以向基金管理公司申购或赎回基金份额，又可以像封闭式基金那样在二级市场上按市场价格买卖 ETF 份额，不过，申购赎回必须以一篮子股票换取基金份额或者以基金份额换回一篮子股票。由于同时存在证券市场交易和申购赎回机制，因此投资者可以在 ETF 市场价格与基金单位净值之间存在差价时进行套利交易。套利机制的存在，使得 ETF 避免了封闭式基金普遍存在的折价问题。

根据投资方法的不同，ETF 可以分为指数基金和积极管理型基金，国外绝大多数 ETF 是指数基金。目前，国内推出的 ETF 也是指数基金。指数基金代表一篮子股票的所有权，其交易价格、基金份额净值走势与所跟踪的指数基本一致。因此，投资者买卖一只 ETF，就等同于买卖了它所跟踪的指数，可取得与该指数基本一致的收益。通常采用完全被动式的管理方法，以拟合某一指数为目标，兼具股票和指数基金的特色。

我国第一只 ETF 是由华夏基金管理有限公司于 2004 年 11 月 29 日发行的上证 50 交易型指数投资基金（简称华夏上证 50ETF），该基金实际募集资金 543 533.13 万元，并于 2005 年 2 月 23 日上市。其主要投资于标的指数成份股、备选成份股，采取完全复制法，即完全按照标的指数的成份股组成及其权重构建基金股票投资组合，并根据标的指数的成份股及其权重的变动而进行相应的调整。此后，诸如深 100 ETF、红利 ETF、180 ETF 等几只 ETF 分别成立并上市交易。

（二）上市型开放式基金

上市型开放式基金（Listed Open-Ended Fund，LOF），是指上市型开放式基金发行结束后，投资者既可以在指定网点申购与赎回基金份额，也可以在交易所买卖该基金。不过投资者如果是在指定网点申购的基金份额，想要在网上抛出，则须办理一定的转托管手续；同样，如果是在交易所网上买进的基金份额，想要在指定网点赎回，也要办理一定的转托管手续。

LOF 主要具有三方面的特点：第一，LOF 本质上仍是开放式基金，基金份额总额不固定，基金份额可以在基金合同约定的时间和场所申购、赎回；第二，LOF 发售结合了银行等代销机构与深交所交易网络二者的销售优势，银行等代销机构网点仍沿用现行的营业柜台销售方式，深交所交易系统则采用通行的新股上网定价发行方式；第三，LOF 获准在深交所上市交易后，投资者既可以选择在银行等代销机构按当日收市的基金份额净值申购、赎回基金份额,也可以选择在深交所各会员证券营业部按撮合成交价买卖基金份额。我国首只 LOF 是南方基金管理有限公司于 2004 年 10 月 14 日成立的南方积极配置证券投资基金,实际募集资金 353 557.64 万元。

(三) ETF 与 LOF 的区别

ETF 和 LOF 主要存在以下区别:

(1) 适用的基金类型不同。ETF 本质上是指数型的开放式基金,是被动管理型基金,而 LOF 则是普通的开放式基金,它可能是指数型基金,也可能是主动管理型基金。

(2) 申购和赎回的标的不同。在申购和赎回时,ETF 与投资者交换的是基金份额和一篮子股票,而 LOF 则是与投资者交换现金。

(3) 投资者不同。在一级市场上,即申购赎回时,ETF 的投资者一般是较大型的投资者,如机构投资者和规模较大的个人投资者,而 LOF 则没有限定。

(4) 报价时间间隔不同。在二级市场的净值报价方面,ETF 每 15 秒钟提供一个基金净值报价,为投资者提供了实时套利的机会,可以实现 $T+0$ 交易,其交易成本主要是冲击成本,而 LOF 则是一天提供一个基金净值报价,需要两个交易日的时间,因此,LOF 套利需要承担时间上的等待成本。

(5) 套利操作方式不同。ETF 在套利交易过程中必须通过一篮子股票的买卖,同时涉及基金和股票两个市场,而对 LOF 进行套利交易只涉及基金的交易。

六、私募基金的发展状况

私募基金一直是我国基金业发展中容易被忽视的"角落",而私募基金的立法工作更是空白。因此,我国私募基金一直在地下、隐蔽的状态下发展。许多私募基金都是以其他五花八门的形式存在着。常见的私募基金的存在形式包括:

(一) 工作室形式

通常情况下,工作人员由知名度较高的股评人士或者投资研究人员担当,为投资者制订投资方案。工作室对最低资金的要求不高,并且其收入不直接由客户支付,而是通过与券商的协商,从佣金中提取。另外,工作室与投资者之间往往没有正式的协议,投资者无法得到法律的保护。

(二) 委托理财

许多证券公司和信托公司在经纪业务的基础上,结合向客户提供的咨询服务、资产委托或者资金运营等业务,进行非公募资产管理。这类基金的规模比较大,且发展迅速。到 1999 年,证监会规定综合类券商可以从事资产管理业务,接受委托对股票、债券和其他上市证券进行投资,资产管理业务才转向公开。

(三) 咨询公司、顾问公司

这类以公司形式出现的私募基金通过委托-代理的方式操纵着规模庞大的地下私募基金。这类公司数量众多,良莠不齐。一些著名的私募基金通过专业化的运作方式,建立了自己的信誉和知名度,但是,也有部分私募基金运作不规范,管理者为吸引投资者而承诺较高的回报率,结果往往导致纠纷,损害投资者利益。

> 阅读延展

公募基金可参与沪港通

  中国证监会发布《公开募集证券投资基金参与沪港通交易指引》(以下简称《指引》)。《指引》明确,基金管理人可以募集新基金,通过沪港通机制投资香港市场股票,不需要具备 QDII 资格;《指引》施行前已获核准或注册的基金,应根据基金合同约定的情况,采取不同的程序参与沪港通。此外,《指引》要求基金投资遵守法律法规和基金合同的约定,并按照有关业务规则执行;强调基金参与沪港通交易的信息披露工作;明确基金管理人参与沪港通交易的决策制度和风险控制要求。

  同时,证券投资基金是我国资本市场的主要机构投资者,允许基金参与沪港通交易,有利于产品和业务创新,也有利于沪港通业务的平稳推进和两地市场的互联互通,对提升我国资产管理行业的国际化水平有着重要的意义。沪港通开通至今,总体活跃度不高,同时由于缺乏机构投资者参与港股通,"南冷北温"现象明显,南下累计使用额度仅为可用总额度的 12%。而《指引》的推出,对港股影响正面,短期将带来增量资金,此项政策有利于激活港股通的活跃度,进而提升港股的流动性。截至 2015 年第一季度末,港股市场的日均成交金额仅 832 亿港元,相对 A 股日均 1 万亿元左右的成交额相差甚远,少量的 A 股资金分流,足以利好港股。另外,目前内地公募资金资产规模约为 5 万亿元,A 股行情走高后,部分投资者可能"易地而战",为 H 股带来增量资金。此外,H 股存量资金投资情绪亦可能获得提振,A 股、H 股估值差异有望缩小。从中长期看,《指引》更重要的作用是带来港股定价权的变化。长期以来,港股市场由欧美资金主导。公募资金获批直投港股后,内地资金流入以及内地投资风格的偏好,将成为港股市场极其重要的新变量。

  资料来源:上海金融报[J].2015 年 3 月 31 日,第 A03 版.

【本章小结】

  1. 证券投资基金是指一种利益共享、风险共担的集合投资方式,即专门机构通过公开发行基金股份或基金收益单位凭证的方式,集中投资者的资金汇集成基金,由专业机构从事股票、债券等金融工具投资,并将投资收益按比例进行分配的一种间接投资方式。

  2. 封闭式基金是相对于开放式基金而言的,它是指基金资本总额及发行份数在未发行之前已经确定,在发行期满后,基金被封闭,总量不再增减的投资基金,因此,也称为固定型投资基金。其持有人在基金存续期内,可以在规定的场所转让其所持有的基金份额,但不得请求基金管理人赎回。开放式基金是指基金的发行总额是变动的,可以随时根据市场供求状况发行新份额或被投资人赎回的资金。其持有人可以依据基金份额的资产净值,在规定的时间和场所申购或者赎回基金份额。

  3. 契约型基金,也称信托型基金,是指把投资者、管理人、托管人三者作为基金的当事人,通过签订基金契约的形式发行受益凭证而设立的一种基金。其中,基金管理人依据法律法规和基金契约负责基金的管理;基金托管人负责基金的保管,执行基金管理人的有关指令,办理基金名下的资金往来;基金投资者通过购买基金单位,享有基金投资收益。公司型基金是依据公司法成立的、以盈利为目的的股份有限公司形式的基金,其特点是基金本身是股份制的投资公司。基金公司通过发行股票筹集资金,投资者通过购买基金公司股票而成为股东,享有基金收益的索取权。

4. 在证券投资基金的运作中,涉及多个当事人,具体包括基金发起人、基金投资者、基金管理人、基金托管人以及基金销售机构、过户代理商、会计师、律师等中介服务机构。

【关键概念】

证券投资基金　契约型基金　公司型基金　开放式基金　封闭式基金　伞形基金　基金中基金　对冲基金

【复习思考题】

1. 证券投资基金的特点有哪些?
2. 开放式基金和封闭式基金存在哪些区别?
3. ETF 和 LOF 存在哪些区别?
4. 证券投资基金的费用有哪些?

【参考文献】

[1] 何小锋. 投资银行学[M]. 中国发展出版社,2002.

[2] 邢天才. 证券投资学(第三版)[M]. 东北财经大学出版社,2012.

[3] 衣循循. 中国证券投资基金制度研究[D]. 山东大学博士学位论文,2014.

[4] 杨丽. 金融通论[M]. 辽宁大学出版社,2011.

第五章 衍生证券

【本章概要】
　　本章介绍了金融衍生产品的相关知识,阐述了金融期货的含义及特征,分析了货币期货、利率期货和股票指数期货的特点;阐述了金融期权的含义、特征、类型及履约方式;介绍了金融互换的基本内容,并对货币互换和利率互换进行了重点分析,探讨了权证、资产支持证券、债务担保凭证、信用违约互换等其他金融衍生产品。通过本章的学习,读者可以对金融衍生产品进行深入了解。

第一节　金融期货

一、金融期货的含义及特征

（一）含义

　　期货(Futures)是指交易双方签订的在未来确定时间按照事先确定的价格买卖一定数量的资产的标准化合约。金融期货是指交易的标的资产是金融资产或者金融指标,包括股票、债券、存单、股票指数、利率等。金融期货有三个种类:货币期货、利率期货、指数期货。

（二）特征

　　金融期货交易的基本特征可概括如下:
　　(1) 交易的标的物是金融商品。金融期货的交易对象是无形的、虚拟化的证券或者金融指标,而不是实际存在的实物商品。
　　(2) 金融期货是标准化合约的交易。金融期货合约是标准化的,如货币币种、交易金额、清算日期、交易时间等都做了标准化规定,唯一不确定的是成交价格。
　　(3) 金融期货交易采取公开竞价制度。通过公开竞价的方式决定成交价格,不仅可以形成高效率的交易市场,而且透明度、可信度高。
　　(4) 金融期货交易实行会员制度。金融期货交易限于会员之间,因此,非会员想要参与金融期货交易需要通过会员代理。而且,交易会员也是结算会员,他们需要交纳保证金,这保证了期货交易信用风险小、安全保障程度高。

（三）金融期货与远期交易的区别

　　金融期货合约是标准化的金融远期合约。与金融远期合约相比,金融期货合约最大的特

点在于它的标准化,具体表现为:

1. 交易场所不同

金融远期交易没有固定的场所,是一个无组织的、分散的市场;金融期货市场是一个有组织、有秩序、统一的市场,金融期货合约在交易所内交易,受到各种交易规则的制约。

2. 交易规模不同

金融远期合约的规模由交易双方自行确定,而金融期货合约则不同,期货交易所确定了每份期货合约的规模,投资者只能交易该规模的倍数。

3. 价格确定方式不同

金融远期合约的交割价格是由交易双方直接谈判来确定的;金融期货交易的价格是在交易所中由大量的买者和卖者通过其经纪人在场内公开竞价确定的。

4. 违约风险不同

金融远期合约违约风险的大小主要取决于对手方的信用,违约风险较高;而期货合约的履行取决于交易所或清算公司,交易双方直接面对的都是交易所,违约风险较低。

5. 履约方式不同

由于金融远期合约是非标准化的,转让相当困难,因此,绝大多数金融远期合约只能在到期时以金融资产交割来履行;而金融期货合约是标准化的,交易十分方便。绝大多数交易者在此之前就通过购买一份内容相同、方向相反的合约来进行对冲。

6. 结算方式不同

金融远期合约签订后,交易双方只有到期才进行交割清算,期间很少进行结算;金融期货交易则采取逐日清算制度,交易所或清算机构每天都进行清算,确定盈亏,之后再补交保证金或者提取收益。每一个交易账户都按照确定的结算价格进行市值调整,计算出当天的结算价格和前一天的结算价格的差额,如果结算价格上涨,那么,持有多头头寸的保证金账户将会有现金流入,而持有空头头寸的保证金账户将会有现金流出,这一过程被称为逐日结算(Daily Settlement)。逐日结算的结果是期货合约每日都进行结算而不是在其最后期限才进行结算。

二、货币期货

货币期货,又称为外汇期货,是一种在最终交易日按照当时的汇率将一种货币兑换成另外一种货币的期货合约。一般来说,两种货币中的一种货币为美元,这种情况下,期货价格将以"x 美元每另一货币"的形式表现。一些货币的期货价格的表示形式可能与对应的外汇现货汇率的表示形式不同。

(一) 货币期货的产生与发展

1972年5月,芝加哥商业交易所正式成立了国际货币市场分部,推出了7种货币期货合约,从而揭开了期货市场创新发展的序幕。1976年以来,货币期货市场迅速发展,交易量激增了数十倍。1978年,纽约商品交易所增加了货币期货业务,1979年,纽约证券交易所也宣布,设立一个新的交易所来专门从事外币和金融期货交易。1981年2月,芝加哥商业交易所首次开设了欧洲美元期货交易。随后,澳大利亚、加拿大、荷兰、新加坡等国家和地区也开设了货币期货交易市场,从此,货币期货市场便蓬勃发展起来。目前,货币期货交易的主要品种有美元、英镑、欧元、日元、瑞士法郎、加拿大元、澳元、新西兰元等。

从世界范围看,货币期货的主要市场在美国,主要集中在芝加哥商业交易所的国际货币市场(IMM)和费城期货交易所(PBOT)。国际货币市场主要进行澳元、英镑、加拿大元、欧元、日元和瑞士法郎的期货合约交易,费城期货交易所主要交易欧元、英镑、加拿大元、澳元、日元、瑞士法郎等。

此外,货币期货的主要交易所还包括伦敦国际金融期货交易所(LIFFE)、新加坡国际货币交易所(SIMEX)、东京国际金融期货交易所(TIFFE),等等,每个交易所基本都有本国货币与其他主要货币交易的期货合约。

(二) 货币期货的特点

货币期货合约具有以下特点:

(1) 标准化合约。货币期货合约是以外汇作为交割内容的标准化期货合约。

(2) 交易单位。每一份货币期货合约都由交易所规定标准交易单位。例如,英镑期货合约的交易单位为每份62 500英镑。

(3) 交割月份。在国际货币市场,所有货币期货合约的交割月份都是一样的,为每年的3月、6月、9月和12月。其中,交割月的第三个星期三为该月的交割日。

(4) 通用代号。在具体操作中,交易所和期货佣金商以及期货行情表都是用代号来表示货币期货。主要货币的货币期货的通用代号分别是:英镑——BP、加元——CD、欧元——EC、日元——JY、墨西哥比索——MP、瑞士法郎——SF。

(5) 最小波动幅度。国际货币市场对每一种货币期货报价的最小波动幅度做了规定。在交易场内,经纪人所做的出价或叫价只能是最小波动幅度的倍数。

(6) 每日涨跌停板额。每日涨跌停板额是指一项期货合约在一天之内比前一交易日的结算价格高出或低过的最大波动幅度。一旦报价超过停板额,则成交无效。

阅读延展

英镑期货交易

英国发展资本主义的历史很长,曾经是世界工业强国,整个19世纪和20世纪初,英镑一直是最重要的国际支付手段和中心储备货币。但自第一次世界大战起,英镑由盛转衰,1944年布雷顿森林会议后,美元取代了英镑的世界金融霸主地位。20世纪30年代席卷西方世界的经济危机后,英国经济一直处于萧条状态,第二次世界大战的破坏更加重了对英国经济的削弱,使经济发展基本上处于停滞状态,1983年的GNP仅为1948年的2倍,财政连续28年出现赤字。英国企业竞争力下降,已经很难与其他资本主义国家相抗衡。虽然撒切尔夫人在任期间曾做过一些大胆的变革尝试,但经济增长的速度并没有很大的提高。尽管一度使GNP的增长速度达到4.8%,国内需求转旺,通货膨胀率下降,可是仍然未从根本上扭转英国经济的不利局面。总之,通货膨胀率和失业率长期居高不下,外贸收支连年逆差,经济状况不佳是导致英镑持续疲软的根本原因。

1947—1972年间,英镑发生了14次危机。1992年更是英镑史上最不幸的一年,9月16日,英镑兑马克的汇率跌破了欧洲货币汇率机制规定的浮动下限,纽约外汇市场的英镑兑马克汇率跌到第二次世界大战后的历史最低点,英国中央银行为维持外贸远景及经济增长,不得不在一天内两次宣布降低利率。英国被迫宣布退出加入不到两年的欧洲货币汇率机制。

英镑期货交易主要在芝加哥商业交易所(CME)进行。

标准合约

交易单位:62 500 英镑

最小变动价位:0.0002 英镑(每张合约 12.50 英镑)

每日价格最大波动限制:开市(上午 7:20—7:35)限价为 150 点,7:35 分以后无限价。

合约月份:1,3,4,6,7,9,10,12 和现货月份

交易时间:上午 7:20 至下午 2:00(芝加哥时间)

最后交易日:从合约月份第三个星期三往回数的第二个工作日上午

交割日期:合约月份的第三个星期三

交易场所:芝加哥商业交易所

三、利率期货

利率期货是指以债券类证券为标的物的期货合约,其作用在于规避银行利率波动所引起的证券价格变动的风险。

(一)利率期货的产生和发展

利率期货合约最早于 1975 年 10 月由芝加哥期货交易所推出,在此之后,利率期货交易得到迅速发展。虽然利率期货的产生较之货币期货晚了三年多,但发展速度却比货币期货快得多,应用范围也远较货币期货广泛。在期货交易比较发达的国家和地区,利率期货早已超过农产品期货而成为成交量最大的一个类别。在美国,利率期货的成交量甚至已占到整个期货交易总量的一半。

1975 年 10 月,芝加哥期货交易所推出了政府国民抵押贷款协会(GNMA)抵押凭证期货合约,标志着利率期货这一新的金融期货类别的诞生。在这之后不久,为了满足人们管理短期利率风险的需要,1976 年 1 月,芝加哥商业交易所的国际货币市场推出了 3 个月期的美国短期国库券期货合约,并大获成功,在整个 20 世纪 70 年代后半期,它一直是交易最活跃的短期利率期货。

在利率期货发展历程上具有里程碑意义的一个重要事件是,1977 年 8 月 22 日,美国长期国库券期货合约在芝加哥期货交易所上市。这一合约获得了空前的成功,成为世界上交易量最大的一个合约。此前的政府国民抵押贷款协会抵押凭证期货合约,虽然是长期利率期货,但由于交割对象单一,流动性较差,不能完全满足市场的需要。而长期国库券则信用等级高,流动性强,对利率变动的敏感度高,且交割简便,成为市场的首选品种。继美国推出国债期货之后,其他国家和地区也纷纷以本国的长期公债为标的,推出各自的长期国债期货。其中,比较成功的有英国、法国、德国、日本等。

1981 年 12 月,国际货币市场推出了 3 个月期的欧洲美元定期存款期货合约。这一品种发展得很快,成为短期利率期货中交易最活跃的一个品种。欧洲美元定期存款期货之所以能够取代短期国库券期货的地位,其直接原因在于后者自身的局限性。短期国库券的发行量受到期债券数量、当时的利率水平、财政部短期资金需求和政府法定债务等多种因素的影响,在所有短期利率工具中,所占总量的比例较小。许多持有者只是将短期国库券视为现金的安全替代品,对通过期货交易进行套期保值的需求并不大。

(二)利率期货的类型

利率期货的类型较多,按照合约标的的期限,利率期货可分为短期利率期货和长期利率期

货两大类型。

1. 短期利率期货

短期利率期货是指期货合约标的的期限在一年以内的各种利率期货,即以货币市场的各类债务凭证为标的的利率期货,主要包括各种期限的商业票据期货、国库券期货及欧洲美元定期存款期货等。

短期利率期货以短期利率债券为基础资产,一般采用现金结算,其价格用100减去利率水平表示。两种最普遍的短期利率期货是短期国债期货和欧洲美元期货。

短期国库券的期限分为3个月(13周或91天)、6个月(26周或182天)或1年不等。其中,3个月期和6个月期的国库券一般为每周发行,三年期的国库券一般为每月发行。与其他政府债券每半年付息一次不同,短期国库券按其面值折价发行,投资收益为折扣价与面值之差。

2. 长期利率期货

长期利率期货是指期货合约标的的期限在一年以上的各种利率期货,即以资本市场的各类债务凭证为标的的利率期货,主要包括各种期限的中长期国库券期货和市政公债指数期货等。

美国财政部的中期国库券偿还期限在1年至10年之间,通常以5年期和10年期较为常见。长期国库券的期限在10年至30年之间,以其富有竞争力的利率、保证及时还本付息、市场流动性高等特点吸引了众多外国政府和公司的巨额投资。规避中长期利率风险是长期利率期货的重要功能。

阅读延展

欧洲美元期货

标的资产

本金价值约为100万美元、3个月到期的欧洲美元定期存款,在合约月份的第三个周三进行现金结算。

报价

IMM价位,即100减去3个月伦敦银行同业拆借利率。例如,报价97.45意味着年存款利率为2.55%。1个基点=0.01价格点=25美元。

最小价格波幅

最近到期合约月份:1个基点的1/4=0.0025价格点=6.25美元/合约

所有其他合约月份:1个基点的1/2=0.005价格点=12.50美元/合约

合约月份

以3个月为季度周期(3月、6月、9月、12月)的最近40个月(即10年)再加上最近的4个"序列"月份(不属于3个月季度周期的月份)。10年期交割的新的3个月季度合约因而将在最近的3个月季度合约到期之后的第一个交易日上市。

最后交易日

合约月份第三个周三之前的第二个伦敦银行营业日。到期合约交易于最后交易日上午11点(伦敦时间)结束。

交易时间

周一至周五:7:20—14:00

四、股票指数期货

自1982年2月美国堪萨斯市期货交易所推出价值线综合指数期货合约后,股票指数期货已成为全球金融市场一个重要的投资品种。

股票指数期货(Stock Index Futures),也称为指数期货,是指一种以证券市场的指数(如标普指数、恒生指数)为标的的期货合约。交易时合约双方同意承担股票价格波动所引发的涨跌,把股票指数按点位换算成现金单位,以交易单位乘以股价指数计算出合约的标准价值。股票指数期货的最大特点是它同时具备期货和股票的特色。首先,它是一份期货合约,即现期定价远期交易,仅付保证金;其次,它具有股票特征,因为指数代表着特定市场股票的价值。在交割方式上,当合约到期时,以结算指数与未平仓指数对比,投资者支付或收取两个指数折算的现金差额,即完成交割。

主要的股票指数期货包括标准普尔500种股票价格综合指数(S&P 500)、纽约证券交易所股票价格综合指数(NYCE Composite)、主要市场指数(MMI)、价值线综合股票价格平均指数(Value Line Composite Index)、日本的日经指数(NIKI)、香港的恒生指数。主要交易场所包括芝加哥期货交易所、芝加哥商业交易所、纽约证券交易所、堪萨斯市期货交易所等。

第二节 金融期权

一、金融期权的含义及特征

(一)含义

期权合约是指赋予其购买者在规定期限内按双方约定的价格(即协议价格,Striking Price)或执行价格(Exercise Price)购买或出售一定数量某种资产的权利的合约。期权的基本特征在于它赋予合约持有人一种权利而非义务,因此,投资者必须支付一定的期权费购买期权合约,期权费即为期权的价格。金融期权(Financial Option)是以期权为基础的金融衍生产品,指以金融商品、金融指标或者金融期货合约为标的物的期权交易。

(二)特征

与金融期货合约相比,金融期权合约具有以下特征:

1. 标的物不同

金融期权与金融期货的标的物不尽相同。一般而言,凡可进行期货交易的金融商品都可进行期权交易。然而,可进行期权交易的金融商品却未必可进行期货交易。例如,只有金融期货期权,而没有金融期权期货。因此,金融期权的标的物多于金融期货的标的物。

2. 对称性不同

金融期货交易的双方权利与义务对称,即对任何一方而言,都既有要求对方履约的权利,又有自己对对方履约的义务。而金融期权交易双方的权利与义务存在明显的不对称性,期权的买方只有权利而没有义务,而期权的卖方只有义务而没有权利。

3. 履约保证不同

金融期货交易双方均需要开立保证金账户,并按规定缴纳履约保证金。而在金融期权交易中,只有期权的卖方才需要开立保证金账户,并按规定缴纳保证金,以保证其履约的义务。至于期权的买方,因期权合约未规定其义务,其不需要开立保证金账户,也就不需要缴纳任何保证金。

4. 现金流转不同

金融期货的交易双方在成交时不发生现金收付关系,但在成交后,由于实行逐日结算制度,伴随着现货资产价格的变动,盈利一方的保证金账户余额将增加,而亏损一方的保证金账户余额将减少。而在金融期权交易中,在成交时,期权的买方为取得期权合约所赋予的权利,必须向期权的卖方支付一定的期权费;但在成交后,除了到期履约外,交易双方均不发生任何现金流转。

5. 盈亏特点不同

金融期货交易双方都无权违约,也无权要求提前交割或推迟交割,而只能在到期前的任一时间通过反向交易实现对冲或到期进行实物交割,从理论上说,金融期货交易中双方潜在的盈利和亏损都是无限的。而在金融期权交易中,期权的买方在交易中的潜在亏损是有限的,仅限于所支付的期权费,而可能取得的盈利却是无限的;相反,期权的卖方在交易中所取得的盈利是有限的,仅限于所收取的期权费,而可能遭受的损失却是无限的。

6. 作用与效果不同

利用金融期货进行套期保值,在避免价格不利变动造成的损失的同时也必须放弃若价格有利变动可能获得的收益。而利用金融期权进行套期保值,若价格发生不利变动,套期保值者可通过执行期权来避免损失;若价格发生有利变动,套期保值者又可通过放弃期权来保护利益。

二、金融期权的类型

根据不同的标准,金融期权可以分为不同的类型。

(一) 看涨期权和看跌期权

根据期权合约持有者权利的不同,可以划分为看涨期权和看跌期权。看涨期权赋予合约持有者在未来规定的期限内以事先约定的价格购买某一资产的权利;而看跌期权赋予合约持有者在未来规定的期限内以事先约定的价格出售某一资产的权利。

(二) 欧式期权和美式期权

根据期权持有者执行期权时限的不同,可以划分为欧式期权和美式期权。欧式期权只能在期权到期日才能执行期权;而美式期权可以在合约到期前任何一天执行。

(三) 场内交易期权和场外交易期权

根据交易场所的不同,可以划分为场内交易期权和场外交易期权。场内交易期权是指在期权交易所内进行交易的期权;场外交易期权是指大型公司或者机构双方直接进行交易的期权。

场内交易的金融期权主要包括股票期权、利率期权和外汇期权。

1. 股票期权

股票期权主要包括股票期权和股指期权。股票期权是在单个股票基础上衍生出来的选择权。股指期权包括两种,一种是从股指期货衍生出来的股指期货期权,例如新加坡交易所交易的日经225指数期权,是从新加坡交易所交易的日经225指数期货衍生出来的;另一种是由股票指数衍生出来的现货期权,例如大阪证券交易所日经225指数期权,是由日经225指数衍生出来的。两种股指期权的执行结果是不一样的,前者执行得到的是一张期货合约,而后者则进行现金差价结算。

2. 利率期权

利率期权是一种与利率变化挂钩的期权,到期时以现金或者与利率相关的合约进行结算。利率期权最早出现于场外交易市场。1985年,为了规避银行发行浮动利率票据所产生的风险,推出了利率上限期权。当前,利率期权的场内交易十分普遍。利率期权合约通常以政府短期、中期、长期债券、欧洲美元债券,大面额可转让存单等利率工具为标的物。

3. 货币期权

货币期权也称为外汇期权,指合约购买方在向出售方支付一定期权费后,所获得的在未来约定日期或一定时间内,按照规定汇率买进或者卖出一定数量外汇资产的选择权。货币期权是期权的一种,相对于股票期权、指数期权等其他种类的期权来说,货币期权买卖的是外汇,即期权买方在支付一定数额的期权费后,有权在约定的到期日按照双方事先约定的汇率和金额向期权卖方购买约定的货币,同时期权的买方也有权不执行上述买卖合约。

三、期权交易市场

期权交易市场可以分为场内期权交易市场和场外期权交易市场。

(一) 场内期权交易市场

期权交易所是具有法律地位、有组织的公司实体,其制定规章制度,承担管理期权交易的责任。与期货交易相同,在期权交易所进行交易的期权也是标准化的。

1. 期权交易的过程

期权交易的过程如下:

买方和卖方向各自的经纪人下达交易指令,开始交易→买方和卖方的经纪人均要求其经纪公司的场内经纪人执行交易→双方场内经纪人在期权交易所的交易厅碰面商谈价格→向期权清算所报告交易信息→双方场内经纪人分别向买方和卖方经纪人汇报协定价格→双方经纪人再分别向买方和卖方汇报协定价格→买方和卖方分别在其经纪人处存入权利金或者保证金→买方和卖方经纪人再向清算公司存入交易权利金或者保证金→双方经纪人的清算公司再向清算所存入交易权利金和保证金。

期权交易过程涉及的要素包括下达建仓交易指令、清算所、下达对冲交易指令和执行期权合约。

(1) 下达建仓交易指令

投资者有权下达各种类型的交易指令,不同的交易指令具有不同的功能。例如,市场交易指令允许场内经纪人执行其获取的最佳市场价格;限价交易指令限定了购买时可支付的最高价格以及出售时可接受的最低价格。

(2) 清算所

清算所的正式名称为期权清算公司(Options Clearing Corporation,OCC),它是为了保证期权交易的顺利进行而设置的独立机构。它确保期权卖方按照合约的规定履行其义务,并记录其所有的多头和空头头寸状况。当期权持有者需要行权时,他面对的不是期权卖方,而是清算所。

(3) 下达对冲交易指令

通常把出售期权合约的指令称为对冲交易指令(Offsetting Order)。如果投资者持有股票看涨期权合约,而且其标的股票价格出现上涨,导致投资者可以通过在市场上出售期权合约获利,投资者就可以下达对冲交易指令,轧平头寸。

(4) 执行期权合约

当期权的持有者想要执行某个期权时,需要通知经纪人,经纪人通知负责结算交易的期权清算公司会员,于是,该会员向期权清算公司发出执行指令。期权清算公司随机地选择某个持有相同期权空头的会员,这个会员按事先订立的程序,选择某个特定的出售该期权的空头方。如果期权是基于个股的看涨期权合约,则空头方必须交割股票。但是,对于股票指数期权合约而言,则采取现金结算的方式,数额为期权合约份数×期权合约规模×(指数价位－执行价格)。

2. 期权交易商

在期权的买方和卖方之外,期权交易中还会涉及做市商、场内经纪人、指令簿处理人员等,具体概述如下:

(1) 做市商(Market Maker)。当公众中有人希望买进或卖出一种期权合约,但是又没有其他成员愿意卖出或买进该期权合约时,做市商就自己完成交易。做市商的存在能够满足公众对期权的需求。

(2) 场内经纪人(Floor Broker)。如果要进行期权交易,需要在经纪公司开立交易账户,经纪公司指派一名场内经纪人负责或做出合约安排。

(3) 指令簿处理人员(Order Book Official,OBO)。指令簿处理人员属于交易所的雇员,负责场内经纪人指令的处理。

(二) 场外期权交易市场

在场内交易市场之外,机构投资者主导着相当巨大的场外交易市场。一般而言,场外期权交易市场上的合约都是由大型企业集团、金融机构以及政府部门直接进行交易的。在场外期权交易中,期权合约的条款和适用条件依交易双方的特定需求而定制,期权的设计具有非标准化的特征。而且,在期权交易所交易,一笔购买看跌期权合约的大额交易指令往往被认为是向市场发出的信号,这个信号逐渐形成市场的噪音,干扰市场的正常运作。但是,对于场外期权市场,由于投资者的交易均在私下达成,大额期权交易几乎对市场不具有影响。

四、金融期权交易的履约方式

金融期权交易的履约方式主要有三种:行使期权、对冲和自动失效。

(一) 行使期权

期权的持有者因支付期权费而获得了履行合约的权利。一般来说,只有当期权有内在价值时,期权的多头方才会行使期权,即对于看涨期权多头方而言,当现货价格高于执行价格时,才会行使期权;对于看跌期权多头方而言,当现货价格低于执行价格时,才会行使期权。我们把现货市场价格 S_T 高于协定价格 K 时的看涨期权称为实值期权(In The Money),把现货市场价格 S_T 等于协定价格 K 的看涨期权称为两平期权(At The Money),把现货市场价格 S_T 低于执行价格 K 的看涨期权称为虚值期权(Out Of The Money)。对于看跌期权则相反。

(二) 对冲

大多数期权的多头方和空头方在期权到期时或在到期前选择对冲方法来结算期权交易。期权合约的多头方在达成交易后,在到期日之前卖出执行价格和到期日与所持有合约相同的期权合约,对冲原来的多头地位;期权合约的空头方在达成交易后,在到期日之前买入执行价格和到期日与所持有合约相同的期权合约,对冲原来的空头地位。

（三）自动失效

期权具有时效性,如果期权一直处于虚值状态,那么,期权的多头方就不会行使期权,而会等待到期,任由期权失效。这样,期权的多头方就损失了期权费。

阅读延展

上证50ETF期权

2015年2月9日,作为我国股票期权的首个试点品种,上证50ETF期权在上海证券交易所上市交易。这意味着我国股市迎来了"期权时代"。为了实现这一全新品种的平稳起步,监管层和交易所制定了完备的规则体系。继证监会9日发布《股票期权交易试点管理办法》之后,上海证券交易所《股票期权试点交易规则》等系列规则文件同日发布。

上证50ETF期权的合约标的为上证50ETF(510050),合约类型包括看涨期权(认购期权)和看跌期权(认沽期权),合约单位为10000份,到期月份为1月、2月、3月及6月,最后交易日为合约到期月份的第四个星期四(遇法定节假日顺延),履约方式为欧式,只能在最后行权日行权。行权价格以上证50ETF前收盘价靠档价作为行权价推出一个平值期权合约,按行权价格区间推出2实值和2虚值。交易时间为每个交易日9:15—9:25、9:30—11:30、13:00—15:00,其中9:15—9:25为开盘集合竞价时间,14:57—15:00为收盘集合竞价时间,其余时段为连续竞价时间,最小变动单位为0.0001元。

第三节 金融互换

一、金融互换的含义及特征

金融互换是指两个或两个以上当事人在规定的时间内,按照约定条件,交换一系列现金流的合约。金融互换具有以下特征:

（一）币种多、期限长、金额大

美元、英镑、欧元、日元、加元、澳元等都是金融互换市场上的交易货币,币种多样;绝大部分互换交易的期限为3—10年,少数交易也有比较长的期限;单个互换业务的额度通常在500万美元至3亿美元,有时也采用辛迪加式的互换进行较大数额的交易。

（二）交易成本低、流动性强、具保密性

互换协议只需签订一次,就可以在以后若干年内进行多次交换支付,交易成本较低;标准化合约在互换市场的流动性一般高于远期合约,对冲合约的困难较小;在互换市场上,只有互换对手方知道互换交易的内容,其实行不公开的交易,保密性较强。

（三）形式灵活、无政府监管

互换市场交易的不是标准化的金融商品,因此,互换交易的形式、金额、到期日等完全视客户需要而定,是一种按需定制的交易方式,交易十分灵活;而且,互换市场基本上不存在政府监管,受到的限制较少。

二、金融互换的形成与发展

(一) 平行贷款

尽管人们对互换交易的发展历史看法不一,但有一点是共同的,即互换交易起源于英国与美国企业之间安排的英镑与美元的平行贷款。20世纪70年代初,由于国际收支恶化,英国实行了外汇管制,并采取了对对外投资进行征税的办法,以惩罚资金外流。一些企业为了逃避外汇管制便采取了平行贷款(Parallel Loan)的对策。平行贷款涉及两个单独的贷款合同,分别由两个不同的母公司各自贷款给对方设在本国境内的子公司,贷款由银行作为中介来完成,两个子公司的两笔贷款分别由其母公司提供担保。但是,由于平行贷款涉及两个单独的贷款合同,并分别具有法律效力,因此,若一方违约,另一方仍要执行合同,不得自行抵消。于是,为了降低违约风险,背对背贷款应运而生。

(二) 背对背贷款

背对背贷款(Back to Back Loan)是指两个国家的公司相互直接提供贷款,贷款的币种不同但币值相等,并且贷款的到期日相同,双方按期支付利息,到期各自向对方偿还借款金额。背对背贷款与平行贷款在贷款结构上是不同的,而效果却是相同的。结构不同之处在于:它是两个公司之间直接提供贷款,双方只签订一个贷款合同。合同中规定,若一方违约导致另一方遭受损失,那么,另一方有权不偿还对它的贷款债务以抵消该损失,从而使双方的贷款风险降低。虽然两贷款的结构和文件不同,但都涉及同样的现金流,因此,其效果是相同的。

(三) 金融互换的最终形成

1. 货币互换的出现

虽然在1977年,英国公司和荷兰公司已经开始进行货币互换交易,但是,世界银行与IBM公司于1981年所进行的互换才真正使互换与国际资本市场融为一体。当时在所罗门兄弟公司的安排下,世界银行发行债券所筹集的2.9亿美元与IBM公司发行债券所筹集的德国马克和瑞士法郎进行了货币互换。

2. 利率互换的出现

第一例利率互换出现于1982年。学生贷款市场协会(Student Loan Marketing Association,又称Sallie Mae)发行了中期固定利率债券,由投资银行做中介,将利息支付互换成3个月国债收益为标准的浮动利息支付。通过互换,Sallie Mae获得了与其浮动利率资产更相匹配的负债现金流。利率互换自问世以来其市场规模迅速扩大,1985年年底未清偿利率互换名义本金是170亿美元,到1997年年底这一数字上升为22 291亿美元。

三、金融互换交易的类型

按照标的物的不同,金融互换交易可以分为利率互换、货币互换、股票互换等,其中,利率互换和货币互换是金融市场上最为活跃的互换交易。

(一) 利率互换

利率互换是比较优势理论在金融衍生交易中的运用,是根据交易双方存在的在信用等级、筹资成本和负债结构方面的差异,利用各自在金融市场上筹集资金的相对优势,将同一种货币的不同利率的债务进行对对方有利的安排。从广义上讲,利率互换主要有四种形式:一是同种货币的固定利率与浮动利率的互换;二是同种货币不同浮动利率的互换;三是不同货币固定利率与浮动利率的互换;四是不同货币不同浮动利率之间的互换。不论采取哪种形式,都只涉及利息支付部分的互换,无须交换本金。

从机制上看,利率互换以一定的名义本金为基础,将该本金产生的以一种利率计算的利息收入(支出)流与对方的以另一种利率计算的利率收入(支出)流相交换,只涉及多次的利息交换,不涉及本金的互换。

以同种货币的固定利率与浮动利率的互换为例,利率互换的运行过程如下：

假设 A、B 两公司都想借入期限为 5 年的 1 000 万美元,且两公司在银行的信用评级和银行提供给两公司的贷款条件如表 5-1。

表 5-1 A、B 两公司的融资成本比较优势

	信用评级	固定利率	浮动利率
A 公司	AAA	10.0%	6 个月 LIBOR+0.5%
B 公司	BBB	11.5%	6 个月 LIBOR+1.0%
借款成本差额		1.5%	0.5%

从表 5-1 可以看出,由于 A 公司的信用等级高,因此,在固定利率借款和浮动利率借款方面均具有绝对优势,但是,从比较优势方面看,A 公司在固定利率贷款中具有比较优势,B 公司在浮动利率贷款中具有比较优势。因此,双方可以签订协议,A 公司以 10.0% 的利率借入固定利率资金,B 公司以 6 个月 LIBOR+1.0% 的利率借入浮动利率资金,然后,双方进行利率互换,这样双方都可以降低利率成本。

假设 A 公司和 B 公司的资金交换价格如图 5-1 所示,则涉及两公司多笔的利息互换。

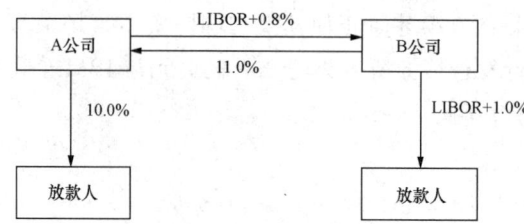

图 5-1 单次利率互换图

利率互换结果如下：

(1) A 公司:浮动利率借款成本降低。

没有利率互换下浮动利率资金成本为: $-(\text{LIBOR}+0.5\%)$

存在利率互换浮动利率资金成本为: $-10.0\%-(\text{LIBOR}+0.8\%)+11.0\%=-\text{LIBOR}+0.2\%$

(2) B 公司:固定利率借款成本降低。

没有利率互换下固定利率资金成本为: -11.5%

存在利率互换固定利率资金成本为: $-(\text{LIBOR}+1.0\%)-11.0\%+\text{LIBOR}+0.8\%=-11.2\%$

(二) 货币互换

货币互换是指为了避免汇率变动风险而进行不同币种、相同期限、等值资金债务或资产的

货币及利率的交易。具体地讲,是指两笔金额相同、期限相同、计算利率方法相同,但货币不同的债务资金之间的调换,同时也进行不同利息额的货币调换。简单来说,货币互换双方互换的是货币,它们各自的债权债务关系并没有改变,初次互换的汇率以协定的即期汇率计算。

例如,A 银行和 B 银行在国际金融市场上的融资优势如表 5-2 所示。

表 5-2　A、B 两银行的融资成本比较优势

	美元市场	欧元市场
银行 A	10%	4%
银行 B	12%	8%
借款成本差额	2%	4%

假设市场的即期汇率为 1 欧元=1.5 美元,银行 A 需要 15 亿美元,银行 B 需要 10 亿欧元。

从表 5-2 可以看出,银行 A 在美元市场和欧元市场的借款成本方面均具有绝对优势,但是,从比较优势方面看,银行 A 在欧元市场的借款成本具有比较优势,银行 B 在美元市场的借款成本具有比较优势。因此,双方可以签订协议,银行 A 以 4% 的利率借入欧元,银行 B 以 12% 的利率借入美元,然后双方进行货币互换。银行 A 以 5% 的利率将所借欧元贷给银行 B,银行 B 以 10% 的利率将所借入美元贷给银行 A。货币互换的流量图见图 5-2、图 5-3、图 5-4。

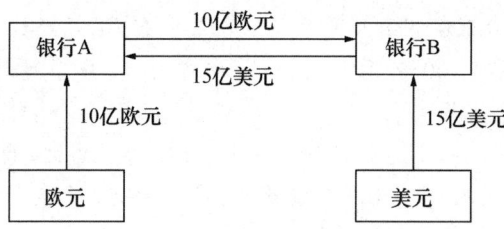

图 5-2　货币互换初始流量图

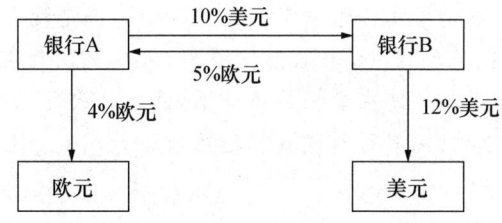

图 5-3　货币互换利息支付流量图

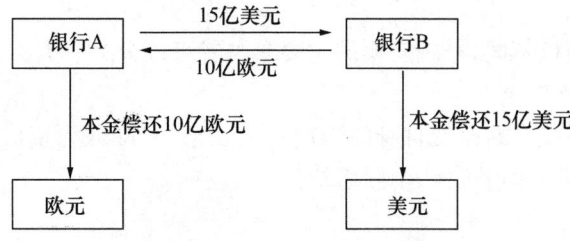

图 5-4　货币互换本金最终流量图

> 阅读延展

卢布持续下跌:中俄货币互换,中国亏了吗?

2014年12月以来,卢布的狂跌引起全球关注。卢布兑美元汇率跌幅创下自1999年以来的最高纪录,自2014年年初以来,卢布汇率已下跌逾50%。有人指出,中国中央银行与俄罗斯联邦中央银行签署了货币互换协议,中俄双方互换货币汇率极低,并认为我国因此蒙受了汇率损失。2014年10月13日,中俄双方签订了规模为1500亿元人民币/8150亿卢布的货币互换协议,汇率折合算来,1元人民币约等于5.43卢布。而相对于1元人民币兑10—12卢布的汇率,眼看着卢布持续下跌,有人大呼中国中央银行吃亏了。

实际果真如此吗?

首先,货币互换并没有任何实际交易发生,只是给了两国一个应急机制,相当于信用额度。货币互换实质只是互换额度,并不代表实质发生的交易,中俄两国某一方需要使用时,应该向另一方提出需求,在中俄贸易中使用,但是也可以不使用。

其次,货币互换实质只是互换额度,信用额度并不代表实际提款。并且,在发起和动用该协议的时候,需满足一些在协议中注明的前提条件,会对资金提供方提供一定的保障,比如用卢布作为抵押物。例如,俄罗斯提出需要提款,那么就要用卢布作为抵押物,这个时候最大规模是1500亿元人民币,到期后,俄罗斯需要还相应额度的人民币,所以抵押并不表示俄罗斯不用还款了。双方签订的1500亿元人民币/8150亿卢布,是规定的最大可互换规模,如俄方发起,最多可动用的余额是1500亿元人民币;如中方发起,最多可动用的余额是8150亿卢布。现在没有动用,谈不上有损失。

最后,货币互换的目的之一是为防范外汇风险,三年协议到期,俄罗斯就要归还我们1500亿元人民币加利息。因为是人民币与卢布直接互换,不涉及美元转换,是"去美元化"。该协议实际动用时,是按发起时的汇率(而不是提前设定的固定汇率)来计算应互换的双方金额;归还时本金不变,动用方还要付一定的利息。也就是说,如果俄方动用了我方的人民币,一定期限后还需归还我方人民币,金额是原本金+利息。这对我们来说是没有汇率风险的。这其中,最大的风险是俄罗斯经济状况急剧恶化,金融愈发不稳,俄中央银行在互换到期后违约。也就是,俄罗斯赖账不还钱怎么办?即使在最坏的情境下,俄中央银行违约,形成对华债务,中方也可以通过要求俄方对华出口燃料、原材料和武器进行偿还。

资料来源:第一财经日报[J].2014年12月19日,第A09版.

四、金融互换的主要参与者

根据进行交易的动机不同,金融互换的主要参与者可以分为三大类:

(一) 互换的最终使用者

这类参与者通过互换交易改变自身的资产负债表结构、降低筹资成本、获取收益,它们包括银行等金融机构、企业、政府机构、国际组织等。

1. 银行等金融机构

中央银行、商业银行、保险公司、储蓄银行、投资银行、养老基金等金融机构都是互换的重要参与者,它们不仅为自己进行交易,也代表客户进行交易,既是互换市场上的造市商,也是互换市场上的中介商。

2. 企业

许多企业是互换市场的重要参与者,它们利用金融互换市场降低融资成本、规避利率风险,优化自己的资产负债表情况。而且,一些企业也会根据自己的预测在互换市场上进行投机。

3. 政府机构

对互换市场而言,政府常常是债券市场的大用户,但是,有时政府也利用互换市场开展利率风险管理业务,在自己的资产组合中,调整固定与浮动利率债务的比重。而且,许多政府机关、国有企业、城市与市政机构利用互换市场降低融资成本,或在投资者对其债券需求很大而借款人本身并不需要那种货币的市场上借款。

4. 国际组织

国际货币基金组织等国际组织被认为是信用等级很高的主体之一,他们通常可以利用其有利地位以十分优惠的价格筹集资金。一些国家的政府机构可以通过金融互换市场与国际组织开展互换交易,降低融资成本。而且,由于具有大量的成员国,国际组织通常被称为互换的推动者和协调者。

(二)互换中介机构

互换金融机构是为互换最终使用者提供互换工具的金融机构,主要有美国、英国的投资银行,以及日本主要的证券公司。加拿大、英国、法国、日本、瑞士等国的商业银行也活跃在互换市场上,这些金融机构参与互换交易的目的主要是赚取手续费,从交易中获利。

(三)互换服务和管理机构

在互换最终使用者和互换中介机构之外,互换市场还有其他参与者,它们包括各种交易协会、经纪人、系统卖方与出版商等。例如,英国银行家协会(British Banker's Association, BBA)提出了关于利率互换的一整套条款,即 BBAIRS 条款(英国银行家协会利率互换),这套条款规定,除了其他条件以外,当交易的所有细节协商一致时即达成合同。

第四节　其他金融衍生产品

一、权证

(一)权证的含义及其特征

权证是一种金融衍生产品,是由标的证券的发行公司或以外的第三者,如证券公司、投资银行等发行的有价证券。由第三者发行的权证也叫备兑权证或衍生权证,是表明权证持有人具有在约定时间内以事先约定的价格认购或沽出一定数量的标的证券的权利凭证。它是持有者的一种权利(但没有义务)证明,其行使权利时,权证发行人不得拒绝。

这里所说的标的证券,是权证发行人在权证发行时就规定好的、已经在交易所挂牌的品种,是权证发行人承诺按照事先约定的条件向权证持有人购买或卖出的证券或资产。它可以是一只股票、一只基金、一只债券,也可以是一个组合、一个指数等。

(二)权证的类型

权证根据不同的划分标准有不同的分类:

1. 认购权证和认沽权证

认购权证的持有人有权按照约定在特定期限内或到期日向发行人买入标的证券;认沽权证的持有人则有权按约定价格在特定期限内或到期日向发行人卖出标的证券。

2. 欧式权证和美式权证

欧式权证的持有人只可以在权证到期日当日行使其权利;美式权证的持有人在到期日前的任何交易时间均可行使其权利。

3. 股本权证和备兑权证

股本权证一般由上市公司发行,通常是在发行新股的过程中,为了筹集资金或者对高管人员进行激励而发行的权证,在行权之后,公司股份增加,每股净值被稀释;备兑权证一般是由证券公司等金融机构发行的,其标的资产为已经在交易所挂牌交易的证券,其目的是为投资者提供避险、套利工具,行权后通常不造成股本增加或者权益稀释。

4. 价内权证、价平权证和价外权证

价内权证,也称为实值权证,对于认购权证而言,是指行使价格低于标的证券收盘价格的权证,对于认沽权证而言,是指行使价格高于标的证券收盘价格的权证;价平权证也称为两平权证,是指行使价格和标的证券收盘价格相等的权证;价外权证,也称为虚值权证,对于认购权证而言,是指行使价格高于标的证券收盘价格的权证,对于认沽权证而言,是指行权价格低于标的证券收盘价格的权证。

5. 证券给付结算型权证和现金结算型权证

权证如果采用证券给付方式进行结算,其标的证券的所有权会发生转移;如采用现金结算方式,则仅按照结算差价进行现金兑付,标的证券所有权不发生转移。

(三) 权证的要素

权证的各要素会在发行公告书中得到反映。

例如,A 公司发行以该公司股票为标的证券的权证,假定发行时股票市场价格为 15 元,发行公告书列举的发行条件如下所示。

发行日期:2011 年 8 月 8 日

存续期间:6 个月

权证种类:欧式认购权证

发行数量:50 000 000 份

发行价格:0.66 元

行权价格:18.00 元

行权期限:到期日

行权结算方式:证券给付结算

行权比例:1∶1

上述条款告诉投资者,由 A 公司发行的权证是一种股本认购权证,该权证每份权利金是 0.66 元,发行总额为 50 000 000 份,权证可以在 6 个月内买卖,但行权则必须在 6 个月后的到期日进行。如果到期时 A 公司股票市场价格为 20 元,高于权证的行权价 18 元,则投资者可以每股 18 元的价格向发行人认购市价每股 20 元的股票,每股净赚 2 元;如果到期时 A 公司股价为 15 元,低于行权价 18 元,则投资者可以不行权,从而仅损失权利金每股 0.66 元。

> **阅读延展**

权证与期权的区别

期权与权证都是一种选择权。在支付一定的权利金后,给予持有者按照合约内容,在规定的期间内或特定的到期日,按约定价格买入或卖出标的资产的权利,是持有者拥有权利(但没有义务)的证明。但两者又存在许多差别:

第一,发行主体不同。期权没有发行人,每一位市场参与人在有足够保证金的前提下都可以是期权的卖方。期权交易是不同投资者之间的交易。当投资者买入某公司的认购期权时,卖出期权的是普通投资者。而权证通常是由标的证券上市公司、投资银行(证券公司)或大股东等第三方发行的,交易双方为股票权证的发行人与持有人。当投资者买入A公司的权证时,卖出权证的是A公司自己或者它所委托的证券公司。如果卖出的机构是A公司自己,则称为股本权证;卖出的机构是证券公司,则称为备兑权证。

第二,交易方式不同,期权交易比权证更灵活。投资者可以买入或卖出认购期权,也可以买入或者卖出认沽期权。但对于权证,普通投资者只能买入权证,只有发行人才可以卖出权证收取权利金。当然投资者也可以在二级市场交易手中已有的权证。

第三,合约特点不同,期权合约通常是标准化合约而权证不是。期权合约中的行权价格、标的物和到期时间等都是由市场统一规定好的,而权证合约中的行权价格、标的物、到期时间等都是由发行者决定的。

第四,合约供给量不同。期权在理论上供给无限,如果不断交易就会不断产生。而权证的供给有限,由发行人确定,受发行人的意愿、资金能力以及市场上流通的标的证券数量等因素的限制。

第五,履约担保不同。期权的开仓一方因承担义务需要缴纳保证金,其随标的证券市值的变动而变动。而权证的发行人以其资产或信用担保履行。

第六,行权后效果不同。认购期权或认沽期权的行权,仅是标的证券在不同投资者之间的相互转移,不影响上市公司的实际流通总股本数;对于上市公司发行的股本权证,当投资者对持有的认购权证行权时,发行人必须按照约定的股份数增发新的股票,从而导致公司的实际流通总股本数增加。

二、资产支持证券

(一)资产支持证券的含义

资产支持证券(Asset-Backed Security,ABS)是一种债券性质的金融工具,其向投资者支付的本息来源于基础资产池(Pool of Underlying Assets)产生的现金流或剩余权益。与股票和一般债券不同,ABS不是对某一经营实体的利益要求权,而是对基础资产池所产生的现金流和剩余权益的要求权,是一种以资产信用为支持的证券。产品类型包括简单的过手证券(Pass-Through Security)和复杂的结构证券(Structured Security)。

(二)住房抵押贷款证券化

住房抵押贷款证券化是资产证券化的重要组成部分。在证券化过程中,涉及十多个参与机构。其中包括发起人(住房抵押贷款金融机构)、住房抵押贷款经纪人、借款人、消费者信用核查机构、贷款转移机构(信托机构)、特殊目的机构(Special Purpose Vehicle,SPV)、评级机构、包销人、分销人、保险公司、特别服务提供者、电子登记系统和投资者等。在上述众多的参与机构中,SPV发挥了重要作用。SPV一般具有以下几个重要性质:第一,购买住房抵押贷款,或根据某种协议获得住房抵押贷款的所有权或处置权。贷款所有权的转移使发起人实现真实出售,发起人与资产风险实现隔离,债权人(投资者)不得向发起人(住房贷款金融机构)行使追索权。第二,在法律和财务上独立于发起人(如住房贷款金融机构),尽管它可能由发起人所设立。第三,是一个壳公司,可以没有任何雇员,在泽西或开曼群岛注册。第四,是债券(如住房抵押贷款支持债券(Residential Mortgage-Backed Securities,RMBS))发行机构,RMBS则由发起人转移给它的次贷所支持。

SPV购买或根据某种协议获得贷款的所有权或处置权,然后,将这些贷款(可能是成百上千项贷款)捆绑在一起,以这些贷款为基础(这些贷款是SPV的资产)相应发放债券(SPV的负债)。这就是说,原本是住房抵押贷款金融机构和借款人之间一对一签订的、各不相同的一些住房抵押贷款合同,被住房抵押贷款金融机构转卖给了SPV,而后者将其打包之后,又以债券的形式卖给了投资者,这些债券就是所谓的RMBS,这就是证券化的过程。

尽管所对应的是同一资产池(由大量贷款构成),SPV发行的RMBS却有不同等级。RMBS的等级是根据约定的现金分配规则确定的。投资者可以选择购买同一RMBS的不同等级,从而获得不同回报和承担不同风险。在实践中,住房抵押贷款证券化后产生的RMBS,分为优先级、中间级和股权级。RMBS各部分的等级由评级机构确定。RMBS的分级满足了不同风险偏好的投资者的需要,因而使其受到投资者的追捧。

阅读延展

我国资产证券化注册制出台

2015年4月3日,继银监会、证监会双双推出资产证券化备案制后,央行下发公告称,信贷资产支持证券发行实行注册制,打通了资产证券化的最后一公里。

2005年起,资产证券化业务开始试点,2007年金融危机后业务停摆,2013年银监会主管ABS发行额度仅158亿元,进展缓慢。2014年信贷资产证券化发行额度为2825亿元,获得突破性进展,不过较80多万亿元信贷资产规模,业务开展还在起跑线上,未来空间广阔。

资产证券化注册制落地,不仅可以腾挪银行信贷空间,减缓资产质量压力,促进经营方式的转变,通过信贷出表转移风险以及信贷资产的"真实出售",有利于促进银行经营模式从资产持有向资产交易转变,银行获得信贷额度,同时在全社会范围内分散了资产风险。另外,对于券商来说,可以获得一笔可观的承销费。

(三) 担保债务凭证

担保债务凭证(Collateralized Debt Obligation,CDO)是一种固定收益的资产证券化产品,结构化的产品设计使其能够满足投资人多元化的投资需求。

传统ABS的资产池可能为信用卡应收账款、租赁租金、汽车贷款债权、住宅抵押贷款债权等,而CDO背后的支撑则是一些债务工具,如高收益的债券(High Yield Bonds)、新兴市场公司债券(Emerging Market Corporate Debt)或国家债券(Sovereign Debt),亦可包含传统的ABS、RMBS及商用不动产抵押贷款证券化(Commercial Mortgage-Backed Securities,CMBS)

等资产证券化商品。

根据同 RMBS 类似的现金收入流的分配规则，CDO 也被划分为不同段或等级：优先段、中间段、股权段。现金收入流首先全部偿付优先段 CDO 投资者，如果有富余，则将偿付给中间段 CDO 投资者，最后的偿付对象是股权段 CDO 投资者。不仅如此，中间段的 CDO 又会被进一步证券化并作为另一个 CDO 的基础资产。这种过程可以继续进行下去，于是出现了 CDO 平方、CDO 立方之类的证券。

三、信用违约互换

信用违约互换（Credit Default Swap，CDS）是国外债券市场中最常见的信用衍生产品。在信用违约互换交易中，违约互换购买者将定期向违约互换出售者支付一定的费用（称为信用违约互换点差），一旦出现信用风险（主要指债券主体无法偿付），违约互换出售者将向购买者赔付以覆盖购买者的损失，从而使违约互换购买者能有效规避债券的信用风险。

CDS 的作用是将某种风险资产的违约风险从合同买方（信用风险资产的投资者）转移到合同卖方（信用风险保险的提供者）。合同买方定期向合同卖方支付保费，但当发生参照实体（出售公司债券的第三方）违约、破产等信用事件时，保险卖方（可以是投资银行，也可以是其他金融机构）就必须向保险买方赔偿损失。当参照实体的违约风险增加时，保费会相应提高。而保费（率）与某种基准利率之间利差的增加，则反映了相应债券风险的提高。

CDS 本身是一种保险工具，但也可以成为一种投机工具。例如，假定投机者（CDS 的卖方）和投资者（债券购买者，CDS 的买方）签订了一项 CDS 合同，并收取 10 万美元保费，那么，如果作为信用参照体的公司（第三方）并未倒闭，投机者在未曾进行任何投资（但要承担风险）的情况下就将获利 10 万美元。CDS 的定价是根据经折现后的不同时期赔付额（减保费）与其发生概率乘积的现值确定的。CDS 的价格随信用参照体（债券发行公司）信用等级（违约概率）的变化而变化。通常情况下，如果某公司出现违约危险，投资者就会将其所持该公司债券折价出售给风险偏好较强的另一个投资者。如果所担心的违约并未发生，风险偏好投资者就不但能够按票面价值收回本金，而且可以因为当初的折价而获利。在存在信用违约互换的情况下，风险偏好较强的投资者（投机者）可以向某一交易方购买该公司债券的 CDS。如果该公司违约，那么尽管根本没有购买该公司的债券，这个投机者依然可以通过收取赔付的方式获利。

尽管 CDS 是场外交易衍生金融工具，但和债券一样，已经生效的 CDS 合同也是可以买卖的。CDS 的价格随信用等级的改善而下降；反之亦然。如果对公司资信变化趋势的判断正确，则投资于 CDS 所能得到的利润将超过投资于作为 CDS 保险对象的债券本身所能带来的利润。在美国次贷危机期间，投资者（为了避险）和投机者（为了盈利）大量购买 CDS，CDS 价值总额达到 62 万亿美元，大大超过了作为其投保参照实体（如 CDO）的价值总额。CDS 的出现，增加了债券市场的流动性，促进了债券市场的扩张。但是，如果 CDS 交易的对方无法赔付，市场就会发生危机。

【本章小结】

1. 金融期货是交易双方签订的在未来确定时间内按事先确定的价格买卖一定数量的金融资产或者金融指标的标准化合约。金融期货的标的资产既包括股票、债券、存单等金融资产，也包括股票指数、利率等金融指标。

2. 金融期权是以期权为基础的金融衍生产品,指以金融商品或金融期货合约为标的物的期权交易。期权的基本特征在于它赋予合约持有人一种权利而非义务,所以,投资者必须支付一定的期权费购买期权合约,期权费即为期权的价格。

3. 金融互换是指两个或两个以上当事人在规定的时间内,按照约定的条件,交换一系列现金流的合约。金融互换具有币种多、期限长、金额大,交易成本低、流动性强、具保密性,形式灵活、无政府监管的特点。

4. 资产支持证券是一种债券性质的金融工具,其向投资者支付的本息来源于基础资产池产生的现金流或剩余权益。与股票和一般债券不同,资产支持证券不是对某一经营实体的利益要求权,而是对基础资产池所产生的现金流和剩余权益的要求权,是一种以资产信用为支持的证券。

【关键概念】

金融期货　金融期权　货币互换　利率互换　权证　资产证券化　信用违约互换

【复习思考题】

1. 金融期货有哪些特征?
2. 金融期权具有几种履约方式?
3. 权证和期权存在哪些区别?
4. 货币互换的基本流程是怎样的?
5. ABS、CDO和CDS在次贷危机爆发中发挥了怎样的作用?

【参考文献】

[1] 吴晓求. 证券投资学(第四版)[M]. 中国人民大学出版社,2014.
[2] 钱荣堃,陈平,马君潞. 国际金融[M]. 南开大学出版社,2010.
[3] 沈悦等. 证券投资学[M]. 中国人民大学出版社,2015.

第六章 证券市场

【本章概要】
本章介绍了证券市场的含义、特点、构成要素及其功能,并从证券发行和流通两个层面介绍了证券市场的具体运作形式,并概括地分析了证券投资的收益与风险。本章重点阐述了证券市场的类型及其运作机制,从中可以更好地理解证券市场的本质、内涵及其在市场经济中所发挥的作用。另外,证券市场的含义、特点、构成要素及其演变和发展历程也是必须掌握的基本内容。证券市场是在市场经济下,以各类有价证券作为交易标的的一种市场组织形式,是商品市场发挥资源调配作用的必要补充,是社会经济发展中不可或缺的重要组成部分。随着经济社会的发展,证券市场也在演变和发展,因此了解证券投资的收益与风险具有较强的现实意义。通过本章的学习,可以更加深入地理解证券市场的运行机制、相关投资的收益与风险的表现及其防范。

第一节 证券市场概述

一、证券市场的含义及特征

(一)证券市场的含义

证券市场(Security Market)是有价证券发行与流通的场所及与此相联系的组织和管理体系的总称,它包括证券投资活动全过程在内的证券供求交易的网络和体系,有着广泛的外部联系和复杂的内部结构,是金融市场的一个重要组成部分。

(二)证券市场的特征

与一般商品市场相比,证券市场具有五个基本特征:

1. 交易对象不同

证券市场的交易对象是股票、债券、证券投资基金等有价证券;而一般商品市场的交易对象则是具有不同使用价值、能满足人们某种特定需要的商品。

2. 交易形式不同

现代证券市场交易主要采用基于网络平台的无形市场交易形式;普通商品市场交易大多采用基于实体交易平台的有形交易形式。

3. 交易商品的目的不同

证券市场上的股票、债券等有价证券具有多重职能。它们既可以用来筹措资金,解决资金短缺问题,又可以用来投资,为投资者带来收益,也可以用于保值,以避免或减少物价上涨带来的货币贬值损失;还可以通过投机等技术性操作争取价差收益。而一般商品市场上的商品则只能用于满足人们特定的消费需要。

4. 交易商品的价格影响因素不同

证券市场上证券价格的实质是对所有权让渡的市场评估,或者说是预期收益的市场价格,与市场利率关系密切;而一般商品市场的商品价格,其实质则是商品价值的货币表现,直接取决于生产商品的社会必要劳动时间。

5. 市场风险程度不同

证券市场的影响因素复杂多变,具有较大的波动性和不可预测性,投资者的投资能否取得预期收益具有较大的不确定性,风险较大;而一般商品实行的是等价交换原则,价格波动较小,市场前景的可预测性较强,因而风险较小。

二、证券市场的产生与发展

(一)证券市场的产生

证券市场形成于自由资本主义时期。社会化大生产和商品经济的发展、股份有限公司的产生和信用制度的深化是证券市场形成的基础。因为生产力发展、商品经济社会化、社会分工复杂化及社会化大市场的发展,客观上需要新的筹集资金手段。但自身积累、银行借款不能满足巨额资金需求,因此,股份公司的产生就成为证券市场产生和发展的现实基础与客观要求。企业组织结构的这种变化,也促使企业通过发行股票和债券筹集资金,信用制度的发展使证券市场的产生成为必然。可见,证券市场形成的物质前提是股票等有价证券的发行与流通。

证券市场的雏形源于1792年5月在美国诞生的《梧桐树协议》。该协议规定了股票交易的基本规则,它是今日纽约证券交易所最原始的雏形。其原因是在1791年,当时的美国联邦财政部长助理威廉·杜尔,利用政府官员的地位操纵股票,使得纽约市民遭受财产损失。因此,为了实现行业自律、实现金融市场的自我规范、抵消该案件引起的公众的愤怒、避免政府由此介入市场,一个自我约束机构——证券市场,应运而生。

阅读延展

《梧桐树协议》

1653年,一群荷兰移民忙忙碌碌地在纽约市曼哈顿岛接近南端的地方竖起了一排高12英尺的原木墙,目的是保护自己免于遭受印第安人、英国人的袭击和骚扰。32年后,一群测量人员沿着这排木墙画下了建设街道的白线,并给这条还不存在的街道起了一个名字——Wall Street(华尔街)。在此后的100多年里,华尔街一直默默无闻,直到1792年5月17日。据说,这一天,24个在街头买卖股票的经纪人聚集在华尔街68号前的一棵梧桐树下,开始讨论有价证券交易的条件和规则。讨论的结果就是举世闻名的《梧桐树协议》,英语称之为 Buttonwood Agreement。协议行文十分简短明了。

这是一份被称之为包括一切的简短协议,只表达了三个交易守则的合同:

第一,只与在《梧桐树协议》上签字的经纪人进行有价证券的交易。
第二,收取不少于交易额 0.25% 的手续费。
第三,在交易中互惠互利。

于是,这 24 位在协议上签了字的经纪人组成了一个独立的、享有交易特权的有价证券交易联盟。这就是后来纽约证券交易所的雏形,1792 年 5 月 17 日这一天也因此成为纽约证券交易所的诞生日。因此,《梧桐树协议》被认为是纽约股票交易所规程的滥觞。此后,虽然华尔街 68 号前的那颗梧桐树于 1865 年 6 月 14 日在闪电和雷鸣中为狂风夹着暴雨所击倒,然而华尔街这一现代金融市场中心的大树却已经根深叶茂,不断发展和壮大,也带动了整个证券市场逐步发展、壮大,交易规则日益规范、全面,交易的证券商品也日益丰富。

(二)证券市场的发展

在资本主义发展初期的原始积累阶段,16 世纪的西欧就已有了证券的发行与交易。当时的里昂、安特卫普就已经有了证券交易所,最早在证券交易所进行交易的是国债。16 世纪中叶,随着资本主义市场经济的发展,所有权和经营权相分离的生产经营方式——股份有限公司出现,使股票、公司债券及不动产抵押债券等依次进入有价证券交易的行列。1602 年,在荷兰的阿姆斯特丹成立了世界上第一个股票交易所。1698 年,英国已有大量的证券经纪人,伦敦柴思胡同的乔纳森咖啡馆就因有众多的经纪人在此交易而出名。1773 年,英国的第一家证券交易所在该咖啡馆成立,并于 1802 年获得英国政府的正式批准。这家证券交易所即为现在伦敦证券交易所的前身,最初主要交易政府债券,之后,公债券和矿山、运河股票逐渐上市交易。

进入 20 世纪,随着资本主义从自由竞争阶段过渡到垄断阶段,证券市场也以独特的形式适应着资本主义经济发展的需要,在有效地促进资本积累和资本集中的同时,其自身也获得了巨大的发展。这个时期,因虚拟资本大量膨胀,整个证券业高速发展,有价证券的发行总额剧增。1929—1933 年间爆发的全球性经济危机导致世界各国证券市场的动荡。不仅证券市场的价格波动剧烈,而且证券经营机构的数量和业务锐减。危机的先兆表现为股市的暴跌,随之而来的经济大萧条更使证券市场遭受了严重打击。危机过后,证券市场处于长期的萧条之中。

第二次世界大战爆发后,虽然各交战国由于战争需要而发行了大量公债,但整个证券市场仍然不景气。第二次世界大战结束后,随着欧美和日本经济的复苏与发展,世界各国经济不断增长,大大地促进了证券市场的复苏和发展。20 世纪 70 年代,特别是 20 世纪 90 年代后,全球主要证券市场出现了高度繁荣的局面,证券市场的规模不断扩大,证券的交易也越来越活跃,并出现了一些引人注目的新特点。

阅读延展

全球几大主要证券交易所简介

1. 纽约证券交易所

它是世界上最大的有价证券交易市场,最早成立于 1792 年 5 月 17 日,24 名经纪人在纽约华尔街西北角一家咖啡馆门前的一棵梧桐树下签订了《梧桐树协议》,当时完全是原始的票据交易,这就是纽约证券交易所的前身。到 1817 年股票交易开始活跃,于是市场的参与者又成立了"纽约证券交易管理处"。1863 年更名为"纽约证券交易所"。2006 年 6 月 1 日,纽约证券交易所与泛欧证券交易所宣布合并,2007年4月4日纽约-泛欧证券交易所成立,由5个国家的6家货币股权交易所以及6家衍生产品交易所共同组成,目前有上市公司3000余家。

2. 纳斯达克证券市场

1968年为场外交割交易,1971年交易系统才正式启动。纳斯达克证券市场分三个层次:精选市场,有1200家上市公司;全球市场,有1450家上市公司;资本市场,有450家上市公司。合计约3200家。2007年5月,纳斯达克以37亿美元收购了北欧证券市场OMX公司。目前,有上市公司5400多家。

3. 伦敦证券交易所

它的前身是300多年前即17世纪末的露天市场,当时只是买卖政府债券的"皇家交易所",半个世纪后的1761年由150名交易商自发组建了交易俱乐部,1773年迁入室内,由"皇家交易所"更名为伦敦证券交易所。债券、外汇交易超过纽约证券交易所,居全球第一,受理2/3的国际股票承销业务。截至2007年5月,上市公司1585家,其中外国公司占总价值的56%。世界各地有超过100 000家国际投资者接入伦敦证券交易所的交易及信息系统,这些系统为在伦敦上市的外国公司带来超高的知名度。

4. 东京证券交易所

它的前身是1879年5月成立的东京证券交易所株式会社。交易所于1946年在美军占领下解散,1949年重新开张。1983—1990年东京证券交易所得到了飞速发展,1990年在最火爆时,吸引了全世界60%的流动资本,成为全世界最大的资本市场。1989年日经指数最高时达38 915点,市盈率达70.6倍。当时完全处于疯狂与非理性之中,大部分分析认为还可上涨1万点。1990年第二季度随着房价的下跌,泡沫破灭,2003年4月最低跌至7 607点,跌幅高达80%。日本交易所集团2016年4月1日公布的2015财年股票等交易状况显示,东京证券交易所主板市场上市公司股票成交额比上年度大幅增长19.3%,达到706.4333万亿日元(约合人民币40.5万亿元),创战后股市开始交易的1949财年以来的最高纪录。2015财年日经指数一度突破2万点大关,并于6月创下约18年半的新高,但在2016年2月又一度跌破15 000点,股价波动剧烈。部分投资者在股市大幅震荡中积极寻找交易机会,成交额也因此大幅增长。此前的最高纪录为雷曼兄弟公司倒闭引发危机之前的2007财年创下的705.3656万亿日元的纪录。当时金融市场出现了全球性的动荡。2015财年成交量也增长了6.1%,达到6 382.5871亿股,创历史第二高水平。

5. 香港交易所

1970年前后,由于香港上市公司增加,相继成立了远东证券交易所、金银证券交易所、九龙证券交易所,以及香港证券交易所。由于四所恶性竞争,证券交易下降,最终出现了"假股票案"。1973年3月—1974年12月香港出现证券交易危机及信用危机,1986年四所合并成香港联合交易所。目前的香港交易所于2000年3月由香港联合交易所、香港期货交易所和香港中央结算公司合并而成。截至2015年12月底,上市公司(主板及创业板)数目为1866家,市价总值为246 837亿元,上市证券9 015只,股本认股权证13只,衍生权证4 590只,牛熊证1 630只,信托基金145只,债券762只。

6. 新加坡交易所

新加坡交易所是亚太地区第一家企业股份制交易所,于1973年5月24日正式成立;它于1999年12月1日由新加坡证券交易所(SES)和新加坡国际金融交易所(SIMEX)合并而成;2000年11月23日,新加坡交易所成为亚太地区第一家通过公开募股和私募配售方式上市的交易所,是亚洲仅次于东京、香港的第三大交易所。

7. 上海证券交易所和深圳证券交易所

上海证券交易所和深圳证券交易所分别成立于1990年11月26日和1990年12月1日。在证券市场形成之后,证券交易市场已经初具规模。1987年4月,沈阳北方证券公司成立,这是中华人民共和国诞生后的第一家证券公司,随后其他证券公司逐步成立。在1997年之前,上海证券交易所和深圳证券交易所分别属于上海和深圳地方政府,两家证券交易所也在地方政府的带领下展开竞争。1997年,国务院正式决定,上海证券交易所和深圳证券交易所划归中国证监会直接管理,我国证券交易所管理开始走向统一。截至2017年11月,上海证券交易所上市公司(主板及创业板)数目为1376家,市价总值达338958.39亿元,深圳证券交易所上市公司(主板及创业板)数目为2067家,市价总值达249755.15亿元,上市证券达5416只。

(三)中国证券市场的发展

中国证券市场的萌芽出现在清代末期。19世纪70年代后,随着清政府洋务派兴办了一些股份制企业,股票应运而生。为便利这些股票的转让交易,证券市场亦随之产生。1872年设立的轮船招商局是我国第一家股份制企业。1918年夏成立的北平证券交易所是中国人自己创办的第一家证券交易所。1920年7月,上海证券物品交易所得到批准成立,是当时规模最大的证券交易所。此后,相继出现了上海华商证券交易所、青岛市物品证券交易所、天津市企业交易所等,逐渐形成了中华人民共和国成立前的证券市场。

中华人民共和国成立后的证券市场主要从20世纪90年代初开始,经历了二十多年的发展,从不成熟逐步走向成熟,从监管缺位到监管逐步完善,从初具规模到发展壮大,证券业已成为中国国民经济中的一个重要行业,对推动国民经济增长做出了重大贡献。主要经历了五个阶段:

第一阶段:中国证券市场的建立。20世纪80年代,中国国库券开始发行。1986年9月26日,上海建立了第一个证券柜台交易点,办理由其代理发行的延中实业和飞乐音响两家股票的代购、代销业务,这是中华人民共和国成立后证券正规化交易市场的开端。1990年12月19日和1991年7月3日,经国务院授权、中国人民银行批准,上海证券交易所和深圳证券交易所先后正式营业,标志着沪、深交易所的成立,中国的证券市场由此正式建立。

第二阶段:全国统一监管市场的形成。1992年10月中国证监会成立,标志着中国证券市场开始逐步被纳入全国统一的监管框架,全国性市场由此开始发展。在监管部门的推动下,建立了一系列的规章制度,初步形成了证券市场的法规体系。如:1993年国务院先后颁布了《股票发行与交易管理暂行条例》《企业债券管理条例》,此后又陆续出台了《公开发行股票公司信息披露实施细则》《禁止证券欺诈行为暂行办法》《关于严禁操纵证券市场行为的通知》等一系列法规和行政规章,初步构建了最基本的证券法律法规体系。1993年以后,B股、H股发行出台,债券市场品种呈现多样化,发债规模逐年递增。与此同时,证券中介机构在种类、数量和规模上迅速扩大。1998年,国务院证券委撤销,中国证监会成为中国证券期货市场的监管部门,并在全国设立了派出机构,建立了集中统一的证券期货市场监管框架,证券市场由局部地区试点试验转向全国性市场发展阶段。

第三阶段:依法治市和市场结构改革。1999年至2004年是证券市场依法治市和规范发展的过渡阶段。1999年7月《证券法》实施,以法律形式确认了证券市场的地位,奠定了我国证券市场基本的法律框架,使我国证券市场的法制建设进入了一个新的历史阶段。2001年,证券业协会设立代办股份转让系统。这一阶段,证券监管机构制定了包括《证券投资基金法》(2003年)在内的一系列的法规和政策措施,推动上市公司改善治理结构,大力培育机构投资者,不断改革完善股票发行和交易制度,促进了证券市场的规范发展和对外开放。

第四阶段:深化改革和规范发展。2004年至2008年是改革深化和规范发展阶段,以券商综合治理和股权分置改革为代表。2004年8月,中国证监会在证券监管系统内全面部署和启动了综合治理工作,包括证券公司综合治理、上市公司股权分置改革、发展机构投资者在内的一系列重大变革由此展开。2004年2月,国务院发布《关于推进资本市场改革开放和稳定发展的若干意见》,明确了证券市场的发展目标、任务和工作要求,是资本市场定位发展的纲领性文件。2004年5月起深交所在主板市场内设立中小企业板块。

2005年4月,经国务院批准,中国证监会发布了《关于上市公司股权分置改革试点有关问题的通知》,启动股权分置改革试点工作。股权分置改革后A股进入全流通时代,大小股东利益趋于一致。2006年1月,修订后的《证券法》《公司法》正式施行。同月,中关村高科技园区非上市股份制企业开始进入代办转让系统挂牌交易。2006年9月,中国金融期货交易所批准成立,有力地推进了中国金融衍生产品的发展,完善了中国资本市场的体系结构。2007年7月,中国证监会下发了《证券公司分类监管工作指引(试行)》和相关通知,这是对证券公司风险监管的新举措。

第五阶段:多层次资本市场的建立和发展完善。2009年10月创业板的推出标志着多层次资本市场体系框架基本建成;2010年3月融资融券、4月股指期货的推出为资本市场提供了双向交易机制,这是中国证券市场金融创新的又一重大举措。2012年8月、2013年2月转融资、转融券业务陆续推出,有效地扩大了融资融券发展所需的资金和证券来源。2013年11月党的十八届三中全会提出对金融领域的改革,为证券市场带来新的发展机遇。11月30日,中国证监会发布《关于进一步推进新股发行体制改革的意见》,新一轮新股发行制度改革正式启动。2013年12月,新三板准入条件进一步放开,新三板市场正式扩容至全国。随着多层次资本市场体系的建立和完善,新股发行体制改革的深化,以及新三板、股指期权等制度创新和产品创新的推进,中国证券市场逐步走向成熟,证券市场为中国经济提供投融资服务等功能日益突出。

经过20多年的发展,不论是从上市公司的数量,还是从融资金额、投资者数量等方面,中国资本市场均已具备了相当的规模,其在融资、优化资源配置等方面对中国经济的发展起到越来越重要的作用。自1990年证券市场形成至2013年年末,中国沪、深两市共有上市公司(A股、B股)2489家,总市值达到23.91万亿元,流通市值19.96万亿元。证券市场投资者规模日益壮大,其结构也在不断优化。截至2013年年末,沪、深股票投资者开户数达1.75亿户,基金投资账户达0.465亿户。证券中介机构和机构投资者数量不断增加,截至2013年年末,中国共有证券公司115家,证券投资基金管理公司89家。中国证券市场在优化资源配置、促进企业转制、改善融资结构、加速经济发展等方面正在发挥重要作用。

三、证券市场的构成要素

证券市场主要由发行人、投资者、金融工具、交易场所、中介机构以及监管机构和自律组织等要素构成。

(一)证券发行人

证券发行人(Security Issuer)是证券市场上的资金需求者和证券的供给者,他们通过发行各类有价证券在市场上募集资金。证券发行人包括企业、金融机构、政府部门和其他经济组织。

1. 企业

企业（Enterprise）通过发行股票可以补充其资本金，改善其资本结构。与短期银行贷款相比，发行股票所募集的资金成为企业的资本，可以用来支持固定资产投资等规模较大的长期投资。所以，作为企业负债的银行贷款可以补充企业流动资金的不足，而发行股票是补充企业长期资金不足的一条重要途径。

2. 政府部门

政府部门（Government Sector）为弥补财政赤字、投资大型工程项目或实施宏观调控，会在证券市场上发行政府债券。政府债券可分为中央银行债券和地方政府债券，中央银行所发行的债券通常称为国债。国债发行以国家信誉和国家征税能力做保证，信用风险很小，具有很高的投资安全性，所以被人们称为"金边债券"。

3. 金融机构

金融机构（Financial Institution）是证券市场上资金的中间需求者，而不是资金的最终需求者，它们筹资的目的主要是向其他资金需求者提供资金。金融机构通过发行金融债券等证券筹集资金，然后通过贷款、投资等形式，把这部分资金运用出去，以获取收益。

（二）证券投资者

证券投资者（Security Investor）是证券市场上的资金供给者，也是金融工具的需求者和购买者。众多投资者的存在和参与构成了证券发行与交易的市场基础。

按照证券投资主体的性质，可以把投资者分为个人投资者和机构投资者。

1. 个人投资者

个人投资者是指从事证券买卖的居民。居民个人买卖证券是对其剩余的货币资金加以运用的一种方式。个人投资者除了注重证券的收益性之外，还对证券流动性有较高的要求，希望证券投资可以随时变现以备急需。

2. 机构投资者

机构投资者是指从事证券买卖的法人单位，主要有企业、金融机构和政府部门等。与个人投资者相比，机构投资者一般具有以下几个特点：资金实力雄厚；收集和分析信息的能力强；能够分散投资于多种证券来建立投资组合以降低风险；影响市场的能力较强。

企业不仅可以是证券发行者，也可以是证券投资者。它们投资的目的，有的是希望资金保值、增值，有的是想通过股票投资对其他企业进行参股、控股，参与经营管理。

金融机构是证券市场上主要的证券需求者和机构投资者。参加证券投资的金融机构可以分为三大类：

一是商业银行和保险公司。商业银行投资证券的主要目的是保持银行资产的流动性和分散风险，所以多投资于期限短、信用等级高的证券。通常，各国对商业银行的证券投资活动都有所限制，规定它们只能投资于中央银行债券、地方政府债券和风险小的企业债券，而不允许其购买普通股票和风险大的企业债券。保险公司的证券投资对流动性的要求不高，主要考虑本金的安全和收益率，往往投资于期限长、收益率较高的证券。传统上，保险公司主要投资于中长期国债和公司债市场。20 世纪 80 年代中期以来，保险公司日益成为股票市场的主要投资者之一。

二是证券经营机构。主要是指证券公司、基金管理公司等，它们既是证券市场的中介机构,又是机构投资者。一般从事证券承销、证券经纪、资本管理等中介服务,也从事证券自营等业务。

三是投资基金。在成熟的证券市场上,共同基金和单位信托等投资基金是最主要的机构投资者之一。投资基金将个人投资者的资金汇聚在一起,由职业基金经理在事先约定的投资范围内做出投资决定,将资金分散投资于众多债券品种上。此外,养老基金等各种社会基金也参与证券投资,以实现资产的保值增值。中央银行在国债市场上进行证券买卖的目的主要是进行公开市场操作,调节货币供给,控制通货膨胀或稳定币值,实施宏观经济调控。

(三) 证券投资工具

证券投资工具(Securities Investment Tool)是指证券市场上的融资工具和交易品种。在证券市场上流通的金融工具主要有股票、债券、投资基金和衍生工具等。

(四) 证券交易场所

证券交易场所有证券交易所集中市场和分散的场外交易市场两种。证券交易场所是一个证券公开拍卖的场所,通过证券交易双方公开竞价成交。场外交易市场也叫柜台交易市场,是一种通过各个证券经营机构柜台进行交易的证券市场。

(五) 证券交易中介

证券交易中介主要包括证券经营机构、会计师事务所、资产评估机构、律师事务所、证券评级机构及投资咨询公司等。证券经营机构是沟通发行人和投资者的桥梁及联结和组织证券市场各个方面的纽带。其业务主要包括代理证券发行、代理证券买卖或自营证券买卖、为兼并收购活动提供策划和咨询等。

各国证券经营机构的业务范围有所差别,对证券经营机构的称谓也不尽相同。在美国,人们把经营证券业务的非银行金融机构,特别是从事发行承销业务和兼并收购业务的金融机构统称为投资银行,以区别于经营存贷业务的商业银行,而把那些经营经纪业务的证券经营机构称为证券公司。日本实行银行业和证券业分离制度,人们把从事证券业务的金融机构统称为证券公司。在英国,证券经营机构更多地被称为"商人银行"。在德国等一些欧洲大陆国家,商业银行可以同时经营银行业务和证券业务,所以,它们被冠以"全能银行"的称号,取代了专业的投资银行和证券公司。我国实行银行和证券分业经营的原则,商业银行除了参与国债业务,不得从事其他证券业务。会计师事务所、资产评估机构、律师事务所等,均属于证券市场的专业服务机构,它们是证券市场正常运行必不可少的重要组成部分。

(六) 监管机构和自律组织

监管机构和自律组织是证券市场的特殊要素,其职责是根据证券法规和行业规定,对证券发行、交易活动及市场参与者行为实施监督和管理,以保护投资者的利益,促进证券市场和社会经济的健康发展。根据证券市场监管模式的不同,政府监管机构在各个国家有着不同的形式。例如,有些国家通过立法成立专门的独立机构,负责证券市场监管,如美国的证券交易委员会;也有些国家以财政部为主体行使监管职能。我国对证券市场进行监管的机构,主要是中国证券监督管理委员会。1997年11月,国家决定由中国证监会统一负责对全国证券、期货业的监管,建立全国统一的证券期货监管体系。自律组织一般包括证券交易所、证券商协会等各种行业性组织,这些组织根据行业规定,实施自我监管,以确保市场公平、成员遵纪守法。我国证券行业的自律性组织主要有上海证券交易所、深圳证券交易所、中国证券业协会和中国期货业协会等。

四、证券市场的分类

(一)按照基本职能的不同,证券市场可分为发行市场和流通市场

1. 证券发行市场

证券发行市场(Security Issuing Market)又称一级市场(Primary Market)或初级市场,是证券发行者为扩充经营资本,按照一定的法律规定和发行程序,向投资者分销新证券所形成的市场。它没有特定的交易场所,有时证券的出售是在发行者与投资者之间直接进行的,但更多的是通过证券经营机构来进行。因此,发行市场由发行者、证券经营机构和投资者三者构成。

2. 证券流通市场

证券流通市场(Security Secondary Market)又称二级市场或次级市场,是已发行的有价证券进行买卖交易的场所。拥有证券的投资者向另一个投资者转让,并且在投资者之间重复多次不断买卖的场所就是证券的流通市场。它由证券交易所和场外交易市场两部分组成。通过证券流通市场,各类有价证券得以顺利流通,并形成一个公正、合理的价格,以实现货币资本和证券资本的相互转化。

发行市场和流通市场是互相依存、互为补充的整体。发行市场是流通市场存在的基础和前提,发行市场的规模决定了流通市场的规模,影响着流通市场的成交价格。没有发行市场,流通市场就会成为无源之水、无本之木。发行市场规模过小,容易使流通市场供需脱节,造成过度投机;反之,流通市场的交易规模和成交价格,又决定和影响着发行市场的规模、发行价格和时机等。没有流通市场,证券就会缺乏流动性,其对投资者的吸引力就会降低,发行市场也难以生存和发展。

(二)按照组织形式的不同,证券市场可分为集中交易市场和分散交易市场

1. 集中交易市场

集中交易市场也叫场内交易市场,是指证券交易所市场,它有严密的组织及管理方式,并有进行集中交易的固定场所,是交易市场的核心。交易所交易必须根据国家有关证券法律规定,有组织、规范化地进行证券买卖。证券交易所交易与一般商品交易不同,通常集中于某一固定的场所进行交易,一般是在商业或金融中心设有交易所并配有现代化的电脑、电话等设备,规定交易的开盘和收盘时间;在交易制度安排上,采用公平、持续的双向性拍卖撮合竞价成交,或者实行做市商报价制度;在管理上,具有严密的组织管理机构,只有交易所的会员才能在交易市场从事交易活动,非会员投资者必须通过具有交易所会员资格的证券经纪商进行证券交易。在交易所上市交易的证券必须符合有关条件,并经严格审查批准。此外,交易所还提供各项服务,比如为投资者提供有参考价值的信息。交易所是证券流通市场的中心,起着重要作用。

2. 分散交易市场

分散交易市场也叫场外交易市场,是指松散联系、没有证券买卖的集中地点的场外交易市场,在这里所经营的证券大都是未在证券交易所挂牌上市的证券。传统上,大家都以为场外交易市场是一个没有组织的市场,但在美国出现了有组织的场外交易市场,那就是通过电子计算机联起来的纳斯达克(NASDAQ)系统。通常是指柜台市场(店头市场)以及第三市场、第四市场,场外市场是指在正式的证券交易所之外进行证券交易的市场。柜台交易一般是通过证券交易商来进行,通常采用协议价格成交。这种协商大多在交易商之间进行,有时也在交易商与证券投资者之间进行。以柜台方式交易的证券,可能是已上市证券,也包括部分未上市证券。中国的全国中小企业股份转让系统(即俗称的"新三板市场")是经国务院批准设立的全国性场外市场,它与场内市场是功能互补、相互促进的关系。新三板市场的成立,标志着我国多层次资本市场建设走向深化。

(三) 按照交易对象的不同,证券市场可分为股票市场、债券市场、基金市场及衍生品市场

1. 股票市场

股票市场(Stock Market)是发行和转让买卖股票的市场,属于长期资金市场,可分为发行市场(一级市场)与流通市场(二级市场)。公司发行股票必须得到证券主管机关的批准。新设立的股份公司发行股票可直接到发行市场销售,也可委托投资银行和证券公司办理。如果是老公司发行增资股票,一般先向原股东招股,其次才向市场销售。

2. 债券市场

债券市场(Bond Market)是发行和买卖转让债券的市场,分为一级市场和二级市场。债券一级市场是新债券的发行市场,政府、银行及工商企业等为筹集资金,可根据有关法律规定,委托证券公司向社会发行债券,发行对象一般为社会企业、团体和个人。债券二级市场是债券买卖转让的场所,也即债券流通市场。债券二级市场的交易活动并不增加社会投资金额,但可使债券具有流动性和变现能力,可以推动各类新债券的发行,活跃债券市场。

3. 基金市场

基金市场(Investment Fund Market)就是基金证券发行和流通的市场。封闭型基金在证券交易所挂牌交易,是一个集中的交易市场;开放型基金只能卖回给基金管理公司,因此是一个分散的交易市场。

4. 衍生品市场

衍生品市场是各类衍生品发行和交易的市场,按其主要品种又可细分为期货市场、期权市场、远期市场和互换市场。随着金融创新在全球范围内的不断深化,衍生品市场已成为金融市场不可或缺的组成部分。

(四) 按上市条件的不同,可分为主板市场和二板市场

1. 主板市场

主板市场也称一板市场,是指传统意义上的证券市场(通常指股票市场),是一个国家或地区证券发行、上市及交易的市场。主板市场先于创业板市场产生,两者既相互区别又相互联系,是多层次市场的重要组成部分。相对而言,主板市场是资本市场中最重要的组成部分,在很大程度上能够反映经济发展状况,有经济发展"晴雨表"之称。该市场对发行人的营业期限、股本大小、盈利水平、最低市值等方面的要求标准较高,上市企业多为大型成熟企业,具有较大的资本规模以及稳定的盈利能力。

2. 二板市场

二板市场也称创业板市场,有些国家称其为自动报价市场、自动柜台交易市场、高科技板证券市场等。它的定位是为具有高成长性的中小企业和高科技企业融资服务,是中小企业的直接融资渠道,也是针对中小企业的资本市场。与主板市场相比,在二板市场上市的企业标准和上市条件相对较低,中小企业更容易上市。二板市场的建立直接推动了中小高科技企业的发展。此外,二板市场是不同于主板市场的独特的资本市场,具有自身的特点,其功能主要表现在两个方面:一是在风险投资机制中的作用,即承担风险资本的退出窗口作用;二是作为资本市场所固有的功能,包括优化资源配置、促进产业升级等。而对企业来讲,上市除了融通资金外,还有提高企业知名度、分担投资风险、规范企业运作等作用。建立二板市场,是完善风险

投资体系,为中小高科技企业提供直接融资服务的重要一环。

此外,按照投资者范围的不同,证券市场可分为国内证券市场和国际证券市场,等等。

五、证券市场的功能

证券市场综合反映国民经济运行的各个维度,被称为国民经济的"晴雨表",客观上为观察和监控经济运行提供了直观的指标。它的基本功能包括:

(一)融资、投资功能

证券市场的融资功能是指证券市场为资金的需求者筹集资金、为资金的供给者提供投资对象,这是证券市场的首要功能。一般来说,企业融资有两种渠道:一是间接融资,即通过银行贷款而获得资金。二是直接融资,即发行各种有价证券,使社会闲散资金汇集成为长期资本。前者提供的贷款期限较短,适合解决企业流动资金不足的问题,而长期贷款数量有限,条件苛刻,对企业不利;后者却弥补了前者的不足,使社会化大生产和企业大规模经营成为可能。政府也可以发行债券,从而迅速地筹集长期巨额资金,投入国家的生产建设之中,或用来弥补当年的财政赤字。

(二)资金转化功能

证券市场在发挥融资、投资功能的同时,人们可以通过有价证券的买卖,使流通手段转化为长、短期投资,把消费资金转化为生产资金;也可以将有价证券变成现实购买力,以解决即期支付的需要;还可以把长期证券转为短期证券,或把短期证券调换为长期证券。证券市场的这种转化功能,使人们放心地把剩余资金投入生产过程,既促进了社会经济的发展,又能增加自己的收入,还可为各种长短期资金相互转化和横向资金融通提供媒介与场所。

(三)产权复合功能

证券市场在发挥资金转化功能的同时,也为产权的分割、融合与重组创造了条件。证券市场为货币所有者提供了各种直接投资的手段与渠道。投资者通过购买有价证券,首先占有或取得金融资产,借以间接占有物质资产或取得利息和股息等收益的分享权,如股票的购买者作为股东,可以享有与投资额相应的所有权,这样就改变了原来单一的产权结构,而按照股票投资的份额重新分配产权,形成股票所有者共同的复合产权结构,引起产权制度方面深刻的变化。

(四)资本定价功能

证券市场为资本提供了合理的定价机制。证券是资本的存在形式,证券的价格实际上是证券所代表的资本的价格,证券的价格是证券市场上证券供求关系作用的结果。证券市场的运行形成了证券需求者相互竞争和证券供给者相互竞争的关系。这种竞争的结果是:能产生高投资回报的资本,市场的需求就大,其相应的证券价格就高;反之,证券的价格就低。

(五)资本配置功能

证券市场的资本配置功能是指通过证券价格引导资本的流动而实现合理配置资本的功能。证券投资者对证券的收益十分敏感,而证券收益率在很大程度上取决于企业的经济效益。长期看,经济效益高的企业的证券拥有较多的投资者,这种证券在市场上的买卖也很活跃。相反,经济效益差的企业的证券投资者较少,市场上的交易也不旺盛。所以,社会上部分资金会自动地流向经济效益好的企业,远离经济效益差的企业。这样,证券市场就引导资本流向能产生高回报的企业或行业,从而使资本产生尽可能高的效率,进而实现资源的合理配置。

（六）信息传递功能

证券市场的信息传递功能是指由于来自各方的、不同角度的有关政治、经济、金融的动态信息汇集于证券市场，并借助现代化的通信手段相互传播、迅速扩散，将有关信息传递到社会的各个角落。人们可以从证券交易所中了解到各种证券的行情和投资机会，并通过证券上市企业公布的财务报表了解到企业的经营情况。同时，证券市场上证券价格变动的信息往往反映着政治、经济和金融的发展动态。因此，证券市场成为人们获取经济信息的重要渠道。

（七）宏观调控

证券市场在发挥融资、投资功能的同时，一国政府或中央银行可利用证券市场交易机制或平台，根据国民经济发展的总体目标，通过灵活的公开市场业务操作，即在证券市场上适时适量地买卖有价证券，以调节货币供应量，影响各金融机构的经营行为，刺激证券市场上的业务活动，进而牵动整个经济的运行，实施金融的宏观控制，进而达到调控经济的目的。

第二节　证券发行市场

一、证券发行市场的特征及功能

证券发行市场是指新发行的证券从发行者手中出售到投资者手中的市场，是符合条件的政府组织、企业和金融机构出于财政与经营的需要，以筹集资金为直接目的，依照法律规定的程序向社会投资人出售代表一定权利的资本证券的市场，它包括证券发行从规划、推销到承购等阶段的全部活动过程。由于证券是在发行市场上首次作为商品进入流通领域的，因此通常将证券发行市场称为"初级市场"或"一级市场"。

（一）证券发行市场的特征

相对于证券流通市场而言，证券发行市场具有以下一些主要特征：

（1）没有固定场所。新发行证券的认购和销售一般不在有组织的交易所内进行（中国目前的情况除外），有的由发行者自行向投资者销售，有的由证券承销商承购后再向投资者分销，也可能有一部分由证券承销商进入证券交易所推销。

（2）没有统一的交易时间。证券发行者根据自己的需要和市场行情走势来决定何时发行，没有例行的发行时间。但每次具体的发行都有发行期限的限制，时间比较集中。

（3）证券发行价格与证券票面价格较为接近。尤其是债券，常以票面价格发行。

（二）证券发行市场的功能

由于证券发行市场主要为符合发行条件的政府和企业发行股票、债券筹集长期资金提供场所与条件，因此证券发行市场对经济发展起着重要作用。其功能主要表现在以下几方面：

（1）证券发行市场是企业和国家筹措长期资金的重要渠道。企业外部资金的来源有两个渠道：一是向银行借款，二是发行证券。银行借款一般只能短期使用，而且借款企业要承担利息费用，并受银行种种条件的限制。而通过发行证券所筹集到的资金具有稳定性和长期性，特别是股份有限公司通过发行股票可以在不承担债务成本的条件下获得长期可用资金。此外，国家和地方政府在出现财政赤字和需要扩大公共开支的情况下，也通过发行债券来解决资金不足问题。

（2）发行市场为投资者提供了实现资本增值的条件和机会，引导和促进资本形成。有价证券作为一种重要的投资工具，具有多种收益风险组合，可以满足各种不同的投资需要。同时,在企业内部积累不断扩张、资金出现过剩时,企业也将证券投资作为重要的经营内容。可见,证券发行市场对于引导和促进资本形成发挥着重要作用。

(3) 为证券市场提供交易对象,并为流通市场的交易打下基础。发行市场发行证券的种类决定了流通市场交易的品种,发行市场发行证券的数量决定了流通市场证券供应的数量,一般来说,发行规模直接影响流通市场的供求关系,并进而影响流通市场的价格总体水平。

此外,证券发行市场在调节社会资金、促进社会资源的有效配置、提供经济信息、为国家制定和实施经济政策提供依据等方面都起着一定的积极作用。

二、证券发行市场的构成

(一) 发行市场主体

1. 证券发行人

证券发行人是证券的供应者和资金的需求者。发行人的多少和发行证券数量的多少决定了发行市场的规模和发达程度。证券发行人主要包括政府、企业和金融机构,自然人不能成为证券发行人。

2. 证券投资人

证券投资人即资金的供应者,投资人数量的多少和资金实力的大小同样制约着证券发行市场的规模。投资人包括个人投资者和机构投资者,后者主要是证券公司、信托投资公司、共同基金、人寿保险公司等金融机构和企业、事业机构、社会团体等。相对于证券发行人来说,对投资人的资格限定要少得多,一般所见的限定主要是对投资人主体资格的限定,如投资人是否具有民事行为能力,个人的职业、职务、所在机构的经营范围是否不准涉足证券投资,等等。

(二) 发行中介及管理者

1. 证券发行中介人

证券发行中介人主要是指证券发行的承销商,它代理证券发行,向投资人推销证券,一般是指投资银行、证券公司和其他金融机构的证券部门。

承销商的参与可以帮助发行人减轻或消除证券发不出去的风险,也可以使发行人借助承销商的专业知识和经验顺利完成发行工作。同时,证券承销商对发行人的经营状况负有尽职审查的义务,并对其承销的证券的招募说明书之真实性和完整性负有连带责任。证券承销商作为经营证券的中介机构,在证券发行市场上起着沟通买卖、连接供求的重要桥梁作用。我国现行法规明确规定,股票和企业债券的公开发行应当由证券经营机构承销。

此外,还有律师事务所、会计师事务所和资产评估机构等。它们的主要职责是:完成尽职审查的义务,客观公正地出具结论性意见,并对经其确认的法律文件和由其出具的结论性意见的真实性、合法性和完整性负有持续的法律责任。

2. 证券发行管理者

任何国家发行证券都要受到证券管理机关的相应管理。目前,我国证券发行的管理机关是中国证券监督管理委员会及其所属的发行审核委员会。

(三) 证券市场发行对象

证券市场发行对象即市场发行的客体,包括股票、债券(国债、金融债券、公司债券、企业债券、可转换债券等)、投资基金等。

三、我国证券发行与承销的基本原则

（一）核准性原则

我国目前对于各类证券的发行商采取严格的审查标准制度，即核准制度，是指任何发行人发行任何证券，以及任何证券进入各种类型的交易市场都必须经过主管机关和证券监管部门的实质性审查及批准。

（二）公开性原则

公开性原则是指任何类型的证券发行必须遵循公开性原则，以使得投资者对于其所购买的证券具有充分、真实、准确、完整并且不受误导的了解。我国证券法规中关于公开性原则的具体表现主要体现在：招募文件必须按必要条款和必要内容编制的规则；各类证券招募文件预先披露的规则；证券发行人持续性信息披露责任的规则；发行人和承销人对于信息披露真实性和完整性保证的规则；证券发行方式的规则；等等。

（三）公平诚信原则

依照这一原则，证券发行中的欺诈行为、舞弊行为、内幕交易行为、大户操纵行为和其他一切不公平交易行为，均不具有合法效力，并应当承担违法行为责任。

四、证券发行的基本程序

从目前我国证券发行的过程来看，股票与企业债券的发行一般有以下基本程序：

（一）证券发行报批前的准备工作

发行前的准备工作对于证券能否取得发行资格、能否顺利发行有着重要意义，主要内容包括以下三点：

（1）聘请中介人。主要是证券承销商，其次还包括具有从事证券相关业务资格的律师事务所、会计审计机构、资产评估机构等其他中介人。选择中介机构应当综合考虑中介机构的实力、业绩、人员素质等情况。

（2）进行财产重估和资信评审。新建股份有限公司必须经国家有关部门批准，并由发起单位认购全部股份总额的35%以上，方能对外发行股票。现有企业改制成股份有限公司必须经国家有关部门批准，并进行财产重估，合理核定企业资产的价值。我国采用的资产评估方法主要有收益现值法、重置成本法、现行市价法和清算价格法。

如果发行企业债券，则须进行资信审查和评估，对于向社会公开发行债券的企业，还须先向有关信誉评估机构申请评估，评估机构根据有关标准评定企业的资信等级。

（3）围绕证券发行审批的要求准备好各项文件资料。

（二）证券发行人向有关部门提交申请文件

发行人完成了各项文件资料的准备工作后，便可向有关政府部门递交发行证券申请报告及其他所要求的文件资料。

（三）证券发行的审批

有关证券管理部门接获发行人的申报后，即进入审查批复阶段，经过对申报资料的审核，有关部门会出具书面反馈意见，发行人和中介机构须按照反馈意见修改和补充资料。对于股票发行，一般要经过两级审查，中国证监会发行部初审和发行审核委员会复审，通过后即可公开发行证券。

（四）实施发行阶段

发行人在获得证券发行审批部门同意其公开发行证券的批复后，即可按批准的发行方案发行证券，大致可分为以下几个步骤：① 刊登发行公告；② 披露招募说明书并备案：招募说明书是发行人向特定的或不特定的投资人发出销售某种证券的书面要约，发行人向社会公开发行证券，必须公告招募说明书，并承担相应的法律责任；③ 发行证券：发行人通过证券承销机构按照一定的发行方式向公众发行证券；④ 验资：发行的证券价款缴足后，须经法定的验资机构验资并出具证明；⑤ 证券托管；⑥ 发行结束。

五、证券发行的主要方式

证券发行方式的选择对于能否顺利地发售证券、筹足资金是非常关键的。依照不同的分类标准，可以划分出以下几类主要的证券发行方式：

（一）按照发行对象的不同可以划分为公募发行和私募发行

1. 公募发行

又称公开发行，是指以不特定的广大投资者为证券发行的对象，按统一的条件公开发行证券的方式。公募发行一般数额较大，发行人通常委托证券承销商代理发行，因而发行成本较高；公募发行须经过严格的审查，发行过程比较复杂，但信用度较高且流通性较好。如果公募发行的证券是债券，则其发行利率一般低于私募发行的利率。

2. 私募发行

又称不公开发行，是指以特定的投资者为对象发行证券的发行方式。私募发行的数额一般较小，发行程序也比较简单，所以发行人不必委托中介机构办理推销，可以节省手续费开支，降低成本。但由于私募发行不经过严格的审查和批准，因此一般不能公开上市，流动性较差。

（二）按照有没有发行中介的参与可以划分为直接发行和间接发行

1. 直接发行

又称自营发行，是指发行人不委托其他机构，而是自己直接面向投资人发售证券的方式。这种发行方式的特点是：发行量小，社会影响面不大；内部发行无须向社会公众提供发行人的有关资料；发行成本较低；投资人大多是与发行人有业务往来的机构。直接发行方式由于没有证券承销商的参与，因此一旦发行失败，则风险全部由发行人承担。

2. 间接发行

又称委托代理发行，是指发行人委托证券承销商代其向投资人发售证券的方式。发行人为此须支付代理费用给承销商，而承销商则须承担相应的发行责任和风险。间接发行根据受托券商对证券发行责任的不同，又可以分为包销、代销和联合发行方式。

联合发行又称承销团发行，是指由证券主承销商牵头联合其他承销商组成承销团，共同承担责任，全额或余额包销代理发行证券的方式。参与联合发行的承销商至少在两个以上，一般由主承销商与发行人签订发行协议，再由主承销商与其他副主承销商、分销商签订分销协议。证券发行的风险由参加联合发行的承销商共同分担，形式有等额分担和按比例分担，一般情况下主承销商分担的风险和责任最大，获得的手续费收入也相应最多。联合发行方式特别适合于发行数额巨大的证券，由于参与发行的机构较多，因此可以发挥各自的优势，缩短发行期限，及时获得资金，但内部协调工作也相应较重。

我国《证券法》规定，向社会公众公开发行的证券票面总值超过人民币五千万元的，应当由承销团承销。

（三）按照是否有担保，可将证券发行方式划分为担保发行和无担保发行

1. 担保发行

担保发行是指发行人为了提高证券信誉和吸引力，增加投资者的安全感，采用某种方式承诺，保证到期支付证券收益（股票是股息和红利，债券是利息和本金）的一种证券发行方式。在证券担保发行中，主要是债券发行采用此方式。具体的担保形式又可分为以下两种：

（1）信用担保发行，是指证券发行人凭借担保人的信用来保证发行人履行责任的发行方式。担保人必须是除发行人以外的、具备担保资格、信誉良好的第三人，担保人同意担保必须出具正式的书面担保文件，一旦出现被担保的证券发行人无法履行责任，担保人必须及时提供全部资金予以代偿。担保人代偿后对被担保的证券发行人具有追索权。

（2）实物担保发行，是指证券发行人以符合担保条件的实物为抵押品来保证发行人履行发行责任的发行方式。担保物的价值要经过中介机构的评估。发行人一旦到期无法履约，则应用担保物进行清偿。担保物变价金额不足偿付的按比例偿付，原债权人保留差额追索权。

2. 无担保发行

无担保发行是不提供担保条件的发行，国家债券和部分金融债券因信誉良好一般为无担保发行。

（四）按照证券发行价格确定方式的不同可以将发行方式划分为定价发行和竞价发行

1. 定价发行

这是由发行人事先确定一个发行价格来发售证券的方式。根据发行价格同证券面值之间关系的不同，可以分为平价发行、溢价发行和折价发行。我国法律规定股票不得折价发行，债券则可根据发行时票面利率与市场利率之间的关系选择平价发行、溢价发行和折价发行，一般多为平价发行。

2. 竞价发行

又称招标发行，是由发行人通过公开招标的方式，经过投标人的竞争，选择对发行人最有利的价格作为中标价格即发行价格的发行方式。政府债券的发行多选择此种发行方式。

此外，证券发行还可以分为新股发行和增资股发行、直接发行和间接发行、国内发行和国外发行等多种方式。

六、证券承销制度

（一）证券承销的概念、方式、资格和协议

1. 证券承销

证券承销（Underwriting of Securities）是指证券公司等证券经营机构依照承销协议包销或代销发行人所发行的股票和债券，并依照法律和合同收取一定比例承销费（佣金）的行为。证券承销是证券间接发行时所采用的发行方式。

2. 证券承销的方式

证券承销的方式分为证券包销和证券代销。

（1）包销。包销是指证券承销商将发行人的证券按照协议全部购入或者在承销期结束时将售后剩余证券全部自行购入的承销方式。包销一般可分为全额包销和余额包销两种：① 全额包销发行方式，是由证券承销商将所发行的证券全部买下，然后再转售给社会公众投资者的证券发行方式。采用这种发行方式，发行风险全部由受托证券承销商承担，无论承销商能否将证券全部发行出去，发行人都可以及时、全额取得所筹资金。同时，采用该种发行方式发行人付出的代理费也是最高的,因为证券承销商在向社会公众发行前,已将全部金额支付给发行人,构成资金垫付行为,所以代理费用必然会提高。② 余额包销发行方式,又称助销,是指证券承销商按照规定的发行额和条件,在约定的期限内向投资者发售证券,到销售截止日,如投资者实际认购总额低于预定发行总额,未售出的证券由承销商负责认购,并按约定时间向发行人支付全部证券款项。这种发行方式同全额包销方式一样,发行风险全部由证券承销商承担,发行人的筹资金额有保障,不会因为发行额不足而产生筹款金额不足的情况。所不同的是发行人获得资金的时间不同,在余额包销方式下,发行人在发行期结束时才能获得资金,而在全额包销方式下,发行人在发行协议签订以后、发行期开始之前即可获得承销商垫付的资金。由于没有资金垫付行为,因此余额包销方式的代理费比全额包销发行方式要低。目前这种发行方式在我国运用得比较多。

(2) 代销。代销是指证券承销商代理发行人发售证券,发行期结束时将收入的资金连同未售出的证券全部退回给发行人的证券发行方式。采用这种发行方式,证券发行中的全部风险由发行人承担,代销者对证券能否售出不承担任何责任,因而代理费用在以上三种方式中是最低的,通常与实际发售数额挂钩。

我国《证券法》规定证券的代销、包销期最长不得超过 90 日。

3. 证券承销资格

证券公司、资产管理公司等证券经营机构从事证券承销业务,需按照规定取得承销业务资格。承销业务资格分为承销商资格和主承销商资格。证券经营机构履行保荐职责的,应依照有关规定注册登记为保荐机构。保荐机构负责证券发行的主承销工作,依法对公开发行(包括首次发行股票和上市公司发行新股、可转换公司债券)募集文件进行核查,向中国证监会出具保荐意见。从事 B 股承销业务的,必须另外取得中国证监会核准的 B 股承销业务资格。海外证券机构欲担任 B 股主承销商、副主承销商和国际事务协调人的,也必须向中国证监会申请业务资格。经审查符合条件的,中国证监会将颁发资格证书;经审查不符合条件的,中国证监会将不予颁发资格证书,并且半年内不再受理其申请。从事企业债券承销业务、直接面向广大投资者发行企业债券的金融机构有证券公司、信托投资公司和政策性银行。在全国银行间债券市场上从事企业债券承销业务的机构有证券公司、信托投资公司、政策性银行和保险公司。

4. 证券承销协议

发行人应与作为主承销商的证券公司签订代销或包销协议。

(二) 证券主承销协议

1. 证券主承销协议的内容

证券主承销协议是指证券公司等证券经营机构担任主承销商或联合主承销商承销证券时,与发行人签订的包销或代销协议。主承销协议的条款分为必备条款和任意性条款。根据我国《证券法》的规定,主承销协议的必备条款包括:① 当事人的名称、住所及法定代表人的姓名。② 包销、代销证券的种类、金额及发行价格。其中股票发行价格采用溢价发行的,其发行价格由发行人与承销的证券公司协商确定,报中国证监会核准。③ 包销、代销的期限及起止日期,其中承销期不得超过 90 日。④ 包销、代销的罚款方式及日期。⑤ 包销、代销的费用和结算方法。⑥ 违约责任。⑦ 中国证监会规定的其他事项。

2. 证券主承销协议的特征

从上述主承销协议的必备条款可知,我国的证券主承销协议有如下特征:

(1) 主体的特定性。主体的特定性是指证券承销协议主体的一方为经过核准或审批的证券发行人,另一方为具有证券承销业务资格的综合型证券公司、资产管理公司等证券经营机构。

(2) 客体的特定性。客体的特定性是指承销协议的客体是依法核准或审批的公开发行的股票和债券。

(3) 证券承销协议须采用书面形式。证券承销协议须采用书面形式而不能采用口头形式。在实务上,承销协议是指证券发行送审文件的组成部分。

(4) 承销协议主要内容的法定性。承销协议的一些条款如发行价格、承销期限以及包销、代销的费用等内容必须遵循《证券法》《公司法》和中国证监会的规定。

(5) 承销协议的生效以证券获准发行为条件。一般协议双方签订即为生效,但由于承销协议约定的承销事项受制于中国证监会或发改委的决定,因此,主承销协议的生效是以证券获准发行为生效条件的。

此外,主承销商依据主承销协议可与其他一家或一家以上的承销机构签订承销证券的承销团协议。根据我国的《证券法》,向社会公开发行的证券票面总值超过人民币 5 000 万元的,应由承销团,即由两个以上的证券经营机构组成的承销团承销。承销团应当由主承销商参与的证券公司等证券经营机构组成。参与承销团的承销机构应当与主承销商签订承销团协议,明确各自的权利、义务和责任。

(三) 证券承销的法定要求

为规范证券公司等证券经营机构的证券承销行为,我国《证券法》及中国证监会规定了一系列证券承销机构必须遵守的义务,主要有以下几个方面:

(1) 禁止采用不正当竞争手段招揽承销业务。证券发行人有权自主选择承销的证券公司,证券公司不得以以下不正当手段承揽业务:以欺骗或其他不正当手段获得承销业务资格;不按规定标准收取佣金;不当许诺;诋毁同行;借助行政干预;向发行人允诺在其证券上市后维持其证券价格;给有关当事人回扣等。

(2) 不得事先预留所承销的证券。证券公司在代销、包销期间,对所代销、包销的证券应当保证先行出售给认购人,证券公司不得为本公司事先预留代销的证券和预先购入并留存证券。例如,以包销方式承销证券时,证券公司不得为取得证券用如下方式故意使证券在承销期结束时有剩余:① 故意囤积或截留;② 缩短承销期;③ 减少销售网点。

(3) 保证公开发行证券募集文件的真实性、准确性和完整性。作为承销商的证券公司等证券经营机构,应当对公开发行证券募集文件的真实性、准确性、完整性进行调查,发现含有虚假记载、误导性陈述或者重大遗漏的,不得进行销售活动;已经销售的,必须立即停止销售活动,并采取纠正措施。

(4) 及时承销备案制度。证券公司包销证券的,应当在包销期满后 15 日内,将包销情况报国务院证券监督管理机构备案。证券公司代销证券的,应当在代销期满后 15 日内,与发行人共同将证券代销情况报国务院证券监管机构备案。

(四) 证券承销费用

证券发行人按照有关规定向承销机构支付承销费用。承销费用一般根据证券发行规模确定,发行的规模越大,承销费用总额越高。目前,收取股票、可转换公司债券承销费的标准是:在包销方式里,收取包销费用(佣金)为包销股票(可转换债券)总金额的 1.5%—3%;在代销方式里,收取代销费用(佣金)为实际售出股票(可转换债券)总金额的 0.5%—1.5%。公司债券(企业债券)承销费的收费标准是:在包销方式里,包销机构收取的包销佣金为包销债券总金额的0.8%—2.5%；在代销方式里，代销机构收取的佣金为实际售出债券总金额的0.5%—2%。

七、证券发行的信息披露

（一）信息披露的内容

依照法律、行政法规的规定，股份有限公司公开发行股票、债券等，必须进行信息公开披露。公开披露的文件主要包括招股说明书、配股说明书、公司债券募集说明书等。信息披露的内容概括起来有三大部分，即信息披露主体的组织状况、财务状况和经营管理信息。

（二）信息披露的方式

信息披露的方式在理论上有三种：一是经验证后正式签署；二是依规定程序公开刊登或送达；三是向有关部门履行注册备案手续。

（三）信息披露的原则

信息披露的原则主要有以下四个方面：

（1）真实性原则，是指股份有限公司所公开的情况不得有任何虚假成分，而必须与自身客观 实际相符。

（2）完整性原则，是指股份有限公司必须把能够提供投资者判定证券投资价值的情况全部公开。

（3）准确性原则，是指股份有限公司公开的信息必须尽可能详尽、具体和准确。

（4）及时性原则，是指股份有限公司必须在法定期限内公开相关的报表文件，发生的重大事件也必须迅速公开。

八、证券的发行价格

（一）股票发行价格

股票发行价格关系到发行人与投资者的根本利益及股票上市后的表现。因此发行公司及承销商必须对公司的利润及其增长率、行业因素、二级市场的股价水平等因素进行综合考虑，然后确定合理的发行价格。

从各国股票发行市场的经验来看，股票发行定价最常用的方式有累计订单方式、固定价格方式以及累计订单和固定价格相结合的方式。

1. 累计订单方式

累计订单方式是美国证券市场经常采用的方式。一般是承销团先与发行人商定一个定价区间，再通过市场促销征集在各个价位上的需求量。在分析需求数量后，由主承销商与发行人确定最终发行价格。

2. 固定价格方式

固定价格方式是英国、日本和中国香港地区等证券市场采用的方式。基本做法是承销商与发行人在公开发行前商定一个固定的价格，然后根据此价格进行公开发售。

3. 累计订单和固定价格相结合的方式

累计订单和固定价格相结合的方式主要适用于国际筹集。一般是在进行国际推荐的同时，在主要发行地进行公开募集，投资者的认购价格为推荐价格区间的上限，待国际推荐结束，最终价格确定之后，再将多余的认购款退还给投资者。

目前，我国的股票发行定价大多采用固定价格方式，即在发行前由承销商和发行人根据市盈率法来确定新股发行价：新股发行价＝每股税后利润×发行市盈率。因此，目前我国新股的发行价主要取决于每股税后利润和发行市盈率这两个因素。但我国已有公司采用累积订单方式发行股票。总的来说，经营业绩好、行业前景佳、发展潜力大的公司，其每股税后利润多，发行市盈率高，发行价格也高，从而能募集到更多的资金；反之，则发行价格低，募集资金少。

此外，按照发行价格与股票面额及市价的关系，股票发行价格一般有面额价格发行、市价发行和中间价发行三种。中间价发行即以介于面额与市价之间的价格发行股票。我国股份公司采用股东分摊方式发行增资股票，即对老股东配股时，基本上都是采用中间价发行。我国的哈岁宝、琼金盘、敖宏远、青海三普和厦门厦华等股票还采用过竞价发行的方式。

（二）债券的发行价格

我国债券的发行价格有三种：① 平价发行，即以票面金额发售债券，这时投资者的收益率与票面收益率（利率）相同。② 溢价发行，即以高于债券票面金额的价格发售债券，这时投资者的收益率低于票面收益率。它一般在债券市场行情比较好时采用。③ 折价发行，即以低于债券票面金额的价格发售债券，这时投资者的收益率高于票面收益率，它一般是在债券市场行情不佳时采用。

还有一种贴现债券（也称贴水债券），与折价发行不同，是以面额减去债券利息的价格发行债券，期满后按债券面额还本，不再另外发给利息，面额与发行价格的差额即为投资债券的利息。债券的发行价格应该根据债券发行时的市场供求情况和市场收益率变化等来确定，以吸引更多的投资者，提高筹资的效益。但一般来说，我国的债券大多采用平价发行的方式。

第三节　证券流通市场

一、证券流通市场结构

证券流通市场也称交易市场或二级市场。股票和债券持有人可以通过交易市场买卖有价证券，从而为投资者提供资产的流通性，保证证券发行市场的正常运行。证券交易市场主要由场内交易市场（证券交易所市场）和场外交易市场构成。此外，还有第三市场和第四市场。

（一）证券交易所市场

证券交易所是依据国家有关法律，经政府证券主管机关批准设立的证券集中竞价交易的有形市场。各类有价证券，包括股票、公司债券和政府债券的交易，凡符合规定都能在证券交易所由证券经纪商进行买卖。它为证券投资者提供了一个稳定、公开交易的高效率市场。

证券交易所本身并不参与证券买卖，只是提供交易场所和服务，同时也兼有管理证券交易的职能。证券交易所与证券公司、信托投资公司等非银行金融机构不同，它是非金融性机构。

证券交易所就其组织形式来说，主要有会员制和公司制两种。

1. 会员制证券交易所

在法律地位上，会员制证券交易所分为法人与非法人两种。具有法人地位的会员制证券交易所是指非盈利目的的社团法人，除适用《证券法》外，也适用《中华人民共和国民法通则》（以下简称《民法》）的规定，其会员以证券经纪商和证券自营商为限，如日本等国的证券交易所即是如此。不具有法人地位的会员制证券交易所是指由会员自愿结合而形成的非法人团体，如美国，其章程细则中有关会员的入会、惩戒、开除等条款规定被视为会员间的契约，必须共同遵守。美国不用法人团体的原因是为了避免司法机关对该组织内部进行干预。由于这种自愿结合的非法人团体由立法所产生，因而其会员的权利、义务由该组织本身所赋予，法院不得随意介入这种带有纯粹自治性质的制度。在美国《1934年证券交易法》制定后,该制度已被接受监督的自治制度取代。但证券交易所的组织性质并未改变。

2. 公司制证券交易所

公司制证券交易所是以盈利为目的的公司法人。公司制证券交易所是由银行、证券公司、投资信托机构及各类公营、民营公司等共同出资占有股份建立起来的,任何证券公司的股东、高级职员或雇员都不能担任证券交易所的高级职员,以保证交易的公正性。但由于实行公司制,证券交易所必然以盈利为目的,在营业收入及盈利方面考虑较多,这对参加买卖的证券商来说负担较大。

公司制证券交易所与会员制证券交易所之间的区别主要有以下几个方面:

(1) 公司制证券交易所的参加人仅限于经纪人,而会员制证券交易所则以交易所的会员为限。

(2) 公司制证券交易所由公司布置场内交易设备,经纪人则与之无关;会员制证券交易所则以共同利益为目的,交易所的设备由全体会员共有并共同享用。

(3) 公司制证券交易所对由违约买卖所造成的损失负赔偿责任。不过,它有权向违约者就其所偿款项及有关费用请求赔偿。会员制交易所则不同,一切交易均由买卖双方自己负责,交易所不负赔偿违约损失的责任。

(4) 公司制交易所应向国库缴存营业保证金,会员制交易所则无此项要求。

我国于1990年11月成立的上海证券交易所和于1990年12月成立的深圳证券交易所都是按照国际运行的会员方式组成的,为非营利的事业法人。其宗旨是完善证券交易制度,提供证券经常交易场所,办理证券集中交易的清算、交割和证券集中过户,提供证券市场信息和办理本国人民银行许可或委托的其他业务。

(二) 场外交易市场

场外交易是指证券商在证券交易所之外,与客户直接进行证券买卖的行为。原始的"场外交易市场"一词意译自英文的"Over-the-Counter Market",其中的 Counter 是"柜台"的意思,亦称店头交易或柜台交易市场。这个市场并非特指一个有形的市场,而是指在证券交易所之外证券商与客户直接通过讨价还价而促使其成交的市场,它是证券交易市场的一个重要组成部分。

在场外交易市场进行交易的证券商有时具有经纪商和自营商的双重身份。作为自营商的证券商与客户按双方的协议价格成交,并通过买卖赚取价格差(成交后的清算交割按净价进行清算),这种净价计算中包括批发给其他证券商的批发价和直接售给客户的零售价两种,不再收取佣金;而作为经纪商,就是代客户买卖证券,从中收取一定比例的佣金。

在早期银行业与证券业未分离前,由于证券交易所尚未建立或完善,许多有价证券的买卖都是通过银行进行的,投资人买进证券或卖出证券直接在银行柜台上进行,即通过柜台交易(Over-the-Counter Transaction)。实行分业制后,这种以柜台进行的证券交易转由证券公司承担,因此也有人将其译为柜台交易市场或店头市场。随着通信技术的发展,目前许多场外交易并不是直接在证券公司柜台前进行,而是由客户与证券公司通过电话和电传进行业务接洽,故又称为电话交易市场(Over-the-Telephone Market)。场外交易市场也进行了电脑联网,因此也称为自动报价交易系统。现代场外交易市场与证券交易所市场的界限越来越模糊。

一般来说,在许多证券市场发展比较完备的国家,股票交易集中在证券交易所进行,而大量的债券买卖和不够交易所上市资格的股票买卖则是通过证券公司、证券经纪商或银行、投资者进行的。由于这些证券买卖是在证券交易所之外进行的,故在证券交易所之外形成的证券交易市场称为场外市场。

场外交易市场作为证券交易市场的一部分,其重要性虽不如组织严密的证券交易所,但就证券市场的历史沿革来说,场外交易市场比证券交易所要悠久得多。早在股票、债券等证券产生时,就有了供其流动转让的广泛市场,而证券交易所还没有应运而生,那时的市场,从组织形态、交易程序等来看,实质上就是场外交易市场。

而在证券交易所产生与发展后,场外交易市场之所以能够存在并且发展,是因为:首先,证券交易所的证券交易容量是有限的,由于证券交易所有严格的证券上市条件与标准,因此许多证券不能进入交易所内买卖,但这些证券客观上需要有流动性,需要有可以进行买卖的交易场所,这就要求场外交易市场作为证券交易所的一种补充而存在;其次,场外交易市场的交易比较简便、灵活,不需要像交易所那样经过复杂烦琐的证券上市程序,投资者也不需要填写复杂的委托书,而且可以随时在众多的证券交易柜台网点进行证券买进或卖出,这就在很大程度上弥补了证券交易方式的不足,满足了投资者的需要;最后,随着现代技术的发展,场外交易市场的交易方式、交易设备、交易程序也在不断改进,其交易效率亦可以与证券交易所相媲美。因此,场外交易市场是证券交易市场不可缺少的重要组成部分。

(三)第三市场

严格地说,第三市场是场外交易市场的一部分,指已在正式的证券交易所内上市却在证券交易所之外进行交易的证券买卖市场,它实际上是"已上市证券的场外交易市场"。

第三市场的参加者主要是各类投资机构,如银行的信托部、养老基金会、互助基金及保险公司等。因此,在第三市场上虽然交易量与证券交易所相比并不多,但每笔成交额一般比较大,而且在第三市场上经纪人收取的佣金费用一般低于交易所费用,所以买卖证券业务成本较低,同时又能比交易所更迅速地成交,因此引起广大投资者的兴趣。加之第三市场交易主要发生在证券经纪商和机构投资者之间,故第三市场的发展对整个证券市场的发展产生了若干积极影响。也就是说,由于有第三市场,已上市证券便出现了多层次的市场,加强了证券业的竞争,其结果是促使诸如纽约证券交易所这样老资格的交易所提供免费的证券研究和其他服务,从而有助于投资者提高投资效益;此外,也促使证券交易的固定佣金制发生变化,从而使投资者和出售证券者能够影响证券交易的成本,减少了投资的总费用。

(四)第四市场

第四市场是指投资者和金融资产持有人绕开通常的证券经纪人,彼此之间利用计算机网络进行大宗股票交易的场外交易市场,这是近年来国际流行的场外交易方式。参与第四市场进行证券交易的都是一些大企业、大公司,它们进行大宗股票买卖,主要是为了不暴露目标,不通过交易所,而是直接通过电子计算机网络进行交易。在美国,第四市场主要是一个电子计算机网络,想要参加第四市场交易的客户可以租用或加入这个网络,各大公司股票的买进价和卖出价都输入电子计算机储存系统。顾客要购买或出售股票,可以通知电子计算机系统,该系统即可显示各种股票的买进或卖出价格;顾客如果认为某种股票价格合适,即可通过终端设备进行交易。

二、证券商

无论在证券发行市场还是在交易市场,无论在证券交易所市场还是场外交易市场,都有证券中介人、证券经营人参与,它们是证券经纪人和自营商,统称为证券商。

在证券市场上,证券的发行和买卖一般都是通过证券商进行的。证券商是以证券的发行流通等为其经营业务并从中获得利润的从业者。通常所说的证券商,一般都不是指自然人,而是指团体机构。

证券商作为证券交易的中介人,在证券市场上占有重要的地位。证券市场的运行目的就是一方面使发行者通过发行有价证券,筹措生产经营所必需的长期资金;另一方面使投资者(即证券购买者)通过购买证券将其拥有的资金投入其认为有前途的企业,实现所谓的直接融资,从而使社会上的闲散资金变成可用于生产的长期资金,实现资金的长期化和合理流向。证券买卖双方的沟通,不是通过双方的直接接触实现的,而是由第三者——证券商来进行的。

证券商的活动是证券交易所活动的基础,对沟通供需双方的资金流通、促进证券交易的形成和证券市场的发展,起着重要作用。同时,证券商的行为会直接影响买卖双方委托人的利益和证券市场的稳定。

证券商业务一般有三大类:① 证券承销业务;② 证券经纪业务;③ 自营业务。根据业务性质的不同,证券商可分为两大类:一类为发行市场上的证券商,主要是投资银行即"证券承销商";另一类为流通市场上的证券商,主要包括证券经纪商、证券自营商等。多数情况下,一个证券商既做发行业务又做交易业务,也就是既是承销商又是经纪商和自营商。证券流通市场中的证券商包括:

1. 证券经纪商

证券经纪商指接受顾客各种委托、订单,并代客买卖有价证券,以赚取佣金收入的证券商。作为证券市场的中坚力量和证券买卖的中介人,经纪商的责任较为重大。因此,对证券商管理的大部分内容都是以证券经纪商为主要对象的。

2. 证券自营商

证券自营商指自行买卖证券,独立承担风险,从自行买卖的证券中得到差价收益的证券商。与经纪人的不同之处在于,自营商不办理公众委托的证券买卖,因而收入来源不是替客户买卖证券所收取的佣金,而是从自营业务的证券买卖中牟取利润。

3. 自营经纪人

自营经纪人介于经纪商与自营商之间,兼管证券的自营与代客买卖业务,但以代客买卖业务为主,并且往往有较强的专业分工。具体业务如下:① 在交易厅每天开始营业后,当经纪人业务繁忙或不能顺利进行某些专业性很强的证券买卖时,经纪人常将业务转托给自营经纪人,即自营经纪人的顾客只限于交易厅里的经纪人与自营商,而不与投资公众发生直接联系。② 自营经纪人在交易厅内是在按专业分类的专业柜台里进行证券交易,自营经纪人对于其专业经营的数种证券,可自行决定其开盘价。③ 自营经纪人有一个重要职责即创造市场,以自有资金买进或卖出证券以防止其价格出现暴跌或暴涨现象。也就是说,自营经纪人的自营目的并不像自营商那样追逐利润,而是为其所专业经营的几种证券维持连续市场,即使报价进出差距过大,并使价格波动局限在一个合理的范围内。

以上对证券商根据其业务性质的不同,做出了基本分类。但在有些情况下,一些证券商往往身兼两职,如既做经纪商又做自营商。当然,对身兼两职的证券商,法律也做出了相应的限制规定。

三、证券交易方式

证券交易所的证券交易方式主要有:现货交易、期货交易、信用交易和期权交易等。

（一）现货交易

现货交易又叫现金现货交易，是指证券买卖成交后，按当时的成交价格清算和交割的交易方式。在这种交易方式中，证券买卖双方同意在成交时马上交割，卖者交出证券，买者以现金或支票支付买进证券。由于现货交易要通过现金账户进行，整个交易按证券交易所或场外交易的基本程序进行，因此，现货交易的一个显著特点是实物交易（实行无纸化交易后，现货交易也不需要实物证券，通过证券账户划转即可），即卖方必须向买方转移证券，故采用现货交易方式的投资者一般不是为了投机，而是为了长期的投资，希望能在未来的时间内获得较稳定的分红或利息收入。

（二）期货交易

又称期货合约交易，亦称定期清算交易，是一种与现货交易不同的交易方式，是指交易双方成交后，交割清算要按契约中规定的价格在远期进行。由于实际交割定期进行（1个月、3个月或6个月等），因此对于购买一方来讲，在实际交割日期到来之前，他还可以卖出与原交割日期相同的远期证券；对于卖出一方来讲，他也可以在实际交割日期到来之前，买进与原交割日期相同的远期证券。但对于买卖双方来讲，都要承担相应的义务，即买方有到期买进的义务，卖方有到期卖出的义务，而不管交割时的价格高低，以及自己是亏本还是盈利。由于买卖双方在此之前都可能有相反的合约，因而实际交割时，只对买进和卖出的差价或卖出与买进的差价进行交割清算。若买卖的数额相等并且价款也相等，便不存在实际的交割。事实上，期货交易的目的并不是交出或买入实际证券，其真正的目的在于冲销价格波动的风险，所以在全部期货交易中，只有极小的部分是以现货来交收且有些商品是无法进行交割的，如股票指数期货的指数，有些是规定不进行交割的，如欧洲美元期货。

期货交易的方式很多，包括套期保值、套利、多头交易、空头交易、多空套做、股票指数期货交易等。

（三）信用交易

信用交易是股票期货交易的一种，又叫垫头交易，是指股票买卖者通过交付保证金而得到经纪人信用的交易。其办法是：购买一定量的股票时只缴纳部分保证金，其余部分由经纪人垫付，经纪人将代客买进的股票扣押并收取利息。经纪人垫款来自银行放款。这样，股票交易与银行信用便直接联系了，其结果是，总有一部分银行放款用于购买股票，即被投入股份公司。

（四）期权交易

又叫选择权交易，是一种在一定时期内决定股票买卖权的交易。买方买期权是花钱购买一种权利，这种权利可使他在规定时期里的任何时候，用事先协议好的价格，向期权的卖方购买或出卖既定数量的某种股票，不管此时股票的价格如何变动。期权交易通常要签订协议合同，合同中要规定期权有效期、股票的种类和数量、股票价格、期权价格（购买期权费用）等。

期权交易分为买进期权和卖出期权两种：

1. 买进期权

又称看涨期权，就是在协议规定的有效期内，买方有权按规定的价格和数量买进某种股票。买方之所以购进这种买进期权，是因为他认为股票价格看涨，将来可获利，所以叫看涨期权。

2. 卖出期权

又称看跌期权，就是在协议规定的有效期内，卖方有权按规定的价格和数量卖出某种股票。卖方之所以购进卖出期权，是因为他认为股票价格看跌，将来可获利，所以叫看跌期权。

期权交易这种证券交易方式,有两个好处:一是只缴纳少量期权费就可以做大笔股票买卖,一般利润比现货交易高;二是风险少,买主的损失事先可知。

我国目前股票交易包括现货交易和股指期货交易,随着股票流通量的增大和企业、个人投资行为的增多,其他交易方式必然也会得到发展。

第四节 证券投资的收益与风险

有价证券作为一类重要的金融资产,其收益性和风险性是并存的,就犹如一把锋利的双刃剑,一方面会给投资者带来收益,另一方面,也使投资者承担一定的风险,通常收益越高,风险越大。投资者只能在收益和风险之间加以权衡,即在风险相同的证券中选择收益较高的,或在收益相同的证券中选择风险较小的进行投资。

一、证券投资收益

证券投资收益是指投资者在一定时期内进行投资,其所得与支出的差额,即证券投资者在从事证券投资活动中所获得的报酬。在财务管理中通常使用相对数,即证券投资收益率,一般以收益额与投资额之比表示。

证券投资收益包括股票投资收益、债券投资收益和基金投资收益。

(一)股票收益

股票投资的收益是指投资者从购入股票开始到出售股票为止整个持有期间的收入,它由股息收入、资本利得和公积金转增收益组成。

1. 股息

股份有限公司在会计年度结算后,将一部分净利润作为股息分配给股东。其中,优先股股东按照规定的固定股息率优先取得固定股息,普通股股东则根据余下的利润分取股息。股东在取得固定的股息以后又从股份有限公司领取的收益,称为红利。

股息的来源是公司的税后净利润。公司的税后净利润按以下程序分配:从税后净利润中提取法定公积金、公益金后,剩余的部分先按固定股息率分配给优先股股东,再提取任意盈余公积金,然后再按普通股股数分配给普通股股东。可见,税后净利润是公司分配股息的基础和最高限额,但因要做必要的公积金和公益金的扣除,故公司实际分配的股息总是少于税后净利润。

股息的具体形式可以有多种。

(1)现金股息。现金股息是以货币形式支付的股息和红利,是最普通、最基本的股息形式。

(2)股票股息。股票股息是以股票的方式派发的股息,原则上是按公司现有股东持有股份的比例进行分配的,采用增发普通股并发放给普通股股东的形式,实际上是将当年的留存收益资本化。也就是说,股票股息是股东权益账户中不同项目之间的转移,对公司的资产、负债、股东权益总额毫无影响,对得到股票股息的股东在公司中所占权益的份额也不产生影响,仅仅是股东持有的股票数比原来多了。发放股票股息既可以使公司保留现金,解决公司发展对现金的需要,又使公司股票数量增加,股价下降,有利于股票的流通。股东持有股票股息在大多数西方国家可免征所得税,出售增加的股票又可转化为现实的货币,有利于股东实现投资收益,因而是兼顾公司和股东利益的两全之策。

(3) 财产股息。财产股息是公司用现金以外的其他财产向股东分派股息。最常见的是公司持有的其他公司或子公司的股票、债券,也可以是实物。

(4) 负债股息。负债股息是公司通过建立一种负债,用债券或应付票据作为股息分派给股东。这些债券或应付票据既是公司支付的股息,也可满足股东的获利需要。

(5) 建业股息,又称建设股息,是指经营铁路、港口、水电、机场等业务的股份公司,由于其建设周期长,不可能在短期内开展业务并获得盈利,为了筹集到所需的资金,在公司章程中明确规定并获得批准后,公司可以将一部分股本作为股息派发给股东。建业股息不同于其他股息,它不是来自公司的盈利,而是对公司未来盈利的预分,实质上是一种负债分配,也是无盈利无股息原则的一个例外。

2. 资本利得

股票买入价与卖出价之间的差额就是资本利得,或称资本损益。资本利得可正可负。

3. 公积金转增股本

公积金转增股本采取送股的形式,但送股的资金不是来自当年可分配盈利,而是公司提取的公积金。公司提取的公积金有法定公积金和任意公积金。法定公积金的来源有以下几项:一是股票溢价发行时,超过股票面值的溢价部分,要转入公司的法定公积金;二是依据《公司法》的规定,每年从税后净利润中按比例提存部分法定公积金;三是公司经过若干年经营以后资产重估增值部分;四是公司从外部取得的赠予资产,如从政府部门、国外部门及其他公司等得到的赠予资产。

我国《公司法》规定,公司分配当年税后利润时,应当提取利润的10%列入公司法定公积金。公司法定公积金累计额为公司注册资本的50%以上的,可以不再提取。股东大会决议将公积金转为资本时,按股东原有股份比例派送红股或增每股面值。但法定公积金转为资本时,所留成的该项公积金不得少于注册资本的25%。

4. 股票收益率

衡量股票投资收益水平的指标主要有股利收益率、持有期收益率和股份变动后持有期收益率等。

(1) 股利收益率。又称获利率,指股份公司以现金形式派发股息与股票市场价格的比率。

例 某投资者以20元一股的价格买入 X 公司的股票,持有1年分得现金股息1.80元,则:股利收益率=1.80÷20×100%=9%。

(2) 持有期收益率。持有期收益率指投资者持有股票期间的股息收入与买卖价差占股票买入价格的比率。

(3) 股份变动后持有期收益率。投资者在买入股票后,有时会发生该股份公司进行股票分割(即拆股)、送股、配股、增发等导致股份变动的情况,股份变动会影响股票的市场价格和投资者持股数量,因此,有必要在股份变动后进行相应的调整,以计算股份变动后的持有期收益率。

(二) 债券的投资收益

债券的投资收益是指投资人因持有债券而获得的报酬。债券投资收益来自两个方面:一是债券的利息收益,这是债券发行时就决定的。除了保值贴现债券和浮动利率债券,债券的利息收入一般不变。二是资本利得,即因债券价格上涨而得到的资本收入或因债券价格下降而遭受的资本损失。

1. 债券利息

债券的利息收益取决于债券的票面利率和付息方式。债券的票面利率是指1年的利息占票面金额的比率。

一次性付息的计息方式有三种：

（1）单利计息。以单利计息，到期还本时一次支付所有应付利息。这种方式被称为利随本清。我国的一次还本付息债券即是单利计息债券。

（2）复利计息。用这种方式付息的债券通常被称为无息债券或零息债券。运用这种复利计息的债券，投资者的实际收益率要高于与持有票面利率同水平的单利债券收益率。它是国际债券市场上的常见品种，我国到目前为止尚未发行过这类债券。

（3）贴现方式计息。以贴现方式计息，投资者按票面额和应收利息之差价购买债券，到期按票面额收回本息。

分期付息债券又称附息债券或息票债券，是在债券到期以前按约定的日期分次按票面利率支付利息，到期再偿还债券本金。分次付息一般分按年付息、半年付息和按季付息三种方式。

2. 资本利得

债券投资的资本利得是指债券买入价与卖出价或买入价与到期偿还额之间的差额。

3. 债券收益率

债券收益率有票面收益率、直接收益率、持有期收益率、到期收益率和贴现债券收益率等，这些收益率分别反映投资者在不同买卖价格和持有年限下的实际收益水平。

（1）票面收益率。票面收益率又称名义收益率或票息率，是债券票面上的固定利率，即年利息收入与债券面额之比率。票面收益率只适用于投资者按票面金额买入债券直至期满并按票面金额偿还本金这种情况。

（2）直接收益率。直接收益率又称本期收益率、当前收益率，指债券的年利息收入与买入债券的实际价格之比率。直接收益率反映了投资者的投资成本带来的收益。在上例中，投资者购买债券的价格低于债券面额，所以收益率高于票面利率。

（3）持有期收益率。指买入债券后持有一段时间，又在债券到期前将其出售而得到的收益率。它包括持有债券期间的利息收入和资本损益。我国发行的中期债券多为到期一次还本付息债券，一次还本付息债券在债务期间不支付利息，只在债券到期后按规定的利率一次性向持有者支付利息并还本。若中途出售，其在中途出售的卖价中还包含持有期的利息收入。

（4）到期收益率。到期收益率又称最终收益率，一般的债券到期都按面值偿还本金，所以随着到期日的临近，债券的市场价格会越来越接近面值。到期收益率同样包括了利息收入和资本损益。

（5）贴现债券收益率。贴现债券又称贴水债券，是指以低于面值发行、发行价与票面金额之差额相当于预先支付的利息、债券期满时按面值偿付的债券。贴现债券一般用于短期债券的发行，如美国政府国库券。

（三）证券投资组合收益率

此外，购买基金主要有两个获利来源：① 买卖基金的价格差异所产生的资本利得；② 基金分红所产生的分红收益。如果投资的是开放式基金，资本利得来源于基金所投资的股票或债券升值和获取股息、利息导致基金单位净值的增长；如果投资的是封闭式基金，资本利得则来源于市场供求关系变化导致的基金买卖价差，这个价差收入扣除买卖基金时的相关手续费用后,就是最后的资本利得收益。除资本利得收益以外,在投资期间所取得的基金分红也会增加投资者的收入,这同样是购买基金获利的组成部分。因此,投资于基金的总收益就等于资本利得收益加上分红收益。

二、证券投资风险

一般而言,风险是指对投资者预期收益的背离,或者说是证券收益的不确定性。证券投资的风险是指证券预期收益变动的可能性及变动幅度。与证券投资相关的所有风险称为总风险,总风险可分为系统风险和非系统风险两大类。

(一)系统风险

系统风险是指由于某种全局性的共同因素引起的投资收益的可能变动,这些因素来自企业外部,是单一证券无法抗拒和回避的,因此又叫不可回避风险。这些共同的因素会对所有企业产生不同程度的影响,不能通过多样化投资而分散,因此又称为不可分散风险。系统风险包括政策风险、经济周期性波动风险、利率风险和购买力风险等。

1. 政策风险

政策风险是指政府有关证券市场的政策发生重大变化或是有重要的法规、举措出台,引起证券市场的波动,从而给投资者带来的风险。

2. 经济周期波动风险

经济周期波动风险是指证券市场行情周期性变动而引起的风险。这种行情变动不是指证券价格的日常波动和中级波动,而是指证券行情长期趋势的改变。

在整个看涨行市中,几乎所有的股票价格都会上涨;在整个看跌行市中,几乎所有的股票价格都不可避免地有所下跌,只是涨跌的程度不同而已。

3. 利率风险

利率从两方面影响证券价格:一是改变资金流向。当市场利率提高时,会吸引一部分资金流向银行储蓄、商业票据等其他金融资产,减少对证券的需求,使证券价格下降;当市场利率下降时,一部分资金流回证券市场,增加对证券的需求,刺激证券价格上涨。二是影响公司的盈利。利率提高,公司融资成本提高,在其他条件不变的情况下净盈利下降,派发股息减少,引起股票价格下降;利率下降,融资成本下降,净盈利和股息相应增加,股票价格上涨。

利率政策是中央银行的货币政策工具。利率风险对不同证券的影响是不相同的:

(1) 利率风险是固定收益证券的主要风险,特别是债券的主要风险;

(2) 利率风险是政府债券的主要风险;

(3) 利率风险对长期债券的影响大于短期债券。

4. 购买力风险

购买力风险又称通货膨胀风险。一般来讲,可通过计算实际收益率来分析购买力风险:

$$实际收益率 = 名义收益率 - 通货膨胀率$$

购买力风险对不同证券的影响是不相同的,最容易受其损害的是固定收益证券,如优先股、债券。

(二)非系统风险

非系统风险是指只对某个行业或个别公司的证券产生影响的风险,非系统风险是可以抵消回避的,因此又称为可分散风险或可回避风险。非系统风险包括信用风险、经营风险、财务风险等。

1. 信用风险

信用风险又称违约风险,指证券发行人在证券到期时无法还本付息而使投资者遭受损失的风险。

债券、优先股、普通股都可能有信用风险,但程度有所不同。信用风险是债券的主要风险,政府债券的信用风险最低,其他债券的信用风险依次从低到高排列为地方政府债券、金融债券、公司债券,但大金融机构或跨国公司债券的信用风险有时会低于某些政局不稳的国家的政府债券。股票没有还本要求,普通股股息也不固定,但仍有信用风险。

2. 经营风险

经营风险是指公司的决策人员与管理人员在经营管理过程中出现失误而导致公司盈利水平变化,从而使投资者预期收益下降的可能。

3. 财务风险

财务风险是指公司财务结构不合理、融资不当而导致投资者预期收益下降的风险。

三、风险与收益的关系

收益以风险为代价,风险用收益来补偿。投资者投资的目的是得到收益,与此同时,又不可避免地面临着风险。

收益与风险的基本关系是:收益与风险相对应。也就是说,风险较大的证券,其要求的收益率相对较高;反之,收益率较低的投资对象,风险相对较小。风险与收益共生共存,承担风险是获取收益的前提;收益是风险的成本和报酬。风险和收益的上述本质联系可以表述为下面的公式:

$$预期收益率 = 无风险利率 + 风险补偿$$

预期收益率是投资者承受各种风险应得的补偿。

在短期国库券无风险利率的基础上,我们可以发现以下几个规律:

(一)同一种类型的债券,长期债券利率比短期债券高

这是对利率风险的补偿。如政府债券,都没有信用风险和财务风险,但长期债券的利率要高于短期债券,这是因为短期债券没有利率风险,而长期债券却可能受到利率变动的影响,两者之间利率的差额就是对利率风险的补偿。

(二)不同债券的利率不同,这是对信用风险的补偿

通常,在期限相同的情况下,政府债券的利率最低,地方政府债券的利率稍高,其他依次是金融债券和企业债券。在企业债券中,信用级别高的债券利率较低,信用级别低的债券利率较高,这是因为它们的信用风险不同。

(三)在通货膨胀严重的情况下,债券的票面利率会提高或是会发行浮动利率债券,这是对购买力风险的补偿

通货膨胀率是衡量一般价格水平上升的指标,在通货膨胀严重的情况下,提高债券票面利率能抵消通货膨胀造成的资金贬值,保证投资收益率水平。浮动利率债券的利率通常根据市场基准利率加上一定利差来确定。采用浮动利率形式可避免债券实际收益率与市场收益率间产生重大差异,也是对购买力风险的补偿。

(四)股票的收益率一般高于债券

这是因为股票面临的经营风险、财务风险和经济周期波动风险比债券大得多,因此必须给投资者相应的补偿。在同一市场上,许多面值相同的股票也有迥然不同的价格,这是因为不同

股票的经营风险、财务风险相差甚远,经济周期波动风险也有差别。投资者以出价和要价来评价不同股票的风险,调节不同股票的实际收益,使风险大的股票市场价格相对较低,风险小的股票市场价格相对较高。

当然,风险与收益的关系并非如此简单。证券投资除以上几种主要风险以外,还有其他次要风险,引起风险的因素以及风险的大小程度也在不断变化之中;影响证券投资收益的因素也很多。所以这种收益率对风险的替代只能粗略地、近似地反映两者之间的关系,更进一步说,只有加上证券价格的变化才能更好地反映两者的动态替代关系。

【本章小结】

1. 本章从证券市场的基本含义入手,概括介绍了证券市场的特点、构成要素及其分类。阐明了证券市场是商品交换的一种形式,但其交易对象为有价证券这一类特殊商品,使其在交易目的、交易形式、交易影响因素及市场风险程度等方面与普通市场交易显著不同。证券市场主要由发行人、投资者、金融工具、交易场所、中介机构以及监管机构和自律组织等要素构成。

2. 按照不同的标准,证券市场可分为若干种类。其中,应用最为广泛的是,按照基本职能的不同,证券市场可分为发行市场和流通市场。证券发行市场是指新发行的证券从发行者手中出售到投资者手中的市场,通常将证券发行市场称为"初级市场"或"一级市场"。证券流通市场也称"交易市场"或"二级市场",是股票和债券等证券持有人进行交易的场所,为投资者提供资产的流通性,保证证券发行市场的正常运行,主要由场内交易市场(证券交易所市场)和场外交易市场构成。

3. 证券市场交易活动的收益性与风险性并存,一方面会给投资者带来收益,同时,也使投资者承担一定的风险,通常收益越高,风险越大。证券投资收益包括股票投资收益、债券投资收益和基金投资收益。证券投资的风险是指证券预期收益变动的可能性及变动幅度。可分为系统风险和非系统风险两大类。系统风险又叫不可回避风险,包括政策风险、经济周期性波动风险、利率风险和购买力风险等;非系统风险是指只对某个行业或个别公司的证券产生影响的风险,非系统风险又称为可分散风险或可回避风险,是可以抵消回避的,包括信用风险、经营风险、财务风险等。

【关键概念】

证券市场　发行市场　流通市场　证券承销　现货交易　期货交易　期权交易　信用交易　系统风险　非系统风险

【复习思考题】

1. 试述证券市场的含义及其特征。
2. 证券市场的构成要素有哪些?
3. 证券市场的基本功能有哪些?
4. 试述证券发行市场的含义。我国证券发行与承销的基本原则有哪些?
5. 试述证券流通市场的含义及其市场结构构成。
6. 证券流通市场的交易形式有哪些?
7. 试述证券投资的收益及风险的种类有哪些。证券投资收益的风险与收益的关系如何?

【参考文献】

[1] 吴晓求.证券投资学(第四版)[M].中国人民大学出版社,2014.

[2] 李向科.证券投资技术分析(第四版)[M].中国人民大学出版社,2012.

[3] 宋建平.证券投资学(第二版)[M].上海人民出版社,2012.

[4] 谭中明,黄正清,董连胜,张静.证券投资学(第三版)[M].中国科学技术大学出版社,2014.

[5] 曹凤岐,刘力,姚长辉.证券投资学(第三版)[M].北京大学出版社,2013.

[6] 杨兆廷,刘颖.证券投资学(第二版)[M].人民邮电出版社,2014.

[7] 张鸣.证券投资学[M].东北财经大学出版社,2012.

[8] 邢天才,王玉霞.证券投资学(第三版)[M].东北财经大学出版社,2012.

[9] 韩复龄.证券投资学(第三版)[M].首都经济贸易大学出版社,2015.

[10] 林俊国.证券投资学(第四版)[M].经济科学出版社,2013.

第七章 证券投资基本面分析

【本章概要】
　　证券投资分析是进行证券投资的主要步骤,涉及对通过投资决策所确定的金融资产类型中个别证券或证券群的具体特征进行考察分析。这种考察分析的一个目的在于明确这些证券的价格形成机制和影响证券价格波动的诸多因素及其作用机制;考察分析的另一个目的在于发现那些价格偏离其价值的证券。证券投资分析既是规避风险的需要,又是投资者实施投资决策的依据和前提,同时也是投资者能否获得成功的关键。

第一节 宏观经济分析

一、宏观经济分析的意义

　　证券投资活动是整个经济运行系统中的一个子系统,投资的成败在很大程度上取决于投资者能否适应经济运行的变化,并做出相应的投资决策。影响证券投资的因素是错综复杂的,有经济因素,也有政治、社会、文化、心理等非经济因素。宏观经济因素变动是证券市场价格变动的首要因素,投资的宏观分析必须对这些因素与证券市场运行之间的关系做出全局性和长期性的分析。可以说,宏观经济是证券市场运行的基本平台,其对证券市场价格的影响是根本性、全局性的。事实上,经济运行中的任何细微变化,都会在证券市场上有所反应,因此人们常将证券市场称为经济运行的"晴雨表"。从历史上看,证券市场的每一次牛市均以宏观经济向好为背景,而每一次熊市均由宏观经济发展趋缓或衰退所造成。宏观经济因素的影响是长期性的。

　　概括而言,宏观经济分析主要具有三大基本功能:
　　(1)把握证券市场的总体变动趋势;
　　(2)判断整个证券市场的投资价值;
　　(3)掌握宏观经济政策对证券市场的影响力度与方向。

二、宏观经济分析的基本思路与方法

　　(一)宏观经济分析的基本思路
　　宏观经济分析一般可分为以下四个基本步骤:
　　(1)调查研究与收集资料。主要是通过调研及资料的收集整理,获得宏观经济分析的基

本指标,包括经济周期、利率水平、货币供应量、物价水平、失业率等。

（2）依据理论对指标进行分析。运用相关的经济学理论,通过一些宏观经济分析的方法,对所收集的相关宏观经济指标进行总量分析和结构分析。

（3）预测未来的经济形势。通过对主要宏观经济指标进行横向与纵向的比较,探寻未来宏观经济形势变化的新动向、新趋势,对未来宏观经济走势做出向好或向坏的判断。

（4）判断证券市场的总体变动趋势,做出投资决策。通过对未来宏观经济走势的判断,总结出其对市场可能产生的影响,并在此基础上做出增持或减持的投资建议与决策。

（二）宏观经济分析的基本方法

目前,宏观经济分析的方法主要有三种,即经济指标分析法、计量经济模型分析法和概率预测法。

1. 经济指标分析

经济指标是指反映经济活动结果的一系列数据和比例关系。这里的经济指标分析主要是分析宏观经济形势的相关变量对证券投资活动的影响。它分为三类：

（1）先行指标,是在经济的全面增长或颓势到来之前,率先发生变动的指标。这些指标可以预警国民经济周期中的转折点和估计经济活动升降的幅度,具有对未来经济状况提供预示性信息的作用,如货币供应量、股价指数、采购经理人指数、港口吞吐量、电力消耗、消费者信心指数等。

（2）同步指标,是与国民经济涨落同步变化的指标,是对近期经济运行状态监测和预警的依据。其可反映国民经济正在发生的情况,具有实际意义,如 GNP、GDP、失业率等。

（3）滞后指标,是经济运行中波动发生之后才显示出来的指标。它们一般出现在各阶段之后,通过对这些指标的监测和分析,可以对先行指标的预警进行验证,使先行指标的预警更加准确,如贷款利率、生产成本、物价指数等。

2. 计量经济模型分析

所谓计量经济模型,就是表示经济变量及其主要影响因素之间的函数关系。通过建立计量经济模型并进行运算,就可以探寻经济变量间的平衡关系,分析影响平衡关系的各种因素。进行宏观经济分析主要运用宏观计量经济模型,即在宏观经济总量水平上把握和反映经济运动的较全面的动态特征,研究主要宏观经济指标之间的相互依存关系。用计量经济模型进行预测的一般过程是：首先按照一定的经济原理建立数学模型；然后根据现实材料使用计量经济学方法来估计模型参数,进行模拟检验；最后利用通过检验的模型进行预测。

3. 概率预测

这种方法主要是运用概率论的方法对宏观经济活动进行预测。由于宏观经济运行的复杂性,经济变量的变化并不像计量经济模型所描述的那样稳定,而是常常在一定区间内按某种概率发生。该方法运用较多也较成功的是对宏观经济进行短期预测,如对实际 GNP 及其增长率、通货膨胀率、失业率、利息率、企业利润率等指标的下一时期水平或变动率的预测。

三、宏观经济分析的基本内容

影响证券投资的因素是错综复杂的,有经济因素,也有政治、社会、文化、心理等非经济型因素,证券投资的宏观分析必须对这些因素与证券市场运行之间的关系做出全局性和长期性的分析。进行宏观经济分析可从宏观经济形势分析和宏观经济政策分析两方面入手。其中,宏观经济形势分析既应该对国内的政治经济形势进行分析,同时也应该对整个国际的政治经济形势进行分析,同时,国内外所发生的一些重大事件与突发事件也会对市场产生明显的影响,因而对此也须保持高度的关注与重视;宏观经济政策分析则主要是对国家的货币政策、财政政策及收入分配政策对证券市场可能产生的影响的分析。

(一)政治因素对股市的影响

这里所说的政治因素主要包括:

(1)战争。战争对股票市场及股价的影响,有长期性的,亦有短期性的;有好的方面,亦有坏的方面;有广泛范围的,也有单一项目的,这要视战争性质而定。战争促使军需工业兴起,凡与军需工业相关的公司股票当然要上涨。战争中断了某一地区之海、空或陆运,提高了原料或成品输送之运费,因而商品涨价,影响购买力,导致公司业绩萎缩,与此相关的公司股票必然会跌价。许多由战争所引起的状况都足以使证券市场产生波动,投资人需要冷静地分析。

(2)政权。政权的转移、领袖的更替、政府的作为及社会的安定性等,均会对股价波动产生影响。

(3)国际政治形势。股价已愈来愈对国际政治形势的改变产生敏感反应,随着交通运输的日益便利,以及通信手段的日益发达,国与国之间、地区与地区之间的联系越来越密切,世界从独立单元转变成相互影响的整体,因此一个国家或地区的政治、经济、财政等结构将紧随着国际形势的改变而改变,股票市场也随之变动。

(4)法律制度。如果一个国家(金融方面的)法律制度健全,使投资行为得到管理与规范,并使投资者的正当权益得到保护,就会提高投资者投资的信心从而促进股票市场的健康发展。如果法律法规不完善,投资者权益受法律保护的程度低,则不利于股票市场的健康发展与繁荣。

(二)经济周期对证券市场的影响

证券价格水平的周期性波动是经济运行周期各阶段交替的结果,证券行情往往又是经济周期的先行指标。因为证券价格变动往往是众多投资者买卖行为的结果,个别投资者的买卖尽管常带有随机性,但多数投资者还是依据其对未来经济走势的预期做出理性的决策。

宏观经济运行周期一般经历四个阶段:萧条、复苏、繁荣、衰退。这种周期性变化表现在许多宏观经济统计数据的周期性波动上,如 GNP、消费总量、投资总量、工业生产指数、失业率等。由于 GNP 是最常见、综合性最强的衡量宏观经济的指标,因此宏观经济周期的变化通常用 GNP 系列统计数据来表示,如图 7-1 所示。

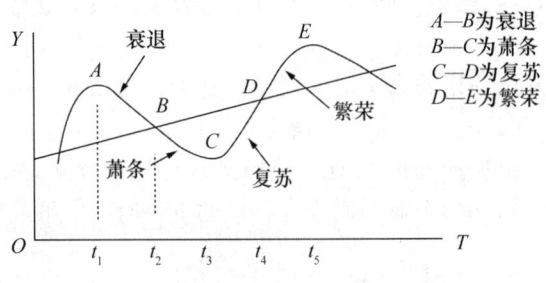

图 7-1 经济周期的不同阶段

经济周期的不同阶段对证券市场的影响是不一致的。一般而言,存在以下基本运行规律:

(1)萧条阶段,股市低迷、百业不兴、离场观望者多,"熊市"出现;

(2)复苏阶段,公司业绩上升,投资者信心增加,部分投资者介入;

(3)繁荣阶段,业绩上升较快,股价上升,人气旺盛,投资踊跃,"牛市"到来;

(4)衰退阶段,更多投资者基于对衰退来临的共识加入抛出证券的行列,从而使整个证券市场形成向下运行的趋势。

美国股票市场价格的变动有着明显的规律性,即平均每 3.4 年有一次股价下跌。由于美国股票价格与经济运行有着密切的关系,因此股票价格变动的周期只能由经济运行所决定。所谓经济运行因素分为两类:一类为实际经济活动因素,另一类为金融因素。股票价格的变动时而主要受经济活动因素的影响,时而主要受金融因素的影响。表现为:当经济发展状况比较稳定时,股价主要受金融因素的影响;当经济比较不稳定时(如滞胀、生产停滞、战争等时期),股票价格主要受实际经济活动因素的影响。由此可以进一步得出结论,这种股票价格变动的周期,一方面与经济的周期波动相一致,表现为一般情况下,股票价格先行于经济波动,又比经济波动的幅度大;另一方面,它与现实经济变动相脱离,表现为股价变动与金融因素密切相关,金融因素的变动导致股票价格的变动。

根据经济循环周期来进行股票投资的策略是:衰退期的投资策略以保本为主,投资者在此阶段多采取持有现金(储蓄存款)和短期存款证券等形式,避免衰退期的投资损失,以待经济复苏时再适时进入股市;而在经济繁荣期,大部分产业及公司经营状况改善和盈利增加时,即使是不懂股市分析而盲目跟进的散户,往往也能从股票投资中赚钱。当然还有例外现象不时出现,例如,一般情况是企业收益有希望增加或由于企业扩大规模而希望增资的景气时期,资金会大量流入股市;但却有萧条时期资金不是从股市流走,而是流进股市,尤其在此期间,政府为了促进景气而扩大财政支付,公司则因为设备过剩,不会进行新的投资,因而拥有大量的闲置货币资本,一旦这些资本流入股市,则股市的买卖和价格上升就与企业收益无关了,而是带有一定的投机性。

(三)主要宏观经济指标对证券市场的影响

分析宏观经济形势所用的主要指标除包括反映一国经济中总体变化趋势的诸如 GDP、工业增加值、失业率、通货膨胀、国际收支等总体指标外,还包括投资指标、消费指标、金融指标、财政指标等(见表 7-1)。

表 7-1　宏观经济形势分析的基本变量

总体指标	1. GDP　2. 工业增加值　3. 失业率　4. 通货膨胀　5. 国际收支
投资指标	1. 政府投资　2. 企业投资
消费指标	1. 社会消费品零售总额　2. 城乡居民储蓄存款余额
金融指标	1. 货币供应量　2. 金融机构各项存款余额　3. 金融资产总量　4. 利率　5. 汇率　6. 外汇储备
财政指标	1. 财政收入　2. 财政支出　3. 赤字或结余

1. GDP 变化对股市的影响

GDP 是衡量一国经济增长快慢的第一指标,是其他经济指标之母,是一国经济成就的根本反映,也是经济总体走向最好的晴雨表。证券市场对其敏感度非常高。

通过对 GDP 变动的分析可以找寻到经济走向的蛛丝马迹(见表 7-2)。一般而言,GDP 的持续上升表明国民经济良性发展,制约经济的各种矛盾趋于或达到协调,人们有理由对未来经济产生好的预期;相反,如果 GDP 处于不稳定的非均衡增长状态,暂时的高产出水平并不表明一个好的经济形势,不均衡的发展可能激发各种矛盾,从而孕育一个新的经济衰退。证券市场作为经济的"晴雨表"如何对 GDP 的变动做出反应呢？我们必须将 GDP 与经济形势结合起来进行考察，不能简单地以为 GDP 增长，证券市场就将伴之上升，实际上有时恰恰相反。因此关键是看 GDP 的变动是否将导致各种经济因素（或经济条件）的恶化。下面对几种基本情况进行阐述。

（1）持续、稳定、高速的 GDP 增长。在这种情况下，社会总需求与总供给协调增长，经济结构趋于平衡，经济增长来源于需求刺激并使得闲置的或利用率不高的资源得以更充分的利用，从而出现经济发展的良好势头，这时证券市场将基于下述原因而呈现上升走势：① 伴随总体经济增长，上市公司利润持续上升，股息和红利不断增长，企业经营环境不断改善，产销两旺，投资风险也越来越小，从而公司的股票和债券得到全面升值，促使价格上扬；② 人们对经济形势形成了良好的预期，投资积极性得以提高，从而增加了对证券的需求，促使证券价格上涨；③ 随着 GDP 的持续增长，国民收入和个人收入都不断得到提高，收入增加也使得人们对证券投资的需求增加，从而证券价格上涨。

（2）高通货膨胀下的 GDP 增长。当经济处于严重失衡下的高速增长时，总需求大大超过总供给，这将表现为高的通货膨胀率，是经济形势恶化的征兆，如不采取调控措施，必将导致未来的"滞胀"（通货膨胀与增长停滞并存）。这时经济中的矛盾会突出地表现出来，企业经营将面临困境，居民实际收入也将降低，因而失衡的经济增长必将导致证券市场下跌。

（3）宏观调控下的 GDP 减速增长。当 GDP 呈失衡的高速增长时，政府可能采用宏观调控措施以维持经济的稳定增长，这样必然减缓 GDP 的增长速度。如果调控目标得以顺利实现，而 GDP 仍以适当的速度增长，并未导致 GDP 的负增长或低增长，说明宏观调控措施十分有效，经济矛盾逐步得以缓解，为进一步增长创造了有利条件，这时证券市场亦将反映这种好的形势而呈平稳渐升的态势。

（4）转折性的 GDP 变动。如果 GDP 一定时期以来呈现负增长，且负增长速度逐渐减缓并呈现向正增长转变的趋势，表明恶化的经济环境逐步得到改善，证券市场走势也将由下跌转为上升。同样，当 GDP 由低速增长转向高速增长时，表明低速增长中，经济结构得到调整，经济的瓶颈制约得以改善，新一轮经济高速增长已经来临，证券市场亦将伴之以快速上涨之势。

上面的分析中，我们只沿着一个方向进行，每一点都可沿着相反的方向导出相反的结果。最后我们还必须指出，证券市场一般提前对 GDP 的变动做出反应，也就是说它是反映预期的 GDP 变动，而 GDP 实际变动被公布时，证券市场只反映实际变动与预期变动的差别，因而在证券投资中进行 GDP 变动分析时必须着眼于未来，这是最基本的原则。

表 7-2 GDP 变动对证券市场的影响

GDP 变动	证券市场相应变动	影响机制
持续稳定高速增长	上涨	公司营销效益、居民收入、投资者信心上升
高通胀下的增长	下跌	企业经营困难、居民收入降低
宏观调控下减速增长	平稳渐升	经济矛盾得到缓解
转折性向正增长转变	由跌转升	恶化的环境逐步得到改善
恶化的环境逐步改善，向高增长变动	快速上涨	新一轮经济高速增长来临

2. 物价变动对股市的影响

普通商品价格变动对股票市场有重要影响。一般情况下，物价上涨，股价上涨；物价下跌，股价也下跌。商品价格对股票市场价格的影响主要表现在以下四个方面：

(1) 商品价格出现缓慢上涨,且幅度不是很大,但物价上涨率大于借贷利率的上涨率时,公司库存商品的价值上升,因为产品价格上涨的幅度高于借贷成本的上涨幅度。于是公司利润上升,股价也会因此而上升。

(2) 商品价格上涨的幅度过大,而股价没有相应上升,反而下降。这是因为,物价上涨引起公司生产成本上升,而上升的成本又无法通过商品销售而完全转嫁出去,从而使公司的利润降低,股价也随之降低。

(3) 物价上涨,商品市场的交易呈现繁荣兴旺时,有可能是股票正陷于低沉的时候,因为人们热衷于及时消费,使股价下跌;当商品市场上涨回跌时,反而成了投资股票的最好时机,从而引起股价上涨。

(4) 物价持续上涨,股票投资者的保障意识增强,因此从股市中抽出来,转投向动产或不动产,如房地产、贵重金属等保值性强的物品上,以致股票需求量降低,因而使股价下跌。

3. 通货膨胀对市场的影响

通货膨胀是指一般物价水平在比较长的时间内以较高幅度持续上涨的一种经济现象。通货膨胀率一般是通过消费价格指数(CPI)计算出的。

某年 CPI = 某年消费品价格水平/基年消费品价格水平

通货膨胀率 = (本年 CPI - 上年 CPI)/上年 CPI

【例7-1】 已知消费品价格水平:2008年为8.07;2009年为10.82;2010年为12.37。则以2008年为基期,计算出2009年和2010年的 CPI 为:

2009年 CPI = 10.82 ÷ 8.07 = 134%

2010年 CPI = 12.37 ÷ 8.07 = 153%

相应地, 2009年通货膨胀率 = (134% - 100%)/100% = 34%

2010年通货膨胀率 = (153% - 134%)/134% = 14%

(1) 通货膨胀对股票市场的影响。通货膨胀这一因素对股票市场走势有利有弊,既有刺激市场的作用,又有压抑市场的作用。它完全可能同时产生相反方向的影响,对这些影响进行具体分析时必须从该时期通货膨胀的原因、通货膨胀的程度,并配合当时的经济结构和形势以及政府可能采取的干预措施等多方面因素分析入手,因而,分析起来相对较为复杂。一般而言,在通货膨胀初期,货币供给的增加会刺激企业生产和居民消费,增加企业的盈利,从而促使股票价格上涨;但通货膨胀到了一定程度时,将会推动市场利率上扬,从而促使股价下跌。通货膨胀对股票市场的影响具体可分为以下几种情况:温和的、稳定的通货膨胀对股价的影响较小;如果通货膨胀在一定的可容忍范围内增长,使经济处于景气(扩张)阶段,产量和就业都持续增长,那么股价也将持续上升;严重的通货膨胀是很危险的,一旦其站稳脚跟,经济将被严重扭曲,货币会以每年50%甚至更快的速度贬值,这时人们将会囤积商品、购买房屋以期对资金保值。这可能从两个方面影响股价:其一,资金流出金融市场,引起股价下跌;其二,经济扭曲和失去效率,企业一方面筹集不到必需的生产资金,同时,原材料、劳务价格等成本飞涨,使企业经营严重受挫,盈利水平下降,甚至倒闭。同时,政府往往不会长期容忍通货膨胀的存在,因而必然会动用某些宏观经济工具来抑制通货膨胀,这些政策必然对经济运行造成影响,这种影响将改变资金流向和企业的经营利润,从而影响股价。严重通货膨胀时期,并不是所有价格和工资都按同一比率变动,也就是相对价格发生变化。这种相对价格变化会引起财富和收入的再分配、产量和就业的扭曲,因而某些公司可能从中获利,而另一些公司可能蒙受损失。与之相应的是获利公司的股票上涨,而受损失的公司股票下跌。此外,通货膨胀不仅会产生经济影响,还可能产生社会影响,并影响公众的心理和预期,从而对股价产生影响。通货膨胀使得各种商品价格具有更大的不确定性,也使得企业未来经营状况具有更大的不确定性,从而影响市场对股息的预期,并增大获得预期股息的风险,从而导致股价下跌(见表 7-3)。总之,万事皆有度,过之则无益。适度的通货膨胀下,人们为避免损失,将资金投向股市。而通货膨胀初期,物价上涨,生产受到刺激,企业利润增加,股价因此看涨。但持续增长的通货膨胀下,企业成本增加,而高价格下需求下降,企业经营恶化。特别是,政府此时不得已采取严厉的紧缩政策,犹如雪上加霜,企业资金周转失灵,一些企业甚至倒闭,股市在恐慌中狂跌。

表 7-3 通货膨胀对股票价格的影响

通货变动	对股票价格的相应影响
初期的税收效应、负债效应、存货效应	刺激股价上涨
温和稳定的通货膨胀	对股价的影响较小
可容忍范围持续通货膨胀,经济处于景气阶段	股价将持续上涨
严重的通货膨胀	股票价格下跌
通货膨胀造成相对价格变化	获利公司股价上涨,受损公司股价下跌

(2) 通货膨胀对债券市场的影响

一般而言,通货膨胀提高了对债券的必要收益率,会引起债券价格下跌。同时,未预期的通货膨胀增加了企业经营的不确定性,提高了还本付息风险,从而也会引起债券价格下跌。严重的通货膨胀将使企业经营困难直至倒闭,同时也会促使投资者将资金转移到实物资产和交易上寻求保值,从而使得债券的投资需求减少,债券价格下降。但在适度、温和的通货膨胀下,人们可能企图通过投资于债券实现资金保值,从而使得债券的需求增加,推动债券价格上涨。

4. 货币供应量变化对股市的影响

货币供应量与股票价格一般呈正相关关系,即货币供应量增大使股票价格上涨,反之,货币供应量缩小则使股票价格下跌。从长期来看,股市上涨的主要动力是经济发展和上市公司盈利能力的增强;但在短期内,资金是股市的物价基础。当货币供应量的增加超过居民因经济增长及支付习惯和制度等变动引起的需求增加时,市场利率会下降,因而部分资金流入股票市场,从而提高股市成交量和成交金额。当股市扩容有限时,股价将上涨。可见,货币变动领先于股价变动,且两者之间是正相关关系。

5. 利率变动对股市的影响

对股票市场及股价产生影响的种种因素中最敏锐者莫过于金融因素。在金融因素中,利率是影响股市走势最为敏感的因素之一,利率水平的变动对股市行情的影响最为直接和迅速。一般来说,利率下降时,股票的价格就会上涨;利率上升时,股票的价格就会下跌。因此,利率的高低以及利率同股票市场的关系,也成为股票投资者据以买进和卖出股票的重要依据。

利率的升降与股价的变化呈上述反向运动的关系主要有三个原因:

(1) 利率水平的变动直接影响到公司的融资成本,从而影响到股价。利率上升,公司的借款成本增加,获得必要的资金较之前困难,在其他条件不变的情况下,未来的利润将减少,那么预期股息必然会减少,股票价格因此会下跌。反之,利率下降,公司的借款成本降低,在其他条件不变的情况下,未来的利润会增加,预期股息收入增加,股票价格会因此而上涨。

(2) 利率水平可以影响证券市场的资金供求。利率降低,投资者宁可选择股票投资方式而减少对固定利息收益金融品种的投资,同时,证券投资者能够以低利率拆借到资金,对股票的需求增加,造成股票价格上涨;反之,若利率上升,一部分资金将从证券市场流出,转向银行存款,导致股票价格下降。

(3) 利率还是投资者折现股票未来收益、评估股票价值的依据。当利率上升时,投资者评估股票价值所用的折现率也将上升,股票价格必定下降,从而导致股票价格下跌;反之,股票价格上升。

上述利率与股价运动呈反向变化是一般情况,我们也不能将此绝对化。在股市发展的历史上,也有一些相对特殊的情形。当形势看好、股票行情暴涨时,利率的调整对股价的控制作用就不会很大;同样,当股市处于暴跌时,即使出现利率下降的调整政策,也可能会使股价回升乏力。美国在1978年就曾出现过利率和股价同时上升的情形。当时出现这种异常现象主要有两个原因:一是许多金融机构对美国政府当时维持美元在世界上的地位和控制通货膨胀的能力没有信心;二是当时股价已经下降到极低点,远远偏离了股票的实际价格,从而使大量的外国资金流向了美国股市,引起了股价上涨。在香港,1981年也曾出现过同样的情形。当然,这种利率和股价同时上升和同时回落的现象至今为止也还是比较少见的。既然利率与股价运动呈反向变化是一种一般情形,那么投资者就应该密切关注利率的升降,并对利率的走向进行必要的预测,以便在利率变动之前,抢先一步对股票买卖进行决策。

对利率的升降走向进行预测,在我国应重点注意以下几个因素的变化情况:

(1) 贷款利率的变化情况。由于贷款的资金是由银行存款来供应的,因此,根据贷款利率的下调可以推测出存款利率必将出现下降。

(2) 市场的景气动向。如果市场过旺,物价上涨,国家就有可能采取措施来提高利率水平,以吸引居民存款的方式来减轻市场压力。相反地,如果市场疲软,国家就有可能以降低利率水平的方法来推动市场。

(3) 资金市场的银根松紧状况和国际金融市场的利率水平。国际金融市场的利率水平往往也能影响到国内利率水平的升降和股市行情的涨跌。在一个开放的市场体系中是没有国界的,如果海外利率水平低,一方面会对国内的利率水平产生影响,另一方面也会引致海外资金进入国内股市,拉动股价上扬。反之,如果海外的利率水平上升,则会发生与上述相反的情形。

(四) 宏观经济政策调整对证券市场的影响

1. 货币政策

货币政策的调整可直接而迅速地影响证券市场。货币政策是政府调控宏观经济的基本手段之一。由于社会总供给和总需求的平衡与货币供给总量和货币需求总量的平衡相辅相成,因此宏观经济调控之重点必然立足于货币供给量。货币政策主要针对货币供给量的调节和控制展开,进而实现诸如稳定货币、增加就业、平衡国际收支、发展经济等宏观经济目标。货币政策对股票市场与股价的影响非常大。宽松的货币政策会增加社会上的货币供给总量,对经济发展和证券市场交易有着积极影响。但是货币供应太多又会引起通货膨胀,使企业发展受到影响,使实际投资收益率下降。紧缩的货币政策则相反,它会减少社会上的货币供给总量,不利于经济发展,也不利于证券市场的活跃和发展。另外,货币政策对人们的心理影响也非常大,这种影响对股市的涨跌又将产生极大的推动作用。

一般情况下,中央银行贯彻货币政策、调整信贷与货币供应量的手段主要有三个:调整法定存款准备金率、再贴现政策、公开市场业务。当国家为了防止经济衰退、刺激经济发展而实行扩张性的货币政策时,就会通过降低法定存款准备金率、降低中央银行再贴现率或在公开市场买入国债的方式来增加货币供应量,扩大社会需求;当经济持续高涨、通货膨胀压力较大时,国家往往采用适当紧缩的货币政策,此时,中央银行通过提高法定存款准备金率、提高再贴现率或在公开市场上卖出国债来减少货币供应量,紧缩信用,实现社会总需求与总供给的大体平衡。

中央银行实施的货币政策对证券市场的影响,主要通过以下几方面产生:

(1) 当货币供应量增加时,一方面市场资金增加,另一方面通货膨胀也使人们为了保值而购买证券,从而推动证券价格上扬;反之,当货币供应量减少时,证券市场资金减少,价格回落使人们对购买证券保值的欲望降低,从而使证券市场价格呈回落趋势。

(2) 利率的调整也会影响证券市场价格。当利率提高时,意味着证券投资的机会成本提高,同时上市公司的营运成本提高,业绩下降,从而证券价格下跌;反之,当利率降低时,证券投资的机会成本降低,而上市公司的营运成本也会下降,业绩向好,证券价格上升。

(3) 中央银行在证券市场上实施公开市场业务,也会对证券价格有直接的影响。中央银行买进证券,促使证券需求增加,价格上涨;反之,卖出证券,证券的供给增加,其价格随之下跌。

2. 财政政策

财政政策是除货币政策以外政府调控宏观经济的另一种基本手段,财政政策调整对证券市场具有持久但较为缓慢的影响。财政是国家为实现其职能的需要对一部分社会产品进行的分配活动,它体现着国家与其有关各方面发生的经济关系。财政政策是通过财政收入和支出的变动来影响宏观经济活动水平的,其对证券市场的影响也是相当大的。从传导机制上讲,财政政策是以实体经济为媒介,通过控制财政收入和支出,经过企业的投入和产出来影响总需求的,与货币政策有明显的区别。因此,财政政策的传导过程比较长,不像货币政策那样立竿见影,但比较持久。例如,1998年我国中央政府开始实行扩张的财政政策,大规模扩大政府投资,但当时并没有给证券市场带来太大的影响,到1999年才演绎出创历史新高的大行情。

财政政策的主要手段包括:改变政府购买力,改变政府转移支付水平,改变税率。当经济发展持续放缓、失业增加时,政府应实行扩张的财政政策,提高政府购买力水平,提高转移支付水平,降低税率,以增加总需求,解决经济衰退和失业问题。当经济增长强劲、价格水平持续上涨时,政府应实行紧缩性财政政策,降低政府购买水平,降低转移支付水平,提高税率,以减少总需求,抑制通货膨胀。

财政政策对证券市场的影响,主要通过以下几个途径:

(1) 财政政策的改变。当实行扩张性的财政政策时,增加财政支出,减少财政收入,可增加总需求,使公司业绩上升,经营风险下降,居民收入增加,从而使证券价格上升;反之,当实行紧缩性的财政政策时,减少财政支出,增加财政收入,可减少总需求,使过热的经济受到抑制,从而使公司业绩下滑,居民收入减少,导致证券市场价格下跌。

(2) 政府购买力水平的改变。如果提高政府购买力水平,增加对道路、桥梁、港口等非竞争性领域的投资,可直接增加相关产业如水泥、钢铁、建材、机械等的产品需求,这些产业的发展又形成对其他产业的需求,从而促进经济各方面的发展。这样,公司利润增加,居民收入提高,从而促使证券价格上升。相反,若降低政府购买力水平,所产生的市场效应也恰恰相反。

(3) 政府转移支付水平的改变。主要从结构上改变社会购买力状况,从而影响总需求。提高政府转移支付水平,如增加社会福利支出、增加对农拨款等,会使一部分人的收入水平提高,也间接促进公司利润的增长,因此有助于证券价格的上涨;反之,会促使证券价格下跌。另外,如果中央政府提高对地方政府的转移支付水平,使地方政府拥有更多的自主财力,用于发展地方经济,直接或间接地扶植地方产业,也会促进证券价格的上扬。

(4) 税收政策的调整。税收是国家为维持其存在、实现其职能而凭借其政治权力,按照法律预先规定的标准,强制地、无偿地、固定地取得财政收入的一种手段,也是国家参与国民收入分配的一种方式。财政可通过税收总量、结构的变化来调节证券投资和实际投资规模,从而抑制社会投资总需求膨胀或者补偿有效投资需求的不足。一般来讲,税征得越多,企业用于发展生产和发放股利的盈余资金就越少,投资者用于购买股票的资金也越少,因而高税率会对证券投资产生消极影响,投资者的投资积极性也会下降;相反,低税率或适当的减免税则可以扩大企业和个人的投资及消费水平,从而刺激生产发展和经济增长。因此,一般情况下,税率的提高会抑制证券价格上扬,而税率的降低或免税会促进证券价格上升。同时,国家运用税收杠杆可对证券投资者进行调节,对证券投资者之投资所得规定不同的税种和税率将直接影响投资者的税后实际收入水平,从而起到鼓励、支持或抑制的作用。

(5) 国债的发行量及利率水平。国债是区别于银行信用的一种财政信用调节工具。国债对股票市场也具有不可忽视的影响。首先,国债本身是构成证券市场上金融资产总量的一个重要部分。由于国债的信用程度高、风险水平低,因此如果发行量较大,会使证券市场风险和收益的一般水平降低。其次,国债利率的升降变动,严重影响着其他证券的发行和价格。当国债利率水平提高时,投资者就会把资金投入到既安全收益又高的国债上。因此,国债和股票是竞争性金融资产,当证券市场资金一定或增长有限时,过多的国债势必会影响股票的发行和交易量,导致股价下跌。

3. 汇率政策

外汇行情与股价有密切的联系,汇率政策的调整从结构上影响着证券的市场价格。一般来说,如果一国的货币实行升值的基本方针,股价便会上涨;一旦其货币贬值,股价即随之下跌。所以外汇的行情会给股市带来很大的影响。

在当代国际贸易迅速发展的潮流中,汇率对一国经济的影响越来越大。任何一国的经济都在不同的程度上受汇率变动的影响,而且,汇率变动对一国经济的影响程度取决于该国的对外开放度,随着各国开放度的不断提高,股市受汇率的影响也日益增加,但最直接的是对进出口贸易的影响。一般而言,汇率上升,本币贬值,本国产品的竞争力增强,出口型企业将受益,因而此类企业的证券价格就会上扬;相反,进口型企业将因成本增加而受损,此类企业的证券价格将因此而下跌。此外,这还会导致资本流出本国,使本国的证券市场需求减少,价格下跌,汇率下跌的情形则与此相反。

第二节 行业分析

一、证券投资行业分析的重要性

宏观经济分析为证券投资提供了基本的投资策略与背景条件,但没有为投资者解决投资什么的问题,要对具体的投资对象加以选择,还需要进行行业分析和公司分析。分析上市公司所属的行业与股价变化关系的意义非常重大。行业分析是对上市公司进行分析的前提,也是连接宏观经济分析与上市公司分析的桥梁,在整个基本分析中起着承上启下的作用,是基本分析的重要内容。

行业是指作为现代社会中基本经济单位的企业,由于其劳动对象或生产活动方式的不同,生产的产品或所提供的劳务的性质、特点和在国民经济中的作用不同而形成的产业类别。这就是说,行业是由一群企业组成的,这些企业由于其产品或劳务的高度可相互替代性而彼此紧密联合在一起,并且由于产品替代性的差异而与其他的企业群体相区别。一般而言,一个企业的增长与其行业的增长是一致的。因此,在进行了总的宏观分析之后,证券投资者应该进一步考察不同行业的状况,即进行证券投资的行业分析,以期把握各类行业的现状及发展前景,只有这样才能做出对具体公司的选择。

二、我国证券市场的行业划分

行业划分的方法多样,可按不同标准进行分类:按行业发展与经济周期的关系可分为成长型(网络行业)、周期型(高档消费品)、防御型(公用事业)、成长周期性(房地产);按发展前景可分为朝阳产业(IT业、遗传工程)、夕阳产业(如纺织行业);按技术先进程度可分为新兴产业和传统产业;按集约化程度可分为资本密集型、技术密集型、劳动密集型。

1. 上证指数分类法

上海证券市场为编制新的沪市成分指数,将全部上市公司分为五类,即工业、商业、地产业、公用事业和综合类,并分别计算和公布各分类股价指数。

2. 深证指数分类法

深圳证券市场也将在深圳上市的全部公司分为六类,即工业、商业、金融业、地产业、公用事业和综合类,同时计算和公布各分类股价指数。

需要注意的是,我国的两个证券交易所为编制股价指数而对产业进行的分类显然是不完全的,这与我国证券市场发展状况有关。我国上市公司数量少,不能涵盖所有行业,例如,农业方面的上市公司就较为少见。但为了编制股价指数,从目前的情况来看,这些分类是适当的。

三、行业分析的基本内容

行业分析主要包括以下几个方面的内容:

(一) 行业的生命周期分析

通常,每个行业都有其存在的生命周期,都要经历一个由成长到衰退的发展演变过程。由于行业生命周期的存在,使行业内各公司的股价深受行业发展阶段的影响。行业的生命周期可分为四个阶段,即初创阶段、成长阶段、成熟阶段和衰退阶段(见表7-4)。行业的生命周期分析关键是看该行业是处于行业成长周期中的哪一个阶段。

表7-4 行业的生命周期

	初创阶段(初创期)	成长阶段(成长期)	成熟阶段(稳定期)	衰退阶段(衰退期)
厂商数量	很少	增多	减少	很少
利润	亏损	增加	较高	减少以致亏损
风险	较高	较高	减少	较低
例外	投资额较小、产品符合市场需求的可能在初创期不亏损	政府采购和国外市场的开辟可能使销售额持续上升	国际竞争加剧、国外投资增加使平衡被打破	进入衰退期的产品可能出现返老还童

1. 初创阶段

又称开创期。市场规模小制约了销售收入的增长,市场认同度低封杀了产品价格的上扬空间,使得成本较高,收益少甚至亏损。这一时期是风险大、收益小的时期,其主要风险为技术风险和市场风险。初创阶段后期,随着行业生产技术的提高、生产成本的降低和市场需求的扩大,新行业便逐步由高风险低收益的初创期转向高风险高收益的成长期。

2. 成长阶段

又称扩张期。是行业发展的黄金时期,此阶段公司经过创业阶段的资本累积和技术上的不断改进,已经取得了雄厚的财力和较高的经济效益,产品受到普遍认同,技术成熟化、产品多元化和标准化使成本降低,销售收入增加,行业业绩优良,高速增长。这一时期公司股价基本上处于稳定上升的态势。投资者如能在扩张期的适当价位入市,则其收益会随着公司效益的增长而上升。这一时期的主要风险是管理和市场风险。

3. 成熟阶段

行业的成熟阶段是一个相对较长的时期。在这一时期里,在竞争中生存下来的少数大厂商垄断了整个行业的市场,产品价格、业绩稳定,行业的利润也由于一定程度的垄断而达到了很高的水平,市场风险较小,分红派息较多,投资收益较高。这往往是蓝筹股的集中地,股价一般不会大幅度升降,但会稳步攀升。

4. 衰退阶段

在衰退阶段,由于市场开始趋向饱和,行业的生产规模扩大开始受阻,甚至出现收缩和衰退,市场逐渐萎缩并被新产品替代,产品销量小,利润率停滞或不断下降。此时,风险主要是生存风险,股价也相应呈下跌趋势。但如果有重组题材或借壳上市等,股价却会大幅度上涨,如许多 ST、PT 股票的价格超过蓝筹股,即"乌鸦变凤凰"的现象频出。

(二) 行业的商业周期影响度分析

行业的商业周期影响度分析主要是观察经济运行的周期波动对不同行业的影响程度,看其是周期型行业,还是稳定型行业或是增长型行业。各行业变动时,往往呈现出明显的、可测的增长或衰退的格局。这些变动与国民经济总体的同期变动是有关系的,但关系密切的程度又不一样。据此可以将行业分为三类:

1. 增长型行业

增长型行业的运动状态与经济活动总水平的周期及其振幅无关。这些产业收入增长的速率相对于经济周期变动来说,并未受到同步影响,因为它们主要依靠技术的进步、新产品的推出及更优质的服务,从而使其经常呈现出增长状态。

2. 周期型行业

周期型行业的运动状态直接与经济周期相关。当经济处于上升期时,这些行业会紧随其扩张;当经济衰退时,这些行业也相应跌落。出现这种现象的原因是,当经济衰退时,对这些行业相关产品的购买被延迟到经济改善之后。例如珠宝行业、耐用品制造业及其他依赖需求、收入弹性较大的行业,就属于典型的周期性行业。

3. 防御型行业

还有一些行业被称为防御型行业。这些行业运动状态的存在是因为其产业的产品需求相对稳定,并不受经济周期处于衰退阶段的影响。正是因为这个原因,对其投资便属于收入投资,而非资本利得投资。有时,如果经济衰退,防御型行业的收入就会实际增加。例如,食品业和公用事业属于防御型行业,因为需求对其产品的收入弹性较小,所以这些公司的收入相对稳定。

(三)行业的市场类型与竞争程度分析

不同竞争程度的行业存在较大的利润等方面的差异,根据行业中企业的数量、产品性质、价格的制定和其他一些因素,各种行业基本上可分为以下四种市场类型(见表7-5):

1. 完全竞争的市场

许多生产者生产同质产品的市场,如初级产品市场。这种市场中生产者众多,生产的产品基本无差别,价格由市场需求决定,生产者和消费者对市场均非常了解并可自由进退市场。

2. 垄断竞争(不完全竞争)市场

许多生产者生产同种但不同质的产品,如制成品市场。这种市场中的生产者众多,产品之间存在差异,因此生产者可以借以树立自己产品的信誉,从而对其产品的价格有一定的控制能力。

3. 寡头垄断市场

指少量生产者在某种产品的生产中占有很大市场份额的情形。一般而言,资本密集、技术密集型产品,如汽车、钢铁等,以及储量集中的矿产品,如石油等多属于这种市场。

4. 完全垄断市场

指独家生产某种特质产品的市场,如公用事业。这种市场分为政府垄断和私人垄断两种。由于市场被垄断,产品又没有合适的替代品,因此垄断者可以制定理想的价格和产量,以获取最大利润。但垄断者也受到反垄断法和政府管制的约束。

表7-5 行业的市场结构(类型)比较

市场结构	概念	厂商数量	产品差异	厂商对价格控制力
完全竞争	许多生产者生产同质产品的市场情况	许多	同质	没有控制能力(如传统农业)
垄断竞争	许多生产者生产同种但不同质产品的市场	许多	实际上或想象中的差异	有一定的控制能力
寡头	相对少量的生产者在某种产品的生产中占据很大市场份额的情况	少量	同质或略有差异	有相当的控制能力(如电信、汽车)
完全垄断	独家企业生产某种特质产品	一家	单一产品	有很大的控制能力(如公用事业、水电煤)

四、行业投资的选择

一般来说,投资者应选择增长型的行业和在行业生命周期中处于成长阶段和稳定阶段的行业,从行业的市场类型而言,应尽量选择寡头或完全垄断的行业,投资风险相对较小。如何运用行业增长情况分析某一行业处于行业生命周期发展中的哪一阶段?是否属于周期性行业?其关键是看该行业的市场销售与盈利情况以及与该期GNP增长情况的比较。一般可通过以下条件进行判断:

(1)确定该行业是否属于周期型行业。观察同一时期该行业销售额是否与GNP或GDP同向变化,如果在国民经济繁荣阶段行业的销售额也逐年同步增长,或是在国民经济处于衰退阶段时行业的销售额也同步下降,说明这一行业很可能是周期型行业。

(2)比较该行业的年增长率与GNP、GDP的年增长率。如果在大多数年份中该行业的年增长率都高于国民经济综合指标的年增长率,说明这一行业是增长型行业。

(3)计算各观察年份该行业销售额在GNP中所占的比重。如果这一比重逐年上升,说明该行业增长比国民经济平均水平快;反之,则较慢。

【例 7-2】 A 行业销售额情况与 GNP 情况如表 7-6 所示。

表 7-6 2008—2010 年 A 行业销售额与 GNP 变化

年份	A 行业		GNP		A 行业销售额占 GNP 的比重（%）
	销售额（10 亿元）	年增长率（%）	GNP（10 亿元）	年增长率（%）	
2008	8.12		105		7.73
2009	8.78	8.13	112	6.67	7.84
2010	9.64	8.56	120	7.14	8.03

通过对表 7-6 中相关数据的分析,我们可以发现:在这三年中,GNP 逐年增长且速度较快,国民经济处于繁荣阶段。而该行业销售额逐年增加,与 GNP 同步,所以该行业是周期性行业。同时,该行业销售额增长率高于 GNP 增长率,行业销售额占 GNP 的比重逐年上升,所以 A 行业是增长型行业,处于行业周期的成长期。

第三节 上市企业分析

一、企业运营与战略分析

（一）企业经营环境分析

企业经营环境主要是指影响企业经营的外部因素和内部因素的总和。外部环境可分为政治（Political）、经济（Economic）、社会（Social）和技术（Technological）四类,即 PEST。内部环境因素包括企业自身硬件条件和软件条件等。

1. 外部环境

（1）政治法律环境。政治法律环境对企业的影响具有直接性、难预测性和不可控制性等特点,企业的经营行为受到这些因素尤其是企业中长期投资行为的重要影响和制约。政治因素主要包括国内政治和国际政治,前者是因为党和政府的方针与政策会规定宏观调控政策方向和力度,从而影响到投资和消费需求的变化,进而影响到社会总需求;后者是国家之间的博弈行为,主要表现为政治权力和政治冲突两种方式,政府可能通过禁止和约束等限制性壁垒排斥外来企业,或国际上重大政治或社会事件的发生影响经营环境。

（2）经济运行环境。企业的经济环境是企业面临的社会经济条件总和,具体包括经济的运行状况、发展趋势、产业结构、交通运输、资源等,是影响消费者购买能力和支出模式的因素,它包括收入的变化,消费者支出模式的变化等。其中,销售市场、供应市场、资金市场、劳务市场等,与企业的关系最密切,对企业的影响最大。

（3）社会文化环境。社会文化环境是指企业所在地的社会结构、社会风俗和习惯、信仰和价值观念、行为规范、生活方式、文化传统、人口规模与地理分布等因素的总和。这些因素关系到企业确定投资方向、产品改进与革新等重大经营决策问题,企业价值必须与社会文化相适应,如果脱离社会文化环境,企业就难以生存。

（4）技术环境。对于技术环境的分析主要是分析与本企业的产品有关的科学技术的现有水平、发展趋势及发展速度,跟踪掌握新技术、新材料、新工艺、新设备,分析它们对产品生命周期、生产成本以及竞争格局的影响。技术环境影响到企业能否及时调整战略决策,以获得新的竞争优势。

2. 内部环境

企业内部环境是组织内部的一种共享价值体系,是有利于保证企业正常运行并实现企业利润目标的内部条件与内部氛围的总和,它由企业家精神、企业物质基础、企业组织结构、企业文化构成,四者相互联系、相互影响、相互作用,形成一个有机整体。

(1) 企业家精神。企业家精神是内部环境生发器,最重要的企业家精神包括创新精神、冒险精神、合作精神、敬业精神、学习精神和诚信品质等。成功的企业家需要具备全面的综合素质,这是企业核心竞争力的主要来源,是企业成败的关键。

(2) 企业物质基础。企业物质基础主要是企业购置用于实际生产的各种生产要素的集合,公司资本随着企业经营的扩大再生产过程不断变化。企业物质基础是企业发展的硬件设施,是影响企业效率的重要约束条件,是企业经营绩效的直接指标。

(3) 企业组织结构。企业组织结构是指组织内部构成方法,是为实现组织目标经组织设计形成的内部横向部门之间和纵向部门之间的排列方式。企业组织结构是否合理,决定着企业经营信息传递和执行的效率,决定着企业运营成本的高低。

(4) 企业文化。企业文化是由其价值观、信念、仪式、符号、处事方式等形成的其特有的文化形象,包括文化观念、价值观念、企业精神、道德规范、行为准则、历史传统、企业制度、文化环境、企业产品等。其中价值观是企业文化的核心。

企业经营环境的形成是一个从低级到高级、从简单到复杂的演化过程。分析和识别企业经营环境对于选择股票投资标的具有决定性的作用,因此需要全面分析企业经营环境因素,根据企业的优势和劣势,综合判断企业未来成长的能力。

(二) 公司运营战略分析

上市公司战略决策是解决公司全局性、长远性、战略性等重大问题的决策。战略决策是战略管理中极为重要的环节,起承前启后的枢纽作用。战略决策是企业经营成败的关键,关系到企业的生存和发展。对上市公司战略决策的分析包括三个方面:首先确定企业战略定位,然后对企业战略指标进行分析,最后考察企业的业务战略。

1. 战略定位分析

企业价值评估的首要任务是分析战略定位问题,即明确企业是"做什么的",具体分析包括企业市场范围 S 定位和企业产品门类 P 定位,通过 SP 战略分析方法,识别企业主营业务在给定市场内的适应性。不同 SP 战略在不同行业具有迥异的盈利变化规律,参考行业发展的历史数据、市场竞争格局和企业自身的核心竞争力,准确判断企业战略定位对分析企业价值具有决定性的作用。

2. 战略指标分析

企业战略定位分析之后,需要继续分析企业的战略指标,包括企业净利润指标、资本收益率指标、资本投入指标、市场份额指标和资本产出指标等。判断企业战略指标与实际目标值之间的差距,综合分析产生差距的内在原因和企业未来完成战略目标的潜力,如果企业是由意外冲击所造成的收益或损失,则需要根据冲击可能发生的概率进行调整,否则将视为持久性损益。通过对企业利润等一系列指标的分解,综合判断企业发展的可持续性。

3. 业务战略决策

在战略定位和战略指标分析的基础上,应该进一步对企业的具体业务战略进行分析。企业具体业务发展的战略包括价格战略、渠道战略、质量战略等。采取价格战略的企业通常以成本控制为核心,判断企业价格战略成功与否的关键指标是企业的市场份额占有率,如果低价战略给企业带来了较高的市场占有率,则说明该战略有效。采取渠道战略的企业重点通过以维护客户关系为核心的渠道营销模式拓展市场份额实现销售目标,渠道战略需要随着市场的变化而不断变革,构建完整的客户新陈代谢系统。质量提升战略的企业通常走高端路线,重点以高质量产品、高水平服务和高客户满意度为核心,进行精益化生产。

(三) 企业运营 SPACE 矩阵分析

企业运营战略是否与企业经营环境匹配直接决定了企业未来的生存和业绩,是企业未来长期竞争力的核心决定因素。战略地位与行动评价矩阵(SPACE矩阵,Strategic Position and Action Evaluation Matrix)是一种重要的上市公司经营环境与战略选择的分析评价体系。矩阵主要考察四个方面的因素:内部的财务优势(FS)和竞争优势(CA),外部的环境稳定(ES)和产业优势(IS)。具体分析步骤如下:

第一步,提取影响内外部环境的基本因素,将每一因素划分为0—6(或-6,其中"-"(负号)代表方向),某一因素弱则趋近于0,该因素较强则趋近于6,以此建立SPACE价值评价指标体系。根据企业的实际情况,搜集相关数据进行评估,制作SPACE因素分析表(见表7-7)。

表7-7 上市企业经营环境 SPACE 因素分析表

内部环境				外部环境			
财务优势 FS		竞争优势 CA		产业优势 IS		环境稳定性 ES	
投资收益	FS1	市场份额	CA1	发展潜力	IS1	政府支持力度	ES1
偿债能力	FS2	产品质量	CA2	利润空间	IS2	市场需求变化	ES2
经营风险性	FS3	产品生命周期	CA3	资本密集性	IS3	价格波动	ES3
财务杠杆比率	FS4	顾客忠诚度	CA4	生产效率和生产能力	IS4	技术变化	ES4
资金流动性	FS5	对供应商和经销商的控制	CA5	进入市场的便利性	IS5	竞争压力	ES5
退出壁垒	FS6	专有技术知识	CA6	技术水平	IS6	市场进入壁垒	ES6
	FS7	竞争能力利用率	CA7	资源利用	IS7	通货膨胀	ES7
合计		合计		合计		合计	
平均值		平均值		平均值		平均值	

第二步,根据第一步制作的SPACE因素分析表,按照各因素的重要程度和不同的权重,分别计算财务优势、竞争优势、产业优势和环境优势的总值与平均值,并将对以上四大因素的代数和估计值标于四维坐标系中,计算四大向量的和,判断企业发展的主要优势。

第三步,通过SPACE分析,确定企业的核心优势,据此进行战略定位和战略评价,提高战略与企业优势的匹配度。

> 阅读延展

SPACE 方法分析

假设经过估算,具体财务因素的优势 FS1、FS2、FS3、FS4、FS5 分别为 3、2、4、5 和 3,竞争因素优势 CA1、CA2、CA3、CA4 和 CA5 分别是 -2、-1、-3、-2、-3,产业优势 IS1、IS2、IS3

分别为3、4、5,环境稳定性ES1、ES2、ES3分别是-3、-4、-1。

$$财务优势:FS = \frac{\sum_{i=1}^{n} FS_i}{n} = (3+2+4+5+3)/5 = 3.4$$

$$竞争优势:CA = \frac{\sum_{i=1}^{n} CA_i}{n} = (-2-1-3-2-3)/5 = -2.2$$

$$产业优势:IS = \frac{\sum_{i=1}^{n} IS_i}{n} = (3+4+5)/3 = 4$$

$$环境稳定性:ES = \frac{\sum_{i=1}^{n} ES_i}{n} = (-3-4-1)/3 = -2.67$$

由此我们可以知道,企业在外部竞争环境中的产业优势比较突出,在内部环境中的财务优势更为优异,我们可以计算:

$$向量 X 坐标轴:4 - 2.2 = 1.8$$
$$向量 Y 坐标轴:3.4 - 2.67 = 0.73$$

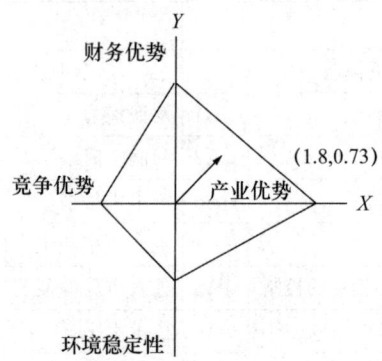

通过以上公司运营环境与战略选择的分析,评估企业既定战略选择的可行性或者有效性,判断企业获取或利用外部环境资源的能力,分析企业未来长期发展前景和企业的市场价值。

二、企业主要财务报表

（一）企业财务报表基本内容

企业财务报表主要包括资产负债表(Balance Sheet)、损益表(Income Statement)、现金流量表(Statement of Cash Flows)。资产负债表是反映特定时点(通常为各会计期末)企业财务存量状况的静态报表,是企业生产经营活动的集中体现,是评价企业财务状况的主要基础。资产负债表主要包括资产、负债和所有者权益三大部分,三者之间服从财务恒等式:

$$资产 = 负债 + 所有者权益$$

利润表(Income Statement)是反映一定会计期间企业经营成果的报表,是企业经营活动收益和损耗的动态体现,也叫损益表、收益表。利润表正表的格式有两种:单步式利润表和多步式利润表。单步式利润表是将当期所有的收入列在一起,所有的费用列在一起,两者相减得出当期净损益。多步式利润表与单步式利润表不同,它按照性质对收入、费用、支出项目进行归类,并根据利润形成的过程列出主营业务利润、净利润等中间指标,分多步计算当期净损益。在我国,利润表采用多步式。

$$净收益＝总收入－总支出$$

现金流量表是在一定会计期内,企业现金的增减变动情形。它反映了资产负债表中各个项目对现金流量的影响,根据其用途可划分为经营、投资及融资三个活动分类。现金流量表可用于分析企业的短期生存能力,特别是缴付账单的能力。

(二)资产负债表的构成及分析

1. 资产项目构成

资产反映由过去的交易、事项形成并由企业在某一特定日期所拥有或控制的、预期会给企业带来经济利益的资源。资产项目按其流动性可分为流动资产和非流动资产(见表7-8)。

表7-8 资产项目构成

资产	项目说明
流动资产	流动资产是指能在一个会计年度内变现、出售或耗用的现金或现金等价物。
货币资金	货币资金包括库存现金、银行存款和其他货币资金,具有专门用途的货币资金不包括在内。其他货币资金包括外埠存款、银行汇票存款、银行本票存款、信用证保证金存款、信用卡存款、存出投资款等。
交易性金融资产	交易性金融资产是指能够随时变现并且持有期限在一年以内的投资,包括股票、债券、基金等。
应收票据	应收票据是指企业持有的未到期或未兑现的商业票据,包括银行承兑汇票和商业承兑汇票。
应收账款	应收账款是指企业因销售商品、产品、提供劳务等业务,应向购买单位或接受劳务单位收取的款项,包括应由购买单位或接受劳务单位负担的价款和税金、代购买方垫付的各种包装费、运杂费等。
预付账款	
应收股利	
应收利息	
其他应收款	
存货	存货是指企业或商家在日常活动中持有以备出售的原料或产品、处在生产过程中的在产品、在生产过程或提供劳务过程中耗用的材料、物料、销售存仓等。存货区别于固定资产等非流动资产的最基本的特征是:企业持有存货的最终目的是出售。
其中:原材料在产品	存货分析主要包括存货构成分析和存货计价分析。存货构成分析:第一,存货规模与变动情况分析;第二,存货结构与变动情况分析。存货计价分析:第一,分析企业对存货计价方法的选择与变更是否合理,可供企业选择的存货计价方法有先进先出法、个别计价法和加权平均法;第二,分析存货的盘存制度对确认存货数量和价值的影响;第三,分析期末存货价值的计价原则对存货项目的影响。
库存商品	
周转材料	
一年内到期的非流动资产	包括一年内到期的持有至到期投资、长期待摊费用和一年内可收回的长期应收款。
其他流动资产	
流动资产合计	
非流动资产	非流动资产是指流动资产以外的资产。
可供出售金融资产	可供出售金融资产是指初始确认时即被指定为可供出售的非衍生金融资产,以及除贷款和应收款项、持有至到期投资、以公允价值计量且其变动计入当期损益的金融资产以外的金融资产。
长期应收款	

(续表)

资产	项目说明
持有至到期投资	长期投资与短期投资相对,是指不准备在一年或长于一年的经营周期之内转变为现金的投资以及企业对经营性固定资产的投资。企业管理层取得长期投资的目的在于持有而不在于出售。
长期股权投资	
固定资产	固定资产是指企业为生产产品、提供劳务、出租或者经营管理而持有的,使用时间超过 12 个月的,价值达到一定标准的非货币性资产,包括房屋、建筑物、机器、机械、运输工具以及其他与生产经营活动有关的设备、器具、工具等。
减:累计折旧	
固定资产账面价值	
在建工程	
工程物资	
固定资产清理	
生产性生物资产	生产性生物资产与消耗性生物资产不同,是指为产出农产品、提供劳务或出租等目的而持有的生物资产,能够在生产经营中长期反复使用,不断产生新产品,包括经济林、薪炭林、产畜和役畜等。
油气资产	
无形资产	无形资产是指企业拥有或者控制的没有实物形态的可辨认非货币性资产,包括金融资产、长期股权投资、专利权、商标权、土地使用权、商誉等。
开发支出	
商誉	商誉是典型的粉饰资产负债表项目,商誉评估具有重要作用,可采用超额收益资本化法和割差法。
长期待摊费用	长期待摊费用是指企业已经支出,但摊销期限在一年以上的各项费用。长期待摊费用不能全部计入当年损益,应当在以后年度内分期摊销,具体包括租入固定资产的改良支出及摊销期限在一年以上的其他待摊费用。
递延所得税资产	
其他非流动资产	
非流动资产合计	
资产总计	

2. 负债项目构成

负债反映在某一特定日期企业所承担的、预期会导致经济利益流出企业的现时义务。负债项目按其流动性可分为流动负债和非流动负债(见表 7-9)。

表 7-9 负债项目构成

负债	项目说明
流动负债	
短期借款	短期借款是指企业为维持正常的生产经营或偿还某项债务而向银行或其他非银行金融机构借入的、还款期限在一年以下(含一年)的借款。短期借款变动的原因如下:第一,满足流动资金需要;第二,节约利息支出;第三,调整负债结构和财务风险;第四,增加企业资金弹性。
交易性金融负债	交易性金融负债是指企业采用短期获利模式进行管理的金融工具投资组合中的一部分。就交易性金融负债交易双方而言,一方拥有金融债权,另一方需承担金融负债,且融资方需要支付利息,因此,就形成了金融负债。交易性金融负债是企业承担的交易金融负债的公允价值。

(续表)

负债	项目说明
应付票据	应付项目变动的原因如下：第一，销售规模的变动；第二，充分利用无成本资金；第三，供货方商业信用政策的变动；第四，企业资金的充裕程度。
应付账款	
预收款项	
应付职工薪酬	重点分析工资占成本总比例的变化，考察企业成本控制能力和利润增长的可持续性。
应交税费	考察企业有无拖欠税款现象，按时交税是企业信用评价的重要指标，借此判断企业支付能力。
应付利息	
应付股利	企业的应付股利，是指按规定应支付给股东的利润，核对应付股利可避免瞒报或虚增股利的情况。
其他应付款	分析企业其他应付款规模与变动是否正常，是否存在企业长期占用关联方企业资金的现象。
一年内到期非流动负债	包括一年内到期的长期借款、长期应付款和应付债券。
其他流动负债	主要包括或有债务等。
流动负债合计	
非流动负债	
长期借款	长期借款是指企业向银行或其他金融机构借入的期限在一年以上（不含一年）的各项借款。影响长期借款变动的因素有：第一，银行信贷政策及资金市场的供求情况；第二，满足企业长期资金需要；第三，保持权益结构的稳定性；第四，调整负债结构和财务风险。
应付债券	应付债券是指企业为筹集长期资金而实际发行的债券及应付的利息。
长期应付款	长期应付款是指在较长时间内应付的款项，主要有应付补偿贸易引进设备款和应付融资租入固定资产租赁费等。如补偿贸易方式引进设备时，企业可先取得设备，设备投产后，用其生产的产品归还设备价款。而融资租赁实质上是一种分期付款购入固定资产的形式。
专项应付款	专项应付款核算企业取得政府作为企业所有者投入的具有专项或特定用途的款项。
预计负债	包括对外提供担保、未决诉讼、产品质量保证、重组义务以及固定资产和矿区权益弃置义务等产生的预计负债。
递延所得税负债	根据应税暂时性差异计算的未来期间应付所得税的金额。
其他非流动负债	
非流动负债合计	
负债合计	

3. 所有者权益构成

所有者权益是企业资产扣除负债后的剩余权益，反映企业在某一特定日期股东（投资者）拥有的净资产的总额，在股份制企业又称为股东权益。它一般按照实收资本、资本公积、盈余公积和未分配利润分项列示（见表7-10）。

表7-10 所有者权益

所有者权益	项目说明
实收资本	实收资本是指投资者作为资本投入企业的各种财产，是企业注册登记的法定资本总额的来源，它表明所有者对企业的基本产权关系。

(续表)

所有者权益	项目说明
资本公积	资本公积是指企业在经营过程中由于接受捐赠、股本溢价以及法定财产重估增值等原因所形成的公积金。是指投资者或者他人投入到企业、所有权归属于投资者并且在投入金额上超过法定资本部分的资本。
减:库存股	库存股(Treasury Stock)是指企业已发行,但又重新回购或因其他原因且不是为了注销的目的而由企业持有的股票,通常是优先股。
盈余公积	盈余公积是指企业从税后利润中提取形成的、存留于企业内部、具有特定用途的收益积累。上市企业的法定盈余公积按照税后利润的10%提取,法定盈余公积累计额已达注册资本的50%时可以不再提取。
未分配利润	未分配利润是企业未进行分配的利润,它在以后年度可继续进行分配。从数量上来看,未分配利润是期初未分配利润加上本期实现的净利润,减去提取的各种盈余公积和分出的利润后的余额。相对于所有者权益的其他部分来说,企业对于未分配利润的使用有较大的自主权。
所有者权益合计	

三、利润表构成及分析

(一)利润表的基本结构

利润表通过对给定时间内的营业收入与营业费用进行比较,计算企业该时期内的净利润(见表7-11)。利润表反映企业的经营和成本费用,是企业经营结果优劣的重要指标。利润表的变化展示了企业发展的趋势,可用以判断企业未来的长期成长性。利润分配表反映了已实现利润在投资者之间的利润分配,正确的利润分配有利于调动企业各方的积极性,也有利于更好地发掘企业利润表和其他财务报表的信息。

表7-11 利润表的构成

项目	项目说明
一、营业收入	
减:营业成本	营业成本是指企业为销售商品或提供劳务而产生的成本,包括主营业务成本和其他业务成本。
营业税金及附加	主要包括营业税、消费税、城市维护建设税、资源税和教育费附加。营改增改革以后,增值税列单独项目。
减:销售费用 管理费用 财务费用	销售、管理和财务费用是主要的三大费用,根据三大费用结构的变化,分析企业运营的短板和弱势,评估企业对策的有效性。
资产减值损失	为避免企业人为操纵利润表,资产减值具有不可逆性。
加:公允价值变动收益	投资性房地产、债务重组、非货币交换、交易性金融资产等公允价值变动形成的应计入当期损益的利得或损失。
投资收益	各项资产收益
其中:对联营企业和合营企业的投资收益	区别分析此项目收益,特别是出现重大变动时对企业利润的短期和长期影响。

(续表)

项目	项目说明
二、营业利润	
加:营业外收入	指与企业经营没有直接关系的各种利得或耗费,包括固定资产盘盈、处置固定资产净收益、非货币性交易收益、出售无形资产收益、罚款净收入等。
减:营业外支出	
其中:非流动资产处置损失	企业经营不善时,经常采取的内源性融资方式。
三、利润总额	
减:所得税费用	
四、净利润	不同行业的净利润率一般不同,目前制造业的利润率相对较低,服务行业的利润率相对较高。
五、每股收益	
(一)基本每股收益	可转债、股票期权等发行在外的金融工具潜在可能转化为企业普通股稀释每股收益。
(二)稀释每股收益	

(二)主营业务利润分析

主营业务利润是企业利润的主要来源,一家企业主营业务利润的大小与其是否有好的产品及主营业务规模、成本、费用控制程度密切相连。如果主营业务利润高,说明该企业产品主营业务情况良好,具有一定的销售规模和市场占有率,主营业务业绩也较为突出。

主营业务利润 = 主营业务收入 − 主营业务成本 − 主营业务税金及附加
= 销售量×(单价 − 单位主营业务成本 − 单位主营业务税金及附加)

从上面的公式可以看出,影响利润总额的因素有销售量、单价、主营业务成本、主营业务税金及附加以及产品品种结构五项。主营业务利润与利润总额之比,一般应在60%以上。主营业务收入与资产负债表的资产总额之比,应大于1,主营业务收入占资产总额的比重,处于成长或衰退阶段的企业较低,处于成熟阶段的企业较高。

主营业务分析主要对比关联交易收入、促销与退货份额等是否存在异常值,防止企业操纵利润表,同时还要对企业的主要成本进行分解,比较企业时间序列成本结构的变化情况,防止企业美化资产负债表。

(三)利润质量分析

利润质量分析是企业财务分析的重点,也是我们分析一家企业的营运状况不可缺少的环节,包括营业收入质量分析和营业费用质量分析。企业营业收入质量分析主要考察其收入的可持续性,企业营业费用质量分析重点分析其成本结构和变化。

1. 不良资产剔除法

所谓不良资产,是指待摊费用、待处理流动资产净损失、待处理固定资产净损失、开办费、递延资产等虚拟资产和高龄应收账款、存货跌价和积压损失、投资损失、固定资产损失等可能产生潜亏的资产项目。如果不良资产总额接近或超过净资产,或者不良资产的增加额(增加幅度)超过净利润的增加额(增加幅度),说明企业的当期利润有水分。

2. 关联交易剔除法

即将来自关联企业的营业收入和利润予以剔除,分析企业的盈利能力多大程度上依赖于关联企业,防止企业运营关联交易美化资产负债表。如果企业的经营利润主要依赖于与企业有密切关联的企业,则需重点分析关联交易的定价政策、定价水平是否与市场一致,是否以不等价交换的方式与关联方进行交易以美化利润。

3. 异常利润剔除法

即将其他业务利润、投资收益、补贴收入、营业外收入从企业的利润总额中扣除,以分析企业的长期性利润,避免投资收益、营业外收入等一次性的偶然收入大幅影响企业利润,干扰对企业价值的评估。

4. 现金流量分析法

即将经营活动产生的现金流量、投资活动产生的现金流量、现金净流量分别与主营业务利润、投资收益和净利润进行比较分析,以判断企业的利润质量。一般而言,没有现金净流量的利润,其质量是不可靠的。

四、现金流量表分析

(一)现金流量表基本结构

现金流量表是在一定会计期间内,企业的现金增减变动情形。它反映了资产负债表中各个项目对现金流量的影响,根据其用途可划分为经营、投资及融资三个活动分类(见表7-12)。现金流量表可用于分析企业的短期生存能力,特别是缴付账单的能力。

表 7-12 现金流量表基本结构

项目	金额	补充资料	金额
一、经营活动产生的现金流量:		1.将净利润调节为经营活动现金流量:	
销售商品、提供劳务收到的现金		净利润	
收到的税费返还		加:计提的资产减值准备	
收到的其他与经营活动有关的现金		固定资产折旧	
现金流入小计		无形资产摊销	
购买商品、接受劳务支付的现金		长期待摊费用摊销	
支付给职工以及为职工支付的现金		待摊费用减少(减:增加)	
支付的各项税费		预提费用增加(减:减少)	
支付的其他与经营活动有关的现金		处置固定资产、无形资产和其他长期资产的损失(减:收益)	
现金流出小计		固定资产报废损失	
经营活动产生的现金流量净额		财务费用	
二、投资活动产生的现金流量:		投资损失(减:收益)	
收回投资所收到的现金		递延税款贷项(减:借项)	
取得投资收益所收到的现金		存货的减少(减:增加)	
处置固定资产、无形资产和其他长期资产所收回的现金净额		经营性应收项目的减少(减:增加)	
收到的其他与投资活动有关的现金		经营性应付项目的增加(减:减少)	
现金流入小计		其他	
购建固定资产、无形资产和其他长期资产所支付的现金		经营活动产生的现金流量净额	
投资所支付的现金			
支付的其他与投资活动有关的现金			
现金流出小计			
投资活动产生的现金流量净额		2.不涉及现金收支的投资和筹资活动:	

(续表)

项目	金额	补充资料	金额
三、筹资活动产生的现金流量		债务转为资本	
吸收投资所收到的现金		一年内到期的可转换公司债券	
借款所收到的现金		融资租入固定资产	
收到的其他与筹资活动有关的现金			
现金流入小计			
偿还债务所支付的现金			
分配股利、利润或偿付利息所支付的现金		3. 现金及现金等价物净增加情况	
支付的其他与筹资活动有关的现金		现金的期末余额	
现金流出小计		减：现金的期初余额	
筹资活动产生的现金流量净额		加：现金等价物的期末余额	
四、汇率变动对现金的影响		减：现金等价物的期初余额	
五、现金及现金等价物净增加额		现金及现金等价物净增加额	

（二）现金流量表相关项目分析

现金流量表中的现金是指库存现金、可以随时用于支付的存款和现金等价物，具体包括库存现金、银行存款、其他货币资金、现金等价物等。在我国，现金流量表的列报，通常要求经营活动产生的现金流量表在主表中采用直接法列报，在补充资料中采用间接法列报，以便使主表资料与补充资料互相对接，提供可靠的会计信息。

1. 经营活动产生的现金流量

经营活动是指企业投资活动、筹资活动以外的所有交易和事项。对于工商企业而言，经营活动主要包括销售商品、提供劳务、购买商品、接受劳务、支付税费等。一般来说，经营活动产生的现金流入项目主要有销售商品、提供劳务收到的现金，收到的税费返还，收到的其他与经营活动有关的现金。经营活动产生的现金流出项目主要有购买商品、接受劳务支付的现金，支付给职工以及为职工支付的现金，支付的各项税费，支付的其他与经营活动有关的现金。企业从银行提取现金，用现金购买短期到期的国库券等现金等价物之间的转换不影响经营活动产生的现金净流量。

2. 投资活动产生的现金流量

投资活动是指企业长期资产的购建和不包括在现金等价物范围内的投资及其处置活动，这里所说的投资是一个广义概念，既包括实物资产的投资，也包括金融资产的投资。一般来说，投资活动产生的现金流入项目主要有收回投资所收到的现金，取得投资收益所收到的现金，处置固定资产、无形资产和其他长期资产所收回的现金净额，收到的其他与投资活动有关的现金。投资活动产生的现金流出项目主要有购建固定资产、无形资产和其他长期资产所支付的现金，投资所支付的现金，支付的其他与投资活动有关的现金。

3. 筹资活动产生的现金流量

筹资活动是指导致企业资本及债务规模和构成发生变化的活动。这里所说的资本，包括实收资本（股本），也包括资本溢价（股本溢价）；这里所说的债务，是指对外举债，包括向银行借款、发行债券。应付账款、应付票据等商业应付款属于经营活动，不属于筹资活动。一般来说，筹资活动产生的现金流入项目主要有吸收投资所收到的现金、取得借款所收到的现金、收到的其他与筹资活动有关的现金。筹资活动产生的现金流出项目主要有偿还债务所支付的现金，分配股利、利润或偿付利息所支付的现金，支付的其他与筹资活动有关的现金。

4. 特殊项目现金流量的分类

特殊项目，是指企业日常活动之外特殊的、不经常发生的项目，如自然灾害损失、保险赔款、捐赠等。现金流量表通过揭示企业现金流量的来源和用途，为分析现金流量前景提供信息，对于那些日常活动之外特殊的、不经常发生的项目，应当归入到相关类别中，并单独反映，也就是在现金流量相应类别下单设一项。比如，对于自然灾害损失和保险赔款，如果能够确指属于流动资产损失，应当列入经营产生的现金流量；如果能够确指属于固定资产损失，应当列入投资活动产生的现金流量；如果不能确指，则可以列入经营活动产生的现金流量。捐赠收入和支出，可以列入经营活动。当然，如果特殊项目的现金流量金额不大，则可以列入现金流量类别下的"其他"项目，不单列项目。

总体分析现金流量结构，可以认定企业生命周期所在的阶段（见表7-13）。

表7-13 现金流量结构与企业所处生命周期关系

经营活动现金净流量	－	＋	＋	－
投资活动现金净流量	－	－	＋	＋
筹资活动现金净流量	＋	＋	－	－
所处生命周期	产品初创期	高速发展期	产品成熟期	产品衰退期

五、财务报表分析方法

（一）财务报表的基本分析方法

财务报表通过静态或动态的方式，记录了企业经营活动的主要数据，分析财务报表主要有以下几种方法：

1. 结构分析法

结构分析法是通过比较会计报表中会计项目之间的比率关系，揭示企业经营发展状况的一种方法。结构分析法包括横向结构比较和纵向结构比较。横向结构比较首先确定指标的标准水平，可以采用行业平均值法或者行业前沿差距法，然后将待估企业与行业均值和行业前沿进行比较，判断企业的整体情况。纵向结构比较是对企业各期的数据变化进行估计，将同一企业连续数期的各财务指标进行比较，以基期为标准来分析企业财务状况和经营成果。

2. 杜邦分析法

杜邦分析法通过利用主要的财务比率之间的关系全面地分析企业财务状况，是一种用来评价公司盈利能力、股东权益回报水平和企业绩效的经典方法。杜邦分析法的基本思想是将企业净资产收益率逐级分解为多项财务比率乘积，这有助于深入分析比较企业经营业绩（见图7-2）。

杜邦分析法的基本思路：

（1）权益净利率是一个综合性最强的财务分析指标，是杜邦分析系统的核心。

（2）总资产净利率是影响权益净利率的最重要指标，具有很强的综合性，而总资产净利率又取决于销售净利率和总资产周转率的高低。总资产周转率反映了总资产的周转速度。分析总资产周转率，需要对影响资产周转的各因素进行分析，以判明影响企业资产周转的主要问题在哪里。销售净利率反映了销售收入的收益水平。增加销售收入、降低成本费用是提高企业销售利润率的根本途径,而扩大销售规模同时也是提高总资产周转率的必要条件和途径。

(3) 权益乘数表示企业的负债程度,反映了企业利用财务杠杆进行经营活动的程度。资产负债率高,权益乘数就大,这说明企业负债程度高时,会有较多的杠杆利益,但风险也高;反之,资产负债率低,权益乘数就小,这说明企业负债程度低时,会有较少的杠杆利益,所承担风险也相应较低。

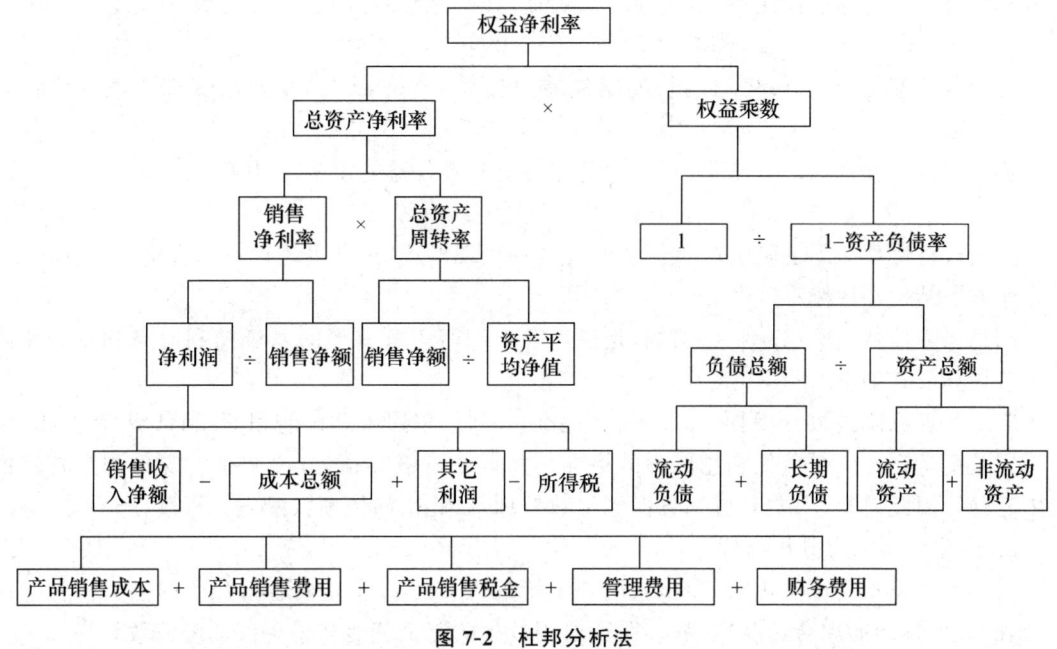

图 7-2 杜邦分析法

(二) 财务报表分析的主要指标

1. 企业偿债能力分析指标

(1) 短期偿债能力。短期偿债能力是指企业以流动资产偿还流动负债的能力,反映了企业偿还日常到期债务的实力,主要包括流动比率、速动比率和现金比率。

流动比率,是指企业的流动资产与流动负债的比率。计算公式如下:

$$流动比率=流动资产/流动负债$$

流动比率越大,表明短期偿债能力越强、流动负债的安全性越高,但是过高的流动比率可能说明企业滞留在流动资产上的资金过多,是资金的使用效率较低的表现。

速动比率,又称酸性试验比率,是流动资产中的速动资产与流动负债的比率。速动比率的计算公式如下:

$$速动比率=速动资产/流动负债$$
$$速动资产=流动资产-存货-预付账款-待摊费用$$

速动比率一般在 1 倍左右比较合理,即 1 元的短期负债至少有 1 元以上能迅速变现的速动资产做担保。值得注意的是,在速动资产中仍包含有应收账款,如果应收账款的金额过大或质量较差,则同样的速动比率下短期偿债能力可能较弱。

现金比率,是指企业的现金类资产与流动负债的比率。现金类资产包括货币资金和可以在短期内变现的有价证券,它同时也是速动资产扣除应收账款后的余额。现金比率的计算公式如下:

$$现金比率＝现金类资产/流动负债$$

现金比率是最严格、最稳健的短期偿债能力的衡量指标。除了对上市公司的持续经营能力进行判断外,一般情况下使用得不多。

(2) 长期偿债能力。长期偿债能力是指企业偿还长期负债的能力,表明企业对债务的承受能力和偿还债务的保障能力。

资产负债率又称负债比率,是企业全部负债总额与全部资产总额的比率,计算公式如下:

$$资产负债率＝负债总额/资产总额$$

资产负债率越低,上市公司的长期偿债能力越强。一般认为,企业的资产负债率维持在50%左右为宜。

负债权益比率也叫产权比率,是企业负债与所有者权益的比率。计算公式如下:

$$负债权益比率＝负债总额/所有者权益总额$$

负债权益比率实际上是资产负债率的另一种表现形式,只是表达得更为直接,更侧重于揭示企业财务结构的稳健程度。

利息保障倍数又称已获利息倍数,是指企业生产经营所获得的息税前利润与利息费用的比率。计算公式如下:

$$利息保障倍数＝(利润总额＋利息费用)/利息费用＝息税前利润/利息费用$$

它是衡量企业支付负债利息能力的指标。利息保障倍数越大,说明企业支付利息费用的能力越强。因此,债权人要分析利息保障倍数指标,以此来衡量债权的安全程度。

2. 企业营运能力分析指标

营运能力是指资产利用的效率,它反映了管理人员经营管理和运用资产的能力。营运能力越强,各项资产的周转速度越快,表明企业用较少的资金就能获得更好的经济效果。

应收账款周转率,又称应收账款周转次数,指一定时期内应收账款转为现金的次数,反映了企业回笼应收账款的能力。计算公式如下:

$$应收账款周转率＝赊销收入净额/应收账款平均余额$$

$$应收账款平均余额＝(期初应收账款＋期末应收账款)/2$$

在上市公司的财务报表上,一般没有披露赊销收入净额,这时只能用销售收入净额替代。应收账款周转率反映了上市公司资产利用的效率,该比率越高,说明企业经营越好。

存货周转率也叫存货周转次数,指一定时期内存货转为现金或应收账款的平均次数,反映了企业销售存货的能力。计算公式如下:

$$存货周转率＝销货成本/存货平均余额$$

$$存货平均余额＝(期初存货＋期末存货)/2$$

存货周转率也是反映上市公司资产利用的效率,该比率越高,说明产品生产和销售情况越好。

流动资产周转率也叫流动资产周转次数,是销售收入与全部流动资产平均余额的比率。它反映的是全部流动资产的利用效率。计算公式如下:

$$流动资产周转率＝销货收入净额/流动资产平均余额$$

$$流动资产周转天数＝计算期天数/流动资产周转率$$

流动资产周转率是分析流动资产周转情况的一个综合指标。流动资产周转率大,相当于扩大了企业的资产投入。

3. 企业盈利能力分析指标

销售净利率是净利润占销售收入的百分比。其计算公式如下：

$$销售净利率 = 净利润/销售收入净额 \times 100\%$$

其中，销售收入净额是销售总额中扣除销售退回、销售折让及销售折扣后的净额。净利润是利润总额减去所得税后的余额。

销售毛利率是销售毛利占销售收入的百分比。其计算公式如下：

$$销售毛利率 = 销售毛利/销售收入净额 \times 100\%$$

$$成本收入率 = 1 - 毛利率$$

其中，销售毛利是指销售净额与销售成本之差。它反映企业营业活动流转额的初始获利能力。单位收入的毛利越高，抵补各项期间费用的能力越强，企业的获利能力也就越高。

营业利润率是企业的营业利润与营业收入的比率。其计算公式如下：

$$营业利润率 = 营业利润/营业收入净额 \times 100\%$$

对于投资者来说，营业利润率越高，说明企业的盈利能力越强；反之，则说明企业的盈利能力越弱。

成本费用利润率是利润与各项成本费用的百分比，它反映每单位成本费用支出能获得的利润。其计算公式如下：

$$成本费用利润率 = 利润/成本费用合计 \times 100\%$$

成本费用中有如下层次：主营业务成本、经营成本（主营业务成本＋销售费用＋主营业务税金及附加）、营业成本（经营成本＋管理费用＋财务费用＋其他业务成本）、税前成本（营业成本＋营业外支出）和税后成本（税前成本＋所得税）。

资产净利率又称资金报酬率，是指企业净利润与平均资产总额的百分比，其计算公式如下：

$$资产净利率 = 净利润/平均资产总额 \times 100\%$$

$$平均资产总额 = (期初资产总额 + 期末资产总额)/2$$

资产净利率反映平均资产的获利情况，表明企业资产利用的综合效果。资产净利率越高，资产的利用效率越高，利用资产创造的利润越多，说明企业在增加收入和节约资金使用等方面取得了良好的效果；反之，该指标越低，资产的利用效率越低，盈利能力较差，财务管理水平较低。

净值报酬率也称净资产收益率或股东权益报酬率，是净利润与平均净资产的比率。其计算公式如下：

$$净值报酬率 = 净利润/平均净资产 \times 100\%$$

$$平均净资产 = (期初净资产 + 期末净资产)/2$$

净值报酬率是杜邦分析系统的核心，它从所有者权益角度考核企业的盈利能力，最能体现企业经营活动的最终成果，是企业价值最大化的基本保证。该指标越高，说明投资者投入资本所带来的收益越高。该指标的高低受制于资产报酬率和资产负债率，可用公式表示如下：

$$净值报酬率 = 资产报酬率/(1 - 资产负债率)$$

每股收益是净收益与发行在外的普通股股数的比率。它反映某会计年度内企业平均每股普通股获得的收益，用于评价普通股持有者获得报酬的水平。每股收益是企业多种因素综合作用所形成结果的表现形式，它不仅反映企业的盈利能力，而且能确定企业股票价格。其计算公式如下：

$$每股收益 = (净利润 - 优先股股利)/发行在外的普通股股数$$
$$= 普通股权益/流通股数 \times (净利润 - 优先股股利)/普通股权益$$
$$= 每股账面价值 \times 普通股权益报酬率$$

市盈率反映投资者对每元净利愿意支付的价格,常用来估计股票的收益和风险。用公式表示如下:

$$市盈率 = 普通股每股市价/普通股每股收益$$

市盈率高,表明企业后劲足,但不同行业的市盈率不尽相同,成熟行业的市盈率普遍较低,新兴行业的市盈率普遍较高;若股市受大股东操纵,通过市盈率就很难评价企业的盈利能力。所以在对市盈率进行分析时,应综合考虑,不能只看数值的大小。

4. 成本、费用消化能力

企业主营业务收入主要有三大流向,即成本、费用和税金,企业对三大开支的负担能力决定了企业的盈利能力。

主营业务成本率是指主营业务成本与主营业务收入的百分比,它反映了每单位主营业务收入中收回垫支的成本是多少。其计算公式如下:

$$主营业务成本率 = 主营业务成本/主营业务收入$$

管理费用率是指管理费用与主营业务收入的百分比。其计算公式如下:

$$管理费用率 = 管理费用/主营业务收入$$

管理费用反映了企业的经营管理水平。如果管理费用率高,则说明企业的利润被组织、管理性的费用消耗得太多,必须加强管理费用的控制才能提高盈利水平。

财务费用率是指财务费用与主营业务收入的百分比。其计算公式如下:

$$财务费用率 = 财务费用/主营业务收入$$

目前我国企业财务费用负担往往较重。企业应通过这个指标分析企业的财务负担,调整筹资渠道,改善资金结构,提高盈利水平。

成本、费用利润率是指利润总额与主营业务成本加期间费用总和的百分比。它反映了每单位成本、费用支出能获得的利润。其计算公式如下:

$$成本、费用利润率 = 利润总额/(主营业务成本 + 期间费用) \times 100\%$$

其中,期间费用包括管理费用、财务费用和销售费用。企业发生的成本、费用是一种垫支行为,目的是通过这种垫支取得更高的收益。成本、费用率越高说明每单位成本、费用所获取的利润越多。在具体分析时,要分析成本、费用的结构,减少不必要的垫支,借以提高成本、费用利润率。

5. 反映现金支付充足性的指标

支付充足性综合分析指标是一个绝对数指标,主要是通过企业当期取得的现金流入,特别是其中的经营活动产生的现金流入和现金流出的比较来进行的,其计算公式如下:

$$可用于投资、分派股利的现金 = 本期经营活动产生的现金流入 + 投资活动取得的现金流入 - 偿还债务等的现金支出 - 经营活动的各项开支$$

如果企业本期可用于投资、分派股利的现金大于 0,说明企业当期经营活动产生的现金流入加上投资活动取得的现金流入足以支付本期的债务和日常经营活动的流出,可以有一部分余额用于投资和分派股利;反之,如果企业可用于投资、分派股利的现金小于 0,则说明企业当期经营活动的现金流入加上投资活动取得的现金流入不足以支付企业的债务和经营活动的日常开支,需要通过筹资活动来弥补这方面的不足,也就无法用于投资活动和分派股利了。

强制性现金支付比率反映企业是否有足够的现金偿还债务、支付经营费用等。其计算公式如下:

$$强制性现金支付比率 = \frac{经营活动产生的现金流入总额}{经营现金流出 + 偿还债务本息付现流出}$$

在企业持续不断的经营过程中,公司的经营活动产生的现金流入量应满足强制性项目支付,即用于经营活动现金流出和偿还债务。这一比率越大,其现金支付能力越强。

现金流量资本支出比率是指企业来自经营活动的现金净流量与当期资本支出总额的比率。其计算公式如下:

$$现金流量资本支出比率 = 经营活动产生的现金净流量 / 资本支出总额$$

上式中,资本支出总额是指企业为维持或扩大生产能力而购置固定资产或无形资产而发生的支出。该指标主要反映企业用经营活动产生的现金净流量维持或扩大生产经营规模的能力。其值越大,说明企业的发展能力越强;反之,则越弱。另外,该指标也可用于评价企业的偿债能力。因为当经营活动产生的现金净流量大于维持或扩大生产规模所需的资本支出时,其余部分可用于偿还债务。

现金流量对现金股利比率是指来自经营活动的净现金流量与当期支付的现金股利的比率,其计算公式如下:

$$现金流量对现金股利比率 = 经营活动产生的现金流量 / 现金股利$$

该指标表示企业用年度正常经营活动所产生的现金净流量来支付股利的能力,其值越大,表明企业支付股利的现金越充足。

(三) 上市企业财务报表造假及识别

财务造假是指有关会计行为人为实现其目标,利用会计法规、准则的灵活性以及其中尚存的漏洞和未涉及的领域,有目的地选择会计程序和方法,甚至凭空捏造,修饰其财务报表和数据,使之显示出对其有利的会计信息的行为。

1. 财务造假常用的手段

少数企业管理者受利益驱使采用一系列会计手段对财务报告进行造假,手段较为隐蔽,且技术较为高级难以识别。

(1) 虚构交易和事项。虚构交易主要表现为伪造收入,它是性质最为恶劣、欺骗性最大的一种财务造假的手段。最近几年发生的规模最大、影响最深远、给投资者造成损失最惨重的财务欺诈案件,几乎都是采用这种虚假会计信息的手法制造的。伪造的交易是一场完全的骗局,是对财务信息真实性的践踏,是公然的违法违规行为。虚构交易的主要途径是伪造收入,伪造收入主要包括以下手段:从虚构交易对象开始,虚构原材料购入发票,伪造材料购入合同、材料运输入库单据、材料出库单据、产品生产班组和记录、产品入库单据、销售合同、销售发票单据、产品出库单据、产品运输单据、银行存款对账单、银行存款调节表、纳税单据、产品外销报关单、国际信用证、国外交易方、控制制度和管理制度等所有需要的凭证和文件。这样的虚假交易和事项输出的会计信息,即使经验丰富的专业人员,有时也难以洞察其踪迹。银广夏就是一个虚构交易和利润的典型案例。

(2) 提前确认收入。会计信息加工的整个过程分为四个步骤:确认—计量—记录—报告,在这个过程中我们发现,居于首要地位的是交易和事项的确认。收入的确认本质上就是指收入在什么时候入账,并在损益表上如何反映。我国会计准则中的收入确认准则基本借鉴了国际会计准则的做法,对各种类别交易事项的确认规定了很严格的标准,这些标准虽然看上去很明确，但是基于判断的成分依然很大。基于估计和判断的领域总是容易被作为操纵的空间，因此收入确认的弹性很大，这也是其经常被用来作为利润规划手段的原因。一些企业采取提前或推迟确认收入的做法确认收入，对外部信息使用者造成很大的误导。

(3) 费用资本化。费用必须与发生的收入配比，不符合资本化条件的费用必须抵减收入。如果把不符合资本化条件的费用资本化，会由于资本化费用转化为资本而在以后的多个会计期间摊销从而夸大当期利润。经常被不适当地资本化的费用有利息费用、广告费用、研究与开发经费和其他日常经营费用等，其资本化的借口往往是一些会计原则，比如权责发生制原则、配比原则等。

(4) 虚假会计评估。会计制度同任何制度一样都具有局限性，会计准则所固有的估计和专业判断以及会计核算方法的可选择性给上市公司管理层操纵利润提供了机会。在会计制度和会计方法中，只要存在估计和判断的领域，就存在被利用来进行利润操纵和调节资产的可能性，就可能引起会计信息失真。会计估计指企业对结果不确定的交易或事项以最近可利用的信息为基础所做的判断。由于企业经营活动中内在不确定因素的影响，某些会计报表项目不可能精确地计量，而只能加以估计。如果赖以估计的基础发生了变化，或者由于取得了新的信息，积累了更多的经验，就可能需要对会计估计予以更正。需要进行会计估计的项目很多，例如坏账比例、存货毁损、固定资产的使用年限和净残值、无形资产的受益年限、资产减值等。由于会计估计的特点是依靠估计和判断，因此使用会计估计规划利润的概率很大，比如利用会计估计的巨额准备计各种秘密准备等，如果使用灵活，则可以成为利润调节和规划的强有力的武器。

(5) 利用关联交易。关联交易正常化的做法是，关联方之间通过非关联的第三方作为中介，循环交易，或者掩盖关联关系，避开会计规定的限制，或者与其他企业建立战略伙伴关系，利用与战略伙伴的关系达到操纵利润的目的。这种关系表面上看不属于关联交易，但由于在这些操作的背后有另外的利益转移，因此这种方式本质上也应该属于关联交易，但是判断的难度比较大，可以被企业作为操纵利润的手段，特别是在我国财务报告披露不充分的情况下，如果企业自己不提供，外部财务报表使用者就无法得到真实的交易信息。关联交易的最终目的是自身效用的最大化。比如为了配股、发行新股、发行债券的成功，通过企业经营利润操纵股票价格，从而得到更大的自身利益。

(6) 信息披露。企业的一些重大事项，如委托理财、重大诉讼、关联交易、抵押、担保、兼并收购、大股东高额占用资金等，必须全面及时地按照要求披露，否则将出现误导投资者的会计信息。在市场监管逐步严格的情况下，企业不按照要求披露重大信息的情况越来越少，但仍然有部分企业没有按照要求去做，信息披露避重就轻，将过多的笔墨倾注于非重要事项，而对重要的事项缺乏详细描述，特别是对一些对企业十分不利的重大事项轻描淡写，甚至隐瞒掩藏。当重大事项已经危及企业的生存，很可能发生财务危机甚至影响持续经营时，不披露行为会给投资者带来十分严重的决策失误，造成经济损失。

2. 财务造假识别方法

如何识别公司的这些造假手段，对有效治理财务造假及进行合理化投资是非常重要的。一般可从其财务数据发现疑点。常见的识别方法有以下几种：

(1) 纳税情况异常。纳税资料异常或应交税金异常。如余额巨大，且逐年增加，或突然减少。按照税法的规定，一般来说，企业欠税时间不应超过三个月，其余额不应太大，如企业每年利润不高，尤其是最近几年，净利润连续下降，应交税金却逐年升高，就是可疑现象。

（2）现金流异常。经营活动现金流量异常。将企业的盈利状况同现金流状况对比，可以看出企业的收益质量，如果企业通过虚增收入来包装利润，则虚增的收入很可能无法收回，导致企业的利润很高，而经营活动净现金流量却长期低于净利润，甚至为负。一般可以通过检查应收款项进一步核实。这是因为当企业通过虚增收入来包装利润，而经营活动净现金流量异常时，一般会伴随应收款项（包括应收账款、其他应收款、预付账款）的迅速增长，因为企业未收回的收入一般会在应收款项挂账。

（3）投资活动现金流量异常。企业的经营活动现金流量正常，但投资活动现金流出异常，也可能会有问题。此时应结合其他方面来考察，如可结合企业经营情况的变化和同行业的情况。可判断此企业的情况是否异常，是否有虚增固定资产投资、增加收入的可能。

（4）毛利率异常。一般而言，同样的产品毛利率不应差别太大，尤其是竞争较为充分的行业，或经营所在地邻近的企业。毛利率高无非是由于企业产品的价格较高或成本较低，因此其手法无非是虚增收入或虚减成本。虚增收入可能会使企业的现金流量异常（上面已提到），也可能并无异常（可以通过关联交易做到），虚减成本则可能使存货偏高。

（5）突然置换资产。突然进行资产置换，将大量的应收款项或盈利能力极强的子公司置换出去（或卖掉），可能说明上市公司的应收款项质量极差，为避免账面难看，才与其他公司进行资产置换，这时，置入的资产质量或价值也是有疑点的（资产评估也可能存在问题）。

（6）企业盈利情况异常。比较常见的手法是：企业有一神奇子公司或盈利能力极强的项目，能为其带来大量利润，但企业对其的披露却非常少或极不愿意提供详细资料，使人无法分析其经营详情。企业一直未披露竣工文件内容，而项目竣工时间对联建项目的收益确认时间影响较大，因此较为可疑。

（7）频繁变化对子公司的持股数量。企业如频繁变化对子公司的持股数量，有可能说明其想通过变化合并报表范围或权益法核算长期投资的范围，增加盈利额或使报表好看。当子公司亏损时，则减少持股数量，以减少亏损额。企业也有可能利用子公司造假，以便达到再融资标准或其他盈利目标。

（8）非常规经营会计。这里所称的"非常规经营会计"是指租赁、托管、承包，巨额亏损企业被托管、承包，或租赁出去后，即使是全资企业，上市企业对该亏损企业核算也由权益法变成成本法，以收到托管费、承包费或租赁费确认投资收益；相反，关联方可以将一些优质资产托管、承包或租赁给上市公司，上市公司靠这些优质资产产生的利润扣除托管费、承包费或租赁费确认收入，计入其他业务利润，甚至作为主营业务利润，这些行为往往名为"租赁、托管、承包"，实则是为上市公司贡献利润。

【关键概念】

基本面分析　经济周期　宏观经济分析　行业分析　上市公司分析　增长型行业　周期型行业　防御型行业　先行指标　同步指标　滞后指标　财政政策　货币政策　财务报表分析　汇率政策　通货膨胀　货币供应量　公司年报

【复习思考题】

1. 影响证券市场价格的因素主要有哪些？
2. 简述证券投资基本面分析的主要内容与特点。
3. 宏观经济分析包含哪些主要经济指标？如何分析？

4. 财政政策主要包含哪些手段？不同的财政政策对证券市场的影响有何不同？
5. 货币政策主要包含哪些手段？不同的货币政策对证券市场的影响有何不同？
6. 行业分析包含哪些基本内容与方法？
5. 如何进行行业周期分析？不同生命周期的行业表现有何差异？
6. 如何对上市公司的基本素质进行分析？
7. 如何对上市公司的财务报表进行分析？
8. 如何阅读上市公司的年报？

【本章小结】

1. 本章从证券投资分析的宏观经济分析入手，介绍了宏观经济分析的意义、基本思路和方法，阐明了宏观经济分析的基本内容，以及政治因素、经济周期和主要宏观经济指标与货币政策、财政政策和汇率政策等宏观经济政策调整对证券市场的影响。

2. 证券投资分析的第二层面是行业分析，本章首先阐述了行业分析的重要性，其次对证券市场的上市公司的行业分类进行了介绍。行业分析的基本内容包括行业的生命周期分析、行业商业周期的影响度、行业的市场类型和竞争度。最后论述了证券投资过程中行业的选择问题。

3. 证券投资分析的第三层面是上市公司分析，上市公司分析的主要内容包括上市公司运营和战略、上市公司财务报表、上市公司利润表和上市公司现金流量表。对上市公司的运营和战略进行分析可以了解该公司的发展前景和规划，对上市公司财务报表、利润表和现金流量表进行分析可以了解该公司财务的基本状况。

【参考文献】

[1] 吴晓求.证券投资学(第四版)[M].中国人民大学出版社,2014.
[2] 李向科.证券投资技术分析(第四版)[M].中国人民大学出版社,2012.
[3] 周新辉,宁薛平.证券投资理论与实务[M].立信会计出版社,2011.
[4] 胡金焱.证券投资学(第二版)[M].高等教育出版社,2013.
[5] 曹凤岐,刘力,姚长辉.证券投资学(第三版)[M].北京大学出版社,2013.
[6] 杨兆廷,刘颖.证券投资学(第二版)[M].人民邮电出版社,2014.
[7] 赵锡军,魏建华.证券投资分析(第六版)[M].中国人民大学出版社,2015.
[8] 邢天才,王玉霞.证券投资学(第三版)[M].东北财经大学出版社,2012.
[9] 韩复龄.证券投资学(第三版)[M].首都经济贸易大学出版社,2015.
[10] 林俊国.证券投资学(第四版)[M].经济科学出版社,2013.

第八章 技术分析概述

【本章概要】

本章介绍了证券投资技术分析的含义、在市场应用中的表现及其发展,引出技术分析产生的理论基础,并对常用的技术分析方法的种类进行了较系统的阐述;在此基础上,介绍了影响证券市场分析的几个理论及使用技术分析方法时应注意的问题。本章重点阐述了技术分析的理论基础及常用的技术分析方法;同时,还强调了如何正确看待技术分析方法的使用效果等。通过本章的介绍,可以使读者对技术分析的含义、特点及常用的技术分析方法有一个较系统的了解,并对如何正确对待技术分析效果有一个客观的认识,从而更加深入地理解证券投资技术分析的内涵。

第一节 技术分析概述

从某种意义上讲,证券投资者进行投资活动时首先接触的就是技术分析。技术分析对于提高证券投资者的个人判断能力有一定的帮助。了解这一工具,有利于增强对证券市场未来的预见性。对技术分析的掌握和运用程度,关系到证券市场投资者的切身利益。

一、技术分析的定义

技术分析是指通过分析证券市场的市场行为,对价格的未来变化趋势进行预测,所采用的手段是分析证券市场过去和现在的市场行为。

(一)证券的市场行为

证券的市场行为就是证券在市场中的表现,是对某个证券在市场中具体表现的说明和描述。

(二)证券的市场行为的具体内容

证券的市场行为的具体内容包括:

(1)证券价格取值的高低、价格变化幅度的大小;

(2)价格发生这些变化所伴随的成交量的大小;

(3)价格完成这些变化所经过的时间长短。

另外,还包括价格波动可能达到的"界限",即空间。由于空间其实表示的是价格的变化,也可以归属于价格的因素,因此,可以说市场行为有三个因素,就是价、量、时。在这三方面中,价格的变化是最重要的。

(三)技术分析的要点

通过观察分析证券在市场中过去和现在的具体表现,应用相关逻辑、统计等方法,归纳总结出在过去的历史中所出现的典型市场行为特点,得到一些市场行为的固定"模式",并利用这些模式预测证券市场未来的变化趋势。分析的重点是分析市场行为的几个要素。

因为技术分析"仅仅(或重点)"考虑市场行为,所以只要某种方法能带来盈利,就认为是成功的,而不管这种方法是否符合现有的"经济定律"或人们普遍认可的某些规则。从这个意义上讲,技术分析只注重结果,不太注重分析方法的因果关系和严格的科学逻辑。

(四)技术分析的作用

技术分析的作用就是利用各种技术分析方法从不同侧面分析市场行为。根据市场行为得到的数据而产生出来的各种图表(Chart),是进行技术分析所要用到的最基本的东西。技术分析人员通过长期实践和总结,创造了很多从图表预测未来的方法,这些方法构成了技术分析的整体。

二、技术分析各要素在市场行为中的表现

(一)价格和成交量是市场行为最基本的表现

某一时点上的价和量反映的是买卖双方在该时点上共同的市场行为,是买卖双方所达成的暂时均衡点。均衡点会随着时间的变化而变化,即价和量的关系发生变化。买卖双方对价格的认同程度可通过成交量的大小来确认。成交量大的价格变化,为投资者提供的"信息量"就大,值得投资分析人员重视。分析成交量大的价格变化,比分析成交量小的价格变化要重要得多。买卖双方的这种市场行为反映在价、量上往往呈现出这样一种规律:价升量增、价跌量减。如果价格上升,而成交量不再增加,就意味着价格得不到更多的买方确认,其今后继续上升将是"不正常"的。"不正常"的意思是指,不是通常意义上的"正常"或者说是"自然"地上升,而有可能是人为因素引起的上升。比如,资金雄厚的机构投资者出于某种原因而故意的行为,或者为了某个"非市场"的目的而有意地将价格维持在高价位。价格和成交量的这种相互配合和相互认同的规律,是采用技术分析研究市场的合理性所在,相当多的技术分析方法都要研究价格和成交量之间的关系。

(二)时间和空间因素是市场行为的另一种表现形式

时间因素体现的是事物发展周而复始的特性。如股票,每家挂牌上市的公司都是一家企业。企业的发展受到经济发展周期和行业发展周期的影响,进而影响到二级市场上价格的波动。每只股票在市场上所表现出来的周期不一样,分析时间因素有利于了解股票价格波动的局部低点和高点,为预测行情服务。此外,投资者个人心理上的情绪变化也会呈现出某些周期性的因素。比如,在某些时期,投资者买入的愿望可能会比卖出的愿望强烈一些。数量众多的投资者个人买卖行为如果一致,就会影响价格的波动。

空间因素所体现的是价格波动大小的"极限"。比如,价格在短时间内从1元上升到100元的可能性很小。不同的证券或同一证券在不同的时期,其波动变化的空间是不同的。了解价格波动大小在空间方面的规律,对于投资者所进行的具体投资也是有好处的。

总之,通过对时间和空间的研究,我们可以明确价格变动趋势的深度和广度。

> 阅读延展

技术分析的发展

最早用于技术分析的图表应该出现在约 200 年前的日本,当时出现的技术分析方法是现在 K 线理论的前身。K 线理论尽管出现得较早,却没有从理论上得到提升,只能认为是一个技术分析的早期萌芽。对当今技术分析方法影响最大的是以美国人查尔斯·道为代表的道氏理论,该理论出现在 1890 年前后,被普遍认为是技术分析的鼻祖。正是因为道氏理论的出现,才使得技术分析的理念和思维方式得到传播及推广。

在道氏理论之后,相继出现了多位对技术分析的历史产生重大影响的分析大师。江恩、埃利奥特、爱德华和马吉、怀尔德等是其中的佼佼者,他们天才的构思和对市场独特的观察方式,至今仍"主导"着技术分析。这些分析大师对技术分析方法的丰富和完善、对技术分析理论的传播和发展做出了不可低估的贡献。

1932 年,美国人江恩在自己出版的书中,总结了技术分析中时间循环的分析方法,首次对周期的问题进行了比较系统的说明。江恩正方形、时间隧道等是其代表作品。1938 年,埃利奥特在其出版的书中提出了波浪理论的完整构思,勾画了价格波动所应遵循的 8 浪结构。波浪理论是当今技术分析理论中一个重要的分支,其不可思议的结论和分析方式使为数不少的投资者着迷。在 1948 年首次出版的由爱德华和马吉所著的《股市趋势技术分析》(Technical Analysis of Stock Trend)中,对形态理论和支撑压力理论进行了系统的总结。这本书被多次再版,被称为华尔街投资的"宝典圣经"。20 世纪 70 年代后,计算机技术的发展为技术指标的发展提供了基础。这个时期群星灿烂,众多的分析人士相继发明了对市场有较大影响的技术指标。其中,怀尔德是比较突出的一位。他在 1978 年出版的《技术交易系统的新概念》(New Concepts in Technical Trading Systems)一书中,对多种技术指标的应用进行了更高层次的提炼。从上述说明可以看出,美国人对技术分析方法的贡献是最突出的,这一点毋庸置疑。

在我国,技术分析的历史与证券市场的历史一样长。绝大部分的投资者进入市场,进入证券(股票)营业部,首先接触的是屏幕上分析软件的各类技术图表。从 1994 年起,在我国市场上出现了很多股票(证券)分析软件,每种软件都有自己独特的功能。如果说中国人对于技术分析有什么贡献的话,那就应该是在这些软件中所出现的相当数量的技术指标。无论这些新的技术指标能否被市场和投资者接受,其对市场某个方面的刻画还是应该肯定的。

三、技术分析与基本分析的比较

对证券市场进行分析,是每个进入证券市场参与交易的投资者都必须要做的事情(如果他还打算对自己的资金负责的话)。在长期的投资实践中,市场分析的方法逐渐形成两大"主力流派"——技术分析(Technical Analysis)和基本分析(Fundamental Analysis)。技术分析中的"技术"只是相对于"基本"而言的,不是"科学技术"中的技术,不能认为使用基本分析的分析人员是不讲"技术"而"盲目"地分析。基本分析中的"基本"是指上市交易证券的基本情况和背景。

基本分析的重点是对证券的"本质"进行分析,包括证券未来提供收益的能力等,因而更注重证券的内在价值和未来的成长性。简言之,基本分析要回答的问题是,某个证券在将来的某个时间应该值多少钱。如果当前的证券市场价格低于其未来的价值,按照基本分析的思路,我们就可以选择该证券作为投资的对象。因此,基本分析注重时间相对长期的投资(Long-term)。此外,如果投资者得到的资料充足、信息准确、分析方法合理,那么用基本分析方法所得到的结论就不受偶然出现的"小事情"的影响,除非出现了影响"基础"的"大事情"。

技术分析注重证券在交易市场中的"现场表演",并据此推测证券的发展潜力。这两种分析方法各有优劣,我们在实际的市场分析中要注意它们的配合使用。

应该说明的是,目前在国际市场上还有一些结合了基本分析和技术分析的第三类分析方法,这些方法暂时可以称为"机械交易法"。从构造上看,这些方法更接近于技术分析方法。它们将基本分析中的定性"资料"定量化,然后输入到自己设计的数学模型中。该模型将根据市场的价、量、时空等因素的变化,进行自动跟踪,如果满足了自己所设定的条件,模型将自动发出进行交易的信号。像神经网络之类的比较"高新"的科学分析技术,正越来越多地被应用于证券分析中。当然,从理论上讲,计算机还不能代替人脑的思维,这些方法应该还处在试用阶段。证券市场的因素众多,用模型来解决问题还需要相当长的时间。

第二节 技术分析的理论基础

如同经济学中许多分析模型和理论建立之前须事先对研究对象做一些必要的假设一样,作为证券市场的一种分析工具,技术分析也有自己的假设条件。这些假设条件集中体现在市场价格波动的规律上,而且应该对现实情况进行高度概括,至少在某个局部能反映客观实际,这是假设条件合理的成分。同时,这些假设条件也有与现实不符之处,或不合理的成分。如何面对和处理这些合理的和不合理的成分,需要投资者自己来把握。这是技术分析赖以生存的基础,如果这些假设不成立,技术分析的"分析过程"也是无意义的。

一、技术分析对市场的三个假设

技术分析对市场有三个假设:
假设1——证券市场行为包括一切信息。
假设2——证券市场价格会沿某种趋势波动,并保持这种趋势。
假设3——证券市场价格变化历史会重复。

假设1是进行技术分析的基础。该假设认为,影响证券价格变动的所有内外因素都将反映在市场行为中,不必过多关注影响价格因素的具体内容。

假设2认为,价格的运动有一定的规律性,如无"外力"的影响,价格将保持原来的运动方向。就如同物理学中的牛顿第一运动定律一样,按照该定律,若一个物体受力是平衡的,那么该物体将保持静止或匀速直线运动。

一般来说,一段时间内如果价格一直持续上涨(或下降),那么若不出意外,价格也会按这一既定的方向继续上涨(或下降),不会改变原来的运动方向。证券市场中的"不出意外"就相当于牛顿第一运动定律中所要求的"平衡力"。所以,"顺势而为"是适应证券市场价格变化的一条规律,若没有产生调头的内部因素和外部因素,投资者没有必要逆大势而为。

该假设也可以这样理解:一个股票投资者之所以决定要卖掉手中的股票,是因为他对市场持"悲观的态度",他要么认为价格很快就要下降,要么认为即使价格还会继续上升也没有太大的上升空间了。这种悲观的观点不会立刻改变,例如,1小时前,某个投资者认为股票价格将下跌,而1小时后,在没有任何外在影响的情况下就改变看法,是不合情理的,说明在他前后两次分析决定中,至少有一次是错误的。因此,这种悲观的观点不会在短期内改变,而会一直影响该投资者,直到发生某些事情使其悲观的观点得以改变。

假设3是从统计学和人的心理因素方面考虑的,因为在市场中投资人的行为必然受到某些心理因素的制约。在某个特殊情况下,若某个交易者按照某种方式进行交易并取得成功,那么以后遇到相同或相似的情况,他就会按同一方式进行交易。若前一次失败,他此后就会采取不同于前一次的交易方式。通过自己和别人的投资实践,投资者将积累丰富的投资经验,这些经验既有失败的,也有成功的,且将会长期影响投资者的投资行为,人们倾向于重复成功、回避失败的做法。

二、三大假设的合理性及不足

(一) 三大假设的合理性

假设1的合理性在于,投资者最关心的是证券市场价格变化与否,而不是何种因素引起该变化,只有价格的变动才真正涉及投资者的切身利益,即:任何因素对股票市场的影响最终都必然体现在股价变动上。如果公布了某个被认为应对市场产生影响的消息,但股价却没有明显变动,说明该消息对市场无影响(也可能从其他方面看有影响);如果有一天某只股票的价格向上跳空高开、成交量大幅增加,那一定是出现了利多消息。但这也不是绝对的。例如,1999年10月国家公布了允许保险基金入市的消息,这个消息显然利好,但市场行情却并没有像分析的那样上升,而是继续下降。这说明,市场的运动并不总是按照人们"正常的"思维进行。上述价格的波动就是这个消息在股票市场中的反映。技术分析的拥护者只关心这些因素对市场的影响效果,并不关心导致这些行为的具体原因。

然而,市场行为反映的信息只体现在价格的变动之中,同原始的信息是有差异的,信息损失是必然的。因此,在进行技术分析时,还应适当地进行一些基本分析的工作,以弥补技术分析的不足。

对于假设2,一般来说,某段时间的价格一直是下降(或上升)的,那么在未来一段时间内,若不出意外,股价也会按原来的波动规律继续下降(或上升)。然而,如果价格沿某个方向波动的时间过长,就会增加反方向的力量,从而使假设2受到冲击。此外,价格的变动受到多种因素的影响,有些是难以预见的,这也是价格波动无规律的原因。

假设3的合理性在于它建立在统计结果的基础上。

从统计学的观点看,假设3是认为市场中存在某种"重复出现的规律"。实际生活中,在投资者进行分析时,一旦遇到与过去相同或相似的情况,他最快和最容易想到的方法就是与过去的结果做比较。这是因为过去的结果是已知的,这个已知的结果可以作为现在对未来进行预测的参考。然而,股票市场不可能有完全相同的情况重复出现,差异或多或少地存在,因为在使用假设3时,该差异的大小一定会对预测结果产生影响。

可以假设,过去重复出现某个现象是因为有某个"必然"的原因,而不是偶然出现的。有时,即使不知道具体的原因是什么,也可以运用其结果。过去的结果是已知的,该结果可作为对未来进行预测的参考。任何有用的东西都是经验的结晶,是经过多次实践检验而总结出来的。对那些重复出现的现象的结果进行统计,可以得到某种交易战略或方法的成功和失败的数量及概率,这些概率对具体的投资行为有重要的指导作用。

从心理学的观点看,某种投资方法其实可能没有什么道理,但是只要多数人相信这样做是正确的,那么,这种方法也就变成了有道理。比如,据说有人把月亮的阴晴圆缺作为买卖证券的依据,这肯定是没有道理的,甚至是很荒唐的。然而,如果有很多投资者相信这种做法,并且在月亮圆的时候真的陆续买入了,那么,价格就会真的上升。价格的上升就强烈地"警示"其他投资者,"月圆就买入"是正确的。当下一次月圆的时候,就会有更多的投资者陆续买入,价格可能上升得更高。这样,相信这种做法的投资者就会越来越多,这种做法就会越来越正确。

(二) 三大假设的不足

对于假设 1 来说,虽然市场行为可以反映影响价格波动的信息,但同原始信息相比毕竟有差异。因此,在进行技术分析的同时,还应该适当进行一些其他方面的分析。

对于假设 2 来说,它具有"强制性"的成分。价格按照趋势波动需要在没有"外力"影响的理想状态下,而这显然与实际不符。这是因为,证券市场中的"外力"随时存在,"保持趋势"很难。不过,从美国的股票波动过程可以看出,美国股票"保持趋势"的情况比较多,其上升和下降所持续的时间比较长,波动的幅度也比较大。当然,这是与我国相应情况对比的结果。因此,在对待假设 2 时,应区分中外的差别。

对于假设 3 而言,它具有很"浓厚"的"自然科学"的色彩,要求价格的波动具有可重复性,这个要求是非常高的。在自然科学中,该假设比较容易被认同,因为在做实验的时候,可以认为每次实验的客观环境是相同的。而在证券市场中,由于其变化和影响因素复杂,因此根本不可能满足"每次实验的客观环境都相同"的条件,每个时间的市场外在条件和内在条件可能都不一样。证券市场中的市场行为是千变万化的,不可能有完全相同的情况重复出现,差异总是或多或少存在的,在进行具体的统计分析时,由于要考虑的因素太多,"重复性"将受到考验。

总之,三大假设是进行技术分析的基础,虽不十全十美,但不能因此而否定它存在的合理性。其实,讨论这些假设是否成立并无实际意义,证券市场中的每个人都有自己熟悉和认可的分析思路。

第三节 技术分析方法的分类

对技术分析方法进行分类,目的是全面地理解技术分析方法。在实际分析的过程中,能清楚地理解自己所使用的技术分析方法,将有助于提高分析结果的准确性。这是因为,在实际使用的技术分析方法中,应该多种分析方法结合使用和共同研判,如果多种分析方法同时指出应该采取某种行动,那么其成功率将大增。

技术分析方法的具体分类应该说有多种方式,这里采用两种方式对技术分析方法进行分类。

一、按照分析方法的不同使用方式进行分类

这是目前较流行的技术分析分类方法。按照该方法可分为如下六大类:

(一) 技术指标法

技术指标法是指根据价、量的历史资料,按照给出的数学计算公式,建立数学模型,然后得到一个具体体现市场某方面内在特征的数字,这个数字叫技术指标值。指标值的具体数值和数值之间的相互关系将确认市场处于何种状态,并为投资者的交易行为提供指导性建议。技术指标所反映的情况大多数是无法从行情报表的原始数据中直接得到的。

已存在的技术指标数不胜数。较著名的技术指标有相对强弱指标(RSI)、随机指标

(KD)、趋向指标(DMI)、平滑异同移动平均线(MACD)、心理线(PSY)、乖离率(BIAS)等。目前,新的技术指标还在不断涌现。每个致力于投资分析的研究机构和投资者都不时地根据自己对市场的认识和理解,"创造"出新的技术指标。虽然我国的股票市场历史较短,属于自己的分析工具比较少,但近几年,我国自己编制的股票市场分析软件中也出现了很多新的技术指标。

(二) 支撑压力法或切线法

支撑压力法是按一定的方法在价格图表中描出一些直线,这些直线叫切线。其作用是限制证券价格波动,也称为支撑线或压力线。根据这些直线可以推测价格的未来趋势,支撑线和压力线的延伸位置也有可能对价格今后的波动起一定的制约作用。使用支撑压力法的重点是切线的画法,切线画得好坏直接影响预测的结果。画切线的方法是人们在长期研究中逐步摸索出来的,著名的支撑压力线有趋势线、通道线、黄金分割线、速度线等。

(三) 形态法

形态法是根据过去一段时间的价格图中的轨迹来推测股票价格趋势的方法,即根据价格波动过程中留下的轨迹形状来判断多空双方力量的对比,进而预测价格未来趋势的方法。前面提到过技术分析的假设之一是市场的行为包括了一切信息,价格走过的形态是市场行为的重要部分,是证券市场对各种信息感受之后的具体表现,用价格轨迹或形态来推测证券价格的未来走势是很有道理的。从价格轨迹的形态中可以推测出证券市场处在一个什么样的大环境之中,由此对今后的投资给予一定的指导。可以推测出证券市场中多空双方力量的对比和优势的转化,明确当前的市场处在一个什么样的大环境之中。形态分为反转和持续两种大的类型,著名的形态有 M 头、W 底、头肩形(头肩顶、头肩底)、三角形等十几种。

(四) K 线分析法

K 线分析法是用某种方式记录市场中证券价格每个时间段的位置,其中使用最多和最方便的是 K 线(日本线)。K 线的研究方法是根据若干天 K 线的组合形态,推测证券市场中多空双方力量的对比。K 线图是进行技术分析的最重要的图表,我们将在后面的章节详细介绍。单独一天的 K 线形态有 12 种,若干天 K 线的组合种类就无法数清了。人们经过不断地总结经验,发现了一些对证券买卖具有指导意义的组合形态。K 线法在我国很流行,广大投资者进入证券市场后,在进行技术分析时首先就会接触到 K 线图。

应该说明的是,K 线分析法是指一大类分析方法,而不仅仅是指利用 K 线组合形态的分析方法,K 线组合仅仅是这一类方法中一个突出的代表。除 K 线外,这一类方法还应该包括宝塔线、OX 线、三价线等。不过,从实际的使用情况看,K 线组合形态是这一类方法中最具代表性的,也是使用最方便的,关于 K 线理论的内容已经比较完整。

阅读延展

K 线 图

K 线图这种图表源于日本德川幕府时代,被当时日本米市的商人用来记录米市的行情与价格波动,后因其细腻独到的标画方式而被引入股市及期货市场。目前,这种图表分析法在我国以至整个东南亚地区尤为流行。由于用这种方法绘制出来的图表形状颇似一根根蜡烛,加上这些蜡烛有黑白之分,因而又称蜡烛图,或者日本线、阴阳线、棒线、红黑线、阴阳线,常用的说法是"K线"。股市及期货市场中的K线图的画法包含四个数据,即开盘价、最高价、最低价、收盘价,所有的K线都围绕这四个数据展开,反映大势的状况和价格信息。如果把每日的K线图放在一张纸上,就能得到日K线图,同样也可画出周K线图、月K线图。股价经过一段时间的盘档后,即在图上形成一种特殊区域或形态,不同的形态显示出不同的意义。我们可以从这些形态的变化中摸索出一些有规律的东西。K线图的形态可分为反转形态、整理形态及缺口和趋向线等。

那么,为什么叫"K线"呢?实际上,在日本,"K"并不是写成"K"字,而是写作"罫"(日本音读 kei),K线是"罫线"的读音,K线图称为"罫线",西方以英文字母"K"将其音译为"K"线,由此发展而来。

(五)波浪理论法

波浪理论"走红"于20世纪70年代J.柯林斯(J. Collins)出版的专著《波浪理论》(*Wave Theory*)。波浪理论的实际发明者和奠基人是埃利奥特,他在20世纪30年代前后有了波浪理论最初的想法。

波浪理论把价格的上下变动和不同时期的持续上涨、下跌看成是波浪的上下起伏,价格的波动过程遵循波浪起伏所遵循的周期规律,这个周期规律就是8浪结构。

此外,波浪理论指出了价格波动形状的"相似性"。在波浪理论看来,不论波动的规模大小,价格波动都是8浪结构。因此,波浪理论中的各个波浪在波动长度上有一定的规律,这就是波浪理论的比率分析,利用比率分析可以计算价格未来波动的支撑压力位置。

如果数清楚了浪,就能知道当前所处的位置,进而明确应该采用何种策略,利用比率分析还可以知道应该在"何时何地"采取行动。波浪理论最大的优点是能较早预测到底和顶,而别的方法往往要等到新的趋势已经确立之后才能看到。但该理论又是公认的最难掌握的技术分析方法,在现实的投资者中,能够真正正确地数浪的人可谓凤毛麟角。

(六)循环周期法

循环周期法关心价格的起伏在时间上的规律,它通过对时间的分析,告诉我们应该在哪个正确的时间进行投资。循环周期理论是周期法的重要代表,波浪理论也涉及某一波浪所经过时间长度的分析法。此外,还有利用日历、螺旋历法、节气等进行周期分析的方法。

循环周期法的出发点是根据价格的历史波动过程,发现价格波动有可能已经存在的周期性。既然证券市场是经济发展的"晴雨表",证券市场中的价格起伏就应该与经济发展的周期行为有一定的联系。

循环周期法对时间的考虑分为两种方式:第一种是等周期长度的方式。例如,"每经过两年就会有一次牛市"和"每个上升的过程大约是两个月"就属于这一类。第二种是固定时间的方式。例如,"春节附近是低点"就是典型的固定时间的方式。

有关时间周期方面的详细内容,本书将在后文进行介绍。至于我国,有关周期的相应结论目前还很少。我们应该等到股票市场运行的历史比较长了以后,再对中国股票市场的周期性进行比较深入的研究。

以上是六类技术分析的方法,它们从不同的方面理解和分析证券市场,各有其特点和适用的范围。从严格意义上讲,这六类方法并不是彼此孤立的,相互之间有交叉和联系。例如,波浪理论中就涉及时间和形态等方法。总之,这些方法都经过了证券市场战火的考验,尽管它们所采取的方式不同,但彼此并不排斥,我们在使用时应该注意其相互之间的借鉴。

二、依据技术分析中针对的不同对象进行分类

从大的方面看,该方式将技术分析方法分为两类:一是针对价格的分析,二是针对价格之外的指标分析。

(一)针对价格的技术分析方法

显然,这类分析方法仅仅分析价格的"表现",因为证券投资者最关心的是价格的运行方向,因此这一类分析方法应该是技术分析方法的主体。这一类方法中包含了绝大部分技术分析方法,具体可以分为趋势分析和波动分析两类。

1. 趋势分析

这种分析方法将跟踪价格波动的方向,预测价格下一步将向何方运行——是向上、向下,还是保持水平?这些分析将为下一步的投资行动提供依据。我们在进行趋势分析时必须观察技术图形,从中发现有益的东西。

2. 波动分析

这种分析方法观察价格变动的幅度大小,从而判断当前的价格处在何种状态,是偏高还是偏低。技术指标中有相当多的指标就是进行这类分析的,如 KD 指标、RSI 指标等。在一些文献上被称为摆动指标的,就应该属于波动分析的范畴。

3. 趋势分析和波动分析的使用特点

价格的趋势和价格的波动其实没有太大的区别。"价格趋势向上"和"价格向上波动"应该说含义基本相同。在本教材中,将前者理解成周期较长的"上升",将后者理解成周期相对较短的"上升"。这样一来,趋势分析就适用于周期相对较长的分析,而波动分析就适用于周期相对较短的分析。

(二)针对价格之外的指标分析

因为价格是证券最主要的指标,因此,虽然这类分析中使用了非价格因素,但其最终的目的是预测价格的方向。从这个意义上讲,这类分析方法主要是作为前一类分析方法的辅助工具。

所谓价格之外的指标,其实就是成交量和时间。"成交量"的含义不应该限于成交量本身,还应该包含具有"量"的性质的指标,例如,成交金额和大笔成交等。分析成交量是指在分析价格的同时,应该对成交量给予足够的重视,因为实践证明,成交量的大小对于价格的趋势和波动方向的判断有帮助作用。对时间进行分析类似于上面对循环周期的分析。在对价格进行分析的同时,关注时间和周期方面的因素,对正确判断价格波动的方向有好处。

第四节 影响证券市场分析的几个理论

对市场波动的认识,最笼统的划分有两种:一种认为市场中价格的移动是有规律的,另一种认为没有规律。下面的几个理论是当前市场中比较常用的影响证券市场分析的理论。

一、随机漫步理论

随机漫步(Random Walk)理论认为,证券价格的波动是随机的,其下一步走势无规律可循。该理论的针对目标是每个交易日之内的微小波动,价格的波动走势受多方面因素的影响,任何微不足道的"小事"都可能对市场产生巨大的影响。从价格走势图上比较短的时间区间

看,价格上下起伏的机会几乎是均等的。有专家用随机数的方法对价格进行了模拟,结果与市场"真的"价格波动很相似。从这个意义上讲,随机漫步理论有它合理的一面。

期权定价理论将股票价格的波动分解成"漂移"和"波动",这里的波动就是随机漫步。同时,还假设随机漫步是某个随机过程,服从某个概率分布。这种假设是从建立数学模型的角度考虑的,因为不这样假设,当今的数学工具就解决不了问题。

从现实的价格波动看,证券价格的波动肯定不是完全随机的,在一定场合肯定是有规律可循的。例如,连续六个涨停板后的股票A和仅上涨了5%的股票B相比,前者出现回落的概率要大得多。此外,世界各国的股票市场价格指数总体都是向上的,这也说明价格的波动还是有一些规律的。在目前参与交易的投资者差距比较大的情况下,假设价格波动是完全随机的很难有说服力。当然,"随机"有个定义的问题,市场价格的波动是否随机有赖于"随机"的定义。需要指出的是,进行基本分析和技术分析的研究,都要假设价格的移动存在规律。

二、循环周期理论

循环周期理论认为,价格在波动过程中所形成的局部高点和低点之间,在时间上存在规律性。无论何种价格活动,都不会向一个方向永远移动下去。价格在波动的过程中,必然要产生局部的高点和低点,这些高点和低点的出现,在时间上将会呈现出一定的规律性。投资者可以选择低点出现的时间入场,选择高点出现的时间出场。美国人总结了国外市场的很多周期,这些周期都是比较长的,对我国证券市场的指导意义不大。循环周期理论的重点是时间因素,而且注重长线投资,但对价格的高低和成交量是否配合这两个市场行为的重要因素考虑得不够。

在实际应用中,循环周期理论的关键是找出那些"被假定存在"的周期的时间长度,也就是一个周期的时间跨度。大多数周期是用等时间长度的方式计算得到的,被计算的周期包括高点与高点、低点与低点、高点与低点之间的时间跨度。从价格波动的历史图形中,我们可以发现众多的局部高点和局部低点,而后就可以统计这些点之间的时间跨度。在实际应用中,循环周期理论要涉及"时间之窗"的概念。

三、道氏理论

道氏理论(Dow Theory)是技术分析的"鼻祖",道氏理论之前的技术分析不成体系。道氏理论的创始人是美国人查尔斯·亨利·道(Charles Henry Dow,1851—1902)。为了反映市场的总体趋势,道与琼斯(Jones)一起创立了著名的道琼斯工业平均指数(DJIA)。道在《华尔街日报》上发表的有关市场的文章,经后人整理后,成为我们今天看到的道氏理论。

阅读延展

查尔斯·亨利·道曾在股票交易所大厅里工作过一段时间。已故的爱尔兰人罗伯特·古德鲍蒂当时从都柏林来到美国,由于纽约股票交易所要求每一位会员都必须是美国公民,查尔斯·亨利·道成了他的合伙人。在罗伯特·古德鲍蒂为加入美国国籍而必须等待的时间里,查尔斯·亨利·道把持着股票交易所中的席位并在大厅里执行各种指令。当古德鲍蒂成为美国公民以后,道退出了交易所,重新回到他更热爱的报纸事业上来。道氏设立了道琼斯公司(Dow Jones & Company),出版《华尔街日报》,报道有关金融的消息。1900—1902年,道氏充任编辑,写了许多社论,讨论股票投机的方法。事实上,他并没有对他的理论进行系统的说明,仅在讨论中进行片段报道。道氏理论（Dow Theory）是所有市场技术研究的鼻祖。尽管它经常因为"反应太迟"而受到批评，并且有时还受到那些不相信其判断的人士的讥讽（尤其是在熊市的早期），但只要对股市稍有经历的人都对它有所耳闻，并受到大多数人的敬重。但人们从未意识到那是完全简单的技术性的，它不是根据什么别的，而是股市本身的行为（通常用指数来表达），与基本分析人士所依靠的商业统计材料不同。

道氏理论的形成经历了几十年。1902年，在查尔斯·亨利·道去世以后，威廉姆·皮特·汉密尔顿（William Peter Hamilton）和罗伯特·雷亚（Robert Rhea）继承了道氏理论，并在其后有关股市的评论写作过程中，加以组织与归纳而成为今天我们所见到的理论。他们所著的《股市晴雨表》《道氏理论》成为后人研究道氏理论的经典著作。

值得一提的是，作为道氏理论的创始人——查尔斯·亨利·道，声称其理论并不是用于预测股市，甚至不是用于指导投资者，而是一种反映市场总体趋势的晴雨表。大多数人将道氏理论当作一种技术分析手段是有失偏颇的。其实，"道氏理论"的最伟大之处在于其宝贵的哲学思想，这是它全部的精髓。雷亚在所有相关著述中都强调，"道氏理论"在设计上是一种增加投机者或投资者知识的配备或工具，并不是可以脱离经济基本条件与市场现况的一种全方位的严格的技术理论。根据定义，"道氏理论"是一种技术理论；换言之，它是根据价格模式的研究，推测未来价格行为的一种方法。在道去世后，由威廉·P.汉密尔顿、查尔斯·丽尔和E.乔治·希弗总结出来。道氏本身从未使用过"道氏理论"这个词。

道氏理论的主要内容主要包括以下四个方面：

（1）市场价格指数可以解释和反映市场的大部分行为，这是道氏理论对证券市场的重大贡献。当今世界上，所有的证券交易所都有一个本交易所的价格指数，其计算方法虽然大同小异，但都是为了反映市场的整体情况。这些都起源于道氏理论中的这一点。

（2）市场波动的三种趋势类型。道氏理论认为，市场中价格的波动尽管表现形式不同，但最终可以将波动的趋势分为三种不同"级别"的趋势类型，即主要趋势（Primary Trend）、次要趋势（Secondary Trend）和短暂趋势（Near Term Trend）。主要趋势体现市场价格波动的最主要的方向，而次要趋势是对主要趋势的"调整"，短暂趋势是价格日常的波动。三种趋势的划分体现了趋势的"等级"观点，为其后出现的波浪理论打下了基础。

（3）成交量在确定趋势中起着重要的作用。在投资行为中，寻找趋势的反转点是确定投资的关键。道氏理论认为，成交量所提供的信息有助于解决一些在实际决策过程中可能遇到的令人困惑的市场行为。

（4）收盘价是最重要的价格。道氏理论认为，在所有的价格中，收盘价是最重要的，甚至认为只需要用收盘价，而不需要用别的价格。收盘价表示的是多空双方经过一天的较量而最终达成的共识，是双方的平衡点，最高价、最低价等其他价格表示的是某个短暂时间的价格。就其对今后的影响作用而言，收盘价应该更有说服力。在大多数情况下，都以收盘价作为当天价格的代表。

道氏理论对大形势的判断有比较大的作用，而对于每日每时都在发生的小波动则显得有些无能为力，这是其最大的不足。该理论的另一个不足是可操作性较差，没有比较明确的信号,只有比较笼统的指导。一方面,道氏理论的结论落后于价格的波动,信号太迟;另一方面,该理论本身的结论复杂且存在不足,使用者掌握困难,容易产生困惑,得到一些不明确的东西。此外,由于时间太长,道氏理论有相当部分的内容已经过时。近年来出现了一些新技术,有些就是道氏理论的延伸。

四、相反理论

严格意义上讲,相反理论(Contrary Opinion Theory)还不能称为理论,只能称为一种交易方法或交易理念。该理论认为,只有与大多数参与交易的投资者采取相反的行动才可能获得大的收益。很显然,如果某投资者的交易行动与大多数投资者相同,那他一定不是获利最大的。因为市场本身不是产生利润的地方,市场中某些投资者的收益一定来自其他的投资者。如果大多数投资者都获利,则利润的来源就成了问题。

要获得大的利益,一定要同大多数人的行动不一致。在市场内人员爆满的时候,投资者首先想到的应该是不买入,其次想到的应该是退出市场;在人员稀少的时候,投资者首先想到的应该是不卖出,其次想到的应该是入场。这就是相反理论在交易操作上的具体体现。

有个在市场上广为流传的故事。股票营业部门前有一位卖报纸的小贩,当出现了大行情的时候,每天去营业部的人很多,人人都愿意买一份报纸看看,报纸的销售量很大,他靠卖报纸挣了不少钱。此时,小贩就专心卖报纸。当行情低迷的时候,每天靠卖报纸已经不能满足小贩的生活需要了,此时小贩就进入"人烟稀少"的营业部买股票。没过多久,由于股票价格涨了,他同样挣了不少钱。

这个故事就是对相反理论比较好的说明。有相当一批人天天都"泡"在股市里,通过这个故事,这些人应该明白他们的做法未必是件好事。在股票市场上,并不是投资者所花费的精力和时间越多,他所得到的收益就越多,收益的高低与时机的把握关系最大。

相反理论提出,买卖的决策取决于大众的行为。无论在什么投资市场,投资者冲动的热情在多方面的"帮助"下都空前高涨,这就是行情暴跌的前兆。因为当所有的人都看涨而失去风险意识的时候,就意味着"牛市"已经到了顶,成为最危险的时候。相反,当所有的人都唉声叹气,对市场失去信心,甚至认为天马上就要塌下来的时候,就是"熊市"接近尾声的时候,只要再多一些耐心,相信"牛市"就不会远了。

当然,在实施"与大多数人采取不同行动"的时候,也有时机把握的问题,并不是人数稍微一少就入市。如果"熊市"刚开始,广大投资者正在抛售股票,而现在就使用相反理论贸然入场,就可能会招致很大的失败。此外,对营业部里"人烟稀少"的判断也有定量的问题。究竟人数少到何种程度才能被称为是"人烟稀少",也需要统计和比较才能得出正确的结论。

事物的发展绝非其表面所直接表现的那样,不断地打破常规是成功者应该具备的素质,要超越同辈"正常"的思维观念,才能取得不凡的成功。从某种意义上讲,相反理论告诉投资者,要具备独树一帜的观念和逆风行船的勇气,不被眼前的现象迷惑。

五、其他理论

在技术分析的发展历史上,出现了很多大师级的人物,后人用他们的名字对其相关的思想进行命名。其中,最突出的有江恩理论和亚当理论。江恩理论中的一些做法比较详细,属于技术分析的技术,如角度线和正方形等。对于江恩理论,本教材后文中将有一定程度的介绍。而亚当理论主要是一些理念性的内容,如无招胜有招、十大戒律等。这些内容是他们在投资实践中具体的经验总结,相当一部分内容是用"血的教训"换来的,对于投资者在投资活动中减少犯错误的机会有帮助。读者应牢记前人的经验总结,并在实践中规范自己的投资行动。

阅读延展

查尔斯·道实际上开创了股市的技术分析流派,是真正的鼻祖,后来由他的理论引出一些细分的分析方法,同样具有极强的开创性,它们主要被分为五类。

1. 道氏理论代表作《股票技术趋势分析》。
2. 股市心理分析流派。杰西·利弗莫尔,代表作《股票作手回忆录》。索罗斯也是一名心理分析流派的实践者。
3. 江恩理论。江恩理论是投资大师威廉·江恩通过对数学、几何学、宗教学、天文学的综合运用建立的独特分析方法和测市理论,是到目前为止时间上最神秘、最具有传奇色彩的股市分析理论,也同样是迄今为止最难以理解的理论。江恩写过四本书,其中《挚爱成就梦想》,即《时空隧道——1940年的回顾》是江恩写的一部表面上和股市没有多大关系的书,但却是他最为推崇的,有言谁读懂了谁就能成功。
4. 拉尔夫·纳尔逊·艾略特的波浪理论。代表作《艾略特波浪》《艾略特理论》。这一理论虽然在理解上比江恩理论容易,但也饱受诟病,往往在事后解释时非常容易,事前预测时则是千难万难。
5. K线理论。最具东方思想的股市理论,可以与道氏理论相合,也可以单独分立,最早是商人用于预测米价涨跌的工具,历史久远,哲学基础深刻,代表作《酒田战法》《日本蜡烛图技术》。

另外,股票市场还有基本分析流派:以本杰明·格雷厄姆(巴菲特的老师)的《聪明的投资者》《有价证券分析》为代表。现代理论金融派:以有效市场假说和马科维茨投资组合理论为基础而提出,以马科维茨的《资产选择:投资的有效分散》为代表。

再具体一点,从整个证券市场来划分,这些分析方法又总共可以分为五类:

(1) 技术分析,查理斯·道;
(2) 心理分析,杰西·利佛莫尔;
(3) 基本分析,格雷厄姆;
(4) 理论金融,马科维茨;
(上述四个又可以归为西方理论)
(5) K线理论(东方理论)。

第五节 使用技术分析方法时应注意的问题

尽管技术分析不太讲究严格的科学逻辑和因果关系,我们也不应对技术分析持过多非议或否定,只要能给投资者带来盈利就是好方法。但最忌讳将技术分析的结论"神化"和"机械化",这是绝大多数初用者容易犯的错误。"神化"是指把技术分析的作用夸大,超出了其能力。"机械化"是指对于技术分析方法的使用过于简单,没有考虑到其结果的复杂性。充分地认识"神化"和"机械化"的问题并非多余,我们常常会看到一些书籍、资料在介绍某些技术分析方法时,将其说得神乎其神、百战百胜,对投资者产生严重的负面影响。

"神化"和"机械化"都将使投资者盲目地进行交易,进而忽视可能遇到的不利结果,并在遭受损失后又开始怀疑技术分析的结果,进入一个恶性循环。其实,大部分应用技术分析方法所产生的不利结果都与使用不当有关。因此,在使用各类技术分析方法时,应注意以下几方面问题:

一、技术分析"以成败论英雄",不讲究因果关系和严格的科学逻辑

技术分析"以成败论英雄",只要某种方法能带来盈利,就可以认为它是成功的方法而加以肯定,不管这种方法是否符合现有的"经济定律"或人们普遍认为应该遵循的某些规则。比如:某个投资者使用某种方法进行了10次证券交易,其中有7次或更多次是盈利的,那么就有理由认为该方法是"好方法"。因此,从这个意义上讲,技术分析只注重结果,不讲究分析方法的因果关系和严格的科学逻辑。

为了说明某些技术分析方法的合理性,可以用一些比喻的方法对它们进行说明。应该注意,这些仅仅是对它们进行说明,是为了让人更容易接受和理解这些方法,没有一个比较严密的"体系"能够证明技术分析方法是"站得住脚的"。其实,大多数理论(不限于技术分析)都是在一定的假设条件下发展起来的,所谓的对某些结果的理论支持或理论证明,都有其前提假设。如果假设条件不成立,这些所谓"经过了证明的结果"也站不住脚。

二、技术分析与其他分析方法相结合可以提高准确度

单纯依靠技术分析是不全面的,因为从理论上讲,仅靠过去和现在的数据、图表去预测未来,或多或少会给人一种不可靠的感觉。另外,任何一个市场中分析工具的使用都有其适用范围。在中国的股票市场上,技术分析有非常高的预测成功率,成功的关键并不在于机械地使用技术分析方法,而在于一些重要的转折点。中国的国情和特色"成就了"技术分析。比如,在市场价格下降到过分低的程度时,相关的管理部门就会公布一些有利于市场上升的利多因素,比如:1994年8月的三大政策和1999年的"5·19"都是对此最好的说明,这被称为"技术分析与利多政策因素的吻合"。在实践中结合基本分析和市场当前所处的具体宏观经济环境,可以避免一些技术分析方法在市场"不理智"的时候容易犯的错误发生。

三、多种技术分析方法之间可以进行相互验证

如前所述,技术分析方法的种类很多。在同一时刻,这些技术分析方法可能给出多种不同的结论。在具体使用的时候,要考虑到多种方法的配合,多种技术分析方法之间进行相互验证可以提高技术分析的预测成功率;片面地使用单一的技术分析方法,不利于预测成功率的提高。

一般来说,各种方法的结合使用是被广泛认同的。但是,在具体使用的时候,如何体现出这种"配合"则比较困难,不同的技术分析方法在不同的场合会有不同的表现,在什么场合用什么方法是需要根据交易实践灵活使用的。普遍认可的说法是,在具体应用的时候,需要从多方面考虑技术分析的各种方法,如果每种方法的结果都发出同一种信号,那么就可以得出一个合理的结论,然后按照这个信号进行交易。如果孤立地使用某一种技术分析方法的结论,就会有很大的局限性和盲目性。

四、过去的结论要不断地进行修正并经过实践验证后才能放心地使用

每个技术分析的结论都需要有外在条件并具有一定的时效性,即:别人的结论要通过自己的实践验证后才能放心地使用。这是因为已有的结论是在一定的特殊条件和环境中得到的,随着环境的改变,将该结论运用到自己的交易实践中可能会产生不同的结果,所以必须验证后才能使用。另外,别的投资者身上具备的某些投资个性也可能是另一些投资者所不具备的,投资者的个性对投资行为的成功与否具有一定的作用。投资者在"书本"上获得经验的同时,还要根据实践对这些经验进行仔细的推敲、研究,吸取别人的经验,总结出能为自己所用的部分,这也是为了不断地使技术分析方法更准确、更适用和更有效。

五、技术分析的结论并不是万能的,需要伴随一个概率

技术分析的大部分结论所依据的是"历史会重复"。从统计学的观点看,这就是进行统计分析,当然也会涉及出现错误的问题。在实际交易中,从技术分析方法得到的结论中应选择那些成功率较高的结论,但不可避免地也会有失误,投资者需要对出现错误的程度"有所了解"。比如:在中央电视台每天的天气预报中,最初没有降水概率,后来有了降水概率的说法,技术分析中也应该有类似的概率。其大小表示的是分析者对所得结论的信心,以及该结论与实际吻合程度的高低。如果在技术分析结论后面伴随一个概率,那么该结论的形式将有所变化,如"买进概率80%"或"卖出概率75%"等。显然,"买进概率80%"并不是说一定要买进。但是,如果股票A是"买进概率80%",而股票B是"买进概率70%",那么一般来说,投资者应该选择"买进股票A"的行动。

要想比较准确地得到上面所说的概率值,需要很复杂的数学计算,而且其"精确度"往往不能令人满意。要计算或估计上面所说的概率,其复杂程度远远高于电视台的天气预报,这是因为证券市场的复杂程度远非气象可比。在大多数时候,可以说是没法估计或估计的结果不能用。投资者只有在实践中不断总结经验教训,才能得到比较有价值的概率值。

正是由于计算概率的困难,在实际中建议采取通过概率高低排序的方法。只需要判断概率的高低,而不需要具体计算出概率值。

在实际交易中,为了追求"高概率",就必须在进行分析时增加限制的条件。但是,增加限制条件也会使"交易机会"的数量减少,很难说最后的收益率究竟哪个更高。投资者要根据自身的具体情况进行这两个方面的协调。

【本章小结】

1. 技术分析的含义及其各要素在证券市场行为中的表现。技术分析是指通过分析证券市场的市场行为,对价格的未来变化趋势进行预测,所采取的手段是分析证券市场过去和现在的市场行为。技术分析各要素在证券市场行为中主要表现为:价格和成交量是市场行为最基本的表现,时间和空间因素是市场行为的另一种表现形式。

2. 技术分析的理论基础由对市场的三大假设构成,即假设证券市场中价格的波动具有下面三个特征:(1)证券市场行为包括一切信息;(2)证券市场价格会沿某种趋势波动,并保持这种趋势;(3)证券市场价格变化历史会重复。这三大假设有其合理的一面,也存在一定的不足。

3. 技术分析的相关方法以及这些分析方法最基本的出发点和分析的侧重点。按照分析方法的使用方式可分为如下六大类:(1)技术指标法;(2)支撑压力法;(3)形态法;(4)K线

分析法;(5)波浪理论法;(6)循环周期法。依据技术分析中使用对象的不同可分为:(1)针对价格的技术分析方法;(2)针对价格之外的指标分析。

4. 在实践中对市场的认识、投资理念有重大影响的几个理论。主要包括:(1)随机漫步理论;(2)循环周期理论;(3)道氏理论;(4)相反理论;等等。

5. 在应用技术分析方法时应该注意的问题。

【关键概念】

技术分析　技术分析的三大假设　技术分析的三要素　道氏理论　相反理论　随机漫步理论　循环周期理论　技术指标法　支撑压力法　趋势分析法　波动分析法

【复习思考题】

1. 试述技术分析的含义及其作用。
2. 证券投资技术分析的三大假设内容是什么?
3. 根据自己的实践体会,谈谈技术分析三个假设的合理性及其不足。
4. 按照分析方法的不同使用方式进行分类,可把技术分析方法分为哪几种?
5. 依据技术分析中使用对象的不同进行分类,可把技术分析方法分为哪几种?
6. 随机漫步理论的基本观点是什么?
7. 道氏理论的四个主要内容是什么?
8. 使用技术分析时应注意哪些问题?

【参考文献】

[1] 吴晓求.证券投资学(第四版)[M].中国人民大学出版社,2014.
[2] 李向科.证券投资技术分析(第四版)[M].中国人民大学出版社,2012.
[3] 宋建平.证券投资学(第二版)[M].上海人民出版社,2012.
[4] 谭中明,黄正清,董连胜,张静.证券投资学(第三版)[M].中国科学技术大学出版社,2014.
[5] 曹凤岐,刘力,姚长辉.证券投资学(第三版)[M].北京大学出版社,2013.
[6] 杨兆廷,刘颖.证券投资学(第二版)[M].人民邮电出版社,2014.
[7] 张鸣.证券投资学[M].东北财经大学出版社,2012.
[8] 邢天才,王玉霞.证券投资学(第三版)[M].东北财经大学出版社,2012.
[9] 韩复龄.证券投资学(第三版)[M].首都经济贸易大学出版社,2015.
[10] 林俊国.证券投资学(第四版)[M].经济科学出版社,2013.

第九章 K线图分析

【本章概要】

K线又被称为阴阳烛,是当时日本米市的商人用于记录米市行情和价格波动的工具,之后被引入股市,成为股票分析的一种理论。K线图具有直观、立体感强、携带信息量大的优势,能充分反映出股价趋势的强弱以及买卖双方力量平衡的变化,是证券投资分析中比较常用的分析工具。在市场多空双方的争夺中,形成了不同形态的K线及K线组合,每一种K线及K线组合都有其特殊的技术含义。本章首先介绍单根K线的形态及技术含义,并在此基础上进一步分析不同K线组合的技术含义。K线在不同的组合中会表达出不一样的信息,即使是一个形态相同的K线,也会因其所处的趋势、位置、力度及时机的不同而隐含不同的信息。因此,在应用K线理论进行具体分析时还需结合其他分析方法,以提高预测的准确度。

第一节 K 线 概 述

一、K线的产生和发展

K线又称日本线或蜡烛线,英文是 Candlestick 或 Candle。K线起源于两百多年前的日本稻米市场,被稻米交易商用于记录和分析米市的行情与价格波动。后由于其简单、直观的特点,被引入证券市场、外汇市场以及期货市场等各类市场,经过上百年的运用和变更,目前已经形成了一整套K线分析理论,在实际中得到了广泛的应用,受到了投资者的喜爱。由于用这种方法绘制出来的图表形状颇似一根根蜡烛,加上这些蜡烛有黑白之分,因而也叫阴阳线图表。

目前,K线图表分析法在我国以至整个东南亚地区的金融分析领域均非常流行。K线是投资群体的心理行为体现,是股票市场参与者心理行为轨迹的详细记录。通过K线图,我们能够把每日或某一周期的市场情况表现完全记录下来。股价在经过一段时间的盘档后,在图上即表现出一种特殊的形态,不同的形态具有不同的意义,投资者可以从这些形态的变化中摸索出一些投资规律。

二、K线的画法

K线是一条柱状的线条,由实体(Real Body)和影线(Shadow)构成,中间的矩形是实体,影线分别在实体的上下两端,在实体上方的部分叫上影线,下方的部分叫下影线。实体的宽度没有明确的限制,实体上下边的位置由开盘价和收盘价确定,而实体的阴阳则由开盘价和收盘价的相对关系确定。因此,K线图实际上是根据股价某一时间周期的走势形成的四个关键价位,即开盘价、收盘价、最高价、最低价绘制而成的。

当收盘价高于开盘价时,则开盘价在下,收盘价在上,二者之间的长方柱用红色或空心绘出,称之为阳线;其上影线的最高点为最高价,下影线的最低点为最低价。阳线代表股价上涨,如图9-1的左图所示。

当收盘价低于开盘价时,则开盘价在上,收盘价在下,二者之间的长方柱用黑色或实心绘出,称之为阴线,其上影线的最高点为最高价,下影线的最低点为最低价。阴线代表股价下跌,如图9-1的右图所示。

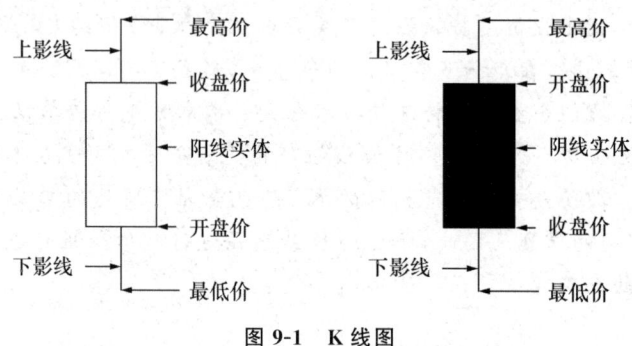

图9-1 K线图

三、K线的分类

按照不同的标准,K线图有多种分类。

(一)按计算周期分

根据K线的计算周期,可以将其分为日K线、周K线、月K线、年K线以及日内交易的5分钟K线、15分钟K线、30分钟K线、60分钟K线等。

日K线是指以当天的开盘价、收盘价、最高价和最低价绘制的K线图。周K线是指以周一的开盘价、周五的收盘价、全周的最高价和全周的最低价绘制的K线图。月K线是指以每月的第一个交易日的开盘价、最后一个交易日的收盘价、全月最高价和全月最低价绘制的K线图。年K线是指以每年的第一个交易日的开盘价、最后一个交易日的收盘价、全年最高价和全年最低价绘制的K线图。5分钟K线、15分钟K线、30分钟K线、60分钟K线则分别记录在每个时间段内的价格走势。平时我们所说的K线通常指的是日K线,其反映股价的短期走势;周K线、月K线、年K线反映股价的中长期走势;5分钟K线、15分钟K线、30分钟K线、60分钟K线则反映股价的超短期走势。一般而言,长期K线反映趋势,短期K线反映变化。

(二)按波动范围分

根据开盘价与收盘价的波动范围,可将K线分为小阴星、小阳星、小阴线、小阳线,中阴线、中阳线、大阴线、大阳线等线型。

小阴星和小阳星的波动范围在0.5%左右;小阴线和小阳线的波动范围一般为0.6—

1.5%;中阴线和中阳线的波动范围一般为1.6—3.5%;大阴线和大阳线的波动范围在3.6%以上,如图9-2所示。

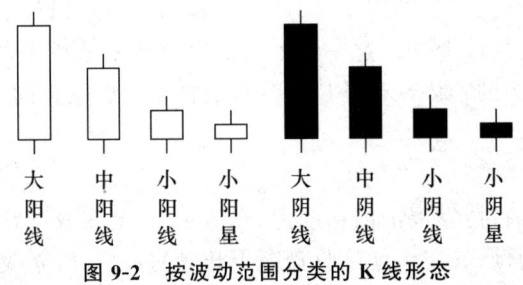

图9-2　按波动范围分类的K线形态

(三) 按实体和影线分

根据K线是否有实体和影线,可以将其分为穿头破脚K线、光头光脚K线、光脚K线、光头K线以及同价线。

穿头破脚K线是指上影线和下影线都有的K线,是最常见的一种K线,占K线图的70%以上,也是分析难度最大的一种K线图。图9-1和图9-2所示均为该种K线。

同时没有上影线和下影线,只有实体的K线被称为光头光脚K线,具体分为光头光脚阳线和光头光脚阴线。只有上影线,没有下影线的K线被称为光脚K线,具体分为光脚阳线和光脚阴线。只有下影线,没有上影线的K线被称为光头K线,具体分为光头阳线和光头阴线。没有实体的K线一般指同价线,其收盘价等于开盘价,两者处于同一个价位。同价线常以"十"字形和"T"字形表现出来,故又称为十字线、T字线。同价线按上、下影线的长短、有无,又可分为长十字线、十字线和T字线、倒T字线、一字线等,如图9-3所示。

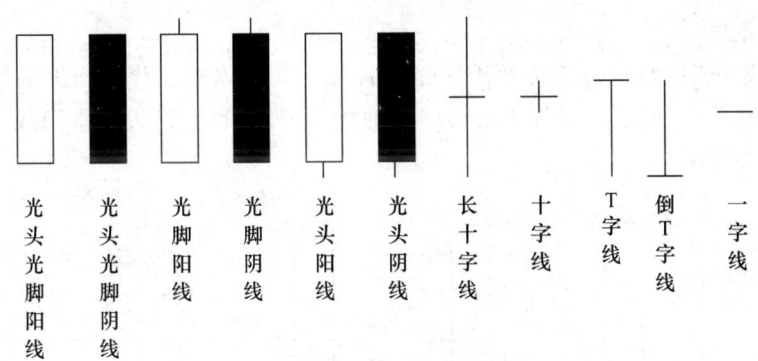

图9-3　按有无实体和影线分类的K线形态

第二节　单根K线的技术含义

单根K线分阳线和阴线两类,读懂单根K线的含义是进行K线分析的基础,因此学习K线理论应从最基本的单根K线开始。K线所包含的信息极为丰富,单根K线主要依靠实体的阴阳、大小和影线的长短对多空双方进行衡量。

一、单根K线的分析重点

(一) 实体阴阳

K线的阴阳代表多空双方的力量对比,代表着行情的趋势方向。阳线代表多方力量较强,表示处于上涨行情中并可能继续上涨;阴线代表空方力量较强,表示处于下跌行情中并可能继续下跌。以阳线为例,在经过一段时间的多空拼搏后,收盘时,收盘价高于开盘价,表明多头占据上风,由于股市运行通常具有惯性规律,因此阳线预示着下一阶段价格仍将继续上涨,最起码能保证下一阶段初期能惯性上冲。这一点也极为符合技术分析中的三大假设之一:股价沿趋势波动,而这种顺势而为的趋势性也是技术分析最核心的思想。同理可得,阴线则预示着继续下跌。

(二)实体大小

K线的实体大小代表行情发展的内在动力,实体越大,上涨或下跌的趋势越是明显,反之,趋势则不明显。以阳线为例,其实体就是收盘高于开盘的那部分,阳线实体越大说明了上涨的动力越足,其上涨的动力将大于实体小的阳线。同理可得,阴线实体越大,下跌动力也越足。

(三)影线长短

K线的影线代表可能的转折信号,向一个方向的影线越长,越利于股价向相反的方向变动,即上影线越长,越利于股价下跌;下影线越长,越利于股价上涨。以上影线为例,在经过一段时间的多空双方斗争之后,多头终于败下阵来,不论K线是阴还是阳,上影线部分已构成下一阶段的上档阻力,股价向下调整的概率大。同理可得,下影线预示着股价向上攻击的概率大。

以上所述只是一般的判断规律,根据K线所处位置的不同,具体情况也会有所变化。

二、长实体K线

长实体K线是指收盘价和开盘价差距较大,且实体部分具有明显振幅的K线。长实体K线具有实体较大、上下影线极短或没有上下影线的特点,具体可以分为长实体阳线和长实体阴线两种。

(一)长实体阳线

长实体阳线是指收盘价明显高于开盘价的K线。长实体阳线代表当天的行情是以多头进攻为主,多方占据明显优势,具体形态可以分为穿头破脚阳线、光头光脚阳线、光头阳线、光脚阳线,如图9-4所示。

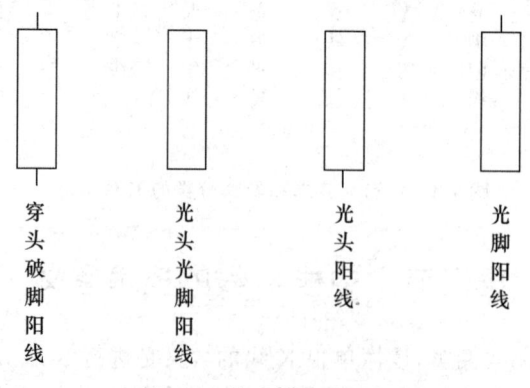

图9-4 长实体阳线形态

1. 穿头破脚阳线

穿头破脚阳线是K线的上下两端都有影线的长阳实体。出现穿头破脚阳线,说明在整个交易日的两端都出现了空头攻击的迹象,但对多方的上攻并没有造成实质性的影响。这种K线的空方力量较弱一些。

2. 光头光脚阳线

光头光脚阳线是 K 线的上下两端都没有影线的长阳实体,是多方力量代表非常强的一种形态。出现该种形态的原因是股价的最高价与收盘价相同,最低价与开盘价相同,没有上下影线。表明从一开盘,多方就积极进攻,虽然中间也可能出现多方与空方的争夺,但多方始终占优势,使价格一路上扬,直至收盘。光头光脚阳线经常出现在脱离底部的初期、回调结束后的再次上涨,以及高位的拉升阶段,有时也在严重超跌后的大力度反弹中出现。该种阳线被认为是市场极度强壮的反映,表示多方明显占优,是牛市继续或者熊市翻转的表现。

3. 光头阳线

光头阳线是带下影线的长阳实体。光头阳线的收盘价是全天最高价,盘中出现过下打的动作,造成下影线。这种 K 线说明盘中有空头打压,但随即就被多头消灭,并开始主动进攻。技术意义通常表示买盘意愿强烈,后续价格走势将沿着买方意愿上行,进攻强度仅次于光头光脚阳线。一般出现在上涨初期或中期。

4. 光脚阳线

光脚阳线是带上影线的长阳实体。光脚阳线的开盘价是全天最低价,盘中多方进攻到某一高点时,遭到空方反击,而多方并没有收复,代表多方进攻时遇到阻挡,是多空力量变化的开始,一般出现在上涨的末端,对多方来说是比较危险的信号。

长实体阳线出现的位置不同,所代表的含义也不同。出现在下跌末端,代表多方反击,将要展开一波反弹行情;出现在上涨途中,代表多方进攻,将延续目前的上涨行情;出现在上涨末端,代表多方力竭,随时可能出现空方的反击;出现在上涨调整途中,代表多方力量的消耗;出现在上涨调整末端,代表多方再次进攻,展开新一轮的上涨行情;出现在下跌途中,代表多方的反抗,这种反抗可能只是暂时的;出现在下跌反弹途中,代表多方进攻,反弹继续;出现在下跌反弹末端,代表多方力穷,随时有可能遭受空方新一轮的打击。

(二) 长实体阴线

长实体阴线是指收盘价明显低于开盘价的 K 线。长实体阴线代表当天的行情是以空头进攻为主,空方占据明显优势,具体形态可以是穿头破脚阴线、光头光脚阴线、光头阴线、光脚阴线,如图 9-5 所示。

图 9-5 长实体阴线形态

1. 穿头破脚阴线

穿头破脚阴线是 K 线的上下两端都有影线的长阴实体。出现穿头破脚阴线,说明在整个交易日的两端都出现了多头攻击的迹象,但对空方的下跌并没有造成任何阻力。这种 K 线的多方力量较弱一些。

2. 光头光脚阴线

光头光脚阴线是 K 线的上下两端都没有影线的长阴实体,是空方力量代表非常强的一种形态。该种形态表明股价的最高价与开盘价相同,最低价与收盘价相同,没有上下影线。表明从一开盘,空方就积极进攻,虽然中间也可能出现多方与空方的争夺,但空方始终占优势,使价格一路下挫,直至收盘。光头光脚阴线经常出现在主跌浪或强势打压过程中。该种阴线被认为是市场极度弱势的反映,表示空方明显占优,是熊市继续或者牛市翻转的表现。

3. 光头阴线

光头阴线是带下影线的长阴实体。光头阴线的开盘价是全天最高价,盘中空方打压到某一低点时,遭到多方反击,而空方最终并没有收复,代表空方进攻时遇到阻挡,是多空力量变化的开始,一般出现在下跌的末端,对多方来说是一个比较好的信号,意味着底部有可能将要出现。

4. 光脚阴线

光脚阴线是带上影线的长阴实体。光脚阴线的收盘价是全天最低价,盘中出现过上攻的动作,造成上影线。这种 K 线说明盘中有多头上攻,但随即就被空头消灭,并开始主动打压。技术意义通常表示卖盘意愿比较强烈,后续走势价格将沿着卖方意愿的下行,打压强度仅次于光头光脚阴线。一般出现在下跌初期或中期。

长实体阴线出现的位置不同,所代表的含义也不同。出现在下跌末端,代表空方力竭,随时可能出现多方反击;出现在上涨途中,代表空方的反抗,这种反抗可能只是短暂的;出现在上涨末端,代表空方反击,将要展开一波下跌行情;出现在上涨调整途中,代表空方进攻,调整继续;出现在上涨调整末端,代表空方力穷,多方随时进行新一轮的进攻;出现在下跌途中,代表空方进攻,目前的下跌行情将继续延续;出现在下跌反弹途中,代表空方力量的消耗;出现在下跌反弹末端,代表空方再次进攻,进入下一波下跌行情。

三、短实体 K 线

短实体 K 线是指实体长度相对于长实体 K 线而言较短,同时上下影线也较短的 K 线形态。具体分类与长实体 K 线相同,可以包括小阳线和小阴线两大类,每类中可细分为只有实体、只有上影线、只有下影线和上下影线均有四种类型。短实体在实际的图形中出现得很多,但由于其价格波动幅度较小,表明多空双方的力量相当,因此行情往往扑朔迷离,其指导意义不明,难以明确估计后市的涨跌,如图 9-6 所示。

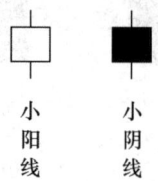

图 9-6　短实体 K 线形态

四、纺锤线

纺锤线是指实体很短,但影线较长的 K 线形态,它既可以是阴线也可以是阳线。纺锤线代表股票缺乏上升或下降的力量,表明市场正在休息或调整之中,如图 9-7 所示。

纺锤线是一种预警信号,表明市场正在丧失方向。如图 9-7 所示,纺锤线使得市场留下长

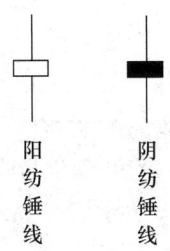

图 9-7 纺锤线形态

长的影线,意味着开盘之后,买方爆发出强劲的购买力,曾经把股票价格推到了高处,随后,空方卖单抛盘,把价格打击到低点,然而,多方又买单托盘,最终使得股价回到开盘价附近。这无疑是多空双方激烈争夺的表现。

如果纺锤线出现在股价高位附近,在急涨的走势之后,表示多头已经后续乏力,先前的升势可能因此停顿。如果纺锤线出现在股价低位附近,在急跌的走势之后,表示空头已经无力下跌,先前的跌势可能因此停顿,但是市场是否反转还需要后市进一步的证明。如果纺锤线出现在整固或横盘整理的格局中,则不是一种趋势反转或切换的信号,这时的市场只是需要暂时休息一下,直到其向上突破或向下破位。因此,横盘格局中的纺锤线对投资决策没有太大的提示指导意义。

五、十字线

十字线是一种只有上下影线,没有实体或实体极其微小的K线形态。十字线的实体部分呈现水平状的直线,这是因为交易时段的开盘价与收盘价相等(或几乎相等)。十字线与纺锤线十分相似,但其代表的含义比纺锤线更加不明确,十字线表明市场正处于一个犹豫不决的十字路口,暗示市场的供需几乎完全平衡,通常被看作先前趋势正在丧失的早期预警信号。按照影线的长短,十字线可以分为十字线和长十字线。影线越长,说明多空双方的争夺越激烈,如图 9-8 所示。

图 9-8 十字线形态

如果十字线频繁地出现在某一时段,则没有什么指导意义。当十字线出现频率较小时,则具有更重要的影响力。一般而言,出现在上升或下降趋势阶段的十字线,是变盘征兆的代表。尤其是在明确的上升趋势中,要特别警惕出现在一根长阳线之后的十字线,因为不论十字线位于长阳线实体之上还是位于长阳线实体之内,均表明市场买卖双方的力量已经发生了变化。十字线的顶端经常代表压力和阶段性头部的形成。但是,当十字线出现在一个下降趋势中时,可能并不意味着市场的底部已经到来。这时需要参考其他技术分析工具来评估市场是否已经开始筑底。因为十字线意味着犹豫不决,在一个超卖的市场,犹豫不决和不确定性极有可能成为另一波暴跌重新开始的暂憩之地。

六、锤子线(上吊线)和蜻蜓线

锤子线是一种实体较短、只有下影线的 K 线形态,其典型特点就是下影线较长,一般为实体的两倍。蜻蜓线是锤子线的特殊形态,当开盘价与收盘价十分接近时,锤子线的实体变得极其短小,这时表现出来的图形就是蜻蜓线,如图 9-9 所示。

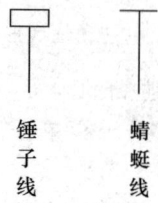

图 9-9　锤子线和蜻蜓线形态

锤子线代表当天盘中先是空方打压,然后遭遇多方一路反击,形成 V 形反转,盘中发生了多空双方力量的转化。锤子线或蜻蜓线一般出现在下跌或上涨调整的末端,代表趋势的反转,是一种底部反转信号,其反转力度要大大强于长十字线。也可以说,锤子线发出的转折信号比长十字线更明确可靠。但在实务中,主力也会利用这种可靠性刻意发出虚假信号,所以也出现在下跌途中用于迷惑投资者的视线。

锤子线如果出现在上涨的末端,也被称为上吊线,被看作一种顶部反转的信号。上吊线代表当天盘中出现了空方的猛烈打压,虽然最终多方力挽狂澜,但已然遭到了空方的重创。尤其是当上吊线的实体是阴实体时,这种反转信号更加明确可靠。

七、倒锤线和墓碑线

倒锤线与锤子线相反,是一种实体较短、仅有长上影线的 K 线形态。墓碑线是倒锤线的一种特殊情况,形成于开盘价与收盘价极为接近时,使得倒锤线的实体极其短小,类似于一条直线,表现在图形上就是墓碑线,如图 9-10 所示。

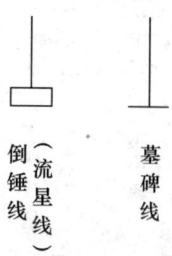

图 9-10　倒锤线和墓碑线形态

倒锤线代表当天盘中先是多方进攻,然后遭到了空方的一路打压,形成反转。倒锤线或墓碑线一般出现在上涨或下跌反弹的末端,表明趋势的反转,且力度强于上吊线和长十字线。但有时主力也会利用这种可靠性,刻意发出假信号,以达到清洗筹码的目的,所以有时也会出现在上涨途中。

八、一字线

一字线是指股票开盘即涨停或跌停并一直持续到收盘的 K 线形态,由于其开盘价、收盘价、最高价及最低价几乎相同,在盘面上呈现一字形态,故称为一字线,如图 9-11 所示。

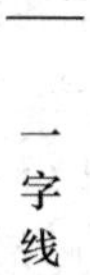

一
字
线

图 9-11 一字线形态

在涨跌停板制度下,一字线有特别的意义。一字涨停线如果出现在股价经过大幅下跌或者长期整理之后,后市极有可能引发一波大幅上涨行情;如果出现在上涨的途中,后市仍将继续延续升势;而如果出现在大幅上涨之后的高位区域,就要提高警惕,以防主力诱多。

第三节　K 线组合的技术含义

K 线组合是通过分析一组 K 线来判断市场的变化,一般是 2 根或 3 根的组合。从大的分类看,K 线组合形态分为反转组合形态和持续组合形态两种。历史上,投资者从实践经验中总结了非常多的组合形态,其中有简单的也有复杂的。本节介绍了其中比较典型、应用较广的 K 线组合。

主要组合形态有:锤形线和上吊线、流星线和射击之星、子母怀抱型、母子孕育型、曙光初现和黑云盖顶、早晨之星和黄昏之星、双鸦跳空、红三兵、强弩之末、三乌鸦、上升和下降三法等。

一、金针探底和高空上吊

(一) 基本图形

出现在底部形态中的锤子线被称为金针探底,出现在顶部形态中的锤子线被称为高空上吊,如图 9-12 所示。

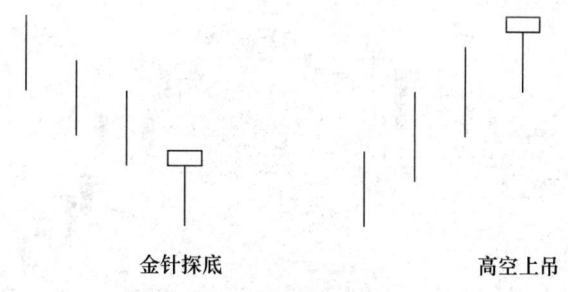

金针探底　　　　　　　高空上吊

图 9-12 金针探底和高空上吊形态

(二) 形态特征

这两组组合形态有四个特征:
(1) 实体较短;
(2) 下影线较长,且比实体的长度长很多,一般是实体的 2 倍以上;
(3) 上影线较短甚至没有;
(4) 小实体的阴阳不重要。

(三) 技术含义

在经过长时间的下跌后,出现金针探底形态,就意味着前几天的疯狂卖出行为,在当天受到了遏制,空方抛盘力量的衰竭、长下影线的出现表明股价在下跌过程中遇到强烈的支撑,多方已开始反攻。一旦出现金针探底形态,大多会以该日为起点,在日后出现止跌企稳,甚至反转向上的走势。如果当日收盘价高于开盘价,产生一根阳线,则情况更有利于上升。如果第二天出现较高的开盘价和更高的收盘价,则将使得金针探底的反转形态得到确认。如图9-13所示,泸州老窖在11月30日走出金针探底,随后展开了一波小幅上涨行情。

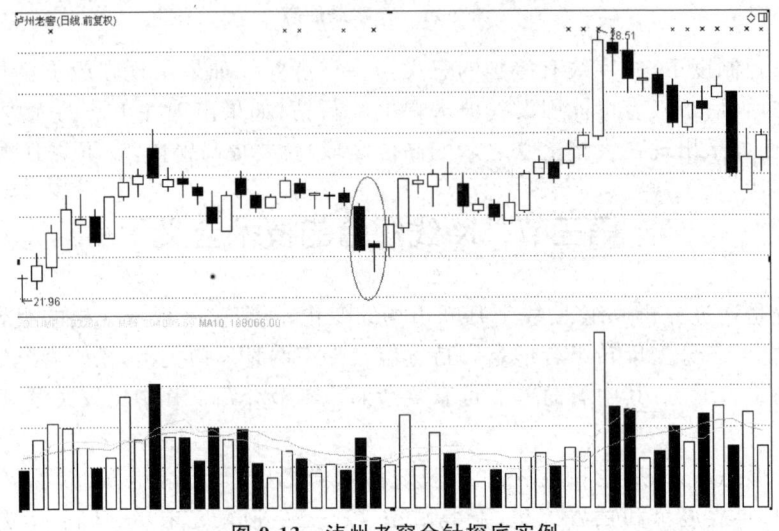

图 9-13　泸州老窖金针探底实例

反之,在相对较高的位置,尤其是大幅拉升后,出现高空上吊形态,则意味着市场有见顶的可能,长下影线显示了一个疯狂的卖出是怎样开始的。上吊线可以是阳线,也可以是阴线,阳线一般比阴线更可怕。因为这根阳线是由主力机构的诱多拉升所形成的,一方面,留有下影线表示空方留有机会;另一方面,实体较小说明上升动力衰竭。如果第二天出现一根阴线,将使得上吊线的熊市含义得到确认。阴线的长度越长,新一轮跌势开始的概率就越大。如图9-14

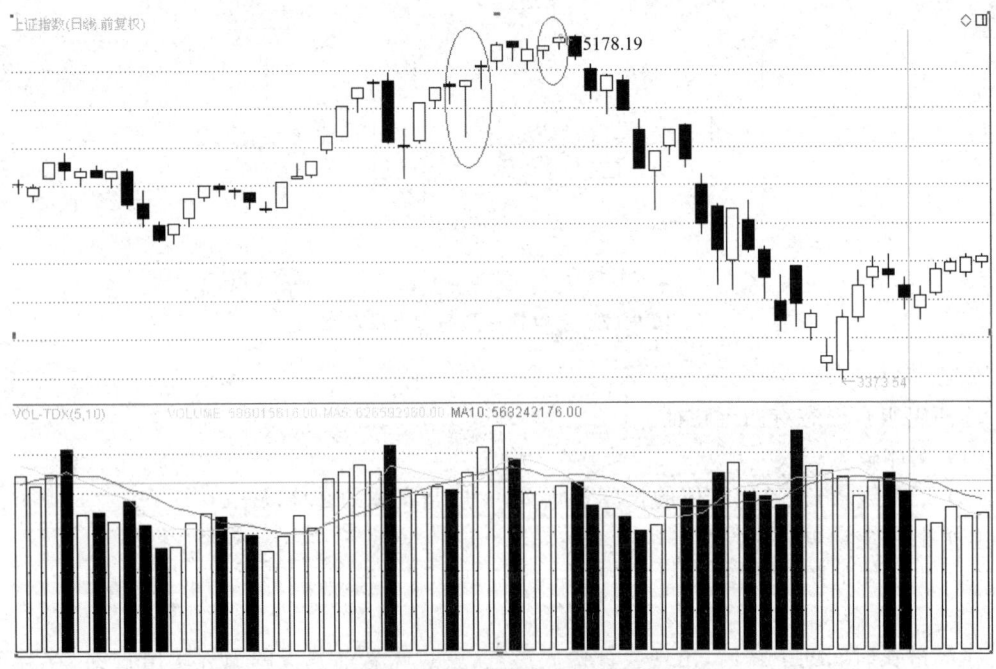

图 9-14　上证指数高空上吊实例

所示,上证指数在 2015 年 6 月 3 日至 6 月 12 日之间连续收出数根上吊线,随后达到阶段性顶部 5 178.19 点,并开始大幅下跌。

二、倒锤线和射击之星

（一）基本图形

倒锤线和射击之星是出现在不同趋势中的流星线,出现在下降趋势中一般称为倒锤线,出现在上涨趋势中一般称为射击之星,如图 9-15 所示。

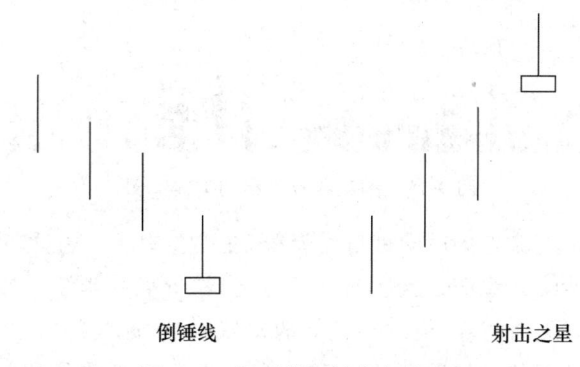

图 9-15　倒锤线与射击之星形态

（二）形态特征

这两组组合形态有四个特征：

(1) 实体较短；

(2) 上影线较长,且比实体的长度长很多,一般是实体的 2 倍以上；

(3) 下影线较短甚至没有；

(4) 小实体的阴阳不重要。

（三）技术含义

对于倒锤线,在一个下跌趋势确立之后,后续行情继续看跌,但是,在该日开盘之后价格却开始上涨了。虽然多方无力将行情持续下去,最后收盘在较低的价位,但长上影线表明多方已经试探性地开始反攻,空方不再占据决定性的主导地位。至于多方反攻是成功还是失败则取决于次日的验证信号。如果次日开盘价向上跳空超过了倒锤线的实体,向上跳空的距离越大,验证的信号就越强烈。如果没有跳空开市,只收一根阳线,并且其价格处于较高的水平,也可验证倒锤线的反转信号。并且,倒锤线的实体与上影线的比例越悬殊,其参考价值越大。但是,作为次要的底部反转信号,倒锤线也可能出现下跌抵抗失败的现象,一般把出现倒锤线形态那天的最低价设为止损位,一旦股价跌破该价位,应及时止损出局。如图 9-16 所示,国农科技于 2015 年 7 月 3 日收出墓碑线,第二天继续下跌,收出长阴线,显示前一日的下跌抵抗失败。其后,2015 年 7 月 8 日再次收出倒锤线,并于 7 月 9 日长阳收盘,显示趋势反转力度较大,并展开了一波反弹行情。

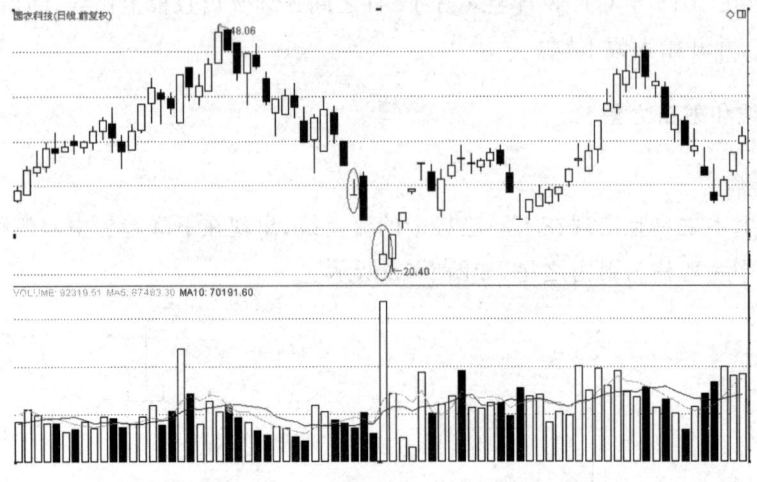

图 9-16 国农科技收出倒锤线实例

通常而言,位于一个上涨趋势后的带量流星线,往往会构成市场反转的顶部。在一个上升趋势确定之后,后续行情继续看涨。虽然该日开盘之后,价格就延续了原有的上涨趋势,但是在空方的打压之下,多方无力防守,最终在较低的位置收盘,形成射击之星。表明上方抛盘沉重,股价有可能出现反转下跌。如果次日跳空低开,或收出较低价位的阴线,就更加确立了射击之星的反转意义。当然,射击之星的实体与上影线比例越悬殊,参考价值越大。如图 9-17 所示,世纪星源于 2016 年 2 月 25 日收出射击之星形态,其后出现两天的长阴大跌,趋势反转力度较大。

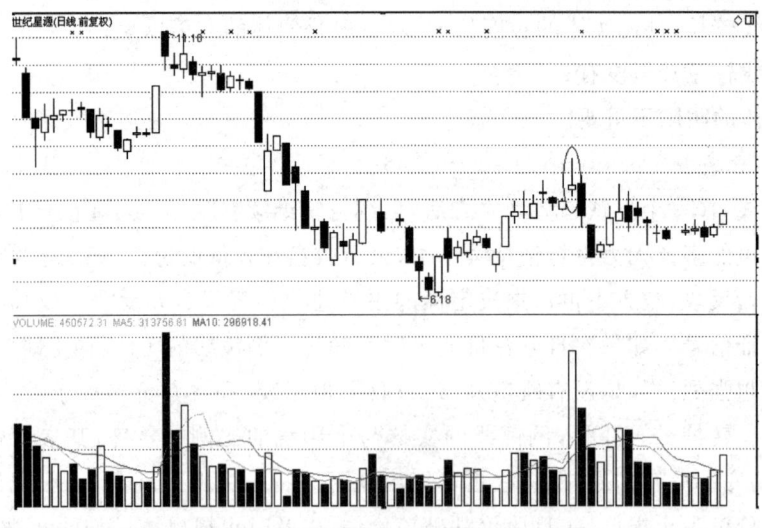

图 9-17 世纪星源收出射击之星实例

同样,由于射击之星也是一种次要的顶部反转信号,因此其出现陷阱的可能性也较大。如图 9-18 所示,中国宝安于 2015 年 10 月 19 日也收出比较标准的射击之星形态,其后股价并没有见顶,而是又展开了新一轮的上升行情。

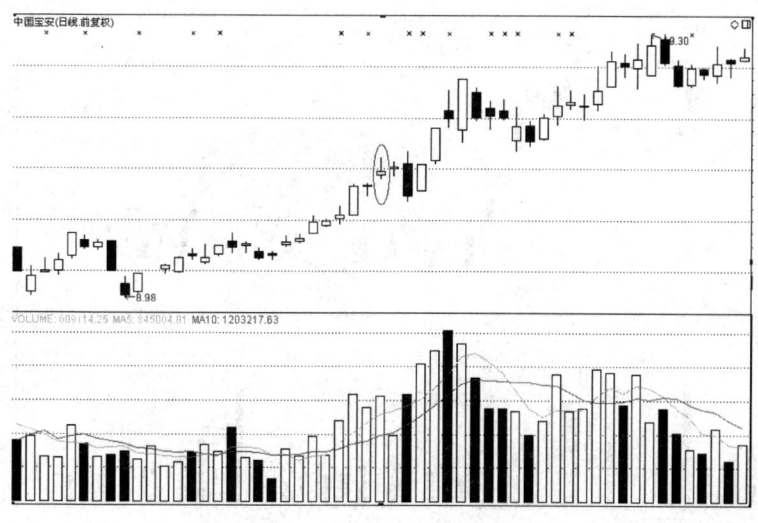

图 9-18 中国宝安收出射击之星实例

三、子母怀抱型

（一）基本图形

子母怀抱型由两根 K 线组成,分别是子线和母线,前面实体较短的线称为子线,后面实体较长的线称为母线。前一根小 K 线的实体在后一根大 K 线的实体之中,且前一根小 K 线的整个交易区间也在后一根大 K 线的整个交易区间之内,由于形态类似于母亲怀抱一个孩子,故叫怀抱线或子母线。按照母线的实体颜色不同,分为阳子母型和阴子母型,如图 9-19 所示。

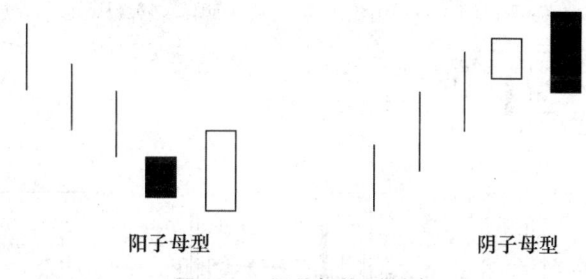

阳子母型　　　　　阴子母型

图 9-19　子母怀抱型形态

（二）形态特征

子母怀抱型组合形态有下面四个特征：

(1) 本形态出现之前一定有相当明确的趋势；

(2) 第二天的实体必须完全包含前一天的实体；

(3) 第一天 K 线的阴阳反映市场趋势：阴线反映下降趋势,阳线反映上升趋势；

(4) 第二天 K 线的阴阳与第一天的阴阳相反。

（三）技术含义

阳子母怀抱线表明空方的打压受到多方力量的猛烈反击,一般在下降趋势的末端出现,是典型的底部反转信号。如图 9-20 所示,深桑达 A 于 2016 年 1 月 19 日出现阳子母怀抱线,其后股价开始见底回升,稳步上涨。

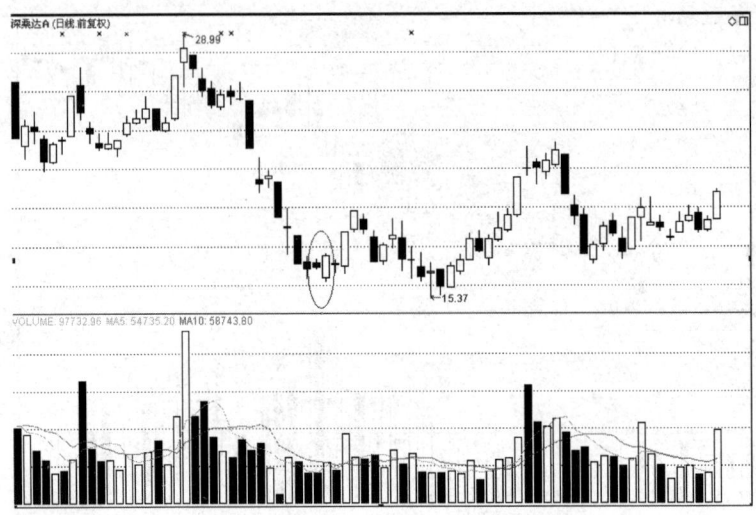

图 9-20　深桑达 A 阳子母怀抱线实例

但出现在波段顶部的阳子母型被称为"最后怀抱线",则是波段见顶或即将见顶的特征之一,多为主力诱多的操盘手法。如果次日高开低走跌破母线的最低价或开盘价,股价由此展开回落的概率极大。如图 9-21 所示,中洲控股于 2015 年 11 月 16 日出现阳子母怀抱线形态,但前期股价已大幅上涨,随后,该股开始出现下跌趋势。

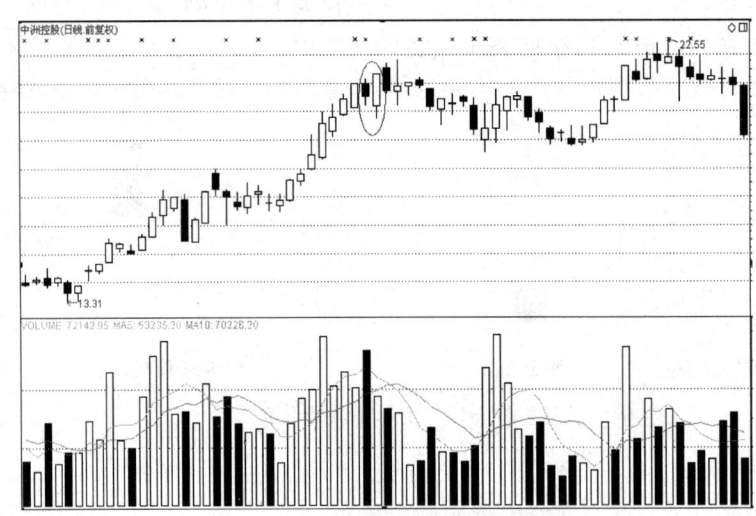

图 9-21　中洲控股阳子母怀抱线实例

阴子母怀抱线一般出现在股价运行的顶部,表明多方力量受到空方的猛烈反击,是典型的见顶反转信号,一般称为"顶部吞噬线"。是盘中主力高开低走迅速套牢跟风筹码的操盘手法,后期股价基本见顶回落。如图 9-22 所示,康达尔于 2016 年 1 月 7 日出现阴子母怀抱线,且前期股价已有较大涨幅,随后即展开了一波下跌行情。

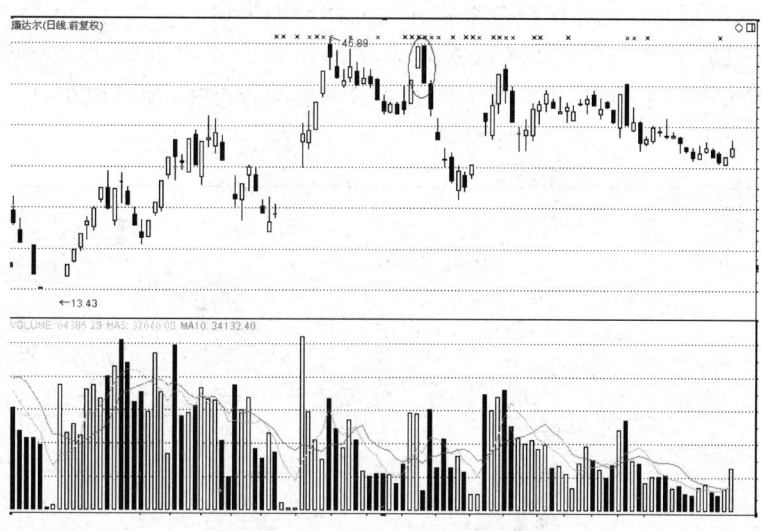

图 9-22　康达尔阴子母怀抱线实例

四、母子孕育型

(一) 基本图形

母子孕育型组合由两根 K 线组成,因后一根 K 线完全包含在前一根长 K 线之内,犹如孕妇一般,前大后小,形同母子,故叫孕线,也叫母子线,与子母怀抱线形态正好相反,如图 9-23 所示。

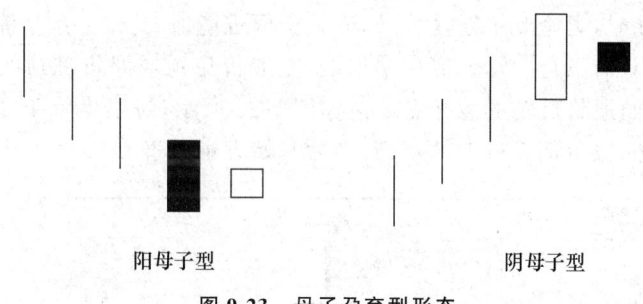

阳母子型　　　　　　阴母子型

图 9-23　母子孕育型形态

(二) 形态特征

母子孕育型组合形态有下面四个特征:

(1) 在本形态长实体之前一定有相当明确的趋势;

(2) 第一天的实体必须完全包含后一天的实体;

(3) 第一天 K 线的阴阳反映市场趋势:阴线反映下降趋势,阳线反映上升趋势;

(4) 第二根实体阴阳与第一根的阴阳相反。

(三) 技术含义

无论是阳母子型,还是阴母子型,其含义均为原趋势运行遇阻,有可能向相反方向运行或横盘整理。

阳母子孕育型出现在下降趋势进行了一段时间后。一根伴随有平均成交量的长阴线已经出现,维持了下降的趋势。第二天,价格高开,动摇了空头,引起价格的上升。价格的上升被逐步加强,因为后来者把它当成一次机会来弥补他们此前的失误。如果这一天的成交量超过前一天,这就是强烈的上涨信号,第三天得到确认的反转将提供必要的趋势反转证明。如图 9-24 所示,北方国际于 2015 年 5 月 7 日出现阳母子孕育形态,随后股价见底回升,开始新一轮的上升行情。

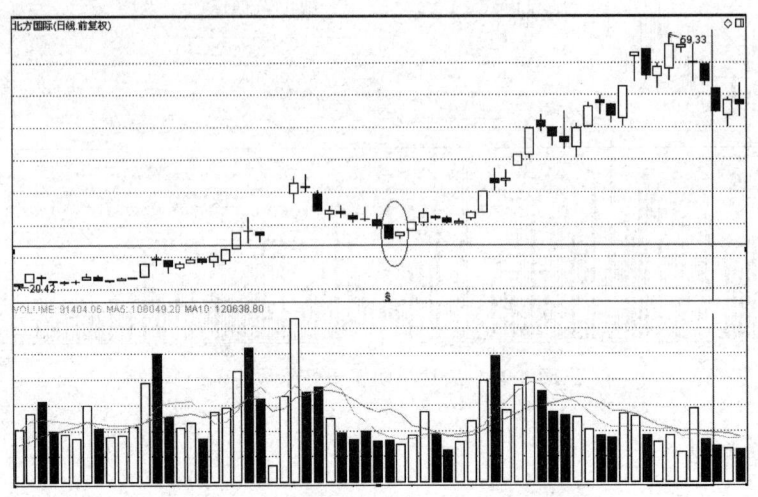

图 9-24　北方国际阳母子孕育形态实例

阴母子孕育型的情形正好相反。股价在波段高位形成孕线,是因为股价经过一路上涨后,主力内部的能量消耗殆尽,主力做最后一搏,将价格推到新高后收市;第二天,卖方尽力打压对方,把价格拉开,经过一天争持,价格整体波幅不大,形成小实体,或十字线走势,后市造成股价反转的可能较大。此时,无论放量还是缩量,皆处于两难境地,高位放量呈滞涨行情,缩量也呈量价背离,股价后市只有下行一途。高位孕出线,是股价见顶或即将见顶的特征组合之一,前后大小对比愈加强烈,股价反转的意味愈浓。如图 9-25 所示,海王生物于 2015 年 12 月 30 日出现阴母子孕育形态,股价创下近期的新高,随后开始大幅回落。

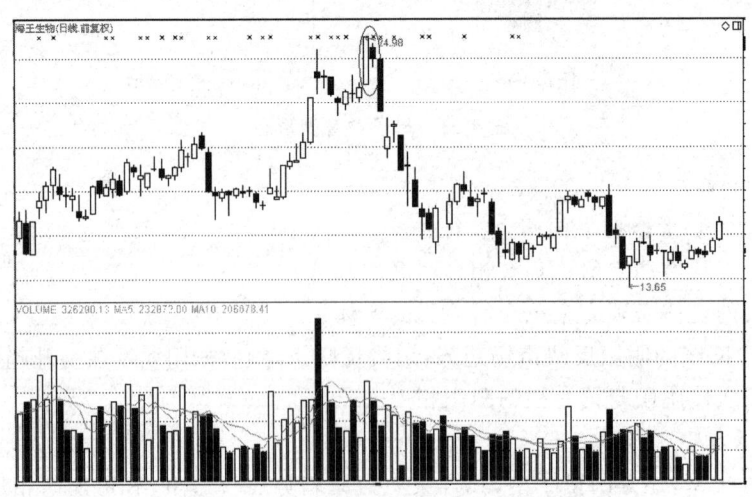

图 9-25　海王生物阴母子孕育形态实例

五、曙光初现和乌云盖顶

（一）基本图形

曙光初现和乌云盖顶形态均是由两根一阴一阳走势完全相反的K线组成。曙光初现通常在一个下跌的市况后出现，乌云盖顶则在股价连续上涨之后出现得较多，如图9-26所示。

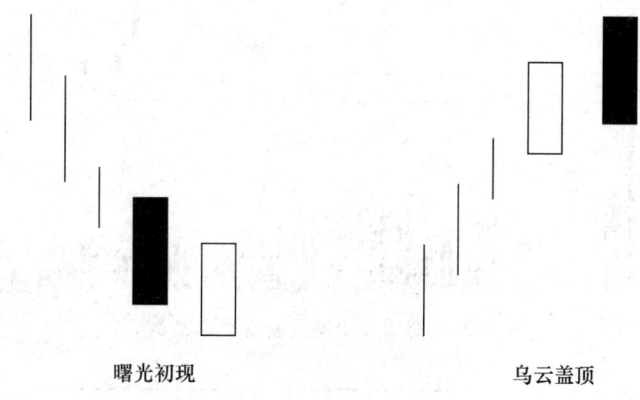

图9-26 曙光初现与乌云盖顶形态

（二）形态特征

曙光初现的形态特征：

(1) 第一根K线为处于跌势的大阴线；

(2) 第二根K线为向下跳空低开的大阳线；

(3) 阳线实体深入到前一根阴线实体1/2以上。

乌云盖顶的形态特征：

(1) 第一根K线为处于涨势的大阳线；

(2) 第二根K线为向上跳空高开的大阴线；

(3) 阴线实体深入到前一根阳线实体1/2以下。

（三）技术含义

曙光初现，顾名思义，指黑夜即将过去，黎明即将到来。曙光初现出现在股价相对低位，尤其是股价连续大幅下跌之后，暗示股价底部已经不远，见底回升的概率较大。投资者可考虑适量做多，而且第二根阳线收盘价深入第一根阴线实体部分越多，股价转势信号越强。如果曙光初现K线组合出现后，配合成交量温和放大，后市股价上涨的幅度将大大增强。如图9-27所示，绿景股份于2015年11月28日出现曙光初现形态，随后股价见底回升，开始小幅上涨。

乌云盖顶与曙光初现K线组合不同的是，其在股价连续上涨之后出现较多。乌云盖顶是见顶信号，尤其是在股价连续大幅上涨，相对高位出现时，预示着股价上升乏力，一轮回调即将开始。乌云盖顶K线组合出现后，股价见顶回落的概率极大，从短期规避市场风险的角度出发，应警觉后市有变，抛售出局为宜。一般而言，阴线实体深入阳线实体的部分越多，其转势信号越强，后市下跌的力度越大。如果乌云盖顶配合成交量的放大，后市的杀伤力度将大大增强。如图9-28所示，航天发展于2015年12月20日出现乌云盖顶形态，股价创下了当时的阶段性新高，随后看是大幅回落。

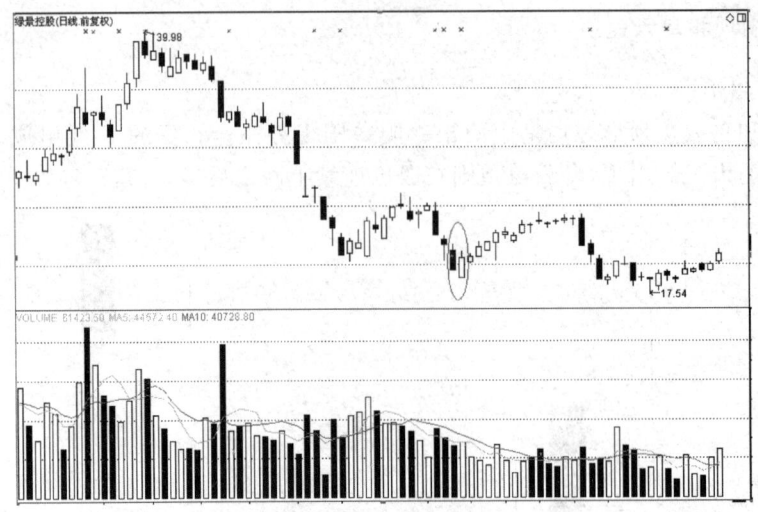

图 9-27　绿景股份曙光初现形态实例

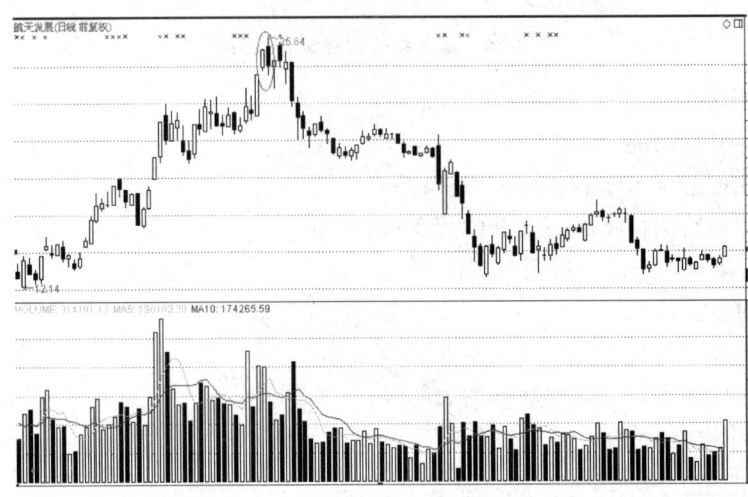

图 9-28　航天发展乌云盖顶形态实例

六、早晨之星和黄昏之星

(一) 基本图形

早晨之星(Morning Star)和黄昏之星(Evening Star)是相互对称的图形,是由三根 K 线组成的组合形态。一般而言,早晨之星出现在下降趋势中,黄昏之星出现在上升趋势中,如图 9-29 所示。

(二) 形态特征

早晨之星形态的基本特征:

(1) 在下降趋势中的某一天出现一根抛压严重的长阴实体;

(2) 次日出现一根向下跳空低开的十字星,且最高价可能低于前一天的最低价,与前一天的阴线产生一个缺口;

(3) 第三天出现一根长阳实体,买盘强劲。

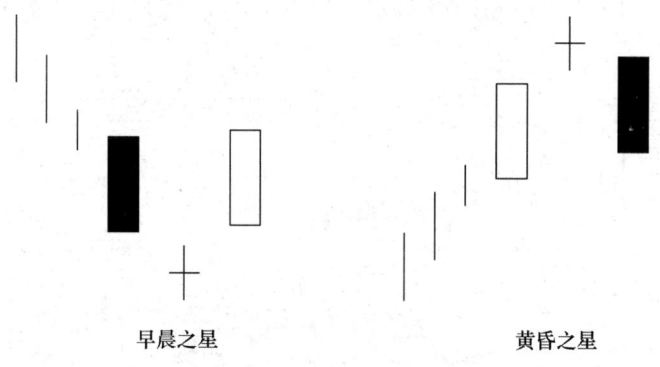

早晨之星　　　　　　　　黄昏之星

图 9-29　早晨之星与黄昏之星形态

黄昏之星形态的基本特征：

(1) 在上升趋势中的某一天出现一根买盘强劲的长阳实体；

(2) 次日出现一根向上跳空高开的十字星，且最低价可能高于前一天的最高价，与前一天的阳线产生一个缺口；

(3) 第三天出现一根长阴实体，卖盘强劲。

(三) 技术含义

早晨之星开始于下降趋势过程中的一根长阴线，这根长阴线加强了原有的下降趋势，看似大事不妙。但第二天股价只是小幅跳空下行，收盘时收出一十字星，这个星体显示了不确定性的开始。而第三天股价就在平开或小幅开高后，一路上行，最终收一大阳线，企稳待涨信号正式发出。如图 9-30 所示，古井贡酒于 2016 年 2 月 5 日出现标准的早晨之星形态，随后股价在整理了一段时间后，开始了一轮上涨行情。

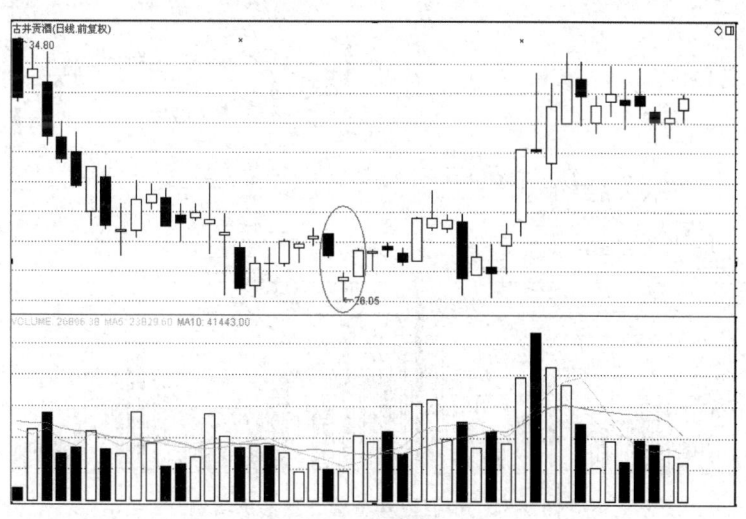

图 9-30　古井贡酒早晨之星形态实例

早晨之星是次要的底部反转信号，因此一旦其出现后，等待次日的验证信号就显得尤为重要。如果早晨之星出现后，次日股价向上跳空开盘或是在较高的价位上拉出一根放量阳线，则其转势向上的信号就越强。而设定止损位也是其必要的选择，对这种 K 线形态而言，出现早晨之星形态那一天的最低价，往往就是一个很好的止损位，一旦股价跌破该价位，则说明下跌抵抗失败，投资者应及时止损出局。如图 9-31 所示，中国武夷于 2016 年 1 月 4 日出现标准的早晨之星,第三天(1月6日)出现小阳,显示反转力度不足,随后1月7日延续前期的下降态势,显示反转失败。

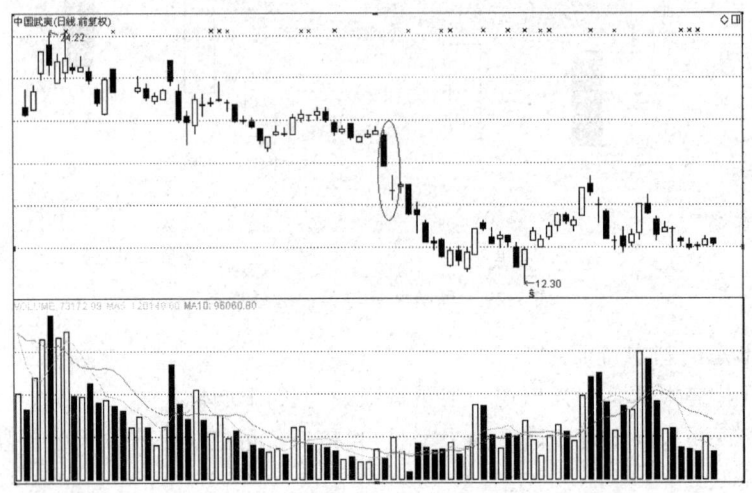

图 9-31　中国武夷早晨之星形态实例

黄昏之星的情况同早晨之星正好相反,是上升趋势出现反转的组合形态。黄昏之星开始时是一根长阳线,加强了原有的上升趋势。第二天价格向上跳空出现新高,交易发生在小范围内,收盘价同开盘价接近,这个星体显示了不确定性的开始。第三天跳空低开,收盘更低,表示显著的趋势反转已经发生。如图 9-32 所示,山西证券于 2015 年 11 月 16 日走出黄昏之星,随后股价开始回落。

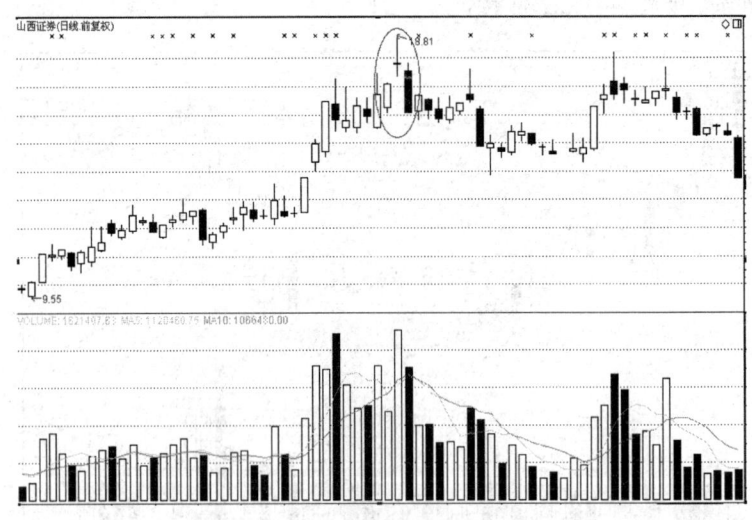

图 9-32　山西证券黄昏之星形态实例

同样,黄昏之星也是一种次要的顶部反转信号,因此其出现图形陷阱的可能性较大。一般来说,如果该形态出现在反弹行情顶部,股价快速拉升之后,那么其可靠性较高;反之,若该形态出现在股价突破颈线之后,涨幅也相对较小时,则庄家洗盘的可能性较大。如图 9-33 所示,云南盐化于 2015 年 8 月 7 日出现标准的黄昏之星,但第四天(8 月 12 日)却收出大阳线,并随后展开了新一轮的上涨攻势,表明庄家洗盘的可能性较大。

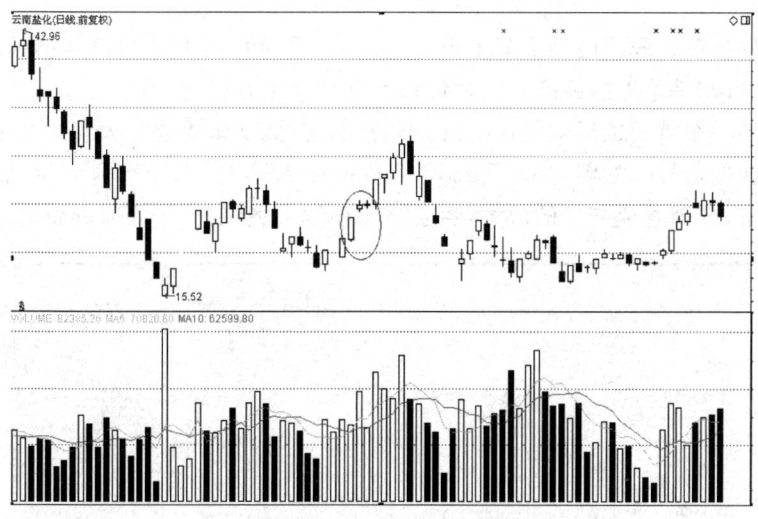

图 9-33　云南盐化黄昏之星形态实例

七、红三兵和三乌鸦

（一）基本图形

红三兵和三乌鸦是相互对称的图形。红三兵是发生在下降趋势末端的三根 K 线组合形态，该组合出现后股价看涨；三乌鸦是发生在上升趋势末端的三根 K 线组合形态，该组合出现后股价看跌，如图 9-34 所示。

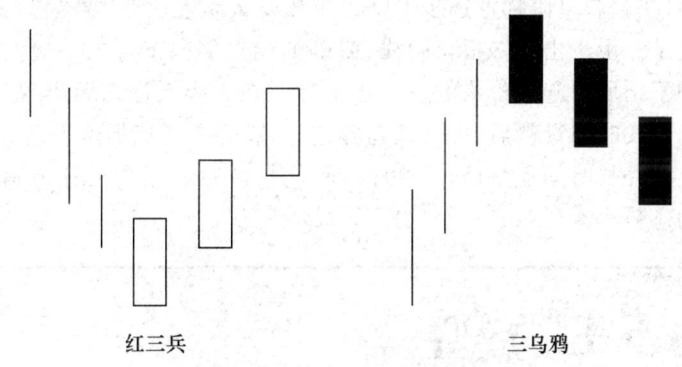

红三兵　　　　　　　　三乌鸦

图 9-34　红三兵与三乌鸦形态

（二）形态特征

红三兵形态的基本特征：

(1) 三根连续的长阳线，每天出现更高的收盘价；

(2) 每天的开盘价应该在前一天实体的中点之上；

(3) 每天的收盘价应该在当天的最高点或者接近最高点。

三乌鸦形态的基本特征：

(1) 连续三天大阴线；

(2) 每天的开盘价在前一天的实体之内；

(3) 每天的收盘价等于或者接近新低。

（三）技术含义

红三兵如果出现在股价已经下降了很长时间后,是市场将要强烈反转的标志。每天开盘价较低,而收盘价却是最近的新高。这种价格运动行为上升稳定,看涨的趋势明显。辨别红三兵形态可靠性的一个重要依据就是成交量。通常而言,成交量需要放大到一个足够的数量级,才被认为是反转的信号。如图 9-35 所示,兄弟科技自 2015 年 12 月 4 日开始,股价连续拉升,出现红三兵形态,伴随着成交量的放大,随后该股继续上涨,创下了当时的新高。

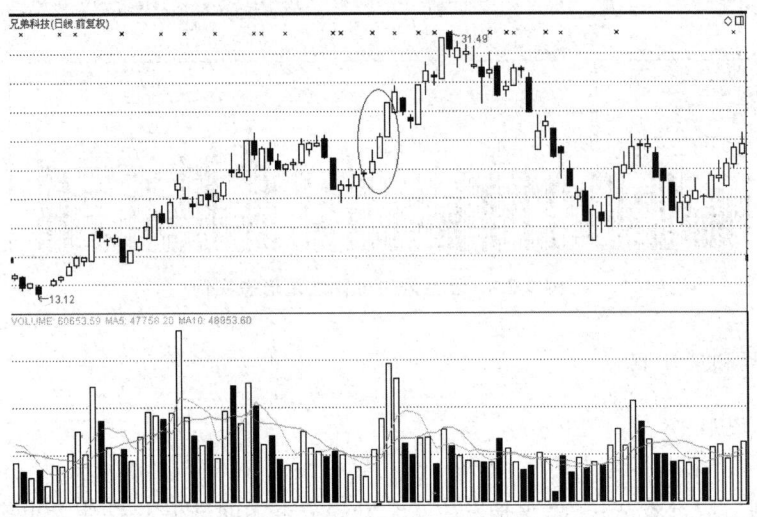

图 9-35　兄弟科技红三兵形态实例

在上升趋势中,三乌鸦呈阶梯形逐步下降。市场要么靠近顶部,要么已经有了一段时间在一个较高的位置上了。由于出现一根长阴线,明确的趋势倒向下降的一边。后面两天伴随着众多的卖压和获利了结所引起的价格的进一步下降。在大幅上涨之后出现三乌鸦走势,见顶的概率极大。在高位长时间盘整后,出现三乌鸦走势,股价有可能加速下跌。如图 9-36 所示,巨龙管业在大幅上涨并长时间盘整后,自 2015 年 6 月 25 日开始走出三乌鸦态势,随后,该股呈现出加速下跌的态势。

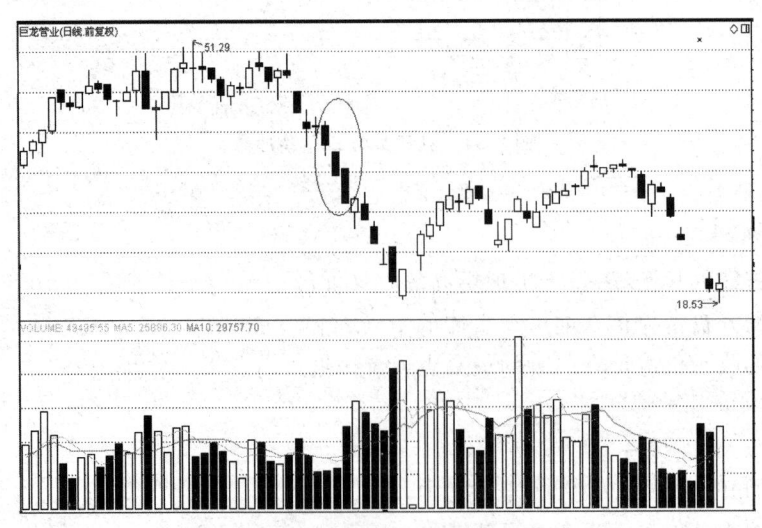

图 9-36　巨龙管业三乌鸦形态实例

暴跌之后,再出现三乌鸦加速赶底走势,意味着可能的底部即将来临。如图 9-37 所示,永大集团在暴跌之后,于 2016 年 2 月 25 日出现三乌鸦态势,其后股价并未下跌,而是一直横盘整理,预示着可能的底部即将出现。

图 9-37　永大集团三乌鸦形态实例

八、强弩之末

（一）基本图形

强弩之末是发生在上升趋势末端的三根 K 线组合形态,如图 9-38 所示。

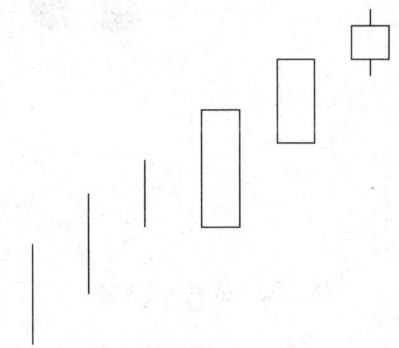

图 9-38　强弩之末形态

（二）形态特征

强弩之末形态的基本特征:

（1）第一天和第二天的 K 线是长阳线实体;

（2）第三天的开盘价接近第二天的收盘价;

（3）第三天是小实体线,如果是星形线则含义更明确。

（三）技术含义

强弩之末表明前两天的长阳消耗了多方很大的能量,第三根阳线实体一下缩得很小,这反映了升势可能停顿,股价随时会出现回落。该组合出现在涨势中,尤其是股价已有了很大的升幅之后,表明做多的后续力量已经不足。强弩之末展示了原来上升趋势的弱化。从图形上看,强弩之末是黄昏之星的前奏。在上升过程中,强弩之末形态出现得越晚,股价不能继续上升的含义越强。如图9-39所示,天广消防于2015年12月29日出现强弩之末形态,股价达到阶段性顶部21.25元,随后开始大幅下跌。

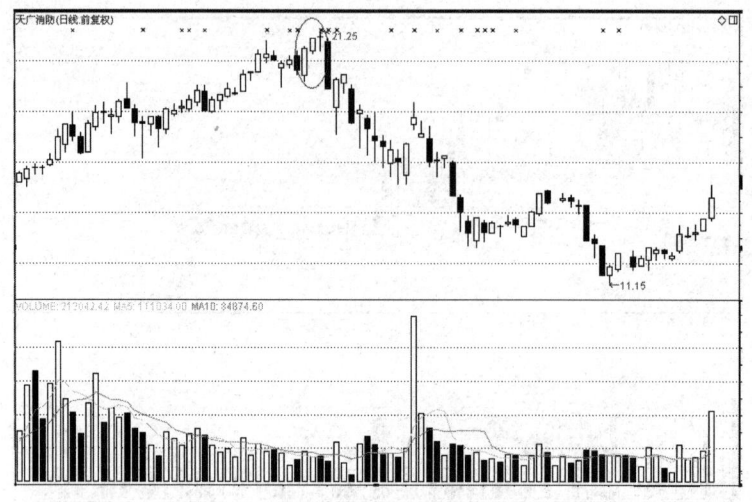

图9-39　天广消防强弩之末形态实例

九、双鸦跳空

（一）基本图形

双鸦跳空是由两根阴线构成的K线组合,一般出现在市场拉升行情中,如图9-40示。

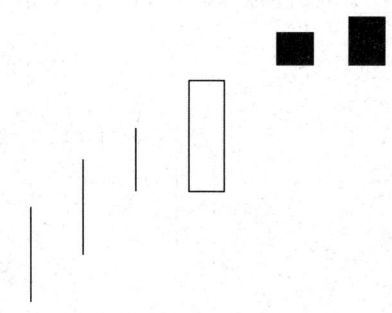

图9-40　双鸦跳空形态

（二）形态特征

双鸦跳空形态的基本特征:

(1) 市场经过一段时间的拉升后,首先拉出一个长阳线;

(2) 第一根阴线的实体部分与前面的阳线形成跳空缺口,构成起飞的形状;

(3) 第二根阴线实体较长,将第一根阴线吞没。

（三）技术含义

从双鸦跳空的形态上看,股价在上升一段时间后,首先出现一根长阳线,使得前期的上升趋势得到延续,但紧接着第二天,股价跳空高开后涨势无法继续而收阴,不过前期的向上跳空缺口仍然存在,显示多头仍然有一定的优势。第三日的盘口再次向上跳空,但收盘却再度收阴,第三日的阴线吞噬了前一日的阴线。但是同第一日的K线相比,仍然有向上跳空的缺口,说明多方势力连续两天发力使市场跳空高开。但在空方势力的反击下,收盘收出阴线,使得多头势力对后市产生疑虑,开始获利出局,增加市场向下调整的压力,而且发生岛状反转的概率也大了。因此,对双鸦跳空走势应保持警觉,可以获利离场或适当地减磅,等待市场方向更加明确。如图9-41所示,科斯伍德于2015年10月22日出现变形的双鸦跳空,随后股价开始出现下调态势。

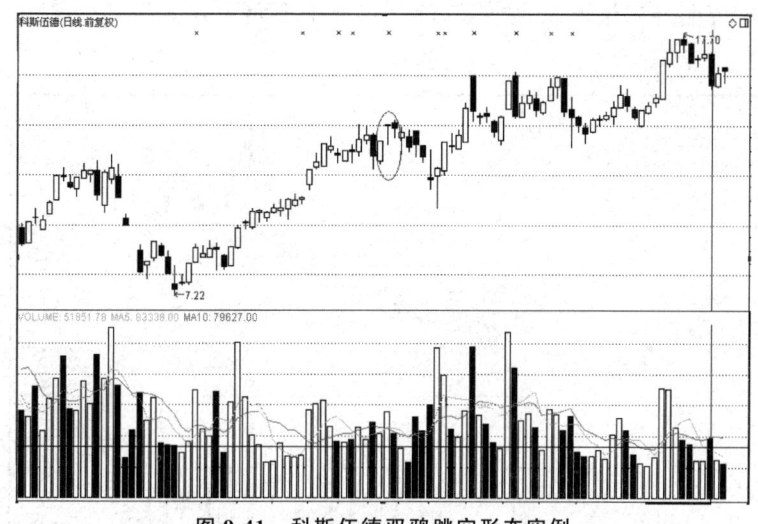

图 9-41　科斯伍德双鸦跳空形态实例

十、上升三法和下降三法

(一)基本图形

上升三法和下降三法都是持续型的组合形态,该种组合的出现,意味着股价将沿着原有的趋势继续运行,如图9-42所示。

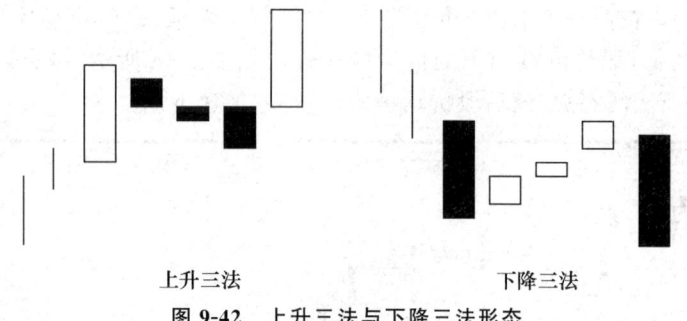

　　　　上升三法　　　　　　　下降三法
图 9-42　上升三法与下降三法形态

(二)形态特征

上升三法和下降三法形态的基本特征:

(1)长实体的形成表示了当期的趋势;

(2)长实体被一组小实体跟随;

(3)小实体沿与当前趋势相反的方向或高或低地排列,并保持在第一天实体的最高价和最低价所限定的范围之内;

(4)最后一天应该是强劲的一天,其收盘价高于或低于第一根长实体的收盘价。

(三) 技术含义

上升三法的长阳线形成于上升趋势中,这条长阳线之后是一群抵抗原来趋势的小实体。这些相反趋势的 K 线一般是阴线,但这些小实体大都位于长阳线的实体范围之内,最后一根 K 线的收盘价高于前面一根 K 线的收盘价,并且收盘价创出新高,进而维持了原来的趋势。这根放量阳线的收盘价越高,则股价继续向上的信号就越强。如图 9-43 所示,康斯特于 2015 年 10 月 27 日出现上升三法形态,之前股价一直处于小幅上升态势,随后股价延续前期的升势,创出新高。

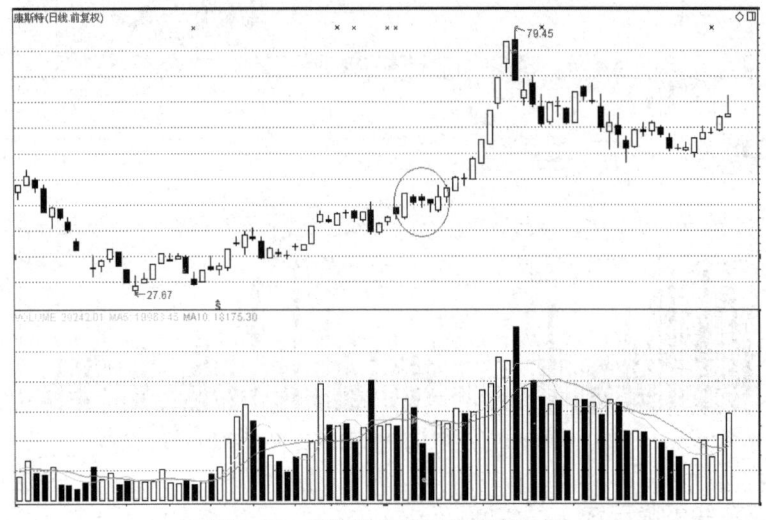

图 9-43　康斯特上升三法形态实例

下降三法为上升三法的对应形态。市场处于下降趋势,一根长黑线的出现使其跌势得到加强。随后三天则为实体短小的线形,其走势与既定趋势相反。如果这些盘整线形的实体为白色,则情况最佳。必须注意的是,这些短小的实体全部位于第一根长黑线的高低价范围内。最后一天开盘价应该在前一天的收盘价附近,收盘则创出新低,宣告市场休息时间结束,且放量阳线的收盘价越低,股价继续向下的信号就越强。如图 9-44 所示,国金证券于 2015 年 12 月 28 日呈现下降三法的态势,随后股价延续前期跌势,加速下滑。

图 9-44　国金证券下降三法形态实例

第四节　应用K线理论的注意事项

K线是价格运行轨迹的综合体,用K线描述市场有很强的视觉效果,是最能表现市场行为的图形之一。无论是开盘价还是收盘价,甚至上下影线都有着深刻的含义。尽管如此,一些常见的K线组合形态只是根据经验总结了一些典型的形状,并没有严格的科学逻辑。因此,在看到任何形态的K线时,都需要结合实际的股价运动趋势和相对的位置高低来进行分析,否则,就会做出错误的决定而蒙受损失。这些外表相同的K线所蕴含的技术含义对股价的后市指向与实际走势可能出现矛盾,相同的K线因所处的位置不同,其代表的信号含义也不同。

所以,在运用K线理论时,需要注意结合多种因素进行综合分析,并区分市场中的真假机会,只有这样,才能提高投资成功的概率。

一、瞻前顾后,综合分析

单根K线形态分析的作用有时是非常有限的,很难对股价运行趋势做出准确的判断。为了准确判断股价的运行方向,往往需要根据其前后K线的情况加以综合研判。一般来讲,趋势一旦形成,短期内很难改变,一两次偶然的意外因素也只能使当前的趋势出现短暂的波动。也就是说,单根K线的形态总是服从K线组合排列,在K线组合排列中即使偶尔有相反的单根K线形态出现,投资者也应该从K线组合排列的角度来考虑操作,而不是局限于单根K线的形态。所以,在既定的趋势中,单根K线形态的指向作用实际上是非常有限的。但如果在单根K线形态的周围还有许多其他的单根K线支持其含义,那么这个单根K线形态的有效性就会比较高。例如,当股价上涨到高档区或下跌到低档区后,会连续出现反转信号,此时市场反转的可能性就会比单独出现一个反转信号时大。

二、形态还原,化繁为简

任何K线组合排列形态,不管它有多么复杂,都可以用其第一个K线开盘价和最后一个K线收盘价以及其中的最低价、最高价将它们还原为单根K线。比如将五天的日K线图还原成一根周K线图,将四周的K线图还原成单根月K线图。当然还可以取任何数目的K线还原成一根K线。如果还原后的单K线的市场含义支持原来的K线形态,则原形态无须再确认;如果还原后的单K线的市场含义和原来的K线形态存在冲突,则原形态需要进一步确认。利用这种方法可以将任何一个K线组合形态简化为单根K线,不管对这个形态熟悉与否,都可以让K线形态的多空含义一目了然。

三、掌握精髓,灵活运用

在众多的K线形态当中,有些形态非常相似,但它们所传达的信息却大相径庭。比如同是三根阳线的图形组合,但由于阳线实体的变化,就会出现红三兵、大敌当前和前方受阻三种形态,它们各自的技术含义不同,与之相对应的操作策略也不同。另外,K线因所处的位置不同,其含义也不同。例如一根大阳线,很多人认为,凡是大阳线就是看涨的信号,其实这样理解是不全面的。当股价快速上扬之后拉出大阳线往往有见顶的意味,此时它就不是买进的信号,而是拉高出货的信号。因此,投资者对K线的特征和技术含义要认真加以研判,知其然,更要知其所以然,这样在运用时才会不出现差错。

四、双方博弈,分析心理

K线形态各异,投资者很难全部掌握,也没有必要去死记硬背,因为K线形态尽管不一样,但它们的本质是一样的。股票交易是一个多空双方博弈的过程,在股价的交易过程中,我们所看到的最直观的信息就是股价的波动,而股价波动是多空双方力量博弈的结果,它反映了交易双方的心理变化过程。所以,我们应该透过股价的波动,去分析多空双方的市场心理。理解了多空双方博弈的心理,也就明白了各种形态所蕴含的意义。

五、借助他法,避开陷阱

正如其他技术分析方法一样,K线形态技术分析也不是绝对的、万能的。从统计角度看,尽管有些K线形态的有效性比较强,如早晨之星、乌云盖顶等,但随着K线形态分析方法的逐步普及,以及投资者对K线形态依赖性的提高,主力在操盘过程中也许会反其道而行之,从而使K线形态的有效性大为降低;而有些K线形态,其有效性本来就低,不能直接指导投资者进行实际操作,因此,K线分析需要结合其他技术分析方法才能发挥有效作用。投资者可以将K线形态技术分析与公司基本面分析、技术指标分析、成交量分析结合起来,这样其有效性将会大幅提升。

六、根据实际,不断调整

组合形态只是总结经验的产物,在实际市场中,完全满足我们所介绍的K线组合形态的情况是不多见的。如果一点不变地照搬组合形态,有可能长时间碰不到合适的机会,因此,要根据实际情况,不断"修改、创造和调整"组合形态。

【本章小结】

1. 本章以K线为基础,在介绍K线起源及分类的基础上,首先分析了长实体K线、短实体K线、纺锤线、锤子线、倒锤线、十字星、一字线等单根K线的技术含义;并结合不同的K线组合,介绍10种经典K线组合的技术含义,包括金针探底和高空上吊、流星线和射击之星、子母怀抱型、母子孕育型、曙光初现和乌云盖顶、早晨之星和黄昏之星、红三兵和三乌鸦、强弩之末、双鸦跳空以及上升三法和下降三法。

2. K线图形虽然简单直观,但是单纯应用K线理论进行分析会出现误差,因此在应用K线理论进行具体分析时,需要注意以下几点,提高预测准确度:(1)瞻前顾后,综合分析;(2)形态还原,化繁为简;(3)掌握精髓,灵活运用;(4)双方博弈,分析心理;(5)借助他法,避开陷阱。

【关键概念】

K线　实体　影线　阳线　阴线　纺锤线　锤子线　倒锤线　早晨之星　黄昏之星　红三兵　三乌鸦　双鸦跳空　上升三法　下降三法

【复习思考题】

1. 简述K线的具体分类。

2. 简述单根 K 线的分析重点。
3. 简述早晨之星和黄昏之星的技术含义。
4. 应用 K 线理论的注意事项。

【参考文献】

[1] 〔美〕斯蒂芬 W.比加洛著,杨永新等译.蜡烛图方法:从入门到精通[M].机械工业出版社,2010.

[2] 〔美〕史蒂夫·尼森著,何平林译.日本蜡烛图教程[M].天津社会科学院出版社,2010.

第十章 道氏理论

【本章概要】

本章首先介绍了道氏理论的产生,然后重点介绍了道氏理论的三重运动原理及各运动的特点及其成因,还介绍了道氏理论的基本验证原则。通过本章的学习,读者可以了解道氏理论的基本内容及其在证券投资领域的地位和作用,理解道氏理论投资哲学的基本思想。通过本章的学习,读者还应该掌握道氏理论的基本验证原则并能够用于证券投资市场的实际分析。

第一节 道氏理论概述

对任何一个股票投资者来说,无疑都需要一套完整的投资理论进行指导。沃伦·巴菲特(Warren Buffett)曾经告诫投资者说:绝大部分投资者失败的原因是他们不愿意接受正确的投资理念和正确的理论指导。道氏理论是技术分析的基础和鼻祖,已有一百多年的历史,是华尔街最悠久也是最著名的股市分析理论。大多数技术分析理论,如著名的波浪理论、江恩理论,都起源于道氏理论,都是其各种形式的发扬光大。因此,对一个投资者来说,了解道氏理论对建立自己的投资理念和投资原则具有重要帮助。

一、道氏理论的产生

道氏理论的创始人是查尔斯·道(Charles Dow),之后由威廉·汉密尔顿(William Peter Hamilton)和罗伯特·雷亚(Robert Rhea)继承和拓展,是三人共同研究的成果。

查尔斯·道(1851—1902)出生于新英格兰,是纽约道·琼斯金融新闻服务和道·琼斯指数的创始人,《华尔街日报》的创始人和首位编辑。1882 年,查尔斯·道与爱德华·琼斯(Edward Jones)等人创立道·琼斯公司,专门向投资客户投送有关股票、债券交易的信息和新闻,这也是《华尔街日报》的前身。1884 年 7 月 3 日,由查尔斯·道发明的道·琼斯工业平均指数(Dow Jones Industrial Average,DJIA)经道·琼斯公司发布,首次进入华尔街,开创了美国金融投资的新纪元,现今市场中的各种流行股价指数如 S&P500(美国标准普尔指数)、NASDAC(纳斯达克指数)、香港恒生指数等均起源于道·琼斯工业平均指数。1889 年 7 月 8 日,《华尔街日报》问世,道氏亲任第一位总编直至 1902 年去世。1990 年至 1992 年间,以道·琼斯平均价格指数(1887年道·琼斯平均价格指数分为工业平均指数和交通运输平均指数)为分析对象,道氏在《华尔街日报》发表了众多关于股市走势的评论,而且准确无比,这令道氏名声大震。

查尔斯·道逝世后,作为其得力助手,威廉·汉密尔顿继承发展了道氏的工作和他的理论思想。1903年汉密尔顿接替道氏担任《华尔街日报》总编直至1929年逝世。期间,他在《华尔街日报》《巴伦周刊》发表了一系列股市预测的文章,阐释、改进和补充了道氏理论。1922年,汉密尔顿撰写了《股市晴雨表》一书。该书集中论述了道氏理论的精华,并对道氏理论进行了归纳整理,使之具备了具体的内容和正式的体系结构。当然,汉密尔顿也补充和完善了道氏理论,如市场操纵行为、投机行为、政府管制等内容。更为可贵的是,汉密尔顿充分运用了道氏理论的预测功能。他认为,股票市场是商业的晴雨表,而且能预示自身未来可能的发展趋势。同时他本人充分展示了阅读这个晴雨表的出色技巧,并付诸实践,促使道氏理论得到了广泛传播。

罗伯特·雷亚是汉密尔顿与道氏的崇拜者,他从1922年开始至1939年过世为止,在病榻上坚持工作,利用两人之前创造的理论预测股票市场的价格,并取得了相当不错的成绩。雷亚对于道氏理论的贡献极多,他将成交量纳入分析的范畴,使价格预测又增加一项内容。1932年,罗伯特·雷亚出版《道氏理论》一书。雷亚在书中强调,道氏理论在设计上是一种提升投机者或投资者知识的配备或工具,并不是可以脱离经济基本条件与市场现况的一种全方位的严格技术理论。雷亚详细分析了道氏理论中所谓的三大假设或公理及五大原则,并把它向实用化推进,再次通过实践证明了道氏理论可以稳定而准确地预测未来的经济活动。

> 阅读延展

关于查尔斯·道

查尔斯·亨利·道(Charles Henry Dow,1851—1902)是美国著名的经济学家和出版家,是道氏理论、《华尔街日报》、道·琼斯指数的创始人,被称为股市证券投资的先驱和宗师。

1851年11月6日,道氏出生在美国新英格兰康涅狄格州一个农夫家庭。他20岁时就担任记者和编辑,从事采访、编辑及撰稿评论等工作,曾得到当时著名编辑萨缪尔·鲍尔斯的指导。

1882年11月,道氏与爱德华·琼斯(Edward Jones)、查尔斯·伯格斯特里瑟(Charles Bergstresser)三人共同建立道·琼斯公司,专门向投资客户递送他们撰写的有关股票、债券交易的新闻,1883年,公司正式发行汇总当天股市行情的"客户午后日志",这就是《华尔街日报》的前身。1884年7月3日,道氏在对纽约股市进行长期观察分析的基础上,首次将统计数学方法用于分析股市,创建道·琼斯工业平均指数。在1889年创立《华尔街日报》后,道氏在其上发表了许多社论,讨论股票投机的方法。事实上,道氏并没有对自己的理论作系统性的说明和归纳,而只是在每天的社论中作零星报道。而且,他声称他的理论不是用于预测股市,甚至不是用于指导投资者,而只是一种反映市场总体趋势的晴雨表。

道氏聪明、自制而且极度保守,这也体现在他的道氏理论思想中。无论公众对其的热情多么高涨,道氏都能以法官般的冷静来思考任何事情。汉密尔顿曾这样评价:"我从未见过他动怒,不仅如此,我甚至从未见他激动过。"极度的诚实和敏锐的灵感使他赢得了每一位华尔街人士的信任,也为华尔街的明日辉煌奠定了思想基础。

为了表彰道氏对投资市场研究的贡献,1984年7月3日,也就是道氏指数诞生100周年纪念日,美国市场技术分析师协会(MTA)向道琼斯公司颁赠了高汉默银碗奖,以纪念这位人士对证券投资领域做出的卓越贡献。

关于道·琼斯指数

道·琼斯指数(Dow Jones Index)的全称为道·琼斯平均价格指数(Dow Jones Average Price Index),是目前人们最熟悉、历史最悠久、最具权威性的一种股票指数。

在道·琼斯指数建立初期,只包括两大类指数:道·琼斯工业平均指数(Dow Jones Industrial Average Index,DJIAI)和道·琼斯交通运输平均指数(Dow Jones Transportation Average Index,DJTAI)。

1884年7月3日,道氏正式创立道·琼斯工业平均指数,经道·琼斯公司计算和发布进入华尔街。当时该指数仅包括纽约股票交易所中11种最活跃和最流行的股票,其中9家为铁路公司,另外2家为传统工业公司。当时道氏没有将指数分类,只统称为工业平均指数。1896年10月26日,道氏将价格指数扩大到20家公司,并正式将该指数命名为道·琼斯铁路平均指数(由于铁路当时是主要交通运输工具,所以只考虑了铁路公司)。

随着工业公司及制造业公司在股票市场中的重要性增加,1896年5月26日,道氏正式建立了以12种工业公司及制造业公司股票为基础的道·琼斯工业平均指数,以表现工业公司及制造业公司的经营状况。这12家公司主要集中于商业制造业,如棉花、糖、烟草、皮革及橡胶等行业。

经过多年的发展,这两类指数的计算方式及结构经历了数次变化。1970年,随着铁路在交通运输中的作用下降,铁路指数进行了根本性的调整和变化,加进了航空、航运和汽车运输业等公司的股票,但公司规模一直保持为20家,指数名称改为交通运输平均指数。目前,工业平均指数包括工业部门比较有代表性的30家公司,大部分集中在采掘业、制造业和商业,全球著名企业如西门子、微软、沃尔玛等都被囊入其中。而通用电气公司是唯一一家一直留在道·琼斯工业平均指数中的工业公司。

时至今日,道·琼斯指数除包括上述两类重要指数外,还包括由15家公用事业公司股票价格编制的公用事业股票平均价格指数和上述三类指数中的65家公司股票价格联合编制的综合价格指数。1929年1月2日,道·琼斯公司开始公布道·琼斯电气指数,这就是公用事业股票平均价格指数的前身。当时,该指数包括20种不同的电力、能源公司股票,1938年减少至15种,并一直沿用至今。随后,包括20种铁路股、30种工业股和15种公用事业股的65种股票综合股价指数问世。

因此,道·琼斯平均股价指数包括上述四类指数:30种工业股平均价格指数、20种交通运输股平均价格指数、15种公共事业股平均价格指数和这65种混合股的综合平均价格指数。它们均以1928年10月1日为基期,基期指数为100。这些指数经过计算机连续采用,每分钟计算一次,每小时发布一次,反映着全球股票市场的走势,也饱含了所有投资者的欢乐和忧伤。

道·琼斯平均股价指数是道氏理论产生的基础,正是道氏将道·琼斯平均股价指数用于股票市场,分析股市的升与跌,预判经济的兴与衰。道·琼斯平均股价指数还是将金融风险分为系统性风险和非系统性风险的基础。道氏提出:任何一只股票所伴随的总风险都包括系统性风险和非系统性风险。系统性风险是指影响所有股票的一般性经济因素,非系统性风险是指只对个别股票产生特殊影响的因素。

二、道氏理论的三大公理

任何理论的建立都需要一定的基础或假设,而道氏理论直接来源于查尔斯·道、威廉·汉密尔顿、罗伯特·雷亚等几位理论大师对股票市场的直接观察、实践、经验和总结,其理论基础则是大家所熟知的三大公理或假设:市场行为包容消化一切信息;市场行为按趋势方式演变;历史会重演,但不会简单地重复。

(一) 市场行为包容消化一切信息

市场行为是指市场中的买卖行为,它是一种群体行为。市场行为包含市场中的四大基本要素:价格、成交量、时间和参与人。其中价格是最重要的因素。所谓市场行为包容并消化一切信息,是指市场行为会反映每一条信息。每一位对于市场有所了解的人,他们所有的希望、失望与知识都会反映在市场行为的波动中,包括他们的预测。即使像地震、海啸这样不能被准确预测的自然灾害一经发生,市场行为也会逐渐理解和消化。市场行为包容并消化一切信息的本质思想是,市场中所有信息都反映在市场行为中,反映在市场价格中,所有的市场影响因素都可以通过市场价格反映出来。

市场价格围绕其价值上下波动,而决定价值的基本因素则是公司的资产价值及盈利状况等基本面,它们对市场价格的走向起决定作用。市场价格的波动不仅取决于市场的供求状况,还取决于人们的投机行为。商业的经济周期、政府政策等因素会对市场价格造成一定的次要影响,但不会扭转市场价格的基本走向。人们的投机行为表现在人们对财富的占有和贪婪以及对失去财富的恐惧,这些因素只能对市场价格造成可能剧烈但很短暂的影响。

总之,市场行为包容消化一切信息是技术分析的基本前提,任何人所了解、希望、相信和预期的任何事情都可以在市场中得到体现。树不会长到天上去,市场价格不会像气球一样在风中到处飘荡。就市场整体价格而言,它代表一种严肃而经过深思熟虑的行为结果,体现了一种公正的自然法则。

(二) 市场行为按趋势方式演变

这一公理来自道氏理论的市场操纵理论。道氏理论认为,股票市场价格的变化任何时候都包含三种形式的运动:基本运动、次级运动和日常波动(见图10-1),体现三种趋势:基本趋势、次级趋势(中期趋势)和短期趋势。基本运动是市场价格最主要的运动,代表市场的发展方向或市场的规律,投资者最主要的任务是掌握市场行为的基本运动,辨清市场价格的基本趋势。基本运动不可以被人为控制或操纵,任何人为的控制或操纵都必将为此付出惨重的代价。次级运动是对基本运动的调整,对于上升的基本运动,次级运动表现为重要的下跌运动,对于下跌的基本运动,则表现为反弹的上升运动。次级运动可以微弱地被市场控制或操纵。日常波动存在于基本运动和次级运动中,是价格运动的小方向。日常波动对应的短期趋势时间比较短暂,很少超过三个星期,通常少于六天,但容易受到市场的人为控制或操纵,是无法预测的。

道氏理论还将投资者分为"聪明资金"、机构投资者和大众投资者。"聪明资金"分析市场价格的基本趋势,是价值投资者,而机构投资者和大众投资者则属于价格投资者,机构投资者确定价格的中期趋势,大众投资者则确定价格的短期趋势。

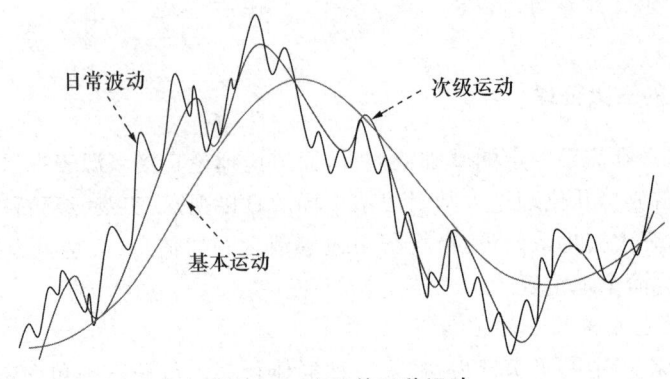

图 10-1 市场的三种运动

（三）历史会重演，但不会简单地重复

历史总是那么惊人地相似，如果依然具备以前的条件，那么类似过去的事情很有可能再次发生。这是因为：首先，人类心理行为模式具有遗传特征，在市场具备类似的情况和波动态势时，投资者倾向于采取相同的心理、思维和行动方式应对，从而使市场的各种现象表现出与历史现象类似的特征；其次，市场中某些市场行为给投资者留下的阴影或快乐是长期存在的，在进行技术分析时，一旦遇到与过去某一时期相同或相似的情况，投资者会根据经验主义去应对；最后，过去的结果是已知的，只能作为预测未来的参考，而市场行为是千变万化的，诚如人不能两次踏进同一条河流，差异总是或多或少地存在。历史会重演，不是指历史现象的简单重演，而是指历史规律和历史本质的反复不断作用。

道氏理论的三大公理相互联系、互为整体，为所有技术分析理论奠定了基石，也是投资技术分析的哲学基础。市场行为包容消化一切信息公理表明：影响市场价格的所有因素相互联系、互为制约，但都可以浓缩到市场价格行为中，只要抓住了市场价格行为，就意味着全面考虑了市场的所有影响因素。市场行为按趋势方式演变公理表明市场价格行为是有规律的，基本规律是可以认识的，这也表明了市场的认识论。"历史会重演但不会简单地重复"公理表明投资者可以利用规律，顺势而为，合理设计投资策略用于市场的实践。

三、道氏理论的基本内容

三重运动原理是道氏理论的基本内容，也是道氏理论的核心。道氏从大海中得到启示，创造性地提出了认识市场结构的三重运动原理。

大海有三种运动：潮汐（基本运动）、波浪（次级运动）和波纹（日常波动）（见图10-2）。道氏将一个市场价格上升趋势形容为一个涌来的涨潮，将价格下跌趋势比喻成落潮，而大海的波浪对应着股市的次级运动。小波浪、涟漪以及海风一直不断地冲击着海面，它们的方向有的与波浪方向相同，有的则相反，有的则横向穿行，这些小波动则对应着股票市场中的日常波动。

基本运动的趋势是价格波动的大方向，依照自然法则表现客观规律。但是，基本趋势形成的市场价格并不是市场中实实在在的价格，而是依据客观规律形成的价格趋势，这种价格趋势需要投资者花时间去辨认、了解和归纳。基本运动通常都包含一次至少达到其3/8规模的反向次级运动，例如一只股票上涨了10点，它很可能会再下跌4点以上。次级运动在基本运动中的调整形式，通常持续3个星期到3个月，它的调整通常可回撤到整个上级趋势进程的1/3到2/3的位置。常见的回撤比例为1/2。日常运动则包含在次级运动中，是在次级运动中进

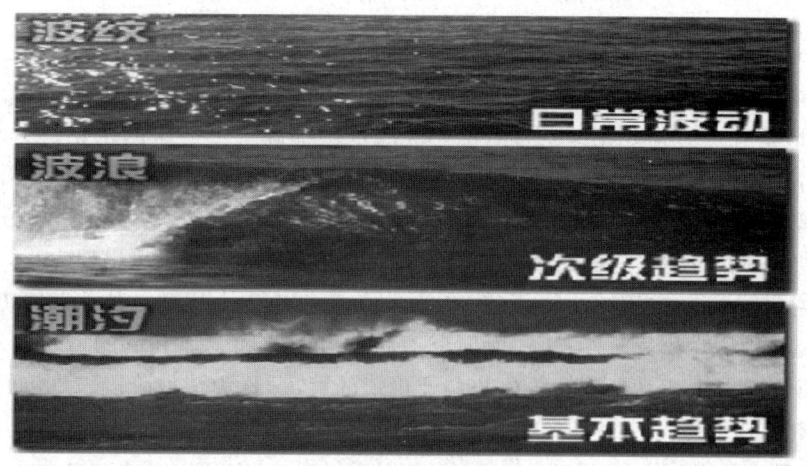

图 10-2　三重运动

行的调整,时间通常小于 6 天,很少超过 3 周。

总之,三重运动原理揭示了市场价格运动的基本原理。从结构上看,三重运动是指价格基本的上升运动或下跌运动、次级下跌或反弹运动和永不停歇的日常运动。在市场发展的任何过程中都同时存在这三种运动,三者的方向可能相同也可能相反。从可预测性看,基本运动是最重要的,其规律可以被掌握;日常波动具有很强的随机性,可以被操纵,没有规律性;次级运动的规律性介于基本运动与日常运动之间,在一定程度上可以被认识,但具有欺骗性。

第二节　基本运动

任何理论都有一个基本架构,道氏理论也不例外。道氏理论的基本架构是将市场价格的演变分为两种基本趋势,上升趋势称为牛市,下跌趋势称为熊市。

所谓趋势就是市场的方向。市场价格按趋势方式演变,在演变过程中,会形成一系列的波峰和波谷。当价格的波峰和波谷依次都高过前期的波峰和波谷时,价格表现为连续上升趋势,这样的市场称为多头市场或牛市;当价格的波峰和波谷依次都低于前期的波峰和波谷时,价格表现为连续下降趋势,这样的市场称为空头市场或熊市。基本趋势则由基本的上升趋势(牛市)和基本的下降趋势(熊市)组成。基本趋势是市场中最主要的趋势,是指价格广泛或全面地上升或下降(见图 10-3),持续的时间通常为一年或一年以上,而价格总体升(降)幅会超过20%。

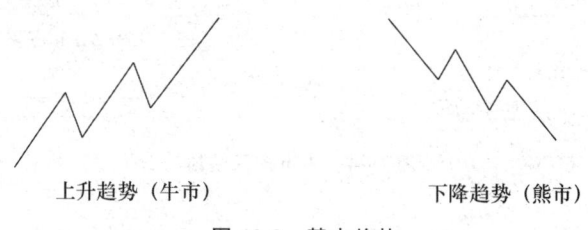

上升趋势（牛市）　　　　　　下降趋势（熊市）

图 10-3　基本趋势

一、牛市

牛市是由价格高点与低点都不断垫高的一系列价格走势构成。在牛市中,价格或平均价格指数不断地攀升,就像海水涨潮一样,每一次的水位都高于上一次的水位。上涨后,价格亦有部分下降,这种在基本上升趋势中的下跌为次级运动,次级运动只是对上期上升趋势的部分修正,调整幅度是前期涨幅的 1/3 至 2/3,通常是 1/2。之后,价格再度上扬,而且上扬的幅度会超过前期上涨的幅度,这样的过程不断延续,直到新的下降基本趋势出现为止。

市场在牛市中有三次摆动的特征(并非必须)。第一次向上摆动是从前期熊市的过度悲观开始的强势反弹,称为积累阶段;第二次向上摆动是与商业和企业利润的增长联动,称为稳定上升阶段;第三次向上摆动是市场价格与企业价值的背离,称为消散阶段。牛市的三个阶段如图 10-4 所示。

(一)积累阶段

积累阶段为熊市的反转阶段。熊市末尾牛市开始时,经济状况复苏,所有的坏消息被消化,一些有远见的投资人(聪明资金)觉察到目前不景气的市场将会出现转机,开始趁低价买入股票,价格缓缓上升,交易量适度增加,此时即使出现利空消息也不会导致价格的大幅下降。但是,在这一阶段,大部分投资人被市场恐惧的阴影所笼罩,不敢轻易入市,只有那些对股市有深入研究的专业人士或者资金雄厚的大户会搜集、挑选购买一些前景看好的大蓝筹股进入市场,因而市场价格或股价指数一般只是缓慢地上升,但如果出现大量散户止损抛售,股价甚至还会出现一定程度的下跌。

(二)稳定上升阶段

牛市的第二阶段为稳定巩固阶段。在这一阶段,经济状况持续好转,企业盈利也逐步增加,投资人对企业的前景处于乐观状态。经过牛市第一阶段后,投资者的信心逐渐巩固,股价指数也稳步上升,但上升的原动力不再是聪明资金的市场进入,而是公司业绩的持续改善。此时,除聪明资金进入市场外,机构投资者也逐步进入市场,交易量明显增加。散户因为信息不足,有时尝试入货,小赚即沽,不敢久留。总体形势来看,市场价格有涨有落,但整体人心看好,为牛市的第三阶段铺平了道路。

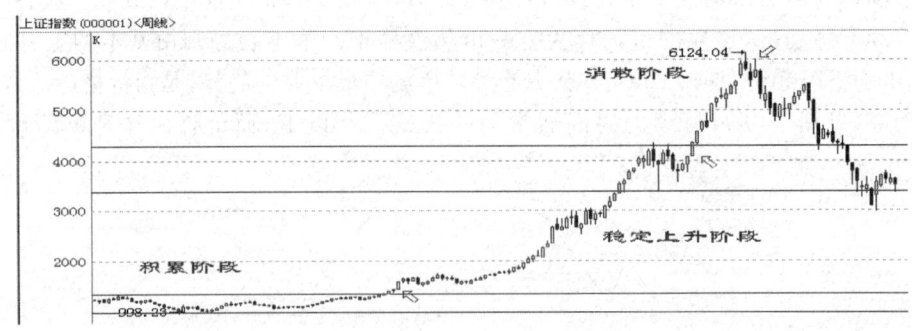

图 10-4 牛市的三阶段

(三)消散阶段

牛市的第三阶段为虚假繁荣阶段。在这一阶段,经济繁荣、公司扩张、利好频传,新股发行上市数量明显增加。大众投资者踊跃入市,交易频繁;投机力量活跃,成交量增加;价格倾向于下降,价格波动幅度也加大,恐慌性跳水频繁出现;所有消息利好,市场中融入大量散户,垃圾股炒作活跃,绩优股拒绝跟风。实际上,市场在经历了长时间(1年以上)的上涨后,市场价格远高于股票的内在价值,价格普遍轮番大幅度上涨,波动幅度也较大,市场已存在潜在危险,聪明资金开始退出市场。

二、熊市

熊市也称空头市场,由价格高点与低点都不断下降的一系列价格走势构成。熊市正如海水的退潮一样,浪峰和浪谷都在不断下降的波动过程中延续,直到出现新的基本趋势为止。熊市是一股永远向下的力量,跌势中会出现次级的上涨波动(反弹),但反弹不会涨至跌幅的顶部,反弹的幅度也是介于跌幅的1/3至2/3,通常是跌幅的1/2。

根据市场的经营状况和投资者的信心程度,熊市也可以分为三个阶段(见图10-5)。熊市第一阶段始于牛市到顶峰时的突然暴跌,股票抛售,可以称为出仓或分散阶段;第二阶段为恐慌阶段,在此阶段中,人心向空,股价狂泻下跌;第三阶段为筑底阶段,在此阶段中,利空消息频现并被证实,投资者的心理从恐慌走向绝望,市场价格缓慢下降并蓄势反弹。

(一) 出仓阶段

在经济状况方面,出仓阶段为投机过度膨胀的泡沫破裂期。在投资方面,聪明资金开始感到"失望",逐步放弃牛市最后阶段所诱发的贪婪,股价回落也主要由这些聪明资金的高位派发所致。此阶段市场价格具有很大的迷惑性,普通投资者认为价格下跌为牛市中的次级运动,仍热衷于交易,成交量很高,但在反弹时有逐渐减少的倾向。在盈利方面,投资者不仅盈利困难,而且出现明显的亏损现象。

图10-5 熊市的三阶段

(二) 恐慌阶段

熊市的第二阶段是主要的下跌过程。在经济状况方面,商业经济萎缩,企业利润衰退。在投资方面,投资者处于悲观状态,信心崩溃,想要买进的人开始退缩,而想要卖出的人则急于脱手,大量恐慌性抛盘导致价格加速下跌,几乎没有股票能够幸免,成交量也相应增加。在恐慌阶段结束以后,通常会有一段相当长的次级反弹或者横向的变动。此阶段也具有一定的欺骗性,很多投资者认为市场价格直线下跌后,已经开始触底反弹,从而吸引一部分投机者进入市场。

(三) 筑底阶段

熊市的第三阶段为价格触底的反转阶段。在经济状况方面,商业经济持续低迷,公司经营业绩不佳。在投资方面,投资者处于绝望状态,对经济和股市看不到任何前途。市场价格下降趋于缓和,但仍被空方控制,每一次反弹都会在前期的高点止步。好股票抗跌性强,垃圾股回到起点,甚至一些业绩好的蓝筹股也被抛售。

第三节 次级运动与日常波动

一、次级运动

次级运动包含在基本趋势中,是多头市场中重要的下跌走势,或是空头市场中重要的上涨走势。市场中的基本运动通常都包含一次至少达到其 3/8 规模反向的次级运动,这似乎是个事实。雷亚在《道氏理论》中论及:次级运动是牛市中重要的下跌走势,或熊市中重要的上涨走势,持续的时间通常在 3 个星期至数月,期间折返的幅度为上一级基本运动幅度的 33% 至 66%。次级运动具有迷惑性,牛市的初期走势可能被误认为是熊市的次级运动,或熊市的初期走势可能被误认为是牛市的次级运动。次级运动的方向不仅可以与基本运动的方向相反,从而形成牛熊市中的折返走势,给投资者带来投资风险或迷惑性,也可以与基本运动的方向相同,从而加速牛市中的上涨或熊市中的下跌,给投资者的操作带来困难。

(一)次级运动发生的原因

次级运动的形成存在多方面的原因,也存在不同的解释,但市场供求状况变化可能是形成市场价格的重要动因。在一个自由竞争的市场中,市场价格一般围绕产品价值上下波动。在牛市中,如果市场价格远高于其价值,卖方会大量地抛售股票,从而引起价格下行;在熊市中,如果市场价格远低于其价值,买方则会吸入,从而引起价格上行。另外,次级运动中包含日常波动,引起日常波动的心理因素也是次级运动发生的重要原因。

(二)次级运动的结构

道氏将从牛市到熊市的一个基本趋势循环大致分为 6 个子期,即牛市三个阶段,熊市三个阶段。由于基本运动中包含次级运动,基本运动中的每个子期都可以看作一个次级运动循环。一个次级运动循环又可以包括两个阶段,一个阶段是与基本运动方向相同的次级运动,另一个阶段是与基本运动方向相反的次级运动。如此循环,构成了图 10-6 所示的次级运动循环结构图。在图 10-6 中,每个次级运动循环由正逆两个次级运动构成。正向次级运动与基本运动的方向一致,推动基本运动的加速;逆向次级运动与基本运动的方向相反,减缓基本运动的趋势。后一次级运动是对前一次级运动的调整,从而形成市场价格的波浪式前进。

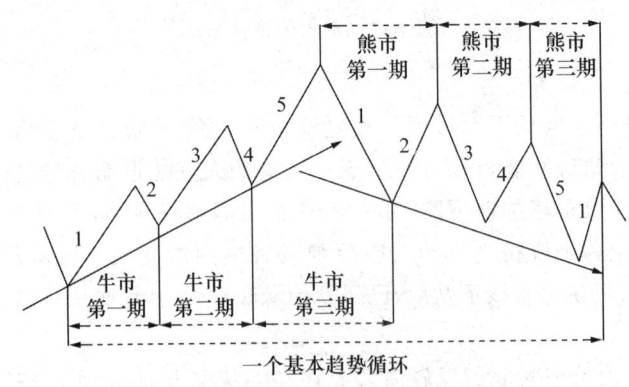

图 10-6 次级运动循环结构图

当然,上述次级运动只是一种理想的结构,实际上市场价格千变万化,不存在一种固定的形态或模式,正如道氏所说:"每种可能的组合都可能出现。"投资者的主要目标应该是辨析基本运动的反向,并能及时判断趋势的反转,而不是拘泥于市场价格的具体形态。

(三)次级运动在市场中的作用

1. 减压器的自我调整功能

道氏、汉密尔顿及雷亚都非常看重次级运动,认为次级运动的存在是股票市场得以正常运行的保障条件。他们认为,在次级运动的变化过程中,次级运动对供求关系的失衡起到调节和制衡作用,从而使基本运动的发展过程不致因供求失衡而中断。雷亚将次级运动比喻为锅炉中的压力控制系统。在牛市中,次级运动相当于安全阀,它可以释放市场中的超买压力;在熊市中,次级运动相当于为锅炉添加燃料,以补充超卖流失的压力。

2. 迷惑基本运动

在股票市场中,掌握基本运动的趋势是投资获利的基础,但由于次级运动和日常波动的存在,使得基本趋势捉摸不定,让投资获利也成为概率事件。次级运动的存在使多数人走向错误的操作方向,使少数人成为最终赢家,也让"零和博弈"为特征的证券投资游戏规则得以维护。

3. 引发对市场的恐惧心理

在股票市场中,投资者最大的心理弱点是贪婪和恐惧。巴菲特曾说:"在别人贪婪时我恐惧,在别人恐惧时我贪婪。"从心理的角度来说,次级运动主要诱发投资者的恐惧心理,而日常运动则诱发投资者的贪婪心理。而对于聪明资金来说,次级运动则是他们在资本追逐利润过程中最好的技术体现。

二、日常波动

日常波动是指市场价格短暂的波动,很少超过三个星期,通常少于六天。其主要特点是盈利少,时间短,风险大。日常波动也是三种趋势中唯一能被操纵的趋势,正是因为它的可被操作性,使得日常波动具有极强的随机性,没有规律可循,因此,任何企图寻找日常波动规律的努力都是徒劳和无用的。

至于日常波动产生的原因,很多人从心理学角度进行解释。据一些心理学家分析,人们的投资行为主要受两种心理力量驱动,一种是恐惧,另一种就是贪婪。当人们贪婪或恐惧时,经常会以愚蠢的价格买进或卖出股票,从而造成市场价格的剧烈波动。短期来看,相对于公司的基本面而言,投资人的这些心理情绪对股票价格有更显著的影响。

事实上,少数的聪明投资者利用这种市场的无知和情绪化而得益。著名证券分析师、巴菲特的恩师格本杰明·格雷厄姆(Benjamin Graham)曾说:"一个真正的投资家极少被迫抛售股票,而且在任何时候他都有对目前市场报价置之不理的理由。"巴菲特则谨遵他恩师的名言,坚信"就短期而言,股市是个情绪化的投资机器,但长期而言,它却是个准确无比的天平"。对他而言,"市场"并不存在,即使存在,也是一个让别人做傻事的地方。他本人也坦言,他在买入一只股票之后,完全不担心这只股是否有人在买卖,即使买入股票之后,市场关闭长达10年不能买卖这只股票,他也不会忧心。而大多数不成熟的投资者却受情绪左右,盲目地追涨杀跌,最后丢盔弃甲,溃不成军。因此,要想成为一位理性、聪明的投资者,除了需要能够选择高成长股票与正确分析市场基本趋势的能力,还必须具备摆脱情绪化市场控制和小道消息左右的能力。

第四节 晴雨表——道氏理论的判断原则

道氏理论是研究者通过对股票市场的大量观察、研究、归纳和总结的基础上得出的经验或总结，并不具备严格的数学逻辑推理基础，也并非绝对正确。但是，道氏、汉密尔顿与雷亚在运用道氏理论进行实践操作的过程中，总结了一些基本经验和准则，并成功得到了事实验证和时间的检验。

一、相互验证原则

所谓相互验证原则是指：对于两个有较强相关性的市场价格或指数，如果它们的走势一致，表明其中一个价格或指数能够得到另外一个价格或指数的验证，这意味着趋势还将继续；当它们之间的走势背离时，表明其中一个价格或指数未能得到另外一个价格或指数的验证，这意味着趋势难以继续。相互验证原则是技术分析的一项重要原则，是"市场价格是严肃的、经过深思熟虑的市场行为结果"这一投资理念的技术体现，也经受了实践的检验。

根据相互验证原则，市场价格指数在任何一次基本运动或次级运动当中都应该保持一致，因此，判断市场牛熊市的准则之一就是两种或两种以上指数差不多同时创新高或新低，共同验证牛熊市的继续。

在图 10-7 中，上证综指（上海证券交易所综合股价指数，以下简称"上证综指"）和深证成指（深圳证券交易所成份股价指数，以下简称"深证成指"）在探底上升后，每次新高都经过双方的验证，表明一个牛市行情将继续。在图 10-8 中，上证综指和深证成指在见顶下降后，每次新低都经过双方的验证，表明一个熊市行情将继续。

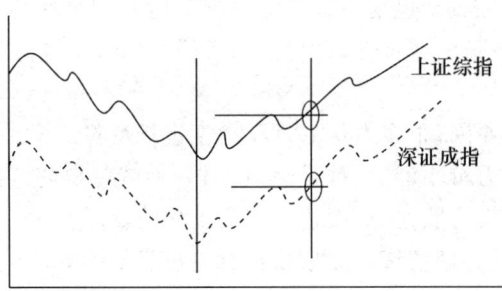

图 10-7 牛市验证

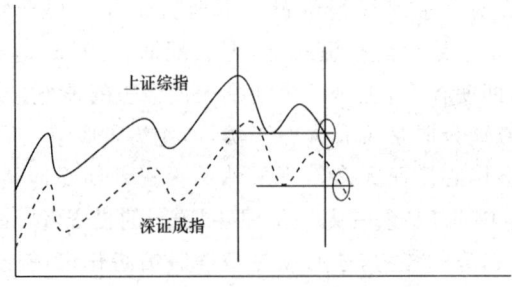

图 10-8 熊市验证

根据相互验证原则,如果一个市场价格指数基本运动或次级运动的反转没有得到另外一个市场价格指数基本运动或次级运动的验证,那么,市场价格原先的趋势有可能改变,但也有可能只是基本运动中的一次次级运动,基本趋势并不改变。当两个价格指数的趋势没有得到相互验证且出现相互背离时,原来的趋势并不一定反转,只是存在反转的可能,这意味着风险的来临,但投资者不应该盲目操作,而是应该耐心等待反转信号的出现并加以确认,从而不致酿成利润的减少或损失增加。

在图10-9中,上证综指和深证成指之间就出现了相互背离的情况。上证综指在C点已经出现由跌至涨的信号,并成功突破顶点B,但深证成指还是呈现出熊市下跌的趋势,未能验证上证综指的趋势反转,表明上证综指的突破可能只是一种短暂的调整,或是一次普通的次级运动,后市应该还持看跌行情。

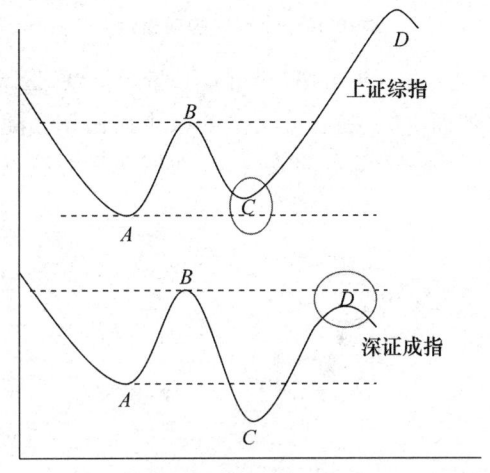

图10-9 指数背离

相互验证原则深刻反映了道氏理论严谨的投资哲学思想,市场的发展变化是普遍联系的,而不是单一的,通过多个因素的观察、求证,可以拨乱反正,更清楚地看清事物变化的本质。

需要说明的是,相互验证原则只是必要条件而不是充分条件,但是可以减少投资者很多的失误操作。另外,相互验证原则只适用于基本运动和次级运动,不适用于日常波动,用它分析个别股票的运动可能得到错误的结果。

二、量能配合原则

成交量是指市场在单位时间内成交的总额。道氏理论认为成交量是第二位重要的市场因素,也是市场价格的原动力。在研究市场价格行为时,通过考察成交量的变化,可以很好地把握市场交易买卖双方的力量,并借此证实或证伪价格运动趋势。

(一)成交量和价格的相互确认

在市场中,成交量的变化一般领先于价格的变化,所谓"量在价先,价随量涨"。在正常情况下,较大的成交量应当发生在与基本运动一致的方向上,因为成交量推动了价格运动,而较小的成交量发生在价格调整趋势中,因为成交量的减少导致基本运动推动力的减少。价格变化的实质是市场中买卖力量变化的结果,因此,上升趋势中的购买力减退或下降趋势中的抛售力量的减弱,都能够通过成交量的变化反映出来。

按照一般的量价配合关系,在多头市场(牛市)中,量增价涨,量减价跌(见图10-10)。在牛市中,价格随着成交量的增加而上涨,随着成交量的减少而回调。随着股价的上涨,每当走势创出新高时,成交量都会大于前一个高点的成交量,而回落后的低点,其成交量也大于上期回落点的成交量。

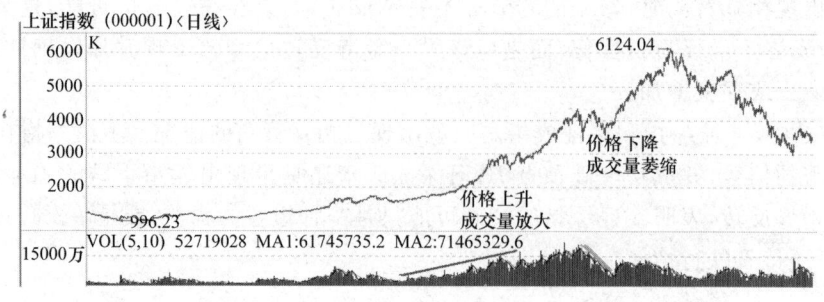

图 10-10 牛市中的成交量

按照一般的量价配合关系,在空头市场(熊市)中,量增价跌,量减价涨(见图10-11)。在熊市中,价格随着成交量的增加而下跌,随着成交量的减少而回调。随着股价的下跌,每当走势创出新低时,成交量都会小于前一个低点的成交量,而回调后的高点,其成交量也小于上期回调高点的成交量。

图 10-11 熊市中的成交量

(二)成交量和价格的背离

在牛市中,成交量增加时,价格随之上涨;而在熊市中,成交量增加时,价格随之下跌,表明成交量很好地验证了趋势。但市场也经常出现成交量和市场价格不互相确认的现象,这种情况称为量价的背离。

1. 牛市中的量价背离

正常情况下,在牛市中,价升量涨,价格会持续上涨。但出现下述几种情况,表明成交量和价格存在一定程度的背离:如果价格处于低位,价格上涨成交却不增加,表明价格上涨缺乏动力。如果价格创新高,成交量未能创新高,表明上涨趋势恐难以持续。如果价格上涨而成交量减少,预示价格上涨原动力不足,趋势可能见顶反转。如果价格上涨由慢转快,成交量首先急增,继而大缩,或者价格连续上涨后,成交量剧增,价格却在盘整,则后市很有可能有一个下跌的行情(见图10-12)。

2. 熊市中的量价背离

正常情况下,在熊市中,价跌量涨,价格会持续下跌。但出现下述几种情况,表明成交量和市场价格存在一定程度的背离:如果市场价格恐慌性下跌后成交量放量增加,可能是空头市场

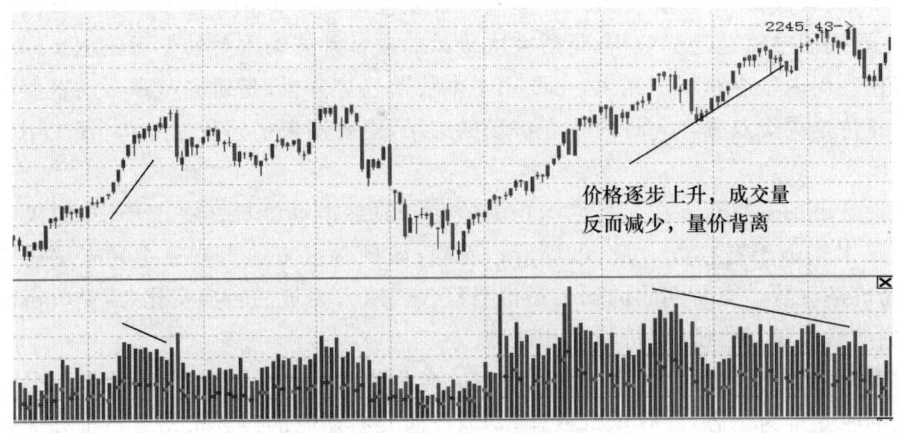

图 10-12 牛市中的量价背离

结束的信号。如果市场价格持续下跌到低位后,成交量增加,而价格却未呈现明显跌势,表明价格上涨的信号出现。如果市场价格跌破均线或趋势线时成交量放量增加,预示市场见底反转的信号出现(见图 10-13)。

图 10-13 熊市中的量价背离

无论是基本运动还是次级运动,通过量能配合原则进行辨识和验证,都可以协助判断基本运动是否行将反转。当两种市场价格指数并未相互确认时,量价确认关系可以提供重要的信息,发挥解惑的作用。但不可否认的是,成交量只是一种辅助分析指标,不可能是一种主要预测方法。因此,量价配合原则并不是一劳永逸的原则,请记住,道氏理论并不一定能打败市场。

三、收盘价原则

股市从开盘伊始到收盘结束,市场价格无时无刻不在变化,而道氏理论并不注意一个交易日当中的最高价、最低价或开盘价,而只注意收盘价。因为收盘价是对当天价格的最后评价,大部分投资者都将这个价位作为委托的依据。

收盘价是在一个交易期内成交股票最后一笔的成交价格,或者最后一段时间成交价格的平均值。收盘价是投资者制订下期交易计划的基准参考价格,根据交易期长短的不同,可以分为日收盘价、周收盘价、月收盘价等几种形式。日收盘价是买卖双方在一个交易日内争夺市场的结果,主要用于中短期趋势分析,是研究次级运动或日常波动重要的参考依据。周收盘价是买卖双方在一周内争夺市场的结果,主要用于中长期趋势分析,是研究基本运动重要的参考依据。月收盘价是买卖双方在一月内争夺市场的结果,主要用来描述长期走势,很少用于技术分析。

收盘价是市场多空双方在交易期内角力争夺的最终市场结果。在市场中,如果看多方的力量在交易末端强于看空方力量,市场价格看涨;如果看多方的力量在交易末端弱于空方力量,则市场价格看跌。交易期间内的市场价格只代表双方力量的转换变化,或是收市前的价格震荡,不到最后收盘,很难断定价格是涨或跌。

道氏理论的收盘价原则:股市价格图表以收盘价为参考基准,其信号以收盘价是否穿越以前交易期的收盘价为标志,除收盘价以外,其他任何交易期内的市场价格穿越都是无效的。这又是一条经过时间检验的道氏准则。道氏理论认为,开盘价只是代表市场多空双方对市场价格的预期,反映当前市场的情绪,对预测市场价格趋势并无多大帮助。而最高价和最低价只代表了多空双方争夺市场的力量对比转换与价格波动幅度,即使最高价或最低价穿越了前期的市场价格,也无多少意义,多空双方争夺市场最后的对比结果还是取决于收盘价。

四、横向调整可以代替次级运动原则

所谓横向调整(有的投资者称其为"直线"或"窄幅盘整")是指市场价格长达2周至3周甚至数月之久的价格横向波动走势,在此期间,价格大约在5%的价格区间内波动。

道氏理论认为,横向调整显示了多空双方在市场中的抛售或囤积行为,代表双方力量的大致平衡。横向调整多发生在牛市的顶部或熊市的尾部附近,并最终形成一种新的突破,两者具体的形成过程如图10-14所示。在牛市的顶部,拥有众多信息的长期投资者试图在一段时间内出清其头寸,但又不想明显压低价格,于是在投机气氛浓厚的多头市场中采取分批出货的方式转售给其他交易者,以获取最大利润。在熊市的尾部,拥有长远眼光的实力投资者试图在一段时间内吸纳筹码,但又不想明显抬高价格,于是在复苏的市场中采取分批进货的方式囤积筹码,以减少投资成本。需要说明的是,在很多情况下,顶部或底部形成后,趋势往往会突然改变,并不一定经过横向调整区间。

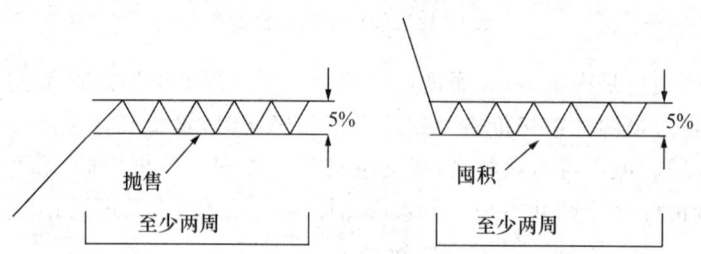

图 10-14 横向调整形成图

横向调整走势有时也发生在经过确认的基本运动(或次级运动)中间部分,此时调整的幅度可超过5%。这种情况可能源于下述两种情形。一种情形是市场价格上涨或下跌的走势相当陡峭,许多投资者快速获利或止损,造成价格趋势的暂时停顿;另一种情形是投资者对市场未来的发展方向不确定,保守的投资策略就是维持价格在相对固定的水平。

横向调整的形成显示买卖双方的力量达到了均衡,如果价位取得突破,则打破了市场的平

衡。价位往上突破盘局的上限是多头市场的征兆,往下跌破盘局的下限是空头市场的征兆。横向调整时间越长,波动幅度越小,突破时重要性越大(见图10-15)。

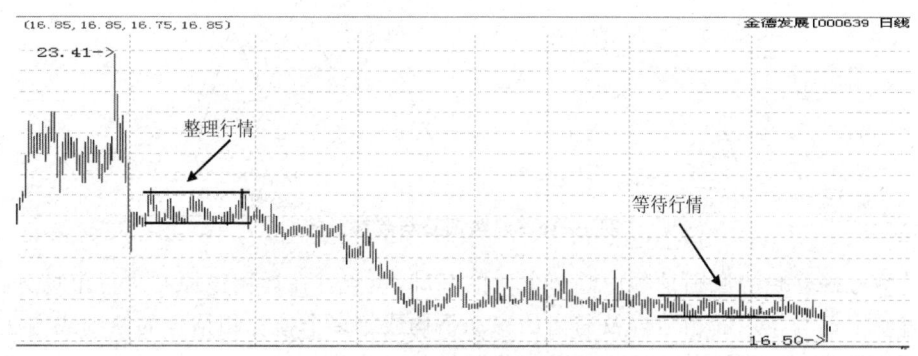

图 10-15 横向调整的整理和等待

横向调整是道氏注意到的第一个形态,并为形成趋势的定义奠定了基础。横向调整不仅可以代替次级运动,而且有时还代表基本运动的拐点。事实证明,横向调整趋势在揭示基本运动的进一步发展或者次级运动终止的可能性方面有独特优势。但是,在验证横向调整的突破时,同样需要相互验证原则和量能配合原则的确认。

五、反转信号确立趋势原则

基本趋势是市场的方向,也是市场运行的规律。但是,道氏理论并没有说明基本运动的时间长度,也没有判别基本运动的幅度,这给认识市场运行规律和把握投资操作带来了巨大的挑战。相互验证原则及量能配合原则提供了鉴别牛熊市及趋势反转的几种特殊情况,但是,如果两个价格指数不能相互确认、或者量能出现背离时,投资者又该采取什么样的原则来分析市场趋势以及持有什么样的投资理念来应对投资风险呢?

所谓反转信号确立趋势原则是指:只有明确的反转信号出现,才意味着原有趋势的终结,在明确的反转信号出现之前,投资者应该谨慎持有"趋势还将继续"的市场发展预期。

道氏理论告诉我们,市场通常具有自己的惯性,在明确的反转信号出现之前,事物还按照它原来的方式发展。作为一个理性的投资者,应该继续遵循自己原来的判断,如果持有头寸,则继续持有头寸,并随时关注市场反转信号的变化;如果没有头寸,则继续等待,直至反转信号的出现。

那么,什么是明确的反转信号呢?对此,道氏并没有给出直接的定义。一般来说,明确的反转信号是指经过一些基本原则和指标鉴定的明确事实或市场行为,而不是假定或预测。比如说,明确的反转信号必须是经过两个指数确认的反转信号,而不是单个指数确认的反转信号。

反转信号确立趋势原则一个很重要的内容是要区分基本趋势的调整和基本趋势的反转。在鉴定过程中,我们也可以采取双重确认原则来加以验证和检验。

在图 10-16 的 a 图中,首先高点 C 无力攻克 A 点,第一次反转信号出现。一部分投资者认为趋势反转,C 点为卖出信号;而一部分投资者则认为 C 点可能只是趋势的调整,趋势的反转还需待验证,当价格降到 T 点出现第二次反转信号时才是卖出的信号。在图 10-16 的 b 图中,低点 D 首先突破低点 B,出现第一次反转信号,一部分投资者认为 T_1 即为卖出的信号,而一部分投资者则等待 E 点也未实现价格突破并降至 T_2 时卖出。

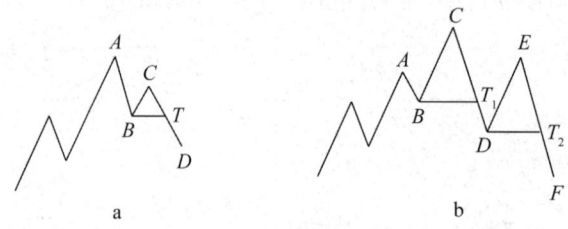

图 10-16　趋势调整与趋势反转

反转信号确立趋势原则是顺应趋势方法的基础,投资者在运用该原则进行市场分析时,还可以通过基本面与技术面相结合及与诸如移动平均线等多个指标相结合的原则或方法寻找明确的反转信号,以获得对市场更清晰的认识。

第五节　道氏理论的缺陷

一、牛熊市存在性的讨论

道氏理论的主要目标是探讨股市的基本趋势。道氏理论认为,股票市场存在牛市和熊市这样的基本趋势,一旦基本趋势确立,这种趋势会一路持续,直到趋势遇到外来因素破坏而改变为止。犹如物理学牛顿定律所言,所有物体移动时都会以直线发展,除非有额外因素力量加诸其上。但是,这种基本趋势真的存在吗？道氏理论产生的时代相对封闭,各种经济因素相对稳定。而随着社会发展及科学技术进步,世界各国的经济联系日趋紧密,区域经济的一体化、金融市场的协同效应及科技发展的日新月异给证券投资市场带来了更多的不确定性,也给市场价格带来了强烈冲击,进一步弱化了市场的基本趋势方向。因此,运用市场的三重运动原理来判断市场的基本行为不仅让市场行为判断结果捉摸不定,也可能让道氏理论本身捉摸不定。

二、信号太迟

相互验证原则是道氏理论重要的原则。道氏理论认为,趋势的确认和反转都需要两种指数的相互验证,但当指数不能同时验证时,市场信号就会延迟,进而导致投资机会的丧失。通常,道氏理论的买入信号发生在上升趋势的第二阶段,即当市场向上穿越了从底部弹起的第一个峰值时。一些投资者认为,市场信号的验证导致投资行为延缓半拍,错失了最好的入货和出货机会。在明确的信号确立之前再买入股票,会错失新趋势全部价格变化的 20%—25%。总的来说,道氏理论从来不是以预测基本趋势为目标,而只是力求及时验证基本趋势的降临。道氏理论的这种保守思想受到了诸多诟病,也许,这也正是道氏理论严谨、负责精神的技术体现吧。

三、道氏理论并非绝对正确

虽然道氏理论总体是正确的,但也会出现错误。主要表现在:第一,道氏理论认为,市场中存在牛市和熊市,这些基本运动可以被认识和利用,但是市场中也存在具有欺骗性的次级运动和情绪化的日常波动,而这些运动是不能被认识或只能被有限认识的,因此,从认识结果而言,道氏理论得出的结论有可能出错。第二,道氏理论本身也有错误,还不完整,许多内容还需要完善,例如,趋势是道氏理论的基本命题,但道氏对趋势的定义过于简单和宽泛,所谓"横看成岭侧成峰",投资理念和技术分析角度都会影响对趋势的判别,从而出现不同的判别结果。第三,道氏理论只注重方向分析,忽略了形态分析和比例分析,因而在理论上根本无法判别趋势的起点和终点,即使一些判别原则提供了一些技术分析手段,但在相互验证原则无法确认的情况下,投资者只能消极地等待,这在一定程度上降低了道氏理论的适用性。

总之,道氏理论第一次揭开了股票市场的面纱,为我们认识股票市场规律提供了有理、有力的分析工具。但是,任何理论或分析工具都有其缺陷,道氏理论也是如此。在学习和运用道氏理论时,我们更应该秉承其严谨、负责的科学精神,实事求是,客观具体地分析问题,而不是教条地盲目套用理论。

【本章小结】

1. 本章首先介绍了道氏理论形成的过程,然后重点介绍了道氏理论的三大公理。三大公理是道氏理论的哲学基础。其中,市场行为包容消化一切信息表明了道氏理论认识股票市场的主要对象及对象的主要方面,市场价格是认识股票市场的主要对象和市场行为的基本要素;市场行为按趋势方式演变表明了道氏理论对股票市场的可认识论,股票市场中存在基本趋势,基本趋势是可以认识的;历史会重演但不会简单地重复表明了道氏理论认识股票市场的基本原则,基本趋势循环不是一成不变的,而是受到其他诸多因素的影响。

2. 三重运动原理是道氏理论的核心内容。任何一次价格运动都由基本运动、次级运动和日常波动组成。基本运动是价格趋势的大方向,主要受经济基本面影响,是可以识别和预测的。次级运动是基本运动的调整,主要受市场供求关系影响,具有迷惑性,可能受到一时的操纵。日常波动是市场价格的随机波动,主要受投资者的情绪影响,不能被预测,容易被操纵。

3. 道氏理论验证原则是验证趋势运动或趋势运动反转。相互验证原则是道氏理论的基本原则,基本运动或次级运动的方向都应该通过两种市场价格指数的确认。量能配合原则是重要的辅助判断原则,成交量是市场价格驱动的原动力,市场价格的变化首先通过成交量表现出来。成交量与市场价格的配合可以证实基本运动或次级运动的方向。收盘价原则是道氏理论的指标选择原则,道氏理论认为收盘价是衡量市场竞争结果最有效的指标,所有的原则判断都应该以收盘价为基本参照。横向调整可以代替次级运动原则是一类特殊的判断原则,当市场价格出现横向调整时,横向调整可以作为一次特殊的次级运动来判断市场价格的上行或下降。反转信号确立趋势原则需要与相互验证原则配合来共同验证基本趋势的反转。

【关键概念】

基本运动 次级运动 日常波动 牛市 熊市 收盘价 相互验证原则 量能配合原则 反转信号确立趋势原则

【复习思考题】

1. 讨论道氏理论三大公理的合理性。
2. 简述牛熊市的基本特征。
3. 简述道氏理论的三重运动原理。
4. 简述道氏理论的基本原则。

5. 简述道氏理论的哲学思想。

【参考文献】

[1] 陈东.道氏理论——股票市场分析的基石[M].中国经济出版社,2007.

[2] 利可求.道氏理论精解[M].地震出版社,2003.

[3] 〔美〕罗伯特·雷亚著,3www 译.道氏理论[M].地震出版社,2008.

[4] 黄凤祁.道氏理论赢利实战[M].经济管理出版社,2013.

第十一章 支撑压力分析

【本章概要】

　　在证券市场中,"顺势而为"已成为被广泛接受的投资准则,投资者需要顺应整体的发展趋势,才能取得投资的成功。要准确地把握形势,了解大势的发展方向是非常困难的。大势的发展变动并不是简单的上升或者下降,由于各种原因,在上升和下降的过程中往往会经历许多曲折。也就是说,上升的趋势中会有下降,下降的趋势中含有上升。这无疑加大了投资者判断失误的可能性。

　　本章从对趋势的认识着手,应用有关支撑压力的分析方法,帮助投资者提高识别大的发展趋势(是继续维持原方向还是掉头反向)的能力。当然,支撑压力的切线法主要是给出一些方法,这些方法一般只能提供参考意见。获得"正"收益的前提是对投资分析方法的合理、正确使用。

第一节　趋 势 分 析

一、趋势的定义

　　证券的市场价格随时间的推移,在图表上会留下痕迹,这些痕迹会呈现一定的方向性。这样的方向反映了价格的波动情况。

　　趋势就是价格波动的方向,或者说是证券市场运动的方向。若确定了当前市场是一段上升(或下降)趋势,则价格的波动就是向上(或向下)运动。当然,在上升的趋势中,肯定会出现下降的过程,但这不是主流,不会影响上升的大方向。在下降趋势中,情况正好相反,不断出现的新低价会使下降趋势保持不变。

　　一般说来,市场变动不是朝一个方向直来直去,中间肯定要出现曲折,从图形上看就是一条蜿蜒曲折的折线,每个折点处就形成一个峰或谷。从这些峰和谷的相对高度上,我们可以看出趋势的方向。

二、趋势的方向

　　趋势有三种方向:第一,上升方向(Up Trend);第二,下降方向(Down Trend);第三,水平方向(Sideway),也就是无趋势方向。在实际的投资行为中,人们关心的重点是上升方向和下降方向。

价格的波动在图表中会形成一些峰(Peak)和谷(Bottom)。从直观上看,如果价格波动图形中后面的峰和谷都高于前面的峰和谷,则趋势就应该属于上升的方向。这就是常说的一底比一底高,或底部抬高。如果图形中后面的峰和谷都低于前面的峰和谷,则趋势就应该是下降方向。这就是常说的一顶比一顶低,或顶部降低。

如果价格图形中后面的峰和谷与前面的峰和谷相比几乎呈水平延伸,没有明显的高低之分,这时的趋势就是水平方向。水平方向趋势是容易被大多数投资者忽视的一种方向,这种方向在市场上出现的机会是相当多的。就水平方向本身而言,也是极为重要的。水平方向意味着此时的市场正处于供需平衡状态,下一步朝哪个方向运动偶然性很大,没有规律可循,可以向上也可以向下,因此,大多数技术分析方法在处理这种市场时都会失去作用。

图 11-1 从左至右分别表示上升方向、下降方向和水平方向。

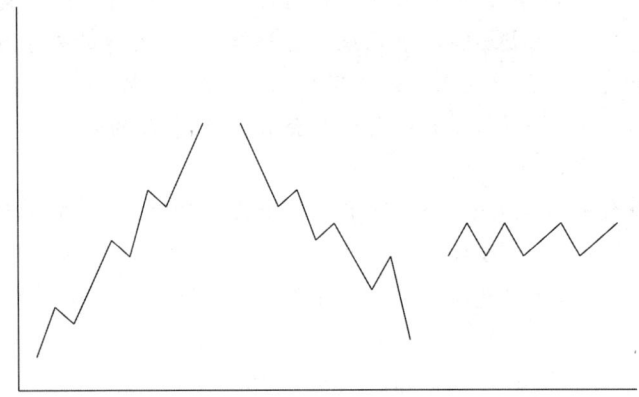

图 11-1　趋势的方向

三、趋势的类型

按道氏理论的分类,趋势分为三种类型。

(一)主要趋势

主要趋势是趋势的主要方向,是证券投资者极力要弄清楚的目标。了解了主要趋势后才能做到顺势而为。主要趋势是价格波动的大方向,持续的时间比较长,通常为一年或一年以上。对投资者来说,主要趋势持续上升就形成多头市场,主要趋势持续下降就形成空头市场。通常理论上认为,主要趋势是长期投资者在三种趋势中的唯一考虑目标,只要他们确定多头市场已经启动,就会选择尽早买进股票,并一直持有到确定空头市场已经形成。他们不会理会在整个大趋势中的次级下跌和短期变动,当然,对于那些交易频率较高的投资者来说,次要趋势蕴藏着非常重要的机会。

(二)次要趋势

次要趋势是在主要趋势的过程中进行的调整。由于趋势不会保持直来直去,总有局部调整和回撤的过程,次要趋势正是完成这一使命的。因为次要趋势经常与主要趋势的运动方向相反,并对其产生一定的牵制作用,因而也称为修正趋势。这种趋势的持续时间从三周至数月不等,其股价上升或下降的幅度一般为股价基本趋势的 1/3 或 2/3。在多头市场里,它是中级的下跌或"调整"行情;在空头市场里,它是中级的上升或反弹行情。

（三）短暂趋势

短暂趋势是在次要趋势的过程中所进行的调整。短暂趋势与次要趋势的关系就如同次要趋势与主要趋势的关系一样。短暂趋势是一种短暂的波动，很少超过三个星期，通常少于六天。尽管短暂趋势本身没有什么意义，但是其赋予了主要趋势发展全过程神秘多变的色彩。通常，不管是次要趋势或两个次要趋势所夹的主要趋势部分都由一连串的可区分的短暂趋势所组成，而由这些短暂趋势所得出的推论很容易导致错误的方向。在一个无论成熟与否的股市中，短暂趋势都是唯一一个可以被"操纵"的，而主要趋势和次要趋势却是无法被操纵的。

这三种趋势的最大区别是时间的长短和波动幅度大小不同。在三种趋势中，长期投资者最关心的是股价的主要趋势，其目的是尽可能地在多头市场上买入股票，而在空头市场形成前及时地卖出股票。投机者则对股价的修正趋势比较感兴趣，他们的目的是从中获取短期的利润。短暂趋势的重要性较小，且易受人为操纵，因而不便作为趋势分析的对象。人们一般无法操纵股价的主要趋势和次要趋势，只有国家的财政部门才有可能进行有限的调节。

以上三种划分可以解释绝大多数行情，但是对于更复杂的价格波动过程，则需要通过对短暂趋势的再细分加以实现。图 11-2 是三种趋势类型的图形说明。

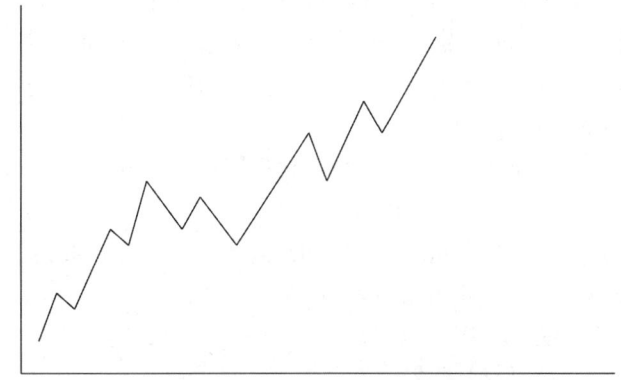

图 11-2　三种趋势类型的图形说明

图 11-3 为上证综指从 2015 年 2 月至 6 月的实际趋势图，从图中可以看出，在这 4 个月

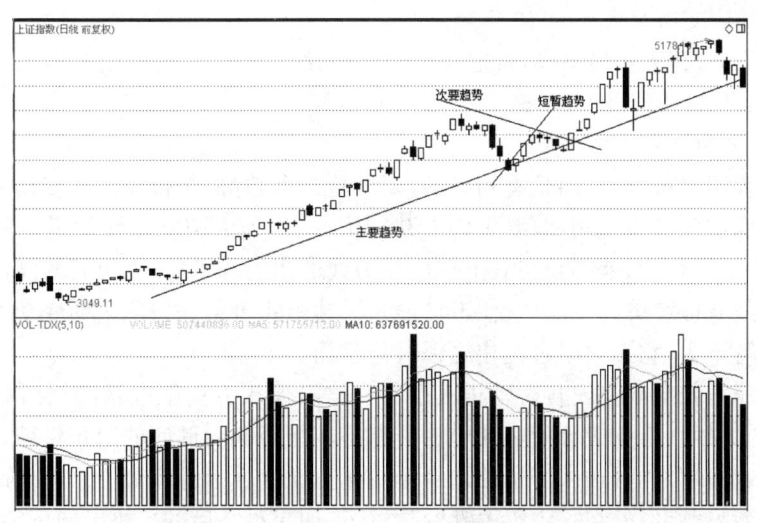

图 11-3　上证综指 2015 年 2 月至 6 月趋势图

间,上证综指呈现出上涨的主要趋势,从 4 月至 5 月表现出下降的次要趋势,并在 5 月 8 日至 5 月 12 日呈现出 3 天短暂的下降趋势。

第二节　支撑线和压力线

认清趋势是进行投资的重要前提。认清趋势之后,就应该采取相应的行动。例如,如果意识到大牛市已经来临,那么就应该进入市场进行实际的投资,这时将面临的一个问题是入市时机的选择。每个投资者都希望在大涨之前或者涨势中途回落的低点买入,而借助支撑线和压力线可以使投资者找到可能的点位。

一、支撑线和压力线的含义与作用

(一) 支撑线和压力线的含义

支撑线又称抵抗线,是指当价格下跌到某个价位附近时,会停止下跌,甚至可能出现回升,这个阻止证券价格继续下跌或者暂时阻止证券价格继续下跌的价位就是支撑线的所在。这是由于多方在这个位置大量买入股票所造成的,对价格的继续下跌起到了迟滞作用。

压力线又称阻力线,是指当价格上涨到某个价位附近时,会停止上涨,甚至回落,这个起着阻止或暂时阻止证券价格继续上涨的价位就是压力线的所在。这是由于空方在此大量抛售股票造成的,会阻止价格继续上涨。

大多数投资者存在一个误区,认为只有在下跌行情中才存在支撑线,只有在上涨行情中才存在压力线。其实不然,在下跌行情中也有压力线,在上涨行情中也有支撑线。由于在下跌行情中投资者关注价格会下跌到什么地方才能结束,因此更关心支撑线的位置;而在上涨行情中人们更关注价格上涨到什么地方才会结束,所以关心压力线多一些。

最初的支撑线和压力线仅是简单地指出价格位置。后来,随着支撑线和压力线概念的发展,支撑和压力扩大成了一个价格区域。

常用的支撑和压力的位置主要有四种:

(1) 前期的高点和低点。

(2) 前期的成交密集区。

(3) 上升趋势线,下降趋势线,轨道线,黄金分割线。

(4) 长期的价格均线(20,30,60,120,250 日均线)。

(二) 支撑线和压力线的作用

趋势理论表明,价格的变动是有趋势的,要维持这种趋势,保持原来的变动方向,就必须冲破阻止其继续向前的障碍。例如,要维持下跌行情,就必须突破支撑线的阻力和干扰,创出新的低点;要维持上涨行情,就必须突破上涨的压力线的阻力和干扰,创出新的高点。由此可见,支撑线和压力线有被突破的可能,它们不可能长久地阻止价格保持原来的变动方向,使之在一个区间永远地待下去,它们只不过是使之暂时停顿而已。

支撑线和压力线会阻止或暂时阻止股票的价格沿原来方向继续运动,支撑线会阻止股价的下降趋势,压力线会阻止股价的上升趋势。但是其能否起到彻底的阻止作用,关键是看支撑线和压力线在起作用之后,未来价格的进一步变化方向。在上升趋势中,如果价格未突破压力线,这个上升趋势就已经处在一个很关键的位置了,如果再往后的价格又向下突破了这个上升趋势的支撑线,就产生了一个很强烈的趋势有变的警告信号,这就意味着这一轮的上升趋势已经被破坏,接下来的走势将是下跌的过程。如图 11-4 所示,在下降趋势中,如果价格未突破支撑线,再往后的价格又向上突破了这个下降趋势的压力线,就发出了这个下降趋势将要结束的强烈的信号,下一步的走势将是上涨的过程。

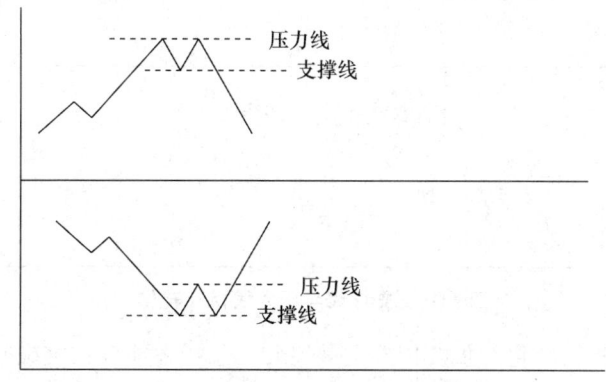

图 11-4　支撑线和压力线的作用

二、支撑线和压力线的相互转化

支撑线和压力线考虑了投资者的心理因素,两者的相互转化也是从心理方面考虑的。支撑线和压力线之所以能起支撑和压力作用,很大程度上是心理因素造成的,这就是支撑线和压力线理论上的依据。

一个证券市场上无外乎三种人:多头、空头和旁观者,旁观者又可分为持股者和持币者两种。假设价格在一个支撑区域停留了一段后开始向上移动,在此支撑区买入股票的多头肯定认为自己买对了,并对自己没有多买入一些而感到后悔。在支撑区卖出股票的空头这时也认识到自己卖错了,他们希望价格再跌回其卖出区域以便将原来卖出的股票补回来。而旁观者中持股者的心情同多头相似,持币者的心情同空头相似。无论是这四种人中的哪一种,都有买入股票成为多头的愿望。正是由于这四种人决定要在下一个买入的时机买入股票,所以才使股价稍一回落就会受到大家的关心,他们会或早或晚地进入市场买入股票,这就使价格还未下降到原来的支撑位置,上述四种新的买进大军就把价格推上去了。在该支撑区发生的交易越多,说明越多的股票投资者在这个支撑区有切身利益,这个支撑区就越重要。

再假设价格在一个支撑位置获得支撑后,停留了一段时间开始向下移动,而不是像前面假设的那样向上移动。对于上升,由于每次回落都有更多的买入,因而产生新的支撑;而对于下降,跌破了该支撑,情况就截然相反。在该支撑区买入的多头都意识到自己买错了,而没有买入或卖出的空头都意识到自己做对了。无论是多头还是空头,他们都有抛出股票逃离目前市场的想法。所以,一旦价格有所回升,即使尚未到达原来的支撑位,也会有一批股票被抛压出来,再次将价格压低。以上的分析过程对于压力线也同样适用,只是方向正好相反。

这些分析的附带结果是支撑和压力地位的相互转化。如上所述,一个支撑如果被突破,那么这个支撑将成为今后的压力;同理,一个压力被突破,这个压力将成为今后的支撑。这说明支撑和压力的角色不是一成不变的,它们是可以改变的,只要支撑线或压力线被足够大的价格变化击破了,它们就发生了角色的互换,并演变成自身原先的反面,即压力线就变成了支撑线,而支撑线变成了压力线,如图 11-5 所示。

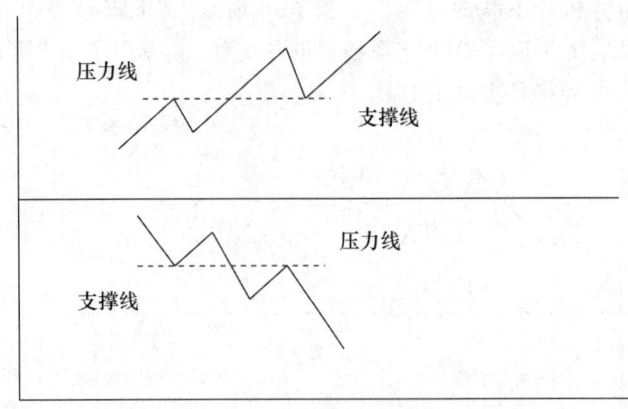

图 11-5　支撑线与压力线相互转化

支撑线和压力线相互转化的重要依据是被突破。怎样才能算被突破呢？用一个数字来严格区分突破和未突破是很困难的，没有一条很明确的分界线。一般说来，价格穿过支撑线或压力线越远，支撑压力被突破的结论越正确，可信度越高，从而可以去寻找新的支撑线和压力线。

在牛市中，压力线要比支撑线容易被突破，如果价格触及压力线后没有转向，而是继续向上，这就叫压力线的突破，压力线演化为支撑线。如图 11-6 所示，国药一致在 2015 年 2 月突破左侧压力线后一路向上，并在 6 月达到阶段性峰值 94.11，随后开始下跌，在跌至前期压力位时获得支撑，如图右侧支撑线，并进入一波小幅反弹行情，左侧压力线转化为支撑线。

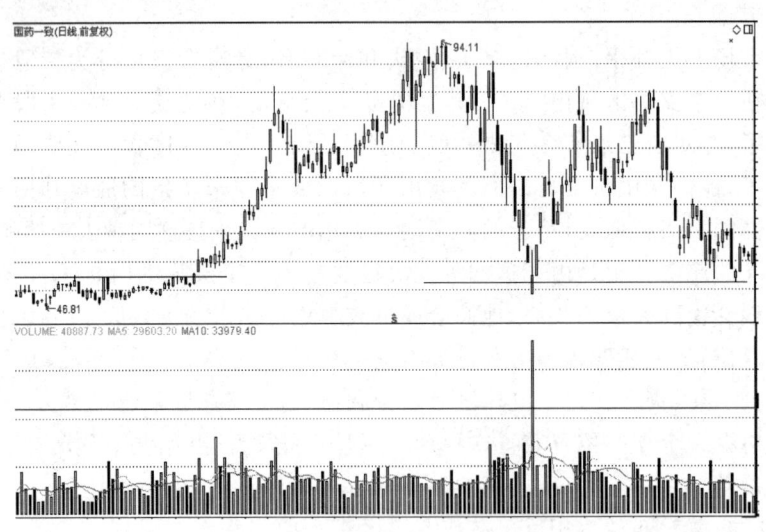

图 11-6　压力线转化为支撑线实例

在熊市中，支撑线的突破要比压力线的突破的可能性大。如果价格触及支撑线后没有转头向上，而是继续向下，便会导致支撑线的突破，支撑线演化为压力线。如图 11-7 所示，威孚高科的股价从 2015 年 6 月开始下挫，并于 9 月 15 日左右在左侧支撑线获得支撑，随后开始盘整，2016 年 1 月进入新一轮下降周期，虽然在 2 月进入小幅反弹，但是股价一直难以突破前期的支撑位，如图右侧压力线，支撑线转化为压力线。

图 11-7　支撑线转化为压力线实例

三、支撑线和压力线的确认与修正

对于一开始画出的支撑线或压力线,它们的位置都不是最终确定的结果,随着行情的发展,需要对支撑线和压力线所处的位置不断进行适当的调整与修正。因为在开始画出支撑线或压力线时主要是确定当时的支撑位或者压力位,目的是为制订下一步的投资计划做准备。但随着行情的发展,原来所认为的支撑位或者压力位已起不到支撑或压力的作用。随着新的支撑位或者压力位的出现,新的支撑线或压力线将要画出,并为下一步的投资计划服务。因此,支撑线或压力线将随着行情的发展而不断地进行适当的调整和修正。如图 11-8 所示,随着股价不断击穿支撑位,山推股份的支撑线从左侧移到右侧。

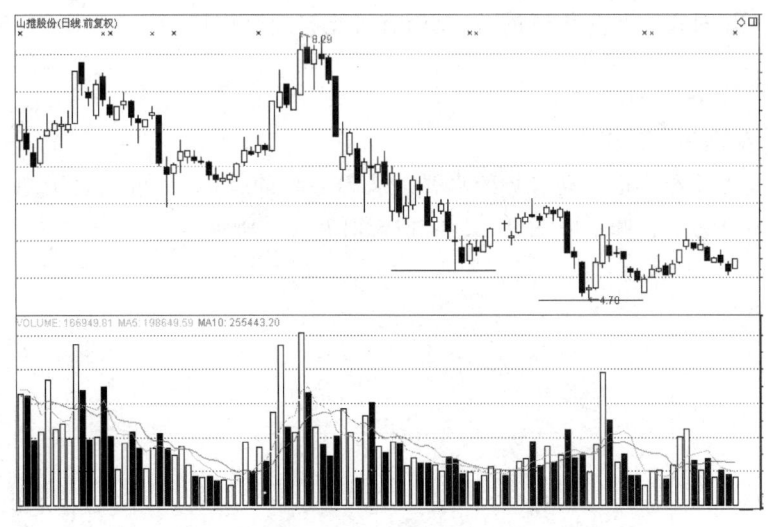

图 11-8　支撑线与压力线的确认和修正实例

对支撑线和压力线的修正过程其实是对现有的支撑线和压力线重要性的确认过程。每个支撑区域和压力区域在人们心目中的地位是不同的。价格到了某个区域,投资者心里清楚,它很有可能被突破,而到了另一个区域,投资者心里明白,它就不容易被突破。这为买入卖出提供了一些依据,投资者不会仅凭直觉进行买卖决策。

一般来说,一个支撑线或压力线对当前时期影响的重要程度可以从以下三个方面来考虑:一是价格在这个区域停留时间的长短;二是价格在这个区域伴随的成交量大小;三是这个支撑区域或压力区域发生的时间距离当前这个时点的远近。股价在该区域停留的时间越长,伴随的成交量越大,该区域发生的时间离当前日期越近,这个支撑或压力区域对当前的影响就越大;反之则越小。

四、支撑线和压力线的方向

支撑线和压力线分为水平的和倾斜的两种。实际情况中,倾斜的居大多数,即使是水平的支撑压力线,也不是严格意义上的水平,而是指一个区域——一个带状区域,只不过比较窄而已。下面将要介绍的黄金分割线和百分比线是水平的支撑压力线,其余的支撑压力线都是倾斜的。

五、实际支撑压力位和人为预测的支撑压力位

实际支撑压力位是实际的证券价格被阻止的位置,由证券价格的实际移动结果决定。人为预测的支撑压力位是交易者通过某些方法事先人为画出的位置,由投资者根据自己的经验得到。应用支撑压力理论的本质是尽量使这两种支撑压力位的位置一致。

第三节 趋势线和轨道线

采取人为预测支撑压力线的方法,投资者可以画出很多人为的支撑压力位,但是实际的支撑压力位只有一个。这里的关键就是,如何在众多的人为支撑压力线中选择出最符合实际情况的那一个,这也是使用支撑压力线最重要的问题。选择得当,对投资行为会有极大的帮助作用;选择不当,不仅对投资行为无所助益,反而有可能起到反作用。

一、趋势线

(一) 趋势线的含义和画法

趋势线是表现证券价格波动趋势的直线。从趋势线的方向中,可以明确地看出价格波动的趋势。趋势线分为上升和下降两种,具体画法如图 11-9 所示。

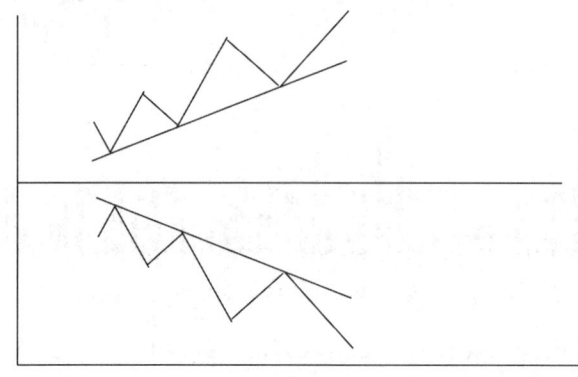

图 11-9 趋势线

在上升趋势中,将两个上升的低点连成一条直线,就得到上升趋势线。在下降趋势中,将两个下降的高点连成一条直线,就得到下降趋势线。从图 11-10 看出,上升趋势线起支撑作用,下降趋势线起压力作用。也就是说,上升趋势线是支撑线的一种,下降趋势线是压力线的一种。

图 11-10　中山公用的上升趋势线与下降趋势线

(二)趋势线的确认

趋势线画出以后,急需解决的问题是这条趋势线是否具有使用价值,建立在这条趋势线上的市场预测是否具有很高的参考价值。因此,需要对用各种方法画出的趋势线进行筛选评判,最终保留一条切实有效的趋势线。

要得到一条真正起作用的趋势线,要经多方面的验证才能最终确认,不符合条件的一般应予以删除。首先,必须确实有趋势存在。也就是说,在上升趋势中,必须确认出两个依次上升的低点,在下降趋势中,必须确认两个依次下降的高点,才能确认趋势的存在,连接两个点的直线才有可能成为趋势线。其次,画出直线后,还应得到第三个点的验证才能确认这条趋势线是有效的。一般来说,所画出的直线被触及的次数越多,其作为趋势线的有效性越能得到确认,其预测的准确度越高。

(三)趋势线的市场含义

一条趋势线一经认可,就可以使用其对价格进行预测。一般来说,趋势线对今后的价格变动起约束作用,使价格总保持在这条趋势线的上方(上升趋势线)或下方(下降趋势线),实际上就是起支撑和压力作用。但是,当趋势线被突破后,就会改变价格下一步的走势,即出现反转。被突破的趋势线越重要、越有效,其反转的信号越强烈。而被突破的趋势线原来所起的支撑或压力作用,现在将会相互交换。即原来是支撑线的,将起压力作用,原来是压力线的,将起支撑作用。

例如,上升趋势线揭示了股价或指数的运行方向是向上的,它对股价或指数的上升具有支持作用,因而它又被称为"上升支撑线"。所以,只要不出现上升趋势线被有效突破的现象,投资者就可以放心地一路做多。当然,一旦上升趋势线被有效突破,其失去支撑作用的同时,将转变为压力作用,压制股价或指数的再度上升。这时,投资者就不能再继续看多、做多,而要进行减磅操作,寻机退场。下降趋势线的作用与之相反,如图11-11所示。

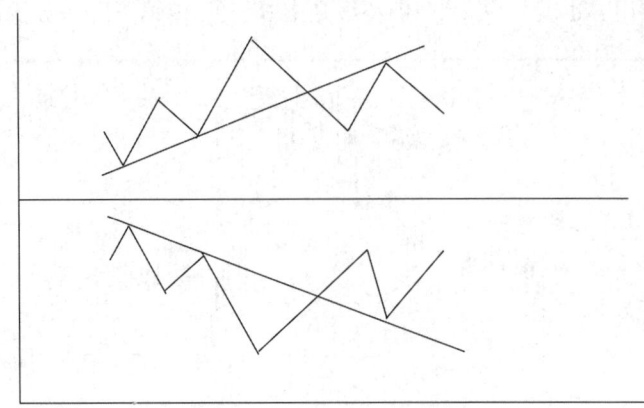

图 11-11　上升趋势线与下降趋势线

（四）趋势线的突破

趋势线的突破对买入、卖出时机的选择具有重要的分析意义。因此,搞清趋势线何时为之突破,是有效的突破还是非有效的突破,对投资者而言是至关重要的。趋势线突破的本质是对前面支撑和压力突破问题的进一步延伸。同样,趋势线的突破也没有具体的数字指标,突破与否的判断包含很多主观因素。一般而言,可以从以下几个方面考虑趋势线是否有效突破。

（1）收盘价突破趋势线比日内最高最低价突破趋势线重要。假如在一天的交易时间里突破了趋势线,但其收市价并没有超出趋势线的外面,这并不算是突破,可以忽略它,而这条趋势线仍然有用。

（2）穿越趋势线后,离趋势线越远,突破越有效。投资者可以根据每只股票的具体情况,制定一个具体界限。

（3）穿越趋势线后,在趋势线的另一方停留的时间越长,突破越有效。很显然,仅在趋势线的另一方停留了一天,不能算有效突破。至于多少天才算,则是一个人为选择的问题。

图11-12为武汉中商2015年9月到2016年3月的日线图,上升趋势线在A点被向下突破后,其延长线上的B点起到了压力线的作用。

图 11-12　武汉中商的趋势线

二、轨道线

（一）轨道线的含义和作用

1. 轨道线的含义

轨道线又称通道线或管道线，是基于趋势线的一种支撑压力线。在已经得到了趋势线后，通过第一个峰或谷可以做出一条趋势线的平行线，这条平行线就是轨道线。两条平行线组成一个轨道，即通常所说的上升通道和下降通道，如图11-13所示。

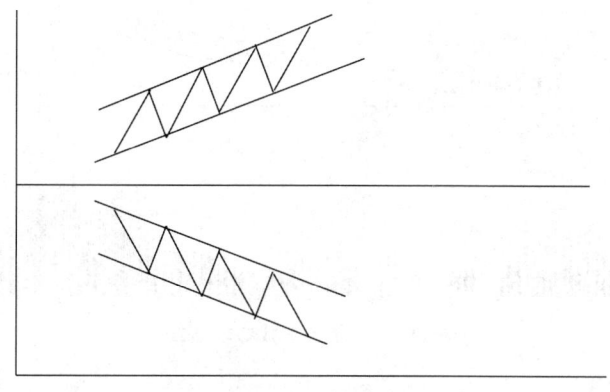

图11-13 轨道线

2. 轨道线的作用

轨道线主要有两个作用：限制作用和趋势转向的预警作用。

（1）限制作用：两条平行线组成一个轨道，这就是常说的上升和下降轨道。轨道的作用是限制价格的变动范围，一个轨道一旦得到确认，那么价格将在这个通道里变动，如果通道上面或下面的直线被突破，就意味着价格将有一个大的变化。

（2）趋势转向的预警作用：如果在一次波动中未触及轨道线，离得很远就开始掉头，这往往是原有趋势将要改变的信号，因为市场已经没有力量继续维持原有的上升或下降的规模了。

（二）轨道线的突破

与趋势线的突破不同，轨道线的突破并不是趋势反向的开始，而是原有趋势加速的开始，即原来的趋势线的斜率将会增加，趋势线的角度将会更加陡峭，如图11-14所示。

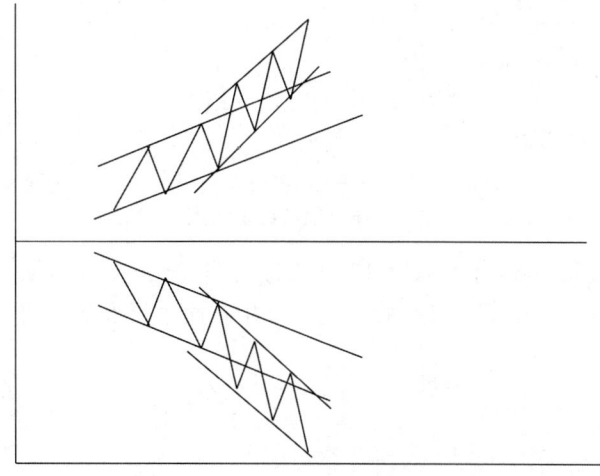

图11-14 轨道线的突破

图 11-15 为金宇车城 2014 年 11 月至 2015 年 5 月的日线图,2015 年 1 月至 3 月趋势线的斜率较小,进入 4 月后,股价开始加速上升,趋势线的斜率显著加大。

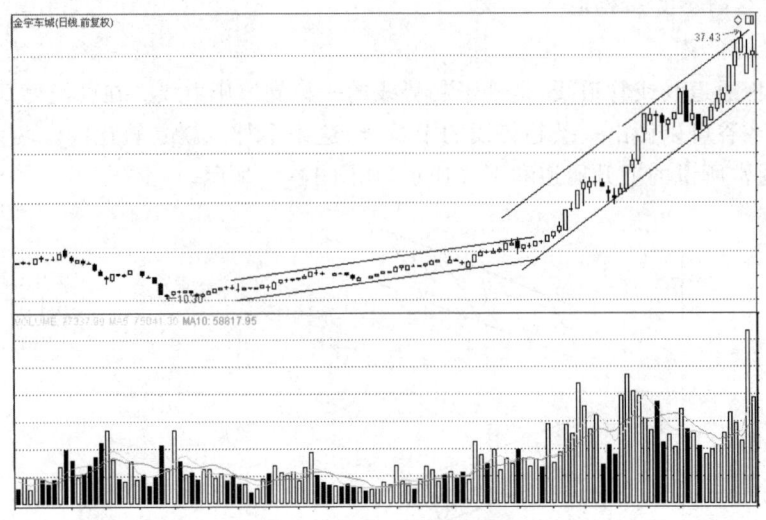

图 11-15　金宇车城的轨道线

（三）轨道线的宽窄

轨道线和趋势线是相互合作的一对。很显然,先有趋势线,后有轨道线,趋势线比轨道线重要得多。趋势线可以独立存在,而轨道线则不能。由于有了轨道,就出现了宽窄的问题。由于每个股票都有自己的特性,因此股票价格通道的宽窄往往也是不统一的。在这里要说明的是,即使是同一个证券在同一时间的同一趋势,也有宽轨道和窄轨道之分。在实际的价格图形中,在趋势线上的点一般比较"守规矩",而在轨道线上的点,就可能"不守规矩",如图 11-16 所示。

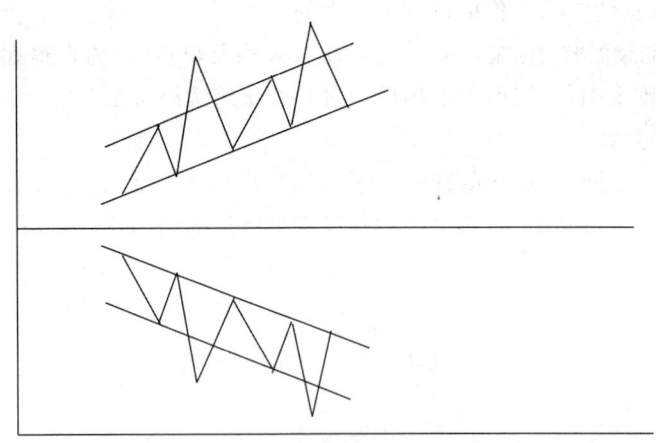

图 11-16　轨道线上的点

图 11-17 为岳阳兴长 2015 年 9 月至 12 月的日线图,2015 年 9 月至 11 月,股价趋势基本在较窄的轨道内运行,2015 年 11 月后,股价趋势开始在两个层次的轨道内运行。

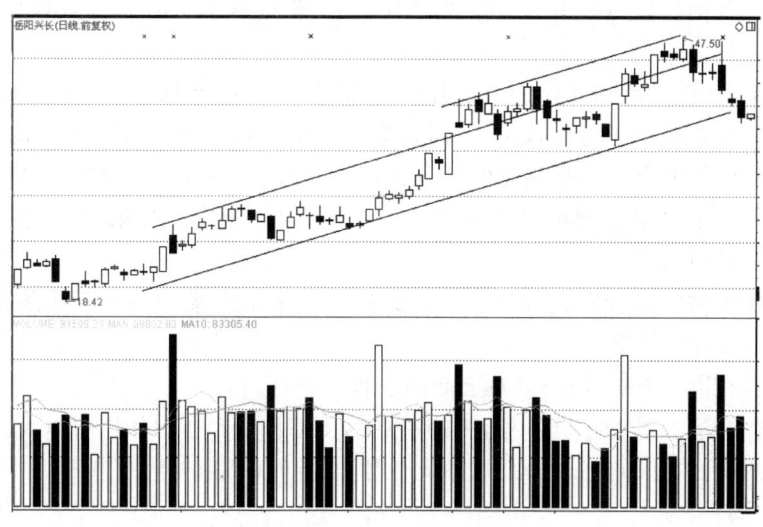

图 11-17　岳阳兴长的轨道线

三、交叉线——X 线

（一）交叉线的含义

交叉线也称 X 线，是趋势线的延伸使用。X 线是采用高点和低点相连接的方法，构成一条直线。由于连接高点和低点时，中途必然要与价格自身的曲线相交，这样，局部就会形成英文字母 X 的图形。X 线的名称也由此而来。根据高点低点相对位置的不同，X 线有四种不同的画法，如图 11-18 所示。

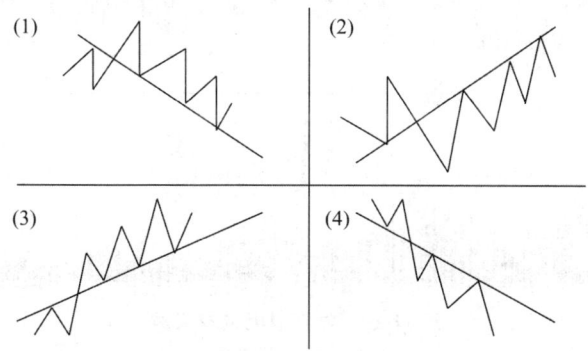

图 11-18　交叉线

（1）低点在右边，并且低点低于高点。
（2）低点在左边，并且低点低于高点。
（3）高点在左边，并且高点低于低点。
（4）高点在右边，并且高点低于低点。

（二）交叉线的作用

当前期的某一条趋势线被突破以后，趋势线与价格曲线就会出现一次相交。相交形成后我们将认为趋势发生了根本的改变。前面已经指出，这条被突破的趋势线现在仍然有效，只是支撑压力的作用相反。价格在突破趋势线后的回复中，将在原来的趋势线附近获得支撑或压力。如果价格回复的位置与原来的趋势线有小差异,那么,连接高点和低点其实是对原来的趋势线的一种修正。

X线一经画出,就会起到支撑线和压力线的作用,依照这个支撑点,我们可以准确地把握股票的调整空间以及区间压力位,这一点同趋势线有相似的地方。不过X线的得到要快于趋势线。因为趋势线需要至少两个相邻的低点或相邻的高点,并且要经过第三点的验证,才可能得到确认。而X线由于在趋势前已经出现了一个点,因此无须经过第三个点的验证,只要有一个低点或高点就可以了。

交叉线也需要判断和验证其有效性与重要性。一般而言,要遵循以下几条原则:

(1) X线与股价线相交。

(2) 交叉点右边的长度越长、落在上面的点越多越好。

(3) 同时有多条X线交于同一处,则这一处的支撑作用和压力作用将越大。

(4) 价格波动处在横向整理的无趋势状态时,X线的作用不会大。

(三) 交叉线的应用

图11-19为浙江震元2005年7月至2016年4月的日线图。从中可以看到,连接A、B两点的交叉线对下降趋势起到了支撑的作用,并最终在C点阻止了趋势的继续下降,开始小幅回升。

图11-19 浙江震元的交叉线

第四节 黄金分割线和百分比线

相对于前几种线而言,黄金分割线和百分比线是水平的,它们注重于支撑线和压力线所在的价位,而对什么时间达到这个价位并不关心。很显然,随着时间的向后移动,倾斜的支撑线和压力线上的支撑位与压力位也要不断变化。向上斜的直线价位会变高,向下斜的直线价位会变低。但对水平直线来说,每个支撑位或压力位相对较为固定。为了弥补它们在时间上考虑不周的这个问题,往往需要同时提供多条支撑线和压力线,并不断修正,最终确认一条有作用的支撑线和压力线。因此,在应用水平支撑压力线时,其最终只有一条被确认为支撑线或压力线。这条保留下来的直线具有一般的支撑线或压力线所具有的全部特性和作用,对今后的价格预测有一定的帮助。

一、黄金分割线

黄金分割是一种古老的数学方法,被应用于各种事物之中,而且常常发挥意想不到的神奇作用。在证券市场中,黄金分割的妙用几乎横贯了整个技术分析领域,是交易者与市场分析人士最习惯引用的一组数字。

(一)黄金分割线的含义

黄金分割线是利用黄金分割比率的原理对行情进行分析,并依此给出各相应的切线位置。黄金分割的原理源自弗波纳奇数列,众所周知的黄金分割比率 0.618 是弗波纳奇数列中相邻两个数值的比率,同时据此又推算出 0.191、0.382、0.809 等较为重要的比率。其中,黄金分割中最常用的比率为 0.382、0.618,在股市行情的分析中,上述比率所对应位置一般容易产生较强的支撑与压力,可以据此画出支撑线和压力线。

(二)黄金分割线的画法

第一步,记住以下几个特殊的黄金数字。

$$0.191 \quad 0.382 \quad 0.618 \quad 0.809$$
$$1.191 \quad 1.382 \quad 1.618 \quad 1.809$$
$$2.618 \quad 4.236 \quad 6.854$$

可以看出,这三行数字中,第一行比 1 小,第二行和第三行比 1 大。在这些数字中,0.382、0.618、1.618、2.618、4.236 这五个数字最重要。价格在运动过程中,极容易在由这五个数字产生的黄金分割线处产生支撑和压力。

第二步,在价格的波动图中找到一个点,这个点是显著的高点或低点。这个点是上升行情结束、掉头向下的最高点,或者是下降行情结束、掉头向上的最低点。当然,这里的高点和低点都是针对一定的范围而言,是局部的。只要我们能够确认一个趋势(无论是上升还是下降)已经结束或暂时结束,则这个趋势的转折点就可以作为画黄金分割线所需要的点。这个点一经选定,就可以画出黄金分割线。

第三步,计算出黄金分割线的位置,画出切线。具体可以分为上升行情和下降行情两种。

当上升行情进行了很长时间后,价格已经上涨了很多。此时,投资者最为关心的是上升趋势将在什么位置遇到压力。用本次上升开始的低点价位分别乘以上面所列特殊数字中比 1 大的数字,就能得到单点黄金分割线提供的未来可能成为压力的几个价位。即:

$$1.191 \quad 1.382 \quad 1.618 \quad 1.809$$
$$2.618 \quad 4.236 \quad 6.854$$

这些价位可能成为未来的压力位,其中 1.618 倍、2.618 倍和 4.236 倍成为压力线的可能性最大,其余的几条很少用到。一般而言,4.236 倍差不多是中国股票市场的"极限",90% 的股票的上升幅度都在 4.236 倍之内。

当下降行情进行了很长时间后,价格已经下降了很多。此时,投资者最为关心的是下降趋势将在什么位置获得支撑。单点黄金分割线提供的是如下几个价位,它们是由这次下降开始的顶点价位分别乘以上面所列特殊数字中比 1 小的数字。即:

$$0.191 \quad 0.382 \quad 0.618 \quad 0.809$$

其中 0.618 倍和 0.382 倍成为支撑位的可能性最大。

(三)黄金分割线的作用

在对行情进行技术分析时,黄金分割线的主要作用是运用黄金分割率预先给出股指或个股的支撑位或者压力位,以便于在可能的目标位附近提前做好操作上的准备。在一轮中级行情结束后,股指或股价的趋势会向与此前相反的方向运动,这时无论是由跌势转为升势还是由升势转为跌势,都可以以最近一次趋势行情中的重要高点和低点之间的涨跌幅作为分析的区间范围,将原涨跌幅按 0.191、0.382、0.50、0.618、0.809 划分为 5 个黄金分割点,股价在行情反转后将可能在这些黄金分割点上遇到暂时的阻力或支撑。在这 5 条黄金分割线中,最重要的两条线为 0.382 和 0.618。在反弹行情中,0.382 位置为弱势反弹的目标位,0.618 位置为强势反弹的目标位。而在回调过程中,若是强势回调,则 0.382 线处应有较强的支撑。若是弱势回调,0.618 线处才是强支撑位。

需要注意的是,黄金分割线只是提供了一些不容易被突破的阻力位或支撑位,投资者需要确认该阻力位或支撑位是否被突破后再做投资决策,而不是一到阻力位就卖出或一到支撑位就买进。黄金分割率所用于预测的周期越长,准确性往往越高。

(四)黄金分割线的应用

图 11-20 为西藏发展 2015 年 5 月至 2016 年 4 月的日线图。从图中可以看出,2015 年 5 月该股的最高价为 30 元,其后开始进入下跌通道,2015 年 7 月最低点为 9.3 元。后市的反弹过程中,黄金分割提供了两个重要的压力位,即 22 元附近和 17 元附近。如果投资者可以在这两个价位卖出该股,则可以顺利地逃顶。

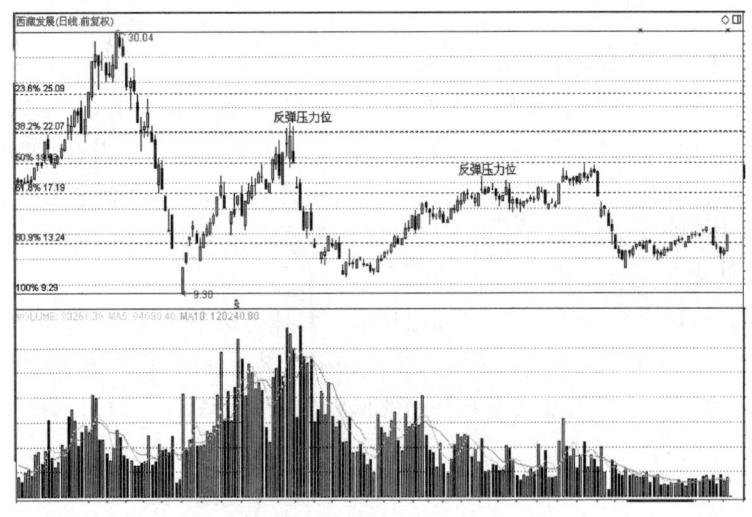

图 11-20 西藏发展的黄金分割线

二、百分比线

(一)百分比线的含义

百分比线是利用百分比率的原理进行的分析,百分比线是将前一轮行情中重要的高点和低点之间的涨跌幅按 1/8、2/8、1/3、3/8、4/8、5/8、2/3、6/8、7/8、8/8 的比率生成百分比线。在各比率中,4/8 最为重要,1/3、3/8 及 5/8、2/3 比率也往往起到重要的支撑与压力位作用。因此股价在一轮上升趋势结束以后、在回调的过程中我们需要重点关注的几个位置,就是前一轮上涨幅度的 33%、50% 和 66% 的价位,通常股价回调到这些位置时都会出现止跌或反弹,或是一轮下跌趋势以后,出现一波反弹。通常我们需要注意:当股价反弹到前一轮下跌的33%、50%、66%的价位时,就需要防范风险了。因为股价反弹到这些位置时,会产生一定的压力,因此投资者可以应用百分比线来掌握股价回调或是反弹的目标位,使操作更有前瞻性。

（二）百分比线的画法

要想正确画好百分比线,首先需要确定一个完整的波段,即一轮完整的上涨行情或是下跌行情。如果上涨或是下跌的趋势还没有结束,我们是没有办法来进行测算的。而且趋势没有结束不会出现转折。因此要想画好百分比线,我们首先要确定趋势结束之后才能画线。确定好趋势以后,只要找到前一个上涨或是下跌的波段的最高点和最低点就可以了。利用软件的画图功能,从最低点连接到最高点或是从最高点连接到最低点,就会出现一组百分比线的数据,从中可以知道股价在未来的反弹或是回调之中的股价目标位。

（三）百分比线的原理

百分比线考虑问题的出发点是多空双方力量对比的转化,以及人们在心理上对整数分界点的重视。以上升为例。在价格上升的初始阶段,价格的上升将促使多方力量加入。价格上升了才引起重视,这是大众投资者对股票的固有意识。但是当价格上升到能够为相当一部分人提供利润时,价格的上升将吸引更多的持有者卖出,使得空方的力量逐渐加大,从而引起价格的回落。同样,当价格从高处开始下降,下降到已经不能为相当一部分人提供利润时,下降的空方力量将减弱,上升的多方力量将再次加强。百分比线所寻求的就是多空双方力量强弱转化所发生的位置。在实际情况中,多空双方力量对比转化位置是多样的。百分比线依赖人们心理上对整数位置的重视,设计了很多条未来可能成为多空力量转化的位置,让使用者根据具体情况做出选择。

（四）百分比线的应用

图11-21为星美联合2015年10月至2016年4月的日线图。从图中可以看出,2015年10月的最低点为10元左右,2015年12月的最高点为23.88元。其后,股价开始进入回落整理,百分比线提供了重要的回落支撑位,在2016年1月和3月,该股股价回落至14元附近时均获支撑,并展开了小幅反弹行情。

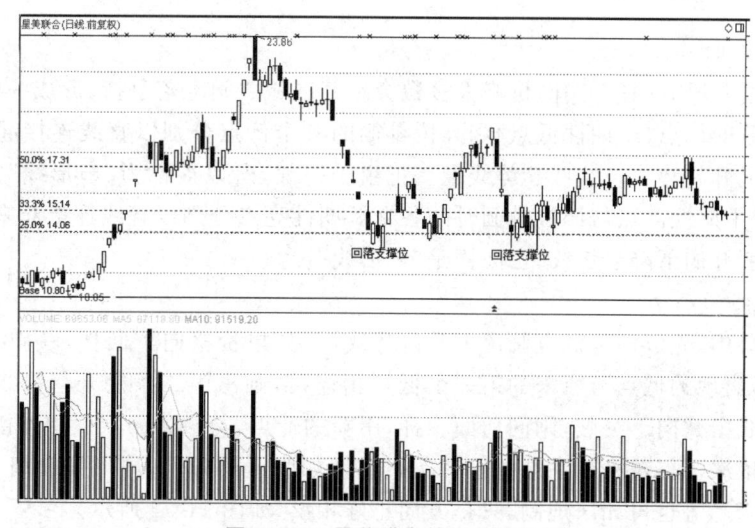

图11-21　星美联合的百分比线

三、黄金分割线和百分比线的局限性

在使用黄金分割线和百分比线进行支撑压力分析时,面临的最大局限性即主观因素的影响。具体体现在下面三个选择:第一,高点和低点的选择;第二,黄金分割数字和百分比数字的选择;第三,买卖行动中资金投入量比例的选择。投资者在做决策时不可避免地要受到使用者主观因素的影响。

第一,高点和低点的选择。价格在波动过程中,肯定会出现很多的高点和低点。对于单点黄金分割,低点是行情发动之初的低点,应该选择成交密集区的低点,时间最好在1个月以上;高点应该等到已经下降了相当程度之后才能确定,这样可以忽略很多的"小高点",高点不一定有成交密集区。

第二,黄金分割数字和百分比数字的选择。这其实是在多条支撑压力线中进行选择的问题,这是"世界性难题"。对此我们不可能得到很确切的答案,因为不同证券的市场表现是千姿百态的,应该结合其他方法处理这个问题。

第三,资金投入量比例的选择。这实际上是第二个问题的延续。由于不知道应该选择哪一条线作为买卖行动的开始,而又必须有所行动,投资者可以采取每条线都行动的方法。具体做法是在每条线都使用一定比例的资金进行买卖,在"比较信任"的线可以使用比较大的资金比例,在"把握不大"的线使用比较小的资金比例。

第五节 扇形原理、速度线和甘氏线

扇形线、速度线和甘氏线三种直线的共同特点是找到一点(一般是下降的低点和上升的高点),然后以此点为基础,向后画出很多条射线(直线),这些直线就是未来可能成为支撑线和压力线的直线。这三种支撑压力线实际使用的技术要求比较高,相对来说比较烦琐。本书只介绍它们的画法和基本思想,不涉及更深入的内容。

一、扇形线和扇形原理

(一)扇形线的含义

当行情经过一段时间的上升,价格大多数会在其区域之间涨落争持,形成一些形态。如果我们将开始上升的低点(中期性低点)和高位徘徊的各个低点分别以直线连接起来,便可以画出多于一条的上升趋势线。这些趋势线像一把扇子一般,所以被称为"扇形线"。下跌时情形也是一样,若把中期性高点与低位徘徊时的各个短期性高点分别以直线连接起来,也可以画出像一把扇子般散开的下降趋势线,也同样是"扇形线"。

(二)扇形线的画法

在上升趋势中,先以两个低点画出上升趋势线后,如果价格向下回档,跌破了刚画的上升趋势线,则以新出现的低点与原来的第一个低点相连接,画出第二条上升趋势线。再往下,如果第二条趋势线又被向下突破,则同前面一样,用新的低点,与最初的低点相连接,画出第三条上升趋势线。依次变得越来越平缓的这三条直线形如张开的扇子,扇形线和扇形原理由此而得名。对于下降趋势也可如法炮制,只是方向正好相反,如图11-22所示。

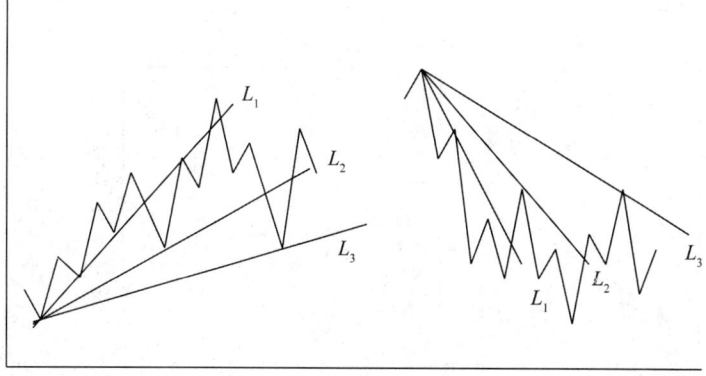

图 11-22 扇形线

（三）扇形线的原理

扇形线与趋势线有很紧密的联系，初看起来像趋势线的调整。扇形线丰富了趋势线的内容，明确给出了中长线趋势反转的信号。趋势要反转必须突破层层阻止突破的阻力。要反转向上，必须突破很多条压在头上的压力线；要反转向下，必须突破很多条横在下面的支撑线。稍微的突破或短暂的突破都不能被认为是反转的开始，必须消除所有阻止反转的力量，才能最终确认反转的来临。图 11-22 连续画出的三条直线一经突破，它们的支撑和压力角色就会相互转换。因此，扇形原理可以简单地叙述为三次突破原则，即图 11-22 所画的三条趋势线一经突破，趋势将反转。

（四）扇形线的局限性

技术分析的各种方法中，有很多关于如何判断反转的方法，扇形原理只是从一个特殊的角度来考虑反转的问题。实际应用时，应结合多种方法来判断反转是否来临。

在实际应用时，扇形线很不方便。一方面，画这些趋势线本身就比较麻烦；另一方面，画出三条趋势线后并不能保证趋势反转，因为所画出的趋势线是否合理还是个问题，通常要画多条趋势线才会出现反转。此外，等到第三次突破后，价格往往已经下降或上升了很多，不是最好的交易价格，甚至不是次好的价格，这给投资者的使用造成了麻烦。

二、速度线

（一）速度线的含义

同扇形原理考虑的问题一样，速度线也是用来判断趋势是否将要反转的。不过，速度线给出的是固定的直线，而扇形原理中的直线是随着价格的变动而变动的。另外，速度线又具有一些百分比线的思想，它将每个上升或下降的幅度分成三等分进行处理。在每个上升或下降过程中的高点和低点连线的 1/3 和 2/3 处即为速度线。

（二）速度线的画法

速度线的画法分为两个步骤。第一步，找到一个上升或下降过程中的最高点和最低点，然后将高点和低点的垂直距离三等分。第二步，连接高点（在下降趋势中）与分界点，或连接低点（在上升趋势中）与 1/3 和 2/3 分界点，得到两条直线。这两条直线就是速度线，如图 11-23 所示。

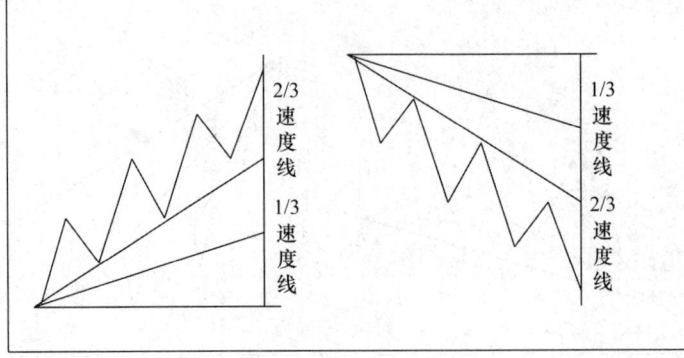

图 11-23　速度线

（三）速度线的原理

速度线最为重要的功能是判断一个趋势是被暂时突破还是长久突破（转势），速度线一经突破，其原来的支撑线和压力线的作用将相互变换位置，其基本的思想如下。

第一，在上升趋势向下调整之中，如果向下折返的程度突破了位于上方的 2/3 速度线，则价格将试探下方的 1/3 速度线。如果 1/3 速度线被突破，价格将一泻而下，预示这一轮上升的结束，也就是转势。

第二，在下降趋势向上调整之中，如果向上反弹的程度突破了位于下方的 2/3 速度线，则价格将试探上方的 1/3 速度线。如果 1/3 速度线被突破，价格将一路上行，标志着这一轮下降的结束，价格进入上升趋势。

与别的直线不同，速度线可随时变动，一旦有了新高或新低，速度线将随之发生变动，尤其是新高和新低与原来的高点和低点相距很近时更是如此，原来的速度线就一点用也没有了。

（四）速度线的局限性

同扇形线一样，速度线的使用也是"高难度的"，画起来比较麻烦，而且经常变动。此外，如果等到突破了 1/3 速度线才开始行动，那么一定不是进行交易的"好的地点和好的时机"。这是没有办法的事情，一方面需要结论的准确，另一方面又需要"好的地点"，实际中这样的"好事"可以说根本没有。

三、甘氏线

（一）甘氏线的含义

甘氏线又称为江恩角度线，是江恩将百分比原理与几何角度原理结合起来的产物。它是江恩理论系列中的重要组成部分，具有非常直观的分析效果，根据角度线提供的纵横交错的趋势线，能帮助分析者做出明确的趋势判断。按照上升趋势和下降趋势，甘氏线分上升甘氏线和下降甘氏线两种。

（二）甘氏线的画法

甘氏线的画法分为两个步骤。第一步，先确定起始点，被选择的点同大多数别的选点方法选择的点一样，一定是显著的高点和低点，如果刚被选中的点马上被创新的高点和低点取代，则甘氏线的选择也随之而变更。第二步，确定起始点后，再找角度，如果起始点是高点，则应画下降甘氏线；反之，如果起始点是低点，则应画上升甘氏线。这些线将在未来起支撑和压力作用。如图 11-24 所示，左侧为上升趋势线，右侧为下降趋势线。

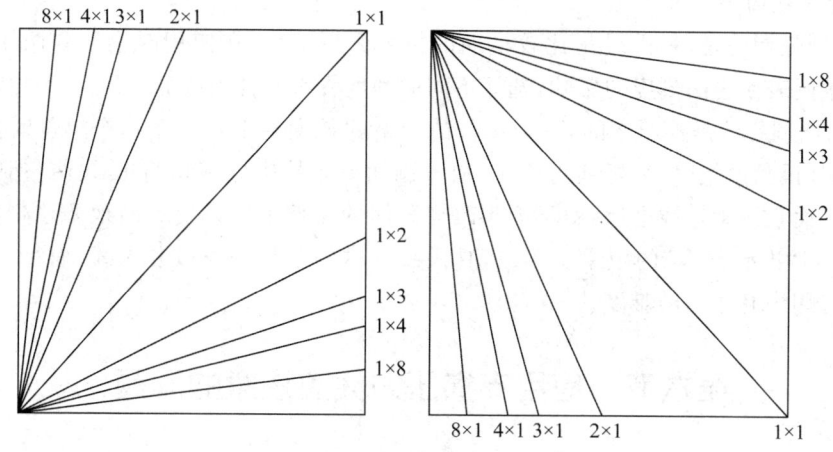

图 11-24 甘氏线

(三)甘氏线的原理

江恩角度线是利用一个波段,将其划分为八等分,称为"百分比值法",来计算预测市场的高低点、回档区。即把一个波段平均划分为 1/8、2/8、3/8、4/8、5/8、6/8、7/8、8/8,再将 1/3、2/3 分别安插到相关位置,就可以得到下列数字:1/8＝12.5％、2/8＝25％、1/3＝33％、3/8＝37.5％、4/8＝50％、5/8＝62.5％、2/3＝67％、6/8＝75％、7/8＝87.5％、8/8＝100％。由于百分比值法中的 37.5％、62.5％与黄金分割率 38.2％及 61.8％极为相似,因此其意义与黄金分割率极为相近。

甘氏角度共有 9 条角度线,分别为:

(1) 7.5 度(8×1),即时间变动 8 个单位,价格变动 1 个单位,最平缓;

(2) 15 度(4×1),即时间变动 4 个单位,价格变动 1 个单位;

(3) 18.75 度(3×1),即时间变动 3 个单位,价格变动 1 个单位;

(4) 26.25 度(2×1),即时间变动 2 个单位,价格变动 1 个单位;

(5) 45 度(1×1),即时间变动 1 个单位,价格变动 1 个单位;

(6) 63.25 度(1×2),即时间变动 1 个单位,价格变动 2 个单位;

(7) 71.25 度(1×3),即时间变动 1 个单位,价格变动 3 个单位;

(8) 75 度(1×4),即时间变动 1 个单位,价格变动 4 个单位;

(9) 82.5 度(1×8),即时间变动 1 个单位,价格变动 8 个单位,最陡峭。

甘氏线的基本比率为 1∶1,即 1 单位时间对 1 单位价格。1×1 江恩线表示每单位时间价格运动 1 个单位,2×1 表示每 2 个单位时间价格运动 1 个单位。当市场趋势由降转升时,价格通常会沿着上升甘氏线向上,上升趋势缓和时,价格会沿着 2×1 线上升,如反弹有力,上升趋势会提高至 1×2、1×3 或 1×4 线。大多数情况下价格会沿着 1×1 线(45 度线)上升,下降趋势时则套用下降甘氏线。

在 9 条角度线中,以 45 度(1×1)线最为重要,它是时间与价格的平衡线,因此被视为主趋势线。在强劲的多头市场中,价格通常位于主趋势线上方,若价格跌破 45 度线,则被视为主要上涨趋势反转;在大空头市场中,价格通常位于主趋势线下方,若价格顺利向上突破 45 度线,代表主要下跌趋势反转。因此它也说明,在牛市中,只要价格维持在 45 度线以上,则牛市持续有效;而在熊市中,只要价格维持在 −45 度线以下,则熊市持续有效。

(四)甘氏线的局限性

需要特别强调的是,甘氏线是比较早期的技术分析工具,在使用时会遇到两个问题。第一,受到技术图表使用的刻度的影响,选择不同的刻度将影响甘氏线的作用。画甘氏角度线时对 K 线图的比例要求是很严格的,一个单位的价格的长度要正好等于一个单位时间的长度,因此在绘制甘氏角度线时,最好通过缩小、放大画面或者拽指标窗口将 K 线调整到一个比较正确的比例,而且当画好线之后,就不能再改变画面的比例了。只要不断地调整刻度,就可以使甘氏线达到"准确预报"的效果。第二,甘氏线提供的不是一条或几条线,而是一个扇形区域,在实际应用中有相当的难度。

第六节 应用支撑压力线应注意的问题

支撑压力线为投资者提供了许多价格移动可能存在转折的位置,这些支撑线和压力线对行情判断有很重要的作用。但是,在实际应用中支撑压力线理论也会存在一定的局限性。

一、是否突破

支撑线和压力线有突破和不突破两种可能性,在实际应用中会出现令人困惑的现象。以上升过程中的回落为例,当得到了某个支撑线后,在这个支撑线上我们能够做些什么事情呢?这就是个令人烦恼的问题,因为我们将面对是否会被突破的问题。如果支撑住了,就应该开始买入;如果向下突破,就不应该买入,甚至要"逃命"。这个问题总结起来就是支撑压力线是否会被突破。

在实际中,如果价格真的到了我们事先计算的支撑位置,即使有下降突破的可能,有时也是可以买入的。因为可以认为下面的下降空间已经不多了,冒一点风险也是值得的。如果继续等待而价格飞涨,将失去机会,使投资者的心态变坏。投资者心态的好坏对投资的成功有不可估量的作用。这样做也是没有办法的事情,因为没有人能很准确地找到最低点和最高点,只能去试探,在试探的过程中找到最后的高点和低点。其实,最高点和最低点不是事先确定的,需要根据当时具体的多空双方力量的对比,确定实际中大概的位置。

二、真假突破

这个问题是上一个问题的另一种说法,是在判断是否会突破时一定要遇到的问题。虽然有一些方法可以进行真假突破的判断,但效果都不能令人满意,因为市场是"强大的",我们不可能战胜它。有时,往往要等到价格已经离开了很远时才能够肯定突破成功或真突破,而此时对投资行为的指导意义已经不大了。

三、多样性

用各种方法得到的直线都提供了支撑和压力可能出现的位置,在实际投资行为中,我们究竟应该相信其中的哪一条呢?这其实又成了上面的第一个问题,即哪一条是不会被突破的。

当然,通过大量的实际观察和统计,可以得到一些有关的结论。比如,每种支撑压力线更适用的环境;支撑压力线被突破的概率问题;有些位置不容易被突破,有些位置被突破的可能性大。但是这些结论的可靠性是比较差的。

【本章小结】

1. 本章以趋势分析为基础,首先介绍了支撑压力的切线理论。利用不同的原理,可以得出不同的支撑压力线,主要包括趋势线、轨道线、交叉线、黄金分割线、百分比线、扇形线、速度线、甘氏线等。这些支撑压力线在使用过程中,需要不断地进行修正,以期得出一条真正的有作用的支撑压力线。

2. 支撑压力的切线理论给投资者提供了一种预测股票趋势的分析工具,在实际应用时,需要注意以下事项:(1)支撑压力线是否可以被突破;(2)支撑压力线的真假突破;(3)支撑压力线的多样性。

【关键概念】

主要趋势　次要趋势　支撑线　压力线　趋势线　轨道线　交叉线　黄金分割线　百分比线　扇形线　速度线　甘氏线

【复习思考题】

1. 简述趋势的分类。
2. 简述支撑线和压力线的相互转化。
3. 简述趋势线的作用和突破。
4. 简述百分比线的主要原理。
5. 应用支撑压力理论的注意事项。

【参考文献】

[1] 〔美〕斯蒂芬 W.比加洛著,杨永新等译.蜡烛图方法:从入门到精通[M].机械工业出版社,2010.

[2] 〔美〕史蒂夫·尼森著,何平林译.日本蜡烛图教程[M].天津社会科学院出版社,2010.

第十二章 证券价格形态分析

【本章概要】

本章介绍了证券投资技术分析中的价格形态分析方法。证券价格形态分析法是根据价格过去一段时间的走势形态来预测价格未来走势的一种方法。证券价格的过去走势形态是市场行为的重要部分,是证券市场接受消化各种信息后的表现,这是以价格形态来分析推测价格未来走势的重要依据。证券价格形态主要分为反转形态和整理形态两个大类。反转形态是指价格趋势反转所形成的图形,即由上升趋势反转为下降趋势或由下降趋势反转为上升趋势的形态。整理形态是指价格经过一段时间盘整之后,市场持续保持以往的走势方向的形态。利用证券价格形态分析方法,投资者可以对目前证券市场所处的环境有一定的分析推测,把握证券市场今后可能的发展方向,做出正确的投资决策。

第一节 形态分析概述

价格不断波动的过程使其走过的轨迹呈现出不同的形态,这些变化多样的形态是多空双方力量对比决定的。多空双方进行争斗,决定价格走向,价格曲线呈现出向上或是向下的趋势,留下价格移动的轨迹。价格移动的轨迹构成一些几何形态,对价格移动形态的分析可以为投资者提供一定的投资决策依据。总体来看,价格变化的形态主要分为反转形态与整理形态。

一、形态分析的含义

形态分析就是通过研究价格的不同形态,分析和研究多空双方力量的对比变化,预测价格未来的发展趋势,从而为投资者的投资决策提供重要的参考依据。

价格是按照多空双方力量对比和所占优势而移动,从而形成移动轨迹的趋势。依据多空双方的力量对此,如果多方处于优势,价格将会向上移动,如果空方处于优势,价格将会向下移动。取得决定性优势的一方不会无限制地拉高(降低)价格。例如当多方取得优势时,价格一路升高,投资者会对持续的高价产生疑虑,停止跟进买入或者抛出在低位时买入的股票,这会限制股票价格无休止上涨。

此外,市场在很多时候没有明显的趋势,多空双方的力量达到基本平衡,市场处于盘整状态。技术分析者认为盘整状态是暂时的,目的是为下一步的价格运动蓄积能量,这种平衡状态迟早会被打破，从而形成新的价格涨跌趋势变化。所以价格移动的规律就是盘整——上升（下降）——盘整——上升（下降）……无限循环往复。

二、形态分析的种类

技术分析把形态分为反转形态和整理形态两大类。反转形态（Reversal Patterns）就是股价运动伴随成交量的上升、下降，市场形成相反方向的趋势。反转形态是突破原形态，价格走势与原来相反。常见的此类形态包括头肩顶（底）、双重顶（底）、三重顶（底）、V形、圆弧形、菱形等。整理形态（Continuation Patterns）表明股价将继续在当前趋势上积攒力量，市场继续保持原来的方向。整理形态是保持原形态，价格走势与原来相同。常见的此类形态包括三角形、矩形、旗形等。

三、形态分析的要点

反转形态意味着趋势正在发生重要反转，整理形态则是保持原有的趋势继续发展，关键是需要在形态形成的过程中尽快判别出所属类型，才能采取有效的投资策略。反转形态就是形态分析的重点研究内容。

进行形态分析需要考察价格本身的变化过程，及其在图表上的显示，还需要研究伴生的交易量形态，以及价格形态的测算。交易量形态是价格形态的重要验证依据，尤其是在形势不明的情况下。绝大多数的价格形态都有具体的测算技术，可以确定出最小价格目标，可以对市场的下一步运动进行大致估计。

研究反转形态需要掌握几个基本要点：

一是事先存在价格趋势，才能考虑反转形态的问题。

二是重要的趋势线被突破，现行趋势才会将要反转。

三是形态形成的规模越大，反转后才会带来越大的市场波动。

四是向上突破信号的可靠性验证要依赖交易量，而向下突破信号则不能完全依赖交易量的验证。

综上所述，进行形态分析时要考虑形态处于何种趋势中、形态持续时间长短、成交量如何变化、突破形态时的判断原则是怎么样的、走出形态之后的最小变动幅度量度多大等。

> **阅读延展**

道氏理论与形态分析

道氏理论是所有市场技术研究的鼻祖。在定义上，道氏理论是一种技术理论，它是根据对价格模式的研究，推测未来价格行为的一种方法。我们一般所称的"道氏理论"是查尔斯·道、威廉姆·皮特·汉密尔顿和罗伯特·雷亚等人共同的研究结果。在雷亚的著作《道氏理论》一书中，他论述了道氏理论中极其重要的三个假设和五个定理。1948年出版的由罗伯特·D.爱德华兹和约翰·迈吉合著的《股市趋势技术分析》一书，继承并发扬了道氏理论的思想，是现今有关趋势和形态识别分析的权威著作。道氏理论将趋势分为基本趋势、次等趋势和小趋势。基本趋势是大规模的、中级以上的上下运动，通常持续1年或数年之久。基本趋势在其演进过程中穿插着与其反方向的次等趋势，次等趋势由小趋势组成。基本趋势是三种趋势中真正长线投资者所关注的唯一趋势。道氏原则中,有交易量跟随趋势、直线可以代替次等趋势、反转信号明确时显示一轮趋势结束等理论,它们都可以看作是道氏理论在形态分析中的运用。

第二节 反转形态

反转形态是指价格趋势发生逆转所形成的图形,即由上升趋势转为下降趋势或由下降趋势转为上升趋势的形态。这种趋势的反转一般是指中长期价格趋势的变化,而不是短期价格趋势的变化。对于投资者来说,反转形态的发现对他的投资决策十分重要,会帮助他抓住入市良机或规避价格下跌带来的风险,应该在投资过程中重点关注。在现实中,反转形态有很多种,这里主要分析头肩形、双重形、V形、圆弧形、喇叭形、菱形等几种典型的反转形态。

一、头肩形

头肩形是最重要、最常见、最著名的价格反转形态之一,分头肩顶和头肩底两种形态,分别代表向下和向上的反转趋势,如图12-1所示。以头肩顶为例,头肩顶有三个高点,中间的高点为头,左右两个相对较低的是肩。反之,头肩底则有三个低点。

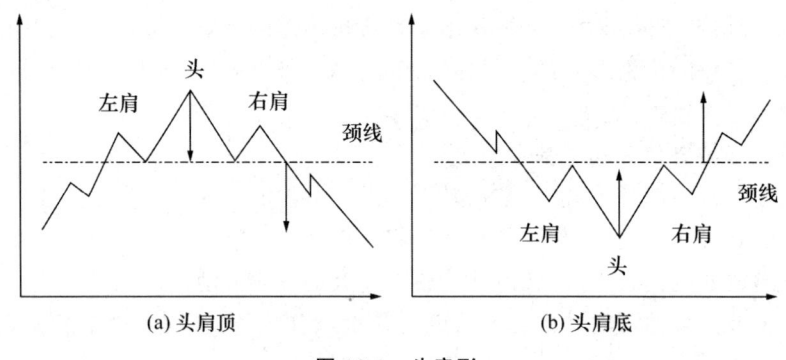

图 12-1 头肩形

(一)头肩顶

头肩顶通常形成于价格的一个明显上升趋势,伴随较大的成交量,然后,价格在上涨一定幅度后上涨势头放缓,开始受阻回落,成交量也开始减少。这样价格一涨一跌先后形成了左肩、头和右肩,成交量在各部分逐渐减少。特别在形成右肩的过程中,价格经过短暂的调整后上升,但上升的高度大致与左肩接近时,便又遇阻下跌,股价急速穿过颈线时形成右肩。价格向下反转的趋势已经无法更改,上升行情已经结束而进入下跌行情,颈线起到了支撑作用。头肩顶的形成就是一种卖出信号。

头肩位置、成交量的变化是判断头肩顶是否已经形成的重要依据,反映市场多空双方人气。一般来说,左右两肩高度大致相等,都不高于头部,即使有时颈线被突破可能会出现价格回升现象,回升的高度一般也不超过颈线水平。头肩顶形成过程中,左肩成交量最大,头部次之,右肩的成交量一般会有明显的下降,表明市场上多方力量已大幅减少,价格下跌;当价格穿破颈线时,成交量不一定有明显增加,但是价格继续下跌,成交量会相应放大,表明市场空方力量开始大增,投资者不断抛盘,后市将持续走跌。

（二）头肩底

头肩底是将头肩顶倒转过来，也是由左右肩和头部构成，头部与左右肩在颈线下方，是见底反转的重要信号之一。头肩底通常形成于价格的一个明显下降趋势，然后，价格在下跌一定幅度后下跌势头放缓，开始反弹回升。这样价格一跌一涨先后形成了左肩、头和右肩，特别在形成右肩的过程中，价格经过短暂的调整后下跌，但下跌的幅度大致与左肩接近时，便又反弹回升，当价格上升有效穿过颈线时形成右肩，价格持续上升行情，颈线起到压力作用。头肩底的形成过程与头肩顶相反，往往是出现在熊市的末端，是入市的良机。需要注意的是，与头肩顶不同，当颈线被有效突破时，头肩底形态必须要有成交量增加的配合，另外，颈线有效突破后也可能会出现暂时性的回落，但回调的位置不低于颈线。

此外。价格在变化过程中，有时还会出现复合形态，即多重头肩形，如有两个头（底）、两个左肩或者两个右肩，甚至更多。这些形态常常出现在长期趋势的底部或顶部。多重头肩形的分析判断标准与一般头肩形也相似，可参考一般头肩形来进行投资决策。

二、双重形

双重形也是比较典型的反转形态，在实际中常常出现，包括双重顶和双重底两种。双重形的特点是双顶或双底高度基本一致，形状类似英文字母"M"和"W"，故又称为 M 头和 W 底，如图 12-2 所示。

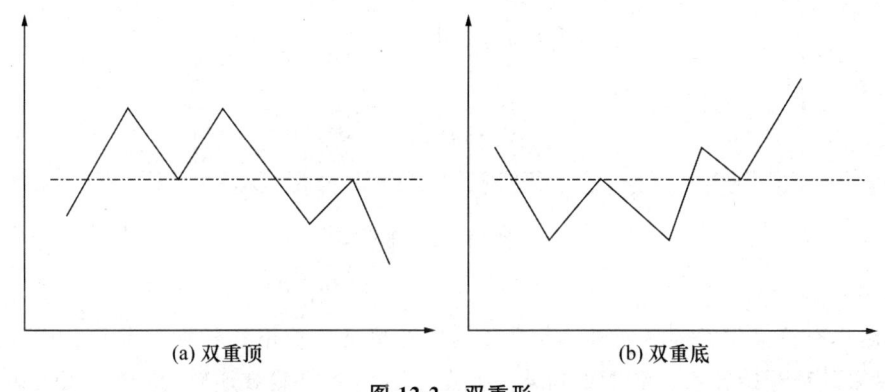

(a) 双重顶　　　　　　　　　　(b) 双重底

图 12-2　双重形

（一）双重顶

双重顶有两个相同高度的高点。当价格经过一段时间的上涨后，在一个高点遇阻回落，在高点处成交量明显加大；当回落到某一价格水平后，受到上升趋势线的支撑，而成交量随股价下跌而减少。然后，价格又继续上涨，但上涨的动力不足，当上涨到第一个价格高点附近时，再次遇到强大的压力而下跌。当价格向下有效突破颈线（在价格回落的低点所做的一条与两个高点的连线的平行线）时，便形成了双重顶形态。颈线被突破时，会起到支撑或压力效果。双重顶形态是一种趋势反转的信号，当确认后，就可以对它进行后市预测，投资者应及时卖出证券。

需要注意：双重顶的两个高点高度不一定完全相同，只要相差少于 3% 即可；价格突破颈线时成交量不一定增大；双重顶形态突破颈线的最小跌幅为一个形态高度（形态高度是从顶点到颈线的垂直距离）。

（二）双重底

双重底与双重顶的情况正好相反，价格经过持续的下跌，跌至某一低点后，开始出现反弹。

当价格反弹到一定高度后,遇阻回落,跌至第一个价格低点位置附近,再次回升。当价格突破其颈线后,表明双重底形态确立。此后,价格开始进入上涨趋势,这是一种较好的买进信号。两个底之间距离越远,将来双重底反转的潜力越大,波动越剧烈。双重顶也有同样的特点。但是对颈线的有效突破必须要伴随大成交量,这是双重底和双重顶的区别之一。

此外,双重形的展开,还可以延伸出三重形(三重顶与三重底)或多重形。这种形态形成所需时间往往更长,走势更为复杂,价格未来上涨或下跌的幅度也更大。三重形的颈线也是基本水平的。在分析判断时,可以直接使用头肩形、双重形的识别方法。

三、V形

V形也是一种很难预测的反转形态,可以分为V形底和V形顶两种,是由意外消息引起的、价格上涨或下跌幅度较大、速度极快的一种急迫式的反转形态,如图12-3所示。V形走势的一个重要特征是在走势反转点交易量增大,交易量在图形上形成倒V形。由于V形只有一个尖底或一个尖顶,价格在底部或顶部停留的时间较短,关键转向过程只有1—3个交易日,没有过渡性横盘过程,其买卖时机较难把握,一般根据其他技术分析方法得到V形反转的信号。

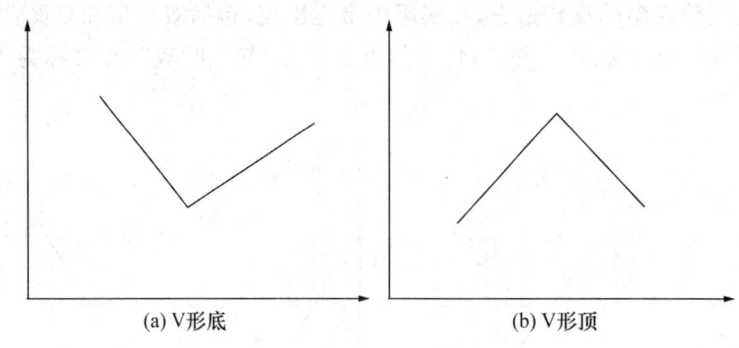

图 12-3　V形

(一) V形底

V形底具有价格先大幅降低再急速升高的形态特征。价格在长期下跌趋势中,开始是缓慢下行,后来跌势开始转急。在下跌到某一低点之后跌势突然被逆转,价格转而大幅上涨,留下一个尖底,一般配合成交量大幅度增加。这种形态通常由投资者的恐慌性抛售造成,当空头能量彻底释放之后,多头力量开始占据上风,价格急速反转向上,便形成了V形底。

V形底形成后,往往在极短的时间内价格就发生逆转。由于转势时间短,判断是短期反弹还是趋势反转难度相当大。因此,可以同时根据成交量和K线判断是否形成V形底。如果价格在急速下跌阶段末期成交量放大,在形成反转当天和顺应上涨趋势时成交量会同步更放大;形成反转当天,K线常常形成十字星、上下影线或大阳线等形态。

(二) V形顶

V形顶与V形底正好相反,是一个杀伤力极大的顶部形态,如果没有判断出这种形态并及时抛售,投资者会在高位被套牢。V形顶形态往往伴随价格大幅拉升,V形顶反转经常以十字星、长上影线、大阴线等K线形态报收,同时,伴随大成交量。

四、圆弧形

圆弧形又被称为圆形、碟形、碗形,包括圆弧底和圆弧顶两种。圆弧形是将一段时间内的价格高点(低点)用曲线连接起来形成的。圆弧形盖在股价之上或托在股价之下,不是圆也不是抛物线,只是一条曲线,形成的时间往往长达几个月甚至更久。圆弧形类似于多重头肩形,但是没有明显的头肩,各个顶部和底部没有主次之分,如图 12-4 所示。圆弧形被突破的判断极为困难,只有长期趋势线和原来的支撑线、压力线可供参考,没有颈线可以使用,反转高度不能测量。圆弧形在实际中出现较少,一出现就是好的投资机会。

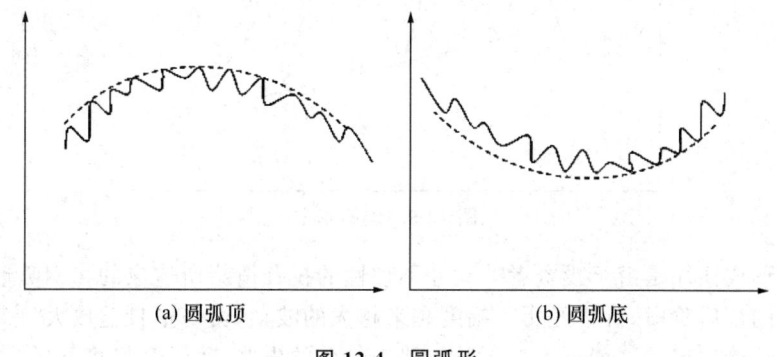

(a) 圆弧顶　　　　　　　　(b) 圆弧底

图 12-4　圆弧形

（一）圆弧顶

圆弧顶一般出现在高位,是下跌行情的开始。在圆弧顶形成过程中,价格先上涨,后在顶部遇到空方一点一点地抛售,多方极力支撑,价格来回拉锯,然后空方开始大幅打压,而多方纷纷退出,价格全面下挫,圆弧顶正式形成。

需要注意的是:第一,圆弧顶经常出现于绩优股中,由于持有者心态稳定,多空双方力量很难出现急剧变化,所以市场主力在高位慢慢抛出,从而形成圆弧顶,圆弧形态形成时间越长,今后反转的力度就越强;第二,圆弧形常常在价格上升时成交量增加,在上升至顶部时反而显著减少,在价格下跌时,成交量又开始放大,这就是两头多、中间少的成交量情况;第三,在圆弧顶末期,价格缓慢下跌到一定程度,引起投资者恐慌,会使跌幅加剧,常出现跳空缺口或大阴线,此时是一个强烈的利空信号,投资者应果断离场。

（二）圆弧底

与圆弧顶正好相反,圆弧底出现在低位,是上涨行情的开始。在形成圆弧底的初期,卖盘压力开始减轻,成交量开始有所减少;价格虽然还在下跌,但跌势趋缓。在圆弧底部,市场买卖双方力量基本持平,成交量更少。价格在圆弧底部酝酿一段时间后,随着低价入市的投资者增多,价格开始加速上涨,成交量也随之快速增长,圆弧底形成。一般情况下,圆弧底中成交量规律和圆弧顶一致。圆弧底需要较长的形成时间,时间越长,圆弧底形态可靠性也越强。圆弧底形态没有最小上涨度量价格,一旦向上突破后,往往升势强劲,上涨幅度较大。

对于投资者来说,遇到圆弧底时,选择最佳买入时机非常重要,不宜过早介入。首先,在买入之前必须确认成交量的底部已形成;其次,最好在连续几日温和放量收阳线之后买进比较可靠;最后,如果在圆弧底形成末期出现价格整理趋势,应把握机会,在成交量萎缩至接近突破前成交量水平时及时买进。

五、喇叭形

喇叭形又叫扩大形或增大形,这种形态看起来很像一只喇叭。整个形态以狭窄的波动开始向上下两方扩大,是三角形的变形体,我们把上下的高点和低点分别连接起来,便形成一个喇叭形,如图 12-5 所示。喇叭形出现,投资者看跌,这种形态的跌幅往往较大。

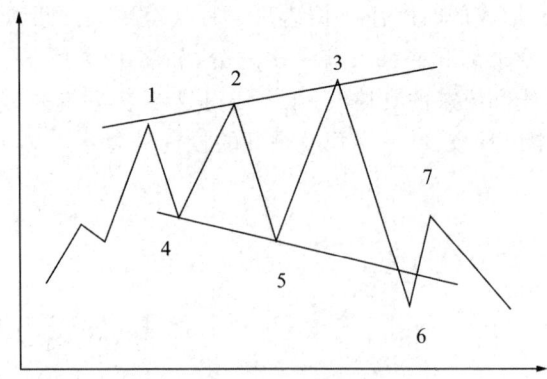

图 12-5 喇叭形

喇叭形的形成往往是由于投资者冲动和不理性的投资情绪所造成的。喇叭形通常出现在长期上升趋势的最后阶段,价格经历了幅度越来越大的波动,交易量日益放大,市场失去控制,完全由投资者情绪决定。这种形态是下跌趋势来临前的先兆,暗示升势将到尽头,是可靠的看跌形态,但却没有明确指出跌势出现的具体时间。经过剧烈的动荡后,投资者的热情会渐渐平息,远离证券市场,价格逐步下降。喇叭形极少出现在下跌趋势的底部,这是因为价格经过一段时间的下跌之后,投资意愿下降。

一般来说,一个标准的喇叭形应该有 3 个高点,2 个低点。这 3 个高点一个比一个高,中间的 2 个低点则一个比一个低;当价格从第三个高点下跌时,投资者就可以抛售证券,当价格有效跌破喇叭形的第二个低点时,可以认为喇叭形成立,此时抛出更为必然。此外,价格常常在跌破第二个低点时反弹,只要反弹高度不超过下跌幅度的一半,下降趋势还会继续保持,这也是喇叭形的特殊性。

六、菱形

菱形又称钻石形,也是一种出现在顶部的看跌反转形态。菱形实际上是喇叭形和对称三角形的结合,左半部和喇叭形一样,第二个上升点比前一个高,回落低点亦较前一个为低,当右部出现上升点时,高点却不能越过左部高点水平,接着的下跌回落点却越来越高,价格的波动幅度从不断扩大转为不断缩小,右半部的变化类似于对称三角形,如图 12-6 所示。菱形走势往往预示着价格下跌。

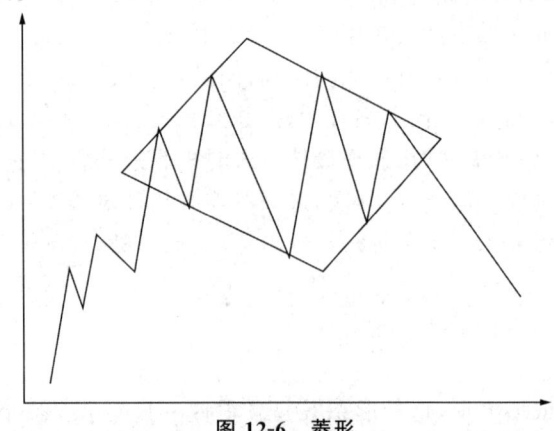

图 12-6 菱形

菱形也由投资者情绪而产生。价格经过连续上涨后，投资者购买情绪高涨，买方力量大释放，价格波动增大；随着投资者情绪稳定，成交量减少，价格波幅变小，市场从高涨的投资意愿转为观望，投资者等待市场进一步的变化再做新投资决定。

需要注意的是，菱形大都出现在顶部，但有时也作为整理形态，出现在下跌趋势的中途。构成菱形的各条直线相交位置没有严格的要求。当菱形右下方的支撑线被有效跌破后，就是一个卖出信号；但如果价格向上突破右方阻力，而且成交量激增时，就是一个买入信号。价格突破菱形后，自突破点算起，至少要下跌一个形态高度（形态高度是指形态内最高点和最低点的垂直距离）才是有效突破。

阅读延展

反转形态的基本要领

反转形态所共有的几个基本要领：

1. 在市场上事先确有趋势存在，是所有反转形态存在的前提。

市场上确有趋势存在是所有反转形态存在的先决条件。市场必须先有明确的目标，然后才谈得上反转。在图表上，偶尔会出现一些与反转形态相像的图形，但是如果事前并无趋势存在，那么它便无物可反，因而意义有限。在我们辨识形态的过程中，正确把握趋势的总体结构，有的放矢地对最可能出现一定形态的阶段提高警惕，是成功的关键。

正因为反转形态事先必须有趋势可反，所以它才具备了测算意义。前面曾强调，绝大多数测算技术仅仅给出最小价格目标，那么，最大目标就是事前趋势的起点。如果市场发生过一轮主要的牛市，并且主要反转形态已经完成，就预示着价格向下运动的最大余地便是100%地回撤整个牛市，从它的终点回到它的起点。

2. 现行趋势即将反转的第一个信号，经常是重要的趋势线被突破。

即将降临的反转过程，经常以突破重要的趋势线为其前兆。不过请记住，主要趋势线被突破，并不一定意味着趋势的反转。这个信号本身的意义是，原趋势正有所改变。主要向上的趋势线被突破后，或许表示横向延伸的价格形态开始出场，以后，随着事态的进一步发展，我们才能够把该形态确认为反转型或连续型。在有些情况下，主要趋势线被突破同价格形态的完成恰好同步实现。

3. 形态的规模越大，则随之而来的市场动作越大。

这里所谓的规模大小，就价格形态的高度和宽度而言的。高度标志着形态的波动性的强弱，而宽度则代表着该形态从发展到完成所花费的时间的多寡。形态的规模越大——即价格在形态内摆动的范围（高度）越大、经历的时间（宽度）越长——那么该形态就越重要，随之而来的价格运动的余地就越大。

4. 顶部形态所经历的时间通常短于底部形态，但其波动性较强。

5. 底部形态的价格范围通常较小，但其酝酿时间较长。

顶部形态与底部形态相比，它的持续时间短但波动性更强。在顶部形态中，价格波动不但幅度更大，而且更剧烈，它的形成时间也较短。底部形态通常具有较小的价格波动幅度，但耗费的时间较长。正因为如此，辨别和捕捉市场底部比起捕捉其顶部，通常来得容易些，损失也相应少些。不过对喜欢"压顶"的人来说，尚有一点可资安慰，即价格通常倾向于跌快而升慢，因而顶部形态尽管难以对付，却也自有其吸引人之处。通常，交易商在捕捉住熊市的卖出机会时比抓住牛市的买入机会时盈利快得多。事实上，一切都是风险与回报之间的平衡。较高的风险从较高的回报中获得补偿,反之亦然。顶部形态虽然更难捕捉,却也更具盈利的潜力。

6. 交易量在验证向上突破信号的可靠性方面,更具参考价值。

交易量在验证向上突破信号时更具重要性。交易量一般应该顺着市场趋势的方向相应地增长,这是验证所有价格形态完成与否的重要线索。任何形态在完成时,均应伴随交易量的显著增加。但是,在趋势的顶部反转过程的早期,交易量并不如此重要。一旦熊市潜入,市场惯于"因自重而下降"。图表分析者当然希望看到,在价格下跌的同时,交易活动也更为活跃,不过,在顶部反转过程中,这不是关键。然而,在底部反转过程中,交易量的相应扩张,却是绝对必需的。如果当价格向上突破时,交易量形态并未呈现出显著增长的态势,那么,整个价格形态的可靠性,就值得怀疑了。

第三节 整理形态

整理形态是指价格沿着某一趋势运动,经过一段时间的运行之后,不再继续保持原有的趋势,而是在一定区域内上下窄幅波动,等时机成熟后再继续进行原有的走势。整理形态保持原形态价格走势,表明股价将继续在当前趋势上积攒力量,市场继续原来方向的趋势。在证券市场中,整理形态类型多样,常见的此类形态包括三角形、矩形、旗形、楔形等。

一、三角形

三角形是一种常见的整理形态,是指价格经过一段时间的上涨(下跌)后,在一定的范围内波动,而且波动的幅度越来越小,把各高点和低点分别连接起来,其形状像一个三角形。三角形又分为对称三角形、上升三角形和下降三角形,后两种合称直角三角形,如图 12-7 所示。

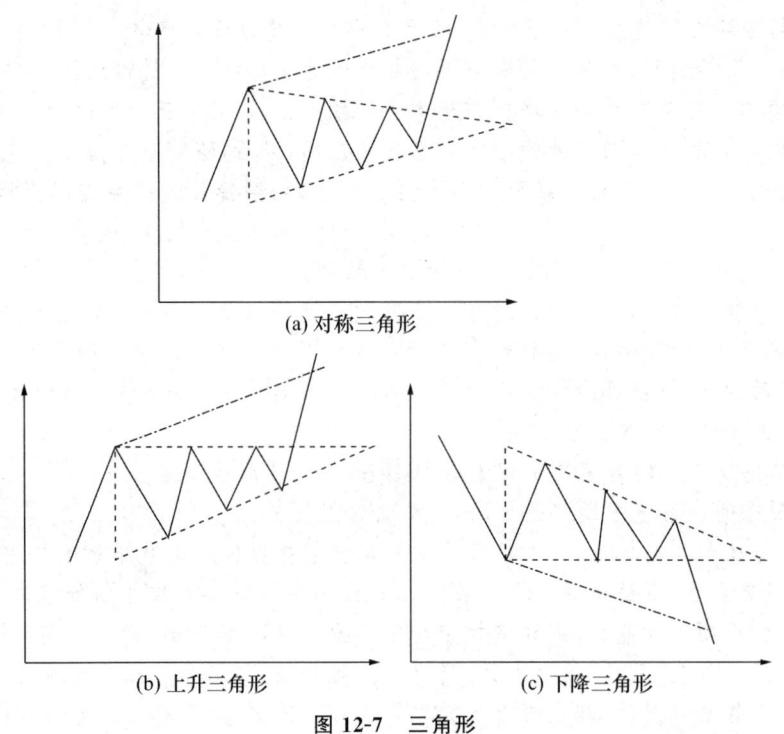

图 12-7 三角形

（一）对称三角形

对称三角形也称正三角形，表示原有趋势暂时处于调整阶段，然后沿着原趋势继续前进。其变动幅度是逐渐缩小的，即每次变动的最高价都低于前一次，而最低价在不断地抬高，把短期高点和低点分别以直线连接起来，就可以形成对称的三角形，上面的线起到压力作用，下面的线起到支撑作用。对称三角形有上涨的趋势，也有下跌的趋势，这里以上涨趋势为例。

对称三角形在形成过程中，持续的时间不会太长，往往是由于买卖双方的力量在该段价格区域内势均力敌，暂时达到平衡状态所形成。对称三角形的形成价格从第一个短期性高点下跌，但很快便被买方推动价格回升，投资者对后市没有太大的信心，未能推动价格上涨至上次高点便掉头向下，再次下跌。在下跌的阶段中，投资者又不愿意以低价抛售或对前景仍存有希望，所以价格未跌到上次的低点便又开始回升，买卖双方的观望使价格的上下小波动日渐缩窄。成交量在对称三角形形成的过程中不断减少，也反映出多空双方力量对后市犹豫不决的观望态度。由于价格波动幅度越来越小，成交量也在不断递减，直到价格有效突破三角形时，成交量才随之变大。

对称三角形属于整理形态，只有价格明显突破后，才可以采取相应的买卖行动。如果价格往上冲破压力线，就是买入时机；反之，如果价格往下跌破支撑线，便是卖出时机。

对称三角形的测度方法以价格上升趋势为例，当价格往上突破时，从形态的第一个上升高点开始画一条和底部平行的虚线，未来价格至少要达到这条虚线，投资者可以大致预测到最小的上升幅度和所需要的完成时间。当然，对称三角形形态下降趋势的最小跌幅，测度方法也是一样的。

（二）上升三角形

当价格近期形成的几个高点可以连成一条水平线，价格走势的低点一个比一个高，价格波幅不断减小时，可以将价格高点、低点分别连线，形成一条水平的压力线和一条向上倾斜的支撑线，便形成上升三角形。上升三角形显示多空双方在某一范围内的较量，但多方的力量在争斗中稍占上风，价格上升意识增强。一般来说，出现上升三角形表明后市将会上涨，是较好的买进时机。上升三角形的测度方法与对称三角形类似，也需要画出与底部平行的虚线，未来价格至少要达到这条虚线，投资者可以大致预测到最小的上升幅度和所需要的完成时间。

（三）下降三角形

下降三角形与上升三角形相反，价格走势的高点不断下降，可以连接成一条向下的斜线，下方则是一条水平支撑线，两条线相连便形成下降三角形。多空双方却与上升三角形所显示的情形相反，在某一范围内的较量中，空方的力量在争斗中稍占上风，价格下降意识增强，空方不断地增强抛售压力，价格还没回升到上次高点便抛出，而买方坚守某一价格的防线，使价格每回落到该水平便获得支持。一旦价格跌破支撑线成为有效突破时，就是卖出时机。下降三角形的成交量变化也呈现下降之势。需要注意的是，价格在向下跌破时，若出现回弹，应观察其是否受阻于水平底线之下，在底线之下是假回弹。

二、矩形

矩形又叫箱形，是价格在两条水平的上下线之间波动、横向延伸运动而形成的一种形态，是一种典型的整理形态。矩形也可分为上升矩形和下降矩形，如图12-8所示。

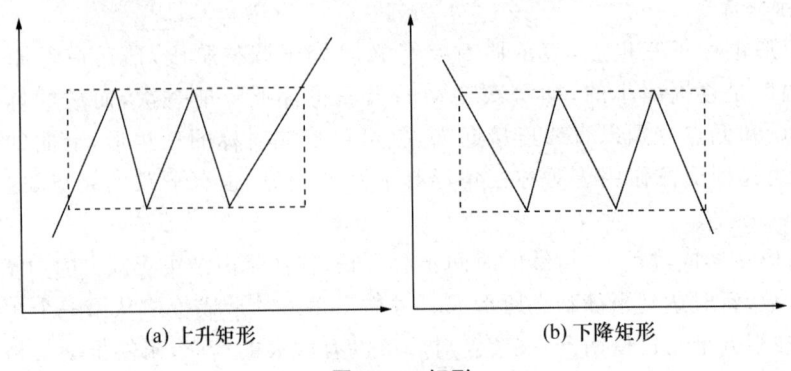

图 12-8 矩形

（一）上升矩形

价格经过一段时间的上涨后，上升到某一水平时遇上阻力，掉头回调，但很快便获得支撑而回升，可是回升到上次同一高点时再一次受阻，而回落到上次低点时则再得到支撑。把这些短期高点和低点分别以直线连接起来，便可以画出两条水平直线形成的通道。上升矩形的形成是由于多空双方的力量在一定范围之间互不相让，处于均衡状态。多方认为其价位是很理想的买入点，于是价格每次跌到该水平即买入，形成了一条水平的支撑线。与此同时，空方认为价格难以超越其水平，于是价格上涨至该价位水平便卖出，形成一条水平的压力线。随着时间的推移，双方投资热情会逐步减弱，成交量减少，市场趋于平淡。经过一段时间的盘整后，多方占据优势采取主动，使价格向上突破，形成上升矩形。

（二）下降矩形

下降矩形刚好与上升矩形相反。价格经过一段时间的下跌后遇到支撑，价格开始向上反弹，但反弹到一定的高点后遇阻回落，而回落到上次低点时则再次得到支撑，价格反弹到上次的高点后又遇阻回落。把这些短期高点和低点分别以直线连接起来，便可以绘出一条水平通道。价格一般会在这条通道内盘整一段时间，直到空方占据优势采取主动，使价格向下有效突破，形成下降矩形。

一般来说，矩形的成交量一般会不断减少。当价格向上突破时，必须有成交量放大的配合；但如果向下突破时，没有大成交量的配合也可以。当矩形突破后，其涨跌幅度通常等于矩形的宽度。

三、旗形

旗形形态就像一面挂在旗杆顶上的旗帜，这种形态出现频率高，通常在急速的市场波动中出现，价格经过在一个区间内的短期波动修整后，还保持原来的趋势方向，形成一个稍微与原来趋势呈相反方向倾斜的平行四边形，这就是旗形走势。旗形又可分作上升旗形和下降旗形，如图 12-9 所示。

（一）上升旗形

在市场极度活跃、价格运动剧烈、近乎直线上升的情况下，价格经过休整形成一个紧密、狭窄的稍微向下倾斜的价格密集区域，把这密集区域的高点和低点分别以直线连接起来，就可以画出两条平行而下倾的直线。这两条平行线起着压力或支撑的作用，压力线被突破是旗形完成的标志。在价格急速的上升中，成交量逐渐增加。持有证券者已获利而不断卖出，上升趋势

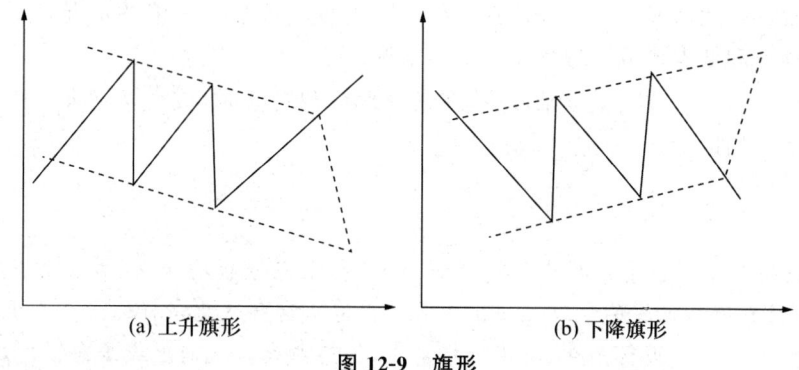

(a) 上升旗形　　　　　　　(b) 下降旗形

图 12-9　旗形

亦遇到大的阻力，价格开始小幅下跌。不过大部分投资者对后市依然充满信心，所以价格回落速度不快，幅度也不大，成交量不断减少。经过一段时间的整理后，到了旗形末端，价格向上有效突破，成交量大涨，形成上升旗形。

分析旗形时要注意：旗形出现之前，会先出现由于价格直线运动形成的旗杆；旗形的持续时间应该少于三周；旗形形成之前和突破之后成交量都会变大。

（二）下降旗形

下降旗形则与上升旗形刚好相反，当价格出现急速下跌后，接着形成一个紧密、狭窄的稍微向上倾斜的价格密集区域，像是一条上升通道。价格在急速的下降中，成交量增加达到一个高点，然后遇到支撑而反弹，不过价格反弹幅度不大，成交量开始大幅萎缩，价格小幅上升。经过一段时间的整理，价格向下有效突破，放量下跌，形成下降旗形。

上升旗形将会向上突破，而下降旗形则是往下跌破。旗形形态可测度出最小的上升（下跌）幅度。其测度的方法是突破旗形后最小的上升（下跌）幅度，相等于整支旗杆的长度。旗杆的长度是以形成旗杆的突破点开始，直到旗形的顶点为止。

四、楔形

楔形和旗形一样，都是常见的整理形态。如果将旗形的平行四边形变成上倾或者下倾的三角形，就得到楔形。这是价格经过一段时间的波动修整，而且波动幅度越来越小，并且还保持着原来的趋势方向而形成的。楔形又可分作上升楔形和下降楔形，如图12-10所示。

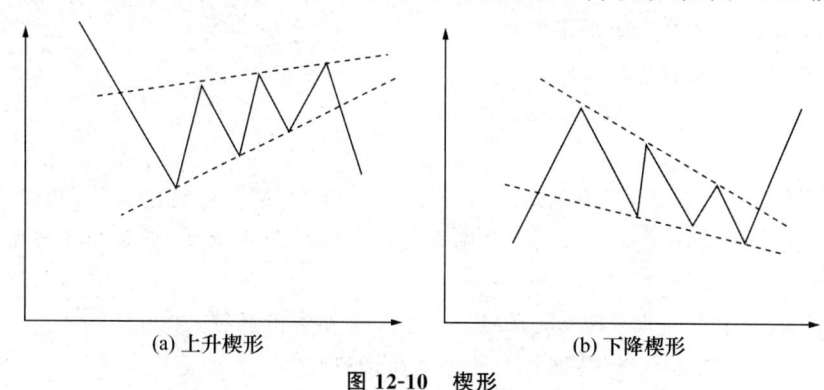

(a) 上升楔形　　　　　　　(b) 下降楔形

图 12-10　楔形

楔形的形态要求没有旗形那么严格，它又与三角形不同。三角形上下两条边都是朝着不同方向倾斜的，楔形上下两条边则是朝着同一个方向倾斜。楔形的应用可以参照旗形。

上升楔形是价格经过一次下跌后产生强烈的技术反弹，升至一定水平后又掉头回落，但是回落点比前一次高,然后又上升至新高点,再回落,形成一浪高于一浪的情况。下降楔形正好相反,股价的高点和低点形成一浪低于一浪的情况。

在楔形形成过程中,成交量逐渐减少,在楔形形成和突破时,成交量加大。楔形形成时间较长,一般需要2周以上。

【本章小结】

1. 本章主要介绍了技术分析中的形态分析,包括形态分析的含义、种类和分析要点。价格不断波动的过程使其走过的轨迹呈现出不同的形态。这些变化多样的形态是由多空双方力量对比决定的,多空双方进行争斗,决定价格走向,价格曲线呈现向上或是向下的趋势,留下价格移动的轨迹。价格移动的轨迹构成一些几何形态。对价格移动形态的分析可以为投资者提供一定的投资决策依据。

2. 形态分析就是通过研究价格的不同形态,分析和研究多空双方力量的对比变化,预测价格未来的发展趋势,从而为投资者的投资决策提供重要的参考依据。技术分析把形态分为反转形态和整理形态两大类。

3. 反转形态就是股价运动伴随成交量上升、下降,市场形成相反方向的趋势。反转形态是突破原形态,价格走势与原来相反。常见的此类形态包括头肩顶(底)、双重顶(底)、V形、圆弧形、喇叭形、菱形等。

4. 整理形态表明股价将继续在当前趋势上积攒力量,市场继续原来方向的趋势。整理形态是保持原形态,价格走势与原来相同。常见的此类形态包括三角形、矩形、旗形、楔形等。

【关键概念】

形态分析　反转形态　整理形态

【复习思考题】

1. 整理形态和反转形态有哪些区别和联系?
2. 头肩形和双重形的分析要点是什么?
3. 圆弧顶和圆弧底在技术分析时,应该怎样处理?
4. 怎样处理区分几种三角形形态?
5. 旗形和楔形的区别是什么?

【参考文献】

[1]〔美〕约翰·墨菲著,丁圣元译.金融市场技术分析[M].地震出版社,2010.
[2]〔美〕爱德华兹,〔美〕迈吉,〔美〕巴塞蒂著,郑学勤,朱玉辰译.股市趋势技术分析[M].机械工业出版社,2010.
[3]吴晓求.证券投资学(第三版)[M].中国人民大学出版社,2009.
[4]沈冰,吴刚.证券投资学[M].人民出版社,2014.

第十三章 证券价格的技术指标分析

【本章概要】

本章介绍了证券投资分析技术中的技术指标分析方法。技术指标分析法是按一定方法对原始数据进行处理,处理之后的数值结果就是技术指标,可以用指标数值制成图表,以定量分析来对证券市场进行判断和预测的一种方法。指标法在技术分析中占有非常重要的地位,它已广泛运用于世界各国的证券市场。技术指标分析可以提高证券投资的可操作性和准确度,为广大投资者的投资行为提供有效指导与参考,因而受到越来越多的投资者的青睐。世界上各种各样的技术指标有上千种,如平滑异同移动平均线(MACD)、随机指标(KDJ)、相对强弱指标(RSI)、能量潮(OBV)、乖离率(BIAS)等。各种技术指标各具特色,各有优势和不足,投资者可以在实际应用中取长补短,选择合适的技术指标进行投资分析,将分析结果相互验证,从而取得良好的投资效果。

第一节 技术指标概述

技术指标法(Technology Index Method)在技术分析中占有极为重要的地位。在20世纪70年代之后,随着计算机的发展和普及,技术指标法逐步在证券市场得到推广,并成为一种潮流。全世界各种各样的技术指标有上千种,它们各具特色,都是通过数学公式对原始数据进行计算得出技术指标,用来反映证券市场某一方面深层的内涵,从而提高证券投资分析的可操作性和准确性。

一、技术指标法的含义

技术指标法是指按一定方法对原始数据进行处理,处理之后的数值结果就是技术指标,可以用指标数值制成图表,以定量分析来对证券市场进行判断和预测的一种技术分析方法。它克服了定性分析方法的不足,提高了操作的精准度。

技术指标法中的原始数据基本包括开盘价、收盘价、最高价、最低价、成交量和成交金额这六类数据。除此之外,个别的技术指标还可能涉及财务指标和股本结构等其他类型的数据,但是这些都不被认为是原始数据。按照一定的方法可以对原始数据进行处理得到我们需要的指标,即将这些原始数据的部分或全部进行变形,整理加工。不同的处理方法就产生不同的技术指标,一般有数学模型法和叙述法两种处理方法。叙述法没有明确的计算技术指标的数学公式,只有如何处理数据的文字叙述,这一类指标还没有得到公认。获得公众公认的则是数学公式模型。数学模型法有明确的计算技术指标的数学公式,将原始数据代入公式,就可以比较方便地计算出技术指标值。在现代,这一计算过程一般是用计算机来完成的。

依据技术指标的功能,可以将其划分为趋势类指标和摆动类指标。趋势类指标包括 MA 和 CDMA;摆动类指标包括 WMS、KDJ、RSI、OBV 和 PSY 等。

二、技术指标的应用法则

应用技术指标应该主要考虑六个方面,即指标的背离、指标的交叉、指标的高位和低位、指标的形态、指标的转折、指标的盲点。在使用每种技术指标时,一定要考虑到这六个方面中的至少一个方面。

指标的背离是指技术指标曲线的走向与价格曲线的走向不一致。技术指标的变动常常早于价格变动,会在价格发生转变前提前指明价格变动趋势。技术指标的背离是使用技术指标最为重要的一点。

指标的交叉是指技术指标图形中的两条曲线发生了相交现象,形成交叉。指标交叉有两种类型:第一种是同一种技术指标的不同参数的两条曲线之间的交叉,具有代表性的就是黄金交叉和死亡交叉;第二种是技术指标曲线与横坐标轴之间的交叉,表示技术指标由正变负或由负变正。

指标的高位和低位是指技术指标的极大值或极小值,也就是技术指标进入超买区和超卖区。对同一个技术指标,不同证券的极端值是不可能一样的。此外,同一证券在不同的时间区间也可能会有不同的极端值。

指标的形态是指技术指标曲线出现了双重形或头肩形这类反转形态。在实际中,可以根据不同的形态,使用支撑线或压力线的方法进行判断。

指标的转折是指技术指标曲线在高位或低位调头。一般来说,这种调头表明一个趋势将要结束,而另一个趋势即将开始。

指标的盲点是指技术指标在大部分时间里不能发出买入或卖出的信号,对投资市场的判断是无能为力的。因此,不能随时都期待技术指标为我们提供有用的信息。

三、技术指标法同其他技术分析方法的关系

与技术指标法不同,其他技术分析方法都是只重视价格,不重视成交量。如果单纯从技术操作的角度看,没有成交量的信息,分析结果的可信度将降低。由于技术指标种类繁多,需要考虑的方面也多,投资者能够想到的,都能用技术指标体现。这一点是其他技术分析方法难以比拟的。

在进行技术指标的分析和判断时,也经常用到其他技术分析方法的基本结论。例如,在使用 MACD 等指标时,经常要用到双重形、头肩形等形态分析方法和支撑线、压力线等分析手法。由此可见,全面学习技术分析的各种方法是十分重要的,投资者应该把技术指标法同其他技术分析方法结合起来使用。

四、应用技术指标应注意的问题

(一)任何技术指标都有自己的适应范围和应用条件

技术指标不是万能的,它得出的结论有成立的前提条件。忽视结论成立的条件,盲目使用技术指标会出错。不少技术指标考虑的历史时间跨度和价格波动的范围小,所以对未来空间和价格波动幅度的预测跨度小。对于证券市场波动的大趋势、牛市或熊市持续时间与具体价位等方面的分析和预测,难以通过技术指标来实现,还需要考虑其他的分析方法才行。

(二)主观因素会影响技术指标的效果

不同投资者使用相同指标也会产生不同的判断结论。投资者利用技术指标分析证券市场,面对同一时间的同一技术指标,每个投资者可能得到不同的结论。而技术指标的参数不同,技术指标的使用效果也不同。计算绝大多数的技术指标都需要设定参数,这就有参数的选择问题,选取参数不同,技术指标的取值就不同,也是主观因素的直接体现。

(三)技术指标之间可以结合和调整

每种技术指标都有自己的盲点,在条件不符合时,就会失效。在实际中应该不断地总结经验,并找到盲点和适用条件。遇到某个技术指标失效,应该把它放置在一边,去考虑其他的技术指标。投资者不需要掌握全部技术指标,通常根据自身情况,以四五种技术指标为主,其余的技术指标为辅,依此构建自己的指标体系。随着使用效果的好坏,对所使用的指标体系中的技术指标和参数应该不断地进行调整。使用多个技术指标进行组合分析,可以提高预测精度和决策水平。

第二节 移动平均线和平滑异同移动平均线

趋势类指标是一类常用的技术分析指标,它广泛运用于各国证券市场,主要包括移动平均线(MA)和指数平滑异同移动平均线(MACD)。该类指标的主要作用是消除短期市场趋势的影响,使曲线变得比较平滑,让投资者更容易分析和把握证券市场运动的趋势。

一、移动平均线(MA)

移动平均线(Moving Average,简称 MA)简称均线,是以道·琼斯的"平均成本概念"为理论基础,采用统计分析方法,将连续一段时期内的市场价格做算术平均,然后把不同时间的平均值连成曲线,用来观察证券价格未来发展趋势的技术分析方法。20 世纪中期,由美国投资专家约瑟夫·E. 葛兰威尔(Joseph E. Granville)提出的均线指标,是当今应用最为普遍的技术指标之一。

(一)MA 计算公式

根据计算周期的长短,移动平均线可以分为短期(如 5 日、10 日)、中期(如 30 日、60 日)和长期(如 120 日、250 日)移动平均线。通常以移动平均线观察证券市场相应周期价格走势(见图 13-1)。由于短期移动平均线较长期移动平均线更易于反映行情价格的涨跌,所以把前者称为快速 MA,后者称为慢速 MA,西方投资机构看重的 200 日移动平均线就属于后者。

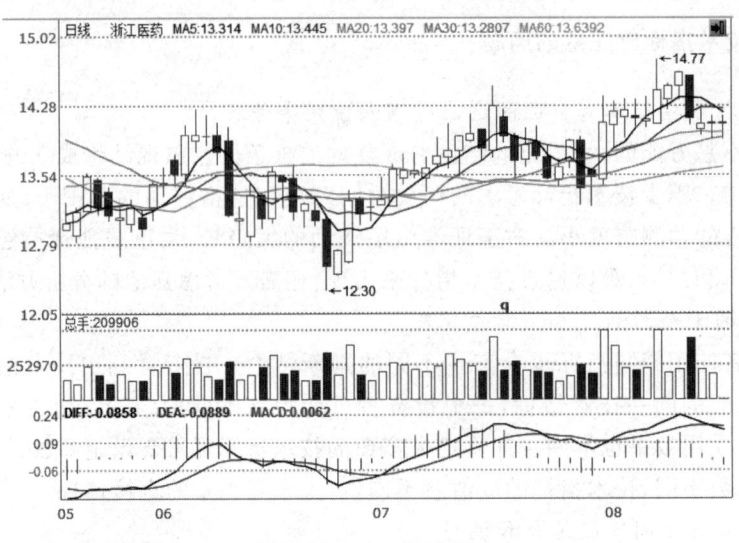

图 13-1　MA 指标图

MA 计算公式为：

$$\mathrm{MA} = \frac{C_1 + C_2 + \cdots + C_n}{n} \tag{13.1}$$

其中，C_n 为每日市场价格（常用收盘价），n 为计算周期。

（二）MA 的特点

MA 最基本的作用是消除随机因素的影响，留下反映本质的数字。MA 通过平均价格可以将小起伏的趋势过滤掉，它具有以下五个特点：

（1）趋势追逐性。MA 能够表示价格波动的趋势方向，并追随这个趋势。如果从价格的图表中能够找出上升或下降趋势线，那么，MA 的曲线会过滤价格升降过程中的小起伏，并且 MA 一般会与趋势线的方向一致。

（2）滞后性。在原有的价格趋势发生反转时，MA 趋势追逐性发挥作用，掉头转向的行动迟缓，速度落后于价格的趋势。这是 MA 的一个极大的弱点。

（3）稳定性。从 MA 的计算方法就可知道，无论是向上变动还是向下变动，MA 的数值都比价格波动更平滑，要发生大幅度的波动比较困难。因为 MA 的变动是一段时期内的变动，某一天价格的大变动被多天平均，变动就可能会显现不出来。这既是优点，也是指标钝化的缺点。

（4）助涨助跌性。当价格突破了 MA 时，无论是向上突破还是向下突破，价格都有继续沿突破方向运行的趋势，这就是 MA 的助涨助跌性。实际中再继续运行的程度，要根据所使用移动平均线的参数大小而定。

（5）支撑线和压力线性。由于上述四个特征，MA 在价格走势中起支撑线和压力线的作用。对 MA 的突破，实际上是对支撑线或压力线的突破。不同参数的移动平均线排列在一起并整齐排列向上运行，称多头排列，起支撑线作用；反之，则称空头排列，起压力线作用。

（三）MA 的应用法则

MA 的应用常常依据葛兰威尔法则，也叫做葛兰威尔移动平均线八大买卖法则。它根据 K 线与一条移动平均线的关系，给出了判断买卖的信号。八大法则中的四条是用来研判买进时机，四条是研判卖出时机（见图 13-2）。总体来看，MA 呈现上升趋势并且在 K 线之下时是买进时机。当 MA 从下降转为水平且呈现上升趋势时，K 线从 MA 之下向上突破，回跌时不跌破 MA，是最佳买进时机。反之，MA 呈下降趋势并且在 K 线之上时则是卖出时机。当 MA 从上升转为水平且呈现下降趋势时，K 线从 MA 之上向下突破，回升时不突破 MA，是最佳卖出时机。

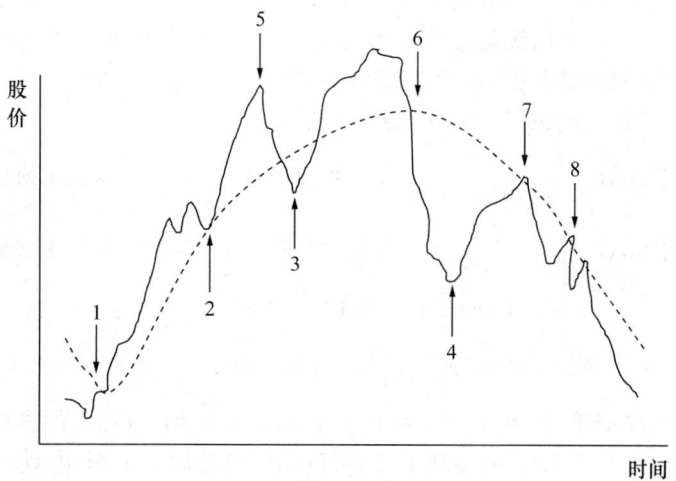

图 13-2　葛兰威尔法则

（1）MA 从下降逐渐转为水平且略向上方抬头，而价格从 MA 下方向上突破，为买进信号。

（2）价格在 MA 之上移动，价格回跌时未跌破 MA，又再度上升时为买进时机。

（3）价格位于 MA 之上运行，价格回跌时跌破 MA，但 MA 短期继续呈上升趋势，此时为买进时机。

（4）价格在 MA 之下运行，突然暴跌，距离 MA 太远，极有可能再向 MA 靠近，此时为买进时机。

（5）价格在 MA 之上运行，一直处于上升行情，离 MA 越来越远，说明近期牛市冲天，随时都会产生购买者获利回吐的卖压，此时是卖出时机。

（6）MA 从上升逐渐走平，而价格从 MA 上方向下跌破 MA 时，是卖出时机。

（7）价格在 MA 下方运行，反弹时未突破 MA，且 MA 跌势减缓，趋于水平后又出现下跌趋势，此时为卖出时机。

（8）价格在 MA 下方运行，反弹后在 MA 上方徘徊，而 MA 却继续下跌，此时为卖出时机。

二、指数平滑异同移动平均线

（一）指数平滑移动平均线

在实际应用中，移动平均线常用的是指数平滑移动平均线（EMA）。其计算公式为：

$$\text{EMA}_t = C_t \times \frac{1}{N} + \text{EMA}_{t-1} \times \frac{N-1}{N} \tag{13.2}$$

其中，C_t 为计算期中第 t 日的收盘价，N 为天数，EMA_{t-1} 为第 $t-1$ 日的指数平滑移动平均数。

（二）指数平滑异同移动平均线

指数平滑异同移动平均线（Moving Average Convergence and Divergence，简称 MACD），也叫做平滑异同移动平均线。1979 年由杰拉德·阿佩尔（Gerald Appel）首先提出。根据每日收盘价,计算两条不同速度的加权移动平均线,通过测量两条平均线的差离值来判断买卖时机,这就是 MACD 分析方法。现在 MACD 已经成为极常用的技术分析方法。MACD 实际上是运用快速和慢速移动平均线的聚合与分离的差离值,来研判买进与卖出的时机。

1. 计算公式

MACD 是由 DIF(正负差)和 DEA(异同平均数)两部分构成的。DIF 是核心,DEA 是辅助。DIF 是快速平滑移动平均线与慢速平滑移动平均线的差,快速和慢速的区别在于指数平滑所选用的参数是短期还是长期的,例如常用的 EMA(12)和 EMA(26)就分别是快速和慢速平滑移动平均线。以此为例,计算 MACD 的过程为:

$$今日\ EMA(12) = \frac{2}{12+1} \times 今日收盘价 + \frac{11}{12+1} \times 昨日\ EMA(12) \tag{13.3}$$

$$今日\ EMA(26) = \frac{2}{26+1} \times 今日收盘价 + \frac{25}{26+1} \times 昨日\ EMA(26) \tag{13.4}$$

$$DIF = EMA(12) - EMA(26) \tag{13.5}$$

$$今日\ DEA(MACD) = \frac{2}{10} \times 今日\ DIF + \frac{8}{10} \times 昨日\ DEA \tag{13.6}$$

DEA 是 DIF 的移动平均,就是连续数日 DIF 的算术平均。DEA 的参数就是做算术平均的 DIF 的天数。DEA 是对 DIF 做移动平均,可以消除偶然因素的影响,使结论更可靠。

2. 应用法则

利用 MACD 进行行情分析,主要从 DIF 和 DEA 两方面进行行情分析预测(见图 13-3):

第一,以 DIF 和 DEA 的取值和这两者之间的相对取值对行情进行预测。DIF 和 DEA 都是负值,属于空头市场。在横轴附近,DIF 从下向上突破 DEA 是反弹,可以暂时补空,DIF 从上向下突破 DEA 是卖出信号。DIF 和 DEA 都是正数,属于多头市场。DIF 从下向上突破 DEA 是买入时机,在横轴附近,DIF 从上向下突破 DEA 是回落,做获利了结。

第二,采用指标背离原则,以 DIF 的曲线形态进行行情分析。如果 DIF 走向与价格走向相背离,DIF 上升,预示股价即将上涨,反之,DIF 下降,预示股价即将下跌。具体表现为:当价格出现 2 个到 3 个近期低点,而 DIF、DEA 没有出现新的低点时,属于底背离现象,是买入信号;当价格出现 2 个到 3 个近期高点,而 DIF、DEA 没有出现新的高点时,属于顶背离现象,是卖出信号。

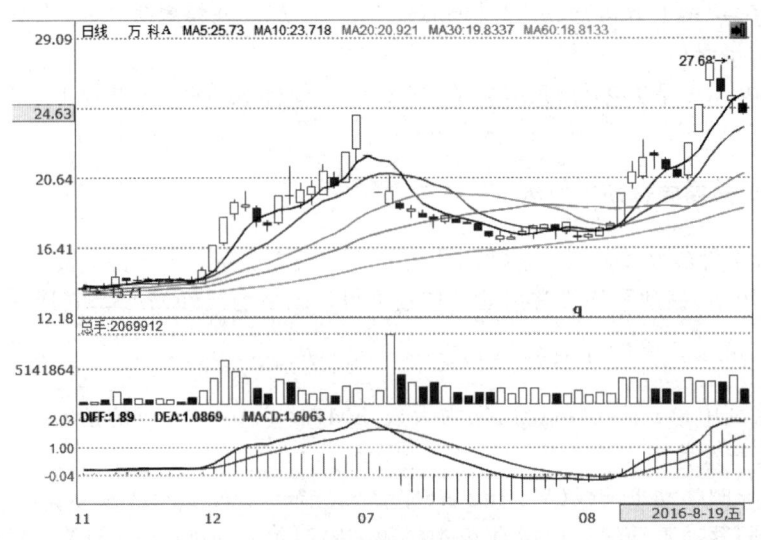

图 13-3　MACD 指标图

MACD 指标在趋势明显时判断买卖时机十分有效,可以去掉 MA 经常出现的假信号,保留了 MA 的优点。但由于该指标对价格变化的灵敏度不高,不会立即对股价的变动产生买卖信号,属于中长线指标,所以 MACD 指标在盘整行情中不适用。同样,MA 在市场进入盘整时更容易产生误判。

> **阅读延展**

MACD 指标的原理透析和注意事项

与基本面分析相比较,技术分析以其理论通俗易懂、操作方便易行等特点而得到更为广泛的应用。近期大量的实证研究证明,一些简单的技术规则具有可观的获利能力,这些结论对有效市场假说提出了极大的挑战,指标分析是技术分析中最具代表性的分析方法,是数学工具在金融学领域的最大运用。MACD 指标是证券市场上十分重要且常用的指标。

指标分析相比较理论趋势分析、图形分析等而言,因为其相对要复杂,比较难推广和掌握。但因为其运用了精确的数学工具,通过构建模型,并科学地通过历史预测未来,其优势愈发凸显。

……

MACD 指标原理透析

"黄金交叉"和"死亡交叉"是对 MACD 的形象化简称,在相对性低位出现金叉意味着机会的到来,而在相对性高位出现死叉则面临股价趋势的逆转,这是通过固定参数和指标形态总结出的简单规律,对于单边趋势的应用存在合理性。可久而久之,当复杂的股价形态无规则变动时,这种所谓的金叉和死叉显得无所适从,有时金叉出现了股价仍然继续下跌,死叉在瞬间交错几天后股价出现了大幅度上涨。如此,从趋势的角度去衡量技术指标与股价的配合关系便再合乎情理不过了。

MACD 指标寓意为股价的一种客观内在动能,股价上涨,MACD 同比跟随向上,并且红色柱状不断加长,相对应的绿色柱状逐渐缩短向零轴靠近。而当股价下跌时,MACD 同比跟随向下,相对应的绿色柱状加长,红色柱状缩短。虽然这是简单跟随股价的微妙变化,但从其日常变化中的一些异常性上往往又能给人很大的启迪,比如说股价维持上涨势头,而 MACD 的红色柱状并未跟随股价的上涨出现加长,反而在持续性缩短,这本身就说明价格的上涨缺乏内在动能的支持,这样的股价上涨趋势是维持不了多久的。

这是单从指标的角度去衡量股价的趋势,也就是利用指标的一些异常行为预期股价未来的变化。如果以短期的角度去判断兴许会起到相应的作用,倘若从大的股价波动趋势去应用就不是那么顺畅了。

大量的实例表明,MACD 指数并不是总随着股价的上涨而上升。股价上涨,MACD 指标理应跟随上涨,这就是说股价的变化与指标的波动方向是一致的,此时指标走稳股价走稳、指标下跌股价同样下跌属于一种联动效应,操作中利用指标的变化判断股价的趋势存在合理性。而当指标出现下跌,并且表现为一路下滑时,这时的股价运行趋势并未产生大的跟随效应,反而维持在比较好的强势整理中。要看为了支持股价的强势特征或者说进一步向上拉升所做的主动性指标调整,只有把指标调低了,股价的上扬基础才会扎实,上涨的目标才会高远,这时无论是内在还是外在的动能都才能真正发挥其效应。

总之，当 MACD 技术指标出现下滑时股价同步跟随下跌，并且股价出现一路下滑趋势时 MACD 跟随并顺应，这时应该以卖出为主。如果 MACD 技术指标出现下滑而股价整体形态并未发生大的变化，维持强势横盘或者缓慢上升态势时，这时在指标调整到位产生金叉时应该以买进为主。

MACD 指标运用注意事项

除了上文提到的 MACD 与股价的不同步问题，MACD 作为中线买卖参考时比用它作为短线买卖参考时实际效果要好得多，所以许多投资者将它列为中线买卖的依据之一。投资者把它作为中线买卖的依据时，除了观察日 K 线中 MACD 的走势，还应密切关注周 K 线图中 MACD 的变化情况，如能将两者反复比较，相互验证，操作时成功率就会得到进一步提高。

因此，当行情上下幅度太小或盘整时，MACD 会出现刚按照信号进场随即又要出场；一两天内涨跌幅度特别大时，MACD 来不及反应，会使投资者做出错误判断。当行情盘整或波动小时，不用 MACD 判断；如不贪图大利，将日线图转变为小时图，把 MACD 改为短线指标，也可应对突发性行情；修改 MACD 参数，将 DIF 和 MACD 的参数值 12、26、9 改为 6、13、5，可提高 MACD 的灵敏度。

第三节　威廉指标和随机指标

常用的技术指标包括趋势类指标和摆动类指标。趋势类指标在上节已经有了较为详细的介绍，摆动类指标则包括威廉指标、随机指标、相对强弱指标、能量潮和心理线指标等。这些指标适用性各异，针对不同的分析目的可以选择对应的指标。

一、威廉指标

威廉指标（WMS）是 1973 年由 Larry Williams 提出的，最早用于期货市场。WMS 能够帮助投资者判断市场处于超买还是超卖状态，表示的是当天收盘价在过去一段时间的全部价格范围内所处的相对位置。

（一）计算公式

$$\text{WMS} = \frac{H_n - C_t}{H_n - L_n} \times 100 \tag{13.7}$$

其中，C_t 为计算期中第 t 日的收盘价，H_n 和 L_n 是最近 n 日内（包括当天）出现的最高价和最低价。

如果 WMS 的值比较大，说明当天价格处在相对较高的位置；如果 WMS 的值比较小，说明当天价格处于相对较低的位置；如果 WMS 的值居中，在 50 左右，说明价格可上可下。

WMS 的参数选择有一定的规则。在该指标出现初期，人们普遍认为市场出现一次周期循环大约是 4 周，只要取该周期的前半部分或后半部分，就一定能包含本循环的最高值或最低值，WMS 的参数取值选择 2 周即可。但是现代投资分析中，WMS 的参数选择至少是循环周期的一半，如果循环周期没有达成共识，可以多选择几个参数试试。

（二）应用法则

WMS 的应用法则从两方面考虑，一个是 WMS 取值的绝对数值，另一个是 WMS 曲线的形状。

1. 从 WMS 取值的绝对数值考虑

WMS 的取值范围在 0—100，以 50 为中轴将其分为上下两个区域。在上半区域，WMS 大于 50，表示行情处于弱势；在下半区域，WMS 小于 50，表示行情处于强势。

第一，当 WMS 高于 80 时，处于超卖状态，行情将要见底，给出买入信号。

第二，当 WMS 低于 20 时，处于超买状态，行情将要见顶，给出卖出信号。

80 和 20 都是经验数字，具体买卖信号的确定需要在实际分析中不断摸索积累。在盘整过程中，WMS 分析准确性高，而在上升或下降趋势中，WMS 超买超卖信号需要结合其他技术指标来确认。

2. 从 WMS 的曲线形状考虑

第一，WMS 进入高位，一般要回头，这时价格还继续上升，就会产生背离，出现卖出信号。

第二，WMS 进入低位，一般要反弹，这时价格还继续下降，就会产生背离，出现买入信号。

第三，WMS 连续几次撞顶（底），局部形成双重顶（底）或多重顶（底），出现卖出（买入）信号。

二、随机指标（KDJ）

随机指标（KDJ）是由乔治·蓝恩（George Lane）首创的一种技术分析指标，与威廉指标一样，是证券市场上最常用的技术分析工具之一（见图 13-4）。它主要是利用价格波动的真实波幅来反映价格走势的强弱和超买超卖现象，以最高价、最低价和收盘价之间的关系为研究对象，同时也融合了动量观念、强弱指标和移动平均线的一些优点，能够比较快捷、直观地研判行情，尤其适合用于分析和预测证券市场的中短期行情。

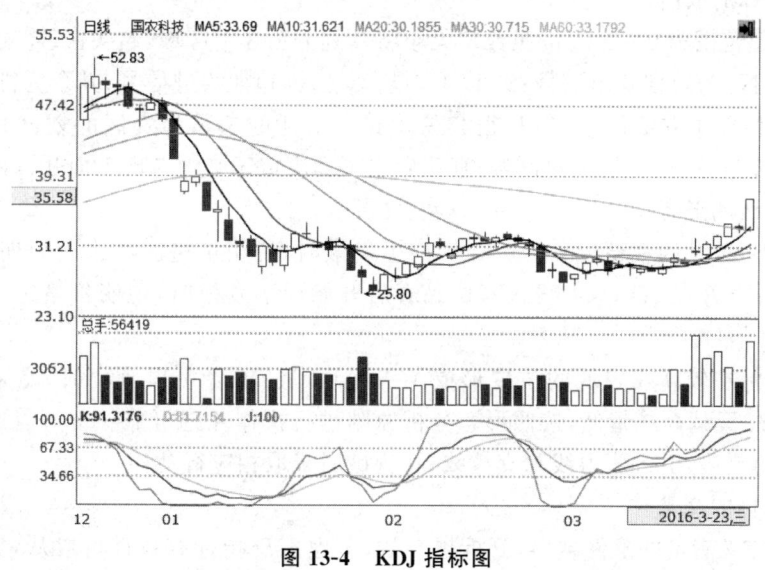

图 13-4　KDJ 指标图

（一）计算公式

1. RSV 计算公式

计算 KD 以前，先计算未成熟随机值 RSV（Row Stochastic Value）。计算公式为：

$$\text{RSV} = \frac{C_t - L_n}{H_n - L_n} \times 100 \tag{13.8}$$

其中，C_t 为计算期中第 t 日的收盘价，H_n 和 L_n 是最近 n 日内（包括当天）出现的最高价和最低价。

2. KDJ 计算公式

K 值可对 RSV 进行指数平滑获得，计算公式为：

$$K_t = \frac{2}{3} \times K_{t-1} + \frac{1}{3} \times \text{RSV} \tag{13.9}$$

其中，K_t 是当日 K，RSV 是当日 RSV，1/3 是平滑因子，可以人为选择改成别的数字，目前约定俗成为 1/3。

D 值可对 K 值进行指数平滑得到，计算公式如下：

$$D_t = \frac{2}{3} \times D_{t-1} + \frac{1}{3} \times K_t \tag{13.10}$$

其中，1/3 是平滑因子，可以人为选择改成别的数字，目前约定俗成为 1/3。

KD 是在 WMS 基础上发展起来的，在反映价格变化时，WMS 最快，K 其次，D 最慢。所以，K 指标为快指标，反应敏捷，但容易出错；D 指标为慢指标，反应稍慢，但稳重可靠。

一般和 KD 在一起的还有一个 J 指标。J 指标是 D 指标加上修正值，计算公式为：

$$J = 3D - 2K = D + 2(D - K) \tag{13.11}$$

（二）应用法则

KDJ 有三条曲线，其应用主要从五方面进行考虑：KD 指标的取值，KD 曲线的形态，KD 指标的交叉，KD 指标的背离和 J 指标的取值。但是要注意：KDJ 指标的应用法则一般都是针对日线，对于不同周期的 KDJ 指标，在使用上要做相应的调整。

1. KD 指标的取值

KD 的取值范围为 0—100，按照数字大小将其划分为 3 个区域：超买区、超卖区和徘徊区。80 以上为超买区，为短期卖出信号；20 以下为超卖区，为短期买进信号；其余为徘徊区，买卖信号不明确。这种操作方法简单，但是很容易出错。上述的超买超卖区的划分只是一个应用 KD 指标的初步过程，仅仅是买卖信号，真正做出买卖决定还必须考虑下面几方面。

2. KD 曲线的形态

当 K 线、D 线、J 线在低位黏合后开始向上发散时，说明价格已经进入短期上涨行情，是短期买入信号；当 K 线、D 线、J 线在高位黏合后开始向下发散时，说明价格进入短期下跌行情，是短期卖出信号。

当 KD 指标在较高或较低的位置形成了头肩顶（底）或多重顶（底）时，是采取行动的信号。这些形态位置越高或越低，按照形态分析原则进行操作才越可靠。也可以通过画出趋势线，明确 KD 的趋势，引入压力线和支撑线，在突破时采取相应行动。

3. KD 指标的交叉

KD 指标交叉满足的条件越多，分析越有效，考虑 KD 指标有效性可以从三方面入手：第一，当 K 线上穿 D 线时是金叉，为短期买入信号，金叉的位置最好在超卖区，越低越有效；K 线下穿 D 线是死叉，为短期卖出信号，死叉的位置最好在超买区，越高越有效。第二，交叉的次数以两次为最少，越多越好。

4. KD 指标的背离

当价格不断上涨时，K 线、D 线在高位却形成多个依次向下的峰，这是一种顶背离现象，是卖出的信号；而价格不断下跌时，K 线、D 线却在低位形成多个依次抬高的底，构成底背离，是买入信号。在行情暴涨或暴跌时，KDJ指标发出的顶背离或底背离往往需要等待更长的时间。一般来说，要等到KDJ指标形成从上向下3个峰或从下向上3个底时才开始行动。在价格进入整理阶段时，KDJ指标一般会失灵。

5. J 指标的取值

J 指标取值超过 100 和低于 0，都属于非正常区域，大于 100 为超买，小于 0 为超卖；J 值的超买、超卖信号不会经常出现，一旦出现，则可靠度相对较高。

阅读延展

KDJ 指标的钝化和应对

长久以来，证券市场上的投资者一直在不断探寻有效的投资之道，在长期的投资实践过程中，人们总结出了多种不同的证券投资理论和方法，也创造出了大量的技术指标用于证券价格走势的研判。技术指标依托于数学模型，更容易通过定量的数据为投资者提供决策依据，因此受到投资者的广泛青睐。KDJ 指标又叫随机指标，是一种相当实用的技术分析指标，是证券市场上最常用的技术分析工具之一。

……

KDJ 指标的钝化与应对

KDJ 指标是一种非常好的指标，但是它有一个常态使用范围。通常股价或股指在一个有一定幅度的箱型之中运动，在此情况下，按照一般的研判方法，准确度非常高，但在极端的市场条件下，也就是有时出现的单边上升或下降行情，KDJ 必然发生高位钝化和低位钝化的情况。这时会发生行情刚启动，KDJ 指标已在高位发出卖出信号，如果按信号操作，将丢掉一个主升段行情；行情刚下跌，KDJ 指标在低位发出买入信号，如果进货将被套牢，而且价位损失将非常大，因为 KDJ 指标可以在低位钝化了再钝化，股价下跌不止，使按此操作的投资者损失惨重。

当 KDJ 指标发生钝化时，可以用如下方法来识别：

1. 放大指标观察周期

通常在使用 KDJ 指标时，投资者会根据操作周期选择适当的指标周期，在相应的周期内 KDJ 指标是非常敏感的，所释放出的操作信号容易误导投资者。如果我们把操作周期适当放大，可以有效识别指标的钝化。例如，采用日线观测时产生买入或者卖出信号，为了进一步确认可以在周线图上再次观测，如果两个周期显示同一操作信号，则指标可靠性加大，反之，有可能是主力的骗线手法，这时候可以采用观望的方法。

2. 观察形态，辅助判断

如果对指标值显示的买卖信号有所怀疑，可以选择观察指标形态来进一步确认，或者放弃操作。KDJ 指标为买入信号而指标在低位已形成 W 底、三重底和头肩底等形态时可以确认为进货信号；在较强的市场里，KDJ 指标在高位形成 M 头和头肩顶时，可以加强出货信号的可靠性。

3. 通过观测长短期移动平均线及成交量应对指标钝化

移动平均线对于判断证券中长期走势有着独特的优势，均线指标的变化滞后于证券价格的变化，但价格趋势一经均线指标确认其可靠性将远远大于其他趋势性指标。成交量在证券分析中更是被投资者认为是对价格变化趋势必不可少的确认指标。综合参考这两个指标值，可以有效地应对 KDJ 指标的钝化。例如，证券价格在低位运行时，如果出现短期均线向上穿越长期均线，则其可以对 KDJ 指标的买入信号的可靠性予以加强，如果同时伴有成交量的明显放大，那么证券价格的探底回升几乎是无可避免的了。

4. 结合其他技术指标综合研判价格走势

针对 KDJ 指标的自身缺陷，可以适当地选择其他技术指标进行优势互补。KDJ 指标的特点是对价格变化反应灵敏，适合盘整阶段的短期操作，但当证券价格出现单边连续变化时指标会失灵，出现高位或低位钝化。MACD 指标的特点与其恰好相反，指标值的反应变化落后于价格变化，但对价格中长期走势判定的精准度却很高，所以可以将两者结合考虑综合研判。当两个指标值均为买入信号时，说明市场将走强，此时进行买入操作无论对于短期投资还是中长期投资都是很好的选择；反之亦然。

第四节　相对强弱指标

相对强弱指标(Relative Strength Index，简称 RSI)是由韦尔斯·怀尔德(Welles Wilder)在 1978 年出版的《技术交易系统新思路》一书中提出的。这个技术分析指标是根据价格"择强汰弱"的原理，以一特定时期内价格的变动情况来推测价格未来的变动方向，并根据价格涨跌幅度来分析市场买卖盘的意向和实力，从而判断市场未来走势。

一、计算公式

RSI 的计算需要先确定参数。RSI 以交易日的天数作为参数，一般有 5 日、9 日、14 日等。至于选择多少日作为参数合适，需要投资者根据自己的使用习惯来确定。RSI(5)是快速 RSI 值，RSI(14)是慢速 RSI 值。下面以 14 日为例介绍 RSI(14)的计算方法，其余参数的计算方法与此相同。

找到包括当天在内的连续 15 天的收盘价，用每一天的收盘价减去上一天的收盘价，可以得到 14 个数字。这 14 个数字中有正（比上一天高）有负（比上一天低）。那么，计算公式为：

$$\text{RSI}(14) = \frac{A}{A+B} \times 100 \tag{13.12}$$

其中，A 是 14 个数字中正数之和，B 是 14 个数字中负数之和再乘以 (-1)。从数学上看，A 表示 14 天中价格向上波动的大小，B 表示 14 天中价格向下波动的大小，$A+B$ 表示价格总的波动大小。RSI 实际上是表示向上波动的幅度占总的波动的百分比，如果占的比例大就是强市，否则就是弱市。

二、应用法则

（一）根据 RSI 取值判断行情

RSI 的计算只涉及收盘价，取值介于 0—100。可以根据 RSI 的取值划分为四个区域（见表 13-1）。RSI 的值超过 50，表明市场进入强势行情；RSI 低于 50，表明市场处于弱市行情。极强和强的分界线、极弱和弱的分界线是不明确的，20 和 80 不是固定界线，可以根据 RSI 参数来选择，参数越大，分界线离中心线 50 越近，离 100 和 0 越远。

表 13-1 RSI 取值与投资操作

RSI 值	市场特征	投资操作
0—20	极弱	买入
20—50	弱	卖出
50—80	强	买入
80—100	极强	卖出

（二）两条或多条不同参数的 RSI 曲线联合使用

快速（短期）RSI 在慢速（长期）RSI 之上，属于多头市场；反之，快速（短期）RSI 在慢速（长期）RSI 之下，属于空头市场。快速 RSI 在 20 以下，由下往上交叉慢速 RSI 时，为买进信号；慢速 RSI 在 80 以上，由上往下交叉快速 RSI 时，为卖出信号（见图 13-5）。这两种市场信号仅供投资者参考，不能作为证券投资操作的依据。因为，RSI 只能作为警告信号，只预期但不能确定价格将见顶回落或见底回升的状况，尤其是在市场剧烈波动时，超卖之后还有超卖，超买之后还有超买。因此，一般不能单独依赖 RSI 的信号做出买卖决定。

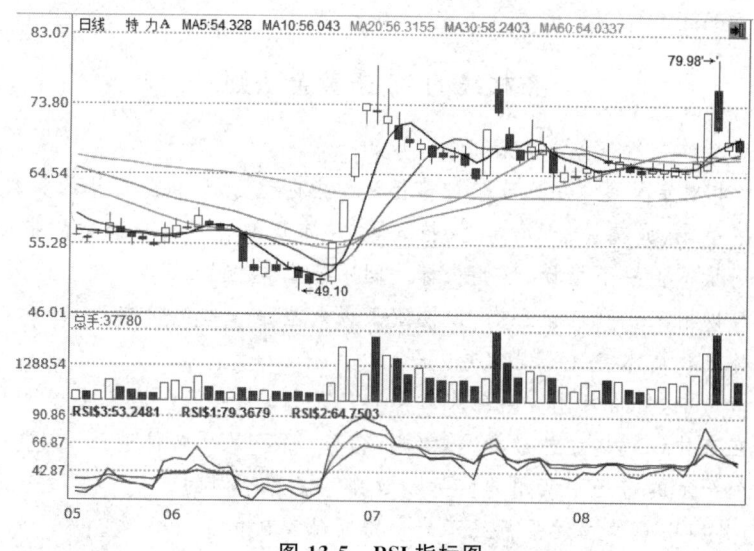

图 13-5 RSI 指标图

（三）根据 RSI 的曲线形状判断行情

当 RSI 向上突破 50 时，代表价格走势向上；而当 RSI 向下突破 50 时，代表价格走势向下。当 RSI 向下突破 50 线之后出现向上反弹时，只要其始终不能再次向上突破 50 线，则代表反弹无力，价格将再度回落。

连接 RSI 连续的两个底部，画出一条由左向右上方倾斜的切线，当 RSI 向下跌破这条切线时，是卖出信号；连接 RSI 连续的两个峰顶，画出一条由左向右下方倾斜的切线，当 RSI 向上突破这条切线时，是买进信号。同样，可以利用形态分析的头肩形和多重顶（底）进行 RSI 曲线分析，但是为了结论的可靠性，要求这些形态出现的位置离 50 越远越好。甚至，在盘整行情时，RSI 常徘徊于 40—60，表示后市不明朗，此时 RSI 失灵，没有指导意义。

（四）根据 RSI 与价格的背离判断行情

RSI 处于高位，并形成一峰比一峰低的两个峰，而此时，价格却对应的是一峰比峰高，形成顶背离，价格涨势出现衰竭，是强烈的短期卖出信号；RSI 在低位形成两个依次上升的谷底，而价格所对应的两个谷底却依次下降,形成底背离,价格即将反弹,是强烈的短线买入信号。用 RSI 与价格背离来判断行情的反转常常比较有效。但是,RSI 的背离走势第一次出现时效果往往不太好,通常要在进行了多次以后,才能获得比较理想的买卖信号。

阅读延展

布林格和布林格线

约翰·布林格(John Bollinger)是当今美国最重要的证券分析专家之一。他热衷于研究,开发出一系列广为采用的投资工具和分析技术。他发明的布林线(BOLL)已被行情分析软件设置为默认的分析指标。

布林线是由布林格据统计学中的标准差原理设计出来的一种非常实用的技术分析指标,已在各种行情软件里被广泛使用。由于它具有灵活性、直观性和趋势性的特点,布林线指标渐渐成为投资者广为应用的市场上热门指标。但投资者经常对布林线产生这样的疑问:事后看往往很准,可是在当下那个时间点仍是无法判断。

布林线的 22 条黄金法则

1. 布林线定义的是价格的相对高低。
2. 布林线的相对定义可以用来比较价格行为和指标行为,以得到严格的买入和卖出指令。
3. 可以使用动能、成交量、市场情绪、持仓量、跨市场数据等得出合适的指标。
4. 如果使用了不止一个指标,这些指标之间不能直接相关。
5. 布林线可以用来识别价格形态,以便定义以及澄清一些纯价格形态。
6. 触及布林线轨道本身并不是信号。
7. 在趋势市场中,价格可能会沿着布林线上轨上行,也可能会沿着布林线下轨下行。
8. 收盘价在布林线轨道之外最初是延续性信号,而不是反转信号。
9. 任何一个给定的市场中实用的实际参数都可能是不同的。
10. 作为布林线中轨的移动平行线不应该是穿越突破的最佳候选。
11. 如果移动平均使用的天数加长,计算带宽离差的倍数也要增加;如果移动平均使用的天数变短,计算带宽离差的倍数也要降低。
12. 传统的布林线是基于简单的移动平均。
13. 用指数平均计算的布林线能够消除窗口效应。
14. 构造布林线时,不能对标准离差作统计假设。
15. 布林百分比告诉我们价格处于布林线的什么位置。
16. 布林百分比有很多种用法,最重要的是形态识别以及使用布林线来编写交易系统。
17. 技术指标可以通过布林百分比被标准化,在此过程中消除固定阈值。
18. 带宽告诉我们布林线轨道有多宽。
19. 带宽可以识别"挤压"形态,在识别趋势变化方面很有用。
20. 布林线可以在多数的金融时间序列中使用。
21. 布林线可以在各种长度的 K 线图中使用。
22. 布林线不会提供连续的建议。

第五节 乖离率和心理线

一、乖离率

乖离率(BIAS)是测算股票价格与移动平均线之间偏离程度的技术指标。其基本原理是：当价格偏离移动平均线太远时，不论价格在移动平均线上方或下方，都会逐渐向移动平均线回归。乖离率就是通过计算价格偏离移动平均线的相对距离来判断买卖时机的（见图13-6）。

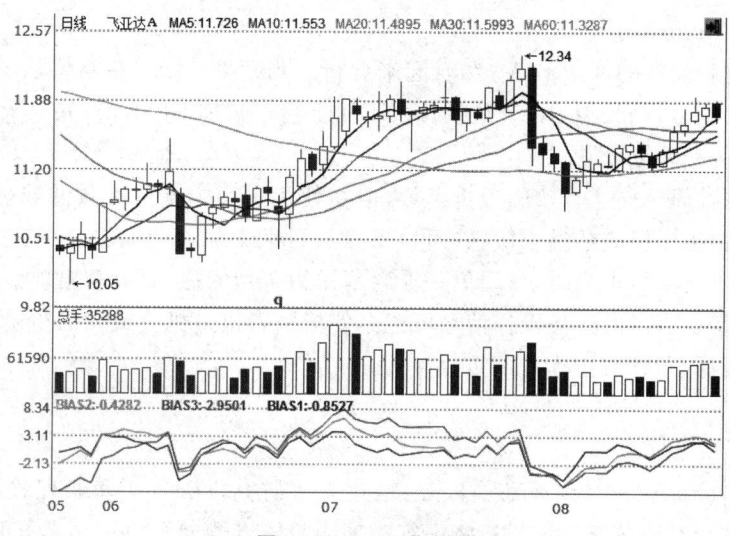

图 13-6　BIAS 指标图

（一）计算公式

$$\text{BIAS} = \frac{C_t - MA(n)}{MA(n)} \times 100\% \tag{13.13}$$

其中，C_t表示n日中第t日的收盘价，$MA(n)$表示n日内的移动平均价，n的数值可按自己选用的移动平均线确定，一般常用6日、12日、24日。

（二）应用法则

1. BIAS 取值分析

乖离率有正负之分，当价格位于平均线之上，为正乖离率；当价格位于平均线之下，则为负乖离率；当价格与平均线相交时，乖离率为零。乖离率的高低有一定的预测功能。一般而言，正的乖离率越大，表明短期内多头获利越多，那么获利回吐的可能性也就越高；负的乖离率的绝对值越大，则空头回补的可能性也越高。

在实际应用中，一般预设一个正数或负数，只要BIAS超过这个正数，就应该考虑抛出；而只要BIAS低于这个负数，就应该考虑买入。在实际操作时，根据经验和相关资料，一般可以采用以下参考数字，投资者可以凭经验对参考数字进行调整，对行情做综合判断。在一般情况下，当BIAS(6)＞3.5％、BIAS(12)＞5％、BIAS(24)＞8％时，为超买现象，是卖出时机；当BIAS(6)＜－3％、BIAS(12)＜－4.5％、BIAS(24)＜－7％时，为超卖现象，是买入时机。当证券市场出现暴涨和暴跌时，会使BIAS的值超过正常水平，这种情况要对BIAS的参考数字做适当调整和修正。

2. BIAS形状分析

BIAS从下向上穿过横轴,即BIAS的值由负数变为正数,为买入信号;BIAS从上向下穿过横轴,即BIAS的值由正数变为负数,为卖出信号。BIAS是正值,并从高位向0值回落,如果接近0值时,BIAS反弹向上,是买入信号;而BIAS是负值,并从低位向0值靠拢,如果接近0值时,BIAS掉头向下,是卖出信号。

形态法和切线理论也适用于BIAS的分析,主要是顶背离和底背离的原理可以被使用。在牛市行情中,如果出现负乖离率,就可以在价格下跌时买进;在熊市行情下,如果出现正乖离率,就可以在价格上升时卖出。

3. 两条BIAS组合分析

可以将短期和长期的两条BIAS结合起来分析。当短期BIAS在高位从上向下穿过长期BIAS时,是卖出信号;当长期BIAS从低位由下而上穿过长期BIAS时,是买入信号。

4. 分析时应注意的问题

乖离率是一种简单而又有效的分析工具,但在使用过程中指标参数的选择十分重要。如果参数日期太短,指标反应会过于敏感;而如果参数日期太长,指标反应又会过于迟钝。不仅如此,在分析和预测价格走势时,只用单一乖离率作为研判依据,有时会出现偏差,尤其是在极端行情中,乖离率所给出的逆势操作信号可能会使投资者错过机会或做出错误决策。因此,乖离率要与随机指标、布林线指标搭配组合使用。

二、心理线

心理线(Psychological Line,简称PSY)是建立在研究投资者买卖心理趋向的基础上,对多空双方力量进行对比分析。该指标将一定时期内投资者倾向买方还是卖方的心理与事实转化为数值指标形式,来分析证券市场买卖人气状况、价格未来走势,为投资者判断买卖时机提供参考的技术指标。

(一)计算方法

$$PSY = \frac{A}{N} \times 100 \tag{13.14}$$

其中,N表示天数,是PSY的参数;A表示N日内价格上涨天数。判断上涨或下跌要以收盘价为标准。PSY参数一般为10或大于10,以12为短期投资指标,以24为中期投资指标。参数选的越大,PSY的取值范围越集中,越平稳;反之,参数选的越小,PSY的取值范围的波动就越大。

(二)应用法则

心理线运用法则如下:

(1)盘整状态,PSY值一般介于25—75,说明多空双方基本处于平衡状态,可以观望而不采取行动。PSY以50为中心,50以上是多方市场,50以下是空方市场。当PSY值超过75时为超买,价格可能会下跌,可以考虑卖出;当PSY值低于25时为超卖,价格可能会上涨,可以考虑买进。但在大涨行情时,应将卖点提高到85以上;在大跌行情时,应将买点降低至15以下。

(2)一段上升行情启动前,超卖的最低点通常会出现两次,在出现第二次超卖的最低点时,采取买入行动才最可靠。而一段下跌行情启动前,超买的最高点也往往会出现两次,在出现第二次超买的最高点时,采取卖出行动才最可靠。

(3)当PSY值出现极值时,可以果断采取买卖行动。PSY降至10以下时,是真正的超卖,可以及时买入;反之,当 PSY 值增至 90 以上时,是真正的超买,可以及时卖出。

(4) PSY 指标也适用于形态分析。如果在低位出现大的 W 底或头肩底时,是较好的买入时机;而在高位出现 M 头或头肩顶时,是较好的卖出时机。

(5) 在运用 PSY 指标时,最好与 K 线或其他指标相互对照,配合使用,确定短期的买卖时机,效果更佳。

(6) 当 PSY 值不再升高,而价格不断升高时,出现顶背离,预示价格触顶,应该考虑卖出;反之,当 PSY 值不再降低,而价格不断降低时,出现底背离,预示价格见底,应该考虑买入。

第六节　能　量　潮

在对证券市场进行分析时,不能只考虑证券价格的因素,还要考虑成交量变化的因素。成交量在证券市场中是一个非常重要的因素,它的主要作用在于分析和判断证券市场价格变动趋势的可靠性与真实性。成交量分析法主要包括能量潮、成交量比率、均值线等技术指标。这里主要介绍具有代表性的能量潮。

能量潮(On Balance Volume,OBV)又称为平衡交易量指标,是由美国的投资分析家乔·葛兰威尔(Joe Granville)于 20 世纪 60 年代所创立的一种技术分析工具。葛兰威尔将"量的平均"概念加以延伸,认为价格是表象特征,成交量是市场的元气。因此,可将成交量数量化,统计成交量变动的趋势来分析和预测未来的市场走势,为投资者买卖证券提供参考。

一、计算公式

OBV 理论基础是市场价格的变化必须有成交量的配合,价格的波动与成交量的扩大或萎缩有密切的联系。价格升降而成交量不相应升降,则市场价格的变动难以继续。

OBV 指标呈"N"形波动,一浪高于一浪的"N"形波动是上升潮,在上升潮中的下跌回落是跌潮。可以利用 OBV 指标验证价格走势的可靠性和反转情况(见图 13-7)。

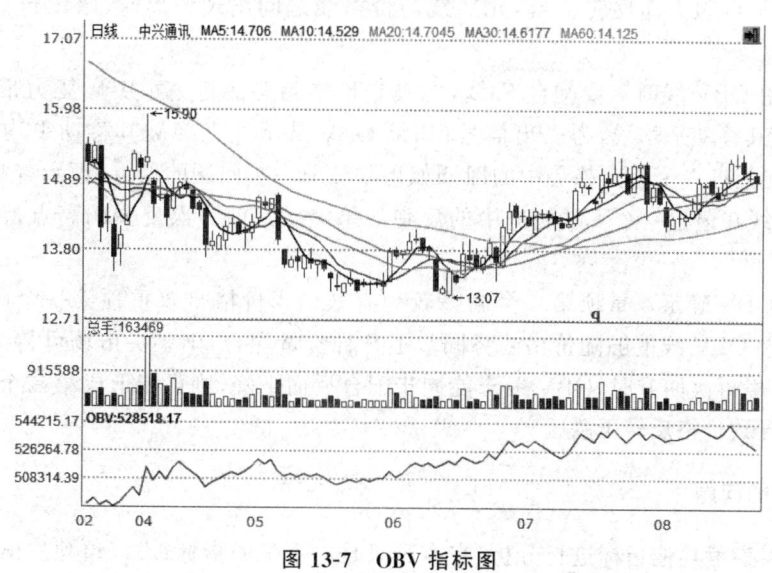

图 13-7　OBV 指标图

（一）OBV 指标的计算方法

$$\text{OBV}_t = \text{OBV}_{t-1} \pm M \tag{13.15}$$

其中，OBV_t 是今日 OBV，OBV_{t-1} 是前一日 OBV，M 是今日成交量，如果今日收盘价＞昨日收盘价，M 前符号取＋；如果今日收盘价＜昨日收盘价，则 M 前符号取－；如果今日收盘价＝昨日收盘价，则 $\text{OBV}_t = \text{OBV}_{t-1}$。

（二）修正的 OBV 指标

以当日最高价、最低价和收盘价三个价格替代收盘价来计算 OBV 值，也被称为成交量多空比率净额法。计算公式为：

$$VA = \frac{V \times [(C-L)-(H-C)]}{H-C} \tag{13.16}$$

其中，VA 为成交量多空比率净额值，H 是当日最高价，C 是当日收盘价，L 是当日最低价，V 是成交量。$C-L$ 是收盘价减去最低价，表示多头买进力量的强弱，$H-C$ 是最高价减去收盘价，表示空头卖出力量的强弱。

当然，仅仅观察 OBV 的升降并无多大意义，必须配合 K 线图的走势才有实际的效用。如果 OBV 曲线与价格趋势出现"背离"走势时，则可以判别证券市场处于多头或者空头的情况。

二、应用法则

第一，当价格行情上升，OBV 线下降时，表示买盘无力，价格可能会回跌，是卖出信号；当价格行情下降，OBV 线上升时，表示买盘旺盛，价格可能会止跌回升，是买入信号。

第二，OBV 线缓慢上升，表示买盘逐渐加强，为买入信号；OBV 线急速上升，表示多头力量将耗尽，为卖出信号。

第三，OBV 线从正的累积数转为负的累积数时，表明市场进入下跌趋势，是卖出信号；OBV 线从负的累积数转为正的累积数时，表明市场进入强势，是买入信号。

第四，需要特别注意，如果 OBV 线的累计值高点价格无法突破，此为上涨压力带，行情常常会在此高点遇到阻力而反转。当 OBV 线与价格线之间出现背离时，暗示行情在短期内会有所变动。

第五，运用 OBV 线时需要配合 K 线，尤其是价格趋势能否一举突破压力带。如果 OBV 从上往下跌破其移动平均线，为卖出信号；如果 OBV 从下往上穿破其移动平均线，为买入信号。OBV 线在最近一个上升趋势中的回调如果跌破前一次回调的低点，预示着趋势可能会反转向下；OBV 线在最近一个下跌趋势中的反弹如果突破其前一次反弹的高点，预示着趋势可能会反转向上。

第六，用 OBV 确定双重顶第二个高峰较为有效。当价格自双重顶第一个高峰下跌又再次回升时，如果 OBV 线能够随价格趋势同步上升且价量配合，则多头市场可持续并出现更高峰；相反，当价格再次回升时，OBV 线未能同步配合反而下降，则可能形成第二个顶峰，完成双重顶的形态，导致价格反转下跌。

三、注意的问题

OBV 线需参考其他指标进行分析，它本身只是一个量的指标，难以单独发出买卖信号。

在价格连续涨停或跌停的初期，成交量往往特别少，因此，OBV 指标就会失灵，无法正常发挥作用。

在不同的价格趋势中,使用 OBV 分析的效果存在差异。一般来说,在价格处于上升趋势时,利用 OBV 指标来分析和判断,其效果较好。然而,在价格进入水平或下降趋势后,OBV 线变化缓慢,研判效果往往不佳。

【本章小结】

1. 本章从技术指标的含义开始,总体上介绍了技术指标的应用法则,并将技术指标与其他技术分析方法加以比较分析,强调了技术指标在应用过程中需要注意的问题。然后分别对移动平均线(MA)、平滑异同移动平均线(CDMA)、威廉指标(WMS)、随机指标(KDJ)、相对强弱指标(RSI)、乖离率(BIAS)、心理线(PSY)和能量潮(OBV)指标的计算公式、应用法则做了展示和说明,强调了技术指标在技术分析中的重要性和适用性。

2. 技术指标依据功能可以划分为趋势类指标和摆动类指标。趋势类指标包括 MA 和 CDMA;摆动类指标包括 WMS、KDJ、RSI、OBV 和 PSY 等。

3. 进行技术指标的分析和判断时,为了提高分析结论的精确性,经常需要多个指标的组合分析,甚至需要用到其他技术分析方法的基本结论加以验证。技术指标不是万能的,任何技术指标都有自己的适应范围和应用条件。主观因素会影响技术指标的效果。

【关键概念】

技术指标法　移动平均线　指数平滑异同移动平均线　乖离率　心理线　能量潮

【复习思考题】

1. 按照功能,技术指标可以分为哪些种类?
2. 应用技术指标有哪些法则可遵循?
3. 各类技术指标的计算公式是什么?
4. 移动平均线有什么特点?
5. 如何运用葛兰威尔法则进行技术分析?
6. 各类技术指标的适用性和应用法则是什么?
7. 乖离率的原理和取值的参考依据是什么?

【参考文献】

[1] 〔美〕约翰·墨菲著,丁圣元译.金融市场技术分析[M].地震出版社,2010.
[2] 吴晓求.证券投资学(第三版)[M].中国人民大学出版社,2009.
[3] 沈冰,吴刚.证券投资学[M].人民出版社,2014.

第十四章 波浪理论

【本章概要】
　　本章介绍了波浪理论的基本内容及其应用，重点介绍波浪形态结构的划分、主浪和调整浪的特点与各种变异形式以及斐波那契数列在波浪理论中的作用。通过本章的介绍，读者可以对波浪理论有基本的了解，掌握数浪的基本原则，可以运用波浪理论分析和预测股市行情的变化。

第一节　波浪理论的产生背景及基本思想

　　人类社会与自然社会一样，接受规律的支配。股票市场也不例外。股市是人类创造的，是所有投资者及关注者力量共同作用的结果，股市变化反映了人类的禀性。在股市分析中，道氏理论和波浪理论则是人们认识股市规律的基本理论技术。道氏理论对股市趋势做出了比较完善的解释，波浪理论则定量分析了股市趋势的位置形态、长短和形状，对市场进行了非常细致的刻画，告诉投资者目前市场的位置及市场未来的发展趋势。可以说，道氏理论是波浪理论的理论基础，而波浪理论是道氏理论的细化和量化。

一、波浪理论产生的背景

　　自然规律是事物运动过程中固有的、本质的、必然的联系，不以人类的意志为转移，任何事物的产生、发展和灭亡都要接受自然规律的支配。而波浪理论的创始人拉尔夫·纳尔逊·艾略特(Ralph Nelson Elliott)认为，波浪理论正如自然界的基本规律一样，反映了股票市场的基本运动规律，是股票市场的自然规律，这也是其著作《自然法则——宇宙的奥秘》的由来。波浪理论产生于20世纪30年代的美国，当时的经济危机正是起因于证券市场的崩盘，市场特别需要一个能解释证券市场现象并能预测以后状况的理论。1932年，罗伯特·雷亚在总结前人的基础上出版了《道氏理论》。道氏理论将市场价格变动比喻成海浪的起伏，具有潮汐、浪涛、波纹三种形式，尽管价格的波动起伏不定，但最终可以分为三种趋势：主要趋势、次要趋势、日常趋势。道氏理论的市场趋势理论反映了股价波动的规律性，然而在主要趋势未建立之前，无法预测股价未来的发展趋势，更无法判断价格的转折点。艾略特在道氏理论的基础上，将价格趋势分解为8浪式的形态结构，并且认为每个浪的长度和时间都遵循一定的自然规则约束。这种自然规则约束不仅能预测价格趋势何时结束,而且可以为股价的转折点提供预警信号。

二、波浪理论的基本思想

拉尔夫·纳尔逊·艾略特坚持认为,人类情感是有节律的,它们以确定的数字和方向作波浪式运动。在价格运动有更多公众参与的自由市场中,这一结论更为明显。经过数年的研究,艾略特发现股票市场价格以可认知的形态(Patterns)作趋势运动和反转。他利用道·琼斯工业平均指数(Dow Jones Industrial Average,DJIA)作为研究工具,发现不断变化的股价结构性形态反映了自然和谐之美。根据这一发现他提出了一套相关的市场分析理论,精炼出市场的十三种形态或谓波(Waves),在市场上这些形态重复出现,但是出现的时间间隔及幅度大小并不一定具有再现性。尔后他进一步发现这些呈结构性形态的图形依次相连形成更大一级的相同图形,依次类推,产生了股价结构化的波浪式前进,而这种价格波浪式前进可以预测价值。

波浪理论的基本思想以周期为基础,将周期分成时间长短不一的各种小周期。每个周期无论长短都以8浪形态的同一个模式进行,即主浪5浪,调整浪3浪。这8个过程完成以后,本次周期结束,新的周期仍然按照这个模式运行。此外,波浪的内部结构遵循着一定的数量关系,即不仅浪与浪的长度遵循着一定的比例关系,波浪的起伏时间也遵循着一定的比例关系。

阅读延展

艾略特及其波浪理论

拉尔夫·纳尔逊·艾略特(Ralph Nelson Elliott),1871年7月出生于美国。1891年,艾略特20岁的时候,离家到墨西哥的铁路公司工作。大约在1896年,艾略特开始了他的会计职业生涯。在随后的25年里,艾略特在许多公司(主要是铁路公司)任职,这些公司遍布墨西哥、中美洲和南美洲。后来,他在危地马拉大病一场,并在1927年退休。退休后,他回到加利福尼亚的老家养病。在养病期间,他通过对道·琼斯工业平均指数的仔细研究,发现了伟大的波浪理论。他的发现可能是一种偶然,但是这对于人类认识世界有序的演变机制却是一种必然。

1934年11月28日,艾略特将他自己的发现告诉了正在投资顾问公司任股市通讯编辑的查尔斯·J.柯林斯(Charles J. Collins)。柯林斯经过长达四年的贴近市场的研究,直至1938年终于被艾略特的波浪理论深深折服,并举荐艾略特担任了华尔街《金融世界》(Financial World)杂志的编辑。同年在柯林斯的帮助下,艾略特出版了《波浪理论》(The Wave Principle)。1939年艾略特在《金融世界》杂志上发表了12篇文章,以宣传自己的理论。

1946年,也就是艾略特去世前两年,他完成了关于波浪理论的集大成之作《自然法则——宇宙的奥秘》(Nature's Law—The Secret of The Universe)。但是艾略特在世时其理论没有得到社会的广泛承认。艾略特去世后,汉密尔顿·博尔顿(Hamilton Bolton)接过传播波浪理论的重担。从1953年开始,博尔顿在《银行信用分析师》(*Bank Credit Analyst*)杂志连续14年举办《艾略特波浪理论副刊》,介绍波浪理论的基本知识。1960年,博尔顿发表了关于波浪理论的一部重要著作——《艾略特波浪理论——一份中肯的评价》(*The Elliott Wave Principle—A Critical Appraisal*),该书继承和发扬了波浪理论。

艾尔弗雷德·J.弗罗斯特(Alfred J. Fost)是博尔顿的合伙人,在博尔顿去世之后,他继承了博尔顿的工作,继续主办《艾略特波浪理论副刊》,也是当时少有的懂得并研究波浪理论的专家之一。波浪理论的另一位继承人罗伯特·R.普莱切特(Robert R. Prechter)于1971年从耶鲁大学毕业后,在美林证券市场分析部担任市场技术分析专员,是波浪理论的崇拜者。1978年,弗罗斯特与普莱切特合著的《波浪理论》(*Wave Theory*)出版,使得波浪理论逐渐被证券市场人士重视。在1984年为期3个月的全美投资大赛中,普莱切特以444.4%的获利赢得总冠军,在实践中验证了波浪理论的神奇作用,波浪理论也得以迅速传播。

第二节 波浪理论的基本内容

波浪理论是技术分析中最神奇,也是最不易掌握的分析工具。不管是理论研究者还是投资者在学习和运用波浪理论进行实践操作的过程中,都犹如在大海中的冲浪者一样,接受着波浪理论痛苦的折磨、洗礼和重生。

波浪理论主要包括三方面内容:形态、比率及时间,或称为波浪理论的三要素。其中,形态用于分析波浪的形状和构造;比率表明各浪之间的比例关系,用于分析回撤点和价格目标;时间表明各波浪位置之间的联系,并可用来验证形态和比率。

一、波浪形态

波浪形态是指由股价轨迹形成的形如波浪的形状及其基本结构。波浪理论通过价格涨跌不断重复的现象总结出价格运动周期规律,运动周期规律反映了价格涨跌的内部结构。在每个价格周期运动中,价格运动都由上升(或下降)的5个过程和下降(或上升)的3个过程组成,这8个过程完结以后,这个周期已经结束,同时进入下一个周期,新的周期仍然遵循上述的模式,也就是常说的"8浪循环"。这就是波浪理论最核心的内容。形态是波浪理论最基本的组成要素,而形态分析是波浪理论分析的起点和基础。

图14-1和图14-2显示了波浪理论基本的8浪形态,在图14-1的牛市中,1、2、3、4、5构成5波上升浪,也称为数字浪,A、B、C构成3波下跌浪,也称为字母浪;在图14-2的熊市中,1、2、3、4、5构成5波下跌浪,A、B、C构成3波上升浪。上升浪和下跌浪构成一个价格运动的完整周期,同时和其他价格浪构成更大的周期。那么在价格运动周期循环中如何区分5浪还是3浪呢?一个基本经验是验证该浪与其上层次浪的运行趋势是否相同。如果运行趋势相同,则为5浪,如果运行趋势相反,则为3浪。通过区分5浪和3浪,不仅可以判断牛市和熊市,还可以判断牛市里的调整和下跌,熊市里的反弹和反转。在波浪理论中,还需要区分推动浪和调整浪。如果一个波浪的趋势方向和它高一个层次的波浪趋势方向相同,那么,这一波浪就是推动浪(Impulsive Wave),又称为主浪。主浪包括1,3,5,A和C;如果一个波浪的趋势方向同它上一层次的波浪的运行方向相反,那么,这一波浪就是调整浪(Corrective Wave)。调整浪包括2,4和B。浪2调整浪1,浪4调整浪3,由1、2、3、4、5组成的方向浪则由A、B、C组成的3浪调整。

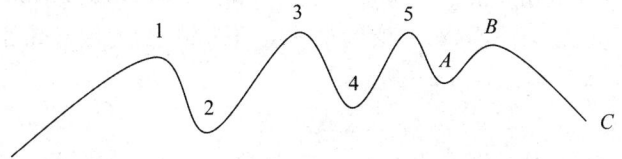

图 14-1 牛市的 8 浪形态

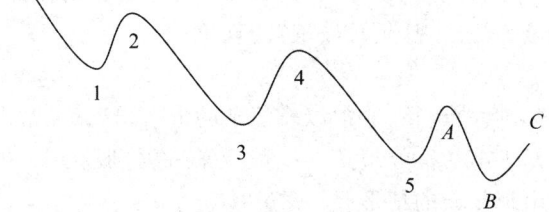

图 14-2 熊市的 8 浪形态

二、波浪级别及特性

（一）波浪级别

为了便于区分不同波浪的级别及层次，艾略特将趋势划分为九个层次，每个层次的浪有不同的名称和标志，分别以阿拉伯数字、大小写罗马数字和拉丁字母交替标示，从大到小标记符号分别为：

(1) 超大循环浪（Grand Super Cycle Waves）：〈Ⅰ〉、〈Ⅱ〉、〈Ⅲ〉、〈Ⅳ〉、〈Ⅴ〉、〈A〉、〈B〉、〈C〉。

(2) 大循环浪（Supercycle Waves）：(Ⅰ)、(Ⅱ)、(Ⅲ)、(Ⅳ)、(Ⅴ)、(A)、(B)、(C)。

(3) 循环浪（Cycle Waves）：Ⅰ,Ⅱ,Ⅲ,Ⅳ,Ⅴ,A,B,C。

(4) 基本浪（Primary Waves）：(1)、(2)、(3)、(4)、(5)、(a)、(b)、(c)。

(5) 中型浪（Intermediate Waves）：1,2,3,4,5,a,b,c。

(6) 小型浪（Minor Waves）：(ⅰ)、(ⅱ)、(ⅲ)、(ⅳ)、(Ⅴ)、(a)、(b)、(c)。

(7) 细浪（Minute Waves）：ⅰ、ⅱ、ⅲ、ⅳ、Ⅴ、a、b、c。

(8) 微浪（Minuette Waves）：1,2,3,4,5,(a)、(b)、(c)。

(9) 次微浪（Subminuette Waves）：ⅰ、ⅱ、ⅲ、ⅳ、Ⅴ、a、b、c。

（二）波浪特性

在波浪理论中，波中有波，浪中有浪，准确地辨别波的级别是一个非常困难的问题。特别是在一个新波开始时，很难判定最后的小波属于哪个级别。但是，在一个基本的 8 浪循环中，每个浪具有不同的特性和表现（见图 14-3）。

1. 第一浪的特性

第一浪有两种情况。一种情况主要表现为营造底部的盘整状态，在这种情况中，市场行情的上升出现在空头市场跌势后的反弹和反转，买方力量并不强大，加上空头继续存在卖压，因此，第二浪调整第一浪的幅度往往很大；另一种情况主要表现为盘整后的拉升状态，此时行情上升幅度较大。根据一般的经验，第一浪的涨幅在 5 浪中一般是最短的。

2. 第二浪的特性

这一浪是下跌浪，由于市场人士误以为熊市尚未结束，其调整下跌的幅度相当大，几乎吃掉了第一浪的升幅,当行情在此浪中跌至接近底部(第一浪起点)时,市场出现惜售心理,抛售压力逐渐衰竭,成交量也逐渐缩小,第二浪调整才会宣告结束,此浪经常出现一些特殊的转向形态,如头底、双底等。

3. 第三浪的特性

第三浪往往是最大,或具爆发力的上升浪,这段行情持续的时间与幅度,经常是最长的。在此浪中,市场投资者信心恢复,成交量大幅上升,常出现一些关键的突破讯号,例如裂口跳升等,一些重要的临界关卡,非常轻易地被穿破,尤其在突破第一浪的高点时,是最强烈的买进讯号。第三浪涨势激烈,也最容易出现"延长波浪"的现象。

4. 第四浪的特性

第四浪是行情大幅涨升后的调整,通常以较复杂的形态出现,经常出现"倾斜三角形"的走势,但第四浪的底部不会低于第一浪的顶点。一般说来,高价股在这一阶段往往小幅回落,而低价股则大幅上窜下跳,出现复杂的情形。

5. 第五浪的特性

在股市中,第五浪的涨势通常小于第三浪,而且最容易出现失败的情况,另外市场参与的广泛性和强度也稍弱。此阶段相当于道氏理论中牛市的第三阶段,市场情绪过度乐观,行情一直看好,人人相信能赚钱。市场上原来的一线股已退居二线,二、三线股成为市场中的主导力量。

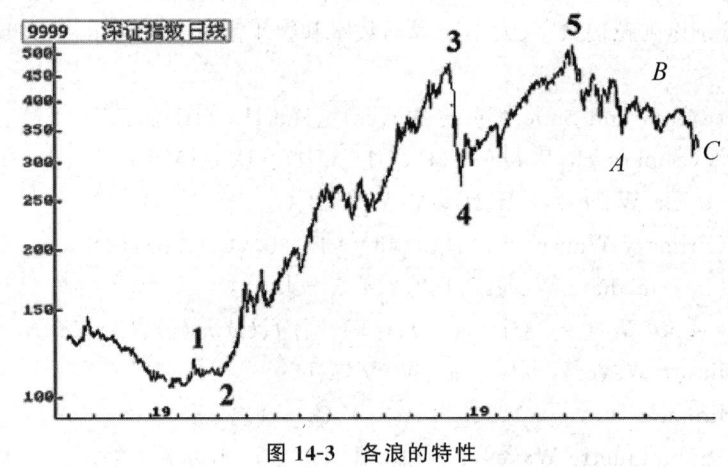

图 14-3　各浪的特性

6. A 浪的特性

在 A 浪中,市场投资人士大多数认为上升行情尚未逆转,价格的下跌仅为一个暂时的回档现象,实际上,A 浪的下跌,在第五浪中通常已有警告讯号,如成交量与价格走势背离或技术指标上的背离等,但由于此时市场仍较为乐观,A 浪有时出现平势调整或者"之"字形态。

7. B 浪的特性

B 浪是对 A 浪的反弹,但是成交量不大。一般而言是多头的逃命线,但由于大多数投资者误以为是另一波段的涨势,因而 B 浪常形成"多头陷阱",许多投资者在此惨遭套牢。B 浪在技术分析中很少表现强劲,在 B 浪中活跃的股票数量有限,但绩优股却十分抗跌。

8. C 浪的特性

C 浪是一段破坏力较强的下跌浪,跌势较为强劲,跌幅大,持续的时间较长久,而且出现全面性下跌。

第三节 主浪的特点及变异

前面介绍了波浪理论中各浪的标准形态及特点,但是,因为基本面的不同及各种偶然因素的发生,价格的走势往往与基本形态存在差异,这种差异称为波浪的变异。主浪的变异形态主要有"浪的延扩""失败的第五浪""倾斜三角形"三种形式。

一、主浪的延扩

浪的延扩是指浪的运动发生放大或拉长的现象。也就是说,一个浪可以分成更细一级的小浪。在细分时,主浪只能再分成5个更小的浪,而不能是3浪。一个上升或下降趋势中的第一、三、五 三个浪中,只有一个主浪会出现扩延的情况。一般说来,浪的延扩通常发生在第三浪或第五浪。图14-4描述了主浪延扩的四种基本形态。

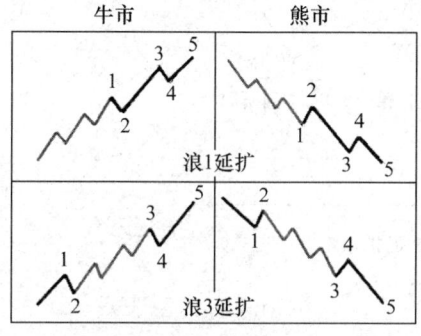
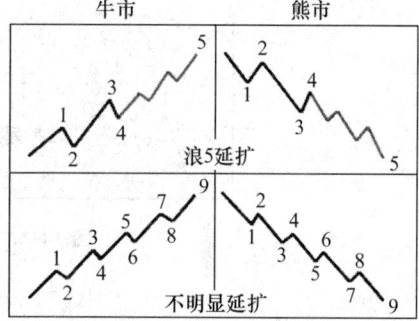

图 14-4　主浪的延扩

（一）主浪延扩的类型

主浪延扩主要具有以下三种类型和特点：

(1) 如果浪1的长度和浪3的长度相等,浪5形成延扩的可能性极高(见图14-5)。

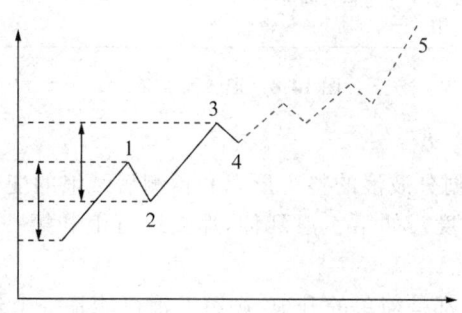

图 14-5　浪 1＝浪 3

(2) 如果浪3是延扩浪,那么浪1和浪5将是简单形态,浪5的长度和时间周期与浪1相同或是浪1的0.618(见图14-6)。

(3) 如果浪5属于延扩浪,那么紧接着出现的调整浪将以双重回折的形态运行。此时,又存在两种情况。如果浪5的高一级波浪属于第Ⅰ或第Ⅲ浪,那么,第一次回折为第Ⅱ或第Ⅳ浪,第二次回折为第Ⅲ或第Ⅴ浪(见图14-7);如果浪5的上一级波浪属于第Ⅴ浪,那么,第一

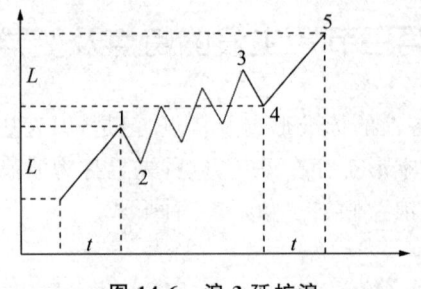

图 14-6 浪 3 延扩浪

次回折将价位带回到延扩开始的地方（A 浪），第二回折将价位推至新高（B 浪）。然后，出现 5 浪下跌走势（C 浪）（见图 14-8）。

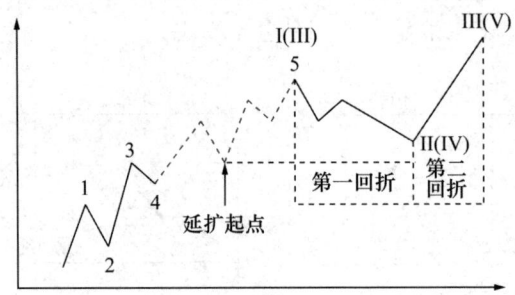

图 14-7 浪 5 延扩浪

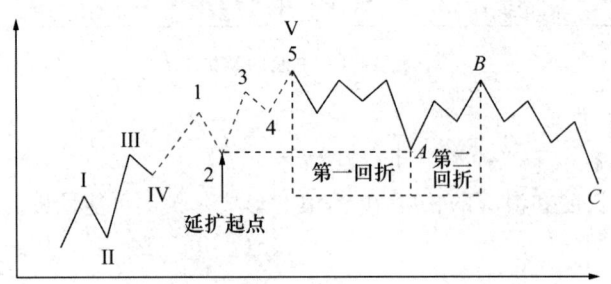

图 14-8 浪 5 延扩浪

（二）主浪延扩的预测意义

分析主浪延扩，有助于划分波浪的整个形态和预测后续浪的变化趋势：

（1）预测推动浪运行长度。如第三浪延伸，那么第五浪和第一浪的长度和运行时间可能相似。

（2）当第一浪与第三浪都是简单的升浪，则第五浪可能是一个延伸浪，特别是当成交量急剧增加时。

（3）在成熟的股市，延伸浪经常会出现在第三浪；而在新兴股市（或期货市场），第五浪往往发生延伸。

（4）第五浪延伸很可能出现双回折形态。

二、主浪的倾斜三角形形态

主浪的倾斜三角形形态可以分为上升楔形和下降楔形两种类型，一般发生在第五浪，此时第五浪不能定义为推动浪,因为它有调整浪的一些特征。在主浪中,只有倾斜三角形形态允许第四浪的调整低点与第一浪的高点重叠或低过第一浪的高点,因此,当第五浪出现倾斜三角形形态时,上升楔形看跌,下降楔形看涨,价位将有一个比较大的回落(见图14-9)。

倾斜三角形的结构由5浪组成,5个浪的每一个浪又分成3个小浪,形成"3-3-3-3-3"结构。

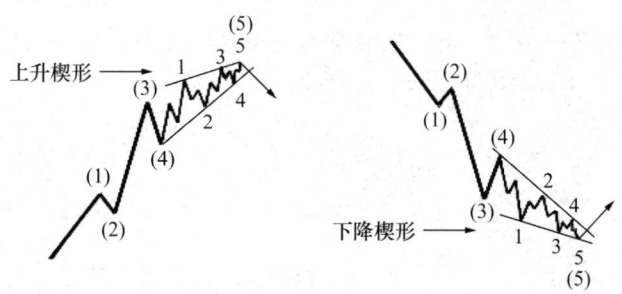

图 14-9 主浪的倾斜三角形形态

三、主浪的失败形态

在股票市场中,主浪既可以延扩,也可能衰竭。衰竭是在市场尾端出现的一种特有情况,艾略特用"失败"来描述市场的衰竭。主浪的失败形态是指第五浪不能向上或向下突破第三浪的高点或低点,形成双顶或双底形态从而走势发生反转的情形。当市场出现无量上涨或下跌时,由于市场推动的力量减弱,一些技术指标出现趋势的背离,表现在价格未能突破第三浪的终点就开始反转。基本面的重大变化、第三浪的过度延长是形成主浪失败形态的主要原因。图14-10描述了主浪失败形态的两种形式。

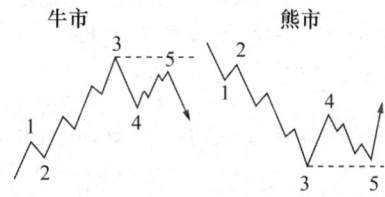

图 14-10 主浪的失败形态

主浪的变异是相对于主浪的基本形态而言的,但在实际股票市场中却总是发生。因此,正确甄别主浪的变异形态对认识股票市场的力量变化及股价变化趋势具有重要意义。主浪的延扩是市场力量强势的结果,而主浪的倾斜三角形形态和失败形态则起因于市场力量的减弱。主浪的延扩表明股价的强势突破,而主浪的倾斜三角形形态和失败形态则表明股价的盘整和反转。

第四节 调整浪的特点及变异

当推动浪的五个浪结束后,市场进入调整周期。调整浪是指运行方向同其上一层次波浪的运行方向相反的波浪,是对前一浪的调整。在一个标准的8式波浪理论中,调整浪包括浪2、浪4和浪B。浪2、浪4、浪B分别为浪1、浪3、浪A的调整,而浪A、浪B、浪C形成的字母浪则是浪1、浪2、浪3、浪4、浪5形成的数字浪的调整。推动浪的子浪结构一般为5浪结构,而调整浪的子浪结构一般为 3 浪结构。相较于推动浪,调整浪的变体更多,也更复杂,调整浪的正确识别还需要借助于市场中的其他技术指标。

一、调整浪的特点

(一) 调整浪的重复性

如果调整浪浪 2 为简单形态,则调整浪浪 4 便可能为复杂形态;反之,如果调整浪浪 2 为复杂形态,则调整浪浪 4 便可能为简单形态(见图 14-11)。

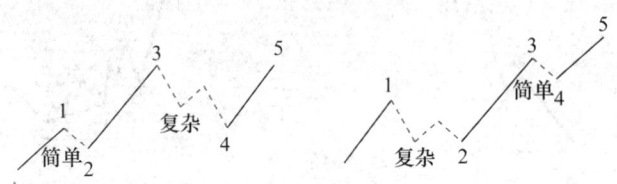

图 14-11　调整浪的重复性

(二) 第二浪调整的黄金分割线

第二浪是第一浪的调整,调整的比例通常是黄金分割的 3 条比例线:38.2%,50% 和 61.8%。第二浪一般情况下不会创出新低(见图 14-12)。

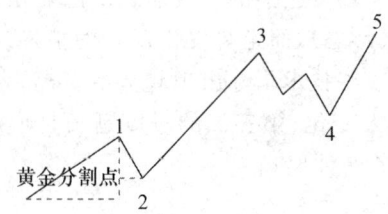

图 14-12　浪 2 的黄金分割

(三) 第四浪低点的重合性

第四浪的形态复杂多变,会出现各种各样的调整形态。但第四浪的低点,将是未来调整浪 A、B、C 的极限位置(见图 14-13)。

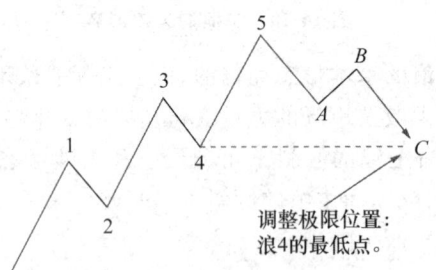

图 14-13　浪 4 低点的重合性

二、调整浪的基本波形及变异形态

根据波浪调整的力量和强度可以分为强势调整和弱势调整等类型,根据调整浪的调整形状及结构可分为锯齿形(之字形)、平坦形和三角形三种形态。

(一)锯齿形调整浪

锯齿形又称之字形,是最简单直接的调整浪模式,其子浪结构为 5-3-5 结构类型。锯齿形调整浪如图 14-14 所示,在图中,浪 b 的顶点应该低于浪 a 的起点。

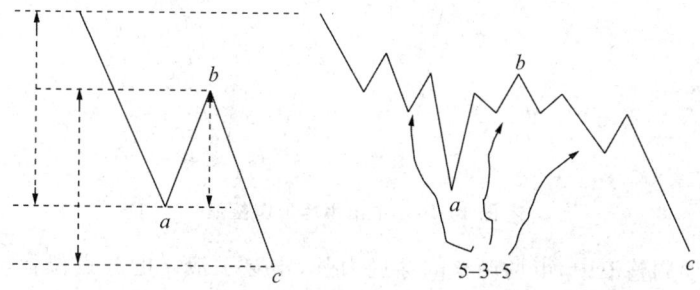

图 14-14　牛市锯齿形调整形态

在熊市中,锯齿形调整浪与图 14-14 的调整方向相反,因此,熊市中的锯齿形调整浪常常被称为倒锯齿形调整浪。

在锯齿形调整浪中,各浪之间通常还遵循一定的比例关系。一般来说,浪 b 的高度大约为浪 a 的 50%,且不超过浪 a 的 75%;浪 c 的高度大约为浪 a 的 1 倍、1.62 倍或 2.62 倍。

锯齿形的变体有双锯齿形和三锯齿形等几种形态。

当时间跨度比较长时,由于一次性调整很难达到市场正常的调整目标,简单锯齿形的波浪结构很容易演变成双锯齿形和三锯齿形波浪形态。所谓双锯齿形和三锯齿形波浪形态指的是两个简单锯齿形或三个简单锯齿形调整浪通过一个或两个三浪结构的调整浪连结形成的复杂波浪形态。双重锯齿形调整浪如图 14-15 所示。在图 14-15 中,X 为三个子浪的连接浪,将两个简单的锯齿形调整浪连接形成一个复杂的双重锯齿形调整浪。

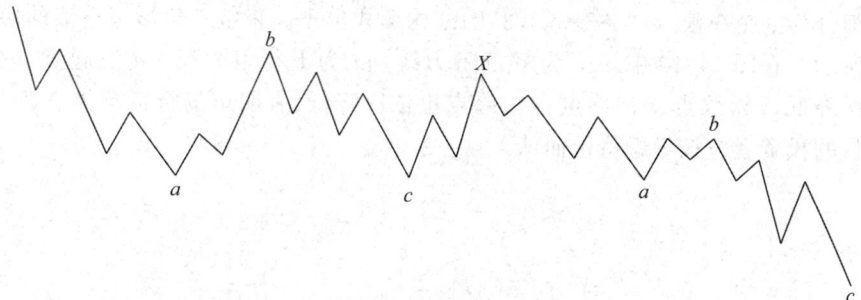

图 14-15　双重锯齿形调整浪

(二)平坦形调整浪

平坦形调整浪是一种复杂的调整浪模式,其特点是各子浪的长度相等,且子浪形态为 3-3-5 结构。平坦形调整浪模式由于市场调整的力量不足,a 浪和 b 浪并没有展现完整的 5 浪形态,b 浪的终点会在 a 浪的起点附近结束,而 c 浪的终点在稍微超过 a 浪终点的位置结束。图 14-16 描述了规则平坦形调整浪的模式。

根据市场中趋势力量与调整力量的不同,平坦形调整浪会产生收缩平坦形调整浪和扩散平坦形调整浪两种变异模式。收缩平坦形调整浪和扩散平坦形调整浪形态如图 14-17 所示。在牛市收缩平坦形调整浪中,市场调整的穿透力不强,形态上表现为调整浪 b 的终点低于浪 a 的起点,而浪 c 的低点又高于浪 a 的终点,属于弱势调整;而熊市收缩平坦形调整浪正相反。

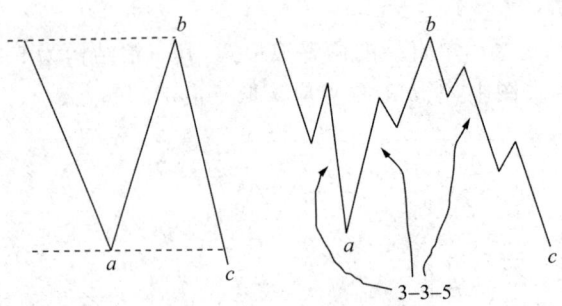

图 14-16 牛市平坦形调整浪

在牛市扩散平坦形调整浪中,市场调整的穿透力强,击穿了浪 a 的起点位置,形态上表现为调整浪 b 的终点高于浪 a 的起点,而浪 c 的低点又低于浪 a 的终点,属于超强势调整。

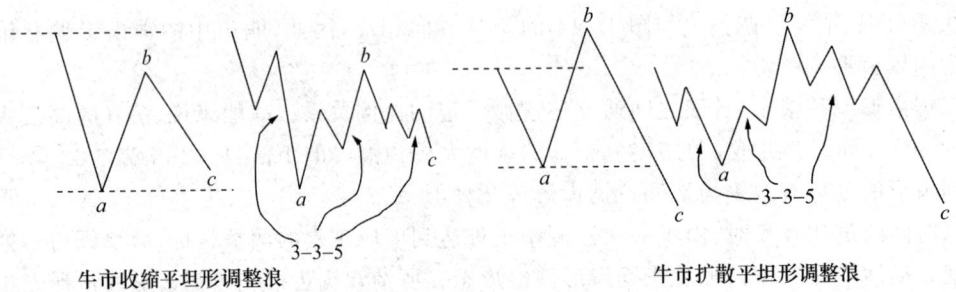

图 14-17 平坦形调整浪的变异形态

(三)三角形调整浪

三角形调整浪经常在第四浪中出现,有时也在调整 b 浪出现。三角形调整浪由五浪组成,每个浪又细分为 3 个小浪,以"3-3-3-3-3"的结构形式出现。正常三角形调整浪的形态结构如图 14-18 所示。在图 14-18 中,ace 为下行阻力线,bd 为上行阻力线。a 浪起点、b 浪终点、d 浪终点依次降低,a 浪终点、c 浪终点、e 浪终点也依次降低,表明市场行情整体看跌,在第三浪还没有抛售的投资者应该考虑待价而沽。

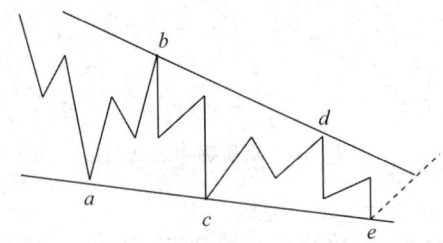

图 14-18 牛市的三角形调整浪

在调整过程中,出于投资买卖双方不同的风险态度,三角形调整浪可能会出现下面四种变异形式,图 14-19 显示了这四种变异的三角形调整浪变异形态。

(1)上升三角形。上升三角形显示了买卖双方在调整区的较量,但买方的力量在争持中稍占上风。卖方对后市并不看好,但却在上行阻力线的理想沽售水平沽出,而市场的买方看好后市,导致价格还没有回落到最低点便止跌反转。当然,有计划的市场行为也可能暂时压低股

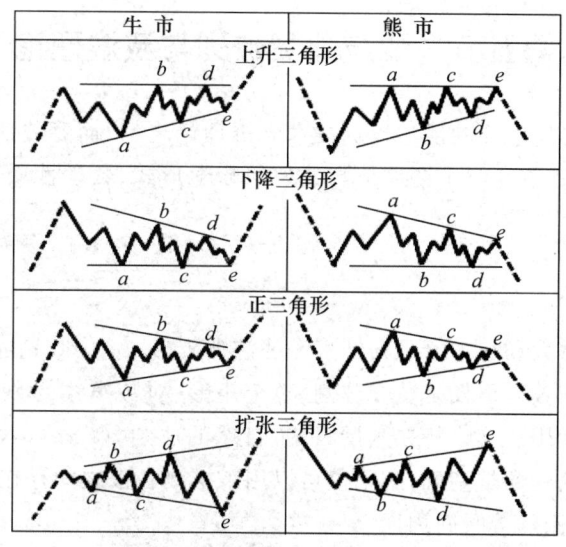

图 14-19　三角形调整浪的变异形态

价以达到逢低吸纳的目的。

（2）下降三角形。下降三角形调整形态与上升三角形所显示的情形正相反。看淡的卖方不断增强沽售压力，股价还没回升到上次高点便沽出，而对市场并不看淡的买方坚守某一价格的防线，使股价每回落到低点便获得支持。此外，该形态的形成亦可能出自托价出货的目的。

（3）正三角形。正三角形调整形态与前述两种情况不同。在正三角形调整形态结构中，市场卖方看淡后市，因而形成了一条向右倾斜的下行阻力线，而买方却看好后市，形成了一条向右倾斜的上行阻力线，后市行情发展还需要第五浪的确认。

（4）扩张三角形。扩张三角形也叫喇叭形。在该形态中，买方看淡市场，因而形成了一条向右倾斜的下行阻力线，而卖方却看好市场，形成了一条向右倾斜的上行阻力线，形如喇叭，故得此名。扩张三角形主要因投资者情绪冲动所致。在临近市场的顶端，基于投机心理，投资者缺乏理性，盲目加仓，就会导致价格扩张三角形形态的出现，但由于缺乏买方市场的力量支撑，这种状态通常不能持续。

调整浪的形态及其变异形式都属于市场的盘整状态，可以揭示市场趋势的强弱及调整的力度。就调整力度来说，锯齿形、平台形、三角形形态调整力度依次减弱。它们不同的子浪结构也反映了这种变化调整趋势和走向。需要说明的是，在辨析调整浪的形态时，单独使用波浪理论还不足以正确分析市场的行为，还需要运用其他指标加以证实或证伪。

三角形调整形态是最易出现的调整浪，其变体最多，也不易辨析。上升三角形在上升过程中出现，暗示有突破的可能，下降三角形正相反。上升三角形在突破顶部水平的阻力线时，有一个短期买入信号，下降三角形在突破下部水平阻力线时有一个短期沽出信号。但上升三角形在突破时须伴有大成交量，而下降三角形突破时不需大成交量。

值得一提的是，此二形态虽属于整理形态，有一般向上向下规律性，但亦有可能朝相反方向发展，即上升三角形可能下跌。因此投资者在向下跌破3%时，宜暂时沽出，以待势态明朗。同时在向上突破时，没有大成交量配合，也不宜贸然投入。相反，下降三角形也有可能向上突破，这里若有大成交量则可证实，另外在向下跌破时，若出现回升，则需观察其是否阻于底线水平之下，在底线之下是假性回升，若突破底线3%，则图形失败。

第五节　斐波那契数列与波浪理论

艾略特波浪理论是最重要的证券投资技术分析理论之一，而斐波那契数列提供了波浪理论的数学基础，本部分重点介绍了斐波那契数列的数学形式、数学性质，以及斐波那契数列和波浪理论的联系。

一、斐波那契数列

斐波那契数列是意大利数学家里安纳多·斐波那契（Leonardo Fibonacci）于13世纪发现的一组数列。斐波那契数列不仅是黄金分割、黄金矩形、对数螺线的数学基础，在音乐、艺术、建筑中也有着重要的运用。艾略特在其撰写的《自然的法则》(Law's Nature)中提到，斐波那契数列提供了波浪理论的数学基础，它不仅可以用来推测各浪之间存在的比例关系、波浪的目标和回吐比例，而且还制约着时间周期。

（一）斐波那契数列的数学形式

斐波那契数列是指这样一组数列：1，1，2，3，5，8，13，21，34，55，89，144，233…，即从第三项开始，数列的每项数值都等于前两项数值之和。用通项公式表示，斐波那契数列的一般形式可表示为：

$$A(n+2) = A(n+1) + A(n), A(1) = A(2) = 1, \quad n = 1,2,3,\cdots$$

斐波那契数列的数学通项表达式为：

$$A(n) = \frac{1}{\sqrt{5}}\left[\left(\frac{1+\sqrt{5}}{2}\right)^n - \left(\frac{1-\sqrt{5}}{2}\right)^n\right], \quad n = 1,2,3,\cdots$$

（二）斐波那契数列的数学性质

斐波那契数列有以下数学性质：

(1) 斐波那契数列中的每一个数除以它后面的数，得到一个比值，当 n 为无穷大时，比值接近 0.618。用数学形式表示为：

$$\lim_{n\to\infty}\left(\frac{A(n)}{A(n+1)}\right) = 0.618$$

(2) 斐波那契数列中的每一个数除以它后面隔一个的数，得到一个比值，当 n 为无穷大时，比值接近 0.382。用数学形式表示为：

$$\lim_{n\to\infty}\left(\frac{A(n)}{A(n+2)}\right) = 0.382$$

(3) 用斐波那契数列中的每一个数除以它前面的数，得到一个比值，当 n 为无穷大时，比值接近 1.618。用数学形式表示为：

$$\lim_{n\to\infty}\left(\frac{A(n+1)}{A(n)}\right) = 1.618$$

(4) 用斐波那契数列中的每一个数除以它前面隔一个的数，得到一个比值，当 n 为无穷大时，比值接近 2.618。用数学形式表示为：

$$\lim_{n\to\infty}\left(\frac{A(n+2)}{A(n)}\right) = 2.618$$

黄金分割比是指任意一条线段被分成两段,当短线段与长线段之比等于长线段与整个线段之比时,该比例称为黄金分割比,比值大约为 0.618。从斐波那契数列的上述性质可以发现,斐波那契数列符合黄金分割比的特点。

二、波浪理论

斐波那契数列的数学形式和数学性质为波浪理论提供了数据基础,本部分结合斐波那契数列来分析推动浪的波幅比率、调整浪的波幅比率和回撤比率。

波幅比率,亦即各浪高度的比例关系,是波浪理论的三大基本内容之一。波幅比率对于预测价位目标及价位调整比例有着重要的作用。但是,在波浪理论中,波浪的形态结构是确定波幅比率的基础,如果波浪形态划分不正确或不准确,波幅比率也就失去了它应有的含义。波浪理论包含三种类型的比率:推动浪的波幅比率、调整浪的波幅比率及回撤比率。推动浪的波幅比率是指 5 浪结构中第一、三、五浪之间的比例关系。调整浪的波幅比率是指第二、四浪之间的比例关系及调整浪 A、B、C 之间的比例关系。回撤比率是指调整浪与前一个推动浪的比例关系。

(一) 推动浪的波幅比率

推动浪的波幅比率有以下规律:

(1) 当第三浪是延扩浪时,第五浪的高度倾向于等于第一浪的高度,或是第一浪的 0.618 倍(见图 14-20)。

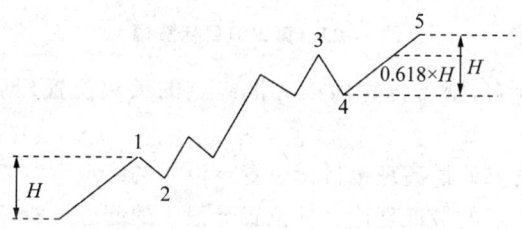

图 14-20　第五浪波幅比率

(2) 当第五浪是延扩浪时,第五浪的高度大约是第一浪至第三浪高度的 1.618 倍(见图 14-21)。

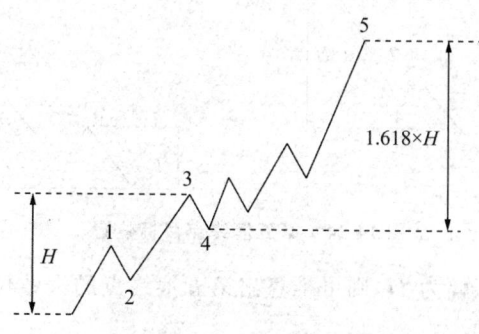

图 14-21　第五浪波幅比率

(3) 当第五浪是延扩浪时,第五浪的高度大约是整个推动浪高度的 0.618 倍,当第五浪不是延扩浪时,第五浪的高度大约是整个推动浪高度的 0.382 倍(见图 14-22)。

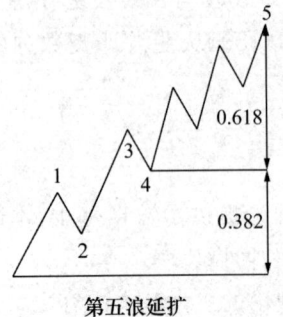 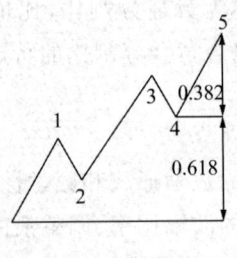

第五浪延扩　　　　　　第五浪不延扩

图 14-22　第五浪波幅比率

（4）设第一浪涨幅为 H，则可大致推算出第三浪的最小目标位置 G（见图 14-23），其预测公式为：

$$第三浪的最小目标位置\ G = 1.618 \times H + 第二浪低点$$

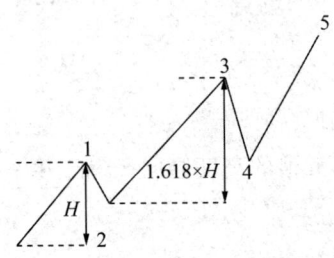

图 14-23　第三浪目标涨幅

（5）设第一浪涨幅为 H，则可推算出第五浪终点的大致位置（见图 14-24），其预测公式为：

$$第五浪终点的最高理论目标位置 = 浪\ 1\ 的终点 + 2 \times 1.618H$$
$$第五浪终点的最低理论目标位置 = 浪\ 1\ 的起点 + 2 \times 1.618H$$

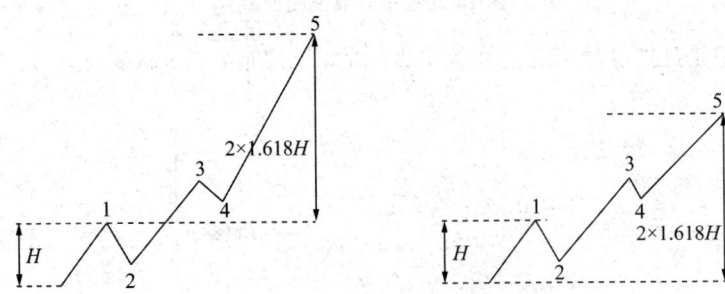

图 14-24　第五浪终点目标位置

（6）设第一至第三浪涨幅为 H，则可推算出第五浪终点的大致位置（见图 14-25），其预测公式为：

$$第五浪终点的最高理论目标位置 = 浪\ 3\ 的终点 + 0.618H$$
$$第五浪终点的最低理论目标位置 = 浪\ 3\ 的终点 + 0.382H$$

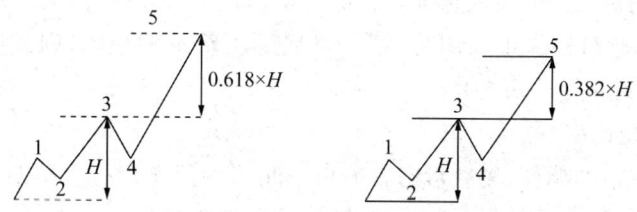

图 14-25 第五浪终点目标位置

（二）调整浪的波幅比率

调整浪的波幅比率包括两部分，一部分是第四浪与第二浪之间的比例关系，另一部分是调整浪 A、B、C 之间的比例关系。第四浪与第二浪的形态遵守交替原则，长度大致相等，即使长度不等，也以黄金分割率维系。由于调整浪 A、B、C 存在不同的形态结构，调整的力度也不尽相同，因此它们之间的比例关系随形态结构和调整强度的改变而变化。

调整浪波幅比率分为以下三种情形：

(1) 调整浪如果以"5-3-5"的锯齿形结构出现，C 浪与 A 浪的波幅比率存在三种可能关系：一般情况下，C 浪与 A 浪的波幅相等；强势调整中，C 浪的波幅可能为 A 浪的 0.618 倍；弱势调整中，C 浪的波幅可能为 A 浪的 1.618 倍。

(2) 调整浪如果以"3-3-5"的平台形结构出现，C 浪与 A 浪的波幅比率也存在三种可能关系：在规则型平台调整中，C 浪与 A 浪的波幅相等；在收缩型平台调整中，C 浪的波幅可能为 A 浪的 0.618 倍；在扩散型平台调整中，C 浪的波幅可能为 A 浪的 1.618 倍。

(3) 调整浪如果以"3-3-3-3-3"的三角形结构出现，则至少有两个浪按 0.618 的比率相互联系。浪 $E=0.618\times$ 浪 C，浪 $C=0.618\times$ 浪 A，浪 $D=0.618\times$ 浪 B。图 14-26 中的 (a)、(b)、(c) 分别描述了锯齿形、平台形和三角形调整浪波幅比率情形。

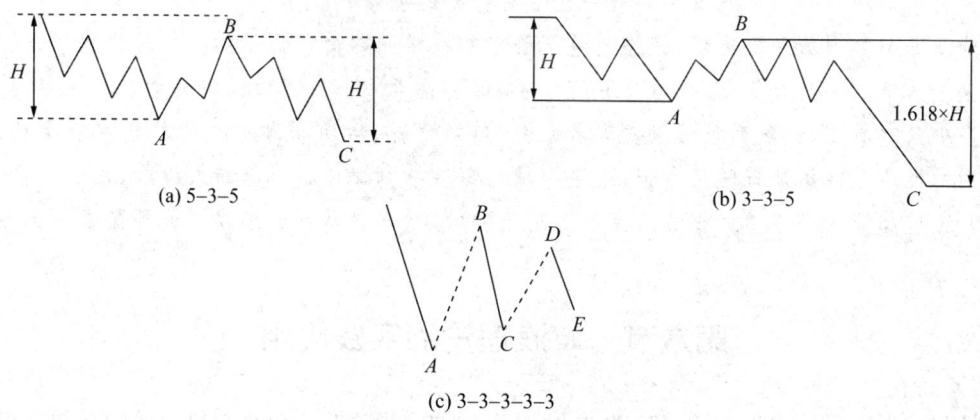

图 14-26 调整浪的波幅比率

（三）回撤比率

回撤比率是指调整浪与前一个推动浪的比例关系。回撤比率主要以 0.382、0.618 的黄金分割率为基本参数。根据波浪理论的 8 浪结构，回撤比率分为三种情况。

1. 第二浪的回撤比率

第二浪的复杂形态一般以锯齿形或平台形的结构出现。第二浪是对第一浪的调整，回撤比率依赖于第一浪构筑底部的完成情况。一般来说,第一浪的底部构筑完成,则第二浪回撤的幅度较小,大致为 0.382,如果市场弱势,第一浪底部构筑不够稳固,则需要第二浪的触底回修,回撤的比率会达到或超过 0.618。

2. 第四浪的回撤比率

第四浪是对第三浪的调整,复杂形态一般以三角形的形态运行。第四浪形态和波幅与第二浪交替出现,因此,当第二浪形态为简单式时,第四浪以复杂形态运行,第二浪回撤比率为 0.618 时,第四浪的回撤比率则为 0.382,甚至为 0.236(0.618×0.382),反之则反是。

3. B 浪的回撤比率

B 浪是对 A 浪的调整。多以三浪结构或三角形形态出现。B 浪的回撤比率与整个调整浪 A、B、C 的形态结构和调整强度有关。

当 A 浪为五浪结构时,调整浪 A、B、C 为 5-3-5 的锯齿形结构,B 浪的回撤比率在 0.382 至 0.618。

当 A 浪为三浪结构时,如果调整浪 ABC 为 3-3-3-3-3 的三角形结构,则 B 浪的回撤比率为 A 浪幅度的 0.618;如果调整浪 A、B、C 为 3-3-5 的规则型平台结构,则 B 浪的幅度与 A 浪相当;如果调整浪 A、B、C 为 3-3-5 的扩散型平台结构,则 B 浪的幅度可能为 A 浪幅度的 1.618 倍或 1.382 倍。

阅读延展

神秘的斐波那契数列

斐波那契数列是意大利数学家莱昂纳多·斐波那契(Leonardo Fibonacci)于 13 世纪发现的一组数列。这一数列自它诞生起就一直带有神秘的色彩。

斐波那契数列第一次出现,是作为兔子繁殖的数学问题而被提出的。当时的问题是:如果一对兔子从第二个月开始,每个月生一对兔子,那么置于一个封闭地区中的兔子在一年内总共会有多少只?其实,该数列虽然以发现者命名,但在之前,古希腊和埃及的数学家们早已通晓该数列的性质了。据建筑学家考证,希腊人根据黄金分割律建造了巴特农神殿,埃及人借助黄金分割比筑起了大金字塔。植物学家认为树干的叶子、向日葵籽都遵循斐波那契数列的排列。

第六节 波浪理论的实践应用

波浪的形态是波浪理论的立论基础,也是运用波浪理论分析价格趋势走向的前提。但是,在实践中,大浪套小浪,浪中有浪,正确辨析和划分波浪的形态结构需要掌握波浪理论数浪的一些基本原则。

一、数浪原则

数浪的基本原则如下:

(1) 第三浪通常是五浪中最长的,绝不是最短的。

(2) 第二浪的低点不能低于第一浪的低点,即第二浪不能100%回撤第一浪。

(3) 第四浪的低点不能低于第一浪的顶点,即第四浪不能与第一浪重叠(楔形三角形除外)。

(4) 交替原则。交替原则不仅包括波浪形态结构的交替,而且还包括波浪的波幅比率及时间周期的交替。市场不会以同样方式演变,后一次顶、底部的形成方式绝不会与上一次一样。如果第二浪以简单形态出现,那么第四浪倾向于以复杂形态出现,反之亦然;第二浪以0.618的回吐比例出现,那么第四浪就会以其他回吐比例出现。

(5) 通常在第一、第三和第五浪中,只有一个浪会出现延扩的情况。

(6) 在牛市中,高层次的第四浪的低点不低于低层次第三浪中延扩浪4的低点。在熊市中,高层次的第四浪的高点不高于低层次第三浪中延扩浪4的高点。

上述第一、第四和第五条原则容易理解,也易掌握,但在划分波浪结构时,初学者容易忽略第二、第三和第六条原则。图14-27、图14-28分别描述了第二、第三条原则和第六条原则的情形。

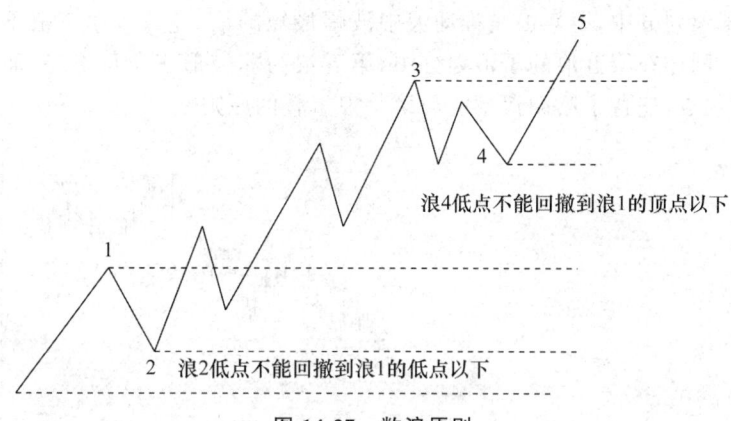

图 14-27 数浪原则

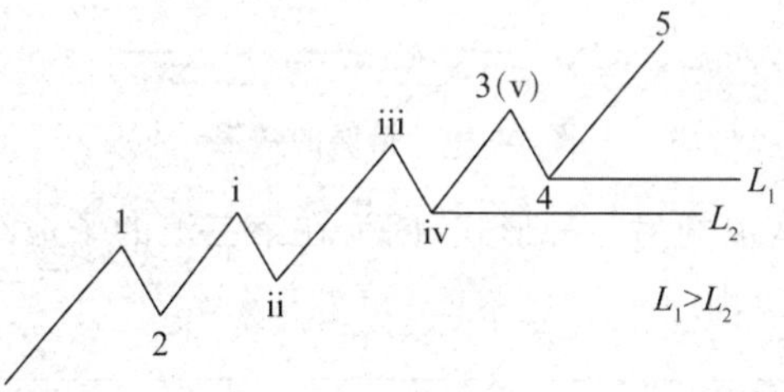

图 14-28 数浪原则

众多波浪理论专家认为第(1)、(2)、(3)条原则是数浪必须要遵守的"铁律",而第(4)、(5)条原则是数浪应该要遵守的原则。

二、波浪理论分析实例

为了具体了解数浪原则在波浪划分中的应用,下面通过一个例子加以说明。

图14-29显示了2001年2月至2004年6月欧元对美元的汇率周线图,请根据数浪原则画出其波浪图。

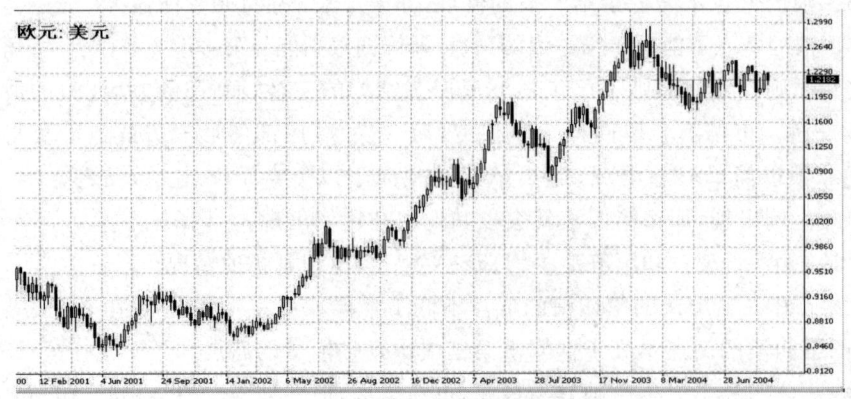

图 14-29　欧元汇率走势图

图 14-30 给出了一种错误数浪的波浪划分形式,因为它违背了两条重要的数浪原则。首先,在第五浪的子浪划分中,第三浪是推动浪中波幅最短的浪,违背了第三浪不允许是最短的浪的原则。其次,同样在第五浪的子浪划分中,第五浪为非楔形三角形形态,而第四浪的低点却低于第一浪的顶点,违背了第四浪不能与第一浪重叠的原则。

图 14-30　错误的数浪

图 14-31 给出了错误数浪的另一种形式,因为在第三浪的子浪结构中,第三浪同样是最短的,而这违背了第一条数浪原则。

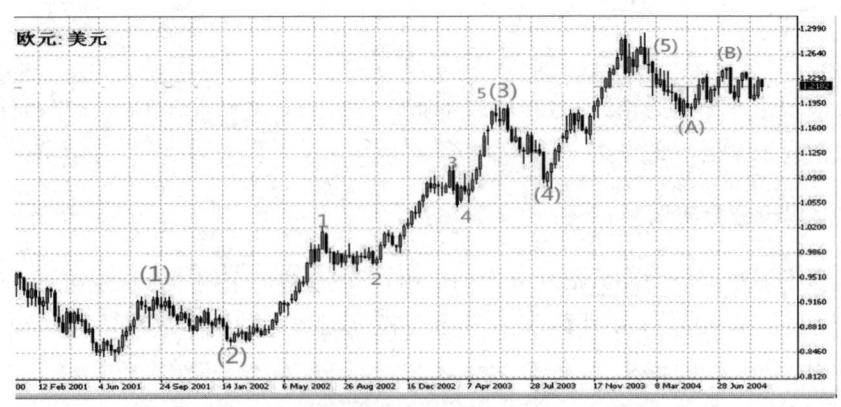

图 14-31　错误的数浪

图 14-32 给出了正确数浪的波浪划分形式。从图中可以发现,这是一个市场强势的上升驱动浪,在每个推动浪的顶点都有突破,而在每个调整浪的低点都没有触底,因此有理由相信该波推动浪应该还没有结束,在经过第四浪的调整后,价格趋势应该还有一个向上的突破。从历史数据来看,2004 年 12 月欧元对美元的汇率达到 1∶1.36 的历史最高位。

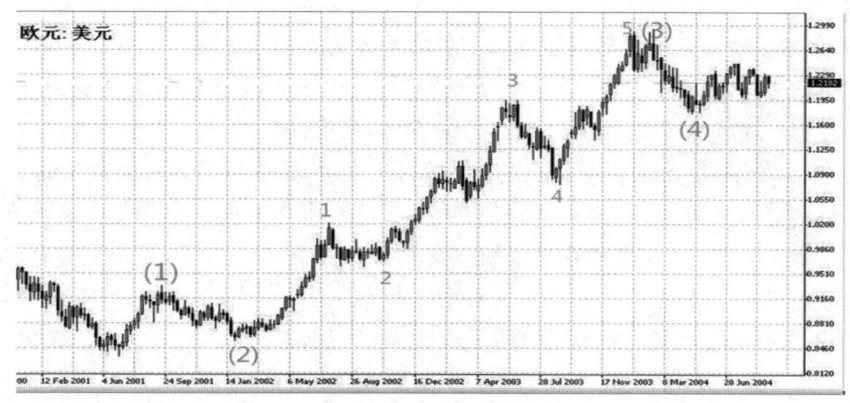

图 14-32　正确的数浪

需要说明的是,当数浪模棱两可、模糊不清时,不要轻易做出结论,而应该找出更自然、清晰的波浪形态,或者运用时间周期等其他方法来加以印证。

三、波浪理论的缺陷

自波浪理论产生以来,许多投资者和证券分析师对其推崇备至。博尔顿认为波浪理论是 20 世纪最有价值的发现,是自然界波动规律的一种近似"数学表达模型"。詹姆斯·W.考恩(James W. Cowan)认为:"尽管有微小的失误,但 1978 年的预测也必定会作为有史以来最卓著的市场预测流传下去。"当然,即使在波浪理论风靡全球时,许多投资者及分析师也对其提出了诸多质疑和批评。

（一）波浪理论缺乏坚实的理论基础,主观色彩浓厚

波浪理论是在道氏理论的基础上发展起来的,但是很多结论或规则都出自主观臆断或是经验观察,缺乏足够的理论依据。例如波浪理论奠基石 8 浪式结构,为什么是 8 浪结构而不是 9 浪结构或是其他结构？为什么 8 浪结构表现为 5-3 式形态？艾略特本人只提及这是所发生的事实,但并没有解释其原因。即使后来的继承者小罗伯特也简单地解释 5-3 结构是最有效的形式,而且自然界典型地遵循最有效的途径,但也未能解释 5-3 结构为什么是有效的,再如斐波那契数列是波浪理论的数学基础也有牵强之嫌。纵观诸多文献,艾略特为什么将斐波那契数列作为波浪理论的数学基础就是一个谜,即使经过多年的经验观察,波幅比率大致符合黄金分割率,也无法排除对其的质疑。

（二）概念模糊,实践操作困难

虽然波浪理论具有一定的数学基础,可以对股价趋势进行精确的分析和预测,但某些概念和原理却令读者莫衷一是,不明所以,因而在实践操作层面上也困难重重。例如,一个完整的浪何时开始,何时结束,不同的操作者有不同的视野,而操作结果却会大相径庭。数浪虽然有所谓的基本原则,但是大浪套小浪,浪中有浪,在什么情况下大浪套小浪,何时浪中有浪,却又没有明确地界定,导致数浪结果子丑寅卯,各不相同,而这直接影响到投资者的切身利益。

总之,波浪理论经过数十年的发展,虽然因为一些"神奇"和不可思议的原理令人感到神秘莫测,但其内容和分析方法正在得到日益完善和补充。也许,随着人们认识的提高和技术进步,波浪理论可能会得到更明确的理论解释和技术应用。

【本章小结】

1. 本章介绍了波浪理论的产生及基本内容,基本内容包括形态、比率和时间。波浪理论的基本形态为 5-3 式的 8 浪结构,分为驱动浪和调整浪,驱动浪和调整浪交替循环,形成波澜壮阔的股市行情。驱动浪可以细分为 5 个小浪,而调整浪只能细分为 3 个小浪。

2. 主浪有三种形态:主浪的延扩、主浪的倾斜三角形形态和主浪的失败形态。这三种形态表明了市场趋势力量的相对大小。主浪的倾斜三角形形态是唯一允许第四浪低点低于第一浪顶点的主浪形态,而主浪的失败形态表明市场的趋势力量十分有限,股价趋势存在反转的可能。投资者通过判断主浪的形态可以实现盈利止损。

3. 调整浪主要有三种形态:锯齿形、平台形和三角形。锯齿形为 5-3-5 结构,平台形为 3-3-5 结构,三角形为 3-3-3-3-3 结构。每种调整浪形态都有多种变异形式,表明了市场调整力量的强度。当形势不甚明朗时,投资者可以结合其他指标进行综合判断,同时做好止损防范措施。

4. 波浪理论中的波幅比率和时间周期不仅跟波浪的形态有关,还跟市场的强弱、调整力量有关。推动浪之间的波幅比率和调整浪之间的波幅比率表现为倍数关系,而调整浪和推动浪的波幅比率表现为回撤比率关系。比率和时间周期在预测价格趋势目标和回撤点方面可以发挥重要的作用。

5. 数浪是波浪分析的关键,第一、二、三条原则是数浪必须要遵守的"铁律"。

【关键概念】

形态 驱动浪 调整浪 浪的延扩 斐波那契数列 比率 时间周期

【复习思考题】

1. 简述波浪理论的基本内容。
2. 推动浪有哪些特点?
3. 调整浪有哪几种形态及各自的特点?
4. 数浪的基本原则有哪些?

【参考文献】

[1] 〔美〕艾略特著,王建军译.波浪原理[M].中华工商联合出版社,1998.

[2] 〔美〕小罗伯特 R.普莱斯特编著,陈鑫译.艾略特名著集[M].机械工业出版社,2011.

[3] 〔美〕小罗伯特 R.普莱斯特,〔美〕阿尔弗雷德 J.弗罗斯特著,陈鑫译.艾略特波浪理论——市场行为的关键[M].机械工业出版社,2010.

[4] 〔美〕史蒂文 W.波泽著,符彩霞译.应用艾略特波浪理论获利[M].机械工业出版社,2010.

[5] 余迪意编著.股市技术分析[M].西南财经大学出版社,2010.

[6] 格陵编著.股道自然——波浪理论在中国[M].中国经济出版社,2009.

[7] 何造中.波浪理论新解[M].广东经济出版社,2009.

第十五章 投资组合理论

【本章概要】

诺贝尔经济学奖获得者、美国经济学家马科维茨(Markowitz)于1952年首次提出投资组合理论(Portfolio Theory),并进行了系统、深入和卓有成效的研究,他建立的均值方差模型和投资组合有效边界模型,构成了现代投资组合理论的基础。由于投资组合理论可以有效地降低非系统风险,并且在发达国家的证券市场上被证明是行之有效的。因此,自马科维茨提出该理论后,1963年,马科维茨的学生威廉·夏普提出了单因素模型,在此基础上又发展出多因素模型,对实际有更精确的近似,使得证券组合理论应用于实际市场成为可能。夏普、特雷诺和詹森三人分别于1964年、1965年和1966年提出了著名的资本资产定价模型(CAPM)。1976年,史蒂夫·罗斯提出套利定价理论(APT)。逐渐地,证券组合理论受到广大经济学家与投资者的追捧,该理论也不断地得到丰富和完善,成为投资学理论的重要组成部分。

第一节 证券组合概述

一、证券组合的含义与分类

(一)证券组合的含义

证券组合是指个人或机构投资者同时所持有的各种有价证券的总称,如股票、债券及金融衍生品等。投资组合并不是指投资者随意持有任意证券,而是为了满足理性投资者对风险收益的权衡,根据自己的风险偏好,实现利益最大化。

经济学一个最基本的假设就是理性经济人假设,也就是说,投资学建立在理性投资者的假设前提下,即投资者都具有厌恶风险和追求收益最大化的基本投资行为特征。投资组合管理正是以此为目的。

1. 降低风险

正所谓"鸡蛋不能放在同一个篮子里",同样,证券组合正是为了避免个别因素所带来的风险而"摔碎所有的鸡蛋"。证券组合中一种证券价格下跌,很有可能就会有另一种证券价格的上涨,通过对不同行业证券进行组合可以平抑总的价格波动,以此降低风险。证券组合理论也证明,投资组合的风险会随证券种类增加而降低,关联性低的多元化证券组合可以有效地降低非系统性风险。

2. 实现收益最大化

理性投资者的目的都是降低风险并实现收益的最大化。在证券投资过程中,通常是高风险高收益,低风险低收益,风险与收益在有效证券市场上是对等的。因此,就单个证券来说,投资者只有有限的选择,而如果投资者对不同类型、不同比例证券进行组合,那么就能够得到比投资单个证券更为满意的风险与收益,实现保证相同收益的同时降低风险,或者在特定的风险水平下增加自己的收益率的目标。

（二）证券组合的分类

证券组合的分类通常以投资者的证券组合目标为标准。主要分为收入型证券、成长型证券、混合型证券、货币市场型证券、指数化型证券及国际型证券等。

1. 收入型证券组合

收入型投资组合追求的是稳定的现金流。这些具有固定收益特征的证券主要有附息债券、优先股、业绩良好且分红稳定的优质股票等。一般而言,已退休的投资者或者背负家庭负担及子女教育的投资者以及有定期支出的机构投资者会较为热衷于此类证券,当然,富人也会将其作为避税的重要工具之一。这类型的证券组合主要是为投资者提供基本收益,故投资风险相对较小。

2. 成长型证券组合

成长型证券组合的收益来源是资本利得。此类投资者往往更愿意延迟获得现有收益来求得未来收益的增长。这种证券组合大多都是处于成长行业和未来增长潜力较大的公司股票,而较少购买定期分红的股票。由于这些证券未来的不确定性比较大,风险也就较高。

3. 混合型证券组合

混合型证券是指收入型证券与成长型证券同时持有,以试图在基本收益与资本利得、收益与风险之间达到某种均衡,因此也称为均衡投资组合。二者的均衡可以通过两种组合方式获得:一种是组合中收入型证券与成长型证券的数量比例达到均衡,另一种就是选择那些既能获得基本收益又具有增长潜力的证券进行组合。

4. 货币市场型证券

货币市场型证券流动性高,风险低,投资者可以随时获得资金,企业、养老基金等投资者因为需要较大的流动性,故会偏好此类证券组合。此类证券一般由货币市场工具组成,如国库券、高信用等级的商业票据等。

5. 指数化型证券组合

指数化型证券组合是模拟某种市场指数而构成的证券组合。信奉有效市场理论的机构投资者通常会倾向于该种证券组合,以求获得证券市场的平均收益水平,故也被称为追踪基金或被动基金。根据模拟指数的不同,该种证券组合可以分为以下两种:一种是模拟大范围的证券市场指数,属于被动型投资管理;另一种是模拟某种专业化的指数,如道·琼斯公共事业指数,这种组合不属于被动型投资管理,它对指数是有选择的。

6. 国际型证券组合

顾名思义,国际型证券组合是指持有不同国家的证券,是投资管理的潮流,也是金融全球化与国际资本流动的必然结果。因为该种证券组合可增加投资者的选择,规避国家性质的风险,在世界范围内追求收益最大化,所以国际型证券组合的收益总体上要高于国内证券组合的收益。

> 阅读延展

美国 529 计划

529 计划是由各州发起的大学教育储蓄计划,以其在美国国税局法规(Internal Revenue Code of 1986)中的条款编号而命名。各州政府负责制订计划并选择有资质的资产管理公司进行管理,投资者按照各州预先约定的账户功能在该资产管理公司开立 529 账户,成为账户的所有人,而其子女则是所开账户的受益人。

529 计划的基金经理将运用计划募集到的资金进行证券投资。除了直接投资于共同基金,大多数州的计划也提供多种投资选择,以匹配投资者不同的目标资金需求与风险承受能力,包括基于年龄与固定配置的投资组合选择。

基于年龄的多档次投资组合选择中,每一年龄选择又细分为保守型、稳健型和进取型的资产配置。其基本原则是,投资者子女还很幼小时,投资主要集中于股票及其他高风险低流动性资产,采取偏进取型的投资策略;随着受益人年龄增长,逐渐接近兑现资金的时间,投资组合会逐渐趋向保守,集中于国债或货币市场工具等资产,确保资金安全。这种投资方案的优势在于,投资组合选择会根据受益人年龄自动变化。

固定配置的投资组合选择类型,类似于共同基金的分类,包括股票型、混合型、债券型及货币市场型等。这些组合选择可以与基于年龄的组合一起使用,满足投资者账户的总体配置需求。

各州 529 计划投资选择的数量和类型都各不相同,投资者一旦不满意其所做出的选择,每年有一次机会可以将资金转投到其他州的 529 计划并无须支付罚金或费用,或者在同一州开立新的账户重新进行投资选择。美国各州法律对投资者开立账户没有数量限制,大部分州对 529 计划也无居住限制。

相比较股票或基金投资,529 计划享有税收优惠的优势。投资者在开立账户时可选择将资金存入递延税收账户,若账户收益的使用在限定的教育费用范围内,提款时免缴联邦税,有些州还允许部分减免州税。而股票或基金收益需要缴纳股利税及资本利得税。与代管账户或其他教育储蓄账户相比,529 计划的受益人即使成年也无法拥有资金支配权,这也确保了这笔教育基金专款专用。

资料来源:http://cn.morningstar.com/article/AR00003535。

二、证券组合的目标

(一)证券组合的管理目标

证券组合的最终目标是实现投资者的效用最大化,使组合的收益与风险都能够给投资者带来最大的满足。也就是说,在投资者既定的风险水平下实现收益最大化或既定的收益水平下风险最小化。具体而言,不同的投资组合具有不同的风险收益目标,可以根据投资者在收益与风险的权衡下选择自己最为偏好的组合产品。

(二)证券组合的管理内容

实现上述投资目标的最主要手段是加强投资组合管理的内部控制。具体内容包括制订投资目标计划、选择证券、选择时机、跟踪调整等。

1. 制订投资目标计划

投资目标计划是指考虑与准备能实现自己投资管理目标的证券名单。如果投资者要求高流动性，就要着重于货币市场的相关证券，如果投资者要求未来有较高的收益则应该考虑成长型证券组合，故投资者需要根据自己的实际目标制订相应的投资计划，避免盲目投资。

2. 选择目标证券

在选择证券时，投资者需要根据自己制定的投资目标计划选择适当的证券。如养老基金因为有固定的支出，选择证券组合时应要求有较高的流动性，故一般选择国库券、商业票据等货币市场型证券。选择证券的基本方法是基本分析法与技术分析法。证券组合的基本要求是防范风险，投资者应带着理性与谨慎的态度选择证券，以防止其风险超过自己的承受力。

3. 选择买卖时机

根据"低买高卖"原则，组合管理者要选择合适的买卖时机。当然，证券价格影响因素的多样性与复杂性，使我们不能总是在证券价格最低点买入和价格最高点卖出，但可以运用分析技术确定一个合理的价格区间，从而实现收益目标。

4. 跟踪调整

跟踪调整是指对组合中的证券定期检查与调整。在买入证券组合之后，由于市场环境的不断变化，证券的未来价格预期也会不断变化，组合管理者需要及时察看市场动向，根据投资目标不断调整证券组合。

（三）证券组合的管理步骤

证券组合管理依据其管理方式主要分为两类：一是传统的证券组合管理，管理者通过基本分析和以往的经验来选择证券组合，并调整证券组合中各证券的比例与规模；二是现代证券组合管理，主要是运用数量方法，构造相应模型，求解出证券组合中各证券的最佳比例，实现收益风险的平衡。自马科维茨提出证券组合理论奠定了现代投资组合理论的基石，经济学家们又先后提出了资本资产定价模型、因素模型、套利定价理论，形成了现代投资组合理论。下面大致介绍传统的证券组合管理的步骤。

传统的证券组合管理包括制定证券投资战略、分析证券投资、构造证券组合、修正证券组合和评估证券组合业绩等。

1. 制定投资战略

投资战略是指为实现组合管理目标、指导投资活动而制定的基本方针和原则，主要是确定投资组合的目标与范围。投资目标是指投资者对风险和收益之间的权衡与偏好，投资组合的范围则是指证券组合中所包含的证券种类与投资资金数量。例如：是选择股票还是债券，选择哪个行业、哪个板块的股票，分别投入多少资金等；同时还要考虑客户要求与金融监管机构限制、国家相关政策等。证券投资战略反映了证券组合管理者的投资风格，并最终反映在投资组合中所包含的金融资产的类型特征上。投资战略主要涉及投资组合类型的确定。传统证券组合的类型主要是在前文证券组合的分类中所提及的收入型、成长型、混合型证券等。这种分类方法强调的是投资者获得收益的形式是资本利得还是基本收益。收入型证券追求的是基本收益；成长型证券则希望获得更多的资本利得；混合型证券既获得基本收益，又有资本利得，并在两者之间进行权衡。

2. 证券投资分析

证券投资分析的目的是为证券选择与入市选择提供依据。它是对证券组合管理第一步所确定的金融资产类型中个别证券或证券组合的具体特征进行分析，分析这些证券的价格形成机制和影响证券价格波动的影响因素及其作用机制,以发现价值被低估的证券。

传统的证券分析方法分为基本分析和技术分析两种。基本分析方法的主要目的是科学地评估出证券的内在价值,并发现价格偏离价值的证券。技术分析是指根据供求理论,以证券成交价格和数量为研究对象,分析以往证券价格的波动规律,并对未来价格走势做出合理的预测,以选择最佳的证券买卖时机。

3. 构造证券组合

通过第二步的证券投资分析,选择了一系列证券,从中挑选最佳证券组合并确定投资规模和资金比例,使得证券组合具有理想的风险和收益特征。在构造证券组合时,一些基本的原则是必须遵守的,主要有本金安全原则、基本收益稳定原则、资本增长原则、流动性原则、分散化原则、风险与收益相匹配原则等,传统的证券组合就是综合考虑这些原则后再根据经验确定资金比例。

本金安全原则。本金安全原则就是在选择证券时首先保证能够收回本金,这是未来获得基本收益与资本利得的基础。本金安全既要考虑本金原值的安全,又要考虑通胀因素,保证购买力的安全。

基本收益稳定原则。基本收益稳定就是在选择证券时加入一些风险低、有稳定收益的证券,这是许多投资者的基本要求,是本金安全原则的更进一步发展,获得稳定的基本收益才能抵消通货膨胀带来的购买力下降风险。

资本增长原则。资本增长原则是组合管理的理想目标,并不要求一定要选择成长型证券。成长型证券确实可以实现资本的增长,同样,也可以通过收益的再投资实现这一目标。

流动性原则。流动性原则是指投资者在进行投资时要考虑流动性,一方面要随时准备应对意外的资金支出,另一方面也要考虑将来可能出现的更好的投资机会。因此,要求组合管理者能够保持一部分高流动性的证券。

分散化原则。分散化原则是建立证券组合的主要原则。证券投资的两个主要目的是降低风险和获得最大收益,而投资多元化经一系列实证研究被证明是降低非系统风险的主要方法。

风险与收益相匹配原则。风险溢价是指对承担风险所获得的报酬,风险越高,收益则越大,反之亦然。因此,组合管理者就被要求选择风险目标应在承受范围之内。

4. 修正证券组合

证券组合的管理过程是一个动态过程,而不是静态的过程。随着时间的推移,证券组合中的一些证券的市场情况与市场前景可能发生变化,不再满足管理者对风险与收益的偏好,这就需要组合管理者不断调整和修正证券组合资产结构以符合既定的投资目标,故证券组合修正实际上是不断重复前三步的过程。例如,一些公司发生投资项目的新建、并购重组等事件时,其生产经营发生变化,股票价格也会产生较大的波动,过去构建的证券组合可能就不是最佳组合了,这就需要组合管理者调整和修正组合。当然,并不是要求组合管理者时刻保持证券组合符合投资目标,只有当证券组合中某些证券收益与风险特征的变化足以使组合整体发生不利变动时,才应对证券组合的资产结构进行修正,剔除某些证券,或增加有抵消作用的证券。而且,因为任何调整都有交易成本,这就要求我们在剔除交易成本后在整体上能够最大限度地改善现有证券组合的风险回报特征。

5. 证券组合的业绩评估

对证券组合资产的经营效果进行评价是证券组合管理的最后一环,也是十分关键的一环。它既涉及对过去一个时期组合管理业绩的评价,也关系到下一个时期组合管理的方向。评价证券组合的业绩,不能仅仅考虑收益率一个方面,还要考虑证券组合的风险。风险度不同,收益也不相同,只有同风险水平下的收益率或同收益率下的风险水平的数据才具有可比性。理性的投资者选择的风险应在自身承受范围内,若是超过承受能力,收益率再高也是不可取的。同时,还要区分收益的取得哪些是靠客观因素(如牛市),哪些是靠组合管理者主观上的努力,这会影响投资者下一期的投资,也会影响对组合管理者的业绩的理智判断。客观公正地评价一个证券组合的业绩是一个具有挑战性的工作。

三、证券投资风险

由于未来收益与当前投资存在时间上的滞后,导致投资者收益会具有不确定性。投资者在进行投资决策时只能凭借过去的经验和数据对未来进行分析和预测,形成对未来收益的估计,而未来的收益常常会因市场的变化而变化,这种变化可能有利也可能不利,甚至使投资者遭受亏损,这就是风险。所以组合管理者在进行投资决策时要慎重,在收益与风险之间做出最佳选择。下面对证券投资过程所面临的风险进行简要介绍。

(一)证券投资风险的来源

1. 市场风险

市场风险是所有投资风险中最为普遍的风险,无论是股票、票据、外汇、金融衍生品等金融资产投资,还是房地产、钢铁行业等实体资产投资,都会面临市场风险。这种风险是由市场上买卖双方供求的不断变化所引起的价格的波动造成的,这种波动使得投资者在投资到期时得不到预期的收益,甚至可能遭受亏损。

2. 违约风险

违约风险简单来说就是指证券发行者不能按预先的承诺向投资者支付利息甚至本金的风险。这类风险主要是投资于固定收益证券所要面临的风险。发行者在发行固定收益证券时会向投资者承诺未来一段时间内支付一定利息并偿还本金。这笔金额可能是在证券到期时一次性发放,也可能是多次发放。但是当发行者面临财务困境时,资金周转不良就难以偿还投资者的本息了。

3. 破产风险

破产风险是指所投资的经济主体的资产难以清偿负债所带来的风险。当经济主体经营陷入困境,财务严重亏损,并且预期不会有较大的改善时,法院会强制经济主体破产以偿还债务,公司债权人和所有者的投资也会面临重大亏损。破产风险主要是股票、债券投资者在投资中小型企业和科技创新型公司时易遭受的风险。

4. 流动性风险

流动性风险是投资于股票、债券所要面临的另一种风险。它通常与偶然事件风险紧密相关。当有关公司利空消息在市场上传播开来时,持有该公司证券的投资者就会争先卖出相关证券,当该证券的价格达到市场限定的跌幅时,其他投资者就会因无法及时脱手而蒙受损失,换句话说,就是该公司证券的流动性变差,无法在遭受损失时变现,这就是流动性风险。

5. 通货膨胀风险

通货膨胀风险是指货币通货膨胀导致投资者持有的现金购买力下降,或未来预期的实际收益减少所导致的风险。投资收益可分为实际收益与名义收益。实际收益简单来说就是获得的货币购买力,是名义收益扣除通货膨胀因素后的收益。通货膨胀也可分为"预期型"通货膨胀和"意外型"通货膨胀,前者是指投资者根据以往的经验与数据可以预料到的通货膨胀,投资者在投资时只能考虑到预期型通货膨胀,故对未来投资索取的通货膨胀溢价仅仅考虑了预期的通货膨胀,对于意外型的通货膨胀没有补偿,自然就需承受风险了。短期债券与具有浮动利率的中长期债券由于考虑了通货膨胀补偿,所以可降低预期型贬值风险;持有股票、期权和期货以及固定利率的长期债券的投资者则同时承受这两种风险,期限越长,贬值风险也就越大。

6. 利率风险

利率与债券的价格成完全的负相关性。利率提高,债券的融资成本就会变高,债券的价格就会下降,反之亦然。利率风险对债券价格的影响相比其他风险影响面更广,辐射性更强,影响力更大,持续时间也更长。而且,从对利率变化的敏感度来讲,长期债券要大于短期债券,无息债券要大于有息债券,低息债券要大于高息债券,一次性付息债券大于分期付息债券。

7. 汇率风险

汇率风险是国际型投资者需考虑的特有风险。各国汇率受本国经济政策、经济形势及外汇市场上供求的变化影响而频繁波动,故投资者在投资以外币计价的有价证券时,除了要承担前面所陈述的几种风险,还要承受投资到期时兑换货币所面临的汇率风险。

8. 其他风险

其他风险还有政治风险、偶发事件风险等。政治风险是指一国政治事件的发生引起该国甚至国际上的经济变化,从而影响投资者收益。偶发事件风险,顾名思义,从宏观上看就是指突发性事件,诸如战争、山洪、海啸、地震等都会造成一国经济的波动,给投资者收益带来不确定性。从微观角度看,已上市公司的重大财务变动、公司经营策略的变动及法律诉讼事件等都会使得证券价格剧烈波动,而这些偶发事件风险都是难以预料的,无法得到补偿。

(二) 系统性风险与非系统性风险

按照风险性质可将风险分为系统性风险与非系统性风险两个部分。系统性风险是由于某些因素导致市场上的证券价格大部分发生变化,系统诱因在公司外部,故上市公司本身无法控制它,一旦发生会影响整个行业领域甚至整个市场的证券价格,这类风险与所有证券都有系统性联系,不能通过证券组合来避免,故又称为不可分散风险。前面所讲的市场风险、通货膨胀风险、汇率风险、利率风险等皆属于系统性风险。非系统性风险则是由于个别上市公司内部出现问题,基本上只会影响本公司证券,与市场上其他证券无关,更与整个市场无关,所以投资者可以通过挑选股票、债券等降低与抵消这种风险,违约风险、破产风险、流动性风险等就属于非系统性风险。

由于两类风险的本质不同,故其应对方法也不相同。对于非系统性风险,投资者可以通过证券分析,构建适当的证券组合以抵消其非系统性风险。但是对于系统性风险,挑选优质股票、分散投资等方法不再适用,正如当经济危机来临时,股市表现的是整个大盘的下跌。如图15-1所示,有效的证券组合可以通过分散风险来降低其总风险,证券种类越多,风险就越趋近于系统风险,也就是说非系统性风险在分散化过程中完全可以避免。那么,怎样才能降低系统性风险呢?

一种方法是在证券组合中加入无风险证券。显然,证券组合总风险会随着无风险证券投资所占比例的增加而降低,当投资者的资金全部投资于无风险证券时,系统性风险就会降到最低,但不会消失,因为即使是活期存款也会有利率风险和通货膨胀风险。另一种方法就是采用衍生品工具进行对冲交易从而在一定期限内抵消掉价格波动产生的风险。

然而,现实中投资者并不会尽量降低组合的系统性风险。因为从风险与收益的关系来看,高风险就代表高收益,当然,这里的风险指的是系统性风险,只有系统性风险能获得风险报酬,

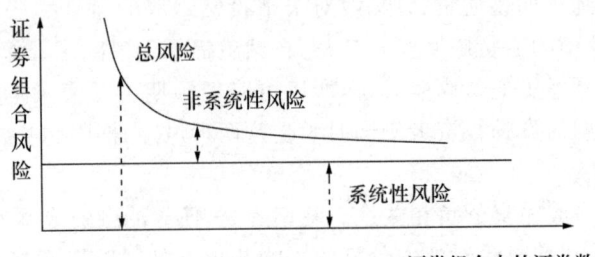

图 15-1 证券组合的系统性风险与非系统性风险

投资者投资于证券是希望获得资本收益,也就必然会承受相应的风险。投资者会尽量消除没有风险报酬的非系统性风险,再选择适当的证券组合使系统性风险与其所带来的收益达到自己最满意的结果。

阅读延展

现代投资组合理论的起源

关于现代投资组合理论的起源,学术界还有一些有意思的讨论。在马科维茨1987年出版的《投资组合选择与资本市场中的均值——方差分析》一书中,曾引用了一段文字,描述了组合投资这个观念零星的发展历程。他自认为自己并不是这个观念的唯一创始人,并评论道:"现代投资组合理论的时代始于1952年出版的两篇文章,是亚瑟·罗伊(Arthur Roy)的一篇论文和马科维茨的另一篇论文,开启了现代投资组合理论的时代……"

1952年之前,尽管实践中的投资者均认识到规避风险是人类的天性——无论是对自己的投资分析技巧多么有信心,或是多么急于增加自己的财富,他都会偏好确定的结果,而非不确定的因素,但有关证券投资的理论研究文献不是忽略了风险与报酬间的交互作用关系,就是以不经意的态度处理这个问题。关于这一点,颇具代表性的研究就是威廉姆斯(1937)完成的《投资价值理论》中的"股利贴现模型"——遵循威廉姆斯的分析,他似乎建议投资者应购买具有最高预期收益的股票,并避开其余的股票;换句话说,假如你确定IBM具有较高的投资价值,进而爱极了IBM,那么根本不需要考虑并拥有通用汽车等其他公司的股票。

客观地说,当时市场中有很多成功人士都相信集中投资是投资的最佳法则,而分散投资则是不好的策略。20世纪最具有影响力的经济学家凯恩斯就曾认为:"基于安全之上的理由,将资金分成许多小笔金额,分别投资在一大群我没有足够信息可以做出良好判断的不同公司上,相较于把大笔资金投资于我可以获得确切信息的一家公司上,前者对我来说,正是一种扭曲的策略。"而华尔街著名的经纪人杰拉德·洛布(Gerald Loeb)也曾指出:"当你信息十足时,就不会采取分散投资的策略;分散投资策略等于承认自己不知道如何寻找投资标的,只是想达到平均的报酬水准而已。"从某种意义上来说,洛布的这种态度代表了60年代之前华尔街的典型投资思维模式,甚至到现在,这种观念依旧存于某些人的心中。

而1952年3月马科维茨在《金融学期刊》上发表的《投资组合选择》(*Portfolio Selection*)一文则对上述华尔街流行的投资思维提出了质疑,其主要洞见在于意识到了风险是整个投资过程的核心——如果投资者只把焦点放在收益上,而不考虑风险因素,结果将不会出现最适当的投资组合。马科维茨的论文为两个古老的投资原则提供了正式的理论支撑:第一,不入虎穴,焉得虎子;第二,不要把所有的鸡蛋放在同一个篮子里。马科维茨以科学的方式,精确地定义了前人所熟悉的法则,同时采用数学(统计)方法解释投资人处理抵换问题的谜题,他的分析精确地显现了投资人如何把承担最小的风险和达到较高预期收益的愿望相结合。

在马科维茨的论文发表了3个月后,英国剑桥大学罗伊教授在《计量经济学》上发表了一篇名为《安全至上与资产持有》的论文,在对简单的预期收益观念提出反对的同时,他试图去发掘"充斥着不确定性与残酷的世界中的行为法则"。罗伊在发表这篇论文后,于1956年又发表了一篇补充文章,其后也曾发表4—5篇讨论概率与不确定性的文章。尽管如此,他的主要兴趣并不在于投资和财务方面,或许这是罗伊在金融学界默默无闻的真正原因之一。而另一个原因可能是时机不对——如同达尔文之于华莱士、牛顿之于莱布尼兹一样,马科维茨的理论比罗伊更受瞩目,只因为他比罗伊早一步发表。

资料来源:吴晓求.《证券投资学》[M].中国人民大学出版社,2015,第304—305页。

第二节 马科维茨证券组合分析

一、收益与风险

在进行证券组合分析之前,先简单介绍一下投资收益与风险是如何度量的。

(一) 单一的收益与风险的测定

1. 收益的度量

$$R = \frac{W_1 - W_0}{W_0} \tag{15.1}$$

其中,R 代表收益率,W_0 代表期初证券市价,W_1 代表期末证券市价及投资期内投资者所获益的总和。

通常情况下,投资的未来收益率是不确定的,存在各种可能情况,因为未来收益受诸多不确定因素的影响。为了对未来收益进行更好更准确的度量,我们假定未来收益率存在某种概率分布,将所有可能出现的收益率及其概率进行加权平均计算,就可以求出一个期望收益率,其数学表达式如下:

收益率 R_i	R_1	R_2	R_3	...	R_n
概率 P_i	P_1	P_2	P_3	...	P_n

$$E(R) = \sum_{i=1}^{n} R_i P_i \tag{15.2}$$

其中,P_i 为情况 i 出现的概率,R_i 是情况 i 出现时的收益率,n 表示可能出现的情况数。

在实际分析中,我们常用历史数据来估计期望收益率,假设过去月收益率或年收益率为 $R_i (i=1,2,3,\cdots,n)$,那么估计期望收益率的公式为:

$$\bar{R} = E(R) = \frac{1}{n} \sum_{i=1}^{n} R_i \tag{15.3}$$

2. 风险的度量

如果投资者以期望收益率作为投资决策的依据,那么就必然存在投资到期日的收益与预期收益不相符,也就是说实际收益率与期望收益率会有偏差,期望收益率是使预测值与将来的实际值的平均偏差达到最小(最优)的估计值。可能的收益率越分散,其与期望收益率偏离程度就越大,投资者所需承担的风险也就越大,因而投资风险的大小用期望收益率与可能收益率的偏离程度来度量。在数学上就表示为收益率的均方差,记为 σ^2,其平方根为标准差,记为 σ。用公式表示为:

$$\sigma^2 = \sum_{i=1}^{n} [R_i - E(R)]^2 P_i \tag{15.4}$$

(二)证券组合的收益与风险的测定

证券组合是投资者所持有的各种有价证券的总称,它是不同证券按一定比例组合在一起作为投资对象。前面已介绍了单一证券的收益与风险的度量方法,但在实际中,我们往往更在意证券组合的收益与风险。因此,下面将介绍证券组合的收益与风险的测定。若将证券组合作为一只证券,那么其收益与风险也就可以用期望收益率与方差表示。

1. 两只证券组合的收益与风险

证券组合的收益率可以由两只证券的期望收益率加权平均得来,其中的权重为各证券市值占组合总价值的比:

$$E(R_P) = X_A E(R_A) + X_B E(R_B) \quad (X_A + X_B = 1) \tag{15.5}$$

其中,R_P 为证券组合期望收益率,X_A 表示证券 A 的市值占组合总价值的比重,X_B 表示证券 B 的市值占组合总价值的比重。

当 X_A、X_B 的值在 0 到 1 时,投资者处于多头状态,预测两种证券价格未来都会上涨。但也会存在这种情况,X_A、X_B 中的某一值为负数,这表示投资者对这一种证券的未来价格不看好,就会到证券商那里借来证券并卖出,等该种证券的价格下跌后再从市场上买入并偿还给证券商,中间的证券价差就是投资者的收益,这就是常说的卖空行为,卖空时,权重为负值。做空行为比做多行为的可能亏损要大得多,做多行为最多将本钱全部损失掉,而做空行为的可能损失是无限大的,因为理论上证券的价格上涨是无限的,因此,实际操作中,执行卖空操作的一般是大型机构投资者,其资金实力雄厚。

投资组合的风险同样用组合的方差表示:

$$\sigma_P^2 = X_A^2 \sigma_A^2 + 2X_A X_B \text{cov}(R_A, R_B) + X_B^2 \sigma_B^2 \tag{15.6}$$

其中,$\text{cov}(R_A, R_B)$ 表示证券 A、B 之间的协方差。协方差是表示两个随机变量之间关系的变量。若协方差为正值,则表示两变量之间有正的相关关系,反之亦然,若协方差为零,表明二者相互独立。

协方差虽然能反映两种证券收益率之间的相互关系,但是方差表示的是偏离程度,理论上可以从负的无穷大到正的无穷大区间内取值,从而给我们估计组合风险带来不便,故引入相关系数的概念,它反映的是两个随机变量之间的联系程度,其公式为:

$$\rho_{AB} = \frac{\text{cov}(R_A, R_B)}{\sigma_A \sigma_B} \tag{15.7}$$

那么两个证券收益率之间的协方差,等于这两个证券之间的相关系数与它们标准差的积。

$$\text{cov}(R_A, R_B) = \rho_{AB} \sigma_A \sigma_B$$

两资产组合的方差又可表示为:

$$\sigma_P^2 = X_A^2 \sigma_A^2 + 2X_A X_B \rho_{AB} \sigma_A \sigma_B + X_B^2 \sigma_B^2 \tag{15.8}$$

ρ_{AB} 表示的是证券 A、B 的相关关系,最小可以取值 -1,最大可以取值 $+1$,正号表示两者有正的相关关系,负号表示两者有负的相关关系。当 ρ_{AB} 越趋近于 1 时,表示证券 A、B 的正向相关度越大;当 ρ_{AB} 越趋近于 -1 时,则表示证券 A、B 的负向相关度越大;当 ρ_{AB} 无限趋近于 0 时,表示证券 A、B 之间没有关系。在实际投资中,由于宏观经济影响的广泛性与复杂性,各种资产都会对其做出大小不一的反应,故毫无关系的证券或者完全相关(ρ_{AB} 为 ± 1)的证券是很难找到的。

(三)多个投资组合的收益与风险

多个投资者的收益与风险的度量方法与两个证券组合的类似,其收益是组合中每个证券的期望收益率的加权平均值,权重也是单个证券市值占组合总价值的比重,公式为:

$$\bar{R}_P = \sum_{i=1}^{n} X_i \bar{R}_i \quad (X_1 + X_2 + X_3 + \cdots + X_n = 1) \tag{15.9}$$

其中,$\bar{R}_P$ 表示证券组合的期望收益率;n 表示证券组合中证券的种类;X_i 表示第 i 种证券的市值占组合总价值的比重,如果允许卖空,则可为负值,表示卖空相应证券占总资金的比例;$\bar{R}_i$ 表示第 i 种证券的预期收益率。

证券组合的方差为:

$$\sigma_p^2 = E[R_P - E(R_P)]^2 \tag{15.10}$$

进行简单的数学换算可得:

$$\sigma_p^2 = \sum_{i=1}^{n} \sum_{j=1}^{n} X_i X_j \text{cov}(R_i, R_j) \tag{15.11}$$

再经过变形:

$$\sigma_P^2 = \sum_{i=1}^{n} X_i^2 \sigma_i^2 + 2 \sum_{i=1}^{n} \sum_{j=1}^{n} X_i X_j \text{cov}(R_i, R_j) \quad (i \neq j) \tag{15.12}$$

公式(15.12)由两部分组成,第一部分是每个证券的方差的加权平均值,由单个证券的风险大小和其所占权重的大小决定,反映了每个证券自有的风险,这就是非系统性风险;第二部分是各个证券间的协方差的加权平均值,其大小不仅和每个证券的方差大小、权重有关,还和证券间的相关度有关,这就是系统性风险。也就是说证券组合风险主要来源于三个方面,一是单个证券的风险,二是各个证券间的相互关系,三是证券的投资比例。投资者无法改变每个证券的风险,主要是通过剩下两个途径,即选择相关度低甚至负相关的证券组合,以及在各个证券中选择适当的投资比例。

【例 15-1】 已知股票 A、B、C 的收益率为 16.2%、24.6%、22.8%,在组合中占的市值比例为 $X_1 = 23.25\%$、$X_2 = 40.70\%$、$X_3 = 36.05\%$,方差与协方差矩阵如下,计算组合的收益率与风险。

$$\begin{Bmatrix} \sigma_1^2 & \sigma_{12} & \sigma_{13} \\ \sigma_{21} & \sigma_2^2 & \sigma_{23} \\ \sigma_{31} & \sigma_{32} & \sigma_3^2 \end{Bmatrix} = \begin{Bmatrix} 146 & 187 & 145 \\ 187 & 854 & 104 \\ 145 & 104 & 289 \end{Bmatrix}$$

解:组合的收益率为

$$\bar{R}_P = \sum_{i=1}^{n} X_i \bar{R}_i = 16.2\% \times 0.233 + 24.6\% \times 0.407 + 22.8\% \times 0.36 = 22\%$$

组合的方差为

$$\sigma_P^2 = \sum_{i=1}^{n} X_i^2 \sigma_i^2 + 2 \sum_{i=1}^{n} \sum_{j=1}^{n} X_i X_j \text{cov}(R_i, R_j) \quad (i \neq j)$$

带入相关数据得
$$\sigma_P^2 = 16.65\%$$

（四）风险分散原理

前文中在介绍系统性风险与非系统性风险时已给出结论：证券组合中证券数量越多，组合的非系统性风险就会越小，组合的总风险也就越小。下面给出一个简单的数学推导与证明。为了简化推导过程，假设组合中有 n 种证券，且所有证券的权重与方差都相等，则

$$\sigma_P^2 = \sum_{i=1}^{n} X_i^2 \sigma_i^2 + 2\sum_{i=1}^{n}\sum_{j=1}^{n} X_i X_j \text{cov}(R_i, R_j)$$

$$= n \times \frac{1}{n^2} \times \sigma^2 + n \times (n-1)\frac{1}{n^2}\sigma_{ij} = \frac{1}{n}\sigma^2 + \left(1 - \frac{1}{n}\right)\sigma_{ij} \quad (15.13)$$

从公式(15.13)中可以看到，第一项为方差，表示组合的非系统性风险，第二项为协方差，是组合的系统性风险。当 n 逐渐变大即证券数量增加时，$1/n$ 减小，那么第一项的值会变小，也就是非系统性风险减小，第二项会随着 n 的变大而逐渐趋于一个稳定值，也就是说非系统性风险会随着证券数量的增加而减小直至完全消除（n 趋于无穷大时），而系统性风险则无法完全消除，会收敛于一个有限数，这就是市场风险。

根据以上推导可知，随着证券组合中证券数量的增加，单个证券的方差对组合方差的影响越来越小，因为组合内部的各个证券的非系统性风险会被抵消；而证券间的协方差在组合方差中会占据绝大部分，也就是说当证券种类足够多时，影响组合未来收益的主要是不可分散的系统性风险，非系统性风险的影响可忽略不计。

二、投资组合的选择

（一）马科维茨证券组合理论的基本假设

马科维茨证券组合理论的基本假设如下：

(1) 投资者用预期收益率来估计投资组合收益的大小，并用其波动性来衡量组合的风险，而且每一项可供选择的投资在一定持有期内都存在确定的预期收益率的概率分布。

(2) 证券市场是有效的，有充足的买方和卖方，信息是充分的、公开的，投资者都是建立在公平、自愿的基础上进行交易的。

(3) 投资者是理性的，都期望获得最大收益，同时又是风险厌恶者，即面对收益相同的两个资产时，投资者偏好风险较小的资产。

(4) 投资者完全根据预期收益率和风险做出决策，这样他们的效用曲线只是预期收益率和预期收益率方差（或标准差）的函数。

(5) 投资者选择投资组合的标准是预期效用的最大化，即在既定的收益水平下，使风险最小，或者在既定的风险水平下，使收益最大。

在以上假设下，马科维茨眼中的投资者会表现出如下特征（见图15-2）：

(1) 投资者在证券 A、C 中做选择时，一定会选择证券 A，因为它们的收益水平相同，而证券 A 的风险相对较小。根据投资者效用最大化假设：既定的收益水平下风险最小。

(2) 投资者在证券 C、D 中做选择时，更偏好于证券 C。因为在相同的风险水平下，投资者偏好高收益。

(3) 在证券 A、D 中做选择时，证券 A 优于证券 D，因为证券 A 比证券 D 有更高的期望收益率和较低的风险水平。

(4) 而在证券 A、B 中做选择时,则需根据具体投资者的风险收益偏好,投资者选择证券 B 时会获得比证券 A 更高的收益,同时需要承担更多的风险。

(5) 同理,区域 1 内的所有证券都优于区域 4 内的证券,区域 1 内的证券更满足有效组合的定义。

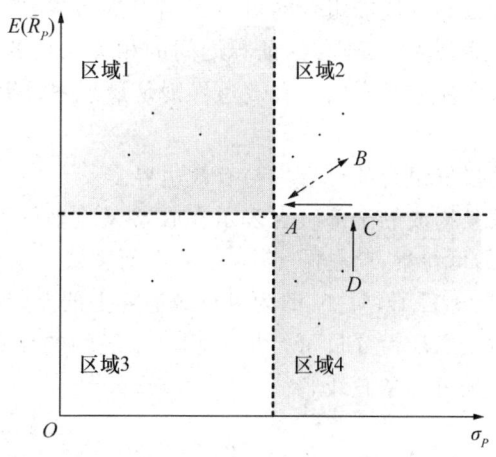

图 15-2　证券组合的选择

(二) 可行集与有效边界

在介绍可行集与有效边界前,我们先看一个例子。证券 A 的收益率为 10%,标准差为 14%;证券 B 的收益率为 16%,标准差为 20%。现用这两种证券构建投资组合。假设它们之间的相关系数为 ρ_{AB}。我们可以在风险收益坐标系中得到不同的资产组合集合。如图 15-3 (只给出相关系数分别为 -1、0、1 三种情况)所示。

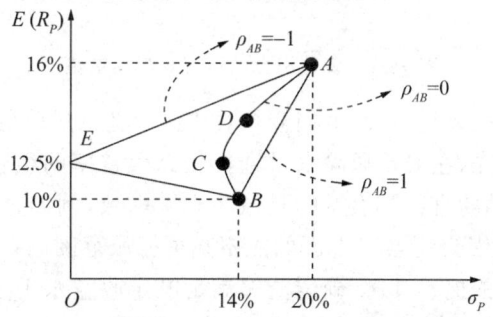

图 15-3　两种证券组合的可行集与有效边界

从图 15-3 可以看出,当相关系数值确定时,该投资组合会随着组合中证券权数的变动而变动,在坐标系中呈现为一条连续的曲线。例如,当 $\rho_{AB} = 0$ 时,对两种证券赋予不同权重,就会形成曲线 BCDA,这条曲线就是 $\rho_{AB} = 0$ 时投资组合的可行集。我们可以运用数学方法求出其最小方差组合为点 C (该点所代表的组合由 2/3 的证券 A 和 1/3 的证券 B 组成,其收益率为 12%,标准差为 11.47%)。

尽管投资者可以在曲线 BCDA 上任选一点作为他的投资组合,然而根据投资者的效用最大化假设,曲线段 BC 上的点的效用显然低于曲线段 CDA 上的点。因为在同样风险水平下,曲线段 BC 上的投资组合的收益都会低于对应的曲线段 CDA 上的组合。故理性投资者都会选择曲线段 CDA 上的组合作为他们的投资对象。故曲线段 CDA 就是该投资组合在 $\rho_{AB} = 0$

时的有效边界。

当 $\rho_{AB}=1$ 时,两种证券完全正相关,其可行集与有效边界为直线 BA 上的所有投资组合;当 $\rho_{AB}=-1$ 时,两种证券完全负相关,其可行集在图中就表现为折线 BEA,点 E 代表的投资组合实现了无风险套利,该点组合就是最小方差组合。有效边界为线段 EA。

上面我们介绍了两种证券构成的组合的可行集与有效边界。可以看出,两种证券构成的组合的可行集在坐标系中表现为一条曲线,证券之间的相关系数的大小决定了该曲线的弯曲程度,系数越大,曲线由右向左越是弯曲。有效边界则是最小方差组合与其最高收益率组合之间的曲线段。

下面我们来介绍多种投资组合的可行集与有效边界。

将组合中单个证券及其构成的全部组合表示在收益风险坐标系中,就会形成证券组合集合,这个集合就是该组合的可行集,就是图 15-4 中的平面区域。现在我们来确定其有效边界。

如图 15-4 所示,点 A、B、C、D、M、N 都为可行域边界上的点,其中点 M、N 分别为可行域最左端和最顶端的点。直线 AB 为穿过可行域并垂直于纵轴的任意一条直线;直线 CD 为穿过可行域并垂直于横轴的任意一条直线。

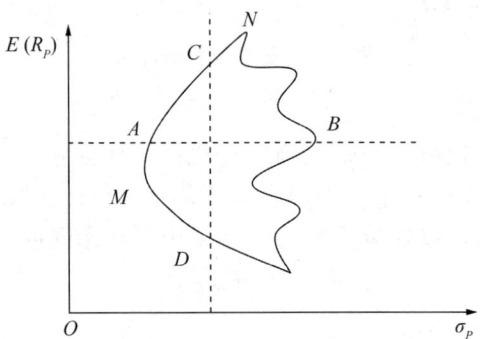

图 15-4 多种组合的可行集与有效集

根据投资者追求效用最大化假设,他们会执着于高收益低风险的证券。根据这一假设,我们可以确定有效边界。首先,在既定风险水平选择较高收益率的组合的前提下,如图 15-4 所示,只要垂直于风险坐标轴的直线都表示的是风险水平一致,例如直线 CD。在直线 CD 上的点,只有点 C 收益率最高,因为在点 C 上面的点不在可行域范围内,也就是说只有在可行集上边边界上的点才满足这一前提。其次,确定能够满足既定收益水平下的风险最小化条件的组合。垂直于期望收益率坐标轴的直线上的可行集都是期望收益率相同的,例如直线 AB。显然,点 A 的标准差是线段 AB 上所有点的标准差的最小值。这时,满足该前提的明显就是点 A 所代表的证券组合。所以,可以看出有效集为可行域边界上曲线 MN 上的点,投资者无须考虑其他证券组合,因为其他组合均为无效组合,只需考虑在曲线 MN 上的组合即可,投资者的最优证券组合就是其中的一个组合。由所有有效集组成的曲线 MN 即为有效边界。

根据以上分析可知有效边界是一条向右向上倾斜的曲线段,反映了收益与风险的正向相关关系。

第三节 效用分析与最优证券组合

一、效用

(一) 效用的定义

效用在经济学中是指一个人消费某类商品的主观满足程度,这里的商品不仅指购买的商品,还可以指闲暇、工作等精神需求的事物。经济学中的效用假设是指每个人都会追求效用最大化,在不同的商品组合中选择适当的组合使自己得到最大的心理满足。证券投资组合效用研究的是投资者对某一证券组合收益所产生的满意程度,可以衡量投资者对不同证券组合的主观偏好程度。所以在选择最优组合时,要研究证券投资组合的效用。

(二) 效用函数

不同证券组合的收益率给人不同的效用值,效用与证券收益率之间一一对应的关系就叫做效用函数。由于投资者具有不同的投资偏好,相同的证券组合对不同的投资者所产生的效用并不相同,而对于同一个投资者而言,不同证券组合亦会带来不同的效用值。因为投资收益的不确定性,所以效用函数反映的证券组合效用也是不确定的,因此有必要探讨证券组合的效用函数,推导出效用函数之后,就可以计算出效用期望值。

效用期望值的数学表达式为:

$$E(U) = P_i U(R_i) \tag{15.14}$$

其中,$U(R_i)$ 为收益率 R_i 给投资者带来的效用,P_i 为该效用出现的概率。

投资者的效用函数根据对风险的态度的不同,可分为凹性效用函数、凸性效用函数和线性效用函数三种类型。

1. 凹性效用函数

凹性效用函数对任意的收益率 R_X 都满足以下条件:

$$U(R_X) > \frac{1}{2}[U(R_X - R_0) + U(R_X + R_0)] \tag{15.15}$$

如图 15-5 所示,显然,满足上述条件,则该效用函数为凹性效用函数。凹性效用函数图像是一条斜向上并上凸的曲线,其斜率随着收益率的增加而减小,即 $\frac{dU}{dR} > 0$,$\frac{d^2U}{d^2R} < 0$。表示投资收益率的边际效用递减,即投资者每多承担 1 单位风险的同时要求增加多于 1 单位的收益,才能保持该投资者的效用不变。显然,该投资者不喜欢风险,故要求较高的风险报酬,该投资者为风险厌恶者。

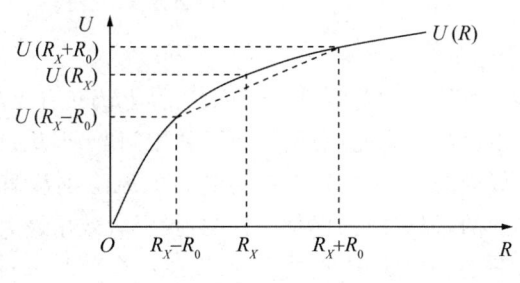

图 15-5 凹性效用函数

2. 凸性效用函数

若一效用函数对任意的收益率 R_X,都满足以下条件:

$$U(R_X) < \frac{1}{2}[U(R_X-R_0)+U(R_X+R_0)] \tag{15.16}$$

如图 15-6 所示,则称为凸性效用函数。凸性效用函数图像是一条斜向上并下凸的曲线,其斜率随着收益率的增加而增加,用数学表达就是: $\frac{dU}{dR}>0$, $\frac{d^2U}{d^2R}>0$。表示投资收益率的边际效用递增,即投资者在额外承担 1 单位风险的同时其所要求增加的收益会小于 1 单位,很明显投资者偏好风险,该投资者为风险偏好者。

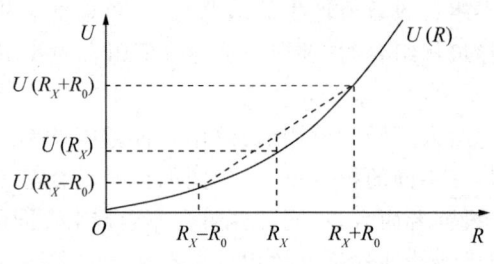

图 15-6 凸性效用函数

3. 线性效用函数

若一效用函数对任意的收益率 R_X 满足以下条件:

$$U(R_X) = \frac{1}{2}[U(R_X-R_0)+U(R_X+R_0)] \tag{15.17}$$

则该效用函数为线性效用函数。如图 15-7 所示,线性效用函数图像是一条斜向上的直线,其斜率为常数,用数学表达为 $\frac{dU}{dR}=c$(c 为常数), $\frac{d^2U}{d^2R}=0$。其经济含义是边际效用为常数,表示投资者对风险不敏感,既不喜欢风险也不厌恶风险,这样的投资者为风险中立者。

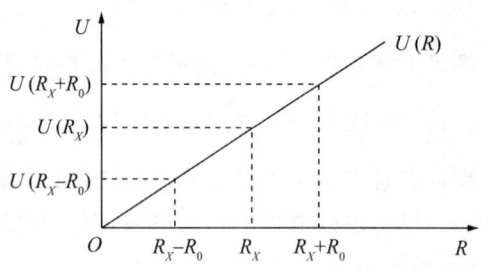

图 15-7 线性效用函数

(三) 无差异曲线

有效集虽然大大缩小了可行集的范围,但在有效边界上仍然有无限个证券组合,投资者将如何在有效集中选择最优组合呢? 为此,我们探讨了效用问题,即从投资者的主观心理角度分析了投资者的风险收益偏好问题,每个投资者都有各自的风险收益偏好,因此,最优组合的选择对不同投资者来说是不同的,但选择依据是一样的:投资者效用最大化。例如:有两种证券,分别为证券 A 和证券 B。证券 A 的期望收益率为 5%,方差为 10%;证券 B 的期望收益率为 20%,方差为 40%。虽然,证券 B 有更高的收益率,但同时也会要求承担更高的风险,证券 A

则只需承担较小的风险,同样,风险报酬就较少。但哪种证券更好,这就因人而异。对于高度风险规避者来说,他或许宁愿减少15%的收益率,也不愿承担高达40%的风险,证券 A 就是他的最优选择;而对于轻微风险厌恶者来说,他或许愿意多承担30%甚至更多的风险来多获得15%的收益,这时,证券 B 就是他的最优选择。

由此可以看出,不同投资者对风险的厌恶程度不一样,所选择的证券组合就不同。对特定的投资者,假设其偏好不变,那么根据其风险收益偏好,就必然存在一个最适合的证券组合,也就是最优证券组合。

在此,我们引入无差异曲线的概念。在西方经济学中,我们已经了解过无差异曲线。在这里,同样,在风险收益坐标系中,将效用相同的证券组合的点连线,可以得到无差异曲线。无差异曲线可以称为效用等量线,同一无差异曲线上的证券组合带来的满足程度是相同的。无差异曲线上的任意一点都表示一个证券组合,任意证券组合都落在某一条无差异曲线上。无差异曲线还具有如下特征:

1. 无差异曲线的斜率为正

经济学中一般假设投资者都为风险厌恶者,即风险给投资者带来的是负效用,收益给投资者带来的是正效用,投资者在承担更多风险的同时,必然会索要更大的风险报酬,才能保证投资者的效用不降低。如图 15-8 所示,虽然证券 B 比证券 C 的收益低,但是承担的风险也小,所以,最终带来的效用是一样的。同样,无差异曲线的位置越高,带来的效用值也就越大。显然,相比证券 B,同等风险水平下的证券 A 收益更高,带来的效用也就越大。

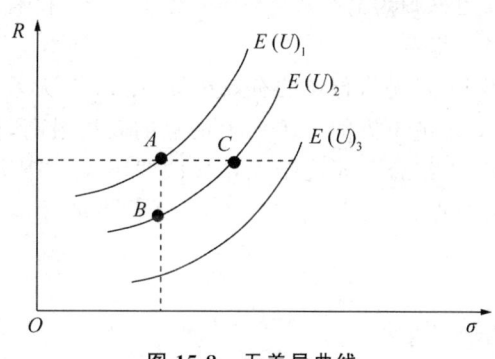

图 15-8　无差异曲线

2. 无差异曲线下凸

现代证券组合理论假设投资者都是风险厌恶者,只不过风险厌恶程度因人而异。正如前面凹性效用函数所分析的,风险厌恶者的边际效用递减,每多承担 1 单位的风险就会要求多于 1 单位的风险报酬,故无差异曲线形状是下凸的。

3. 无差异曲线互不相交

如图 15-9 所示,证券 X 在无差异曲线 $E(U)_1$ 上,根据无差异曲线的定义,曲线 $E(U)_1$ 上所有点的效用都是与证券 X 相同的;同样,证券 X 又在无差异曲线 $E(U)_2$ 上,那么曲线 $E(U)_2$ 上所有的点的效用也应与证券 X 相同,显然这是荒谬的。

(四)风险厌恶与无差异曲线

投资者对风险收益的不同偏好决定了投资者不同的最优组合,风险厌恶程度不一样,在有效集中选择的最终组合也不一样。

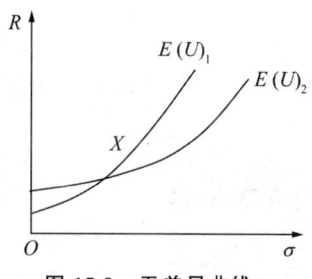

图 15-9　无差异曲线

如图 15-10 所示,(a)、(b)、(c)分别展示了高风险厌恶者、中等风险厌恶者和轻微风险厌恶者的无差异曲线。显然,风险厌恶程度越高,其无差异曲线就越陡峭,斜率也就越大,表示投资者每多承担 1 单位的风险,额外要求的风险溢酬越高。不同斜率的无差异曲线反映了不同投资者的风险偏好。

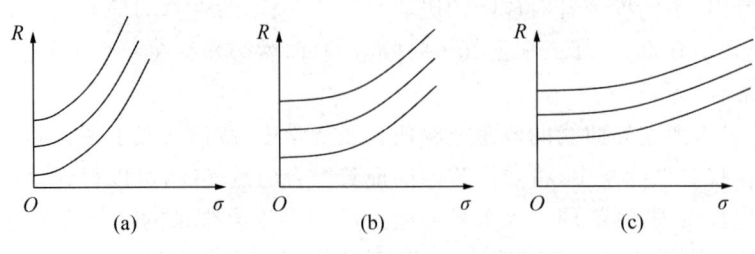

图 15-10 不同类型投资者的风险偏好

二、最优证券投资组合的选择

投资者从有效集中最乐意选择的投资组合即为最优组合。理性的投资者总是能够遵循效用最大化原则,因此,最优组合就要求能够给投资者带来最大效用。我们可以根据前文所讲的可行域和无差异曲线求出投资者的最优组合,因为,对于风险厌恶者而言,无差异曲线为凹形,无差异曲线的位置越高,那么所表示的效用也就越大,因此,能够与最上方的无差异曲线相切的点即为最优组合;而有效边界则是上凸形的,故一定有一条且仅有一条无差异曲线与有效边界相切,也就一定有一个最优组合。

如图 15-11 所示,边界 EOF 是可行域的有效边界,点 M 为无差异曲线 $E(U)_2$ 与有效边界的切点。位于无差异曲线 $E(U)_2$ 上方的 $E(U)_1$ 上的点的效用最高,但是,它没有穿过可行域,也就是说没有与之对应的证券组合。而位于无差异曲线 $E(U)_2$ 下方的 $E(U)_3$ 上的点虽然位于可行域内,有效边界也有交点,但其效用却低于点 M 带来的效用,故点 M 所代表的证券组合为投资者最优证券组合。

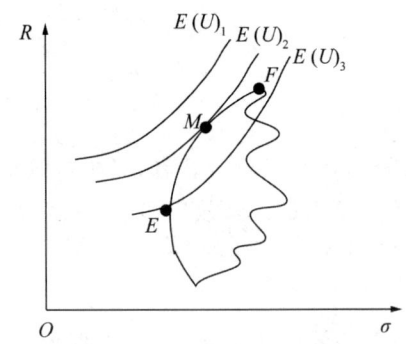

图 15-11 最优证券组合的选择

【本章小结】

本章第一节主要介绍了相关概念。证券组合是指个人或机构投资者拥有的所有有价证券的总称。按照投资目标不同,证券组合可以分为收入型证券组合、成长型证券组合、混合型证券组合、货币市场型证券组合、指数化型证券组合与国际型证券组合。证券组合管理目标是收益最大化,其步骤包括制定证券投资战略、证券投资分析、构造证券组合、修正证券组合和证券组合的业绩评估。证券投资肯定会面临诸多风险,包括违约风险、利率风险、通货膨胀风险、汇率风险等。另外又可以将风险分为系统性风险和非系统性风险。

马科维茨证券组合理论首次系统性地阐述了证券收益与风险的测定方法:均值-方差模型,用期望值表示收益,方差表示风险。证券组合的收益为组合中所有证券的收益的加权平均值,其风险可表示为所有证券的方差的加权平均值与所有证券间的协方差的加权平均值的加总。

多个风险资产构成风险资产组合时,所有资产组合称为可行集。遵循收益最大化和风险最小化的投资原则时,就会形成有效边界,有效边界是一条向右向上倾斜的曲线段,反映了收益与风险的正向相关关系。

效用衡量的是一个人的满足程度。效用与证券组合收益之间的关系称为效用函数。因为不同的人对风险的喜好不同,效用函数也就可以分为凸性效用函数、凹性效用函数和线性效用函数。一般假设投资人为风险厌恶者,于是就会有带来相同效用的不同的投资组合,这些组合在坐标上表示就是无差异曲线。无差异曲线与有效边界的切点就是最优组合。

【关键概念】

证券组合　可行集　有效边界　效用　无差异曲线　最优组合

【复习思考题】

1. 证券投资面临的风险有哪些?
2. 多种证券组合管理的主要内容与步骤是什么?
3. 何为投资组合的有效边界?如何求得有效边界?
4. 什么是最优组合?请画图说明。
5. 已知某证券组合由 A、B、C 三种证券组成。其收益分别为 14.7%、18.3%、20.6%,标准差分别为 20.3%、27.5%、31.4%。它们各占组合总价值的比重相同。问该组合的收益与风险的情况。
6. 有一证券组合,由 A、B 两种证券构成。两证券收益风险情况如下表:

	收益	标准差
证券 A	10%	22%
证券 B	18%	29%

两证券之间的相关系数为 0.2,求出该组合的最小方差组合,并画出其可行集与有效边界。

【参考文献】

[1] 邢天才,王玉霞.证券投资学(第二版)[M].东北财经大学出版社,2007.
[2] 陈泽聪.证券投资分析[M].厦门大学出版社,2009.
[3] 〔美〕滋维·博迪,〔美〕亚历克斯·凯恩,〔美〕艾伦 J. 马库斯著,汪昌云,张永冀编译.投资学(第九版)[M].机械工业出版社,2012.

第十六章 资产定价模型

【本章概要】

资本资产定价模型(Capital Asset Pricing Model,CAPM)是建立在马科维茨的证券组合理论基础上的,是基于风险资产期望收益均衡基础上的预测模型。该模型通过对现实中复杂的经济现象进行合理简化,从证券组合理论的基础上进一步解释了资产风险与收益之间的关联,有助于我们对资产的风险与收益的关系进行精准的预测,为证券投资者挑选证券提供了一个很好的理论依据。资本资产定价模型是现代金融经济学的奠基石。

第一节 假 设 条 件

1952 年,马科维茨建立了证券组合理论,12 年后,威廉·夏普(William Sharp)、约翰·林特纳(John Lintner)、简·莫森(Jan Mossin)分别将其发展为资本资产定价模型。模型的建立必须从复杂的经济现象中提炼出影响最为显著的几个因素,资本资产定价模型就是通过严格的假设,使每个投资者尽可能同质化,尽管在现实经济中是不可能的。这些同质化假设大大简化了我们分析的工作量,使得模型简单直观,这也是该模型得到广泛利用的一大原因。资本资产定价模型理论假设如下:

1. 资本市场的有效性假设

(1) 完全竞争市场假设。市场上有大量的投资者,每个投资者的投资决策对整个市场上的投资品价格的影响忽略不计,也就是说投资者都是价格的接受者;投资者都有充足的时间去了解每一种证券,投资者的信息是充分的;投资者都是在自愿、公平的基础上进行交易的。

(2) 不存在证券交易费用与税费。也就是说证券市场是完全自由的,政府不能通过对税率的调整来影响投资者的投资决策,投资者也不用缴纳任何服务费用和交易佣金,虽然实际上是不可能的。

(3) 资产可任意分割,使得投资者可获得任何比例的证券。

2. 投资者都是理性的

所有投资者都追求收益最大化和风险最小化,这意味着他们都可应用马科维茨的证券组合理论选择最优证券组合。

3. 投资者仅投资单一持有期

这个假定排除了证券现价受到未来投资决定的影响。例如，如果投资的投资期限从 1 年变到 10 年，投资者的投资决策就会受到影响，那么证券的价格也会受到影响。

4. 同质期望假设

投资者投资期相同，都采用相同的方法对证券进行预测，并且他们对未来的宏观预期都是相同的，也就是说投资者对每一项投资品的预测结果都是相同的，那么投资者就会持有相同的证券组合。这大大简化了模型的预测难度，增加了预测的可行性，当然，它不可避免地强化了理论假设，弱化了模型的精确性。

5. 投资者的投资组合中资产的种类和比例与市场投资组合的资产种类和比例相同

这可以根据上一个假设推导出来。因为所有投资者的投资组合都相同，所以由所有投资组合构成的市场组合就一定与每个投资组合相同了。

通过上述假设可以看出，资本资产定价模型正是通过对现实经济的极端简化，抽丝剥茧般去除影响资产风险收益关系的其他因素。在这种严格的假设下，市场是完全市场，没有任何交易摩擦，每一个投资者都是同质的，即对未来经济的预期相同，采用的方法也相同，那么每一个投资者的证券组合都相同，都包含市场组合中的每一种证券。因为如果市场上有一种证券不在投资者的投资组合中，那么这种证券的价格就必定迅速下降，其收益率也会越来越高，对投资者的吸引力迅速增大，投资者就会将该种证券加入其投资组合中。

虽然我们已经知道投资组合会包含所有的证券，但证券在何种价位投资者才会选择投资？我们可以通过资本资产定价模型，考虑整个市场的集体行为，进而获得每一种证券的风险收益关系。

第二节　资本市场线

一、无风险资产

在介绍资本市场线之前，先引入无风险资产的概念。无风险资产是指资产的收益在当前可以确定的资产。如果投资者在期初购入一种无风险资产，那么他将知道持有该资产到期时的价值。根据前一章的假设知道，资产的风险与收益可以用数学中的标准差和期望收益来衡量，那么无风险资产的标准差为零，收益是确定的。同时，无风险资产的收益与风险资产的收益是相互独立的，即它们之间的协方差为零，因为任何两种资产 A 和 B 之间的协方差，都是它们相关关系与各自标准差的乘积：$\sigma_{AB} = \rho_{AB}\sigma_A\sigma_B$，如果 A 为无风险资产，那么 σ_A，σ_{AB} 也就为零。

依照无风险资产的定义可知，该资产的未来收益一定是固定的，并且没有任何违约的可能性。一般地，公司固定收益证券从原则上来说必然存在违约的可能性，所以无风险资产不可能是公司固定收益证券。现实投资中，政府发行的短期国债被视为无风险资产，这是因为政府有着税收和控制货币供给的能力，没有违约风险。但事实上，即使是政府发行的债券，也会面临通货膨胀风险和利率变动的风险，现实中并不存在严格的无风险资产。尽管如此，在实际中，政府的短期债券仍可以视为无风险资产，因为短期内通货膨胀风险与利率风险对该证券收益的影响可以忽略不计。

在证券组合理论中,有效边界是一条向右上方倾斜的曲线,反映了风险收益的关系,有效边界的最左边的端点就是最小方差组合。如图 16-1 的点 P,因为风险资产组合的风险不为零,故其图像在纵轴的右边;而无风险资产的风险为零,也就是标准差为零,故无风险资产的收益率是确定的,所以无风险资产的点落在纵轴上,而且它的收益率低于最小方差组合的收益率,处于点 P 的左下方。

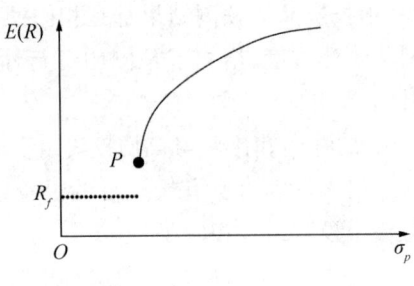

图 16-1 马科维茨的有效边界

二、单一无风险资产与单一风险资产的组合

假设某一资产组合中风险资产 S 的投资比例为 X,那么无风险资产的投资比例就对应为 $1-X$,它们的预期收益率分别为 R_S、R_f。该资产组合的收益率为:

$$R_P = (1-X)R_f + XR_S \tag{16.1}$$

那么

$$\sigma_P = X\sigma_S$$

得

$$X = \frac{\sigma_P}{\sigma_S}$$

代入公式(16.1)得

$$R_P = \left(1 - \frac{\sigma_P}{\sigma_S}\right)R_f + \frac{\sigma_P}{\sigma_S}R_S$$

整理得到

$$R_P = R_f + \left(\frac{R_S - R_f}{\sigma_S}\right)\sigma_P \tag{16.2}$$

由公式(16.2)可以看出,加入无风险资产后资产组合的风险与收益呈线性关系。由图 16-2 可以很形象地观察到:当风险资产组合的风险为零时,斜线与纵轴相交,收益率为 R_f,意味着此时组合仅有无风险资产,收益率最低,为无风险收益率,此时 X 为零;当资产组合处于点 P 时,组合的风险刚好与风险资产 S 风险相同,为 σ_S,意味着点 P 所包含的资产只有风险资产 S,即 X 等于 1。这是两个极端的情况,如果 X 在 0 和 1 之间取值,又会怎么样呢?组合将会落在线段 FP 上,随着 X 的增加,组合标准差逐渐增大,组合收益率也会逐渐上升,标准差增加 1 个单位,收益率就会增加 $\frac{R_S - R_f}{\sigma_S}$ 个单位。如果 X 大于 1,又会出现什么样的情况?

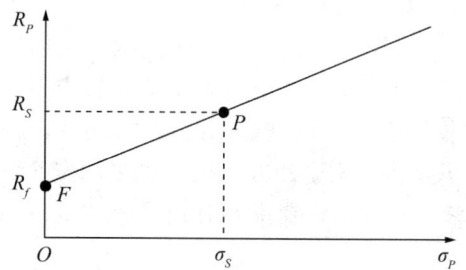

图 16-2 单一无风险资产与单一风险资产的组合

【例 16-1】 假定投资预算为 300 000 美元,投资者额外借入了 120 000 美元的无风险资产,无风险资产收益率为 7%,现将所有可用资金投入风险资产中,该风险资产的风险为 22%,收益率为 15%。该投资组合的收益与风险为多少?

显然这是一个通过借款杠杆获得的风险资产组合。那么,风险资产的头寸为:

$$X = \frac{300\,000 + 120\,000}{300\,000} = 1.4$$

$$R_P = (1-X)R_f + XR_S = -0.4 \times 7\% + 1.4 \times 15\% = 18.2\%$$

$$\sigma_P = X\sigma_S = 1.4 \times 22\% = 30.8\%$$

$1-X=1-1.4=-0.4$,负值反映了无风险资产的空头头寸,投资者不再是以 7% 的利率借出资金,而是借入,从而提高了资产组合的收益率,同样,风险也随之上升。这就是杠杆效应。

该组合也就在点 P 的右端。

三、资本市场线

(一) 资本市场线的表达式

上面我们讨论了单一无风险资产与单一风险资产组合的情况,现在我们讨论所有风险资产与无风险资产组合的情况。投资者不再是选择单一风险资产,而是所有可能风险资产的组合 M,其收益率为 R_M,标准差为 σ_M,类似上面的推理:

$$R_P = (1-X)R_f + XR_M \tag{16.3}$$

那么

$$\sigma_P = X\sigma_M$$

得

$$X = \frac{\sigma_P}{\sigma_M}$$

代入公式(16.3)得

$$R_P = \left[1 - \frac{\sigma_P}{\sigma_M}\right]R_f + \frac{\sigma_P}{\sigma_M}R_M$$

整理得到

$$R_P = R_f + \frac{R_M - R_f}{\sigma_M}\sigma \tag{16.4}$$

可以看出,只要 R_M 是确定的,该资产组合的收益与风险就同样呈线性关系。点 M 应该是有效边界上的一点,该线性关系可以表示为从 R_f 出发经过点 M 的射线。当然,这样的射线有无数条,效用值最大的射线一定与有效边界相切。

因此,在存在无风险资产的情况下,投资者最优资产组合是一条从 R_f 出发经过与风险资

产有效边界的切点 M 的射线,这条切线上的任意一点所代表的投资组合都优于有效边界 M 点以下的投资机会(见图 16-3)。投资者根据自己的风险收益偏好选择无风险资产与风险资产组合的不同比例,所有可能比例的组合的集合就是这条资本市场线。如果投资者对风险是高度规避的,那么其选择的投资组合应在该射线的左边;相反,若是低风险厌恶者,则会在点 M 的右边,他们可以通过无风险借入资金的方式投入更多的资金在风险资产 M 上,这样就可以获得比点 M 更高的收益率。所有投资者都将有效边界上的点 M 作为他们的投资决策点。那么,点 M 是否是确定的?

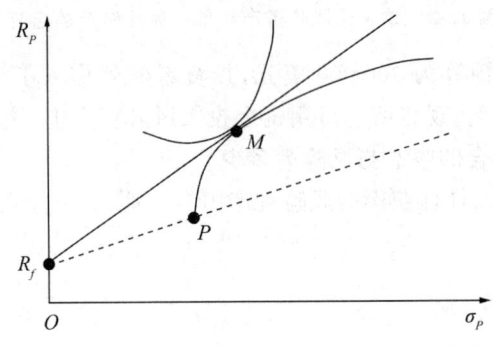

图 16-3　资本市场线

显然,在前面的假设中,我们就已分析出投资者的投资组合包含市场上所有的证券种类,并且各证券比例是确定的,故点 M 代表的投资组合就是确定的。我们把包含市场上所有证券种类,且各证券在该组合中所占比例与在整个市场上所占比例相同的投资组合叫做市场组合。图 16-3 中点 M 就代表市场组合。

在上文中,我们已经得出结论:在无风险资产与所有风险资产构成的组合中,投资者最优资产组合在象限中的呈现是一条从 R_f 出发经过与风险资产有效边界的切点 M 的射线。这条射线我们称之为资本市场线。用公式表示为:

$$R_P = R_f + \frac{R_M - R_f}{\sigma_M}\sigma_P \qquad (16.5)$$

斜率 $\frac{R_M - R_f}{\sigma_M}$ 表示每多承担 1 单位的标准差投资组合所增加的收益,也就是风险的市场价格。资本市场线上的任意一点都表示为由无风险资产与最优风险资产组合构成的组合,投资者根据自己的风险收益偏好进行选择。

(二) 消极策略是有效的

我们先来介绍一下分离定理:不管投资者有什么样的风险偏好,投资者选择的风险资产组合都是一样的,都是市场组合 M,只不过不同风险偏好的投资者投资在风险资产组合与无风险资产的比例不同,托宾将这种以风险偏好程度分离出来的投资决策称为分离定理。具体来讲就是,投资者选择什么样的风险资产组合及投资于各种风险资产的比例与投资者的风险偏好相互之间是没有任何关系的,投资者的投资决策与风险偏好分离开来,所有的投资者都会选择市场组合。投资者的风险偏好仅仅影响着投资者在无风险资产和风险资产组合之间的投资比例。不同的比例组合构成了资本市场线。

分离定理就证明了消极策略的有效性。消极策略是指组合管理者不通过对证券进行分析,而直接持有市场组合的一种管理策略。组合管理者认为市场是有效的,证券价格能够反映出所有信息,因此每种证券的定价都是正确无误的,投资者费尽心机寻找错误定价的证券是徒劳而无功的。因此对于采用消极策略的组合管理者来说,他们所需要做的仅仅是两个方面:一方面,只是构建市场组合,这样就分散了非系统性风险;另一方面,按照投资者个人的风险偏好选择适当的无风险资产与市场组合的比例。这种管理策略是非常方便的,调整风险与收益的大小时,只需要考虑风险资产组合与无风险资产的比例。在实际操作中,很多依据能够反映市场整体价格水平的指数(如标准普尔 500 指数、日经 225 指数、香港恒生指数等)构建的投资组合可以被看做是市场组合。这种消极策略常见于共同基金管理,因此,有时我们称之为共同基金原理。

阅读延展

Fama:主动管理是个坏赌注

诺贝尔经济学家 Eugene Fama 认为,主动型基金管理是一个零和游戏,而我们难以区别当中主导表现的是运气还是技巧。

Fama 是芝加哥大学的金融学教授,凭着其有效市场假设研究成为去年的诺贝尔经济学奖得主之一。2014 年 9 月 18 日他在芝加哥的 Morningstar ETF 投资会议上向一众财务顾问及机构投资者演讲。

他提到被动式管理投资如指数基金和 ETF 纯粹反映市场。因此,如果要有部分主动式基金经理跑赢市场,就必须有另一些主动式基金经理落后于大市。谈到基金经理跑赢或滞后的原因时 Fama 说:"基金经理表现好可能是基于技术,也可能是因为好运。基金经理表现差可能是基于欠技术,也可能是因为欠缺运气。很难分别。"

Morningstar 被动式基金研究总监 Ben Johnson 问 Fama 如何解释巴菲特作为主动式基金经理的出色表现,Fama 认为,如果你一并观察所有 CEO 的表现(巴菲特为巴郡(BRK.B) CEO),你会发现有的 CEO 表现出众,有的 CEO 表现失色。然而,他并没有把巴菲特的成功归因于运气。

人们普遍认为低收费是解释指数基金跑赢相应主动式基金的原因,Fama 的研究亦支持这个观点。他提到在扣除收费以前,约有 50% 的主动式基金经理能够跑赢指数,"与纯机会率的预期一样"。

被问及主动型经理是否有助于增加市场效率时,Fama 说:"以为市场需要主动型经理才能更有效率是种谬论。这在某种程度上是对的,但只有掌握充分信息的经理才会提高市场效率,差劣的经理反而会降低市场效率。"

"问题是,主动式管理在什么时候较好?"他说,"答案是'永不'。"

资料来源:http://cn.morningstar.com/article/AR00007945。

第三节 证券市场线

资本市场线将一项有效资产组合的期望收益率与其标准差联系起来,但它并未表明一项单独资产的期望收益率是如何与其自身的风险相联系的。那么单个风险资产的收益与其风险又有着什么样的关系呢？夏普(1964)等人证明了单个风险资产的收益与风险同样有着线性关系,这条线被称为证券市场线(Security Market Line,SML)。

一、证券市场线的表达式

资本资产定价模型认为,单个证券的合理风险溢价取决于该资产对投资组合风险的贡献程度。资产组合风险对于投资者而言,其重要性在于投资者需要根据资产组合风险来确定他们要求的风险溢价。一个资产组合的风险常用方差来衡量:

$$\sigma_p^2 = \sum_{i=1}^{n}\sum_{j=1}^{n} X_i X_j \text{cov}(R_i, R_j) \tag{16.6}$$

其中,X_i表示第i种风险资产的价值占资产组合总价值的权重。

若这个组合为市场组合M,则

$$\sigma_M^2 = \sigma_p^2 = \sum_{i=1}^{n}\sum_{j=1}^{n} X_i X_j \text{cov}(R_i, R_j) \tag{16.7}$$

那么,某一风险资产对市场组合风险的贡献程度表示为

$$\sum_{j=1}^{n} X_j \text{cov}(R_i, R_j) = X_j \text{cov}(R_i, R_M) \tag{16.8}$$

同时,

$$R_M = \sum_{i=1}^{n} X_i R_i$$

那么

$$R_M - R_f = \sum_{i=1}^{n} X_i (R_i - R_f) \tag{16.9}$$

则第i种风险资产对市场组合的风险溢价的贡献程度为

$$X_i (R_i - R_f)$$

因此,第i种风险资产的收益-风险比率可表示为

$$\frac{X_i (R_i - R_f)}{X_i \text{cov}(R_i, R_M)} = \frac{R_i - R_f}{\text{cov}(R_i, R_M)} \tag{16.10}$$

另外,市场组合在资本市场线上,那么收益-风险比率应与资本市场线的斜率相等,即:

$$\frac{R_i - R_f}{\text{cov}(R_i, R_M)} = \frac{R_M - R_f}{\sigma_M^2} \tag{16.11}$$

进行简单变形可得到

$$R_i - R_f = \frac{\text{cov}(R_i, R_M)}{\sigma_M^2} (R_M - R_f)$$

令 $\beta_i = \frac{\text{cov}(R_i, R_M)}{\sigma_M^2}$,则有:

$$R_i = R_f + \beta_i (R_M - R_f) \tag{16.12}$$

这项公式就是证券市场线的表达式。β_i是第i项风险资产的贝塔系数,衡量的是该项资产对市场组合的风险的贡献程度。贝塔系数一个重要的性质就是具有可加性,即$\beta_P = \sum_{i=1}^{n} X_i \beta_i$。其中,$X_i$表示各项资产的权重。

证券市场线讨论的是单一风险资产的收益与风险的关系,那么,它对资产组合是否适用

呢？我们来讨论一下，假设资产组合 P 中各项资产的权重为 $X_i(i=1,2,3\cdots,n)$。对于每一项都采用该公式可得

$$X_1 R_1 = X_1 R_f + X_1 \beta_1 (R_M - R_f)$$
$$X_2 R_2 = X_2 R_f + X_2 \beta_2 (R_M - R_f)$$
$$X_3 R_3 = X_3 R_f + X_3 \beta_3 (R_M - R_f)$$
$$\vdots$$
$$X_n R_n = X_n R_f + X_n \beta_n (R_M - R_f)$$

相加得

$$R_P = \sum_{i=1}^n X_i R_f + \sum_{i=1}^n X_i \beta_i (R_M - R_f) = R_f + \beta_p (R_M - R_f) \tag{16.13}$$

显然，计算结果符合证券市场线的公式。也就是说证券市场线对资产组合同样适用。如果这个资产组合是市场组合，那么

$$R_M = R_f + \beta_M (R_M - R_f)$$

很容易得出 $\beta_M = 1$，另外通过贝塔定义也可以证明

$$\beta_M = \frac{\text{cov}(R_M, R_M)}{\sigma_M^2} = \frac{\sigma_M^2}{\sigma_M^2} = 1$$

这意味着市场上所有证券的贝塔通过市值的比例加权平均后为1，如果某一证券的贝塔值大于1，也就是说该证券价格波动水平大于市场平均波动水平，要承担更大的风险；若贝塔值小于1，则说明投资者愿意承受的风险较小。

如图 16-4，正是证券市场线。当组合 P 为市场组合时，贝塔值为1，此时 P 为市场组合；当组合 P 为无风险资产时，贝塔值为零，那么证券市场线刚好由于纵轴相交于点 $(0, R_f)$。证券市场线的斜率为市场平均收益率与无风险收益率的差。也就是说单个证券的收益率的大小主要取决于该证券对市场组合的风险的贡献率，即贝塔值。证券市场线描述的是证券风险与收益的关系。从证券市场线的公式可以看出：

$$R_i = R_f + \beta_i (R_M - R_f)$$

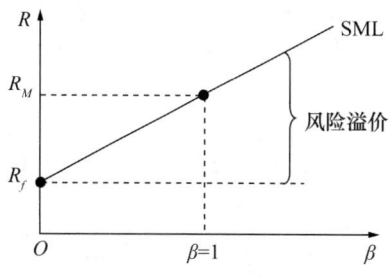

图 16-4　证券市场线

任意证券的期望收益率都由两部分组成，一部分是无风险收益率 R_f，表示放弃即期消费的补偿，也就是货币的时间价值；另一部分就是 $\beta_i (R_M - R_f)$，表示投资者持有证券所需承担的风险的补偿，也就是风险溢价，与该证券的贝塔值成正比。风险溢价受到两个因素的影响。

一是市场组合的风险溢价，即 $R_M - R_f$。如果市场组合的风险溢价增加，证券市场线的斜率也会增加，意味着投资者的风险厌恶程度增加，对于同样的风险水平，投资者会要求更高的风险溢价。一般在经济周期的萧条阶段，所有投资者都对市场缺乏信心，在投资时往往要求较高的风险报酬；在经济周期的繁荣阶段，许多投资者对资本市场持有高度乐观态度，会竞相投

资,对承担风险要求的补偿也就自然而然地下降,市场组合的风险溢价降低,证券市场线表现为更加平缓,斜率较低。

二是该证券对市场组合风险的贡献程度,即贝塔值,这是决定该证券收益率的关键因素,因为在无风险收益率与市场组合的收益率确定的前提下,不同证券的不同收益率是由其不同的贝塔值确定的。

二、资本市场线与证券市场线之间的比较

从定义上来看,资本市场线与证券市场线是资本资产定价模型中两个最重要的定价公式。资本市场线描绘了无风险资产与市场组合之间的再组合的收益和风险的线性关系,测度的是有效组合的风险溢价。它是通过在马科维茨的有效边界中加入无风险资产得来的。所有的投资者的最优组合都在资本市场线上,投资者根据其风险偏好的不同,选择的组合在资本市场线的不同位置。证券市场线则是衡量单个证券的收益与风险的线性关系,测度的是单个证券的风险溢价。

资本市场线的风险用标准差表示,标准差可以衡量有效分散化的资产组合的风险。相比较而言证券市场线的风险是指系统性风险,用贝塔值衡量,表示该证券对市场组合风险的贡献程度。证券市场线对有效资产组合与单个证券均适用。

【例 16-2】 假定市场投资组合的风险溢价的期望值为 8%,标准差为 22%。假设一个资产组合的 25% 投资于丰田汽车公司股票,75% 投资于福特汽车公司股票,它们各自的贝塔值为 1.10 和 1.25,那么该资产组合的风险溢价为多少?

分析:根据贝塔的可加性的特点,资产组合的贝塔值 β_P 应等于福特汽车公司股票的贝塔值 β_F 与丰田汽车公司股票的贝塔值 β_T 的加权平均值,即

$$\beta_P = X_F \beta_F + X_T \beta_T = 75\% \times 1.25 + 25\% \times 1.10 = 1.2125$$

根据证券市场线的公式

$$R_P = R_f + \beta_P (R_M - R_f)$$

再进行简单变形得

$$R_P - R_f = \beta_P (R_M - R_f)$$

其中,$R_M - R_f$ 表示市场组合的风险溢价,$R_P - R_f$ 表示所求组合的风险。再将贝塔值与市场风险溢价值代入得

$$R_P - R_f = 1.2125 \times 8 = 9.7\%$$

因为该组合的贝塔值大于 1(市场组合的贝塔值),所以它的风险溢价也理应高于市场组合的风险溢价。

第四节 资本资产定价模型的应用

资本资产定价模型科学地证实了在均衡市场中,单个证券或证券组合的预期收益率与风险之间的线性关系,只要是"公平定价"的证券都应落在证券市场线上。资本资产定价模型在现实中有着广泛的应用,大致分为三个方面:一是为投资者与证券组合管理者挑选被高估或被低估证券提供了依据,还可以为新股定价或首次出现在市场上的其他证券确定理论价值;二是用于资本预算决策,一个企业若打算投资新的项目,可运用资本资产定价模型计算该项目的内部报酬率,以确定投资该项目的可行性;三是可以对已经结束的项目进行收益评价。

一、特征线

我们先来了解一下特征线。

将证券市场线的表达式进行简单的变形可得

$$R_i - R_f = \beta_i(R_M - R_f)$$

这就是特征线(见图 16-5)。特征线是以市场组合的风险溢价和证券的风险溢价为自变量和因变量的函数关系式。特征线的斜率为贝塔值。如果某一证券与市场组合相互独立,那么贝塔值应该为零,也就是说该证券的预期收益率为无风险收益率。如果贝塔值大于零,则说明投资者将会获得风险溢价。在这个模型中,我们唯一需要确定的参数是贝塔值,这与资本资产定价模型是一致的,即每一个证券的期望收益率取决于它的系统风险。

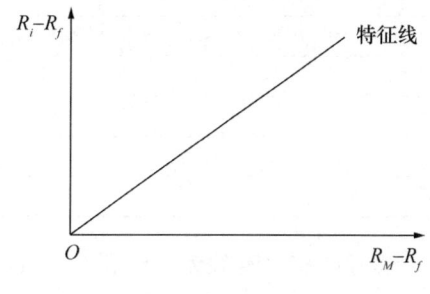

图 16-5 特征线

所有有效定价的证券的特征线都经过原点,所以,由这些证券构成的组合就必定也经过原点,即它们的预期收益率等于它们的实际收益率。但实际上,在现实的金融市场中,经常会有一些错误定价的证券,如图 16-6 所示。

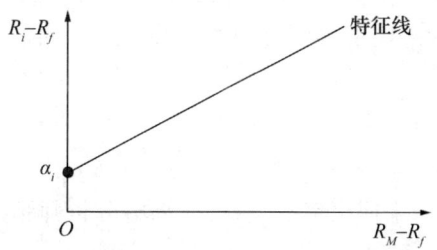

图 16-6 错误定价的证券的特征线

此时,该证券的特征线就不会经过原点。证券的错误定价程度用 α_i 系数衡量,即一种证券的 α_i 系数是它的理论收益率与实际收益率之间的差额。特征线表达式可以写成:

$$R_i - R_f = \alpha_i + \beta_i(R_M - R_f)$$

注意,此时 R_i 表示第 i 种证券的实际收益率。

如果某证券的 α_i 系数大于零,则它将会位于证券市场线的上方,说明该证券的实际收益率大于理论收益率,证券被低估;若 α_i 系数小于零,则该证券落在证券市场线的下方,说明该证券的实际收益率小于理论收益率,证券被高估;若 α_i 系数为零,则该证券正确定价,刚好落在证券市场线上。

二、挑选错误定价的证券

如果存在 α_i 不为零的证券,也就是该证券被错误定价时,就会引发投资者的套利行为,套利行为的存在也会很快使得该证券的价格回归到合理水平。因为α_i大于零时,该证券被低估,理性投资者就会大量买入该证券,使得该证券的需求短期内会大于供给,证券价格会上升,那么其未来收益率就会下降,直至达到均衡;同样,要是一证券的理论收益率大于实际收益率,则说明该证券被高估,理性投资者就会大量卖出该证券,证券价格也随之下降,从而达到均衡状态。

【例16-3】 某投资者在中国A股市场上投资,他希望买入被市场低估的股票,卖出被市场高估的股票,他掌握的信息有:目前短期国库券的利率为5%,利用上证综指开发的指数基金产品的回报率大约为12%,下面有5家公司的股票的贝塔系数和某权威证券分析师根据基本面分析与技术分析预测的未来回报率,请问,该投资者应如何操作?

股票	贝塔系数	预测的未来回报率
甲	0.5	8.3%
乙	1.0	14.0%
丙	1.4	18.0%
丁	1.5	8.0%
戊	0.1	8.0%

分析:我们可以近似地将国库券的利率看做无风险利率,上证综指的指数回报率作为市场组合的预期收益率,则在市场达到均衡状态时,所有资产都应位于证券市场线上,故将上述数字带入公式:

$$R_i = R_f + \beta_i(R_M - R_f)$$

得:

$$R_{甲} = 5\% + 0.5 \times (12\% - 5\%) = 8.5\%$$
$$R_{乙} = 5\% + 1 \times (12\% - 5\%) = 12\%$$
$$R_{丙} = 5\% + 1.4 \times (12\% - 5\%) = 14.8\%$$
$$R_{丁} = 5\% + 1.5 \times (12\% - 5\%) = 15.5\%$$
$$R_{戊} = 5\% + 0.1 \times (12\% - 5\%) = 5.7\%$$

这显然与分析师预测的未来回报率不一致,如果将分析师预测的回报率视作未来实际收益率的话,我们就可以求出α_i系数。

股票	贝塔系数	预测的未来回报率	理论回报率	α_i系数
甲	0.5	8.3%	8.5%	-0.2%
乙	1.0	14.0%	12.0%	2.0%
丙	1.4	18.0%	14.8%	3.2%
丁	1.5	8.0%	15.5%	-7.5%
戊	0.1	8.0%	5.7%	2.3%

根据前文的分析可知,α_i大于零时表明该证券的价格被低估,理性投资者应买入该证券;α_i小于零时,该证券被高估,理性投资者应卖出该证券。也就是说,此题中,乙丙戊三种股票的价格被低估,甲股票的价格基本合理,丁股票的价格则被严重高估,投资者应该买入乙丙戊三种股票,卖出丁股票。

三、在资本预算决策中确定内部报酬率

资本资产定价模型被广泛应用在公司的资本预算决策中。某公司在对一个项目进行可行性研究时,就是要确定该项目的未来收益能否补偿该项目的投资额并获得盈利,那么按照净现值法,需要将该项目未来产生的现金流进行贴现加总后与该项目的初始投资额比较,结果为正的才有投资价值。这个贴现用到的贴现率正是投资者要求的内部报酬率。

四、为投资业绩评估提供基准

现实操作中,如何评价某个基金经理的投资业绩呢?我们常用证券的错误定价程度 α_i 系数的大小来衡量,在一个均衡市场中,因为所有的证券都是"公平定价",所以都在证券市场线上,对应的 α_i 系数也都为零。然而现实中,资产的价格会常常脱离证券市场线,它可能被高估或者被低估,这时 α_i 系数就是一个非零数了,证券分析师对证券进行技术分析也往往是为了寻找非零的 α_i 系数。将 α_i 系数大于零的证券加入资产组合中,小于零的剔除出去,从而提高该组合的收益。这也给评估投资业绩提供了一个可靠的依据:如果一项资产的 α_i 系数大于另一项资产,则说明该投资的业绩较好。

【例 16-4】 某投资者挑选出两只股票。其中,A 股票的期望收益率为 12%,风险贝塔值为 1,而另一只 B 股票的期望收益率为 13%,风险贝塔值为 1.5。现假定市场组合的期望收益率为 11%,当前国库券的收益率为 5%。求:

(1) 根据资本资产定价模型,哪只股票更值得投资?
(2) 两只股票的 α_i 系数分别为多少,并画出证券市场线说明。

分析:证券的 α_i 系数是指某证券的错误定价程度,也就是期望收益率与均衡收益率的差额,根据给定的公式:

$$R_i - R_f = \alpha_i + \beta_i (R_M - R_f)$$

得:

$$\alpha_A = 12\% - 5\% - 1 \times (11\% - 5\%) = 1\%$$
$$\alpha_B = 13\% - 5\% - 1.5 \times (11\% - 5\%) = -1\%$$

如图 16-7,可以看出 A 股票位于证券市场线的上方,α_i 系数为正数,该股票被低估;B 股票位于证券市场线的下方,α_i 系数小于零,该证券被高估,因此投资者应选择 A 股票进行投资。

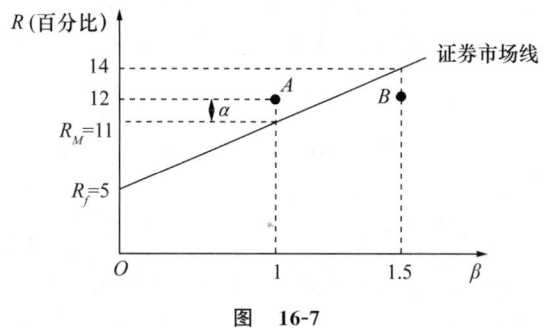

图 16-7

虽然 B 股票的期望收益率更高,貌似 B 股票更能吸引投资者的目光,但理性投资者会选择 A 股票。这是因为两者承担的风险不一样,不能仅仅比较收益指标,还需考虑风险因素。

通过计算,可以很明显地看出,B 股票的风险补偿小于 A 股票,甚至无法得到风险的平均补偿。也就是说比较投资业绩时,考虑的不是总资产的收益率大小,而是投资者获得的超越系统风险补偿以外的回报率,也就是正的 α_i 值的大小。

阅读延展

由于传统资本资产定价模型有着严格的假设,许多现实经济中的现象难以得到验证,于是许多经济学家通过适当地放宽 CAPM 的假设,通过实际的实证检验,能给出更为准确的预测结果,提高了 CAPM 的应用范围。下面主要简单介绍一些较为成熟的 CAPM 的扩展模型,有兴趣的同学可以查阅相关资料进行深入的研究。

(一)零贝塔模型

1972 年,费雪·布莱克通过放松传统资本资产定价模型假设,用零贝塔资产组合代替原来的无风险资产组合。零贝塔资产组合是指某些组合的收益率与市场组合的收益率不相关,即它的贝塔值为零。有效边界上的每一组合,在其下方的可行集上都会有一组合与之对应(最小方差组合除外),这些组合因为与市场组合不相关,故称其为有效组合的零贝塔组合。可得出零贝塔组合的资本资产定价模型的公式:

$$R_i = R_z + \beta_i (R_M - R_z)$$

其中,R_z 为零贝塔组合的收益率。

费雪·布莱克用这种性质证明了介入或投资无风险资产受限时的资本资产定价模型,它弥补了当传统资本资产定价模型中的无风险资产不受限的假设,更加符合实际,实证检验也更为支持它。

(二)多期模型

20 世纪 70 年代,罗伯特·默顿提出了跨期资本资产定价模型。他认为,因为市场是不断变动的,而传统资本资产定价模型只针对某一时点市场上资产的收益情况,故传统模型求出的贝塔值与根据传统模型设计的投资计划在一个多变的市场中是没有较大的意义的。对此,他提出了投资者短视这一假说,假设所有投资者都会根据自己的生命周期设计消费与投资计划,并且不断地按照自己的财富水平来改变自己的消费和投资计划。

默顿放松的假设是只考虑一个相同的投资持有期的假设,考虑连续时间时,投资者会面临额外的风险,这些风险可归结为两类:一类是描述投资机会的参数会发生变化,诸如未来无风险利率、市场组合收益率、贝塔值等,传统的资本资产定价模型失效;另一类就是消费品的价格风险。为了消除这些额外的风险,需要找到对冲风险资产组合,这就得到了一个新的资本资产定价模型:

$$R_i = \beta_i R_M + \sum_{k=1}^{K} \beta_{ik} R_k$$

其中,β_{ik} 为第 k 种对冲资产组合的贝塔值。

(三)基于消费的资本资产定价模型

基于消费的资本资产定价模型由马克·罗宾斯坦、罗伯特·卢卡斯和道格拉斯·布里顿于 1979 年提出,其一般公式为:

$$R_i = R_f + \beta_{ic} (R_c - R_f)$$

其中,β_{ic} 为资产 i 的消费贝塔值;R_c 为人均消费总量的增长率,相当于传统资产组合中的市场组合收益率。

该模型强调，在市场均衡状态下，投资者将1单位的收入用于消费所带来的边际效用值与用于投资所带来未来消费的边际效用值相等，也就是说投资者必须权衡各个阶段用于消费与用于投资以期未来消费的效用水平。所以，投资者在做最优选择时，应使资产的收益率与消费增长率符合上述线性关系。

【本章小结】

本章首先介绍了资本资产定价模型的假设，包括完全市场、同质期望、无交易佣金和税费等假设。在此基础上从数学角度推理出了资本市场线，得到：无风险资产与所有风险资产构成的组合中，投资者最优资产组合在象限中的呈现是一条从 R_f 出发经过与风险资产有效边界的切点 M 的射线。这条射线我们称之为资本市场线。资本市场线描述的是证券组合的收益与风险的关系，而证券市场线则描述了单个证券的收益与风险的关系。资本资产定价模型在现实中有着广泛的应用。可以用来挑选错误定价的证券，还可以为新出现的证券提供理论价值，用于资本预算决策和对已经结束的项目进行收益评价。

【关键概念】

无风险资产　资本市场线　证券市场线　市场组合

【复习思考题】

1. 资本资产定价模型的基本假设有哪些？
2. 推理出资本市场线与证券市场线，并比较两者的异同。
3. 资本资产定价模型在现实中有哪些应用？
4. 某投资者购入售价为20元/股的股票 A，该股票每年年末派发股息2元，其贝塔值为1.3。市场上的无风险收益率为6%。求该投资者年末卖出该股票的合理价格。
5. 有一投资组合由40%证券 A 和60%证券 B 组成，这两种证券的贝塔值分别为1.2与1.5。已知该市场的无风险收益率为8%，市场组合的收益率为17%、标准差为23%，求该组合的收益率。
6. 若你将对某投资机构的两个基金经理进行业绩评价，一个基金经理管理的投资组合的平均收益率为19%，而另一个只有16%，但是，前者的贝塔值为1.5，后者的贝塔值为1.0。问：
(1) 你能否判断出哪个基金经理的业绩更好？
(2) 若短期国债利率为6%，市场组合的风险溢价为8%，那么哪个基金经理业绩更优？
(3) 若短期国债利率为3%，市场平均收益率为15%，情况又如何？

【参考文献】

[1] 邢天才，王玉霞.证券投资学(第二版)[M].东北财经大学出版社，2007.
[2] 陈泽聪.证券投资分析[M].厦门大学出版社，2009.
[3] 〔美〕滋维·博迪，〔美〕亚历克斯·凯恩，〔美〕艾伦 J. 马库斯著，汪昌云，张永冀编译.投资学(第九版)[M].机械工业出版社，2012.

第十七章　因素模型与套利定价理论

【本章概要】
　　在前面两章中,我们介绍了马科维茨的证券组合理论和资本资产定价模型。证券组合理论通过求解组合中的每一种证券的预期收益率、风险及证券间的协方差矩阵来得到组合的有效边界,进而获得最优组合。但是,马科维茨模型的计算过于复杂,计算量太大,比如要分析100只股票,就得分析其100个期望收益率的估计值,100个方差的估计值和4 950个协方差,需要估计的数值共计5 150个。这仅仅只是分析100只股票所需的数值,若是分析我国市场上所有的股票,则需估计的数值将达到数十万个,资本资产定价模型也是利用了马科维茨的有效边界理论,计算量并没有变化。这庞大的计算量与高额的成本使投资者们望而却步,故自马科维茨提出证券组合理论后的数十年里,他的后继者们致力于简化投资组合分析的研究。在这一章里,我们将介绍一种简单的模型,以减少庞大的计算量,并为资本资产定价提供一个新的视角。这就是因素模型与套利定价理论。

第一节　单指数模型

　　威廉·夏普、约翰·林特纳、简·莫森先后提出了资本资产定价模型。资本资产定价模型只考虑了证券组合的系统性风险,因为证券组合的非系统性风险通过组合的分散化被消除了。单指数模型正是基于这样的理论发展起来的。
　　任意证券 i 的收益率都可表示为期望收益率与不确定性之和:
$$R_i = E(R_i) + e_i \tag{17.1}$$
其中,e_i 的均值为零,方差为 σ_i^2,表示该证券收益的不确定性。
　　将影响公司证券价格变动的影响因素分为宏观经济影响因素与公司本身的影响因素。那么不确定性也就可以分为宏观经济整体的不确定性(用 m 表示),和特定公司的不确定性(用 ε_i 表示)。那么 $e_i = m + \varepsilon_i$
$$R_i = E(R_i) + m + \varepsilon_i \tag{17.2}$$
　　用宏观经济变量 m 度量未预期的宏观突发事件,故它的均值应该为零,方差为 σ_m^2;而 ε_i 衡量的是特定公司的突发事件。显然 m 与 ε_i 是不相关的,也就是说它们之间的协方差为零,单一证券的风险来自两个独立的部分——宏观经济层面和公司特有的风险:

$$\sigma_i^2 = \sigma_m^2 + \sigma^2(\varepsilon_i) \tag{17.3}$$

那么两种证券之间的风险又存在什么样的关系呢？两公司特有的风险相互独立，证券间的相关性显然来自宏观经济因素 m。故两证券收益的协方差为：

$$\mathrm{cov}(R_i, R_j) = \mathrm{cov}(m + \varepsilon_i, m + \varepsilon_j) = \sigma_m^2 \tag{17.4}$$

当然，相同的宏观经济因素对不同的证券的影响程度可能不同，故定义贝塔为证券 i 的敏感性系数，可以得到单因素模型：

$$R_i = E(R_i) + \beta_i m + \varepsilon_i \tag{17.5}$$

风险为：

$$\sigma_i^2 = \beta_i^2 \sigma_m^2 + \sigma^2(\varepsilon_i) \tag{17.6}$$

任意两证券间的协方差为：

$$\mathrm{cov}(R_i, R_j) = \mathrm{cov}(\beta_i m + \varepsilon_i, \beta_j m + \varepsilon_j) = \beta_i \beta_j \sigma_m^2 \tag{17.7}$$

单因素模型需要确定宏观经济因素 m，如何确定 m 呢？夏普提出用股票市场指数作为宏观经济因素的有效指标，使单因素模型具备了可操作性。这样，单指数模型的回归方程就可确定：

$$r_i = \alpha_i + \beta_i r_m + \varepsilon_i \tag{17.8}$$

其中，$r_i = R_i - R_f$ 是证券 i 的超额收益；$r_m = R_m - R_f$，是指数的超额收益；截距 α_i 为指数超额收益为零时的证券 i 的期望收益，即经市场风险调整后的收益；β_i 为证券 i 对市场指数的敏感程度；ε_i 表示公司特有风险的补偿。ε_i 是由非预期因素引起的，故其均值为零；且 ε_i 为公司特有风险引起的，与市场指数无关，两者的协方差也为零。

风险为

$$\sigma_i^2 = \beta_i^2 \sigma_m^2 + \sigma^2(\varepsilon_i) \tag{17.9}$$

任意两证券间的协方差为

$$\mathrm{cov}(R_i, R_j) = \beta_i \beta_j \sigma_m^2 \tag{17.10}$$

证券风险也来源于两个方面：系统性风险 $\beta_i^2 \sigma_m^2$，取决于市场因素的变动以及证券对市场因素变动的敏感程度；非系统性风险 $\sigma^2(\varepsilon_i)$，源于公司特有的不确定性，这些不确定性只对该公司证券或与该公司有联系的少数其他公司的证券产生影响。

一个资产组合同样可以运用指数模型：

$$r_P = \alpha_P + \beta_P r_m + \varepsilon_P \tag{17.11}$$

其中，$\alpha_P = \sum_{i=1}^n X_i \alpha_i$，$\beta_P = \sum_{i=1}^n X_i \beta_i$，$\varepsilon_P = \sum_{i=1}^n X_i \varepsilon_i$，$X_i$ 为资产 i 在组合中的权重。

可以看出，任意证券的方差及证券间的协方差都可以由贝塔值和市场指数求出，也就是说该模型只需要估计阿尔法值、贝塔值和市场指数的风险溢价及风险，大大减少了计算量。例如，对于一个具有 100 只股票的证券组合，只需要估算一下数据：100 个阿尔法值、100 个贝塔值、100 个公司特有方差值、1 个市场溢价值和 1 个宏观经济因素方差值，总计 302 个数据，和运用马科维茨的均值方差模型所需估计的 5 150 数据相比，减少的是协方差的计算，从而简化了大量的计算。在指数模型的推理过程中，我们假设所有公司的特有风险之间是不相关的，它们的协方差全部受一个共同的宏观经济因素影响。这种假设虽然大大简化了计算，使得资本资产定价理论有了可操作性，但这种简化是有成本的，因为许多公司的特有风险是相互关联的，而不是假设的那样。例如，汽车制造业与钢铁行业，它们除了受整个宏观因素的影响，也相互影响。一旦汽车制造业衰退，钢铁需求就很可能下降，进而影响钢铁行业的发展。所以，指数模型将影响因素仅分为宏观与微观两个部分,忽视了行业的因素。这就使得结果有失精确。

【例 17-1】 由三只股票 A、B、C 构成一投资组合,运用单指数模型估计结果如下表:

股票	市值(万元)	贝塔值	阿尔法值(%)	标准差(%)
A	3 000	1.0	10	40
B	1 940	0.2	2	30
C	1 360	1.7	17	50

市场指数收益的标准差为 25%。问:
(1) 该投资组合的平均超额收益为多少?
(2) 股票 A 与股票 B 之间的协方差为多少?
(3) 股票 B 与指数之间的协方差为多少?
(4) 将股票 B 的方差分解为市场因素与公司特有因素两个部分。

分析:(1) 投资组合总价值为 6 300 万元。该组合的超额收益为

$$\alpha_P = \sum_{i=1}^{n} X_i \alpha_i = \frac{3\,000}{6\,300} \times 10\% + \frac{1\,940}{6\,300} \times 2\% + \frac{1\,360}{6\,300} \times 17\% = 9.048\%$$

(2) 股票 A 与股票 B 之间的协方差为

$$\text{cov}(R_A, R_B) = \beta_A \beta_B \sigma_m^2 = 1 \times 0.2 \times 0.25^2 = 0.0125$$

(3) 股票 B 与指数间的协方差为

$$\text{cov}(R_B, R_m) = \beta_B \sigma_m^2 = 0.2 \times 0.25^2 = 0.0125$$

(4) 股票 B 的方差为

$$\sigma_B^2 = \beta_B^2 \sigma_m^2 + \sigma^2(\varepsilon_B) = 0.3^2 = 0.09$$

宏观因素风险: $\beta_i^2 \sigma_m^2 = 0.2^2 \times 0.25^2 = 0.0025$

公司特有因素风险: $\sigma^2(\varepsilon_i) = 0.09 - 0.0025 = 0.0875$

【例 17-2】 比较单指数模型下资产组合的方差和马科维茨模型下资产组合方差的不同。

假定一个资产组合只包含股票 A 和股票 B,其权重分别为 30% 和 70%,贝塔系数分别为 0.5 与 1.5,市场组合的方差为 0.05。两只股票的协方差矩阵如下:

股票	A	B
A	0.065	0.040
B	0.040	0.205

分析:(1) 在单指数模型下

$$\sigma_i^2 = \beta_i^2 \sigma_m^2 + \sigma^2(\varepsilon_i)$$

由表可知:

$$\sigma_A^2 = 0.065$$
$$\sigma_B^2 = 0.205$$

股票 A 和股票 B 的特有风险为

$$\sigma^2(\varepsilon_A) = \sigma_A^2 - \beta_A^2 \sigma_m^2 = 0.065 - 0.5^2 \times 0.05 = 0.0525$$
$$\sigma^2(\varepsilon_B) = \sigma_B^2 - \beta_B^2 \sigma_m^2 = 0.205 - 1.5^2 \times 0.05 = 0.0925$$

则资产组合的特有风险为

$$\sigma^2(\varepsilon_P) = \sum_{i=1}^{n} X_i^2 \sigma^2(\varepsilon_i)$$
$$= 0.3^2 \times 0.0525 + 0.7^2 \times 0.0925$$
$$= 0.05005$$

资产组合的贝塔值为
$$\beta_P = \sum_{i=1}^{n} X_i \beta_i = 0.3 \times 0.5 + 0.7 \times 1.5 = 1.2$$

资产组合的总风险为
$$\sigma_P^2 = \beta_P^2 \sigma_m^2 + \sigma^2(\varepsilon_P) = 1.2^2 \times 0.05 + 0.05005 = 0.12205$$

（2）在马科维茨模型下，资产组合的总风险为
$$\sigma_P^2 = \sum_{i=1}^{n} X_i^2 \sigma_i^2 + 2\sum_{i=1}^{n} \sum_{j=1}^{n} X_i X_j \text{cov}(R_i, R_j)$$
$$= 0.3^2 \times 0.065 + 0.7^2 \times 0.205 + 2 \times 0.3 \times 0.7 \times 0.04$$
$$= 0.1231$$

显然，用马科维茨模型计算出来的组合方差要大于单指数模型下的组合方差，两者相差 0.00105，根据上文分析，这差额是公司特有风险的协方差，到底是不是呢？下面我们简要证明：
$$\text{cov}(R_i, R_j) = \text{cov}(\alpha_i + \beta_i r_m + \varepsilon_i, \alpha_j + \beta_j r_m + \varepsilon_j)$$
$$= \beta_i \beta_j \sigma_m^2 + \text{cov}(\varepsilon_i, \varepsilon_j)$$

那么：
$$\text{cov}(\varepsilon_A, \varepsilon_B) = \text{cov}(R_A, R_B) - \beta_A \beta_B \sigma_m^2$$
$$= 0.04 - 0.5 \times 1.5 \times 0.05$$
$$= 0.0025$$

公司特有风险间的协方差对组合方差的贡献为
$$2 X_A X_B \text{cov}(\varepsilon_A, \varepsilon_B) = 2 \times 0.3 \times 0.7 \times 0.0025 = 0.00105$$

由此可以看出，马科维茨模型下组合的风险与单指数模型下组合的风险的不同之处在于：前者考虑了公司特有风险间的协方差，这部分就是利用单指数模型损失精确性的原因所在。如果考虑这部分，那么组合的特有风险就应表示为

$$\sigma^2(\varepsilon_P) = \sum_{i=1}^{n} X_i^2 \sigma^2(\varepsilon_i) + 2 \sum_{i=1}^{n} \sum_{j=1}^{n} X_i X_j \text{cov}(\varepsilon_i, \varepsilon_j) \tag{17.12}$$

其中，$i \neq j$。

第二节 多因素模型

上一小节中我们介绍了单因素模型。单因素模型将资产收益的不确定性分为两个部分：宏观经济因素导致的不确定性和公司特有因素导致的不确定性，风险也就分为了系统性风险和公司特有风险。指数模型中将单因素具体化，引入了指数作为宏观经济因素的指标，将系统性风险简单地限定为市场因素，这就大大降低了指数模型的可信度。实际上，影响证券收益的宏观经济因素有很多，在马科维茨的证券组合理论中，就描述了几大风险，主要有市场风险、利率风险、通货膨胀风险、汇率风险等。这些宏观经济因素对证券收益的影响程度是不一样的，

也就是说，证券对这些因素的敏感性程度是不同的，即贝塔值不同。在运用单因素模型对证券进行分析时，实际上是假定了每种证券对所有宏观经济因素都有相同的敏感性。因此，为了增加模型的可解释性，我们进一步对单因素模型进行改进，引入更多的宏观经济因素指标，更为清晰地阐释系统性风险。于是就有了多因素模型。

我们先从分析两因素模型开始。假设两个重要的宏观经济风险来源是经济周期的不确定性与利率的波动，我们用未预期到的 GDP 增长率作为经济周期不确定性的指标，用 IR 作为利率波动性指标。任意公司都受系统性风险和公司特有风险影响。这样我们就可以把单因素模型扩展为多因素模型：

$$R_i = \alpha_i + \beta_{iGDP}\text{GDP} + \beta_{iIR}\text{IR} + \varepsilon_i \quad (17.13)$$

其中，两个宏观经济因素构成了经济中的系统性因素，如单因素模型中的那样，是非预期因素，故均值为零，对应的两个贝塔值表示证券 i 对两个宏观经济因素的敏感程度，对于大部分公司来说，利率的贝塔值通常为负数，因为公司的负债决定了利率对它们有着负的效应。截距 α_i 为证券 i 的期望收益，ε_i 表示公司特有风险的补偿。ε_i 是由非预期因素引起的，故其均值为零。又由于 ε_i 为公司特有风险引起，与两个宏观经济因素无关，故两者的协方差也为零。

下面我们就具体实例说明多因素模型的优势。考虑两个公司，一个是食品公司，另一个是航空公司。食品是人们生活的必需品，因而食品公司对经济周期的敏感程度不高，贝塔值就较低。因为食品公司产生的现金流较为稳定，就类似于债券，故它对利率的敏感程度就可能较高，贝塔值就较高；而对于航空公司来说，其经营收入与经济活跃程度有较大的关系，故它对 GDP 的敏感程度就较高，贝塔值就较大，其对利率的敏感程度就较低。假设一项政府发布的经济数据表明经济将扩张，预期 GDP 将会增长，利率也会上升。那么这样的经济数据的发布是利好还是利空呢？对于食品公司而言，因为它对利率更为敏感，这是个坏消息；对于航空公司来说，这就是一个好消息，因为它的收益与 GDP 有着较大的关系。显然，单因素模型不能正确地反映这样的宏观经济因素变动对于不同证券的影响。

在指数模型中，我们将市场指数作为宏观经济因素的指标，较好地概括了宏观因素的变化，但是它反映的是众多宏观经济因素的平均水平。该模型过于简单化，不能反映不同证券对不同宏观因素的敏感性差异，于是我们就将许多主要的宏观经济因素都考虑进去，就有了多因素模型的一般化表达式：

$$R_i = \alpha_i + \beta_{i1}F_1 + \beta_{i2}F_2 + \cdots + \beta_{in}F_n + \varepsilon_i \quad (17.14)$$

其中，R_i 表示证券 i 的实际收益率，α_i 是证券 i 的期望收益率，$F_1, F_2, \cdots, F_n$ 表示 n 个宏观经济因素，$\beta_{i1}, \beta_{i2}, \cdots, \beta_{in}$ 衡量的是证券 i 对相应因素的敏感程度。同单指数模型一样，ε_i 为公司特有风险补偿。

多因素模型的方差为

$$\sigma_i^2 = \sum_{j=1}^{n}\beta_{ij}^2\sigma_{F_j}^2 + \sum_{s=1}^{n}\sum_{t=1}^{n}\beta_{is}\beta_{it}\text{cov}(F_s, F_t) + \sigma^2(\varepsilon_i) \quad (i \neq j) \quad (17.15)$$

任意两证券间的协方差为

$$\text{cov}(R_i, R_j) = \sum_{s=1}^{n}\beta_{is}\beta_{js}\sigma_{F_s}^2 + \sum_{s=1}^{n}\sum_{t=1}^{n}\beta_{is}\beta_{jt}\text{cov}(F_s, F_t) \quad (i \neq j) \quad (17.16)$$

多因素模型比单指数模型更能反映宏观经济不确定性因素的变化对证券收益的影响，原因就是它将多个宏观经济因素都纳入了模型之中，使之结果更为精确。但是，我们不可能将所有的宏观经济因素都纳入进去，该如何挑选这些因素呢？市场指数能够较好地反映宏观经济变化,显然是一个比较重要的指标,一般作为多因素模型中的一个风险因子。但是,还有哪些因素应该被选进来,至今没有一致的结论。我们选择因素时通常遵循的原则是,既要从理论上考虑能够影响大部分证券收益的因素,又要与实证研究的经验数据相吻合,也就是说在统计上这些因素应与证券收益是显著相关的。宏观经济层面的因素一般有利率、GDP、通货膨胀、重要能源价格等,微观经济层面的因素主要有公司业绩、红利政策、公司规模等。目前,多因素模型比较著名的有法玛(Fama)和弗伦奇(French)的三因素模型和陈(Chen)、罗尔(Roll)与罗斯(Ross)的五因素模型。

一、法玛-弗伦奇模型

法玛和弗伦奇选择了市场指数、公司规模和账面/市值比作为影响证券收益的三个风险因素,构造了如下模型:

$$R_i = \alpha_i + \beta_{im}r_m + \beta_{iSMB}\text{SMB} + \beta_{iHML}\text{HML} + \varepsilon_i \tag{17.17}$$

其中,r_m 是超额市场收益;SMB 是小公司与大公司的证券收益之差,即公司规模指标;HML 是账面/市值比指标,指的是高账面/市值比公司与低账面/市值比公司的证券收益之差。

为了构造能够追踪规模与账面/市值比因素的资产组合,戴维斯、法玛与弗伦奇将工业企业按照规模(市场价值)分成三组(小、中、大;S、M、B),又按照账面/市值比分成三组(高、中、低;H、M、L)。公司规模变量 SMB 是规模最低与最高的 1/3 的公司的证券收益之差;账面/市值比变量 HML 也用类似方法估计。最后的检验过程,他们选取了 1929—1997 年 816 个月的数据,最终结果表明,公司规模与账面/市值比两个风险因素对模型的解释能力显著。

二、陈-罗尔-罗斯的五因素模型

陈、罗尔与罗斯提出了五因素模型。他们选取了如下五个风险因素:

IP——行业产值的增长率

EI——预期通货膨胀率

UI——未预期到的通货膨胀率

CG——长期公司债券与长期政府债券的收益之差

GB——长期政府债券与国库券的收益之差

这些因素构成了五因素模型:

$$R_i = \alpha_i + \beta_{iIP}IP + \beta_{iEI}EI + \beta_{iUI}UI + \beta_{iCG}CG + \beta_{iGB}GB + \varepsilon_i \tag{17.18}$$

第三节 套利定价理论

1976 年,史蒂芬·罗斯提出了套利定价理论(Arbitrage Pricing Theory,APT)。与资本资产定价模型中从投资者风险偏好入手分析投资行为不同的是,套利定价理论从投资者追逐套利组合的收益入手探讨了市场达到均衡的条件和证券的风险收益关系。

一、套利与套利组合

(一) 套利

套利是指利用同一种实物或金融资产在时间上或空间上存在的价格差异来赚取无风险利润的行为。作为一种广泛使用的投资策略,最具代表性的套利行为是以较高价格卖出证券,同时以较低价格买入相同或"类似"的证券("类似"指的是两种证券对共同因素有着相同的敏感性系数)。一个典型的例子就是在不同的交易所以不同的价格买卖相同的证券。例如:IBM公司的股票在纽约证券交易所卖 95 美元,在纳斯达克仅卖 94 美元,则投资者可以在纳斯达克买入 IBM 股票的同时在纽约证券交易所卖出,就能够在不动用任何资本的情况下获得差价 1 元的无风险利润。当然,在信息传播非常快的今天,几乎不会出现这种明显的套利机会。

(二)套利组合

在存在套利机会的前提下,投资者将会构建套利组合来实现财富的增加。套利组合是指投资者可以不用任何资本投入、不承担任何风险而预期收益大于零的证券组合。

套利组合需满足以下条件:

(1)构建套利组合无须额外的投资,也就是说投资者改变的是证券组合,通过买入被低估的证券和卖出被高估的证券实现套利。若 X_i 表示某投资者在套利组合中投资于证券 i 的权重(X_i 可以为负值,表示做空),总体上没有任何投入,可表达为:

$$\sum_{i=1}^{n} X_i = 0$$

(2)套利组合没有任何风险,也就是说该组合对任何因素都没有敏感性。证券组合对每个因素的敏感度都等于该组合中所有证券对该因素敏感度的加权平均值,而套利组合的敏感度为零说明了这一组合中证券因素的敏感度能够实现相互抵消。在单因素模型下可表达为:

$$\sum_{i=1}^{n} \beta_i X_i = 0$$

在双因素模型下,可表达为:

$$\begin{cases} \sum_{i=1}^{n} \beta_{1i} X_i = 0 \\ \sum_{i=1}^{n} \beta_{2i} X_i = 0 \end{cases}$$

在多因素模型下,表达式为:

$$\begin{cases} \sum_{i=1}^{n} \beta_{1i} X_i = 0 \\ \sum_{i=1}^{n} \beta_{2i} X_i = 0 \\ \vdots \\ \sum_{i=1}^{n} \beta_{ki} X_i = 0 \end{cases}$$

其中,β_{ki} 表示第 i 种证券对因素 k 的敏感系数。

(3)投资组合的预期收益为正,表达式为:

$$R_P = \sum_{i=1}^{n} X_i E(R_i) > 0$$

满足以上三个条件的投资组合就是套利组合。

【例 17-3】 假设证券收益率可以表示为一个单因素模型:$R_i = E(R_i) + \beta_i F + \varepsilon_i$;有一个由三种股票组成的套利组合:

股票	预期收益率(%)	敏感度系数
A	25	4
B	20	2
C	10	3

根据套利组合的定义可得：

$$\begin{cases} X_A + X_B + X_C = 0 & (17.19)\\ \beta_A X_A + \beta_B X_B + \beta_C X_C = 0 & (17.20)\\ X_A E(R_A) + X_B E(R_B) + X_C E(R_C) > 0 & (17.21) \end{cases}$$

将三种股票的敏感度系数代入公式(17.20)得：

$$4X_A + 2X_B + 3X_C = 0$$

若取 $X_A = 0.01$，并与公式(17.19)联立，可得：$X_B = 0.01, X_C = -0.02$，再将三种股票的期望收益与各自权重代入公式(17.21)得：

$$0.01 \times 25\% + 0.01 \times 20\% - 0.02 \times 10\% = 0.25\%$$

表明投资者可以通过买入 0.01 单位的股票 A 和 0.01 单位的股票 B 并同时卖出 0.02 单位的股票 C，获得 0.25% 的无风险收益。显然，满足套利组合的构成条件，该组合是套利组合。

二、套利定价模型的假设

和资本资产定价模型一样，套利定价理论也建立了资产的收益与系统性风险之间的关系，但其得出证券市场线的方式完全不同。套利定价模型有三个基本假设：

（一）因素模型可以描述证券的收益

套利定价模型的理论基础是证券的收益可以用因素模型表示，也就是说，投资者认为任何一个证券或证券组合的收益都与因素呈线性关系，即：

$$R_i = \alpha_i + \beta_{i1} F_1 + \beta_{i2} F_2 + \cdots + \beta_{in} F_n + \varepsilon_i \quad (17.22)$$

其中，截距 α_i 为证券 i 的期望收益率；$F_1, F_2, \cdots, F_n$ 表示 n 个宏观经济因素，$\beta_{i1}, \beta_{i2}, \cdots, \beta_{in}$ 衡量的是证券 i 对相应因素的敏感程度，ε_i 为公司特有风险补偿。当因素只有一个时，就是单因素模型，若这个因素为市场因素，该模型就是单指数模型。

（二）市场上有足够多的证券来分散风险

构建一个充分分散的投资组合是可以将非系统性风险（公司特有风险）消除的。下面我们来简单证明一下。

假如有一个含有 n 只股票的证券组合，第 i 只股票权重为 X_i，则 $\sum_{i=1}^{n} X_i = 1$，该证券组合的收益可表达为：

$$R_P = \alpha_P + \beta_P F + \varepsilon_P$$

其中，$\alpha_P = \sum_{i=1}^{n} X_i \alpha_i, \beta_P = \sum_{i=1}^{n} X_i \beta_i, \varepsilon_P = \sum_{i=1}^{n} X_i \varepsilon_i$。

正如前面所述，该组合的方差可分为系统性风险和非系统性风险两方面，即：

$$\sigma_P^2 = \beta_P^2 \sigma_F^2 + \sigma^2(\varepsilon_P)$$

其中，$\beta_P^2 \sigma_F^2$ 为系统性方差，$\sigma^2(\varepsilon_P)$ 就是非系统性方差。将非系统性方差分解：

$$\sigma^2(\varepsilon_P) = \sum_{i=1}^{n} X_i^2 \sigma^2(\varepsilon_i) + 2 \sum_{i=1}^{n} X_i X_j \text{cov}(\varepsilon_i, \varepsilon_j) \quad (i \neq j)$$

又因为公司之间是不相关的,所以

$$\sigma^2(\varepsilon_P) = \sum_{i=1}^{n} X_i^2 \sigma^2(\varepsilon_i)$$

为简便起见,假设投资组合中各股票是等权重的,即 $X_i = \dfrac{1}{n}$,那么非系统性方差又可变化成:

$$\sigma^2(\varepsilon_P) = \sum_{i=1}^{n} X_i^2 \sigma^2(\varepsilon_i) = \sum_{i=1}^{n} \dfrac{1}{n^2} \sigma^2(\varepsilon_i) = \dfrac{1}{n} \sum_{i=1}^{n} \dfrac{\sigma^2(\varepsilon_i)}{n} = \dfrac{1}{n} \bar{\sigma}^2(\varepsilon_i)$$

显然,当 n 充分大时,非系统性方差是趋于零的。也就是说充分分散的证券组合的非系统性方差为零。

(三) 有效的证券市场不允许任何套利机会存在

有效的市场上,相同的产品应该具有相同的价格,这就是一价定律。一旦发现某产品有两种以上的价格,投资者就会大量地进行低价买入高价卖出的交易。这种行为会促使该产品的价格达到一致,套利机会也就消失。因此,有效的证券市场一样满足一价定律,也就不存在套利机会。

三、单因素套利定价理论

为了便于理解,我们先从单因素模型开始讨论套利定价模型。因为公司特有风险可以被完全分散,所以我们还需考虑宏观因素风险,那么一个充分分散的投资组合的收益可表示为:

$$R_P = \alpha_P + \beta_P F \tag{17.23}$$

从公式中我们可以看出:

(1) 在单因素模型中,具有相同敏感度系数的充分分散化组合在有效市场中一定具有相同的收益水平,否则就存在套利机会。

【例 17-4】 充分分散的投资组合 A 的期望收益率为 12%,另一充分分散的投资组合 B 的期望收益率为 10%,两者的因素敏感度都为 1。写成表达式为:

$$R_A = 12\% + 1 \times F \quad R_B = 10\% + 1 \times F$$

如图 17-1 所示,我们可以明显地看出,无论宏观因素如何变化,组合 A 永远都比组合 B 的收益水平高,这就会存在套利机会。如果投资者买入组合 A 的同时,卖出同等数量的组合 B,那么因素风险将会被抵消,投资者获得 2% 的无风险收益,而投资者没有任何的投入,这就是套利组合。因此,理论上,投资者可以在组合 A 上持有无限数量的多头,在组合 B 上持有无限数量的空头,从而使得组合 A 的价格在需求的力量下上涨,组合 B 的价格在供给的力量下下降,直至组合 A 和组合 B 的期望收益率达到相等水平,该套利机会就消失。

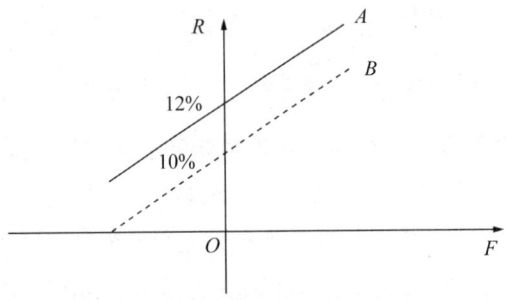

图17-1 投资组合的收益水平和敏感度系数的关系

(2) 当两个投资组合的敏感系数不等时,他们的风险溢价与贝塔值应成比例。

【例 17-5】 假设无风险利率为 4%,充分分散化的组合 C 的期望收益率为 6%,贝塔值为 0.5;另一充分分散的组合 A 的贝塔值为 1,期望收益率为 10%,问能否套利?

分析:因为组合 A 和组合 C 的贝塔值不同,我们不能像上一个例子一样直接比较,这时,为了降低组合 A 的风险,就需要引入无风险资产。可以构建这样一个组合 D:一半由组合 A 组成,另一半是无风险资产。该投资组合的贝塔值为 $0.5(0.5\times 1+0.5\times 0=0.5)$,期望收益率为 $7\%(0.5\times 4\%+0.5\times 10\%=7\%)$。现在,投资组合 D 的贝塔值与组合 C 相同,就可以直接比较,显然组合 D 的收益与组合 C 相比要高,也就存在套利机会。

从以上分析可以看出,在单因素模型中,充分分散的投资组合的风险溢价与贝塔值成正比,否则就会存在套利机会。公式表示就是:

$$\frac{E(R_i)-R_f}{\beta_i}=\lambda_1 \tag{17.24}$$

下面进行简单的数学推理:

假设构建一个含有 n 个证券的投资组合,X_1 为对应证券的权重。该组合的预期收益率为:

$$E(R_P)=X_1E(R_1)+X_2E(R_2)+\cdots+X_nE(R_n)$$

但套利组合受条件约束,根据拉格朗日定理,可建立如下函数:

$$\max L = [X_1E(R_1)+X_2E(R_2)+\cdots+X_nE(R_n)] - \lambda_0(X_1+X_2+\cdots+X_n)$$
$$-\lambda_1(X_1\beta_1+X_2\beta_2+\cdots+X_n\beta_n)$$

按照套利组合的条件可知,上式中的 X_1 和 λ 的偏导为零,即:

$$\frac{\partial L}{\partial X_i}=E(R_i)-\lambda_0-\lambda_1\beta_i=0$$

$$\frac{\partial L}{\partial \lambda_0}=X_1+X_2+\cdots+X_n=0$$

$$\frac{\partial L}{\partial \lambda_1}=X_1\beta_1+X_2\beta_2+\cdots+X_n\beta_n=0$$

进一步可以得到:

$$E(R_i)=\lambda_0+\lambda_1\beta_i \tag{17.25}$$

此时,$E(R_P)=0$,该市场处于均衡状态,不存在套利机会。

从推导出来的公式中我们也可以看出证券的期望收益率与贝塔系数呈线性关系,否则就会产生套利机会。

现在我们分析一下公式中 λ_0 和 λ_1 的含义。令贝塔值为零,也就是说该证券对宏观经济因素不敏感,这样的资产就只有无风险资产,其收益为 λ_0,表示的就是无风险收益率;$\lambda_1\beta_i = E(R_i)-R_f$,说明 $\lambda_1\beta_i$ 表示的就是因素风险溢价,而贝塔系数为证券对因素风险的敏感程度,而 λ_1 则应是单位因素敏感度的风险溢价。我们一般将贝塔系数为 1 的投资组合的收益率记作 δ,表示纯因子组合。那么单因素套利定价模型又可表示为

$$E(R_i)=R_f+\beta_i(\delta-R_f) \tag{17.26}$$

四、多因素套利定价理论

(一) 两因素套利模型

构建两因素套利模型与前文介绍的构建单因素模型的方法相同,我们因此可以求得两因素套利定价方程为

$$E(R_i) = \lambda_0 + \lambda_1 \beta_{i1} + \lambda_2 \beta_{i2} \tag{17.27}$$

同理,λ_0 为无风险收益率。为了表示 λ_1 和 λ_2,我们引入纯因子组合,即构建两个充分分散的投资组合。其中一个对第一种因素的敏感度为1,对第二种因素的敏感度为0,预期收益率记作 δ_1;另外一个组合对第一种因素的敏感度为0,对第二种因素的敏感度为1,预期收益率记作 δ_2。这样的纯因子组合我们可以视之为跟踪投资组合,用来跟踪某一种宏观经济因素的变化。故两因素套利模型又可表示为

$$E(R_i) = R_f + \beta_{i1}(\delta_1 - R_f) + \beta_{i2}(\delta_2 - R_f) \tag{17.28}$$

【例 17-6】 假设无风险收益率为4%,有两个纯因子组合1和2,第一个纯因子组合的期望收益率为10%,第二个纯因子组合的期望收益率为12%。现有一充分分散的投资组合 A,期望收益率为12%,对第一个因素的敏感度系数为0.5,对第二个因素的敏感度系数为0.75。问,是否存在套利机会?

分析:同样,我们先构建一个与组合 A 有相同的敏感度系数的组合 B。该组合有三部分:第一部分是权重为0.5的纯因子组合1的多头,第二部分是权重为0.75的纯因子组合2的多头,第三部分是权重为0.25的无风险资产空头。这样该组合的敏感度系数与组合 A 就相同了。其收益为:

$$E(R_B) = -0.25 \times R_f + 0.5 \times \delta_1 + 0.75 \times \delta_2$$

再代入相关数据得

$$E(R_B) = -0.25 \times 4\% + 0.5 \times 10\% + 0.75 \times 12\% = 13\%$$

与组合 A 相比,组合 B 在相同因素风险下有着更高的收益,故投资者可以通过大量买入组合 B 的同时卖出同等数量的组合 A,以实现套利。

(二) 多因素套利模型

与之前单因素模型推理相同,先通过拉格朗日定理建立函数,然后求偏导,得到

$$E(R_i) = \lambda_0 + \lambda_1 \beta_{i1} + \lambda_2 \beta_{i2} + \cdots + \lambda_m \beta_{im} \tag{17.29}$$

再构建纯因子模型,就可得到:

$$E(R_i) = \lambda_0 + \beta_{i1}(\delta_1 - R_f) + \beta_{i2}(\delta_2 - R_f) + \cdots + \beta_{im}(\delta_m - R_f) \tag{17.30}$$

五、套利定价理论与资本资产定价模型的比较

套利定价理论与资本资产定价模型在本质上是一样的,都是对证券风险收益的衡量。套利定价模型在资产充分分散的前提下某些方面与资本资产定价模型是一致的,都强调了只有系统性风险需要风险溢价补偿,而非系统性风险可以通过多样化的组合分散掉。

但是,套利定价模型与资本资产定价模型仍有较大的差别。首先就是资本资产定价模型的假设条件过于理想,比如假设投资者是同质的,存在一个内生的不可观测的市场组合。而套利定价理论的假设则简单得多。此外,套利定价模型的运用更加简便。正如在本章开始所描述的,资本资产定价模型应用了马科维茨的有效边界理论,需要大量的计算,而套利定价理论则简便得多。

其次,资本资产定价模型中考虑的风险过于单一,仅考虑市场因素,其风险用该证券对市场组合的贡献程度衡量。而在现实经济中,风险的来源有许多种,比如经济周期、利率的波动,通货膨胀等诸多宏观经济的不确定性因素。多因素套利定价理论与之相比,更加符合实际,其通过理论分析和实证检验来识别风险因子并建立模型。最为著名的有法玛-弗伦奇的三因素模型和陈、罗尔、罗斯的五因素模型。

最后,二者在均衡价格的形成方面有着重要差别。资本资产定价模型中,投资者在挑选证券的过程中往往倾向于被低估的证券。他们如果发现市场不均衡,就会根据自己的风险厌恶程度来调整自己的投资组合。这些有限的改变通过同质化假设使得大量的投资者都改变自己的投资组合,从而使市场重新达到均衡。而在套利定价理论中,当套利机会存在时,投资者理论上会无限制地持有套利组合,直至市场恢复均衡水平。因此仅需少量投资者就能使市场恢复均衡。

【本章小结】

单因素模型将风险划分为宏观经济因素变动带来的风险和公司特有风险,它们之间是不相关的,不同公司的特有风险也是不相关的,这就使得该模型相对于马科维茨的证券组合理论大大简化了计算,但这简化也会有成本,就是降低结果的精确性。如果将市场指数作为单因素模型中的宏观经济因素,就成了单指数模型。

多因素模型相对于单因素模型考虑了更多的宏观经济因素,更符合实际。最为著名的多因素模型有法玛-弗伦奇的三因素模型和陈-罗尔-罗斯的五因素模型。法玛-弗伦奇的三因素模型中,选择了市场指数、公司规模和账面/市值比作为影响证券收益的三个风险因素;陈-罗尔-罗斯的五因素模型中的五因素是行业产值的增长率、预期通货膨胀率、未预期到的通货膨胀率、长期公司债券与长期政府债券的收益之差、长期政府债券与国库券的收益之差。

套利组合的三个条件分别是:无须资本投入、无风险、有正的收益。套利机会的存在会使得投资者大量持有头寸,从而迫使市场恢复均衡。

套利定价理论有三个假设,分别是因素模型能描述证券收益、市场上有足够的证券来分散风险、有效的证券市场上不允许任何套利机会存在。

套利定价模型显示,具有相同的敏感度系数的投资组合一定具有相同的收益率,而敏感度系数不同的两个投资组合,其风险溢价与敏感度系数成比例。单因素套利定价模型和多因素套利定价模型的推理是相似的。都是先通过拉格朗日定理建立函数,再构建纯因子模型,最后就可以得到套利定价模型。

套利定价理论与资本资产定价模型既有相同点又有不同点。它们都是对资产风险收益的衡量,都认为只有系统性风险才有风险溢价,非系统性风险是能被分散的。但是它们的假设条件、均衡价格形成方式等不同。

【关键概念】

公司特有风险　单指数模型　多因素模型　法玛-弗伦奇的三因素模型　陈-罗尔-罗斯的五因素模型　套利组合　单因素套利定价理论　纯因子组合　多因素套利定价理论

【复习思考题】

1. 指数模型与资本资产定价模型相比是如何简化计算的?

2. 法玛-弗伦奇的三因素模型考虑了哪些因素？

3. 什么是套利组合？

4. 套利定价理论的假设有哪些？

5. 什么是纯因子组合？

6. 推导单因素套利定价模型。

7. 有两个充分分散化的资产组合，它们的期望收益率分别为14%与18%，贝塔系数分别为0.7与1.2，假设影响经济的因素只有一个，问市场上无风险收益率为多少？

8. 假设有两个独立的经济因素，$F1$与$F2$。市场上的无风险收益率为6%，所有股票都包含了独立于公司特有的部分，标准差为45%。下面是充分分散的组合：

投资组合	F1的贝塔值	F2的贝塔值	期望收益率
A	1.5	2.0	31%
B	2.2	−0.2	27%

求在该经济体中期望收益率与贝塔的关系。

9. 假设市场上短期国债利率为8%，有两个充分分散的投资组合A和B，组合A的期望收益率为16%，贝塔值为1.2；组合B的期望收益率为22%，贝塔系数为1.6，问是否存在套利机会？

10. 假设无风险收益率为6%，有两个纯因子组合1和2，它们的收益率分别为9%与14%。现有一个投资组合A，其期望收益率为12%，对第一个因素的敏感度系数为0.09，对第二个因素的敏感度系数为0.14，问是否存在无风险套利机会，若存在该如何操作？

【参考文献】

[1] 邢天才，王玉霞.证券投资学(第二版)[M].东北财经大学出版社，2007.

[2] 陈泽聪.证券投资分析[M].厦门大学出版社，2009.

[3] 〔美〕滋维·博迪，〔美〕亚历克斯·凯恩，〔美〕艾伦J.马库斯著，汪昌云，张永冀编译.投资学(第九版)[M].机械工业出版社，2012.

[4] 谢百三.证券投资学[M].清华大学出版社，2006.

第十八章 投资组合的业绩评价

【本章概要】
　　证券组合管理的最后一步就是对投资组合的业绩进行评价。对于投资者而言，业绩评价可以帮助投资者判断是否达到投资目标，并了解投资组合管理者的经营能力，从而为下一期的投资做出合理的选择。同时，对于投资组合管理者而言，正是这样的外部约束和激励，可以使得管理者更加积极地管理证券组合，以期达到投资者的目标，在下一期时获得更多的投资资金。因此，研究投资组合的业绩评价对于提高整个证券组合的管理效率有重要意义。本章介绍了投资组合的业绩评价方法。

第一节　投资收益率

　　传统的业绩评价最开始都是对证券组合的收益率进行简单的比较并以此判断组合的优劣。投资收益率简单来说就是投资收益与初始投资的比值。一般来讲，投资收益包含两个部分：现金流入与资产升值。以大家熟知的股票和债券为例，其收益分别是股利与资本利得和利息与资本利得。投资收益率的原始计算公式为

$$R = \frac{V_t - V_0 + D}{V_0} \tag{18.1}$$

其中，V_0 为组合在投资期初的价值，V_t 为组合在投资期末的价值，D 为投资期内组合的现金流入。

　　从投资收益率的计算公式(18.1)可以看出其所暗含的假设：投资期产生的股利、利息等现金流入都是在期末分配，并且投资期间没有任何新增投资的举动。但是实际投资往往与之不相符，在一个较长的投资期间内，常会有分红派息，投资者也会因为对该投资未来预期的看好而增加投资，这时，上述公式就无法直接使用，那该如何计算收益率呢？

　　解决该问题一般有两个思路。一是将较长的投资期限划分为符合上述公式假设前提的多个子期，这样，我们就可以通过逐个计算每个子期的收益率，再进行算术平均或几何平均从而求得最终的投资收益率。例如，对于投资期为两年的股票投资，如果是年末分红，我们就可以将其划分为两个子期，从而可以利用上述公式求得投资收益率。二是把投资转化为现金流贴现的问题，求出的内部收益率就是资金加权收益率。下面我们就介绍算术平均收益率、时间加

权收益率和资金加权收益率。

一、算数平均收益率

算术平均收益率是最简单的收益率计算方法,就是将每一期的收益进行加总后除以期数。公式为

$$R_A = \frac{R_1 + R_2 + \cdots + R_n}{n} \tag{18.2}$$

其中,R_A 为算术平均收益率,R_i 为第 i 期收益率,n 为投资的期数。

【例 18-1】 某投资者在 2009 年买入一份价格为 50 万元的证券组合,在该年年末获得了 5 万元的分红,因为此时该组合的价格上涨到 60 万元,故该投资者在 2010 年年初再次投入 60 万元买进该组合,在 2010 年年末共得到 15 万元分红后,投资者以 120 万元的价格出售全部该组合。现问该投资者的算术平均收益率为多少?

分析:先计算每年的收益率:

2009 年的收益率为

$$R_1 = \frac{60 - 50 + 5}{50} = 30\%$$

2010 年的收益率为

$$R_2 = \frac{120 - 50 - 60 + 15}{50 + 60} = 22.73\%$$

则该投资组合的算术平均收益率为

$$R_A = \frac{30\% + 22.73\%}{2} = 26.365\%$$

二、时间加权收益率

时间加权收益率也叫几何平均收益率,是对每一期收益率的几何平均。假设投资者投资 1 元,投资 n 期,每一期的收益率分别为 $R_1, R_2, \cdots, R_n$。几何平均收益率就可通过以下公式求得:

$$(1 + R_G)^n = (1 + R_1)(1 + R_2) \cdots (1 + R_n) \tag{18.3}$$

进行简单变形得

$$R_G = [(1 + R_1)(1 + R_2) \cdots (1 + R_n)]^{\frac{1}{n}} - 1 \tag{18.4}$$

R_G 就是该投资的几何平均收益率,和后面将介绍的资金加权收益率不同的是,该收益率赋予每一期的权重都相同,故也称为时间加权收益率。

【例 18-2】 计算例 18-1 的投资的时间加权收益率。

解:直接代入公式

$$R_G = [(1 + 30\%)(1 + 22.73\%)]^{\frac{1}{2}} - 1 = 26.31\%$$

三、资金加权收益率

在前面的介绍中,我们已经提到资金加权收益率就是现金流贴现问题中的内部收益率,即使各子期的现金流现值和投资组合的最终市值的现值之和与期初组合价值相等的收益率。表

达公式为

$$V_0 = \frac{C_1}{1+R_D} + \frac{C_2}{(1+R_D)^2} + \cdots + \frac{C_n+V_n}{(1+R_D)^n} \qquad (18.5)$$

其中，R_D 为资金加权收益率，V_0 为期初组合价值，C_i 为第 i 期产生的现金流，V_n 为该组合的期末价值。

【例 18-3】 计算例 18-1 的资金加权收益率。

解：将相关数据代入公式得

$$50 = \frac{5-50}{1+R_D} + \frac{15+120}{(1+R_D)^2}$$

求得

$$R_D = 18.28\%$$

【例 18-4】 假设某股票的价格与分红情况如下表：

年份	年初价格	年末股利
2007	100	4
2008	120	4
2009	90	4
2010	100	4

某投资者在 2007 年年初买入了 3 股该股票，在 2008 年年初见该股行情较好又买入了 2 股，在 2009 年年初卖出 1 股，在 2010 年卖出剩下的所有股票。问：

(1) 该投资者这项投资的算术平均收益率。

(2) 该项投资的时间加权收益率。

(3) 该项投资的资金加权收益率。

分析：(1) 先求出每年的收益率：

2007 年间的收益率为

$$R_1 = \frac{120-100+4}{100} = 24.00\%$$

2008 年间的收益率为

$$R_2 = \frac{90-120+4}{120} = -21.67\%$$

2009 年间的收益率为

$$R_3 = \frac{100-90+4}{90} = 15.56\%$$

则算数平均收益率为

$$R_A = \frac{24\% + (-21.67\%) + 15.56\%}{3} = 5.96\%$$

(2) 该项投资的时间加权收益率为

$$R_G = (1.24 \times 0.7833 \times 1.1556)^{\frac{1}{3}} - 1 = 3.92\%$$

(3) 先确定每年的现金流：2007 年间的现金流为 $-228(-120 \times 2 + 3 \times 4)$；2008 年间的现金流为 $110(90+5 \times 4)$；2009 年间的现金流为 $416(100 \times 4 + 4 \times 4)$。则建立公式

$$-300 = \frac{-228}{1+R_D} + \frac{110}{(1+R_D)^2} + \frac{416}{(1+R_D)^3}$$

求得资金加权收益率为

$$R_D = -16.10\%$$

四、三种收益率的比较

从数学角度,我们可以知道算术平均值是大于几何平均值的,因为在计算几何平均值时,个别较低的数值对最后结果的影响较大。只有当各数值相同时,两者最终结果才是相同的,数值间差异越大,那么结果差异也就越大。上述的两个例子也说明了算术平均收益率是大于时间加权收益率的。

资金加权收益率与前两者的结果也不同。哪个更大则取决于现金流与收益率的时间分布。上述两个例子的结果都显示资金加权收益率最小,是因为这两个例子中第一年收益率都是最大的,第二期收益率低但投入资金更多,也就是说第二期被赋予了更大的资金权重,因此降低了整个收益率。

所以,虽然资金加权收益率能够很好地反映个人投资者的回报率的高低,但是在证券组合的业绩评价方面,这种收益率就不是很适用。因为资金加权收益率是以资金量为权重的,收益率的高低不仅取决于组合管理者的水平,还会受到投资期间投资资金变动的问题,故难以准确地反映组合管理者的管理水平与业绩。

因此,专业的投资管理机构常用算术平均收益率和时间加权平均收益率来作为评价他们的投资业绩的指标。当然,这两种收益率对应的投资策略是不同的。算术平均收益率要求的是每个子期的期初投资额是相等的,每个投资子期期末若有现金流变动,则通过少则补多则撤的原则保证每个子期都是等额投资。而时间加权收益率则是"买入并持有",从前文中的该收益率的计算公式中,我们就可以看出,该收益率是需要计算再投资收益的,即投资子期期末产生的现金流入都会在下一期期初作为投资资金投入到该项投资中,因此时间加权收益率是不断改变着规模的投资组合上的收益。

那么两种收益率哪一种更加适合应用于组合的业绩评价呢？一般而言,对于评价过去的业绩,时间加权收益率更加适用。因为该收益率的投资策略更符合实际情况,我们一般不会频繁地改变投资资金以保证等额投资。而如果是要预测未来投资的业绩,算术平均收益率则比时间加权收益率更适用。因为算术平均收益率假定未来的期望收益不随时间变动,从而该收益率是投资组合期望收益的无偏估计。相反,因为长样本期的几何平均收益率往往低于算术平均收益率,几何平均收益率就成为投资组合预期收益的保守估计。

第二节 风险调整收益

一、风险调整收益率指标

在评价证券组合的投资业绩时,仅仅考虑组合的收益率是不够的,我们还必须同时考虑投资该组合所承担的风险,这样比较不同组合的业绩才会更有意义。两个不同组合的收益率的差额很有可能大部分都是来自两组合的风险差异,因而我们在评价组合业绩时,就需要区分组合管理者的管理水平与他们的"好运气"。所以,我们通常引入风险调整后的收益率来作为组合的业绩评价指标。最简单普遍的方法就是将具有类似风险的组合归为一类,再在该类组合内部进行收益率的比较。但这种比较方法较为粗糙,难以满足投资者和专业投资机构的需要,因为在一些情况下,投资者可能更注重资产组合中的某一部分资产,这样的资产组合特征就不再具有可比性。因此,更为精确的业绩评价指标就产生了。组合风险调整后的收益率的计算方法主要有这么几种,分别是夏普指数、特雷纳指数、詹森指数、信息比率和 M^2 指数。

(一) 夏普指数

夏普指数是投资期内某组合的平均超额收益与该组合的收益率的标准差的比值。它测定了对组合总风险的溢价回报。公式为

$$S_P = \frac{R_P - R_f}{\sigma_p} \tag{18.6}$$

其中,S_P 为夏普指数;$R_P - R_f$ 表示该组合超过无风险收益率的超额收益率,且 R_P 与 R_f 表示的是投资期内的平均投资收益率和平均无风险收益率;σ_p 为该组合收益率的标准差。

从公式(18.6)我们可以看出,S_P 值越大,组合业绩越好;反之则越差。该业绩指数方法测定的是组合每单位总风险带来的风险溢价。它以夏普的资本资产定价模型为理论依据,以资本市场线为评价基准,如图 18-1 所示。

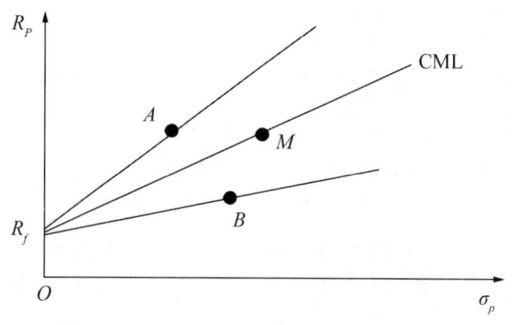

图 18-1 夏普指数

如图 18-1 所示,组合 A 所在直线位于资本市场线的上方,那么其斜率也就大于资本市场线的斜率,表示该组合的 S_P 高于市场组合的 S_P 值,那么该组合的业绩也就优于持有市场组合 M 的业绩。组合 B 所在直线的斜率小于资本市场线的斜率,那么该组合的业绩就劣于市场组合的业绩。处于资本市场线上的各点代表的投资组合的夏普比率与市场组合的夏普比率相同,因此,这条直线上的不同点代表的投资组合的表现为中性业绩。

(二) 特雷纳指数

特雷纳指数是用组合的超额收益与证券市场的系统性风险对比的方法来评价组合绩效的,其公式为

$$T_P = \frac{R_P - R_f}{\beta_P} \tag{18.7}$$

其中,T_P 为特雷纳指数,β_P 表示某组合的系统性风险。

从公式(18.7)可以看出特雷纳指数与夏普指数类似,不同的是夏普指数的分母为组合收益率的标准差,包含系统性风险与非系统性风险两个部分,也就是说夏普指数衡量的是组合总风险的回报率,而特雷纳指数的分母是贝塔值,表示的是市场组合的系统性风险。只有当组合高度分散化即非系统性风险为零时,两指数的最终结果一致。故特雷纳指数常用于评价投资高度分散的组合的业绩,特雷纳指数越大,说明该组合的风险越大,风险溢价也就高。

特雷纳指数在图 18-2 中表现的是一个斜率,作为特雷纳指数衡量基准的证券市场线,其斜率就表示市场组合的特雷纳指数。当组合 A 所在的直线位于证券市场线的上方时,其斜率

也就大于市场组合的斜率,该组合的业绩则表现良好;组合 B 所在的直线位于证券市场线的下方,该组合的绩效就明显低于市场组合。

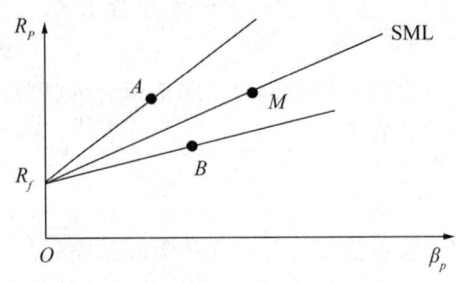

图 18-2　特雷纳指数

(三) 詹森指数

我们已经知道,在市场均衡时,任意证券组合的收益与风险有着这样的关系:

$$R_P = R_f + \beta_P(R_M - R_f) \tag{18.8}$$

这就是资本资产定价模型。然而在实际投资中,证券市场往往达不到这样的均衡,因此,诸多投资者与组合管理者都会实施积极策略,寻找错误定价的证券以实现套利。詹森在1969年发表的论文中提出了詹森指数指标,他修改了证券市场线,将证券组合的预期收益率与运用资本资产定价模型计算出来的收益率的差作为该指数值,公式为

$$\alpha_P = R_P - [R_f + \beta_P(R_M - R_f)] \tag{18.9}$$

α_P 就是詹森指数,是组合收益率中超过市场平均收益率的部分。若 $\alpha_P > 0$,说明该组合的表现高于市场平均水平;若 $\alpha_P < 0$,说明该组合的表现低于市场平均水平;如果 α_P 为零,则该组合的表现为中性业绩。

在图 18-3 中,詹森指数表现为证券组合与证券市场线的偏离。组合 A 在证券市场线的上方,$\alpha_A > 0$,表明其业绩优异;而组合 B 则恰好相反,在证券市场线的下方,$\alpha_B < 0$,表明该组合的业绩低于市场的平均水平。

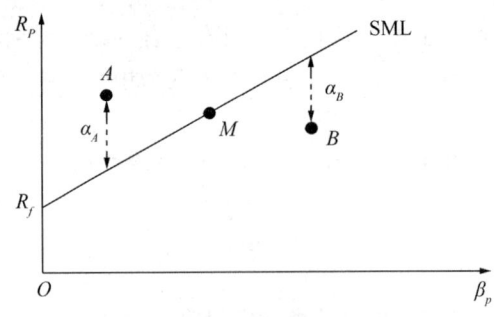

图 18-3　詹森指数

(四) 信息比率

信息比率是用投资组合的阿尔法值除以该组合的非系统性风险得到的比值,也称估价比率。由于阿尔法值反映的是扣除无风险收益率和系统性风险溢价之后的剩余部分,可以看成未被分散掉的非系统性风险带来的风险补偿,故信息比率是单位非系统性风险的回报率。公式为

$$AR_P = \frac{\alpha_P}{\sigma(\varepsilon_P)} \qquad (18.10)$$

其中,AR_P 是组合的信息比率,$\sigma(\varepsilon_P)$ 是非系统性风险的标准差。

【例 18-5】 假设国库券利率为 6%,投资组合 P 在一定投资期内的平均收益率为 35%,贝塔值系数为 1.2,收益率的标准差为 42%,非系统性风险为 18%。现经查阅,该期内标准普尔 500 指数的平均收益率为 28%,其标准差为 30%。请计算该组合与市场平均水平的下列业绩评估指数指标:夏普指数、詹森指数、特雷纳指数、信息比率。

分析:将国库券利率视为无风险利率,标准普尔 500 指数为市场组合,那么只需将上述有关数据分别代入公式就可求得相关指标:

夏普指数:
$$S_P = \frac{R_P - R_f}{\sigma_P} = \frac{35\% - 6\%}{42\%} = 0.69$$
$$S_M = \frac{R_M - R_f}{\sigma_M} = \frac{28\% - 6\%}{30\%} = 0.733$$

詹森指数:
$$\alpha_P = R_P - [R_f + \beta_P(R_M - R_f)]$$
$$= 35\% - [6\% + 1.2 \times (28\% - 6\%)] = 2.6\%$$

市场组合的詹森指数显然为零:
$$\alpha_M = 0$$

特雷纳指数:
$$T_P = \frac{R_P - R_f}{\beta_P} = \frac{35\% - 6\%}{1.2} = 0.242$$
$$T_M = \frac{R_M - R_f}{\beta_M} = \frac{28\% - 6\%}{1.0} = 0.22$$

信息比率:
$$AR_P = \frac{\alpha_P}{\sigma(\varepsilon_P)} = \frac{2.6\%}{18\%} = 0.144$$

市场组合的信息比率为零。

(五) M^2 指数

例 18-5 中,投资组合 P 的夏普指数为 0.69,市场组合 M 的夏普指数为 0.73,这说明投资组合 P 的业绩低于市场组合,然而,这 0.04 的差额有多大的经济意义呢?虽然夏普指数可以用来评价投资组合业绩,但是当两个比较的组合的夏普指数值的差距很小时,夏普指数就没有较大的经济意义。因此,需要进一步计算 M^2 指数。

M^2 指数与夏普指数类似,也是考虑了组合的总风险。该指数的计算方法就是通过引入无风险资产构成一个新的虚拟组合,该组合的风险与市场组合风险相同,这样我们就可以直接比较它们的收益率来评价组合业绩。该指数计算步骤如下:

(1) 引入无风险资产构建虚拟组合 $P*$ 使得该组合的风险与市场组合风险相同,并确定原组合和无风险资产的权重。
$$\sigma_{P*} = X_P \times \sigma_P + X_f \times 0 = \sigma_M \qquad (18.11)$$

得
$$X_P = \frac{\sigma_M}{\sigma_P}, X_f = 1 - \frac{\sigma_M}{\sigma_P} \qquad (18.12)$$

其中，σ_{P*} 为虚拟组合 $P*$ 的标准差，X_P、X_f 分别为原组合 P 与无风险资产的权重，σ_M、σ_P 分别为市场组合和组合 P 的标准差。

(2) 计算虚拟组合 $P*$ 的收益率。

$$R_{P*} = X_P \times R_P + X_f \times R_f = \frac{\sigma_M}{\sigma_P} \times R_P + \left(1 - \frac{\sigma_M}{\sigma_P}\right) \times R_f \quad (18.13)$$

其中，R_{P*} 为虚拟组合 $P*$ 的收益率。

(3) 计算组合 P 的 M^2 指数。

$$M^2 = R_{P*} - R_m \quad (18.14)$$

【例 18-6】 计算例 18-5 中投资组合 P 的 M^2 指数。

分析：按照上述求 M^2 指数的步骤：

(1) 构建虚拟组合并求出权重。

$$X_P = \frac{\sigma_M}{\sigma_P} = \frac{30\%}{42\%} = 0.714$$

$$X_f = 1 - \frac{\sigma_M}{\sigma_P} = 1 - 0.714 = 0.286$$

(2) 求出虚拟组合的收益率。

$$R_{P*} = \frac{\sigma_M}{\sigma_P} \times R_P + \left(1 - \frac{\sigma_M}{\sigma_P}\right) \times R_f = 0.714 \times 35\% + 0.286 \times 6\% = 26.7\%$$

(3) 最后求出 M^2 指数。

$$M^2 = R_{P*} - R_m = 26.7\% - 28\% = -1.3\%$$

二、各指数之间的关系

我们先从上述的例子来看，将五种经风险调整后的收益率指标绘制成表 18-1。

表 18-1 各指数之间的关系

指数指标	投资组合 P	市场组合 M
夏普指数	0.690	0.733
特雷纳指数	0.242	0.220
詹森指数	2.6%	0.000
估价比率	0.144	0.000
M^2 指数	-1.3%	0.000

可以看出，不同指数指标最终得出的结论是不同的。例如，根据夏普指数的结果显示，投资组合 P 的业绩是低于市场组合的，而特雷纳指数则恰恰相反，投资组合业绩较好。原因就是投资组合 P 的非系统性风险所占比例较大，使得只衡量系统性风险的特雷纳指数结果偏大。若以詹森指数或估价比率为依据，则组合 P 的表现要好于市场平均水平。而 M^2 指数则同样显示该组合的表现不如市场组合。

另外，我们还可以从几何图中更为直观地表达各指标间的关系。M^2 指数是由夏普指数改进而来的，所以，它们之间的关系最为"亲密"，我们先来看夏普指数与 M^2 指数之间的关系。如图 18-4 所示，资本配置线(CAL)的斜率就是夏普指数，图中很明显就可看出组合 P 的夏普指数小于市场组合。将组合 P 沿着其资本配置线移至市场组合 M 的正下方得到组合 $P*$，此时该组合与市场组合间的差额就是 M^2 指数。组合 P 的 M^2 指数是小于零的，与之前的计算相符。同时，我们可以看出投资组合 P 的 M^2 指数应该等于市场组合的夏普指数与其标准差的乘积再减去组合 P 的夏普指数和其标准差的积。

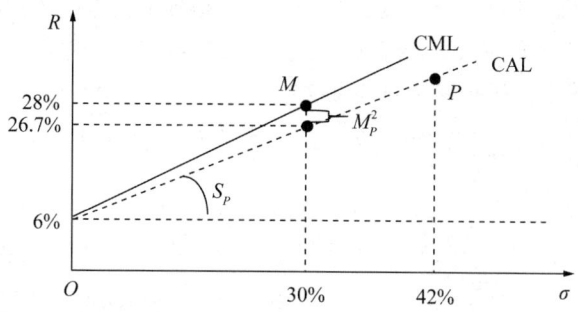

图 18-4　夏普指数与 M^2 指数

我们可以从数学角度严格地推理出夏普指数与 M^2 指数间的关系：

$$M^2 = R_{P*} - R_M = \frac{\sigma_M}{\sigma_P} \times R_P + \left(1 - \frac{\sigma_M}{\sigma_P}\right) \times R_f - R_M = \frac{R_P - R_f}{\sigma_P} \times \sigma_M + R_f - R_M$$

$$= \frac{R_P - R_f}{\sigma_P} \times \sigma_M - \frac{R_M - R_f}{\sigma_M} \times \sigma_M = (S_P - S_M)\sigma_M \tag{18.15}$$

从公式(18.15)中，我们同样可以得到上述的结论。

下面我们再来分析特雷纳指数与詹森指数之间的关系。如图 18-5 所示，特雷纳指数，是一条经过组合所在坐标点和无风险收益率所在坐标点的直线的斜率，显然，组合 P 所在直线在证券市场线（SML）的上方，故其业绩优于市场组合；詹森指数则是一个绝对评价指标，在图中表现为点 P 到证券市场线的竖直距离，该组合的阿尔法值大于零。同样我们可以从图中观测到：组合 P 的詹森指数应等于组合 P 的特雷纳指数与该组合的收益率的积和特雷纳指数与市场组合的收益率的积的差。

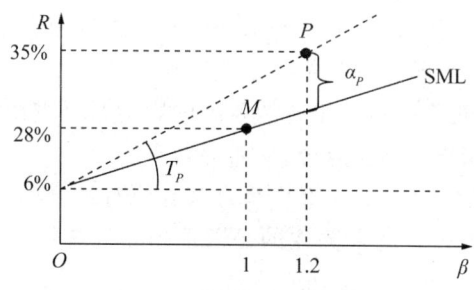

图 18-5　特雷纳指数与詹森指数

我们依然可以运用数学知识进行证明：

$$\alpha_P = R_P - [R_f + \beta_P(R_M - R_f)] \tag{18.16}$$

等号两侧同时除以 β_P 得

$$\frac{\alpha_P}{\beta_P} = \frac{R_P - R_f}{\beta_P} - \frac{R_M - R_f}{1} \tag{18.17}$$

我们可以将 1 视为市场组合的贝塔值，则

$$T_P^2 = \frac{\alpha_P}{\beta_P} = T_P - T_M \tag{18.18}$$

将此式简单变形得到

$$\alpha_P = \beta_P T_P - \beta_P T_M \tag{18.19}$$

得证。与前文得到的结论一致。这与夏普指数和 M^2 指数的关系类似,但是,组合 P 的詹森指数是与该组合的贝塔值有关,而 M^2 指数则是与市场组合的风险有关。

下面我们再对夏普指数进行简单的变形:

$$S_P = \frac{R_P - R_f}{\sigma_P} = \frac{\alpha_P + \beta_P(R_M - R_f)}{\sigma_P} \tag{18.20}$$

而

$$\frac{\beta_P}{\sigma_P} = \frac{\mathrm{cov}(R_P, R_M)}{\sigma_P \sigma_M^2} = \frac{\rho}{\sigma_M} \tag{18.21}$$

则

$$S_P = \frac{\alpha_P}{\sigma_P} + \rho \frac{R_M - R_f}{\sigma_M} = \frac{\alpha_P}{\sigma_P} + \rho S_M \tag{18.22}$$

其中,ρ 为投资组合 P 与市场组合之间的相关系数。

表达式(18.22)为如何有效评价基金的积极管理水平提供了很有价值的信息。很明显,寻找到一些只有较大阿尔法值的证券是必要的,它可以用来构造潜在的收益。但是,高的阿尔法值会使组合背离分散化原则,从而升高该组合的标准差,这就稀释了高的阿尔法值带来的好处。阿尔法值越高,资产组合与市场组合之间相关系数就越低,于是资产组合业绩的潜在的损失就越大。因此,在不同的情形下,我们应该使用与之相对应的业绩评估方法。

三、指数指标的选择

上面介绍的五种业绩评价指标各不相同,都有着不同的适用情况,那么,什么情况下适用哪种评价指标呢?

(1) 如果投资管理者将其全部风险投资均投入一个投资组合,那么夏普指数是一个相对更适合的指标。因为它衡量的是承担单位总风险获得的回报率。评价组合业绩时最好将市场组合的夏普指数作为基准,来判断该组合的优劣。

(2) 如果投资管理者管理的是一个大型基金的众多投资组合中的一个,此时特雷纳指数就比较适合。因为特雷纳指数衡量的是单位系统风险的回报率,作为众多投资组合中的非常小的部分,该组合的非系统性风险对总组合的风险的影响微乎其微,这时,就要求该投资管理者寻找到一个系统性风险回报率高的组合,从而提高业绩。

(3) 如果投资管理者希望通过引入市场组合来与原有组合构成新的组合,信息比率就是一个较好的评价指标。因为投资者最关注的是因承担非系统性风险所能获得的额外风险溢价,信息比率反映的就是这一点。

当然,这些经风险调整后的收益率指标在实际应用中也存在一定的局限性。首先是这些指标中的阿尔法值、贝塔值参数都来自历史样本数据统计。采用不同的评价指标有时会有截然不同的结果,而且评价时采用的无风险利率以及市场组合的选择都会对结果产生影响。要准确地判断投资管理者的管理水平,不仅需要进行业绩评价激励,还需长时间的考察。

阅读延展

国内的四大基金评级机构

晨星公司(Morningstar,Inc)于 1985 年首次推出基金评级(Morningstar Rating),借助星

级评价的方式。1996年,晨星公司引入分类星级评价方法(Category Rating),对基金进一步细分。2002年,晨星公司在原有基础上进行改良,启用新的星级评价方法(New Morningstar Rating)。与最初把基金按照资产分布分为四类(美国股票基金、国际股票基金、应税债券基金、免税债券基金)相比,新的评价体系在原先分类的基础上进一步细分,基金的类型有70多种。新的评价体系以期望效用理论为基础衡量基金的风险调整后收益,体现基金各月度业绩表现的波动变化,并更加注重反映基金资产的下行波动风险。

晨星现阶段为具备三年或三年以上业绩数据的国内开放式基金提供评级,而且同类基金必须不少于5只才具有评级资格。需要说明的是,货币市场基金和保本基金不参与评级。对于同类基金少于10只的类别,其评级结果在国内市场并不公开发布。

给予某类基金三年评级时,晨星会根据各基金截至当月月末的过去36个月的回报率,计算出风险调整后收益MRAR(2)。各基金按照MRAR(2)由大到小进行排序:前10%被评为5星;接下来22.5%被评为4星;中间35%被评为3星;随后22.5%被评为2星;最后10%被评为1星。在具体确定每个星级的基金数量时,采用四舍五入的方法。

理柏(Lipper)是国际知名的基金研究机构,成立于1973年,1998年成为路透集团全资附属公司,并将业务拓展至亚洲,2006年9月才在中国推出基金评级。理柏的评级体现了基金管理者与基金持有人之间的委托与信任原则,持有人依照最初的基金招募书购买基金,基金管理者按照基金合同开展投资。简单地说,晨星基金评级考察的是基金,而理柏基金评级考察的是基金公司。

理柏评级考核要素主要有总回报、稳定回报、保本能力和费用。收益评价指标主要看总回报和稳定回报;风险评价指标主要考察保本能力和稳定回报;风险调整后收益指标考察该基金在过去的一个时期里各个时间段的风险调整收益,不像一般的风险指标考察的是单一期间。

理柏评级把所有基金公司分成5档。排名靠前的20%为第一档,用勾表示;排名为21%至40%的是第二档,用数字2来表示;最差的81%至100%那一档,用数字5来表示。与晨星相比,晨星基金评级考察的是基金,而理柏基金评级考察的是基金公司。

中国银河证券基金研究中心在2001年推出基金评级,其评级原理与晨星评级基本相似,也同样以5个不同的星级来评定优秀基金,只是在参数侧重点和基金分类标准上略有不同。银河证券基金研究中心评级的主要指标包括收益评价指标、风险评价指标和风险调整后收益指标。在收益评价指标上,综合考虑基金在评价期内的净值增长率、平均季度净值增长率以及平均月度净值增长率,并将基金在每个阶段的净值增长率转换为标准分。合计标准分越高,基金的收益越好。在风险评价指标上,将月度净值增长率的标准差转化为标准分的形式进行评价。对风险调整后收益指标,银河证券则综合考虑基金的收益评价和风险评价,从收益评价的得分减去风险评价的得分,即为风险调整收益标准分。风险调整收益标准分越高,基金整体表现越好。

但银河证券基金评级只立足于对单个基金的评价,并没有对基金之间的相关关系做出分析,因此在构造基金组合时,以高星级基金构成的投资组合可能并不是一个有效组合。

和讯中国基金评级始于2007年,其对成立1年以上的股票型、债券型和配置型基金进行测评。基金分类以和讯数据库为准。测评项目包括业绩表现(最近一周回报率/排名、最近一月回报率/排名、最近一季回报率/排名、最近一年回报率/排名、今年以来回报率/排名)等。测评按照每只基金的设立时间给出以下结果中的部分或全部:成立两年以上的基金同时参加一年期和两年期测评,系统给出月度测评星级、近期业绩表现、收益参考指标。成立一年以上未满两年的基金只参加一年期测评,系统给出月度测评星级、近期业绩表现、收益参考指标。成立未满一年的基金无星级评定和收益参考指标,系统给出近期业绩表现。和讯中国基金评级在周期分类的基础上,按基金类型划分为股票型、配置型和债券型,每类型基金单独评级。和讯中国基金评级较为专业,包含了多种更为专业的指标,但因为成立时间短,不如上述三家公信力强。因此其对于机构投资者,或者是资深"基民"更为适用。

【本章小结】

1. 业绩评价的起点是投资收益率的比较。主要有算术平均收益率、时间加权收益率和资金加权收益率。

2. 仅仅根据组合收益率来评价其业绩是不够的,我们还需要考虑风险。风险调整后的收益率指标主要有夏普指数、特雷纳指数、詹森指数、信息比率和 M^2 指数。

3. 因为不同指标得出的结论会不相同,所以我们需要对不同情况采用适当的评价指标。

【关键概念】

时间加权收益率　资金加权收益率　夏普指数　特雷纳指数　詹森指数　信息比率　M^2 指数

【复习思考题】

1. 时间加权收益率与资金加权收益率间的区别是什么?
2. 是否实现了高的收益率就会有优秀的业绩?
3. 夏普指数与 M^2 指数有什么数学关系?
4. 一位投资者在 2010 年以 90 元每股的价格买入 3 股股票,并在此后的三年里每年以 100 元的价格卖出 1 股,假定该股票不支付红利。求该股票这一时期的算数平均收益率、时间加权收益率和资金加权收益率。
5. 已知证券组合 A、B 和市场组合 M 在评价期间收益与风险情况如下表:

	A	B	M
平均收益率	16%	20%	15%
贝塔值	1.20	1.95	1.00
收益率标准差	17%	15%	10%

已知国库券利率为 7%。请计算证券组合 A、B、M 的夏普指数、特雷纳指数、詹森指数、信息比率和 M^2 指数。

【参考文献】

[1] 邢天才,王玉霞. 证券投资学(第二版)[M]. 东北财经大学出版社,2007.

[2] 陈泽聪. 证券投资分析[M]. 厦门大学出版社,2009.

[3] 〔美〕滋维·博迪,〔美〕亚历克斯·凯恩,〔美〕艾伦 J. 马库斯著,汪昌云,张永冀编译. 投资学(第九版)[M]. 机械工业出版社,2012.

[4] 谢百三. 证券投资学[M]. 清华大学出版社,2006.

第十九章 证券投资行为与投资心理

【本章概要】
　　证券投资者是证券市场上的直接参与者,投资者的心理和行为对证券价格的走势有着举足轻重的影响。本章首先针对传统金融理论的不足及典型的市场异象,对行为金融学理论和模型进行简要介绍,进而详细梳理了证券投资者的各种心理表现和行为表现,并提出对证券投资心理偏差和行为偏差的调节措施。通过本章的介绍,读者能够从中更加清晰地认识到各种证券投资心理和投资行为,并对今后的投资决策起到一定的指导作用。

第一节　行为金融学简介

一、传统金融理论的不足及典型的市场异象

　　传统的标准金融理论中的资本资产定价模型(CAPM)、套利定价模型(APT)、资产组合理论(MPT)和期权定价理论等是建立在人类理性等一系列假设的基础之上的。这些假设包括:① 投资者是理性的。行为人能够根据所得到的信息,在进行决策时以主观预期效用最大化为目标,对市场的未来做出无偏估计。② 投资者是风险厌恶型的。投资者在投资过程中总会选择同等收益条件下风险最小的组合。③ 投资者是同质的。投资者是无差异的,他们可以一样理性地对未来经济做出客观公正的预测。④ 投资者对不同资产的态度是一致的。⑤ 市场是有效的,各种资产的价格都反映了所有的信息,市场上各种资产的价格都是其价值的真实反映。
　　但是,大量的实证研究和观察结果表明,证券市场并不是有效的,而是存在收益异常的现象,这些现象无法用有效市场理论和现有的定价模型来解释,因此,被称为"异象"(Anomalies)。

　　(一) 股票溢价之谜
　　Mehra 和 Drescott(1985)提出了"股票溢价之谜",他们指出股票投资的历史平均收益率相对于债券投资高出许多。在对 1926—1999 年间一美元投资回报的波动情况进行研究后他们发现:在此期间,股票投资组合的加权平均回报率比国债回报率高出 7.1%。虽然人们希望股权投资的回报率高一些,因为股票要比国库券风险大,但是每年 7% 的回报率差异也太大

了,而且从历史来看,对于长期投资来说投资于股票市场的风险微乎其微,这种差异仅用风险因素是不能解释的。西方金融学家称这种股票收益率与国债收益率之间巨大的、难以用标准经济学模型做出合理解释的差额为"股票溢价之谜"(Equity Premium Puzzle)。股票溢价现象具有普遍性,不但发生在英国、日本、德国、瑞典和澳大利亚等发达国家,而且印度等新兴国家的证券市场也存在显著的股票溢价。

(二) 封闭式基金之谜

研究发现,封闭式基金单位份额交易的价格不等于其净资产现值,虽然有时候基金单位份额的交易价格与资产净值相比较是溢价交易,但实证表明,折价10%—20%已经成为一种普遍的现象。这种与有效市场假设相矛盾的价格表现就是所谓的封闭式基金之谜(Closed-end Mutual Fund Puzzle)。

行为金融学学者认为,基金折价率的变化反映的是个人投资者情绪的变化,因此具有相同投资者结构的投资品种,将会受到类似的投资者情绪的影响。具体来说,当封闭式基金发行上市时,由于认知偏差的存在,噪音交易者对封闭式基金会非常乐观,这种乐观的程度远远超出了对基金未来业绩的理性预期,从而导致基金的过度交易,使基金的交易价格高于其资产净值,产生溢价。而且,封闭式基金折价水平随投资者对基金未来收益水平预期的情绪波动而波动。

(三) 波动性之谜

传统理论认为,股票价格的波动是建立在股票内在价值基础之上的,股票价格会由于各种非理性原因偏离内在价值,但是随着时间的推移这种偏离会得到纠正而回归到内在价值,因此,股票价格的未来变化可通过与内在价值的比较而加以判断。内在价值取决于公司未来的盈利能力。

但是事实上存在股票市场价格长期偏离其内在价值的现象,即波动性之谜(Puzzle of Excess Volatility)。Shiller(1979)提出股票市场和债券市场的价格波动远比单纯由基础价值来决定的剧烈得多,并且认为,事实上股票价格的波动与股息的波动并没有什么密切的联系。他列举了1929年9月的股市高峰和1932年6月的股市低谷,根据标准普尔实际指数,股市下跌了81%,但实际上股息指数下跌仅仅6%,同时,他用一些简单易得的数据证明股价也不是由未来收益的信息所决定的。

(四) 赢者输者效应

De Bondt和Thaler(1985)将公司股票按照股价表现进行分类,将前三年内股票累积收益率排在前几位的公司构造称为赢者组合,将同一时期内累积收益排在最末几位的公司构造称为输者组合,然后在1933—1985年这段时间内比较输者组合与赢者组合在构造后五年内的累积收益,结果发现输者组合在形成期后表现出很高的收益,而赢者组合表现出很低的收益,这种现象被称为"赢者输者效应"(Winner-loser Effect)。而且,Jegadeesh和Titman(1993)通过对美国股票市场收益情况的考察后发现,个股的价格走势在短期内具有持续性,同长期价格走势趋于反转不同,个股在6—12个月的价格趋向于在今后的16个月表现出相同的走势。

这种股票价格在短期内保持惯性而在长期内出现反转的现象又合称为动量效应(Momentum Effect)和反转效应(Reversal Effect)。前者亦称惯性效应,是指在较短时间内表现好的股票将会持续其好的表现,而表现不好的股票也将会持续其不好的表现。后者是指在一段较长的时间内,表现差的股票有强烈的趋势在其后的一段时间内经历相当大的好转,而表现好的股票则倾向于在其后的时间内出现差的表现。

(五)日历效应

所谓日历效应(Calendar Effect),是指在不同的时间,投资收益率存在系统性差异。

1. 一月效应

一月效应是指一月份的收益率明显高于其他十一个月的现象。Rozeff 和 Kinney(1976)研究发现,1904—1974 年间纽约股票交易所的股价指数在一月份的平均收益率高达 3.48%,而此间其他十一个月的平均收益率仅为 0.42%,一月份比其他月份的投资回报率高出 3.06 个百分点。Gultekin(1983)通过对日本、新加坡、英国等 17 个世界上主要证券市场在 1959—1979 年间的股票平均收益率进行分析,发现其中 13 个国家一月份的股票收益率都高于其他月份,并得到"小公司一月份效应",也就是一月份规模较小的公司比规模大的公司收益率更高的结论。

2. 周一效应

股票市场的投资收益率不但存在月度收益率异常现象,在日收益率上也存在异常现象。研究表明,股票市场的周一的平均回报率比其他交易日要低得多,我们称之为"周一效应"。不过,有趣的是,可能由于大家都知道周一效应的存在,纷纷进行套利,经过长时间的交易,投资者的套利行为使股票市场的周一效应逐渐消失。

3. 节前效应

节前效应是近年来最受关注的市场异象之一,遵循行为金融学的思路,"节前效应"来自节日临近的愉悦和较高的情绪,投资者积极情绪普遍高涨,进而影响投资行为,推高节前收益。它是指证券市场上节日前交易日的平均收益率与其他交易日平均收益率相比存在超额收益的现象,即当日对金融市场波动产生了一定的影响。这一市场异象首先由 Fields 在美国股市中发现,随即引起了广泛的研究,并在各国的股票市场中得到证实。

阅读延展

中国股市的"春节效应"

所谓"春节效应",是指 A 股的特有现象,即春节前 1 个交易周(5 个交易日)市场上涨的概率远大于下跌的概率。事实上,从 2002 年开始至 2011 年的 10 年中,春节前以 1 个交易周为周期计算,上证综指全部取得了正回报(2011 年的情况仅考虑了除 2 月 1 日以外的 4 个交易日)。

实际上,国内对"节前效应"的研究虽然取得了较为丰硕的研究成果,但是由于起步较晚,研究成果并不全面。首先,以往的研究仅仅就这一效应是否存在进行验证,并未对其发展规律做出深入分析,而且对"节前效应"的实证检验有的采用节日当天,有的采用节前一两天的数据,界定标准不一。其次,缺乏对特定节日效应的研究,仅有的"春节效应"的文献也因缺乏数据支持而难以具有说服力。最后,对"节前效应"产生原因方面的研究较少,缺乏定量研究。

资料来源:车卉淳,沈大龙.中国股市春节"节前效应"与投资者情绪[J].财会月刊,2014 年第 12 期.

二、行为金融学的产生与发展

多数情况下,根据基本面因素和技术因素并不能对证券市场的价格变动做出令人信服的解释，行为金融学应运而生。实际上，行为金融学的产生最早可以追溯到一百多年前对金融市场参与者心理的研究，但真正意义上的行为金融研究是在20世纪50年代后才开始的，而行为金融正式成为一门学科却是在80年代后期发生的事情。1985年，De Bondt和Thaler发表的《股票市场反应过度了吗？》一文被学术界视为行为金融研究的正式开端。此后行为金融研究有了突破性的进展，其影响力也与日俱增。

行为金融学作为行为经济学的一个分支，是以心理学和其他相关社会科学为基础，将人类的实际行为运用到金融决策中去的一门学科。它研究人们在投资决策过程中的认知、情感、态度等心理特征以及由此引起的市场非有效性。

行为金融理论的基本特征：① 突破了传统金融理论只注重理性投资决策模型来对证券投资者的实际决策行为进行衡量的框架，强调投资者在更多的时候是非理性的或有限理性的；② 以实验经济学为基础，从另一个侧面真实地剖析了金融市场的基本规律；③ 以心理学和其他相关学科的研究成果为依据；④ 以人们的实际决策心理为出发点，研究投资者的投资决策行为规律及其对市场价格的影响。

行为金融理论的核心观点认为：一方面，从现实的个体投资者角度考察，投资者行为必然受到各种心理因素的制约和激励，而这些心理因素又会导致投资者出现各种认知偏差，进而诱发投资者出现判断和决策偏差。因此，在从个体投资者感知信息、处理信息、做出决策和实施行为的整个主体认知客体过程中，认知偏差居于中心地位。另一方面，从现实的集体投资者角度考察，个体投资者之间的心理偏差并不具有相互独立性，个体投资者之间会基于心理传染或羊群行为而导致投资者出现集体性认知偏差，进而促使集体投资者产生集体无意识或群体预期出现系统性偏差。因此，对于行为金融学中的准理性人或有限理性人来说，直观推断法包含一些系统性的误差，而这些误差在有些情况下会成为影响全局的错误。此外，投资者也并不总是根据市场的基本面来进行投资决策，他们在信息不可获得和不可处理时会根据自己的直觉来决策，成为所谓的噪音交易者。行为金融理论证实了投资者的非理性行为在市场上并不能被理性的套利行为完全消除，从而得出与传统金融理论相去甚远的结论。

行为金融学对传统金融理论的挑战主要表现在以下两方面：第一，传统金融理论是建立在市场参与者是理性人的假定基础上的。行为金融则是将心理学尤其是行为科学的理论融入金融学之中，从微观个体行为以及产生这种行为的心理等动因来解释、研究和预测金融市场的发展。这意味着，行为金融学理论放宽了关于投资者完全理性的假定，认为人既有理性的一面，同时也存在非理性的一面，即人是有限理性的，但是由于外在条件的限制，有时也未必能够实践理性行为。同时，在特定情景下，人们的多样化动机会导致他们放弃理性行为。于是，行为金融学提出了人类行为符合有限理性、有限控制力和有限自利的三个全新假设，并以此为出发点来解释现实的金融活动并指导投资决策。行为金融理论认为证券市场的价格并不仅仅由证券自身所包括的一些内在因素所决定，而且还在很大程度上受到各参与主体行为的影响，即投资者心理与行为对证券市场的价格决定及其变动具有重大影响。第二，在有效市场竞争方面，传统金融理论认为，在市场竞争过程中，理性的投资者总是能抓住每一个由非理性投资者创造的套利机会，因此，能够在市场竞争中幸存下来的只有理性的投资者。但在现实世界中，市场并非像理论描述的那么完美，大量反常现象的出现使得传统金融理论无法应对。

由此可见，行为金融理论与传统金融理论的根本区别在于：传统理论为投资者找到了一条最优化的道路，告诉人们投资过程中"会发生什么"和应该怎么去做。但遗憾在于，并非每个市场参与者都能完全理性地按照理论中的模型去行动，人的非理性行为在经济系统中发挥着不容忽视的作用。因此,行为金融认为行为分析应纳入理论分析之中,不能再将人的因素仅仅作为假设排斥在外,理论研究的重点应转向"实际发生了什么",从而指导决策者们进行正确的决策。

三、行为金融学的主要理论模型

行为金融发展至今,尚未形成一个完整的理论体系,但是行为金融理论的先行者们在传统金融理论的范式基础上成功地进行了一些理论创新,在对传统金融理论批判继承的同时对一些现象从理论建模上加以解释,这其中主要有行为资本资产定价模型、行为组合模型、BSV 模型、DHS 模型、HS 模型和羊群效应模型。

(一)行为资本资产定价模型

行为资本资产定价模型(Behavioral Capital Asset Pricing Model,BCAPM)是资本资产定价模型(CAPM)的扩展。在 CAPM 模型中,所有投资者都被假设为只关心投资回报和投资组合的风险,两者的均衡即为投资者的选择。但是,CAPM 不能解释市场中价格偏离合理价格的现象。Shefrin 和 Statman(1994)构筑的行为资本资产定价模型改变了资本资产定价模型的假设,使其更接近现实。在 BCAPM 中,投资者被分为信息交易者(Information Traders)和噪音交易者(Noise Traders)。信息交易者是严格按照标准 CAPM 行事的理性投资者,他们不会受认知偏差的影响,不同投资者之间表现非常相近,他们关心的只有投资组合的收益与风险,通过套利使资产的价格趋于价值,因此也可称为理性交易者或套利交易者。噪音交易者则不按 CAPM 行事,他们会犯各种认知错误,不同投资者之间差别很大,没有严格的收益和风险偏好。两类投资者相互影响共同决定资产价格,市场是否有效取决于哪一类投资者在市场中起主导作用。

BCAPM 中证券的预期收益与其行为 β 有关,行为 β 与均值方差有效组合的切线有关。由于噪音交易者对证券价格的影响,正切均方差效率(Tangent Mean Variance Efficient)资产组合并非市场组合。比如,噪音交易者倾向于高估成长型股票的价格,相应地,证券组合中成长型股票的比例也就偏高。为了纠正这种偏差,正切均方差效率资产组合较市场组合要人为地调高成长型股票的比例。

BCAPM 有限地接受了市场有效性,体现了行为金融学的基本理念,即非理性的投资者长期地、真实地存在于市场中。但是由于行为因素随时都在变化,与用股票指数代替市场组合而产生标准 β 相比,行为 β 由于同时涵盖了客观标准和投资者价值感受特性,因此其计算比标准 β 要困难得多。

(二)行为组合理论

以均值—方差模型为核心的现代投资组合理论(Modern Portfolio Theory,MPT)认为,投资者应该关注的是整个组合而不是单个资产的风险和预期收益,最优的组合配置处在均值—方差的有效边界上,这就必须考虑资产之间的相关性问题。但是现代投资组合理论忽略了投资者的心理因素及个体差异,缺乏对个体投资者行为的研究,这是资产组合理论受到批评的主要方面。

为了更好地契合现实,Shefrin 和 Statman(2000)借鉴资产组合的有益部分建立了行为资产组合理论(Behavioral Portfolio Theory,BPT)。该理论认为,现实中的投资者无法在均值-方差有效边界上选择最优的组合配置,他们实际构建的资产组合是基于对不同资产的风险程度的认识以及投资目的所形成的一种金字塔式的资产组合,位于金字塔各层的资产都是与特定的目标和风险态度相联系的(忽略各层之间的相关性)。而且 BPT 认为投资者将通过综合考虑期望财富、对投资安全性的欲望、对投资增值潜力的欲望、期望水平以及达到期望值的概率五个因素来选择符合个人意愿的最优组合,从而使理论与投资行为更为接近。

行为组合理论有两种分析模型,即单一心理账户行为组合理论(BPT-SA)和多重心理账户行为组合理论(BPT-MA)。两者的区别在于单一心理账户下投资者同均值-方差投资者一样,通过考虑协方差而将所有证券组合放入一个心理账户之中,而多重心理账户下则将证券组合归入不同的账户之中,为了使问题简化,该理论忽视了账户间的相关性。

(三) BSV 模型

BSV(Barberis et al.,1996)模型利用人们进行投资决策时的选择性偏差和保守性偏差来解释投资决策模式是如何导致证券市场价格变化偏离有效市场假说的。所谓选择性偏差是指投资者过分重视近期数据的变化模式,而对产生这些数据的总体特性重视不够;保守型偏差指人们不能及时根据变化了的情况修正自己的预测模型。

BSV 模型认为,收益是随机游走的,但是由于上述两种偏差会使投资者错误地以为收益变动分为平均回复区和趋势区两种情况。如果投资者认为收益变化属于平均回复区,他们就不会以此来调整自身对股票未来收益状况的预期,即对市场信号产生反应不足的现象。而当后来的收益状况与投资者先前的预期不符时,投资者会重新做出调整,但是会引起市场对收益变化产生滞后反应。如果投资者认为收益变化属于趋势区,则会错误地将这一趋势外推,导致对市场信号产生过度反应。如果市场对过度反应进行修正,会产生价格回调的现象,降低长期收益。

(四) DHS 模型

DHS(Daniel et al.,1998)模型将投资者分为有信息交易者和无信息交易者两类。无信息交易者不存在判断偏差。有信息交易者存在过度自信和有偏的自利归因,并且对股票价格有很大的影响。过度自信会使他们夸大自己对股票价值判断的准确性;自利归因则使投资者在判断股票价格时对自己掌握的信息做出过度反应,对公开信息却反应不足。

如果公开信息与个人拥有的信息相一致,投资者的过度自信情况会加剧,但是如果公开信息与个人信息不一致,投资者仅仅会部分地调整过度自信的情况。研究表明,不断的过度反应将不断推动股价,只有在公开信息逐渐披露后才会逐渐趋缓,并使股价回归至基本面。因此 DHS 模型较好地解释了股价过度反应的问题。

(五) HS 模型

HS(Hong 和 Stein,1999)模型又称为统一理论模型。该模型与 BSV 和 DHS 模型的区别之处在于:它把研究重点放在不同投资者的作用机制上而不是在投资者的行为心理和认知偏差方面。

HS 模型将投资者分为"消息观察者"和"动量交易者"两类,并给定以下三个假设:第一,这两类投资者都是有限理性的,只能以无偏方式处理所有公开信息中的一个子集。第二,消息观察者根据他们所观察和获得的关于未来基本价值的信息来预测,他们的局限性是他们完全不依赖当前或过去的价格;动量交易者则完全依赖过去的价格变化做出预测,但是他们的预测必须是过去价格的简单函数。第三,私人信息在消息观察者中是逐步扩散的,这会使市场价格在短期内存在反应不足的现象。这种反应不足使得动量交易者通过套利活动获取收益,但是这会推动长期价格的过度反应。也就是说,反应不足现象的存在,为动量交易者提供了进入市场获利的机会,最终导致过度反应。

(六)羊群效应模型

羊群行为(Herd Behavior)是指投资者在不确定的情况下,行为受到其他投资者的影响,认为其他投资者掌握了充分的信息,从而有一种从众心理而不考虑自己拥有的信息。羊群行为在证券市场中非常普遍,比如由于委托代理关系而在基金经理中普遍存在的基于名誉和基于报酬的羊群行为。利用羊群效应模型可以解释投资者的羊群行为对金融市场稳定性和效率的影响。羊群效应模型认为投资者的羊群行为是在群体压力等情绪下符合最大效用准则的非理性行为。羊群效应模型可以解释为什么投机泡沫恰巧是市场行为的理性均衡点,利空消息为什么容易引起股民的极大恐慌并造成股市较大的波动等现象。

根据模型中假设的决策过程,羊群效应模型分为序列型和非序列型两种。最早的序列型羊群效应模型是在1992年由Banerjee提出的,在该模型中,投资者通过典型的贝叶斯过程从市场噪音以及其他个体的决策中依次获取决策的信息。序列型羊群效应模型最大的特点是其决策的序列性,投资者一次只能做一种决策,在决策之前参考其他个体的决策,但是在现实生活中是无法区分投者决策顺序的,所以这一假设在实际金融市场上缺乏支持。而非序列型模型则认为无论投资者效仿他人的倾向强或者弱,都不会得到股票的零点对称以及单一模型的厚尾特征。

第二节 证券投资的心理分析

面对复杂多变的证券市场,投资者容易产生各种各样的投资心理,这反映出不同投资者的个性、心理品质与特征。证券市场上的价格在一定程度上也是证券投资者对证券价值的态度和判断通过市场机制在证券市场上的反映。投资者在证券市场中通过自己获取不同信息并对此进行分析,形成自己对市场乐观或悲观的态度,并最终决定了投资者的买卖行为和市场价格,最终影响到投资者的投资收益。

一、证券投资的心理表现

(一)盲目跟风心理

这种心理又称"羊群心理"或盲从心理。它主要表现为,个体投资者在市场上受环境诱导、气氛影响,以及来自其他投资者的情绪和心理上的感染,在对证券优劣、企业经营状况、市场行情一无所知或知之甚少的情况下,看到别人抢购某种证券时,也立即闻风而动,唯恐落后,而当看到别人抛弃某种证券时,也不了解缘由便紧随其后,或者放弃自己已制订的计划和主张,并采取与其他投资者相同或相似的操作方式进行投资活动。这种心理的典型特点是投资者缺乏证券投资的主动性,缺乏个人的价值判断、理性分析和投资取向。这种心理对证券市场影响很大,有时谣言四起,证券市场就会掀起波澜。一旦群体跟风抛售,市场供大于求,价格便会一落千丈。

社会心理学家研究发现,影响从众的最重要因素是持某种意见的人数量的多少,而不是这个意见本身。人多本身就有说服力,很少有人会在众口一词的情况下还坚持自己的不同意见。"群众的眼睛是雪亮的""木秀于林,风必摧之""出头的椽子先烂"这些教条紧紧束缚了我们的行动。导致出现"羊群效应"的原因,有可能是一些投资者认为同一群体中的其他人更具有信息优势,也可能是由系统机制引发的。

(二)犹豫不决心理

许多投资者尽管可能熟悉证券投资的技巧,有必要的经验,也制订了投资计划和策略,但一旦置身证券市场却往往犹豫不决,总是担心成为交易的牺牲品,不时为证券市场的价格涨落而担惊受怕。他们虽然事先已经制订了投资计划和实施方案,但临场却易受到群体心理的影响而改变投资方案。因此,投资者的这种犹豫不决心理会改变其理性行为,使其做出错误决策,往往在机会面前也可能因为优柔寡断而错失良机。

这种投资心理有以下几种表现:① 虽然事先并无购入某种证券的计划,但因经不住众人抢购某种证券的诱惑,便也突然入市;② 根据自主分析决定购入A证券,但临场听闻B证券价格将上涨,A证券价格将下跌,便中途改变决策,购入B证券,但结果却是A证券价格上涨;③ 根据自己的判断分析,发现某种证券价格较低宜于购入时,便做出低价购入决策,但当看到他人纷纷抛售时,马上又显得信心不足,疑虑重重,总感觉自己决策有误,从而临阵退缩;④ 当投资者发觉持有的证券价格偏高宜于抛售,并做出出售的决策,但临场由于受到群体继续看涨心理的影响,又改变计划,而不采取出售措施,结果价格回落,不仅没有抓住获利时机,有时反而得不偿失,无利可获甚至亏本。

(三)过度贪婪心理

贪婪是一般投资者在证券投资中的共同心理,是对利润最大化的追逐。而存在过度贪婪心理的投资者,其心理期望值特别高,甚至到了"贪得无厌"的地步。这主要表现在两个方面:一方面是当证券价格上升时,持有这种心态的投资者,一心要追求更高的价格,获得更大的收益,而迟迟不肯出售自己手中的证券,从而使自己失去了一次次出售获利的机会;另一方面是当证券价格下跌时,一心想着证券价格还会继续下跌,等待以后买入更便宜的证券,以致迟迟不肯入市,结果往往是因贪得无厌而落空,又错过了获利的良机。正是因为投资者的过度贪婪心理,以致常常在实战中,因为错失良机而方寸大乱,心焦气躁,匆忙之中极容易产生错误的分析判断结果。

(四)赌博心理

有些投资者没有正确的投资理念,总把股票投资等同于赌博,带着赌博的心理来参与证券投资。具有赌博心理的投资者,总希望一朝发迹,以便摇身变成百万富翁。他们在投资决策并未付诸行动时,不是基于对市场行情和相关因素的周密分析和全面判断,也不是在充分利用准确的市场信息和有效的技术手段,而是抱着侥幸心理企图钻证券市场的空子。他们大多如赌徒般将自己的希望完全寄托于"碰运气"上,在投资行为上往往孤注一掷,走向极端。当股市获利后,多半会被胜利冲昏头脑,继而频频加注,直至蚀本为止;而当股市失利后,往往不惜背水一战,把全部资金都投入股市,以期把损失扳回来。这种非理智的意气用事投资行为,多数是落得倾家荡产的结局。

具有赌博心理的投资者不能意识到股市的高风险。股市的特点是风险与收益同在,投资者如果以赌博心理入市和购买股票,急于求成,肯定很难获利,而且还可能会被股市的高风险所击倒。所以应保持一颗平常心,冷静分析、谨慎入市。另外,还应当注意多选择投资渠道,不要把所有资金都投入股市,这样可以分散投资风险,克服赌博心理。

(五)惊慌心理

初涉证券市场的投资者,由于缺乏必要的心理准备和证券投资的实践经验,往往会对证券市场产生莫名其妙的惊慌。在听到未经考证和分析的不利消息时就惊魂不定,无所适从,把手中的股票视为异物而拼命抛售。实际上,股市信息真假掺和,尤其大众投资者中传出的信号,往往存在很多的虚假因素,有些甚至是某些投资者故意创造出来迷惑他人,其目的在于通过散布利空消息以引起某种股票抛售风,造成股价下跌,从而乘机以低价购买坐收渔利。因此,莫名其妙的恐慌常常是一场虚惊,一旦采取行动往往落入他人设置的圈套而蒙受损失。因此,投资者在各种消息面前,如果不保持冷静、细观静察,反而过于急躁、不加分析地仓皇处置,就很可能成为证券市场的受损者。

(六) 偏执心理

初始入市的投资者,因缺乏对证券市场的全面认识,更缺乏证券投资的操作经验,往往容易形成对证券投资的片面理解,产生偏颇心理,要么只愿赚不敢赔,要么失去信心,认定只赔不赚了。实际上,证券市场价格随着时间等条件的变化而发生不同幅度的升降,是很正常的事,由于证券价格变动而导致了一部分人赚钱,另一部分人则只赔钱是很自然的事。即使是投资经验丰富、投资技巧娴熟的投资者,有时也会不可避免地蒙受一定程度的损失,也不可能企望永远只赚不赔;对于初始投资者,即使投资受损,但在正常的证券价格波动中,也存在扭亏为盈、反败为胜的机会,而不可能永远是只赔不赚。因此,投资者应当树立理性的投资心理,既要有投资获利的信心,又要有必要的风险意识,培养必要的风险承受能力。这样,才能在获利时,不会只想赚而不敢赔;在受损时,不会只有沮丧而不能树立重新振作获利的信心。

(七) 嫌贵贪平心理

抱有嫌贵贪平心理的投资者,一心只想到处购入一些价格便宜的股票而不考虑买入那些价格会大幅度上升的股票,认为这种投资风险大。其实,高价入市当然会给投资者带来不理想的后果,但一心想购入价格低平的股票,有时也不见得就有好的收益。贪平入市的结果往往使得这种投资者的股票成了永远抛售不出去的蚀本股。还有一种投资者,由于他们对自己的投资经验和投资能力信心不足,而没有勇气赚更多的钱。他们买进某种股票后,当发现该种股票的市价上升时,就急不可待地抛出获利,因为他们认为,只有钱赚到手才最实在可靠,于是便匆忙将手中持有的股票抛出。这种典型的"不敢赚"的表现,其结果往往是失去了赚取更多和更大利润的机会。各种股票的升降变化都有其特定原因,股票价格上升或下降多大幅度,持续多长时间常在一定程度上可以预测和判断出来。如果一定时点上的股价上升还不足以完全反映其真实的价值,那么这种股票价格就会继续上升,而且经常是抛出后的升幅比抛出前的升幅大。尤其是初次发行的原始股票,从国际惯例来看都会上升很多倍,此时就不宜见好就收,见涨就卖,而应耐心地等待更多的上升机会,即使等到市价涨到高于市场平均盈利率时再售出也为时不晚。

(八) 过度自信

研究表明,人们往往对自己的能力和对未来的预测能力表现出过分的乐观自信,高估自己成功的机会,这种信念甚至不能通过不断的学习来进行修正。Alpert(1982)认为这种过度自信会导致投资者主动承担更大的风险,从而偏离理性行为的轨道。Odean(1998)认为过度自信导致投资者将投资成功归结于自己能力的结果而不是归结为运气,随着投资成功次数的增加,投资者会变得更加过度自信。过度自信往往还受到环境的影响,一般地,牛市往往会导致更多的过度自信,比如20世纪90年代末期股市的网络热潮。

过度自信对投资者处理信息有很大的影响。一方面,投资者会过分依赖自己的信息而忽视公司基本面的状况或者其他投资者的信息;另一方面,投资者在审视信息时,会故意注重那些能够增强他们自信心的信息,而忽视那些明显伤害自信心的信息。

投资者在连续经历几次成功之后,很容易产生过度自信的现象。过度自信对投资者的影响如下：① 过度自信使投资者低估了风险，从而持有较高风险的投资组合；② 过度自信使投资者对基础信息做出错误定价，从而造成股票市价远离其基础价值；③ 过度自信使投资者对自身的能力确信无疑，其交易相当频繁，他们更倾向于买入（卖出）过去的赢者组合（输者组合），从而犯下经验主义错误。在证券市场中，过度自信是投资失败的主要原因。

过度自信还会使投资者在投资活动中趋向于过度频繁地交易，降低投资回报。理性投资者交易的基本原则是卖出预期损失较大的股票，买进预期收益较好的股票。如果投资者对自己的信息处理能力和决策能力过度自信，就会进行一些非理性的交易。投资者越是过度自信，所得到的收益与预期相比越低。Odean(1998)通过对近 80 000 个投资者交易账户数据的实证分析，发现散户会在卖出股票后很快又买进另一种股票，但是平均来说第一年时，即使不算交易成本，他们卖出的股票也明显比买进的股票表现要好。

（九）定势心理

物理学告诉人们，运动的物体有惯性。同样地，股市也有惯性，而这背后的原因是思维惯性。股市的惯性可表现为指数和股价受阻力的约束而波动幅度逐渐减小的一种物理震荡。由于市场不断有各种利好和利空刺激，市场在上一个过程没有完成时，可能已经进入第二甚至第三个震荡过程了。

（十）矛盾心理

在证券投资中，人们非理性行为的形式有很多种，知行冲突即为一种比较特殊的形式。对于每一个人而言，通常存在两个心理系统，即分析研判心理系统与实际执行心理系统。这两个心理系统虽然是分开的，但通常是统一的，执行从属于分析，也即我们所说的知行合一。执行系统虽从属于分析系统，但人的心理系统具有逆反性，即执行系统常常不按分析系统去做决定。两个心理系统之间的逆反性应该是人类许多非理性行为发生的根源，也即人本身的自我冲突导致做出种种不合理的行为。这种冲突经常发生，不会被消除，但理性人可以控制它，使之局限在一定范围内。

以上十点是在研究中发现和证实的，投资者在市场上不同于传统金融理论中理性人假设，但对证券资产价格具有重要作用的心理现象。这些现象很少单独出现，而往往是紧密地联系交织在一起。投资者这些非理性的心理在很大程度上影响着证券价格。了解人们在投资过程中出现的心理，对于分析证券价格的波动有很大的帮助。

阅读延展

从"双十一"350 亿元销售额看中国股市的非理性

"双十一"电商纷纷打出诸如"五折封顶"之类的口号，其实就是打折出售，而且是产品覆盖面非常广的打折出售。最大赢家淘宝网日销售额超 350 亿元，同比增长 85%。而 2007 年 10 月到 2008 年 10 月的中国股市，以过山车的速度从 6 000 点直接跌到了 1 600 点，创下了世界上绝无仅有的"股灾"。事实上，股指大幅下挫也意味着股票正在大幅打折出售，因为股票所代表的上市公司的权益没有改变，而上市公司的业绩也是总体保持稳定的，所以说如果把股票看成是商品，股票这种商品打 5 折了却没有出现如"双十一"般的抢购。为何同样是打折，市场的反应却是天差地别呢？个人认为打折所造成的销售量变化实际上是由于打折造成人们心理变化所致。

首先，一般商品有着较为确定的使用价值，买到商品就获得了商品带给你的好处。而股市却不一样，许多人购买股票并不是为了获得股票背后的权益，而是为了获得股价上升带来的价差。一方面，股价大幅下跌会造成股价继续下跌概率的减少，反弹上升的概率增加，从而吸引投资者买入并且减少了卖出，这将会使股价总体稳定（理性人的思考角度）。另一方面，股价的大幅下跌也会造成一种保本思维，投资者可能自我强迫进行卖空操作。当股价下跌到理性人认为不该下跌的区间而继续向下的时候，理性人也可能动摇自己的预判而进行止损操作，从而加剧了股市的不稳定。

其次，"双十一"给出了明确的低价，它会告诉你之后价格会回升的，现在不抢就亏了，而股市却不一样，它没有明确的低价。于是，另外一种心理起了作用，即所谓的"锚定效应"，比如，当一个面包卖10元的时候，他会还价到9元，当同样的面包卖5元的时候，他会还价到4元，然后呢，当这个面包卖100元的时候，他可能会还价到99元，事实上，面包还是这个面包，但是当一个确定的价格出现的时候，消费者还价就会在这个确定价附近，且低于这个确定价。股票其实也差不多，例如，一只股票当前价格为其应有价值的100倍，当该股票价格跌至其应有价值的99倍时，就会有人购买，即使它仍为非正常价格。而当股价跌破其价值时，许多投资者会期待它继续下跌，然后再买。当一个股票涨到非正常价格，比如应该有的价值的100倍的时候，当这个股票跌倒有价值的99倍的时候事实上这只股票还是非正常的价格，但是就会有人去买，而股价跌破它的价值的时候，有许多人还是会期待着它继续下跌，然后再卖。2007年爆发的股灾可能与后一种心理有很大的关系。

最后，"羊群效应"也会起到推波助澜的作用，"双十一"期间周边人的抢购行为会吸引你也去抢购，股灾时周边人的抛售行为也会促使你去抛售。这些周边人的行为很大程度上可能会干扰你自己的思考能力，从而加剧一些盲目行为。虽然，有很多理由可以说明股灾的原因，但是股票终究是一种权益的表现，当股票和一般商品受同一状况的影响天差地别时，不正是说明了股市之非理性吗？

由此可知，非理性可能是中国股市非正常运行的原因之一，那么，如何才能改变这种状况呢？首先，改变投资者结构，加强投资者教育。通过增加机构投资者，提升投资者投资理财的能力，鼓励不具备投资能力的散户委托理财。其次，改变投资者只关注价差而不关注股票本身所代表权益的情况。最后，股市制度存在的种种缺陷可能会加剧投机者的非理性程度，通过不断完善股市制度可以大大减少股票投资的非理性行为。

资料来源：孔星宇.从双十一350亿元销售额看中国股市的非理性[J].现代商业，2014年第1期.

二、证券投资心理偏差的调节

（一）审慎对待偶发事件

证券市场中的偶发事件是频繁发生的，由于偶发事件不是系统性因素，不会影响长期趋势。如果投资者受偶发事件的干扰，轻易改变之前经过认真分析而做出的判断，做出过度反应，将导致收益率不佳。因此，面对偶发事件，首先要弄清是否有足够确凿的理由支持判断的正确性。其次，在决定买卖之前要弄清是否出于一些随机的短期因素，如果是基于趋势性因素，则应看看这些因素是否站得住脚。最后，永远记住价值投资法则中的一条定律，即长期投资于优秀公司的利益回报要好于短线投资。

(二) 有效防范不良投资心理

在证券市场中,投资者经常不愿意将账面损失转为实际损失,尽管这种亏损已经是显而易见、不可逆转的。即使需要现金时,投资者也往往倾向于卖出已经盈利的股票,而继续持有在亏损状态的股票。这是一种非常不良的投资心理,风险巨大,容易导致投资者遭受更多的损失,同时又失去更多获利的机会。因此,对于投资者来说,首先应当正确面对损失,制定一个参照价格点位来计算相对的盈利或损失,如果目前的价格距参照价位还有下跌空间,此时卖出虽有实际损失,但却处于相对盈利状态。其次,在购买之前就要想好在什么条件下需要卖出。

(三) 不必苛求短期回报

根据投资者不同的风险偏好和期望的投资回报率,投资时间的长短是不同的。一些短线投资者非常频繁地关注自己持有的证券的市场表现,而一些做长线的投资者则对短期的波动不太关心。那些急于看到盈利的短线投资者往往成为市场的输家;相反,真正分享股市带来回报的大多是心态稳定、眼光长远的投资者。从这个意义上说,股票投资又是一个历练心性的过程。首先,要克服短视急躁情绪,真正树立长线投资的理念,不忘那些因受短期事件干扰而使自己做出错误投资决策的教训。其次,不要频繁地计算已经实现了多少投资回报。最后,不要教条地理解长线投资,长线思路并不完全是持有不动。

第三节 证券投资的行为分析

一、证券投资的行为表现

(一) 过度自信的投资行为表现

过度自信的人在做决策时,会过度估计突出而能引人注意的信息,尤其会过度估计与其已经存在的信念一致的信息,并倾向于搜集那些支持其信念的信息,而忽略那些不支持其信念的信息。当某些观点得到充分的信息、重要的案例和明显的场景支持时,人们会更自信,并对这些信息反应过度。

过度自信的心理导致投资者做出包括过度交易、冒险交易在内的错误交易决策。过于自信的心理会增加投资者交易的数量,因为他们对自己的观点过于自信。投资者的观点一方面基于他们掌握信息的准确性,另一方面基于他们自己分析信息的能力。过于自信的投资者更相信自己对股票的评估而较少考虑其他人的观点。

1. 过度交易行为

过度自信使得投资者对自身的判断能力确信无疑,过分相信自己能获得高于平均水平的投资回报率,从而倾向于过度交易。在投资过程中,适度的自信是有利的,但过度自信却是很危险的。过度自信的投资者在金融市场中会频繁交易,总体表现为年成交量的放大,但是由于过度自信而频繁进行的交易可能为投资者带来较低的收益,这就是过度自信心理所导致的投资行为的表现,我们把这种投资行为称为过度交易行为。

2. 爱冒风险行为

过度自信还会影响投资者的冒险行为。理性的投资者会在收益与风险之间找到一个均衡的投资组合。然而,过度自信的投资者会错误地判断他们所承担的风险水平,导致所做的投资组合会有较高的风险。过度自信的投资者的投资组合要承受更大的风险,这有以下两个原因:第一,这些投资者倾向于买入高风险的股票,高风险的股票主要是那些小公司和新上市公司的股票;第二,他们没有充分分散化的投资组合。过度自信的投资者认为自己能充分地收集、分析投资决策的信息,并能做出最有效的投资决策。

3. 赌场资金效应

"赌场资金效应"是指在赌博产生收益效应后,人们倾向于接受以前不接受的赌博,再次赌博后失败所产生的痛苦往往较小,因为损失被前期的收益缓冲了,因此继续投资的冲动不会立即消除。事实上,人们在获得了盈利之后也愿意冒更大的风险。这种"赌场资金效应"产生的原因可以这样理解:一是已经获得收益的投资者在未来的决策中过度自信;二是已经获得收益的投资者在损失时痛苦较小,因为赌本来自赌场,如果在接下来的赌博中输了,心里也会认为这些钱本来就不是自己的,感受的痛苦就比较小,而且痛苦容易被已获得收益所带来的愉悦所化解;三是投资者在实现了收益后,有更多的资金用于投资,从而变得不再回避风险。

(二)心理账户的投资行为表现

心理账户(Mental Account)是指投资者在其心理上会把资金按来源、用途划分为不同的类别而非作为一个统一的资产组合看待。也就是说,人们倾向于用局部账户进行评价而非综合账户,即将不同的财富分开考虑。对于投资组合,人们会遵循将财富分开考虑的投资决策过程。投资者将每一投资分别放入各个不同的心理账户,只考虑单个心理账户的结果,不考虑不同心理账户之间的相互作用,忽视各个心理账户之间的相互作用会影响到资产组合的总体收益及风险。例如,投资者会把一些资金归类为现金资产(如现金、支票账户);另一些资金则归类为证券资产(如股票、债券、共同基金)。与此同时,将资产划分为应对资产价格下跌的心理账户(现金和债券)和应对资产价格上涨的心理账户(股票、期权)。研究表明投资者对潜意识中放入不同心理账户的资产组合的风险偏好是不一样的。对于两个心理账户,投资者可能对一个表现为极度的风险厌恶,对另一个表现为极度的风险偏好。心理账户可以很好地解释股利之谜,即股东要求分红现象。投资者将投资收益划分为"资本账户"和"红利账户"两个心理账户,区别对待资本账户损失和红利账户损失。投资者可能会认为股票价格的下降属于资本账户的损失,而停止支付红利则是红利账户的损失。虽然两个账户的价值是同等数额,但是投资者却会认为两个账户实际上并不相同。

实际上,除证券投资领域以外,心理账户也经常出现在其他消费决策上。一些研究显示,即使是对于同样的一件物品,如果用刷信用卡消费来购买,相对于直接用现金购买,人们往往愿意出更高的价,也就是说倾向于花费更多的钱。在一次实验中,两个麻省理工学院的教授拍卖两张抢手的音乐会门票,允许其中一半竞拍者使用信用卡付款,另一半则必须用现金付款,结果竞拍者用卡付款的竞拍价是现金付款的2倍。这也印证了许多人的消费经验,即"刷卡付钱比较不心疼"。用"信用卡账户"的钱,即使是借来的,也比在"现金账户"中的钱用起来更大方随便。这很好地说明了为什么在信用卡流行的西方社会,不少人刷卡刷到负债累累乃至破产。

(三)处置效应的投资行为表现

处置效应(Disposition Effect)的典型投资行为表现为过早出售盈利的资产,而过长持有亏损的资产。"处置效应"是一种比较典型的投资者认识偏差,呈现出投资者对投资盈利的"确定性心理"和对亏损的"损失厌恶心理"。因为投资者盈利时,面对确定的收益和不确定的未来走势时,为了避免价格下跌而带来的后悔,倾向于风险回避而做出获利了结的行为。当投资者出现亏损时,面对确定的损失和不确定的未来走势,为避免立即兑现而带来的后悔,倾向于风险偏好而继续持有股票。

在大多数情况下,这种投资策略是非理性的,例如,除非有理由证明赔钱的股票可望翻本,而赚钱的股票已经丧失上升的动能。然而,在卖出上涨的股票或是下跌的股票之间做出选择时,投资者往往因为缺乏有效的信息而卖掉赚钱的股票。后悔理论认为,投资者为了避免后悔总是死守赔钱的股票,以拖延面对自己的错误,不愿把损失兑现;而卖出赚钱的股票,是为了避免在股票价格跌落之前如果不卖出时的后悔痛苦。但是,在某些情况下,投资者的处置效应倾向并不一定意味着投资者是非理性的,这可能与投资者采取反向投资策略有关。例如,当股价上涨后,投资者可能降低股价进一步上涨的预期,售出股票也在情理之中;当股票价格下跌后,投资者可能预期股价反转的可能性加大,也有理由继续持有亏损股票。

(四)框架依赖的投资行为表现

框架依赖反映的是在金融市场中,面对本质相同的问题,因为出现的形式不同会导致人们做出不同的投资决策。换言之,投资人的行动受制于他们依赖的环境或框架,如从过去的经历、熟悉的人和事及其经验、近期所发生的事件、个人的社会联系等所形成的知识框架,也就是一种对情境、参考点、精神类别和联想等影响人们做出决定的因素所形成的反应模式。在不确定的金融市场中,投资人通过寻找熟悉的模式和便捷的方式做出判断,行为金融学者称之为启示性简化(Heuristic Simplification)。一般来说,启示性简化可分为三类,即代表性启发、可得性启发,以及锚定与调整性启发。

1. 代表性启发(Representative Heuristic)

代表性启发是指人们会关注一个事物与另一事物的相似性,来推断第一个事物与第二个事物是否相似,以便将过去相似的熟悉的模式用以推断未来的模式,并不考虑这种模式重复的概率。例如,大多数投资人认定有声望的大公司的股票也是"好的",将"好公司"混同于"好",忽视了好公司在好股票中所占的比例,即基础比率。

2. 可得性启发(Availability Heuristics)

可得性启发是决策者经常采用的另一种启发法。它是指人们往往根据一个客体或事件在知觉或记忆中的可得性程度来评估其出现概率,容易被知觉到或回想起的被认为更容易出现。事件刺激的频率、新异性、生动性、情绪性也会影响到其可获得性程度,从而影响到其在个体心目中的主观概率。例如,Dreman(2000)发现,由于1929年股市大崩盘的痛苦记忆,许多投资者一直担心再次蒙受巨大损失,从而高估股价下跌的概率,一直不敢入市,结果指数却一涨再涨,等到股价涨到很高时,人们才发现自己已经失去了绝好的投资机会。

3. 锚定与调整性启发(Anchoring and Adjustment)

人们在判断和评估中,一般会先设定一个最容易获得的信息作为估计的初始值或基准值,称作"锚点",然后以"锚点"为基础结合其他信息进行一定的上下调整得到目标价值。这些初始值的设定,会受到很多因素的影响,围绕初始值的调整也是不充分的,而且不同的初始值会导致不同的最终估计。由于参考点的不同引起的暂时的反应不足和决策偏差称为"锚定效应"。锚定效应的存在会使得投资者在预测某一交易对象的未来价值时,不可避免地受到被投资者视为初始值的那个变量影响。即使投资者自己意识到初始值的准确性并不是太高,即使投资者会不断地进行调整与改善,也依然会在心理上形成一定的制约准绳,影响自己的认识偏差,并导致自己的投资行为不同程度地受到初始值的影响,产生一定的非理性投资行为。

(五)"羊群效应"与从众行为

所谓从众行为是指由于真实的或想象的群体压力而导致行为或态度的变化,它是指个人在社会群体压力下,放弃自己的意见,转变原有的态度,采取与大多数人一致的行为的现象,这种现象被称为从众现象。从众行为可以说是人类的本能,人们在不确定条件下决策时往往相信"真理掌握在多数人手里"。通常情况下,多数人的意见往往是对的,但缺乏分析、不作独立思考、不顾是非曲直地一概服从多数,则是消极的,是不可取的"盲目从众行为"。

从众行为从心理上可以分为两种不同的形式:一种为表面上顺从,另一种为内心真正地接受。前者虽然是因为受到群体的压力而表现出符合外界要求的行为,但内心仍然坚持自己的观点,保留自己的意见,仅仅是表面的顺从,因此是一种"伪从众"。后者是指在信念和行动上都完全接受,出于自愿接受了大多数人的主张,而完全放弃了自己原有的态度或行为方式,因此是一种真正的从众。两者的共同点都是迫于外界压力而产生的行为,两者的区别在于是否出自内心的愿望。

在证券市场中从众行为是普遍存在的,常常被称为"跟风行为"或直接译为"羊群行为",它表现为投资者在观测到其他投资者的决策和行为之后改变原来的想法,追随那些被观察者的决策和行为。它强调的是个体决策受别人决策行动的影响,与人们的情绪、心理活动密切相关,而证券价格的易变性、价格泡沫、交易狂热、股市崩溃等都是与其相伴的常见现象。

(六)过度反应和反应不足(Over-reaction and Under-reaction)

De Bondt 和 Thaler(1985)正式系统地提出了"反应过度"(Over-reaction)的概念,指出投资者在实际投资活动中会对一些突发性的、戏剧性的信息产生"过度反应",并基于五十多年的经验数据对此假说进行了实证检验。他们认为所谓的"反应过度"是和贝叶斯规则中的"恰当反应"相对而言的。在贝叶斯规则中,投资者是完全理性的,因此他们对信息的理解是一致的、无偏倚的,对信息会产生适当的反应,是自身的修正行为。"反应过度"描述的是投资者对信息的理解和反应会出现非理性的偏差,从而产生对信息权衡过重、行为过激的现象。这种现象在交易过程中是极为普遍的。交易者对未来的期望会基于与该产品有关的信息以及对这些信息的处理结果。如果交易者高估了最近获得的信息,就产生了过高的期望,凭着过高的期望进行交易,就会产生非理性的决策,即反应过度。

反应不足(Under-reaction)是投资者对信息反应不准确的另一种形式,也可称为"保守主义"。它主要是指人们思想一般存在惰性,不愿意改变个人原有信念,因此当有新的信息到来时,投资者对原有信念的修正往往不足,特别是当新信息中隐含的内容并非显而易见时,投资者就不会给予足够的重视。而且,投资者还有可能需要一段时间来接受和认识新信息,所以对原有信念的修正往往不足,产生相对的反应时滞。一般来说,与个人投资者对新信息往往反应过度相反的是,职业的投资经理人以及证券分析师们更多表现为反应不足。这些人对证券市场有很深的研究,因此他们对自己的判断比较自信,不会轻易改变自己的决策,从而对新信息反应不足。

有研究证据表明,投资者对很容易处理(或者说成本比较小)的信息倾向于过度反应,对难以处理(或者说成本比较大)的信息反应不足。由此可见,反应过度和反应不足都将导致证券价格的错误定价。因此,行为金融学投资策略的目标就是在大多数投资者认识到自己的错误以前,投资那些定价错误的证券,并在证券价格正确归位之后获利。

阅读延展

过度反应和反应不足现象对我国股市的启示

我国股市在短期内反应不足,其价格的惯性通常只存在一个月左右的时间;从中期反应看,股市在半年内存在一定的过度反应,但没有明显的价格变化,因为整体的收益不高,所以其统计检验的效果也不太明显;在长期内股市有过度的反应,尤其是检验期为一年以上的,这种反应尤为显著。

由于股权分置经历了改革,我国股市在超短期中的反应不足已经有所减弱,但是其长期的过度反应现象依然很显著,所以其收益率依旧为负,并且其套利的优势呈扩大趋势。

投资者的异质现象在我国股市中较为明显,在短期投资中,股市的个人投资者出现的反应不足现象比机构的投资者会多很多,有较强的"追涨杀跌"性质,在长期投资内,机构投资者比个人投资者的过度反应更加强烈。

中国的金融市场之所以会出现上述的多种特征,可以通过以下几点进行解释:第一,个人投资者过度自信;第二,根据中国股市的实际情况,整个股市的系统风险较为巨大,股值常常受到某些机构或庄家直接控制,使得整个市场有明显的暴涨、暴跌特征;第三,我国股市中的政策信息变化的速度较快,使投资者的惯性策略被打乱,在进行股权分置改革之后,政策的频繁变动使得短期内反应不足的现象更加明显;第四,我国股市中出现的过度反应与我国的投资制度有一定的关系,在我国股市制度中,是不允许有卖空现象的,所以使投资者在信息的交流过程中没有国外股市那么成熟,长期内如果股价偏离自身价值过多,就会导致价格出现大幅度的反转,从而出现过度反应。

资料来源:沈莉.我国股市的反应不足和过度反应分析[J].中国商贸,2013年8月.

二、证券投资行为偏差的调节

(一)制订详细的投资计划和明确的投资目标,并坚决执行

要想保证自己的投资取得成功,制订一个详细的计划是保证不发生失误的首要条件。正如彼得·林奇在《战胜华尔街》一书中所指出的那样,"如果你能执行一个固定的投资计划,而不理睬市场所发生的变化,你会得到丰厚的回报的"。制订投资计划的最大好处在于,它可以使投资者提高投资的客观性,减少情绪性,从而在变幻莫测的市场中不随波逐流,而始终坚持自己的投资理念。而且一旦写出投资计划,投资者就很容易评估各方面的情况,比如投资计划是否符合市场逻辑,是否存在个人偏见,在发生意外情况时应该采取哪些对策。

在证券投资中,投资者还需建立明确的投资目标。明确的投资目标有助于投资者把自己的精力从外部转向自身,这样在投资出现问题时,就不会仅仅从外部寻找原因,怨天尤人,而会更好地审视自己,从自身寻找原因,分析总结自己的经验教训,更好地完善自己,以使自己更加成熟,投资行为更加理性。

(二)保持平常心态,克服过度贪婪和狂热

虽然进入证券市场的目的是赚取投资收益,但投资毕竟有风险,因此投资者在购买证券时,除了需要了解证券投资的知识和成功经验、具备某些会计上和数学上的技巧,更重要的是保持良好的心态,善于控制自己的情绪,避免过度贪婪和狂热,以理智来衡量一切,逐步达到处乱而不惊的境界。在对各种资料、行情走势的客观认识的基础上,经过细心比较、研究,再决定投资对象并且入市操作。这样既可避开许多不必要的风险,少做一些错误决策,又能增加投资获利机会。

(三)培养独立的分析与判断能力

对于理性投资,精神态度比技巧更重要,每位投资者的潜意识和性格里,都存在一种投机

的冲动,而投资者必须具备自我决断力,不应盲从他人建议。约翰·特雷恩在《金钱的主人》一书中反复强调,"在市场中获得成功没有什么秘诀,对于成功的投资者来说,有个显著的投资态度也就是说在关键时刻会相当仔细地进行研究,甚至可以说是在显微镜底下进行研究"。在证券市场,投资是一项高度技巧性的行为,投资者不要被周围环境左右,不要因为未证实的流言而改变决心,要有自己的分析与判断,绝不可随波逐流。如果投资者没有根据地做出判断、决策,并固执己见,他在市场中往往会遭遇失败。

【本章小结】

1. 传统的标准金融理论建立在理性人等一系列假设的基础之上,但大量的实证研究和观察结果表明,证券市场上存在收益异常的现象,如股票溢价之谜、封闭式基金之谜、波动性之谜、赢者输者效应以及日历效应等。

2. 行为金融学作为行为经济学的一个分支,是以心理学和其他相关社会科学为基础,将人类的实际行为运用到金融决策中去的一门学科。它研究人们在投资决策过程中的认知、情感、态度等心理特征以及由此引起的市场非有效性。

3. 证券投资者容易产生各种各样的投资心理,如盲目跟风心理、犹豫不决心理、过度贪婪心理、赌博心理、惊慌心理以及偏执心理等,这反映出不同投资者的个性、心理品质与特征。其决定了投资者的买卖行为和市场价格,并最终影响到投资者的投资收益。

4. 投资者行为是一个动态过程,在证券市场的每一个阶段都会表现出不同的决策特点和行为规则,如从众行为、过度反应和反应不足等,这些行为偏差可以通过制订详细的投资计划和明确的投资目标、培养独立的分析与判断能力等措施予以修正。

【关键概念】

日历效应　羊群效应　过度自信　心理账户　处置效应　从众行为　过度反应　反应不足

【复习思考题】

1. 行为金融理论的特征和主要观点有哪些?
2. 什么是心理账户?心理账户是如何解释股利之谜的?
3. 投资者过度反应和反应不足会对证券市场造成何种影响?
4. 什么是定势心理和矛盾心理?
5. 简述投资者过度自信的行为表现。

【参考文献】

[1] 陈文汉.证券投资理论与实务[M].清华大学出版社,2012.
[2] 孙可娜.证券投资理论与实务[M].高等教育出版社,2011.
[3] 陈汉平,蔡金汉.证券投资学[M].北京大学出版社,2011.
[4] 李国义.证券投资学[M].高等教育出版社,2011.
[5] 胡金焱,霍冰,李维林.证券投资学[M].高等教育出版社,2010.
[6] 张玉智.证券投资心理与行为[M].经济日报出版社,2009.

第二十章 证券投资策略与技巧

【本章概要】

西方有句名言:"做正确的事比正确地做事更重要。"这句话运用到证券投资上,就要求投资者首先要有正确的投资策略和科学的指导思想。选择正确的投资策略是投资者投资获得成功的重要前提,因为正确的投资策略可以帮助投资者避免方向性的错误,而投资操作技巧则应与投资策略相互配合,减少投资操作中的失误。本章首先介绍了证券投资策略的确定依据和确定原则,进而阐述了四种证券投资基本策略。在此基础上,本章分析了证券投资的时机选择和对象选择问题,以及证券投资的一般模式和具体方法。通过本章的介绍,读者能够从中更加深入地理解证券投资策略和技巧。

第一节 证券投资策略的确定依据和原则

一、证券投资策略的确定依据

投资策略的选择与投资者自身的实际情况密切相关。投资者的投资目标、资金来源和数量、投资者的知识和经验、投资分析能力、个人的风险偏好、对市场节奏的把握等均能影响投资策略的选择。

(一)证券市场价格变化规律

1. 惯性移动规律

行为金融理论认为,投资者对新的信息反应不足。这表现在证券价格上就是价格对新的信息反应不足,价格依然按照原有的趋势移动。当然,既然是惯性移动,那就维持不了多久,经过短期移动后,就会出现反转形态。产生惯性移动的原因主要有:具有周期操作思维并且能够对证券价格变化趋势施加有效而短期的影响的机构投资者未完全清仓,需要延长原趋势持续的时间以便出货;投资者具有守旧心态和对原趋势的依赖心理及惯性思维;投资者有错误预期等。惯性移动规律需要满足以下条件:一是改变证券价格原变动趋势的新的信息改变趋势的力量不太大,需要后续一系列改变原趋势的信息出现;二是原趋势已经持续了相当长的时间,促使趋势按照原方向变化的力量将要衰竭。

2. 跷跷板规律

跷跷板规律是指当一定时期内几个市场或一个市场的资金总量一定时,如果几个市场中的一个市场或一个市场中的一个品种火爆,其他的市场或品种需求就会减少,显得市况冷清。其原因主要是能向市场供给的资金总量在特定时期内是一定的,由于资金的高逐利性,所以它总是流向收益相对较高的市场或品种,导致流出资金的市场或证券资金不足,价格下跌。

3. 价格轮动规律

所谓价格轮动是指在这一时期投资对象甲的价格连续上涨,下一时期投资对象乙的价格连续上涨,同时甲的价格下跌。价格轮动规律表现为不同市场的轮动与同一市场不同证券板块的轮动。如股票市场、期货市场与房地产市场的价格轮动,股票市场中蓝筹股与一般股票、钢铁股、金融股、地产股、商业股、农业股、科技股等板块之间的价格轮动等。价格轮动的客观原因主要是资金总量不足,要流向某一对象就需要放弃另一对象;主观原因是投资者的操作方法导致了这个结果。

4. 证券市场极反定理

证券市场极反定理是指证券牛市行情在狂热之中结束,在绝望之中启动;熊市行情在狂热之中产生,在绝望之中结束。之所以会存在极反定理现象,是因为多数人在牛市初期股价不高时一般比较冷静,持观望态度的大有人在,而股价已经涨得很高时投资才能呈现出狂热状态,此时获暴利的主力机构投资者已经在悄悄出货了,股市转熊的趋势已经难以改变;在熊市人们非常绝望时,往往也是股价跌得非常低时,此时做多风险极小,成功率却很高,所以新一轮牛市就会启动。

5. 周期变化规律

证券市场既不会处于一直上涨的状态,也不会呈现一直下跌的状态,而是周期性变动。例如,股票价格指数从一个较高的高峰到相邻的另一个高峰就是一个周期,大周期中有小周期。证券行情周期变化规律的形成原因主要有两个:一是投资者预期的结果。当价格较高时,会有越来越多的投资者产生恐慌心理,担心股价会暴跌,因而买者越来越少,卖者越来越多。二是证券价格上下限的约束作用。多数投资者对证券价格都有心理上限与下限,超过界限很难得到多数投资者的认同。

(二) 投资者条件

1. 资金量

购买证券的资金应是保证生活以外的富余资金。资金量少的,投资对象应相对集中;资金量多的,则可扩大投资对象的范围。同时,不应将全部资金投入股市,应留有一定比例的现金,以备不测之需。

2. 资金来源

资金来源为自有资金的,可以进行长期投资;若以借入为主,则应根据还款期限来决定投资期限。当然,个人投资者最好不要举债入市,因为借款期限与证券买卖时机难以相配。机构投资者不能超比例借贷投入股市。

3. 可用于投资活动的时间

专职投资者可以进行短期投资,因为短期投资需要密切跟踪行情变化情况,而专职投资者有较充裕的时间。业余投资者由于没有多少时间跟踪行情,容易错过买卖时机,所以适合进行较长期限的投资。

4. 风险偏好和心理承受能力

进行证券投资,首先要知道自己的风险偏好是激进型的还是保守型的,或是积极防御型的,这应该是一个基本前提。在此基础上,才有可能合理地分布资产,以适应自己的风险偏好。喜欢冒风险、心理承受能力较强的投资者可以投资于风险大但具有获得高收益机会的投资对象,心理承受能力较弱、对风险厌恶者则适合投资于低风险而收益较稳定的投资对象。

5. 信息占用数量和质量

信息占有充分而且信息真实的投资者,可以进行大胆的投资;如果信息占有不充分而且信息真实性不确定,则应谨慎决策。

6. 投资者身份

机构投资者的投资策略与个人投资者的投资策略显然不同,因为可运用的资金量不同、投资目标不同、投资责任不同、受约束的因素不同、激励机制也不同。

(三) 投资对象特点

不同的股票有不同的特点,不同的证券(如权证、债券、股指期货等)也有不同的特点。例如,股指期货与权证都是有期限限制的,而股票没有期限限制(除非股票有摘牌的风险),股票可以长期持有,而有期限的证券则须在清算前卖出。

(四) 投资背景

投资背景包括宏观经济形势与宏观经济政策、证券市场所处的周期阶段。例如,是牛市还是熊市,处在牛市或熊市的初期还是尾期,等等。投资背景不同,投资策略也不同。

(五) 投资价值

有的证券具有长期投资价值,有的证券只具有短期投资价值;有的证券具有投资价值,有的证券只有投机价值;有的证券投资价值大,有的证券投资价值小。不同投资价值的证券,应采用不同的投资策略。

(六) 投资目标

以获取稳定收入为目的的保守型投资者,安全性是最主要的考虑因素,因此可以采取如下策略:① 投资无风险、低收益证券,如国库券、国债回购;② 投资低风险、低收益证券,如企业债券、金融债券和可转换债券;③ 在市场低迷时选择绩优股,做中长期投资。长期投资绩优股,即使不考虑股价变化,单就分红配股,往往也能获得可观的收益。

以获取证券资本利得为目的的进取型投资者,主要采用中短线投机策略。这里的投机是指理性投机,即通过对基本面与技术面的分析,研究大势及个股波动趋势,把握买入和卖出的最佳时机,牟取价差。短线投机的主要对象是市场价格不稳定且变化幅度较大的活跃型股票。由于短线投机是一种风险较大的投机活动,初涉股市的投资者最好不要使用。

以获取综合收益为目的的平衡型投资者,应长短结合,搭配股票和债券;或选定绩优成长股作为长期投资品种,进行波段滚动操作;或者购买稳健型基金等理财产品。

二、证券投资策略的确定原则

为了进行有效的证券投资,将投资风险减少到最低程度,投资者一般应当遵循以下原则:

(一) 效益与风险最佳组合原则

在进行证券投资时,如何妥善地处理好收益与风险的矛盾至关重要。一般来说,解决这一矛盾的方法只有两个可供选择:一是在风险已定的条件下,尽可能地使投资收益最大化;二是在收益已定的条件下,力争把风险降低到最低程度。这是证券投资的一条最基本原则,它要求投资者首先必须明确自己的目标,恰当地把握自己的投资能力,从而不断培养自己驾驭风险的能力,从心理上确立自己的出发点和应付各种情况的基本素质。

(二) 量力投资原则

量力投资包括两层含义:① 就个人投资者而言,"量力而行"原则就是投资者要在投资前衡量个人的财力,即衡量是否有足够的闲置资金进行证券投资。只有利用剩余资金才能采取宽松的投资行为,这是证券投资赖以成功的必不可少的条件。② 证券资产是一种风险性资产,证券价格涨跌难以预料,证券投资是具有一定冒险性的投资行为,投资者在做投资决策前必须衡量自己承担风险的能力,绝对不能只想到理想的一面,而应对损失的可能性做充分的估计和必要的准备,否则一旦损失过度,就不堪承受。

(三) 理智投资原则

在进行证券投资时,投资者必须冷静、理智、谨慎、稳重,要善于控制自己的情绪,不受各种传言的影响,细心分析证券市场行情,审慎地做出建立在自我比较、分析、判断基础上的投资选择。否则,在情绪冲动下进行投资极易导致失败。理智投资是建立在对证券的客观认识基础上,并经分析比较后采取行动,具有客观性、周密性和可控性等特点。理智投资强调独立思考、自主判断、稳妥决策,但这并非优柔寡断,相反,当投资者对行情作了客观的分析和科学的预测,就应抓住适当时机,选择恰当的证券,果断地做出投资决策,并据以采取行动。这样,投资才可能获得成功。

(四) 分散投资原则

分散投资原则也称"投资组合"原则,是依据不同证券的获利与风险程度,加之适当地选择,并按不同的比例,合理搭配投资于若干种不同风险程度的证券,建立理想的资产组合,从而将投资风险降低到最小限度的方法。证券投资的合理组合包括证券品种的合理组合、时间地点的合理组合、风险等级和获利大小的合理组合以及期限合理组合。具体而言:① 证券品种合理组合,是指将证券投资分为进攻性投资与防御性投资两部分,将资金一分为二,并在两种投资中进行合理选择搭配。② 时间地点的合理组合,主要包括企业种类分散、企业单位分散、投资时间分散以及投资区域分散。③ 风险等级和获利大小的合理组合。现代证券理论越来越倾向于对风险进行定量分析,即在可能的条件下将证券风险计算出来。例如,计算本利比和报酬率(收益率)。最理想的组合形式,就是投资者在自己希望得到的投资报酬和所能承担的投资风险之间选择一个最佳组合。④ 期限合理组合,是指投资者应将资金分成较长时期内不会动用以待获利、中期内不用以及随时可能动用的三部分,分别用于长线投资、中线投资和短线投资。但是,需要指出的是,风险分散是有限度的。过分分散投资,会增加投资管理的困难和交易成本。如果管理不善,顾此失彼,还可能增大投资风险。因此分散投资也必须量力而行。

第二节 证券投资基本策略

一、消极型投资策略

投资者在做投资时,必须面临的一个选择就是,其投资组合在多大程度上实行积极的或消极的管理策略。消极的管理策略基于这样一个信条:市场是有效的,证券价格总会接近一个均衡价格。投资者不用花费大量的时间和其他资源来"击败市场",就是说,在市场上不可能发现那些错误定价的、具有不同寻常风险收益特征的证券。因此，投资者只要承受一定风险就会得到补偿，所以选择一个适合自己的风险承受能力的投资组合就够了。

消极型投资策略可以用在资产分配过程和证券选择过程中。在决策资产分配时，投资者不管对不同市场上的证券预期有何变动，都不改变其投资组合中各资产的投资比例。只有随着时间的推移，投资者年龄和财富出现的变化引起其风险承受能力的变化时，资产组合的投资比例才会被加以调整。

消极的投资策略一般认为投资者所了解证券的程度与别人完全一致，并且其所了解的信息已经反映在证券市场中的证券价格上，所以市场上的证券价格定价合理。如果不能预测出哪只证券有超额收益，最好的投资策略就是投资多样化，避免将所有的鸡蛋放在同一个篮子里。

所以，消极投资者的策略一般是持有一个指数化的投资组合，该投资组合复制了整个市场的收益率，而不是把赌注压在某个证券或某一部分证券上。

二、积极型投资策略

积极型投资策略也称时机抉择型投资策略，是指投资者假定他具有一种超出市场上其他投资者的能力，他相信市场不都是有效的，市场上的某些证券定价不合理，其价值被高估或低估，这样他通过卖出价值高估和买进价值低估的证券，来获得超过市场平均收益的超额收益。

积极的投资策略包括两层含义：证券分析和证券选择。证券分析侧重特定的行业和公司，对其所处的市场地位进行评估。积极的投资策略就是利用许多分析者的报告筛选出所要投资的证券。然后运用对市场状况的预测来进行资产分配决策，选择每一类资产下应购入的证券。

积极型投资策略分为概念判断型投资策略、价格判断型投资策略和心理判断型投资策略三种：① 概念判断型投资策略指以基本分析为基础的投资策略，分为价值投资策略与成长投资策略。价值投资策略指投资价格低于其内在价值的企业，以追求较为固定的投资回报为目标。据是否介入被投资企业的管理又分为消极价值投资和积极价值投资两类。消极价值投资指不介入企业的管理；积极价值投资指透过持有的股份影响企业的改造重组以提升企业价值。成长投资策略以成长股为主要投资对象，以获取企业成长时的股价增长为主要目标。② 价格判断型投资策略是以技术分析为基础的投资策略，根据其操作与趋势的关系分为顺势策略与反转策略两种。③ 心理判断型投资策略以投资者的悲观与乐观程度作为时机抉择的主要依据。

三、多元化投资策略

实施多元化投资策略，技术上的难点是究竟该持有多少只股票才可以最大化地消除个股的风险。持有股票种类过少可能达不到多元化的效果，而持股过多，则投资者可能因精力有限而无法面面俱到，反而降低了投资回报。那么，在实际操作中到底持有多少只股票比较合适呢？从实际经验来看，持股数量并没有一定之规，数量的多少也会因人而异。有关计算表明，持有单只股票的投资组合与市场的平均股价相比，会有上下近100%的巨大波动。但如果将股票数量扩充到20只，波动幅度会大大降低。更有趣的发现是，如果将股票数量从20只增加到1000只，投资组合的风险并不会明显低于持有20只股票的风险。所以一般认为，持有20只股票应该是多元化持股的最佳数量。

需要说明的是，从理论上来说，持有20只股票可以实现最佳的多元化投资效果，但这个理论其实更适合资金量巨大、有研究实力保障的机构投资者。对于大多数个人投资者而言,同时照顾 20 只股票几乎是不可能做到的。尤其是这 20 只股票还要分散到不同行业、不同特质的股票上,更是难上加难。所以,对于那些没有研究能力和时间的普通投资者来说,可以通过购买基金来实现多元化的投资效果。此时,投资者的重点就是很好地选择基金,如果这家基金持有的股票数量过多,就如前面所言,不仅不能降低投资风险,反而会影响投资回报。但对于那些积极型的投资者来说,就没有必要去追求理想状态下的多元化持股了。投资大师巴菲特说过一句话:"只有在投资者不知道自己都在做些什么的时候才需要多元化。"如果对一些行业的股票有足够的了解并非常熟悉,那么只做两三个行业的三五只股票可能是最实际的做法。不要忘记,这里仅仅是在谈股票投资的多元化,我们完全可以通过把个人资产配置到债券、房地产、定期存款等低风险的投资品种上来降低投资风险。

四、集中投资策略

集中投资是广泛多元化、高周转率策略的反论。只有集中投资最有机会在长时间里获得超出一般指数的业绩。但它需要投资者耐心持股,哪怕其他策略似乎已经超前也要如此。我们从短期角度认识到,利率的变化、通货膨胀、对公司收益的预期等因素都会影响股价。但随着时间跨度的加长,持股企业的经济效益趋势才是最终控制股价的因素。多长时间为理想持股期呢?这里并无定律,如果我们将资金周转率定在 10%—20%,那么 10% 的周转率意味着你将持股 10 年,20% 的周转率意味着你将持股 5 年。

巴菲特是集中投资的典范,他的业绩和成就正是因此而颇具传奇色彩。巴菲特之所以提出集中投资策略,主要得益于两个人,一位是英国经济学家约翰·凯恩斯,另一位是菲利浦·费雪。1934 年,凯恩斯在给商业同行的一封信中写道:通过撒大网捕捉更多公司的方法来降低投资风险的想法是错误的,因为你对这些公司知之甚少,更无特别信心。人的知识和经验都是有限的,在某一特定的时间段里,我最有信心投资的企业也不过两三家。

然而,半个多世纪以来,科学合理的集中投资方法一直被人们忽略,因为它与人们想象的多数经验丰富的投资者的做法大相径庭。直到 20 世纪 90 年代的新经济风潮衰退后,人们才又重新认识到集中投资的重要性。集中投资的精髓可以简要地概括为:选择少数几种预期可以在拉锯战中产生高于平均收益的股票,将你的大部分资本集中在这些股票上,不理会股市短期内的跌升,坚持持股,稳中取胜。

巴菲特警告投资者:"对一个普通投资者来说,只要有三家公司的股票就够了。因为投资者买的股票越多,越可能购入一些对其一无所知的企业。而通常投资者对企业的了解越多,关注越深,投资风险就越低,收益就越好。"应用到选股上,就是要集中专注于少数几个自己最有优势的领域,而不是盲目地多元化以求降低风险。巴菲特告诫投资者,对价格波动不必惊慌。价格波动是集中投资的必然副产品。大量研究证据表明,集中投资的策略是成功的。从长期的角度看,所选公司的经济效益定会补偿其任何短期的价格波动。

这里需要指出的是,不同的投资策略没有好坏优劣之分,哪种投资策略适合市场,特别是适合投资者自身,就是最正确有效的。不要完全排斥某种投资策略,也不要仅拘泥于某一种投资策略。

> 阅读延展

"新兴市场教父"马克·墨比尔斯的投资理念

马克·墨比尔斯(Mark Mobius)从事新兴市场投资和研究已有30年经验,1993获美国晨星颁发的"年度最佳封闭型基金经理人"称号,1994年被美国CNBC电视网称为年度商业资金最佳管理者,1998年被美国 *Money* 杂志选为全球十大投资大师之一。1997年、1998年连续获选路透社(Reuters)年度最佳全球基金经理人。

马克·墨比尔斯的投资理念如下:

(1) 当每个人都想进场时,就是出场时点;当每个人都急着出场时,就是进场时点。马克·墨比尔斯根据个人经验,发现最好的出场方式是在股市高涨时,慢慢地、逐步地分批赎回,不要等市场下跌时才恐慌性抛售,而是在市场仍然还在上涨时就分批出场。另一方面,当每个人都想出场时,就是进场时机,因为在恐慌性抛售下,具有投资价值的股票可能出现被低估的价格。

(2) 你最好的保护就是分散投资。投资应该是无国界的,只要是具有获利潜力的公司,不论该公司在哪一国家,都应该列入投资组合当中,如此才能够达到分散单一股票或是单一国家的景气循环风险的目的,分散投资体制下的股票,便是投资者最好的保护。

(3) 如果想参与全球经济发展最快速地区的获利成长,就必须投资新兴经济体。为何要投资新兴经济体股市?答案就是成长。举例来说,中国内地、印度与马来西亚三个新兴经济体在过去十年当中,全体经济规模成长了118%,而英国、美国与日本这三个经济体加总的经济规模,在过去十年只成长了58%。尽管新兴经济体股市短期波动大,但是由于其长期成长动能远比已开发经济体强,因此,长期投资新兴经济体的收益也较高。

(4) 经营团队的素质,是选股投资的最高标准。这就是为何马克·墨比尔斯一年365天当中有250天是在往返世界各国的路途上、拜访上市公司、会面各公司经营团队的原因。马克·墨比尔斯认为,经营团队的素质决定了该上市公司未来成长获利的空间,而在分析经营团队时,深入的拜访,了解经营团队的经营理念、营运目标、人格特质,以及各产业的挑战,是几项重要的观察因素。

(5) 用FELT选择股票或股市投资。所谓FELT,是指Fair、Efficient、Liquid、Transparent。凡投资任何股票或股市之前,都应该审视股价是否合理(Fair),股市是否是有效率交易(Efficient),此股票是否具有流动性(Liquid),该上市公司财务报表是否透明(Transparent)。

(6) 所谓"危机"(Crisis),就是人们开始觉醒的理由。马克·墨比尔斯举例道:由于泰铢贬值引爆了亚洲金融风暴,泰国政府开始进行金融法规的改革,人民担忧未来的生活,也开始更努力工作、存更多钱。这可看出,当大环境安然无事时,人民容易懒散;而当环境艰困时,才是促使人民向前迈进的动力。因此,当金融风暴发生时,正是这些国家开始瘦身、锻炼肌肉的时候,也是开始出现投资机会的时候。

(7) 下跌的市场终究会回升,如果你有耐心,就不需要恐慌。马克·墨比尔斯在香港三十年的投资历练,让他学到"风险的最终价值"——承担风险能得到回报。虽然香港股市是有名的波动性大的股市,市场消息的风吹草动都可能造成云霄飞车式的股市波动,但是三十年来,马克·墨比尔斯发现如果能将投资眼光放长远,通常能有不错的回报。

(8) 有时候必须表现得比大盘差,未来才能击败大盘。1993年亚洲股市最热门时,泰国股市市值曾达 1 330 亿美元,而在 1998 年年初时却跌到只剩 220 亿美元,从短线来看,大盘还有下跌空间,似乎应该赶快卖了持股离场。但是,当马克·墨比尔斯仔细选股时,发现当中有不少股票并不坏,此时正是借着价格被低估便宜买进,来增加补位的时机,而当投资标的的股价继续被低估、股价继续下跌时,马克·墨比尔斯还会再持续加码。因此,基金表现从短期来看会落后于那些持有许多现金的基金,但是当市场开始触底反弹时,基金表现将在绩优股带领下超越大盘。

(9) 以资产净值(NAV)判断是否值得投资。在考量一个投资标的是否值得投资时,可以用该投资标的之总资产价值减去总负债所得的净值,除以发行在外的股数;如果此数值高于当前股价,则表示该投资标的目前为低估(Undervalued),股价具有上扬潜力,是一值得考虑之标的物;反之则否。

(10) 先了解一国的证券交易所,否则不盲目投资。这一点尤其适用于新兴经济体股市,因为新兴经济体的股市大多仅具欧美成熟经济体股市的雏形,法令规章不完全且游戏规则多变。因此,想要掌握新兴市场高爆发潜力的一般投资人,应选择具有充分资讯、专家代为操作管理的新兴市场共同基金。

(11) 一个国家的总体面常常与个别公司的未来成长性互相矛盾。以俄罗斯为例,该国的总体经济面相当恶劣,如高通胀率、高失业率等,以此来看,俄罗斯并非一个合适的投资国家。但该国从社会经济体制转型为资本主义体制的过程中,蕴含了许多的高获利契机,如国有企业的私有化,使得相关投资标的具有高度成长潜力。在此形势下,透过"由下而上"的投资策略才能掌握获利契机。

(12) 选择投资标的时,如果只靠技术分析等投资方法往往会误判形势,必须辅以实际的调查。虽然投资国际化利于投资者寻找更多更佳的获利机会,也可以分散投资单一市场的波动风险。但外国市场,尤其是政经形势不稳定的新兴经济体,形势可能瞬息万变,如果只靠技术分析等投资方法可能无法掌握全盘局势,必须透过实际的调查访问才能迅速应变。因此,投资据点遍布全球重要金融市场的国际性投资集团才能有效掌握全球金融形势的脉动。

资料来源:王丽颖.证券投资学[M].合肥工业大学出版社,2009.

第三节 证券投资时机和对象的选择

一、证券投资时机的选择

华尔街有句名言:"不要与趋势相对抗。"其意思是,股票投资要顺势而为,以市场走势确定买卖时机。看大势赚大钱,看小势赚小钱,看错势亏大钱。西方有所谓的"青草理论",即证券公司门前青草生长茂盛,表明门可罗雀,长期投资者可入市买股;如果青草被踩没了,说明股市火爆,应该卖出股票。我国有看证券报销售量和证券营业部门前自行车数量之说,对中长期投资者来说也是很有用的参考依据。对股票投资者而言,把握好股价波动长期趋势至关重要。也就是说,牛市做多少做空,熊市做空少做多。在长线下跌趋势没有明显的改变以前,不要再留恋高价位,时过境迁,应利用下跌过程中的反弹机会尽早平仓。当股价跌至某个低价位区徘徊,有筑底迹象时,可予以密切关注,一旦放量向上突破,再适量介入抢反弹不迟。对中级反弹行情,应注意适可而止,贪恋高价位的结果往往是被套。对把握不好短线或中线行情的普通投资者而言,熊市放长假远离股市,将资金投入债市等其他领域实为上策。

"逢低买入,逢高卖出",这是股评家最喜欢说的话,但是真正能够做到的又有几个?因为大多数人的思维方式是"高位时贪婪,低位时恐惧"。殊不知,真正常胜于股市的投资者是具备左侧交易观念的投资家。所谓左侧交易,也叫逆向交易,其特点是,在价格抵达或者即将抵达某个所谓的重要支撑点或者阻力点时就直接逆向入市,而不会等待价格转势。而右侧交易恰恰相反。在实践的过程中可发现,中国大多数股民都是采取右侧交易,就是当他们看到股价创出新高时才明白行情开始了,才开始去追股票,但是往往只追到阶段高点,尤其是在面对短期波动时,这是股市为什么只有少数人赚钱的根本原因。其实一个能持续战胜市场的法则应该是"中长期趋势必须坚持右侧交易而短期趋势必须坚持左侧交易",也就是说,一波大熊市没有看到明确的底部出现时,把所有的上涨都看成反弹。而一旦牛市确立,应该把任一次回调都看成是介入的大好时机。

二、证券投资对象的选择

(一)选择证券时需考虑的因素

1. 资金安全性

投资于任何一种证券都存在一定风险,这里的安全性包含两层含义:

(1)风险与收益的对称程度。在证券市场上各种证券的风险和收益有四种组合,即高风险高收益、低风险低收益、高风险低收益和低风险高收益。其中,前两种是正常的对称关系,后两种则是特殊的非常搭配。高风险低收益是最不可取的选择,而低风险高收益显然是最理想的选择对象。

(2)风险性与投资者的适合程度。在证券市场上,不同的投资者由于其财力、能力的不同,风险承担能力也不一样。这就要求投资者基于对自身情况的充分了解选择风险适度的证券。财力微薄、初涉市场的投资者不能期望获得巨额的收益而选择高风险证券;同样,资力丰厚、经验丰富的投资者选择低风险证券进行投资显然过于保守,风险较大但收益可观的证券经常是他们选择的对象。

2. 收益稳定性

对投资者来说,稳定的利息和股息收入是投资证券最可靠的收益。一般来说,若投资的公司能定期分配利息和股息,投资者就能得到稳定的收入。因此,投资时慎重考虑投资对象对以后的收益稳定具有重要意义。一般来说,收益性应当考虑以下几个因素:

(1)收益率。证券投资的收益率是指投资收益占投入本金的比率。在风险程度相当的情况下,收益率越高越好,同等风险下的高收益证券是投资者应该选择的投资对象。

(2)股票价格。考虑这一因素主要是看证券发行公司已上市债券和股票的价格变动情况。如果债券是低价发行的,购买这种债券会获得偿还差益;如果已上市股票的价格是看涨的,那么投资者除股息外,还能获得差价收益。

(3)手续费。投资者委托经纪人购买证券需要支付一定的佣金,佣金的比率在有些国家是由政府或证券行业协会确定的,有些国家是自由商定的,这就有个选择的问题。此外,有些国家规定的手续费率是累退的,用同样金额一次完成买卖和分次完成买卖,成本显然是不一样的,这也要求投资者合理安排,降低投资成本。

(4)税金。在证券市场上,各种证券的发行人不同,政府所规定的税率标准也不一样。比如,政府债券的收益通常是免税的,国家重点支持的行业所发行的股票和债券的收益是低税率的,而国家限制发行的行业所发行的股票和债券收益是征收高税的。由于税金是构成投资成本的重要内容,因此,它也是投资选择中所要考虑的重要因素。

3. 证券的流动性

证券的流动性是指证券的变现能力。在没有二级市场的情况下,证券的流动性取决于证券的偿还期限,期限越短,流动性越强。

4. 证券的便利性

证券投资的便利性是指购买证券所需要的时间、交割的期限、认购手续是否迅速方便,是否符合投资者的偏好等。一般来说,证券投资的便利性与证券市场的发达程度是相对应的。在国际证券投资中,投资者往往需要考虑这一因素。

应该指出,在证券市场上,某种证券同时具备所有有利因素是不多见的,这就要求投资者权衡利弊得失,果敢地做出抉择。

(二) 股票投资选择

在股票投资对象的选择上,主要包括股份公司种类的选择和股票种类的选择,这里就股票种类的选择来说明投资对象选择上的利弊得失。

1. 选择普通股

选择普通股较之优先股是一种风险较大的投资行为,但相应的收益也可能较大。选择普通股的益处在于:普通股股东有权参与公司决策;普通股的转让是不加限制的,便于迅速买进和卖出;普通股股东对公司享有永久的分享资格,公司当前的利润及将来长期增加的利润,股东都可参与分配;普通股股东对公司债务只负有限清偿责任;等等。但是,普通股也有许多不利之处:普通股市价极易波动,股息不固定,投资收益不稳定,风险较大;普通股的股息完全随股份公司的收益状况变动而变动,公司收益多则股息高,收益少则股息低,无收益便无股息;普通股的股息数量及比例事先都没有规定,缺乏保障;等等。

2. 选择优先股

优先股的收益和风险介于普通股和债券之间。其收益高于债券,但安全性不如债券;其收益低于普通股,但安全性高于普通股。优先股价格波动较平稳,相对来说不像普通股那样大起大落,它对于那些既想获取较高收益,又不想负担更大的风险的投资者具有吸引力,但优先股流动性较差,对于投机者来说,不像普通股那样更"刺激"。

3. 选择大公司的股票

大公司一般资本雄厚,设备技术先进,经营稳健,生产多样化,社会联系广泛,竞争能力强,几乎不存在破产倒闭的问题。购买大公司的股票,基本上可以保证获得股息,而且其股票价格一般上涨较快,经过一段时间后卖出,可以获取差价收益。但是,大公司股票的市价较高,相应的投资成本也高。虽然大公司股票派息率较高,但派息率是按股份数额计算,在股票市价远远高于股票面额的情况下,实际股息就少多了。选择大公司股票适合于温和稳健型投资者。

4. 选择小公司的股票

小公司在资本实力、技术设备、经营管理等方面都不能同大公司相比,其经营具有不稳定性,其股票的涨价幅度不大。但是,由于其市价较接近于票面金额,因而其投资成本较低,实际派息率并不低。此外,小公司股票市价波动频繁,这对那些短期投资者颇具吸引力。

5. 选择风险公司的股票

风险公司是指从事新产品研制的初创公司。这些公司的命运决定于新产品能否研制成功和能否有销路。若新产品研制成功,销路顺畅,公司会迅速壮大,股东会获得丰厚的股息收益;但若研制失败或产品打不开销路,公司便会一蹶不振,股东便会损失股息,甚至随着公司发展的停滞和业务萎缩,股票市价暴跌,投资者可能会赔本。选择风险公司股票的投资者往往带有浓厚的投机性质。

应当指出的是,由于股份公司的经营状况与股息的分派和股价的长期变动有直接关系,因此,作为股票投资者特别是长期投资者应当在投资中高度重视公司经营状况的分析。这种分析通常包括三方面的内容:一是公司财务状况的分析,主要包括分析资本金、总资产和净资产、自有资本比率、每股净资产、借款及资本准备金在内的各种指标;二是公司股价变动的历史状况分析,这需要搜集股票市场上该公司股价变动的历史资料,目的是通过对过去股价涨跌情况的观察,预测该公司今后股价的变动趋势;三是公司收益状况分析,公司收益是公司经营的成果,也是股东和其他投资者关注的主要目标,反映公司收益状况的指标,主要有销售额、营业利润、经常收益、利润、每股利润、每股股息、设备投资等。当然,在进行公司经营状况分析时,还应同其他公司进行横向比较,这样才能在股票投资中做出合理的投资对象选择。

阅读延展

沃伦·巴菲特独特的选股策略

一、挑选价值股

巴菲特认为,企业的内在价值是股票价格的基础,如果一家企业具有良好的前景和较高的成长性,那么随着企业内在价值的提高,其股票价格最终能反映它的价值。所以,他的投资理念是买下公司,而不是股票,他曾说:"我们的投资将以实质价值而不是热门股作为投资的选择标准。"

具体来说,巴菲特常用投资收益率指标衡量企业的内在投资价值。一个上市公司的获利能力再强、成长性再好,那也是它自身价值的体现。当买进它们并长期持有后,如果不能依靠企业的获利给投资者带来丰厚的复利收益,它就不是一个具有投资价值的股票。巴菲特的估值方法就是直接给出了我们投资一个企业的投资收益率,也就是一个企业能够给我们提供的长期存款利率。

巴菲特说"只要企业的股权收益率充满希望并令人满意,或管理者能胜任其职务而且诚实,同时市场价格也没有高估此企业",那么他"相当满足于长期持有任何证券"。

巴菲特挑选价值股的方法主要体现在其财务原则上:① 把重心放在股权收益率,而不是每股盈余上。② 计算"股东盈余"。股东盈余的计算方法是将折旧、耗损和分期摊销的费用加上净利,然后减去那些公司用以维持其经济状况和销售量的资本支出。③ 寻找高毛利率的公司,巴菲特欣赏有成本观念的经营者,而厌恶放任成本不断扩大的经营者。由于股东也间接获得那些企业的利润,被经营者浪费掉的每一分钱,都将剥夺股东的利润。④ 对于保留的每一块钱盈余,可以确定公司至少已经创造了一块钱的市场价值。这是一个便捷迅速的财务检测手段,它不只会告诉你企业的优势,同时也让你知道经营者如何理性分配公司的资源。用公司的净收入减去所有支付给股东的股利,所剩余的就是公司的保留盈余。

二、选择最安全的股票

巴菲特经常被引用的一句话是:"投资的第一条准则是不要赔钱;第二条准则是永远不要忘记第一条。"这是巴菲特选择股票的重要原则。可以说,巴菲特的成功很大程度上是由于遵循了不亏损的原则,他选择的股票一般都有很高的"安全边际"。这一点从伯克希尔公司的业绩上就可以看出来。

从1965—2006年,在与市场漫长的42场较量中,我们把伯克希尔与标普500进行对比。其中巴菲特只输了6场,特别是从1981—1998年连续18年战胜市场。从上述中可以看出巴菲特的成功之道:第一,尽量减少亏损的年度数,投资的第一要务是避免损失,这也是巴菲特极度重视安全边际的根源;第二,尽量增加暴利的年度数,伯克希尔有6个年度盈利在40%以上,而标普500却一年都没有。由此可见,巴菲特的获利来源于安全边际。

巴菲特的"安全边际"选股方法来源于其老师格雷厄姆。格雷厄姆曾这样说:"我大胆地将成功投资的秘诀精炼成四个字的座右铭:安全边际。"作为价值投资的核心概念,如果说安全边际在整个价值投资领域中处于至高无上的地位也不为过。它的定义非常简单而朴素:实质价值或内在价值与价格的顺差,换一种更通俗的说法,安全边际就是价值与价格相比被低估的程度或幅度。

根据定义,只有当价值被低估的时候才存在安全边际或安全边际为正,当价值与价格相当的时候安全边际为零,而当价值被高估的时候不存在安全边际或安全边际为负。价值投资者只对价值被低估特别是被严重低估的对象感兴趣。安全边际不保证能避免损失,但能保证获利的机会比损失的机会更多。

巴菲特指出:"我们的股票投资策略持续有效的前提是,我们可以用具有吸引力的价格买到有吸引力的股票。对投资人来说,买入一家优秀公司的股票时支付过高的价格,将抵消这家绩优企业未来10年所创造的价值。"这就是说,忽视安全边际,即使买入优秀企业的股票,也会因买价过高而难以盈利。这一点,对于当今的中国股市,尤具警醒作用。

安全边际并不是孤立的,它是以"内在价值"为基础的,在"内在价值"的计算中,预期收益率是最有弹性的参数,预期收益率的上升和安全边际的扩大都趋向了一个结果,那就是相对低的买入价格。而就操作的层面而言,阶段性的仓位比例控制也可以视为运用安全边际的辅佐手段。

巴菲特之所以非常强调安全边际原则,之所以要求一定的安全边际,其根本原因就在于,影响股票市场价格和公司经营的因素非常庞杂。而相对来说,人的预测能力是非常有限的,很容易出现预测失误。有了较大的安全边际,即使我们对公司价值的评估有一定误差,市场价格在较长时间内仍低于价值,公司发展受到暂时的挫折,都不会妨碍我们投资资本的安全性以及保证我们取得最低程度的满意报酬率。这就是安全边际原则的精髓所在。

三、选择自己熟悉的股票

中国有句古话叫"生意不熟不做"。巴菲特有一个习惯,就是选择熟悉的股票,对于不熟悉的股票从来不选。对于那些财务状况、经营状况、管理人员的基本情况等都不了解、不熟悉的公司即便是被人说得天花乱坠,巴菲特也从不感兴趣,更不会去投资它、买它的股票。巴菲特常说:"投资必须坚持理性的原则,如果你不了解它,就不要行动。"他认为,一个人的精力总是有限的,股市上的股票则数以千计,不同的企业从事着不同的业务,这些业务不可能是我们都熟悉和了解的。不如将我们有限的精力集中在我们熟悉的企业上,尽可能多地了解这些企业的情况,这有利于我们的投资决策。

巴菲特喜欢购买具有潜质的优秀公司,一旦他以合理的价格买到了他认为具有持久竞争优势、能够为他带来丰厚回报的公司,就不会轻易出手、随随便便卖掉它们。而巴菲特所购买的公司都是他十分熟悉的公司,不了解、不熟悉、不能一目了然的公司,巴菲特从不轻易去购买。研究巴菲特长期持有的八家公司股票——可口可乐、吉列、美国运通、富国银行、联邦住宅贷款抵押公司、迪斯尼、麦当劳、华盛顿邮报等,就可以发现,几乎每家都是家喻户晓的全球著名企业,而且持有时间都在3年以上。提起"可口可乐",凡是喜欢饮料的人都知道,它是全球最大的饮料公司,在全世界的每一个角落都出售可口可乐,每一个运动场的小摊上、加油站的小柜台上、电影院、超级市场、饭店旅馆、酒吧宾馆等等各式各样、大大小小的柜台上都可以见到可口可乐的影子,尽管一般人很难区分可口可乐与百事可乐以及其他同类饮料口味的差别,但"可口可乐"这个品牌已经深入人心,只要人们想要来一杯碳酸饮料,自然就会选择可口可乐。"吉列"则是全球便利刮胡刀市场上独占鳌头的品牌,世界上所有长胡须的男人以及他们身边的女人都会知道吉列刮胡刀,尽管全世界生产刮胡刀的企业数以万计,但全世界将近60%使用刮胡刀的男人都会选择"吉列"这个品牌。方便、舒适、耐用的特性使其成为男人的钟爱之物。因此,他投巨资于吉列公司,并持有该公司的股票至今。小小的刮胡刀既不复杂神秘,又方便耐用,每一个使用过"吉列"刮胡刀的人都能够了解其功用和性能,是日常生活中极其平易近人的伴侣,容易让人熟悉和了解。我们从沃伦·巴菲特所持股票可以知道:巴菲特最为看重的公司或企业都是与大众日常生活紧密联系在一起的,这些公司的产品极为平易近人,毫无神秘和复杂可言。这就印证了巴菲特崇尚简单、拒斥复杂的投资理念。

由于坚持不熟的股票不做的习惯,他永远只买一些传统行业的股票,而不去碰那些高科技股。2000年年初,网络股高潮的时候,巴菲特却没有购买。那时大家一致认为他已经落后了,但是现在回头一看,网络泡沫埋葬的是一批疯狂的投机家,巴菲特再一次展现了其稳健的投资大师风采,成为最大的赢家。

四、选股重视企业而不重视股价

重视企业内在本质而看轻股价是巴菲特选股的重要习惯之一。当巴菲特从事投资的时候,他观察一家公司的全貌,而大多数的投资人只是观察其股价而已。他们花费了太多的时间和精力来观察、预测和盼望价格改变,却很少花时间去了解他们手中持股公司的经营状况。这种基本态度的不同,造成一般投资人与巴菲特根本上的差异。巴菲特拥有股权,并管理过各式各样的公司,这种凡事都要插手的经验,将巴菲特和其他专业投资人区别开来。

巴菲特认为,投资人和企业家应该以同样的方法来观察一家公司,因为他们实际上想要的东西是相同的。企业家希望买下整个公司,而投资人希望购买公司部分的股票。如果你问一个企业家,当他购买一家公司的时候,他所想要的是什么,答案经常是:"这家企业能产生多少现金?"理论上,企业家与投资人为了要获利,应该要注意到相同的变数。

巴菲特相信用短期价格来判断一家公司的成功与否是愚蠢的。取而代之的是,他要公司向他报告因经济实力增长所获得的价值。一年一次,他固定检查几个变数:① 初始的股权收益率;② 营运毛利、负债水准与资本支出需求的变化;③ 该公司的现金产生能力。

巴菲特坚持以价值投资为导向,几十年如一日。他擅长分析企业的基本面,总是反复、仔细地阅读候选股票的季报、年报和各种财务信息,甚至连竞争对手的情况也了如指掌。每次做出投资决定前,他总要在心里掂量20次以上,吃准了才行动。例如,巴菲特购买吉列公司股份的理由是这样的:"每当我在入睡之前,想到明天会有25亿位男士不得不剃须的时候,我的心头就会涌出一丝喜悦。吉列刀片已有100多年历史。每年全世界要用掉200亿—210亿片刀片,其中的30%是吉列生产的,而市场份额的60%属于吉列公司。吉列公司刀片的市场份额在有些国家达到了90%。"因此,他向吉列公司投入了巨资。

资料来源:赵文明.世界投资大师经典选股策略[M].地震出版社,2007.

(三) 债券投资选择

当投资者选择债券投资时,他仍然要面对选择哪种债券进行投资的问题,这就要求对不同债券的特性做一个比较。

1. 政府债券

政府债券是由中央政府或地方政府发行的债券。投资这种债券的优点是:风险很小,流动性强,免缴收益所得税;缺点是投资收益相对较低。

2. 金融债券

金融债券是由金融机构发行的债券。投资这种债券的风险较小,流动性强,能够获得比政府债券高、比公司债券低的收益。

3. 公司债券

公司债券是由公司企业发行的债券。投资这种债券的优点是能够获得比政府债券和金融债券高的收益,缺点是本金和收益的风险比较大,而且要缴纳所得税。此外,投资于公司债券同样需要在纷繁的债券种类中做出选择,比如,延期偿还债券能够得到延期阶段的利率高于市场利率的收益;分期偿还债券能够得到本金再投资收益;浮动利率债券能够享受相对公平合理的利率水平,分红债券还可能享受红利的分配;可转换公司债券使投资者能够在股份公司盈利丰厚时转换成公司的股东;附新股认购权的债券能够获得优先认股权收益;等等。

4. 国际债券

国际债券是在国际金融市场上由国际组织、各国政府、金融机构或企业发行的债券,包括外国债券和欧洲债券。投资于这种债券的优点是风险小、流动性强,欧洲债券和外国政府债券还有免税优惠。不足之处是跨国投资需要外汇资金,且有许多外交上的手续和国际惯例需要遵循。

总之,上述债券是各有特点、利弊并存的。通常,基金投资者、政府投资者和一部分个人投资者以稳定为着重点,倾向于选择政府债券、金融债券和信誉优秀的公司债券,而金融机构和熟练的个人投资者则倾向于选择既有风险、收益又很好的公司债券进行投资。

第四节 证券投资方法

证券投资是一项非常复杂的活动。投资者都想寻求一种正确的方法来确定何时能以低价买进,何时能以高价卖出,以取得丰厚的投资收益。但事实上谁也没有绝对的把握来保证投资行为一定能获得成功,这就需要投资者通过有效的随机应变的投资方法来弥补这一不足,尽可能减少投资失误。

一、证券投资的准备

证券投资是一次复杂的投资活动,要求投资者必须非常熟悉投资的程序、了解投资过程的每一个环节并严格遵循。证券投资程序大致可以分为准备阶段、了解阶段、分析阶段和决策阶段等四个过程。

(一) 准备阶段

投资的先决问题就是需要预先筹集一笔资金。在投资之前,必须确定能否筹集到一定数量的资金,然后才能考虑如何投资、投在何处等问题。就个人投资者来说,其资金来源主要是自身的积蓄,也包括继承的遗产、亲友的馈赠、产业的变卖、保险的赔偿金等其他资金来源。投资者须先根据个人收入及家庭支出,编制家庭预算,然后计算能有多少节余,制订出投资计划。机构投资者的资金来源因性质不同而异。如商业银行资金主要来源于客户的存款、自有资金和盈利收入,保险机构主要来自部分保险费收入,社会团体机构主要来自可支配的资金等。

（二）了解阶段

一旦投资者将投资所需要款项筹措好,就必须深入了解投资的各个方面。概括起来有以下三点:① 应熟悉投资中的收益与风险。投资的主要目的是获得收益,但在取得盈利的同时,连带有损失本金的危险,风险是收益的必然代价。正视风险与收益的关系,树立正确的风险意识,要求投资者先衡量自身具有多大的风险承受能力,然后决定投入多少资金,以及选择何种投资对象。② 应广泛了解投资对象的收益与风险情况。投资对象的种类繁多,就有价证券而言,就有债券、股票等形式,各种证券因其性质、时间长短、有无担保等的不同,收益与风险的大小都有差异,而且收益的支付方式、风险所包含的内容亦是互不相同的。因此,必须熟悉种种情况,才能进行投资对象的选择。③ 由于证券交易大都通过经纪商在证券市场上进行,所以必须进一步了解证券市场组织和机制、经纪商的职能和作用、买卖证券的程序和手续、管理证券交易的法律法规、证券的交割和清算、买卖证券的佣金费用等。否则就无从进行证券买卖,或者蒙受不应有的损失。

（三）分析阶段

投资者对于各种证券的性质及其收益与风险、市场上经营方式等各种情况大致有了一般的认识和了解以后,在决定选择哪种证券之前,必须围绕该证券进行全面的宏观与微观经济分析。概括起来有以下三点:① 需要判断当时的经济形势的变动趋势,并对此经济趋势下各种行业的发展前途做出判断;② 需要根据发行证券的公司的财务力量、销售状况、产品结构和适宜的生产设备等预测公司未来的收益和风险程度;③ 还需根据证券市场行情,对证券的真实价值、上市价格和价格涨落的趋势进行认真的分析。因为证券的质量决定于其真实价值,价值的市场反映便是市场价格,市场价格受到多种因素的影响,经常发生变动。这里牵扯到种类繁多的因素和错综复杂的相互关系,如不进行深入细致的研究分析,就无从获悉其真相。这会造成投资者盲目选购,导致买进收益低、风险大的证券,或者没有选择买卖时机,在价高时买进,价跌时抛出,带来巨大损失。

（四）决策阶段

通过以上各个阶段和步骤,投资者有了条件按照自己拟定的投资目标,针对个人对收益和风险的衡量,考虑到今后对资金的需要和用途并预计未来经济环境及本身财务状况的变化后,做出妥当、合理的决策,决定将资金投入到何种具体的证券上去。操作过程开始后,投资者需要了解和严格遵守证券交易中委托、成交、清算和交割的一系列程序,确保自己顺利地完成证券投资过程。

二、证券投资的一般模式

（一）投资三分法

这是指投资者要将资金分散投资于不同领域,其中 1/3 存银行、1/3 购买债券和股票、1/3 投资不动产。

（二）等级投资计划

确定股价变动的幅度为买卖时机,如将变化幅度 2 元确定为一个等级,当股价下跌 2 元时买进,上升 2 元时卖出。但应选择合适时机,灵活掌握。

（三）均价成本投资计划

在预定时间内以同样数目的资金定期买进股票,当股价上涨时购买数量少,股价下跌时购买数量多,在一般情况下可以使平均买进成本低于市价。

（四）固定比例投资计划

比上述方法有所改进,使股票与债券的比例一直保持为固定数值。如股票：债券为7：1,当股价上升时就相应地增加购买债券的数量,反之则购买股票。

（五）变动比率投资计划

一组购买进取性、成长性的风险股票,另一组购买防守性、安全性的债券。根据市场情况变化灵活调整投资比例。

三、证券投资的具体方法

（一）趋势投资法

趋势投资法是道式理论的具体运作,其基本假设是,股市中的上升或下降趋势一旦形成,便会持续一段较长的时期。针对股市价格发展的这一特点,相应的操作方法是,投资者顺应股价走势买进股票后,应保持其在市场的投资地位,只有在股价走势出现确凿的反转向下的信号时,才卖出股票以作观望,耐心等待在股市出现好的转机时,再顺应趋势买进股票。

趋势投资法是一种具有高度简单性、机械性的长期投资计划,它所关心的是市场主要趋势或长期趋势。其优点在于,不会被证券市场的短期波动所左右,如趋势预测正确,则受益颇丰。但其也存在明显缺陷,投资者若错误地判断股市价格走势,并运用趋势投资法做出相应的买卖调整,将会给自己带来灾难性的损失;即使投资者正确地预测到股票市场的长期走势,股票市场的中级波动也可能使投资者收益减少,某些心理素质不好的投资者就会在中级调整中被迫斩仓,造成较大的损失。

（二）顺势投资法

对于小额股票投资者来说,由于投资能力有限,无法控制股市行情,只能跟随股价走势,采取顺势投资法。当整个股市大势向上时,宜做多头交易或买进股票持有;而当股市不振或股市大势向下时,则宜卖出手中持有的股票以持现,待机而动。

顺势投资法只有在判明涨跌形成中期趋势或长期趋势时才可实施,而在只有短期趋势时,则不宜冒险跟进。有些时候,顺势投资也不遂人意,例如,股价走势虽已明确为涨势,但已到涨势顶峰,此时若顺势买进,则可能因迅速的股市逆转而受损;当股价走势肯定为跌势,但也到了回升边缘,若这时顺势卖出,则同样可能因此而受损。因此,采用顺势投资法常常可能因看错趋势或落后于趋势而遭受损失。故此,采用这种方法必须注意两个基本前提：一是善于判断股市涨跌趋势;二是对于这些趋势及早确认,并及时采取行动。这就需要投资者随时观察股市变化的征兆。

（三）"拔档子"操作法

该方法是多头降低成本、保持实力的操作方式之一。所谓"拔档子"就是投资者卖出自己持有的股票,等股票价位下降后再补回来。投资者"拔档子"并非对股市看跌,也不是真正有意获利了结,只是希望在价位趋高时,先行卖出,以便先赚回一部分差价。通常"拔档子"卖出与买回之间不会相隔太久,最短时只有一两天,最长也不过一两个月。

具体地说,"拔档子"投资有两种方法：一种是行情上涨一段后卖出,回降后补进,称为"挺升行进间拔档",这是多头在推动股市行情上涨时,见价位已上涨不少,或者遇到沉重的压力区,就自行卖出,使股价略为回涨来化解上升阻力,以便于行情再度上升。另一种是行情下跌时,在价位仍较高时卖出,等下跌后再买回,称为"滑降间拔档子"。这是套牢的多头或多头自知实力弱于空头时,在股价尚未跌底之前先行卖出,等股价跌落后再买回反攻。

(四) 固定金额投资法

固定金额投资法是投资三分法的延续,它是指在投资资金中始终保持一定的股票,而其余部分资金购买债券、基金或进行储蓄。当股价变动时,投资者所持股票的市价也发生变化。如果股价上涨,所持股票市价就会超过计划中股票的固定金额,这时就要卖出部分股票,以维持固定金额,并用出售股票所得买进债券或进行储蓄;如果股价下跌,则所持股票市价低于计划中股票的固定金额,这时就应卖出部分债券、基金或取出存款来购买股票,补足股票的固定金额。在这样的不断调整中,虽然持有的股票市价总额没有变,但资金却在不断增加。固定金额投资法简单易行,只需按照预定的投资计划,在股票价格上涨到一定水平时卖出,在股票价格跌至一定水平时买进。当然,此法也存在一定的缺点,主要体现在固定的股票市价总额缺乏弹性,过于机械,投资者应在使用时注意。

(五) 摊平操作法

投资者在买进股票后,如遇股市行情急剧下跌,便会在价格上遭受亏损,但在未卖出了结之前,还没有完全失败,只要经济发展前景仍有希望,耐心地持股等待,总会有扳回成本的时期,甚至还有可能扭亏为盈。如果投资者希望早日收回成本或赚取利润,就可运用摊平操作法。

摊平操作法就是指在投资者买进股票后,由于股价下跌,手中持股形成亏损状态,当股价再跌一段以后,投资者再低价加码买进一些,以冲低成本。摊平投资法主要有两种方式:

(1) 逐次等数买进摊平法。当第一次买进股票后便被分档套牢,等股价下跌至一定程度后,分次买进与第一次数额相等的股票。使用这种方法,在第一次投资时,必须严格控制,只能投入全部资金的一部分,以便留存剩余资金作以后的等数摊平之用。如果投资者准备分三次来购买摊平,则第一次买进1/3,第二次和第三次各买进1/3。

(2) 倍数买进摊平法。这一方式是在第一次买进后,如果行情下跌,则第二次再买进第一次倍数的股票,以便摊平。倍数买进摊平可以做两次或三次,分别称为两次加倍买进摊平和三次加倍买进摊平。两次加倍买进摊平,即投资者把资金作好安排,在第一次买进后,如遇股价下跌,则用第一次倍数的资金作第二次买进,即第一次买进1/3,第二次买进2/3。

(六) "渔翁撒网"法

渔翁撒网法是短线操作中使用的一种组合投资方法,它是指投资者在各种股票价格交错起伏不定时采取的一种广撒网、以求收益互补的投资方法。在各种股票价格交错起伏不定的股市中,一般投资者难以选准上涨的股票,如果把资金投入一种或几种股票,可能会因这些股票价格下跌而造成损失。在这种情况下,投资者可根据自己的资金状况,选择多种行业或多种股票进行投资,然后确定一个获利卖出点或低价买入点。当某种股价上升时可择机卖出,当某种股价下跌时可适时吃进。当股市出现牛市,股价轮番上涨时,投资者按"哪种股票上涨就抛出哪种股票"的原则行事,便可从中获利。即使出现熊市,由于投资者持有多种股票,总会有些股票逆市上涨,投资者也可减少损失乃至获利。

渔翁撒网法的缺点是,由于资金分散,可能降低总体投资收益;而且,不加分析地抛出有利可图的股票,往往会出现轻易地把手中的优良股票在价格低位时卖出而把劣质股票长期留在手中的情况。因为一般情况下,在大势看涨的市场中,优质股的价格最先上扬,劣质股则只有在市场极为旺盛、所有股价都上升时才跟着攀升。因此，按照这种操作，最先抛出的通常是仍有上升空间的优质股。所以，运用渔翁撒网法时必须注意，不要随便卖出优质股，也不要随意购进劣质股。

基于渔翁撒网法的缺点，产生了反渔翁撒网法。此法的操作要领是，有选择地买进多种股票，随后哪种股票价格上升就继续买进；哪种股票价格不动或下跌，就卖掉它。这种方法有可能使投资者在这一投资组合中获得较多的优质股，从而提高总体获利能力。

（七）分段买进法

有许多投资者比较谨慎小心，他们不是将手中拥有的资金一次性投入购买某种股票或股票组合，而是将所有资金分成若干部分，多次分段买进股票，这就是所谓的分段买进法。具体有两种做法：一是等股价在某价格水平时买进一批，然后等股价上涨一小段后再买进第二批，以后再陆续买进若干批，这种买进法称为"买平均高"；二是恰好相反，在某一股价水平上买进一批，待股价下落一小段后再买进一批，以后再买进若干批次，这种分段买进法称为"买平均低"。这两种做法的区别是买平均高可以在投入资金时就同时获得利润，而买平均低则是在价格下跌时先购进，需要等到该股票价格反弹后，方可获得利润。

（八）短线获利法

对进攻型投资者来说，采用短线获利法不失为一种较好的选择。如果投资者所购买的股票价格上扬的话，就会出现新的行情，于是便大量购进，希望在短期内赚取可观的利润，这就是所谓的短线获利法。为什么在股价呈现高涨行情时不但不卖，反而还大量买进呢？这是因为股价在一定的价位内，都会形成上下起伏的波动，此时，往往会招致很多的投资者前来争购，一旦超出了股价的上限，很可能会创下历年来最高行情。有些股票不但突破了数年来的高价位，且又持续不断地攀升，达到最高的价位水准。如果股价上涨的幅度很高，购买这类股票便是积极的短线获利法，其成功性很高。

然而，市场环境佳，未必表示投资股票会成功，而大量买进也未必就有持续上扬的可能性。因此，所购买的对象必须是受欢迎且业绩良好的股票。除了不可缺少的股票消息，还必须抱定非成功不可的投资信念。

（九）分段获利法

分段获利法是一种与短线获利法截然不同的投资方法，也是一种比较保守的投资方法。其基本方法是在投资者购买的股票出现新的价位行情时，变卖一部分股票，将浮动盈利变为现实盈利，再将剩余的一部分股票保留下来，继续持有，等待更高的价格出现后再出售。如果股价不涨反跌，那么就一直持有。股价分段获利法的优点是，既有机会赚取利润，又不至于冒过大的风险。这种方法和短线获利法相比，所赚取的利润可能比较少，但却是一种比较稳妥的投资方法。在具体投资中，是选择短期获利法还是分段获利法，要依据个人的性格特点及其他条件来决定。

（十）定点了结法

定点了结法是股票操作的重要方法之一。它的基本思想是投资者在买进股票的同时，就定好获利卖出目标，当股价上涨到这一预定目标时就卖出，省略了研究判断卖出时机的麻烦。定点了结法的好处显而易见，它不必为预测股价能上涨多少而大伤脑筋，因为影响股价走势的因素实在太多，普通投资者根本无法了然于胸。采用这种方法也许赚不到足够的利润，但也不至于受到多大的损失。何况这也符合"把鱼头鱼尾留给别人"之说，不失为一种比较符合中小散户的投资方法。

(十一) 集中投资法

任何股票市场都会出现价格波动很大而且十分热门的成长型股票。作为对传统投资方式的一种挑战,集中投资于这类股票,通常由于股票变动幅度很大而能获得相当丰厚的利润。这种集中投资法是在1966—1968年间,美国最新投资信托专业人才所提倡的一种金钱战术投资法。集中投资法遵循以下基本原则:① 运用投资信托时,必须依据自己的习惯,根据自己的判断行事,因为如果听从太多人的意见,往往会有错失良机的遗憾。② 安全第一,分散风险,集中投资于热门股。③ 无须考虑服从优良股的长期投资方式,而要集中考虑有成长性的股票,进行短期投资。④ 不要过分重视一般市场的景气指标或企业所做的市场调查等资料,而应注意反映目前股价波动情形的股价走势图。

(十二) 抢帽子法

抢帽子法是在股价尚处于较低的价格时就立即买进,等股价有一定的升幅后立即卖出,在一买一卖之间赚取差价,经常操作,甚至每天都操作,积少成多,达到股票投资盈利的目的。这是一种短线快进快出的操作方法。股票价格每时每刻都在变化,有升有降,这就客观地为盈利提供了可能,也就是抢帽子法的客观基础。股市上也的确有一批人采用这种方法赚了钱。

抢帽子者一般赚取的差价都不大,每股赚上一两元,甚至三五角,有的抢帽子者只要除去手续费略有盈利就出售。抢帽子者一般持股的时间也不长,长则一周,短则一两天。然而,抢帽子者必须有较高的分析能力,尤其是高超的技术分析能力,还必须有较好的心理素质,在复杂多变的形势下冷静分析,自主操作。而且要对股市的全局有透彻的了解,对各个板块、各个行业以及其各个细节都了然于胸。由于抢帽子法快进快出、频繁操作的特点,导致这种方法必然存在较多的失误,所以,损失也可能较大,风险也较大。股市有句格言:"谨防抢了帽子丢了鞋子。"一般投资者如果没有较丰富的股市实战经验,不宜采用这种方法。

(十三) 排列组合法

排列组合法是投资者在对股市中所有股票进行分析研究的基础上,对股票进行分类排队整理的方法。它一方面分析股票的实质,即各上市公司的净资产收益率、每股收益、每股净资产等;另一方面对市场上高低不等的股票价格进行分析,并把二者结合起来,作为投资的依据。

一般来说,股票的实质和价格有以下几种排列组合:第一种是实质好、价格也高的股票,第二种是实质好、价格低的股票,第三种是实质差、价格却高的股票,第四种是实质差、价格低的股票。这里所说的股票的实质就是公司获利能力、成长性以及未来发展前景等。

以上四种组合可以包括所有的股票。第一种和第四种股票,价格是对其实质的反映,是较为合理的。所以,从理性的角度看,这两种股票出现大的波动的可能性不大。第二种实质好、价格低的股票以及第三种实质差、价格高的股票,由于名不副实,出现大幅调整的可能性最大。这是因为实质佳的股票,其价格不可能长期与实质脱节,投资者迟早会发现这类股票的投资价值,游资就会自然而然地往这些投资报酬率高的地方流,所以这种股票的价格是一种上行的趋势。而对于实质差、价格高的股票,其低回报率总会被人发现,其价格向低也是必然趋势。

从以上的分析中可以看出,对股票进行排列组合是选择潜力股的一种重要方法,运用这种方法往往可以发现股市的"黑马",寻找和购买实质好但价格较低的股票,这是股市成功的重要一环。对于价格高但是实质差的股票要适时出手。

(十四) 金字塔形加码买卖法

金字塔形加码买卖法采取低进高出、向下承接、向上出脱的思路,以正三角方式往下买进筹码,以倒三角形往上卖出筹码,在买卖中实现资金的增值。金字塔形加码买卖法分为金字塔形买入法和倒金字塔形卖出法两种。下面对两种方法分别进行介绍:① 金字塔形加码买入法的具体方法是,当投资者第一次买进股票之后,如果股价下跌,跌到一定幅度后进行第二次买进,第二次买进的数量一般应是第一次的一倍左右。如果股价一直下跌,还可进行第三次、第四次的加码买进,以增加持股数量,降低持股成本,以便在股价反弹或反转后尽快获利。② 倒金字塔形卖出法,则是在股价上涨时,一路向上获利了结,减少持股,同时,卖出的股票数量也随着股价的上升而增加,越卖越多,呈倒三角形卖出。

在买进股票后股价即上涨的情况下,运用金字塔形加码买卖法应严格遵循每次买进的数量比上一次少的原则,这样逐次增加,数量越来越少,犹如金字塔的模式,层次越高,面积越小。有些人在交易中,一见买进后股价上涨,就加码买进,这时如果股价急跌,因手中股票成本太高,难以获利了结。而金字塔式的投资,遇到股价急跌,由于股价成本较低,可以从容获利了结,能有效预防风险的发生。

(十五)哈奇计划法

股市技术分析理论认为,股票价格运动具有随机行走的特点,但从长期看,股价运动具有趋势的特点,即一个上升或下降趋势一旦形成,将会持续一段时间。正确的投资方法是,在市场趋势形成的初期,就能顺应趋势,跟着市场的主要趋势走,这也是许多投资者在股市取胜的经验之谈。

哈奇计划法,又称10%转换法,其实是顺势投资法的变种,它是以发明人哈奇的名字命名的股票投资方法。哈奇计划法的具体操作方法是,投资者将购买的股票在每周周末计算平均市值,并在月底再计算出月平均市值。若本月的平均数比最近一次的最高价下降了10%,则股价有可能出现下跌趋势,投资者便卖出所有股票,不再购进。等到其卖出股票的平均市值由最低点回升了10%,再进行买进。也就是说,当市场趋势发生10%反方向变动时,投资者便改变投资地位。

哈奇采用这种方法不做卖空交易,在实行此种计划的53年中,其先后改变了44次地位,所持股票的期限最短的为3个月,最长的为6年,将其资产由10万美元提高到1 440万美元。这个计划直到哈奇逝世后,才被伦敦金融新闻公布。

哈奇计划法得到了实践的认可。它的优点是操作简单,且注意了股价的长期运动趋势,可供投资者进行长线投资选用。在运用哈奇计划法的过程中,投资者还可根据股票的不同属性,灵活地制定转换幅度,增加这种具有机械性的投资方法的灵活性。当然,哈奇计划的顺应趋势、及时转向的优点不能丢。

【本章小结】

1. 要成功地进行股票投资,不仅应该综合运用各种股市分析方法对股价走势做出正确的判断并采取相应的投资策略,还必须切实掌握各种投资操作技巧。

2. 参与证券市场投资,投资者应当做好充分的准备,具备一定的条件与知识,包括熟练掌握证券投资的基本知识、熟悉和遵循投资的基本程序、熟悉和熟练运用各种投资技巧等。

3. 投资者在选择证券时,应当充分考虑:① 资金的安全性,如风险与收益的对称程度和风险与投资者的适合程度;② 收益的稳定性,如收益率、股票价格、手续费、税金、证券流动性和便利性等基本要素。在证券投资过程中,应当遵循效益与风险最佳组合、量力投资、理智投资、分散投资等基本原则。

4. 在证券市场上,可供投资的证券种类很多,包括股票、债券、基金、可转换公司债券及金融衍生品等,投资者应根据不同投资品种的特点,结合自身的风险-收益偏好进行投资。投资者可以根据自身的投资目标和投资限制,形成与自己相适应的投资策略。

5. 通常可以将投资策略分为消极的投资策略和积极的投资策略。消极的投资策略一般是持有一个指数化的投资组合,该投资组合复制了整个市场的收益率,而不是把赌注压在某个证券或某一部分证券上;积极的投资策略是指投资者假定具有一种超出市场的判断和投资能力,发现价值被高估或低估的证券,通过卖出价值高估和买进价值低估的证券,来获得超过市场平均水平的超额收益。

6. 在证券市场投资过程中,投资者为了规避风险、获取收益,总结出了一些经验性也带有一定专业性的投资技巧,包括顺势投资法、摊平操作法、"拔档子"投资法、分段买进法、抢帽子法和哈奇计划法等。

【关键概念】

消极型投资策略　积极型投资策略　多元化投资策略　集中投资策略　趋势投资法　顺势投资法　"拔档子"操作法　固定金额投资　摊平操作法　渔翁撒网法　分段买进法　短线获利法　抢帽子法　金字塔形加码买卖法　哈奇计划法

【复习思考题】

1. 在证券投资前,投资者应做怎样的投资准备?
2. 在证券投资上应考虑哪些基本要素以及遵循怎样的投资原则?
3. 简述消极投资与积极投资策略的基本特点。
4. 分析不同的证券投资者的投资心理及其特点。
5. 举例说明哈奇计划法是怎样操作的。
6. 什么是摊平操作法?如何操作?

【参考文献】

[1] 陈文汉.证券投资理论与实务[M].清华大学出版社,2012.
[2] 孙可娜.证券投资理论与实务[M].高等教育出版社,2011.
[3] 陈汉平,蔡金汉.证券投资学[M].北京大学出版社,2011.
[4] 李国义.证券投资学[M].高等教育出版社,2011.
[5] 胡金焱,霍冰,李维林.证券投资学[M].高等教育出版社,2010.
[6] 张玉智.证券投资心理与行为[M].经济日报出版社,2009.

教辅申请说明

　　北京大学出版社本着"教材优先、学术为本"的出版宗旨，竭诚为广大高等院校师生服务。为更有针对性地提供服务，请您按照以下步骤通过**微信**提交教辅申请，我们会在 1~2 个工作日内将配套教辅资料发送到您的邮箱。

◎扫描下方二维码，或直接微信搜索公众号"北京大学经管书苑"，进行关注；

◎点击菜单栏"在线申请"—"教辅申请"，出现如右下界面：

◎将表格上的信息填写准确、完整后，点击提交；

◎信息核对无误后，教辅资源会及时发送给您；
如果填写有问题，工作人员会同您联系。

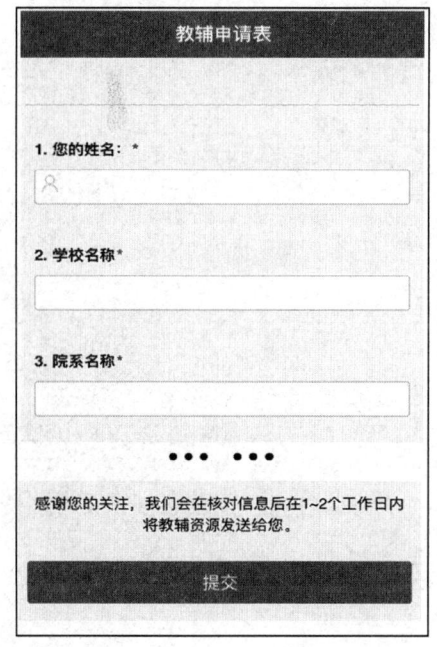

温馨提示：如果您不使用微信，则可以通过以下联系方式（任选其一），将您的姓名、院校、邮箱及教材使用信息反馈给我们，工作人员会同您进一步联系。

联系方式：

北京大学出版社经济与管理图书事业部
通信地址：北京市海淀区成府路 205 号，100871
电子邮箱：em@pup.cn
电　　话：010-62767312 /62757146
微　　信：北京大学经管书苑（pupembook）
网　　址：www.pup.cn